Introduction to Copyright Law
Lee Hae Wan

신저작권법입문

이해완

박영사

머 리 말

이 책은 저작권법을 처음으로 공부하는 학생들과 저작권법과 관련된 사법, 행정 등 업무를 수행하는 실무가들 및 음악, 영화, 방송, 출판, 게임, 캐릭터, 도서관, IT 등 저작권법과 관련된 다양한 업무에 종사하는 분들을 위해 이론과 판례를 중심으로 저작권법의 전반적인 내용을 알기 쉽게 소개하고 해설하기 위한 것이다.

저자가 집필하여 박영사를 통해 간행한 기존의 저작권법 기본서(『저작권법』제4판)는 법조 실무가들이나 전문 연구자들의 필요를 의식하여 저작권법과 관련된 국내외 판례, 학설 등을 망라하여 비교적 자세하게 다루는 방향을 취하다 보니, 가볍게 읽기는 어려운 책이 되었다. 처음 기본서를 냈을 때는 강의용으로 사용하기에 좋은 책으로 평가를 받았지만, 판을 거듭하면서 많은 판례, 이론 등을 추가하다 보니, 이제는 상당히 방대한 책이 되어 더 이상 강의용으로 사용하기도 쉽지 않은 상황이 되었다. 이에 학교에서 '저작권법' 과목 강의용으로 부담 없이 사용할 수 있고, 여러 가지 필요에서 저작권법을 공부해 보고자 하는 분들이 한결 편한 마음으로 쉽게 읽어 나갈 수 있는 저작권법 입문서 또는 개론서를 별도로 내야겠다는 마음을 오래 전부터 가지고 있다가 이제서야 실행에 옮기게 되었다.

이 책은 기본서에서 다룬 학설상의 대립이나 해외의 입법, 판례 등에 대한 자세한 소개, 판결문의 자세한 인용 및 평석 등을 지양하고, 우리나라의 법령과 판례를 중심으로 가능한 한 간결하게 설명하는 데 초점을 두었다. 다만 이 책은 구체적 사례들을 통해서만 그 의미를 명료하게 이해할 수 있는 부분이 많은 저작권법의 특성을 감안하여, 통설과 대법원 판례 외에 최신의 하급심 판례들도 꽤 많이 정리, 소개함으로써 저작권법 입문자들만이 아니라 저작권법의 기본적 내용을 이미 이해하고 있는 실무자, 연구자들도 저작권법의 최근 실무 동향을 빠르게 파악하고 이해하는 데 참고할 수 있게 하였다. 그 점에서 다른 입문서들과는 다른 특징이 있다.

필자가 저작권법 전면개정 연구반의 반장으로 참여하여 깊이 관여하였던 저작권법 전부 개정안이 국회에서 오랫동안 큰 진척 없이 계류중인 상태에 있는 등 여러 사정으로 인해 기본서 개정판의 출간이 늦어지고 있는 상황에서 그 사이에 소폭으로 이루어진 개정 입법 등과 추가로 나온 판례 등을 이 책에서 간결하게 정리하여 업데이트를 한 셈이 되었으니, 기본서의 개정판을 기다리는 실무가들이나 연구자들의 입장에서는 일단 이 책을 참고할 수도 있지 않을까 생각된다.

기본서의 개정 작업도 이후 너무 늦지 않게 함으로써 실무자들이나 연구자들이 국내외 학설 및 판례 등에 대한 보다 자세하고 심화된 이해를 하기 위해서는 저자의 기본서를 활용하고, 저작권법의 기본적인 내용을 통설과 판례를 중심으로 명확하고 쉽게 이해하는 데 있어서는 입문서이자 개론서인 이 책을 활용하는 것이 좋은 선택이라는 평가를 받을 수 있도록 앞으로도 최선을 다해 노력할 것을 다짐한다.

끝으로, 이 책의 기획과 편집을 위해 수고해 주신 박영사의 조성호 이사님과 김선민 이사님 및 편집팀 여러분께 깊은 감사를 드린다.

2024년 2월
이해완 씀

일러두기

◆ 이 책에서 저작권법 조문을 인용할 때에는 법의 이름을 적지 않고 '제
○조 제○항'과 같이 표시하였다.

◆ 저작권법 시행령과 시행규칙을 인용할 때에도 법의 이름을 적지 않고
'시행령 제○조 제○항', '시행규칙 제○조 제○항'으로만 표시하였다.

◆ 저작권법 외의 다른 법률을 인용할 경우에는 법의 명칭이나 공식약칭
(예: 부정경쟁방지법)을 적되, 다음 법률의 조문내용을 인용하면서 괄호
안에 해당 법의 조문을 표시할 때는 다음과 같은 한 글자의 약어로 해
당 법을 표시하였다.

   ▷ 민법 → 민
   ▷ 형법 → 형
   ▷ 민사소송법 → 민소

◆ 입문서 또는 개론서인 이 책에 나오는 것보다 자세한 사항을 알고자 할
경우에는 저자의 「저작권법」(박영사, 제4판)을 참고할 수 있도록 괄호
한에 그 책에 사용된 일련번호를 '기본서'라는 말과 함께 표시하였다.

◆ 이 책에서는 소제목에 일련번호를 사용하고 책의 다른 부분을 지시할
때 이 일련번호를 사용하였다.

◆ 판례 인용은 다음과 같은 방식으로 하였다.
▷ 대법원 1995. 11. 14. 선고 94도2238 판결 → 대판 1995. 11. 14, 94도2238
▷ 서울고등법원 2006. 11. 14.자 2006라503 결정 → 서울고결 2006. 11.
1, 2006라503
▷ 서울중앙지방법원 2012. 2. 10. 선고 2011가합70768 판결 → 서울중
앙지판 2012. 2. 10, 2011가합70768
▷ 헌법재판소 2018. 8. 30. 선고 2017헌바158 결정 → 헌결 2018. 8.
30, 2017헌바158

차   례

제 3 장 저 작 자

제 1 절 저작자의 의의

제 2 절 공동저작자

제 3 절 업무상저작물의 저작자

제 4 장 저작자의 권리

제 1 절 저작권 일반

제 3 절 저작물 이용의 법정허락

제 4 절 저작재산권의 보호기간

제 7 장   저작인접권

제 1 절 서 설

제 2 절 실연자의 권리

제 3 절 음반제작자의 권리

제 4 절 방송사업자의 권리

제 5 절   침해로 보는 행위

제 6 절   저작권침해에 대한 항변사유

제 10 장   저작권등 침해에 대한 구제 등

제 1 절   민사상의 구제

제 11 장 저작권의 국제적 보호

제 1 절 개 관

제 2 절 우리나라에서의 외국인의 저작권의 보호

제 3 절 북한 주민의 저작물에 대한 보호

1장

서 론

제 1 절 저작권법의 의의

[1] 저작권법의 의의

우리가 '저작권법'이라고 할 때 그것은 좁은 의미(형식적 의미)의 저작권법을 지칭하는 경우도 있고, 넓은 의미(실질적 의미)의 저작권법을 지칭하는 경우도 있을 수 있다. 좁은 의미의 저작권법은 '저작권법'이라는 이름으로 국회를 통과하여 공포된 법률로서 현재 시행중인 법률을 의미한다.

이에 반하여, 넓은 의미의 저작권법은 좁은 의미의 저작권법 외에 소위 강학상의 저작권법의 개념에 포함되는 것으로서 저작권법의 실질적 내용을 이루고 있는 모든 법령을 포함하는 개념이다. 저작권법 시행령, 시행규칙 외에 민법, 형법, 민사소송법, 형사소송법 등의 관련 규정들이 여기에 포함되고, 동시에 저작권 및 저작인접권과 관련하여 우리나라가 가입한 국제조약인 베른협약, 로마협약, WTO/TRIPs 협정, WIPO 저작권조약(WCT), WIPO 실연·음반조약(WPPT) 등도 포함된다. 저작권법의 전모를 잘 파악하기 위해서는 넓은 의미의 저작권법에 대한 이해가 필요하므로, 이 책에서도 실질적으로 저작권법의 내용을 이루는 모든 법령의 내용을 두루 살펴보게 될 것이다.

이러한 저작권법은 지식재산권법의 일종이다. 지식재산권법은 인간의 지적 창조활동의 성과를 보호하기 위한 법으로서 저작권법 외에 특허법, 상표법, 실용신안법, 디자인보호법, 부정경쟁방지 및 영업비밀보호에 관한 법률, 반도체집적회로의 배치설계에 관한 법률 등을 포함한다. 그 중 저작권법은 산업의 보호가 아니라 문화의 발전을 위한 법이라는 특성을 가지고 있어 '산업재산권법'이라고 불리는 다른 지식재산권법과 구별되는 문화기본법으로 불려 왔으나, 오늘날은 디지털 기술의 혁명적 발전으로 인하여 그러한 경계가 다소 상대화됨으로써 저작권법도 소프트웨어와 데이터베이스를 비롯한 산업적인 영역에 그 보호의 범위를 뻗쳐가고 있다.

[2] 저작권법의 목적

저작권법 제1조는 '목적'이라는 제목하에 다음과 같이 규정하고 있다.

> ■ 제1조(목적) 이 법은 저작자의 권리와 이에 인접하는 권리를 보호하고 저작물의 공정한 이용을 도모함으로써 문화 및 관련 산업의 향상발전에 이바지함을 목적으로 한다.

저작권법은 이 조항을 통하여 저작권법이 지향하는 목적을 분명히 함으로써 그 해석의 기본적인 방향성을 제시하고 있다. 전체적으로 볼 때, '문화 및 관련 산업의 향상발전에 이바지'한다는 것을 궁극적인 목적으로 하면서 그것을 이루기 위한 두 가지의 수단으로서 첫째 저작자의 권리와 이에 인접하는 권리의 보호, 둘째 저작물의 공정한 이용의 도모라고 하는 것을 들고 있음을 알 수 있다.

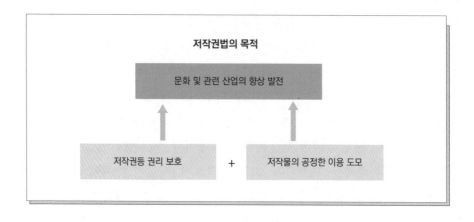

1. 저작권 및 저작인접권의 보호

저작권법의 일차적인 목적은 저작권('저작자의 권리') 및 저작인접권('이에 인접하는 권리')의 보호에 있다.

저작권이라고 하는 것은 인류의 오랜 역사에 비추어 보면 근세 이후의 비교적 짧은 역사를 가지고 있고, 배타적 권리로서의 저작권을 강력하게 보호하는 것만큼 이용자들의 자유로운 이용은 저해되는 면이 있으므로 그 제도적 필연성에 대하여 아직도 의문을 제기하는 견해가 없지 않다. 그러나 현재 세계 대부분의 나라에서 저작권을 보호하는 제도를 수립하고 있고, 그 보호의 내용도 국제적으로 보편화되고 있는 추세에 있다. 그러면 저작권을 배타적 권리로 인정하고 보호하는 것을 정당화하는 근거는 어디에서 찾을 수 있을까?

이에 대하여는 크게 두 갈래의 접근 방식이 있다. 하나는 저작물은 저작자의 정신적·지적 노동의 산물이고(노동이론) 동시에 저작자의 인격이 투영된 것(인격이론)이라는 점에서 '자연법'상의 원칙에 따라 마땅히 저작자의 권리를 자연권으로 보호해야 한다는 관점(자연권론)이다. 다른 하나는 공리주의 철학에 따라, 창작자들에게 저작권이라고 하는 배타적·독점적 권리를 부여함으로써 그들이 정당한 이익을 취할 수 있도록 하는 것이 창작활동을 '유인'하여(유인이론) 결과적으로 문화·예술 및 학문의 발전이라고 하는 공공선을 이끌어 낼 수 있다고 하는 관점이다.

'자연권론'은 프랑스, 독일 등을 비롯한 대륙법계 국가들의 입법에 많이 반영되었다. 반면, 영미법계 국가들에서는 주로 공리주의에 바탕을 둔 유인이론에 따른 정당화가 이루어졌다. 두 이론 모두 저작권 보호를 정당화하는 이론이지만, '자연권론'의 입장이 저작자에게 권리를 부여하고 보호해야 할 당위성과 필연성을 보다 원론적인 입장에서 강조하므로 저작권 보호의 높은 수준 또는 정도를 고수하게 되는 면이 있고, '공리주의'에 기한 '유인이론'은 결과주의적인 측면이 강하여 '문화발전을 통한 공중의 문화적 향유와 그로 인한 행복'이라는 관점에서 보호의 수준을 낮출 필요가 있는 부분에 대하여 보다 유연한 입장을 취하는 경향이 있다. 그것이 대륙법계 국가의 저작권 보호 수준이 상대적으로 높은 이유이다.

그러나 이 두 가지 접근 방식이 서로 양자택일적인 대립관계에 있는 것으로만 볼 것은 아니다. 실제로 이 두 가지의 사고방식이 서로 영향을 미쳐왔고, 두 가지 '모델' 중에서 하나만을 전적으로 취하기보다 양쪽의 사고방식을 모두 고려하여 조화점을 찾고자 하는 노력이 이루어져 왔다. 역사적으로 두 가지 입장의 차이가 가장 크게 드러났던 것은 저작인격권의 인정 여부와 무방식주의의 채택 여부에 있었다. 즉 대륙법계 국가들은 저작인격권을 인정하고, 저작권의 성립에 등록 기타 어떠한 형식적 조치도 요구하지 않는 '무방식주의'를 취하여 왔으나 영미법계 국가들은 과거에 저작인격권을 인정하지 않고 저작권의 보호를 위해 특정한 방식에 의한 표시나 등록 등의 절차를 요구하는 방식주의를 취하는 경향을 보였다. 그러나 현재는 영미법계 국가들도 국가별 제도의 차이는 일부 남아 있지만, 베른협약에 가입한 후 저작인격권을 제한적으로나마 보호하고 무방식주의를 채택하는 태도를 보이고 있고, 대륙법계 국가들도 저작권 제도의 개선에 공리주의적 관점을 일부 반영하고 있는 면에서 상호간에 일정한 '수렴'의 경향을 보이고 있다고 할 수 있다.

우리나라 저작권법은 저작인격권의 인정, 무방식주의의 채택 등의 점에서 처음부터 기본적으로 대륙법계의 '자연권론'에 근접한 접근방식을 취하였다고 할 수 있다. 그러나 '자연권론'의 입장을 절대화하기보다는 실제적인 면에서 '문화 및 관련 산업의 발전에 무엇이 유익한가' 하는 것을 궁극적인 기준으로 삼아 저작권의 보호와 이용자들의 '공정한 이용'의 보장이라고 하는 서로 상충하는 이익 내지 가치를 조화시키기 위한 다양한 규정들을 두고 있다. 제1조에서 저작권 등의 보호는 궁극적인 목적이 아니라 '문화 및 관련 산업의 향상 발전'이라는 목적을 위한 수단으로서의 의미를 가지는 것으로 표현되고 있음은 바로 그러한 입장을 드러낸 것으로서 이 점에서는 영미법적인 '유인이론'도 반영된 측면이 있다. 따라서 저작권법을 해석함에 있어서 지나치게 권리자의 보호에만 치중한 해석을 하는 것은 경계하여야 할 일이다. 저작물의 보호 범위, 침해 여부의 판단, 기타 저작권법 해석상의 난제가 등장할 때마다, 또한 입법상의 이슈가 제기될 때마다 저작권자의 권익 보호와 이용자들의 공정한

이용 보장의 조화를 통해 인류 문화의 향상 발전에 이바지하는 길이 무엇인
지를 진지하게 탐색하여야 한다.

그러나 그럼에도 불구하고 저작권의 보호라고 하는 것이 저작권법의 1차
적인 중요 목적이 되며, 그것이 재산권 보장을 규정한 헌법상의 요구이기도
하고, 문화의 창달을 위해서도 꼭 필요한 일임을 간과하지 않아야 한다. 또한
저작물의 해석과 전달을 통해 저작자의 창작적 활동의 성과물들이 실제로 대
중이 향유할 수 있는 상태가 되도록 매개하는 역할을 수행하는 실연자, 음반
제작자, 방송사업자 등 저작인접권자의 권익을 보호하는 것도 저작권법의 중
요한 목적이다.

2. 저작물의 공정한 이용 도모

위에서 본 바와 같이 저작권법의 첫째 목적은 저작자 등의 권리 보호에
있다. 그러나 다른 측면에서 저작물이라는 것은 크든 작든 늘 인류 공동의 자
산인 문화유산을 바탕으로 한 것으로서 그러한 인류공동의 자산을 떠난 완전
독립의 창작이라는 것을 생각하기는 어렵고, 그 저작물의 가치는 널리 많은
사람들의 이용에 제공될 때 더욱 빛나는 것이라는 점을 간과해서는 안 된다.
개인의 사권으로서의 저작권의 보호만을 지나치게 강조한 나머지 이용자들의
정당한 권익이나 공공의 이익을 전혀 배려하지 않는 것은 올바른 태도라고
볼 수 없다. 따라서 저작권법은 저작물의 '공정한 이용'을 도모하는 것을 또
하나의 주요한 목적으로 삼고 있고, 저작재산권의 제한, 법정허락, 보호기간에
관한 규정 등에 그러한 취지를 반영하고 있다. 위에서도 언급한 바와 같이 저
작권법의 해석에 임하는 학자, 실무가는 저작자 등 권리자의 보호와 이용자의
공정한 이용 도모라고 하는 서로 상반되는 두 가지 이상과 목적을 조화시키
기 위한 진지한 모색을 게을리 하지 않아야 한다.

오늘날, 과거 저작권법 탄생의 원동력을 제공한 르네상스 시대의 활판인
쇄 기술의 발명보다도 더욱 '혁명적'이라고 할 수 있는 디지털 시대와 제4차
산업혁명 시대의 도래에 따라 저작권 보호와 저작물의 이용에 있어서 엄청난
변화를 겪고 있는 유동적인 상황에 있다. 이러한 상황은 저작권자 등의 정당

한 권익 보호와 이용자들의 공정한 저작물 이용 보장의 조화점이 어디인지를
진지하게 되묻는 노력을 끊임없이 요구하고 있다.

3. 문화 및 관련 산업의 향상발전에 이바지

저작권법은 위의 첫째 및 둘째 목적을 통하여 궁극적으로 문화 및 관련
산업의 향상발전에 이바지하고자 하는 것을 그 목적으로 표명하고 있다. 저작
자의 권리를 보호하는 이유도 개인의 재산권 및 인격권의 보호라고 하는 측
면 외에 문화의 향상 발전을 이끌어 내기 위한 측면이 있음은 위에서 지적한
바와 같고, 저작물의 공정한 이용을 도모하는 것도 당연히 문화의 향상발전에
기여하는 것과 직결된 것이라 할 수 있다.

다만, 최근의 디지털 기술 발전, 인터넷 등 새로운 미디어의 급속한 발달
과 아울러 컴퓨터프로그램 및 데이터베이스라고 하는, 과거의 전통적인 저작
권법 보호대상과는 다소 이질적인 위치에 있는 보호대상이 넓은 의미의 저작
권법 영역에 포함되게 되면서 이제는 저작권법이 문화보호만이 아니라 기술
내지 산업 보호와도 전례 없이 깊은 관련성을 가지게 되었다. 이로 인해 저작
권법은 문화보호법만이 아니라 일면에서는 기술보호법 또는 산업진흥법의 성
격을 가지게 되었다.

이에 따라 구 컴퓨터프로그램보호법과의 통합 등을 위한 2009. 4. 24.자
개정법에서부터는 원래 "문화의 향상발전에 이바지함을 목적으로 한다"고만
규정하고 있던 것을 "문화 및 관련 산업의 향상발전에 이바지함을 목적으로
한다"라는 문언으로 수정하여 '관련 산업'의 향상발전을 저작권법의 목적에
포함시키게 되었다.

따라서 지금은 저작권법을 반드시 '문화'적인 측면만으로 접근하여 해석
할 것이 아니라 기술과 산업에 미치는 영향까지 고려할 필요가 있다. 그리고
이러한 상황은 산업재산권법과의 관계에도 큰 영향을 미치고 있다. 즉, 과거
에는 문화기본법으로서의 저작권법과 산업재산권법은 서로 큰 관계없이 독자
적으로 해석, 운용할 수 있었으나, 지금은 상호간에 큰 영향을 미치고 있으므
로 저작권법을 해석할 때에도 특허, 상표, 디자인권 기타의 산업재산권을 포

함한 지식재산권법 전체의 조화 속에서 무엇을 어느 정도 보호해야 하는가
하는 문제에 지속적인 관심을 가지고 그것을 감안한 해석론을 신중하게 전개
할 필요가 있다. 예를 들어 응용미술이나 사실적·기능적 저작물로 분류할 수
있는 저작물을 '저작물의 요건 및 보호범위'와 관련하여 어떻게 취급할 것인
가 하는 문제 등의 해석에 있어서 특별히 그러한 점을 염두에 두어야 한다.

제 2 절 저작권법의 연혁

[3] 서구에서의 저작권법 성립과 발전

1. 비보호 시대

고대에는 저작물의 복제방법이 필사(筆寫)에 의존하였으므로 무형적 저작물에 대한 저작권 보호의 필요성 자체가 대두되지 않았다. 고대 로마에도 표절은 비난받아야 할 것이라는 의식은 있었던 것으로 보이지만, 이에 대하여는 단순히 도덕적 비난이 따름에 그치고 법적 제재를 가하는 데까지는 이르지 않았다. 저작자는 유형물인 원고(原稿)에 대한 소유권을 통해 간접적으로 보호를 받을 수 있었고, 그것으로 큰 문제는 없었던 것이다.

중세 시대에도 저작권에 대한 의식은 일어나지 않았다. 저작물의 복제는 수세기에 걸쳐 주로 수도사에 의하여 행해져 왔으며, 중세 후기에 이르러 비로소 사본의 작성과 원고(原稿)의 거래를 업으로 하는 직업이 생기기도 하였지만, 저작권에 대한 의식은 여전히 생기지 않고 있었다.

2. 특허시대

근대에 이르러 저작권제도의 효시인 '출판특허'제도가 등장하기 시작하였는데, 그 계기가 된 것은 활판 인쇄술의 발명이다. 활판 인쇄술은 원작과 동일한 내용의 복제물을 한꺼번에 많이 제작하는 것을 가능하게 할 뿐만 아니라 그 가격도 필사본과 비교할 때 저렴하다는 등의 장점을 지니고 있었기 때문에 급속히 보급되어 1470년대에는 유럽 각지에서 활판인쇄가 행해지게 되었다.

저작권 보호 제도가 없는 상태에서 출판물의 복제를 용이하게 하는 인쇄기술이 급격히 보급되는 상황은 필연적으로 무단복제본의 증가를 불러올 수밖에 없었다. 그로 인해 최초 출판자의 매출이 저해되고 출판에 소요된 비용의 회수조차도 곤란하게 되는 사태가 곧잘 발생하게 되었다. 이에 출판자들은 무단 복제본의 제작으로부터 자신의 이익을 지키기 위한 법제도의 필요를 느끼고 권력자들에게 청원을 하게 되었는데, 그러한 출판자들의 수요에 응하기 위하여 등장한 것이 출판특허제도이다.

출판특허제도의 남상(濫觴)이라고 할 수 있는 것은 1469년 베네치아시가 인쇄술을 그 시에 도입한 독일 스파이어 출신의 요한(Johann von Speyer)에게 인쇄술 사용에 대한 5년간의 배타적 권리를 준 것이다. 그러나 이 특허는 산업의 발전에 종사하는 자라는 이유로 주어진 것으로서 오늘날의 특허의 선구라고 하는 의미가 더욱 크고 저작권제도의 기초로서의 역할을 수행한 출판특허제도와는 엄밀하게는 부합하지 않는 것이다.

출판특허는 개별 출판물마다 부여되는 것이어야 저작권제도의 기초가 될 만한 의미를 갖는 것인데 그러한 의미의 출판특허제도는 15세기에 먼저 이탈리아에 등장하고, 16세기 이래 독일, 프랑스, 영국에서도 잇달아 출현하였다. 일정 기간 출판물에 대하여 배타적 권리를 부여하는 출판특허제도가 급속히 유럽 전역으로 보급된 배경에는 국가 내에서 영리적 독점을 원하는 출판자의 요구에 응한 것이라는 측면 외에 특허를 주는 측에 있어서도 사전검열이라고 하는 행정단속상의 목적을 달성할 수 있는 데다 특허료를 징수함으로써 국고를 채울 수 있다고 하는 재정상의 고려도 깔려 있었다.

이 제도는 저작자의 권리를 직접적으로 보호하는 것이 아니라 출판업자의 독점적·특권적 권리를 통해 간접적으로 저작자의 이익도 도모하는 시스템이라는 점에서 제한적인 의미를 갖는 것이었다.

3. 입법시대

활판 인쇄술의 발명 후 약 200년간 저작권은 특허제도 속에 봉해져 있다가 17세기에 이르러 드디어 그로부터 탈피하기 시작한다. 문예부흥으로 촉발

된 인간성의 자각이 개인주의와 권리사상을 크게 발전시켰고, 그로 인해 인간의 지적, 정신적 활동의 성과물(brain child)로서의 저작물에 대하여는 저작자가 당연히 권리를 가진다고 하는 이른바 '저작권 사상'이 힘을 얻기 시작하였다.

그러한 흐름을 배경으로 하여 드디어 1709년에 영국에서 세계 최초의 근대적 저작권법으로 불리는 '앤 여왕법(Statute of Anne)'이 제정되었다. 이 법률은 저작자 및 그 권리승계인에 대하여, 이미 인쇄된 저작물에 대하여는 1710. 4. 1.부터 21년간, 또 새로이 인쇄되는 저작물에 대하여는 출판 후 14년간에 걸쳐 출판에 대한 권리를 보장하고 그 권리를 침해한 자에 대하여는 침해물의 몰수와 침해물 면수에 비례한 벌금을 물리고 그 벌금 등을 국가와 피해자가 절반씩 나누어 가지는 것으로 규정하였다. 저작자가 자신이 권리자라는 것을 증명하기 위해서는 서적출판업조합(Stationer's company)에의 등록과 일정한 도서관에의 납본을 해야 하는 것으로 규정하였다.

이 법률의 의의는 출판자의 권리로부터 저작자의 권리로 보호의 중점을 이동한 최초의 법률이라는 것에 있으나, 그 보호대상을 책으로만 한정하여 조각이나 기타 예술작품 등에 대하여는 전혀 다루지 않은 한계를 가지고 있었다. 이러한 문제점을 보완하기 위해 영국에서는 18세기와 19세기에 걸쳐 법적 보호를 받는 저작자의 권리의 대상·내용을 확대하는 의미에서 1734년에는 판화에 관한 '판화 저작권법(Engraving Copyright Acts)'을, 1798년에는 조각에 관한 '조각 저작권법(Sculpture Copyright Act)'을, 1833년에는 연극적 어문저작물의 공연권에 관하여 '연극적 어문저작물법(Dramatic Literary Property Act)'을 각각 제정하였다. 1842년의 '문예 저작권법(The Literary Copyright Act)'에서는 앤 여왕법을 폐지하고 저작권의 존속기간을 저작자의 생존 중 및 그 사후 7년 또는 처음부터 42년의 기간 중 더 장기인 기간 동안 존속하는 것으로 하였고, 등록제도도 유지하였지만 그것을 제소를 위한 요건으로만 규정하였다.

한편, 프랑스에서는 프랑스 혁명으로 국왕의 특권이 폐지되고 인간과 시민의 권리가 선언됨에 따라 1791년에 국왕의 특권에 의해 독점되고 있던 극장 상연을 해방하는 의미의 '상연에 관한 법률'이 제정되고, 1793년에는 저작물의 작가 및 작곡가, 화가, 판화가 등의 저작자는 그 작품의 판매, 배포에 대하여 배타적 권리를 가지는 것으로 규정한 '복제에 관한 법률'이 제정되었다. 또한 독립 후의 미국은 연방헌법에서부터 저작자의 권리보호를 선언한 후 1790년에 최초로 저작권법을 제정하였다. 그리고 독일에서는 18세기부터 19세기에 걸쳐서 인쇄 출판에 관한 법률들을 잇달아 제정하였는데 1837년 프로이센에서 제정한 '학술적, 미술적 저작물 소유에 관한 법률'은 그러한 여러 법률들을 종합하여 정비하는 취지를 가지고 있었다. 그 후 이러한 프로이센법의 영향을 받아 독일제국에서 1870. 6. 11. '문예, 음악, 연극에 관한 법률'이 제정되고 또한 1876년에는 '미술 및 사진 저작물의 보호에 관한 법률'이 제정되었다.

이러한 과정을 거쳐 서구에서는 19세기 중반 무렵에 독립적인 권리로서의 저작권의 개념이 확립된 가운데 저작권제도의 입법시대를 맞이하게 되고, 나아가 저작권이 인정되는 대상의 종류, 범위가 점차 넓혀져 19세기 말에 와서는 현대 저작권제도의 기본적 완성을 보기에 이른다.

4. 국제법 시대

그 후 저작권의 일국 내 보호만으로는 한계를 느끼고 국제적 보호를 도모하기 위한 노력을 기울인 결과 1886년에 베른협약이 체결된 이후 오늘날에 이르기까지 여러 가지 다자간 조약을 통한 저작권의 국제적 보호가 가속화되어 왔다(이와 관련하여 자세한 것은 이 책 [223] 이하 참조). 그러한 의미에서 그 이후의 시대를 '국제법 시대'라 칭한다.

[4]   우리나라 저작권법의 연혁

1. 저작권법 제정 이전

서구에서 활판 인쇄술의 발명이 저작권제도의 태동배경이 되었다는 것은 위에서 본 바와 같으나, 우리나라에서는 서구에 비하여 약 200년이나 앞서 금속활자를 발명하였음에도 불구하고 인쇄시설의 국가독점 등으로 인하여 저작권제도의 필요성으로 연결되지 못하였다. 조선시대에도 유교사상의 영향으로 저술활동에 대한 경제적 이익을 내세우는 것을 꺼렸기에 문화, 예술적 창작에 대한 권리 부여 및 법적 보호에 대한 개념이 발달하지 못했다.

한국에서 시행된 최초의 저작권법령은 1908. 8. 12. 체결된 '한국에서의 발명, 의장, 상표 및 저작권의 보호에 관한 일미조약'에서 비롯되었다. 이 조약에 따라 한국 저작권령(칙령 제200호)이 1908년 8월 12일 공포되었다. 이 칙령에서 한국의 저작권에 관하여는 1899년에 제정된 일본 저작권법을 적용한다고 규정함으로써 1908년 8월 16일부터 당시의 일본 저작권법이 우리나라에 '의용'되게 되었다.

그 후 일본은 '한일합방조약'의 공포일인 1910. 8. 29. 칙령 제335호와 제338호에 의하여 같은 날부터 일본 저작권법을 한국에 바로 시행하는 것으로 규정하였다. 또한 1945년 해방 후에는 미군정법령(제21호)에 의하여, 1948년 대한민국 정부수립 후에는 1957년 저작권법의 제정, 시행 전까지 헌법상의 경과규정에 의하여 일본 저작권법이 여전히 의용되었다.

2. 1957년 저작권법

1957년에 이르러 드디어 최초의 우리나라 저작권법이 제정, 공포되게 되었다.

5개장, 75개조 및 부칙으로 구성된 이 법률은 우리나라 최초의 저작권법이라는 점에서 의의가 크다고 할 수 있으나 30년 보호원칙을 취한 점, 음반·실연 등 저작인접물을 저작물로 규정한 점, 음반·녹음필름 등을 공연 또는 방송에 사용하는 행위를 포함하여 상당히 넓은 범위의 행위들을 비침해행위로 규정한 점 등에 있어서 국제적인 입법추세에 부합하지 않는 면을 가지고 있었다. 일반적으로 이 법을 강학상 '구 저작권법'이라고 부른다.

3. 1986년 개정법 등

1980년대에 이르러 우리나라의 국력신장과 저작권산업의 발전 및 외국과의 문화 교류 확대 등에 따라 저작권법을 국제적 보호수준에 맞추어 개정할 것을 바라는 국내적인 여망과 함께 국외로부터의 압력이 거세어지자 결국

1986. 12. 31. 저작권법의 전면개정이 이루어지게 되었다. 이 법이 1987. 7. 1. 부터 시행되게 된 데 이어 같은 해 10. 1.에 우리나라가 세계저작권협약(UCC) 에 가입함으로써 그 협약에 가입한 80개 외국의 저작물에 대하여도 내국민대 우의 원칙에 따라 보호를 하게 되었다.

구 저작권법에 비하여 체제와 내용을 전면적으로 일신하여 거의 새로운 제정이라고 할 만한 정도의 전면적 개정을 한 이 법률은 대륙법의 전통에 따 라 저작권과 저작인접권 보호를 체계적으로 규정하고, 저작인격권 보호에 대 하여도 비교적 충실히 규정하면서 오늘날의 '업무상저작물' 제도에 해당하는 '단체명의 저작물'에 대한 규정을 둔 것 등의 면에서, 현행 저작권법의 기본 적인 골격을 처음으로 세운 법률이라고 평가할 수 있다. 저작재산권 보호기간 을 사망 후 50년까지로 한 것도 당시의 국제적 추세에 부합하는 것이었다.

이 전면개정 이후에 2006년에 다시 전면개정을 할 때까지 1994년, 1995 년, 2000년, 2003년, 2004년 등에 부분적인 개정이 이루어졌다.

그 중 1995년 개정법은 WTO 출범에 따라 베른협약 가입에 대비하기 위 해 이루어진 것이라는 점에서 국제저작권 보호 등의 면에서 중대한 변화를 내포하고 있다. 무엇보다 외국인의 저작물에 대한 소급보호를 의무화하지 않 은 세계저작권협약과 달리 소급보호를 의무화한 베른협약에의 가입을 준비한 개정이었기 때문에, 조약발효일 이전에 공표된 외국인의 저작물도 저작권보호 대상으로 규정하면서 그로 인한 출판업계의 충격을 완화하기 위한 경과규정 을 부칙으로 도입한 것에 특징이 있다.

2000년 이후의 개정법들에서는 이른바 '디지털 이슈'에 대한 자체적인 입 법적 검토를 반영하여 전자도서관(2000년 및 2003년 개정법), 전송권 인정(2000년 개 정법, 저작인접권에 대하여는 2004년 개정법), 데이터베이스제작자 보호(2003년 개정법), 온 라인 서비스 제공자의 책임제한(2003년 개정법), 기술적 보호조치에 대한 보호 (2003년 개정법) 등에 대한 규정을 도입하였다.

4. 2006년 개정법 및 그 이후의 개정

2006. 12. 28. 법률 제8101호로 다시 한번 저작권법에 대한 대폭적인 전면개

정이 이루어졌다. 이 개정법에서는 그간 제기되어 온 저작권법 개정에 관한 여러 이슈들을 종합하여 규정한 결과 저작권자의 보호를 강화하는 내용(특수한 유형의 온라인 서비스제공자의 의무 규정 등)과 저작물의 공정이용을 보장하기 위한 내용(학교수업을 위한 저작물의 전송 등에 대한 저작재산권 제한규정 등)이 함께 포함되어 있다. WIPO 실연·음반 조약(WPPT)에의 가입에 대비하여 실연자에게 인격적 권리를 인정하는 것을 포함하여 실연자와 음반제작자의 권리를 강화하는 규정도 두었다.

이 개정 이후 현재까지 다음과 같은 개정이 이루어졌다.

개정법	주요내용	비고
2009. 3. 25.자 개정법	실연자와 음반제작자에게 공연에 대한 보상청구권을 부여함	
2009. 4. 22.자 개정법	컴퓨터프로그램저작물에 대한 특례 규정 도입	기존 컴퓨터프로그램보호법을 폐지함에 따라 저작권법에 컴퓨터프로그램보호법의 내용을 통합한 것임.
2011. 6. 30.자 개정법	• 저작재산권 보호기간을 저작자 사후 50년에서 70년으로 연장함(2013.7.1.부터 시행). • 방송사업자의 공연권을 제한적으로 인정함. • 온라인서비스제공자를 단순도관, 캐싱, 호스팅, 정보검색의 네 가지 유형으로 나누고, 각 유형별 면책요건을 명확히 함. • 접근통제적인 기술적 보호조치도 보호대상에 포함됨을 분명히 하고, 기술적 보호조치의 무력화 행위 자체도 금지하되, 금지에 대한 예외규정을 설정함.	먼저 체결되었던 한미 FTA가 재협상의 진통을 겪고 그 비준이 지체되고 있는 사이에 나중에 체결된 한·EU FTA의 비준이 이루어짐으로써 그 이행을 위한 저작권법 개정법이 2011. 6. 30.자로 공포된 것임. 그 내용에는 한·미 FTA와 한·EU FTA의 공통사항도 포함되어 있어 정부가 이전에 마련하여 국회에 제출한 한·미 FTA 이행을 위한 개정법안의 일부 내용을 제외한 나머지 사항들이 반영되게 됨.

2011. 12. 2.자 개정법	• 일시적 저장을 복제의 범위에 명시하되, 비교적 광범위한 예외규정(저작재산권 제한규정)을 둠. • 공정이용에 관한 일반조항 도입 • 일반 저작물에 대한 배타적 발행권제도의 도입 • 저작인접권 보호기간을 50년에서 70년으로 연장 • 온라인서비스제공자의 책임 제한 요건 수정 • 복제·전송자에 관한 정보제공청구제도 도입 • 저작권자의 권리 보호를 위한 금지규정의 추가 • 법정손해배상제도 도입 • 정보제공명령제도 도입 • 비밀유지명령제도 도입	한·미 FTA가 2011. 11. 12. 논란 속에 국회를 통과하면서 그 이행법률의 하나로 같은 날 국회를 통과하여 2011. 12. 2. 공포됨.
2013. 7. 16.자 개정법	청각장애인의 정보접근권 보장을 위해 공표된 저작물 등을 수화 또는 자막으로 변환하는 등의 행위를 저작재산권 제한사유로 규정	
2013. 12. 30.자 개정법	일정 범위 공공저작물의 자유이용을 위한 저작재산권 제한규정 등 도입	
2016. 3. 22.자 개정법	• '음반'의 정의에 음을 디지털화한 것을 포함하고, '판매용 음반'을 '상업용 음반'으로 수정 • 한국저작권보호원의 설립 근	

	거 및 업무 관련 규정 등을 마련	
2016. 12. 20.자 개정	저작권보호심의위원회의 구성에 관한 규정 개정	
2018. 10. 16. 자 개정	보상금 분배단체의 미분배 보상금의 사용 가능 시기 변경 등	
2019. 11. 26.자 개정	• 부수적 이용에 대한 저작재산권 제한 규정 신설 • 저작자불명저작물을 국가나 지방자치단체가 운영하는 문화시설이 상당한 조사를 거쳐 이용할 수 있도록 근거 규정 신설 • 저작권신탁관리업자의 경영정보 공개 의무화 등	
2020. 2. 4.자 개정	• 교과용 도서에 게재된 공표된 저작물을 공중송신할 수 있는 근거 규정 신설 • 직권조정 제도의 도입	
2020. 12. 8.자 개정	한국저작권위원회에 남아 있던 저작권 보호 관련 기능을 한국저작권보호원에 통합하고 보호원이 저작권 보호를 위한 연구·교육 및 홍보를 할 수 있는 법적 근거를 마련	
2021. 5. 18.자 개정	한국저작권위원회 위원의 연임을 한 차례만 가능하도록 제한하는 규정 도입	
2023. 8. 8.자 개정	시각장애인 등과 청각장애인의 복리증진을 위하여 그와 관련한 저작재산권 제한규정을 개선, 보완	

2장

저 작 물

제 1 절   저작물의 성립요건과 보호범위

[5]   서설

저작권법은 '저작물'에 대하여 다음과 같은 정의규정을 두고 있다.

■ 제2조 제1호: "저작물"은 인간의 사상 또는 감정을 표현한 창작물을 말한다.

여기서 저작물이 되기 위한 두 가지 요건을 추출해 보면 다음과 같다.
첫째 '인간의 사상 또는 감정의 표현'이어야 한다.
둘째 '창작성'이 있어야 한다.

[6]   인간의 사상 또는 감정의 표현

저작권법상 저작물로 인정될 수 있기 위해서는 그것이 '인간의 사상 또는 감정의 표현'일 것을 요한다. 이 요건은 원래는 명문으로 요구된 것은 아니었으나 다수 학설에 의하여 당연한 요건의 하나로 인정되어 오다가 2006년 개정법에서 명문화되었다.

1. 인간의 사상 또는 감정

가. 동물의 그림 등

저작물이기 위해서는 먼저 '인간의 사상 또는 감정'의 표현일 것이 요구된다. 침팬지가 그린 그림이나 원숭이가 찍은 '셀카' 등은 '인간'의 사상 또는 감정의 표현이 아니므로 저작물이 될 수 없다.

나. 인공지능 생성물

오늘날 '인공지능'(또는 로봇)이 작성한 그림, 소설, 악곡 등에 대한 저작권적 보호에 관한 논의가 많이 일어나고 있지만, 인공지능이 작성한 작품은 '인간의 사상 또는 감정을 표현한 창작물'이라고 할 수 없으므로, 적어도 현행 저작권법상으로는 저작물로 보호될 수 없다.

물론 인간이 자신의 구체적인 사상 또는 감정을 컴퓨터를 이용하여 자신의 창조적 개성이 드러나는 방식으로 표현하였다고 볼 수 있는 경우에는 그 저작물성이 인정될 수 있을 것이다. 그러나 현재 주된 논의의 대상이 되고 있는 인공지능 작성 작품들의 경우에는 그러한 정도를 넘어서, 사람은 창작행위를 개시할지, 어떠한 예술 장르와 포맷에 해당하는 창작 활동을 할지에 관한 대략적인 방향만을 인공지능에게 정해주고 나머지의 구체적 창작 과정은 인공지능에게 맡기는 형태의 것(이른바 '컴퓨터 주도형'의 경우)이다. 이러한 경우에는 인간에 의한 창작성을 인정하기 어렵고 겉으로 창작성이 있어 보이는 것을 만든 것은 인간이 아니라 인공지능이라 할 수 있으므로 저작권법상 저작물의 개념에 해당한다고 보기 어렵다. 저작권법 제9조에 의한 업무상저작물도 인간의 사상 또는 감정의 표현으로서의 저작물 개념을 전제로 하는 것이므로, 이 규정에 의한 보호도 부정되어야 한다.

인공지능이 창작한 작품에 대하여 일정한 제한적인 조건 하에 저작권적인 보호나 다른 특수한 형태의 법적 보호를 할 필요가 있다는 논의가 입법론으로 제기되고 있으나, 어떤 식으로든 인공지능 생성물을 창작물로서의 보호대상으로 인정하여 이를 법으로 보호할 경우 법적 보호를 받는 인공지능 생성물의 무한대의 양산과 그로 인한 복잡한 법률적 문제의 발생으로 인하여 인간의 창작 및 표현의 자유에 중대한 제약이 초래될 수 있음을 감안하여 신중하게 접근할 필요가 있다.

다. 사실

또한 저작물이기 위해서는 '인간의 사상 또는 감정'의 표현이어야 하므로 '사실(fact)' 자체는 저작물로 보호될 수 없다. 예를 들어 신문사의 기자가 이른바 '특종'을 취재하였다고 하더라도 그것은 '사실'의 영역에 있으므로 저작물로 보호될 수 없다. 다만 그것을 구체적으로 기사화하면서 자신의 생각이나 감정을 담아 표현하였을 때 그 표현에 창작성이 인정되면 이른바 '사실적 저작물'로 보호받을 수 있다. 이렇게 보호되지 않는 '사실'과 보호가능성이 있는 '표현'을 구분하는 법리를 뒤에서 보는 '아이디어와 표현의 이분법'에 대응하여 '사실과 표현의 이분법(fact-expression dichotomy)'이라 부르기도 한다.

2. 표현

저작물은 인간의 사상 또는 감정을 '표현'한 것이어야 한다. 여기서 두 가지 사항을 확인할 수 있다. 첫째는 인간의 사상과 감정이 외부적·객관적으로 표현되어야 저작물로 보호될 수 있다는 것, 둘째는 인간의 사상 또는 감정이 보호대상이 아니라 그 표현이 보호의 대상이므로 '표현'에 해당하는 것과 그렇지 않고 단순히 '아이디어'의 영역에 있는 것을 엄격히 구분하여야 한다는 것이다.

가. 객관적 표현

저작물이 저작물로서 보호되기 위해서는 일정한 형식으로 객관화되어 외부에 표현되어야 한다. 대법원도 "사상이나 감정이 '표현'되었다고 하려면 머릿속에서 구상된 것만으로는 부족하고 어떤 형태나 방법으로든 외부에 나타나야 한다. 그 나타나는 방법이나 형태에 대하여는 아무런 제한이 없다"고 판시하였다(대판 2020. 6. 25, 2018도13696). 외부에 표현되어야 한다는 것의 의미를 저작물의 공표와 혼동하지 않아야 한다. 남몰래 적어둔 일기나 감상록은 비록 공표되지는 않았어도 이미 그 개인의 마음에 머물러 있는 것이 아니라 외부적으로 표현된 것으로 보아야 한다. 표현의 완성도 요하지 않는다.

나. 아이디어와 표현의 이분법

위에서 언급한 바와 같이, 인간의 사상 또는 감정 자체가 저작물이 아니라 그것의 '표현'이 저작물이다. 여기에서 '아이디어와 표현의 이분법' 원칙이 나온다.

(1) 의의

'아이디어와 표현의 이분법(idea-expression dichotomy)'이란 요컨대 아이디어(idea)는 저작물로 보호되지 아니하고 표현(expression)만이 저작물로 보호된다고 하여 저작권의 보호대상을 개념적으로 한정하는 원리이다. 이는 미국의 판례상 오래 전부터 인정되어 오다가 1976년에 개정된 미국 저작권법 제102조 (b)에 "어떠한 경우에 있어서도, 저작자의 원저작물에 대한 저작권 보호는 그 형태 여하를 불문하고 당해 저작물에 기술, 설명, 예시 또는 수록된 관념, 절차, 체제, 조작 방법, 개념, 원칙 또는 발명에 대하여는 적용하지 아니한다"고 하는 형태로 명문화되었다. 미국처럼 이에 관한 명문의 규정을 둔 나라는 많지 않지만 대부분의 나라에서 저작권법의 해석론으로 이 원리를 수용하고 있다. 우리나라에서도 과거 저작물의 정의규정에 '표현'이라는 단어가 없을 때부터 다수학설의 지지를 받고 있었고, 판례도 이를 전적으로 수용하였다.

이 원리는 다시 말해 어떤 작품이 저작물에 해당하는 경우라 하더라도 그 구성부분이 모두 저작권법에 의해 보호되는 것이 아니라 그 구성부분 중 단순한 사상, 관념, 발명, 과학 법칙 등 광의의 아이디어(idea)에 해당될 수 있는 부분은 보호되지 아니하고 그러한 아이디어의 표현(expression)에 해당하는 부분만 보호된다는 것이다. 이는 사상, 관념 등을 표현한 저작물에 있어서 그 저작물상의 표현뿐만 아니라 그 속에 표현된 사상, 관념 자체에 대해서까지 저작자의 배타적 권리를 인정할 경우에는 저작자에 의해 표현된 사상, 관념 등이 여러 가지 표현형태로 자유롭게 순환하는 것을 가로막음으로써 학문, 문학, 예술 등의 발전을 저해하여 저작권법의 본래 취지에 오히려 역행하는 결과를 가져올 수 있으므로 그러한 사상, 관념 등에 대하여는 비록 그것이 당해 저작자의 독창성에 기한 것이라 하더라도 저작권법에 의한 보호가 미치지 않는 것으로 봄이 마땅하다는 취지에 기한 것이다. 결과적으로는 아이디어는 저작권법의 보호를 받지 못한다는 데 중점이 있으므로 '아이디어 불보호의 원칙'이라고도 하고, 그 결과 이용자의 입장에서는 아이디어는 적어도 저작권법상의 제약은 없이 자유롭게 이용할 수 있다는 측면에서 '아이디어 자유의 원칙'이라고 불리기도 한다('아이디어 불보호의 원칙'은 저작권법상으로는 일관되게 관철되지만,

'아이디어'도 일정한 요건을 갖춘 경우 다른 법에 의한 보호 대상이 될 수 있다. 부정경쟁방지법에서 "사업제안, 입찰, 공모 등 거래교섭 또는 거래과정에서 경제적 가치를 가지는 타인의 기술적 또는 영업상의 아이디어가 포함된 정보를 그 제공목적에 위반하여 자신 또는 제3자의 영업상 이익을 위하여 부정하게 사용하거나 타인에게 제공하여 사용하게 하는 행위"를 "아이디어를 제공받은 자가 제공받을 당시 이미 그 아이디어를 알고 있었거나 그 아이디어가 동종 업계에서 널리 알려진 경우"가 아닐 것을 전제로 '부정경쟁행위'로 규정하여 그로 인한 피해자에게 금지청구권 등의 구제수단을 인정하고 있는 것(같은 법 2조 1호 차목)이 그 주된 예이다}.

　이 이론에 의하면 예컨대 어떤 자연과학법칙을 설명한 저작물의 경우 거기에 기술된 자연과학법칙 자체는 그것이 그 저작자가 최초로 발견한 것이라 하더라도 저작권법의 보호대상이 되지 아니하는 것이고 그 자연과학법칙에 대한 저작자 나름대로의 독자적인 설명 및 표현방식만이 저작권의 보호대상이 되는 것이다.

(2) 아이디어에 해당하는 사례들

　우리나라 판례를 보면, 이러한 이분법을 적용하여, 다음과 같은 서비스 방식, 규칙, 이론체계, 기법, 공부방법 등은 아이디어의 영역에 해당한다는 이유로 보호를 부정하였다. 물론 그것을 구체적으로 기술하거나 표현한 부분에 창작성이 있으면 저작물로 보호받을 수 있다.

* 일정한 가격변동폭이 발생하면 이동통신 단말기를 통해 투자자에게 통보하여 주는 서비스 방식(서울지판 2001. 3. 16, 99가합93776)
* 추상적인 게임의 장르, 기본적인 게임의 배경, 전개방식 등(서울중앙지판, 2007. 1. 17, 2005가합65093)
* 어린이등을 대상으로 한 피아노 교습에 관한 교육이론과 이에 기한 교습방식 또는 순서(대판 1999. 10. 22, 98도112)
* 수지침이론에서 손에 존재하는 14 기맥과 345개 혈점을 정의하면서 일반인들도 이해하기 쉽도록 영문 알파벳과 아라비아 숫자를 결합하는 방식을 사용하는 것(서울중앙지판 2008. 10. 9, 2006가합83852)
* 기존의 한자 부수 214자 대신에 한자의 기본이 되는 80종 149개의 구성요소를 선별하여 이를 자원부호라고 명명하고 이를 바탕으로 기존의 한자 체계와 구별되는 새로운 한자 체계를 만들어 한자학습에 활용하도록 한 이론체계(서울고판 2008. 6. 10, 2007나87117 · 87124)

- 선을 상하 및 좌우로 교차시켜 삼베의 질감을 묘사하는 기법(서울고판 2011. 4. 13, 2009나111823)
- '먼저 전체적으로 훑어보기', '문제 읽고 바로 답 읽기' 등 이른바 '벼락치기'를 해야 할 경우의 공부방법(서울중앙지판 2020. 7. 10, 2019가합537427)

(3) 비문언적 표현

실제의 소송에 있어서는 원고의 저작물 전체가 아이디어의 영역에 해당한다는 이유로 그 보호를 전면적으로 부정하는 경우보다는 그 중 어떤 부분이 아이디어의 영역인지 표현의 영역인지에 따라 피고의 작품이 원고의 저작물의 저작재산권을 침해하였는지 여부를 결정하게 되는 경우가 많다. 즉, 아이디어와 표현의 이분법은 저작권침해 여부의 판단에 있어서 중요한 판단기준의 하나로 작용하고 있다고 할 수 있다. 특히 소설 등의 스토리가 있는 저작물의 경우에는 구체적이고 특색 있는 사건 전개과정, 등장인물의 교차 등은 비록 문언적 표현(literal expression)은 아니더라도 이른바 '비문언적 표현(non-literal expression)'으로서 아이디어가 아닌 표현의 영역에 속한다고 하게 된다(자세한 것은 이 책 [179] 3. 참조).

(4) 아이디어가 구체적으로 결합된 경우의 보호 - 방송 포맷 및 게임규칙의 경우

아이디어와 표현의 이분법과 관련된 문제로 최근 가장 많은 주목을 받고 있는 문제 중의 하나가 바로 방송 포맷의 저작물성 유무이다. 드라마나 영화와 같은 극적(劇的)인 저작물의 경우에 그 스토리가 비문언적 표현으로 보호될 수 있다는 것은 널리 인정되어 왔지만, 이른바 리얼리티 프로그램 등의 방송 포맷은 아이디어로서의 측면이 강하여 그에 대한 법적 보호에 불확실성이 있어 왔다.

그러한 프로그램의 편성 및 진행방식에 대한 기본적인 구상(방송 포맷의 일반적 개념보다 추상적인 것)은 아이디어의 영역에 해당할 가능성이 많아 부정경쟁방지법에 의한 보호 등은 별도로 하고 저작물로서의 보호는 어려울 것이다. 방송포맷이 여러 가지의 개별적 구성요소들의 결합으로 구성되어 있다고 할 때, 개개의 구성요소는 특별한 경우가 아닌 한 일반적으로 '아이디어'의 영역에 해당하는 것으로 보게 될 가능성이 많을 것이다. 그러나 개별적 구성요소들을 구체적으로 결합하여 만들어진 방송포맷 자체는 그 구성요소들의 선택과 배열, 구성 등에 창작성이 인정되면 일종의 편집저작물(이 책 [22] 참조)로 보호될 수 있다고 본다(편집저작물 기준설).

편집저작물의 소재 자체는 저작물일 것을 요하지 않으므로 아이디어에 해당하는 것이어도 무방하기 때문이다. 또한 아이디어가 결합되더라도 그것은 결국 아이디어일 뿐이지 않은가 하는 의문이 있을 수 있으나, 그 결합의 구체성의 정도 등에서 단순한 정도를 넘어설 경우에는 그 결합의 노력은 단순한 아이디어가 아니라 '표현'에 해당하는 것으로 볼 수 있다. 그 판단에 있어서 관건이 되는 것은 여러 가지 아이디어 등의 선택, 배합 또는 구성이 얼마만큼 구조적 복잡성이나 구체성 또는 유사한 다른 프로그램들과 구별되는 특징을 가지고 있는지 여하에 있다고 할 수 있다. 이른바 '짝' 사건에 대한 대법원 판결(대판 2017. 11. 9, 2014다49180)은 우리나라에서 최초로 리얼리티 프로그램의 방송포맷의 보호와 관련된 판시를 하였는데, 이 판결에서 밝힌 기본적인 법리는, 이 책의 입장과 동일한 '편집저작물 기준설'에 해당하는 것이라 할 수 있다(자세한 것은 기본서 §3-30-1 및 §3-33-5 참조).

편집저작물 기준설에 의하여 아이디어의 구체적 결합을 일정한 요건 하에 보호하는 법리는 이후 게임물에 대하여도 적용되어, 게임규칙 등의 복잡한 결합에 대하여도 일종의 편집저작물로 보호하는 취지의 대법원 판결이 선고되었다(대판 2019. 6. 27, 2017다212095, 이 책 [17] 2. 참조).

(5) 합체의 원칙(merger doctrine)

어떤 아이디어를 표현하고자 할 때 단 한 가지의 표현방법밖에 없는 경우를 가정해 보자. 그러한 경우에 그것 역시 '표현'이라고 하여 저작물로 인정하고 배타적인 권리로서의 저작권을 부여한다면, 결국 그 아이디어는 자유롭게 사용할 수 없는 영역에 들어가게 된다. 이러한 경우에는 그 표현을 저작물로 인정하지 않음으로써 아이디어의 자유로운 유통을 보장해야 한다고 하는 원칙이 바로 합체의 원칙(merger doctrine)이다. 합체의 원칙은 아이디어를 표현하는 방법이 하나여서 결국 아이디어와 표현이 합체(merger)된 것으로 보일 경우에 저작물로서의 보호를 부정하는 이론이라고 할 수 있다.

그런데 합체의 원칙이 적용되는 경우로는 위와 같이 아이디어를 표현하는 방법이 하나밖에 없는 경우만이 아니라 여러 개가 있더라도 효율성의 고려 등 여러 가지 제약 요소로 인하여 표현 방법의 폭이 극히 제한되는 경우도 포함될 수 있다. 이러한 경우에 표현방법이 하나밖에 없는 경우가 아니라는 이유로 저작물로서의 보호를 인정한다면, 역시 기능적인 저작물 등의 경우에 사실상 특정한 기능의 시장 독점을 초래할 수 있고, 기능적 저작물이 아니더라도 궁극적으로 후행 저작자의 선택의 폭을 지나치게 제한하게 되는 등의 문제가 발생할 수 있다.

이러한 합체의 원칙에 대하여는 저작권법상 아무런 명문의 규정이 없는데 무슨 근거로 인정할 것인지가 문제이다. 먼저, 저작권법이 사상 또는 감정이 표현된 창작물을 저작물로 보호하는 취지에는 사상 또는 감정 그 자체를 보호의 범위에서 제외하고자 하는 입법자의 의사가 반영되어 있으므로 이러한 저작권법의 취지에 따라 '아이디어 불보호' 또는 '아이디어 자유의 원칙'이 인정되고, 그에 따른 논리필연적 귀결로서 합체의 원칙이 우리 저작권법상 인정될 수 있다고 생각할 수도 있을 것이다. 그러나 다른 관점에서 보면, 창작성의 관점에서 근거를 찾을 수도 있다. 즉, 인간의 사상 또는 감정의 '표현'에 창작성이 있다고 인정될 때에만 저작권법상의 보호를 긍정할 수 있는 것인데, 특정한 사상 내지 아이디어를 전제로 할 때 그것을 표현하는 방법 자체가 하나 밖에 없거나 효율성 등의 측면에서 극히 제한되어 있다면 그러한 표현에는 저작자 나름대로의 '창조적 개성'이 발휘된 것으로 볼 수가 없을 것이라는 점에서 창작성 자체가 부정될 수 있는 것이다. 이렇게 보는 것이 더 간명한 논리가 아닌가 생각된다.

우리나라 대법원 판례가 '합체의 원칙'이라는 말을 사용하고 있지는 않지만, 대법원 판례의 취지를 자세히 살펴보면, 합체의 원칙을 저작물의 창작성에 대한 판단에 반영하고 있다고 할 수 있다. 이른바 '설비제안서 도면'에 대한 사건에서 대법원이 "누가 하더라도 같거나 비슷할 수밖에 없는 표현, 즉 저작물 작성자의 창조적 개성이 드러나지 않는 표현을 담고 있는 것은 창작성이 있는 저작물이라고 할 수 없"다고 판시한 것(대판 2005. 1. 27, 2002도965)이 그것을 보여준다. 이 판결은 결국 표현방법에 있어서 "누가 하더라도 같거나 비슷할 수밖에 없는" 제약이 있을 경우 그 창작성을 부정할 수 있다고 선언한 셈이며, 이는 창작성의 관점에서 합체의 원칙을 수용한 것으로 볼 수 있다. 요컨대 합체의 원칙은 아이디어와 표현의 이분법에 대한 보충원리임과 동시에 창작성 유무를 판단하는 핵심적 기준으로서의 역할을 수행하고 있다고 할 수 있다.

(6) 필수장면(Scènes a faire)의 원칙

Scènes a faire란 프랑스어로 "반드시 삽입하여야 할 필수장면"이라는 뜻으로 저작물에서 어떤 아이디어를 구현하려고 할 때 필연적으로 따르는 표현부분을 말한다. 이러한 부분을 저작권 보호에서 제외하는 원칙이 필수장면의 원칙이며, 표준적 삽화의 원칙이라고도 불린다. 이 원칙은 소설, 희곡 등과 같은 가공적 저작물에 주로 적용되는 것으로서, 기본적인 플롯 또는 등장인물의 타입 등과 같이 저작물의 보호를 받지 못하는 아이디어가 전형적으로 예정하고 있는 사건이라든가 등장인물의 성격타입 등과 같은 요소들에 대하여는 저작권으로 보호해서는 안 된다는 원칙이다. 이 원칙은 합체의 원칙과 매우 유사한 위치에 있고 다만 주로 적용되는 저작물의 종류에 차이가 있음에 그치는 것이므로 그 이론적인 근거도 비슷하게 생각할 수 있다. 즉, 이러한 '필수장면'의 경우는 최소한의 창작성이 없는 것으로 보아 그 보호를 부정할 수 있다.

다. 표현의 고정 여부

미국을 비롯한 영미법계의 저작권법에서는 저작물의 성립요소로서 유형물에의 고정(fixation in a tangible medium of expression)을 요건으로 하지만 독일·프랑스 등을 중심으로 한 대륙법계 국가들에서는 유형물에의 고정을 요건으로 하지 않는다. 우리나라는 후자에 속한다. 따라서 즉흥적인 연설, 강연 또는 자작곡노래나 자작시낭송 등도 저작물로 성립할 수 있다. 다만, 영상저작물은 그 개념상 "연속적인 영상이 수록된 창작물"이라는 것이므로 유형물에의 고정을 필요로 하는 것으로 해석될 수 있으나, 그것은 저작물 일반의 요건에 대한 것

과는 무관한 문제이고, 영상저작물의 개념에 해당하는지 여부의 문제와 관련
된 것일 뿐이라고 보아야 한다(이 책 [17] 1. 참조).

[7] 창작성

저작물이기 위하여는 표현에 창작성이 있을 것이 요구된다. 법문에서 '창
작물'이라고 표현한 것은 이를 분명히 한 것이다. '창작성'이 무엇을 의미하는
것인지에 대하여는 두 가지의 관점이 있다.

첫째 관점은, 창작성은 '남의 것을 베끼지 아니하고 자신의 독자적인 정
신적 노력으로 작성한 것'이라는 정도의 의미를 갖는 것이라고 하여 '창작성
＝독자적 작성'이라고 생각하는 관점이다.

둘째의 관점은 창작성이라는 것은 단순히 독자적인 정신적 노력으로 만들
었다는 것만으로는 부족하고, 최소한의 창조적 개성(creativity)이 반영되어 있을
것을 요한다고 하는 관점이다.

이 점에서 대법원은 과거의 몇몇 판결에서 첫째 관점에 가까운 입장을 표
명한 것으로 보였으나, 이른바 '설비제안서 도면' 사건 판결(대판 2005. 1. 27,
2002도965)에서 위 둘째의 관점을 분명히 하였다. 이 판결은 "창작성이란 완전
한 의미의 독창성을 말하는 것은 아니며 단지 어떠한 작품이 남의 것을 단순
히 모방한 것이 아니고 작자 자신의 독자적인 사상 또는 감정의 표현을 담고
있음을 의미하므로 누가 하더라도 같거나 비슷할 수밖에 없는 표현, 즉 저작
물 작성자의 창조적 개성이 드러나지 않는 표현을 담고 있는 것은 창작성이
있는 저작물이라고 할 수 없다"고 판시함으로써 '창작성＝독자적 작성＋창조
적 개성'이라고 보는 관점을 뚜렷이 하였다.

종래부터 있어 온 문학이나 회화와 같은 저작물에 대하여는 '독자적 작
성'이라고 하는 요소와 창조적 개성의 구별은 그다지 명료하게 의식되지 않았
다. 실제로 문예저작물 등의 전통적인 저작물에 대하여는 창조적 개성의 유무
를 특별히 의식하여 판단하지 않고 '독자적 작성'의 요소만 있으면 창조적 개
성도 있다고 판단할 수 있는 면이 있다. 또한 그렇게 판단한다고 하여 특별한

문제점이 발생하지도 않는 것으로 보인다. 예를 들어 조잡한 수준의 소설이나 회화 등에 저작물성을 인정한다고 하여 산업상의 경쟁을 제한한다거나 하는 등의 특별한 문제가 발생할 가능성이 없는 것이다. 한편으로는, 문예적 저작물 등에 대하여 '독자적 작성'이라고 하는 요소를 넘어서 객관적으로 '창조적 개성'의 유무를 판단하는 것은 지극히 어려운 일일 뿐만 아니라 그러한 판단을 법원에 맡긴다고 하는 것도 바람직하지 않은 측면이 있다.

그러나 기능적, 실용적 측면이 강한 이른바 '기능적 저작물'의 경우에는 사정이 다르다. 즉, 도형저작물이나 컴퓨터프로그램과 같은 기능적 저작물에 대하여는 그것이 단지 '독자적으로 작성'되었다고 하는 것만을 이유로 아무리 범용한 것이라 하더라도 모두 저작물로 인정하여 배타적 권리를 부여한다고 하면, 많은 문제를 야기할 수 있다. 그것은 산업상의 실용적 고안에 대하여 저작권법에 의하여 오랜 기간 독점적·배타적 권리를 부여함으로써 산업상의 경쟁을 부당하게 제한하고 그 발전을 가로막는 커다란 폐해를 낳을 수 있는 것이다. 그러한 폐해는 신규성과 진보성 등의 엄격한 요건하에 등록을 요건으로 보다 제한된 기간 동안 독점적 권리를 부여하는 산업재산권제도와 비교할 때 더욱 두드러지게 나타나는 것이다.

따라서 저작권법에서 저작물의 요건으로 규정한 '창작성'은 단순히 남의 것을 모방하지 아니하였다는 '독자적 작성'의 요소만으로는 부족하고, 거기에 더하여 최소한의 창조적 개성의 반영을 필요로 하는 것으로 보는 위의 둘째 관점이 타당하다고 할 수 있다. 이러한 관점은 미국의 이른바 'Fesit' 사건에서 연방 대법원 판결{Feist Publications, Inc., v. Rural Telephone Service Co., 499 U.S. 340 (1991)} 이 취한 입장과도 상통하는 것으로서, 저작권 보호를 정당화하는 관점 중에는 저작자의 지적 노동 자체를 중시하는 '노동이론'보다 '창작활동'에 대한 유인(인센티브)으로서의 저작권 보호 필요성을 강조하는 '유인이론'과 더 깊은 관련성을 가지고 있다고 할 수 있다.

'설비 제안서 도면' 사건에 대한 대법원 판결의 입장이 위 둘째의 관점을 분명하게 취한 것은 '기능적 저작물'에 대한 사건이라는 것을 감안한 면이 있다. 이 판결은 "기능적 저작물은 그 표현하고자 하는 기능 또는 실용적인 사상이 속하는 분야에서의 일반적인 표현방법, 규격 또는 그 용도나 기능 자체, 저작물 이용자의 이해의 편의성 등에 의하여 그 표현이 제한되는 경우가 많으므로 작성자의 창조적 개성이 드러나지 않을 가능성이 크며, 동일한 기능을 하는 기계장치나 시스템의 연결관계를 표현하는 기능적 저작물에 있어서 그 장치 등을 구성하는 장비 등이 달라지는 경우 그 표현이 달라지는 것은 당연한 것이고, 저작권법은 기능적 저작물이 담고 있는 사상을 보호하는 것이 아니라, 그 저작물의 창작성 있는 표현을 보호하는 것이므로, 기술 구성의 차이에 따라 달라진 표현에 대하여 동일한 기능을 달리 표현하였다는 사정만으로 그 창작성을 인정할 수는 없고 창조적 개성이 드러나 있는지 여부를 별도로 판단하여야 한다"고 판시하였다(기능적 저작물에 대한 창조적 개성 심사 엄격화의 원칙을 선언한 것으로 볼 수 있음). 이러한 판시의 이면에는 기능적 저작물에 대하여 창작성 인정의 문턱을 지나치게 낮추는 것이 경쟁정책적인 관점에서 바람직하지 않다는 것에 대한 고려가 깔려 있는 것으로 생각된다.

앞에서 본 '사실적 저작물'(이 책 [6] 1. 다. 참조)의 경우에도 기능적 저작물과 유사하게, 그 창작성의 문턱을 지나치게 낮춤으로써 쉽게 저작물성을 인정하여 독점적 · 배타적 권리를 부여할 경우에는 정보 유통의 자유를 과도하게 제한하는 결과가 될 수 있다. 따라서 사실 위주의 '시사보도'나 그 밖에 사실적 정보를 정리한 자료 등과 같은 경우에도 창조적 개성에 대한 심사를 다소간 엄격하게 할 필요가 있다. 예를 들어 포털 사이트의 키워드 검색어 현황을 전달 받아 별다른 특색 없이 일반적 표현형식에 따라 있는 그대로 기술한 것은 창작성을 인정받기 어렵다(서울중앙지판 2019. 7. 26, 2018노3426).

그러면 저작물 중에서 기능적 저작물이나 사실적 저작물 등 일정한 유형에 대하여만 창조적 개성을 특별히 추가적 요건으로 하는 것으로 볼 것인가? 그렇게 보는 견해도 있을 수 있고, 위 대법원 판례의 입장을 그렇게 오해할 가능성도 있다고 생각된다. 그러나 저작물의 종류에 따라서 창작성의 개념이 달라진다는 것은 논리적인 측면에서 수용하기 어려운 생각이다. 어떤 종류의 저작물이든 저작물로 성립하기 위한 요건으로서의 창작성의 개념에는 독자적 작성의 요소 외에 창조적 개성도 포함되는 것으로 보아 창작성의 개념은 통일적으로 파악하는 것이 바람직하다. 다만 창조적 개성의 유무에 대한 엄격한 심사의 필요성에 있어서 기능적 저작물 등의 경우와 일반 저작물의 경우에 따른 차이가 있을 뿐이다.

그렇다면 '창조적 개성'이란 구체적으로 무엇을 뜻하는 것인가. '설비제안서 도면' 사건에 대한 대법원 판결은 이 질문에 관하여도 중요한 단서를 제공하고 있는데 바로 "누가 하더라도 같거나 비슷할 수밖에 없는 표현, 즉 저작물 작성자의 창조적 개성이 드러나지 않는 표현"이라고 한 부분이다. 즉, 이 판결에 의하면, "누가 하더라도 같거나 비슷할 수밖에 없는 표현"은 창조적 개성이 없는 것이고 따라서 창조적 개성이란 "누가 하더라도 같거나 비슷할 수밖에 없는 제약이 없는 가운데 표현되는 개성"을 뜻하는 것으로 볼 수 있다. 이것은 아이디어와 표현의 이분법의 보충원리인 '합체의 원칙'이 창작성의 측면에서 반영된 것이라 할 수 있다. 또한 이것을 다른 표현으로 하여 '표현의 선택의 폭'이 어느 정도 있는 경우의 표현은 창조적 개성이 있고, '표현의 선택의 폭'이 매우 좁을 경우의 표현은 창조적 개성이 없다고 말하여도 거의 같은 말이 되는 것이다. 이것을 '선택의 폭' 이론이라 부르는데, 우리나라 하급심 판결에서도 위와 같은 맥락에서 '선택의 폭'이라는 표현을 창작성 판단의 기준으로 사용한 바 있다(예: 서울고판 2008. 6. 10, 2007나58805 등).

합체의 원칙에 기하여, 어떤 아이디어를 표현하는 방법에 실질적인 제약이 있어 "누가 하더라도 같거나 비슷할 수밖에 없는 경우"에 해당하는 경우 또는 "표현의 선택의 폭이 매우 좁은 경우"에 창작성의 개념요소인 '창조적 개성'을 부정하고 그렇지 않은 경우에는 그것이 독자적으로 작성된 것인 한 창조적 개성을 인정하는 위와 같은 법리는 한편으로 창작성의 판단에 있어 자의적 요소의 개입을 방지하고, 다른 한편으로, 창작성이 너무 넓게 인정됨으로써 자유로운 표현이나 산업상의 경쟁을 가로막는 부작용이 생기지 않도록 적절한 한계를 설정한 것이라는 점에서 타당한 이론이라 생각된다. 이 기준에 따라 창작성이 부정되는 예는 기능적 저작물(도형저작물이나 컴퓨터프로그램저작물)의 경우에 특히 많겠지만, 반드시 거기에 한하지 않고 다른 모든 종류의 저작물에 있어서 문제가 될 수 있다. 예컨대 어문저작물 중에는 짧은 단문이나 단구로 된 것 등의 경우에 표현의 선택의 폭이 좁다는 이유로 창작성이 부정되는 경우들이 있을 수 있다(이 책 [11] 나. 참조).

그러나 그렇다고 하여 일반저작물의 경우에 "누가 하더라도 같거나 비슷할 수밖에 없다"거나 '선택의 폭'이 좁다는 이유로 창작성을 너무 쉽게 부정하는 결론을 내리는 것은 곤란하다. 예컨대 사진저작물의 경우에 동일한 피사체(예를 들어, 백두산 천지)를 촬영하면 적어도 "누가 하더라도 비슷할 수밖에 없다"고 할 수도 있겠지만 그러한 저작물에 있어서 다른 측면에서의 미묘한 표현상의 차이와 개성의 표출 가능성을 무시하고 창작성을 쉽게 부정하는 근거로 '선택의 폭' 이론이나 합체의 원칙을 가져다 사용하는 것은 결코 바람직하지 않고 타당하지도 않다. 기본적으로 작성자의 개성 표출 가능성이 낮은 기능적 저작물 등에서는 창조적 개성에 대한 엄격한 심사가 요구되고 따라서 '선택의 폭' 이론 내지 '합체의 원칙'의 적용 가능성도 보다 적극적으로 검토되어야 하지만, 일반 저작물의 경우에는 대부분의 경우에 그러한 개성표출의 가능성이 인정될 수 있어 그에 대한 엄격한 심사는 적절치 않은 경우가 많다는 점을 감안하여야 한다. 따라서 저작물의 유형별 차이에 따른 구별취급의 필요성은 여전히 강조될 필요가 있다.

'설비제안서 도면' 사건의 대법원 판결이 '기능적 저작물의 창조적 개성 심사 엄격화의 원칙'을 천명한 것은 그 반면에 있는 법리, 즉 기능적 저작물이 아닌 일반 저작물의 경우에는 특별한 사정이 없는 한, 기존의 판례입장과 동일하게, 독자적 작성의 요소만을 가지고 창작성을 인정하여도 무방할 것이라는 것을 암묵적 전제로 하고 있는 것으로 볼 수 있으리라 생각된다.

요컨대 창작성의 요소에는 '독자적 작성'의 요소 외에 최소한의 '창조적 개성'이 요구되지만, 그것이 창작성 인정에 있어서 하나의 문턱으로 상대적으로 크게 작용하는 것은 기능적 저작물, 사실적 저작물 등의 경우이고, 일반적으로는 '독자적 작성'의 요소만으로 창작성의 요건이 충족되는 것으로 볼 수 있다.

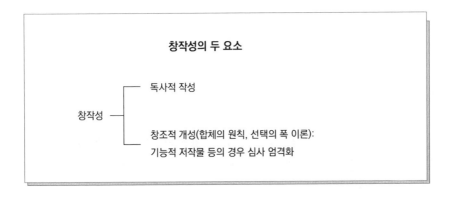

　　'창조적 개성'의 유무에 대한 문제는 예술성 또는 학술성에 대한 평가의 문제와 구별되어야 한다. 즉, 저작물의 예술적, 학술적 가치가 있거나 높아야만 창작성이 인정되는 것은 결코 아님을 유의하여야 한다. 또한 창작성은 특허법 등에서 요구하는 신규성과는 명백히 구별되는 개념이다. 신규성이 인정되기 위해서는 기왕의 기술적 지식에는 알려지지 않은 새로운 것을 발견 또는 만들어 내야 하는 것이며 기왕에 그와 같은 것이 존재하는 경우에는 신규성이 인정되지 않고 따라서 특허법에 의한 보호를 주장할 수 없다. 그러나 저작자가 남의 것을 모방하지 아니하고 독자적으로 작성한 것으로서 나름대로의 창조적 개성이 반영된 것이기만 하면 우연히 자신이 몰랐던 다른 사람의 저작물과 결과적으로 똑같은 것이라고 하더라도 창작성을 긍정할 수 있다. 기존의 저작물과 똑같은 것을 작성한 경우에 '현저한 유사성'의 법리에 의하여 기존의 저작물에 의거하여 작성된 것으로 사실상 추정되게 되고(이 책 [177] 2. 나. 참조), 그러한 추정을 번복하고 실제적으로 '독자적 작성'에 의한 것임을 입증하기가 쉽지 않은 경우가 대부분일 것이지만 그것을 입증할 수만 있다면, 법리적으로는 새로운 저작물로서의 창작성을 인정받을 수 있는 것이다.

[8]   저작물의 보호범위

　　위와 같이 저작물로 인정되기 위한 요건은 ① 인간의 사상 또는 감정의 표현일 것, ② 창작성이 있을 것의 두 가지이다. 그런데 이것은 하나의 작품이 저작물에 해당하는지 여부를 결정하는 기준이 될 뿐만 아니라 하나의 작품 중에서 실제로 보호되는 범위가 어디까지인지를 결정짓는 기준이 되기도 한다. 즉, 어느 작품에 위 두 요건을 충족하는 부분이 부분적으로 있는 경우도 많은데, 그 경우에 그 작품 중에서 저작권법에 의하여 저작물로서 보호되는 것은 두 요건을 모두 충족하는 '교집합'의 영역에 한한다. 즉 어느 작품을 그러한 관점에서 나누어 볼 때 ① 창작성 있는 표현의 부분, ② 창작성 없는 표현의 부분, ③ 창작성 있는 아이디어의 부분, ④ 창작성 없는 아이디어의 부분이 있다고 할 때 그중 보호되는 범위에 포함되는 것은 ①의 부분뿐이다. 다만 저작권법에서 말하는 창작성은 '표현에 대한 창작성'을 말하므로 '창작성 있는 아이디어'는 저작권법상으로는 성립하기 어려운 표현이라 할 수 있다.

[9] 비저작물의 이용과 일반 불법행위 법리의 적용

위에서 살펴본 저작물의 성립요건을 갖추지 못한 것, 예컨대 아이디어의 영역에 해당하거나 창작성이 결여된 작품 등은 저작권법상 저작물로 보호되지 아니하고, 따라서 누구나 자유롭게 이용할 수 있는 것이 원칙이다. 그런데 판례를 보면 저작물로서의 요건을 갖추지 못한 비저작물의 이용행위에 대하여 일정한 추가적인 요건 하에 민법상의 일반 불법행위의 법리를 적용하여 원고의 손해배상청구권 행사를 받아들이는 사례들이 있다.

저작권 침해 등에 해당하지 아니하는 이용행위(비침해행위)에 대하여 어떠한 요건 하에 민법상의 일반 불법행위를 인정할 것인지에 대한 대법원의 입장은 이른바 '인터넷 포털사이트 광고 방해 사건' 사건에 관한 결정(대결 2010. 8. 25, 2008마1541)에서 비교적 잘 정리된 형태로 제시된 바 있다. 이 결정에서 대법원은 "경쟁자가 상당한 노력과 투자에 의하여 구축한 성과물을 상도덕이나 공정한 경쟁질서에 반하여 자신의 영업을 위하여 무단으로 이용함으로써 경쟁자의 노력과 투자에 편승하여 부당하게 이익을 얻고 경쟁자의 법률상 보호할 가치가 있는 이익을 침해하는 행위는 부정한 경쟁행위로서 민법상 불법행위에 해당"한다고 보았다. 이를 통해 대법원은 1) 경쟁자가 상당한 노력과 투자에 의하여 구축한 성과물을 상도덕이나 공정한 경쟁질서에 반하여 자신의 영업을 위하여 무단으로 이용할 것, 2) 경쟁자의 노력과 투자에 편승하여 부당하게 이익을 얻을 것, 3) 경쟁자의 법률상 보호할 가치가 있는 이익을 침해할 것이라고 하는 세 가지의 요건을 제시하고 있는 것이다.

위와 같은 대법원의 결정은 이후 2013. 7. 30.자 부정경쟁방지법 개정에 영향을 미쳐 그 개정법에서 부정경쟁행위의 하나로 다음과 같은 규정(당시에는 차목이었으나 현재 파목으로 변경)을 신설하였다.

> ■ 부정경쟁방지법 제2조(정의) 이 법에서 사용하는 용어의 뜻은 다음과 같다.
> 1. "부정경쟁행위"란 다음 각 목의 어느 하나에 해당하는 행위를 말한다.
> 가~타. (생략)
> 파. 그 밖에 타인의 상당한 투자나 노력으로 만들어진 성과 등을 공정한 상거래 관행이나 경쟁질서에 반하는 방법으로 자신의 영업을 위하여 무단으로 사용함으로써 타인의 경제적 이익을 침해하는 행위

이러한 부정경쟁방지법의 개정과 그 시행으로, 비저작물의 무단 이용행위 중 위 대법원 결정에 의하여 불법행위로 인정되는 사안은 거의 대부분 개정 부정경쟁방지법 제2조 제1호 파목의 부정경쟁행위에 해당하여, 금지청구권을 포함한 부정경쟁방지법상의 구제수단을 사용할 수 있게 되었다(형사처벌 대상에서는 제외됨). 따라서 개정법 시행 후에는 비저작물의 이용행위에 대하여 부정경쟁방지법의 규정이 우선적용되고, 민법상의 일반 불법행위에 관한 법리가 동원될 일은 거의 없을 것으로 생각된다. 논리적으로는 여전히 민법상의 불법행위가 보충적으로 적용될 여지를 전적으로 부정하기 어려운 것이 사실이나, 대법원 결정에서 정리된 법리를 거의 그대로 반영한 위와 같은 부정경쟁방지법의 신설규정에 의하여 보호되지 못하는 영역을 추가로 일반 불법행위로 인정하는 것에 대하여는 극히 예외적인 특별한 경우가 아닌 한, 그 타당성을 인정하기가 쉽지 않을 것이다.

그리고 '비저작물의 이용'에 대하여 부정경쟁방지법의 위 규정을 적용하거나 민법상의 일반 불법행위 법리를 적용하는 것이 근본적으로 저작권법의 정신에 반하는 것이 되지 않도록 유의할 필요가 있다. 이러한 규정이나 법리

를 지나치게 넓게 적용하게 되면, 앞에서 본 아이디어와 표현의 이분법, 기능적 저작물에 대한 창조적 개성 심사 엄격화의 원칙 등을 통해 보호와 비보호의 경계를 섬세하게 규정함으로써 표현의 자유를 보장하거나 산업상의 경쟁을 활성화하고자 하는 등의 목적을 이루고자 하는 저작권법상의 '균형장치'를 무력화하는 문제가 있을 수 있다.

이에 대한 판례의 입장을 보면, 대법원은 위 규정에 대하여 "새로이 등장하는 경제적 가치를 지닌 무형의 성과를 보호하고 입법자가 부정경쟁행위의 모든 행위를 규정하지 못한 점을 보완하여 법원이 새로운 유형의 부정경쟁행위를 좀 더 명확하게 판단할 수 있도록 함으로써, 변화하는 거래관념을 적시에 반영하여 부정경쟁행위를 규율하기 위한 보충적 일반조항"이라고 전제한 후, 위 규정이 대법원 판례를 반영하여 만들어진 경우 등을 종합할 때 위 규정이 "그 보호대상인 '성과 등'의 유형에 제한을 두고 있지 않으므로, 유형물뿐만 아니라 무형물도 이에 포함되고, 종래 지식재산권법에 따라 보호받기 어려웠던 새로운 형태의 결과물도 포함될 수 있다"고 보았다(대판 2020. 3. 26, 2016다 276467). 이 규정에 해당하는지 여부를 판단하는 기준과 관련하여 위 판례는 "'성과 등'을 판단할 때에는 위와 같은 결과물이 갖게 된 명성이나 경제적 가치, 결과물에 화체된 고객흡인력, 해당 사업 분야에서 결과물이 차지하는 비중과 경쟁력 등을 종합적으로 고려해야 한다. 이러한 성과 등이 '상당한 투자나 노력으로 만들어진' 것인지는 권리자가 투입한 투자나 노력의 내용과 정도를 그 성과 등이 속한 산업분야의 관행이나 실태에 비추어 구체적·개별적으로 판단하되, 성과 등을 무단으로 사용함으로써 침해된 경제적 이익이 누구나 자유롭게 이용할 수 있는 이른바 공공영역(公共領域, public domain)에 속하지 않는다고 평가할 수 있어야 한다"고 판시하고 나아가 위 규정이 정하는 '공정한 상거래 관행이나 경쟁질서에 반하는 방법으로 자신의 영업을 위하여 무단으로 사용'한 경우에 해당하기 위해서는 "권리자와 침해자가 경쟁관계에 있거나 가까운 장래에 경쟁관계에 놓일 가능성이 있는지, 권리자가 주장하는 성과 등이 포함된 산업분야의 상거래 관행이나 경쟁질서의 내용과 그 내용이 공정한지, 위와 같은 성과 등이 침해자의 상품이나 서비스에 의해 시장에서 대체될

수 있는지, 수요자나 거래자들에게 성과 등이 어느 정도 알려졌는지, 수요자
나 거래자들의 혼동가능성이 있는지 등을 종합적으로 고려해야 한다"고 판시
하였다(위 대판 2020. 3. 26, 2016다276467).

제 2 절 저작물의 분류

제1관 표현형식에 따른 분류

[10] 저작권법 규정과 그 성격

우리 저작권법은 제4조에서 다음과 같이 표현형식에 따라 9가지 유형의
저작물로 나누어 예시하고 있다.

> ■ 제4조(저작물의 예시 등) ① 이 법에서 말하는 저작물을 예시하면 다음과 같다.
> 1. 소설·시·논문·강연·연설·각본 그 밖의 어문저작물
> 2. 음악저작물
> 3. 연극 및 무용·무언극 그 밖의 연극저작물
> 4. 회화·서예·조각·판화·공예·응용미술저작물 그 밖의 미술저작물
> 5. 건축물·건축을 위한 모형 및 설계도서 그 밖의 건축저작물
> 6. 사진저작물(이와 유사한 방법으로 제작된 것을 포함한다)
> 7. 영상저작물
> 8. 지도·도표·설계도·약도·모형 그 밖의 도형저작물
> 9. 컴퓨터프로그램저작물

이러한 저작권법의 규정은 저작물의 종류를 한정적으로 열거한 것이 아니
고 저작물이 어떤 것인가를 개괄적으로 예시한 것으로 본다. 따라서 여기에
분류된 것의 어느 하나에 해당하지 않더라도 '인간의 사상 또는 감정을 표현
한 창작물'로서의 기본 요건을 갖추고 있기만 하면 저작물로 인정될 수 있는
것이다. 그러나 실제적으로, 우리가 알고 있는 저작물 중에 여기서 나열한 저
작물 중 여러 가지 유형에 해당하는 것(예를 들어, 게임저작물)은 많이 있으나 이
중 어느 하나에도 해당하지 않는 것을 찾기는 어렵다.

[11]   어문저작물

1. 의의

저작권법은 다음과 같이 어문저작물을 저작물의 한 유형으로 예시하고 있다.

■ 제4조(저작물의 예시 등) ① 이 법에서 말하는 저작물을 예시하면 다음과 같다.
  1. 소설·시·논문·강연·연설·각본 그 밖의 어문저작물

어문저작물은 소설, 시, 논문, 강연, 연설, 각본 등 언어나 문자에 의해 표현된 저작물을 말하며, 문서에 의한 저작물과 무형의 구술에 의한 저작물로 구분할 수 있다. 문서에 의한 저작물은 문자 또는 문자에 갈음하는 기호(예컨대 점자, 속기기호 등)를 사용하여 문서화한 저작물로서 구술에 의하지 아니한 소설, 시, 논문 등이 여기에 포함되고 구술에 의한 저작물은 자작에 의한 강연, 강의, 설교 등을 말한다. 어문저작물이라고 하여 문학적인 가치를 가져야 하는 것은 아니므로 예를 들어 상품카탈로그나 광고용 팜플렛, 각종 설명서 등도 저작물로서의 성립요건을 갖추면 어문저작물로 보호될 수 있다.

2. 어문저작물의 저작물성이 문제되는 경우

가. 일반

어문저작물로 인정되기 위해서는 다른 저작물과 마찬가지로 인간의 사상 또는 감정을 표현한 것으로서 그 표현에 창작성이 있어야 한다. '인간의 사상 또는 감정'의 표현일 것을 요구하는 것과 관련하여 공지의 사실 등을 소재로 한 것의 저작물성이 문제될 수 있으나 비록 사실을 소재로 한 것이라 하더라도 책을 쓰는 경우와 같이 그 언어적 표현의 과정에서 어휘 선택 등에 '사상 또는 감정의 표현'이라고 할 만한 것이 내포되어 있을 경우에는 당연히 저작물성을 가지는 것이다. 물론 사실적 정보 자체를 도표 등으로 나열해 놓은 것만으로는 '사상 또는 감정'의 표현이 아니므로 저작물이 될 수 없음은 앞서 창작성에 관한 장에서 살펴본 바와 같다. 또한 표현의 내용이 되는 학문적 이론 등 아이디어의 영역에 속한 것이 아무리 높은 창작성을 갖는다 하더라도

그 '표현'에 창작성이 없으면 저작물로서 보호될 수 없음에 유의하여야 한다. 한편, 우리 저작권법은 미국법과 달리, 저작물이 외부에서 객관적으로 인식할 수 있는 상태로 표현되기만 하면 족하고 고정을 요건으로 하고 있지 않으므로 어문저작물이 반드시 원고지나 인쇄물 등에 고정되어 있을 필요는 없다.

나. 단문, 표어, 슬로건 등의 저작물성

창작성 유무의 판단에 있어서 대개의 어문저작물은 그다지 엄격한 심사를 요하지 아니한다. 소설 등의 경우에 그것이 남의 것을 베끼지 않고 독자적으로 작성한 것이기만 하면 '창조적 개성'이 있는지 여부를 엄격히 따지지 않아도 좋다. 즉 '창조적 개성'에 대한 심사를 요하는 것은 기능적 저작물 등에 있어서 표현의 방법이 제한되어 있는 경우에 한하고 표현의 방법이 무한하게 존재할 경우에는 독자적인 작성의 요소만으로도 창작성을 인정하기가 쉬운 것이다. 그런데 어문저작물 중에서도 아주 적은 수의 단어 조합으로 이루어진 표어, 슬로건 등은 '표현의 방법이 제한되어 있는' 경우에 해당하므로 '창조적 개성'에 대한 심사를 엄격하게 하지 않으면 안 된다. 표현 방법이 제한되어 있음에도 불구하고 저작물로 인정하여 그 저작자에게 배타적인 권리를 부여하게 되면 문화의 향상 발전은 물론이고 사람들의 일상적인 언어생활에까지 지나친 제약을 가하여 불편을 초래하게 될 것이기 때문이다. 다음과 같은 문구나 문장 등에 대하여는 그러한 이유로 창작성이 부정되었다.

- "나 여기 있고 너 거기 있어"('왕의 남자' 사건에 대한 서울고결 2006. 11. 14, 2006라503)
- "최상의 맛을 유지하는 온도 눈으로 확인하십시오."('하이트 맥주 광고문구' 사건에 대한 서울고판 1998. 4. 28, 97나15229)
- "손은 인체의 축소반응구역으로…", "손에는 내장의 기능을 조절하는 14개의 기맥과 345개의 자극점이 있는데…" 등('고려수지침요법' 사건에 대한 서울중앙지판 2008. 10. 9, 2006가합83852)

모든 표어, 슬로건, 짧은 문장 등이 일률적으로 저작물성을 인정받을 수 없는 것은 아니지만(작가 이외수씨의 트윗글에 대하여 창작성을 인정한 서울남부지판 2013. 8. 30, 2013노822 참조), 그 저작물성을 인정함에 있어서는 특히 '창조적 개성'을 인정할 만한 '선택의 폭'이 있는지를 신중하게 심사하여야 할 것이다.

다. 개인의 편지 및 일기의 저작물성

개인이 쓴 편지의 경우 단순히 용건만 전달한 것은 창작성이 없어 저작물이 될 수 없는 경우가 많겠지만 그렇지 않고 작성자의 사상이나 감정을 표현한 부분에 창작성이 있는 경우도 많을 것이고 그러한 경우에는 개인의 편지라는 이유로 저작물성을 부정할 아무런 이유가 없다(편지에 대하여 창작성을 인정한 '이휘소' 사건에 대한 서울지판 1995. 6. 23, 94카합9230 참조). 마찬가지로 일기도 사상 또는 감정의 창작적 표현으로 보이는 범위 내에서는 당연히 저작물로 보호될 수 있다.

라. 실용적 어문저작물

예를 들어 공인회계사 시험 준비 학원에서 시험과목인 재무관리에 대한 수험용 강의를 하는 강사가 재무회계 강의교재를 수험서로 집필할 경우 그 교재에는 학생들이 시험에 대비하여 알아야 할 사항이 일목요연하게 정리되어 수록될 필요가 있고, 저자의 학문적 관점 등이 반영될 여지는 별로 없을 것이다. 이러한 수험서 등의 '실용적 어문저작물'의 경우에는 누가 하더라도 같거나 비슷할 수밖에 없는 제약이 있어 창조적 개성이 인정될 수 없고 따라서 창작성이 부정되는 것이 아닐까 하는 의문이 있을 수 있다. 그러나 비교적 분량이 있는 수험서의 경우에 저자가 달라도 내용에 유사한 점이 있는 것은 사실이지만, 책에 포함할 항목(소재)의 선택, 배열, 구성 또는 구체적으로 정리하고 설명하는 방식 등의 여러 가지 측면에서 상당한 정도의 선택의 폭이 있다고 할 수 있으므로, 그 창작성이 전적으로 부정되는 것으로 보는 것은 타당하지 않다. 대법원도 "실용적 저작물의 경우, 그 내용 자체는 기존의 서적, 논문 등과 공통되거나 공지의 사실을 기초로 한 것이어서 독창적이지는 않더라도, 저작자가 이용자들이 쉽게 이해할 수 있도록 해당 분야 학계에서 논의되는 이론, 학설과 그와 관련된 문제들을 잘 정리하여 저작자 나름대로의 표현방법에 따라 이론, 학설, 관련 용어, 문제에 대한 접근방법 및 풀이방법 등을 설명하는 방식으로 서적을 저술하였다면, 이는 저작자의 창조적 개성이 발현되어 있는 것이므로 저작권법에 의해 보호되는 창작물에 해당한다"고 판시하였다(대판 2020. 4. 9, 2017도9459).

　　다만 전체로서의 어문저작물 자체에 창작성이 인정된다고 하여 그 구성부분 하나하나가 모두 창작성이 인정되는 것은 아니므로, 그 일부분만 이용하였을 경우에는 그 이용된 부분만으로는 선택의 폭이 아주 좁아 창작성이 없다고볼 수 있고 따라서 그 일부 이용이 저작권침해가 아니라고 보게 되는 경우가있을 수 있다(그에 해당하는 사례: '재무관리' 사건에 대한 대판 2012. 8. 30, 2010다70520·70537).

마. 시험문제의 저작물성

　　판례는 시험문제의 저작물성에 대하여 일관되게 긍정적 입장을 보여 왔다(서울고판 2007. 12, 12, 2006나110270 등). 문제된 시험문제에 대하여 개별적으로 그창작성 유무를 따져 보아야 할 것이지만, 창작성이 인정되는 경우가 많을 것으로 생각된다.

[12]　음악저작물

1. 의의

저작권법은 다음과 같이 음악저작물을 저작물의 한 유형으로 예시하고 있다.

■ 제4조(저작물의 예시 등) ① 이 법에서 말하는 저작물을 예시하면 다음과 같다.
　2. 음악저작물

　　음악저작물은 음에 의해 인간의 사상, 감정을 표현한 창작물을 말하며, 교향곡, 현악곡, 오페라, 재즈, 샹송, 대중가요, 동요 등등 표현방법 등을 묻지아니하고 모두 이에 포함된다. 또한 우리 저작권법상 유형물에의 고정은 저작물성의 요건이 아니므로 악보에 고정되지 아니한 즉흥연주, 즉흥가창 등의 경우도 그에 의해 표현된 악곡 및 가사 등이 음악저작물로 인정될 수 있다.

2. 가사의 법적 성격

오페라, 대중가요, 가곡 등의 경우와 같이 음뿐만 아니라 가사가 결합되어 있을 경우에 그 가사도 악곡과 함께 음악저작물의 일부가 되는 것으로 본다. 그러나 원래 시로 작성되었던 것이 가사로 사용되는 경우가 있는가 하면, 악곡을 위한 가사로 작성되었던 것이 마치 시처럼 악곡과 분리되어 복제·배포되는 경우도 있다. 그렇게 분리하여 이용할 수 있다는 점에서 가사와 악곡의 관계는 후술하는 바와 같이 '공동저작물'에 해당하는 것이 아니라 '결합저작물'에 해당하는 것으로 보게 된다(이 책 [32] 1. 참조). 한편, 그와 같이 분리하여 이용될 경우의 가사의 성격을 보면, 음악저작물이라고는 할 수 없고, 어문저작물로서의 성격만 나타내고 있는 것으로 생각된다. 그런 점에서 악곡과 결합하여 사용된 가사는 그것이 원래 다른 용도로 작성되었던 것인지를 불문하고 그와 같이 악곡과 결합되어 사용되는 범위 내에서는 음악저작물로서의 성질을 가지지만 어문저작물로서의 성격도 함께 가지는 것으로 보아야 할 것이다.

3. 악보의 법적 성격

악보가 음악저작물의 하나일 수 있는지에 대하여 약간의 논의가 있다. 가사 또는 악곡을 악보로 표시하는 것은 규칙에 따라 이루어지는 것이므로, 악보는 악곡 또는 가사의 표현 형태의 하나에 불과하고 그와 별도의 새로운 저작물이 되는 것은 아니라고 보아야 할 것이다. 다만 악보로 표시된 것도 유형물에 고정된 것이면 음악저작물의 복제물로 보아야 할 것이고, 따라서 그것을 무단으로 복제, 배포 또는 전송 등의 방식으로 이용하면 해당 음악저작물에 대한 저작재산권 침해가 될 수 있다.

4. 음악의 요소와 침해의 판단

음악은 일정한 질서 아래 악음(樂音, musical tone)이 조화·결합되어 성립되며, 음악이 지닌 기본적인 속성은 길이와 높낮이이고 이 밖에 음색과 세기도 포함된다. 계기(繼起)하는 소리의 길이에 일정한 시간적 질서를 부여하면 리듬이 생기고, 높이가 다른 둘 이상의 소리를 수평적·계기적(繼起的)으로 결합하면 가락(멜로디, 선율)이, 수직적·동시적으로 결합하면 넓은 뜻에서의 화성(chord)이 생긴다. 이들 리듬, 가락, 화성의 세 요소들은 음악작품의 불가결한 구성요소로서, 이를 음악의 3요소라고 한다. 위와 같은 3요소 외에도 음색과 형식의 두 요소를 더해 5요소로 이루어진다고 하는 견해도 있다. 그러나 음악은 그 외에도 템포(tempo, 빠르기), 박자, 악센트, 다이나믹(dynamic, 셈여림), 뉘앙스(nuance), 비트(beat) 등 여러 부수적인 요소를 포함하여 구성된다.

이러한 여러 가지 요소들 중에서 '표현의 자유도'가 가장 높고 악곡을 가장 잘 특징짓는 것이 바로 가락(멜로디)이라고 할 수 있다. 그에 비하여 리듬이나 화성은 표현의 자유도가 현저히 떨어져서 그것만 따로 떼어서는 창작성을 인정하기는 불가능하지는 않지만 아주 어려운 면이 있다. 따라서 음악저작물의 창작성 및 침해 여부를 판단할 때에도 우선적으로 가락에 창작성이 있는지, 또는 그 가락의 창작적 표현이 침해된 것인지를 따지게 된다. 그러나 가락 외에 리듬이나 화성도 가락과 결합됨으로써 악곡의 특징적인 면을 구성하게 되고 3요소나 5요소 외의 템포, 박자, 악센트, 다이나믹 등의 부수적 요소들도 때에 따라서는 악곡의 창작적인 특징에 중요한 영향을 미치게 된다. 그러므로 침해 여부를 판단함에 있어서 가락의 비교를 우선하되, 이러한 여러 요소들을 아울러 고려하여야 할 것이다.

대법원도 "음악저작물은 일반적으로 가락(melody), 리듬(rhythm), 화성(harmony)의 3가지 요소로 구성되고, 이 3가지 요소들이 일정한 질서에 따라 선택·배열됨으로써 음악적 구조를 이루게 된다. 따라서 음악저작물의 창작성 여부를 판단함에 있어서는 음악저작물의 표현에 있어서 가장 구체적이고 독창적인 형태로 표현되는 가락을 중심으로 하여 리듬, 화성 등의 요소를 종합적으로 고려하여 판단하여야 한다"고 판시하였다(대판 2015. 8. 13, 2013다14828).

그리고 하급심판결에서 "음악저작물이 인간의 감정에 호소할 수 있도록 하기 위해서는 사람들이 선호하는 감정과 느낌을 불러일으킬 수 있는 음의 배합을 이루어야 하는데, 음의 배열 가능성은 이론상으로 무한대이나 그 중 듣기 좋은 느낌을 주는 경우는 한정되고 나아가 대중의 취향에 부합하는 경우는 더욱 한정되며, 사람의 목소리가 포함되는 가창곡의 경우 더욱 제한된다"는 것을 음악저작물에 대한 침해 여부의 판단에서 감안하여야 할 것이라고 한 바 있는데(수원지판 2006. 10. 20, 2006가합8583), 타당한 입장이라 생각된다. 그것을 침해 판단의 면에서만이 아니라 음악저작물의 창작성 인정의 면에서도 감안하여야 할 것이다. 이것은 달리 말해, 음악저작물의 창작에 있어서 선택의 폭이 실제로는 그리 넓지 않다는 것을 말하는 것인데, 선택의 폭이 넓지 않은 부분의 표현에 대하여 창조적 개성을 엄격하게 심사할 필요성이 큰 '기능적 저작물'의 경우와 달리, 음악저작물의 경우에는 '독자적 작성'의 요소가 인정되는 한, 선택의 폭이 넓지 않은 가운데서의 미묘한 부분의 개성표출에 대하여도 상대적으로 관대하게 창작성을 인정하고, 그 침해 판단의 면에서는 침해 인정을 위해 필요로 하는 유사성의 정도가 상대적으로 높을 것을 요구하는 방향을 취하는 것이 타당할 것이다. 다만, 원고의 음악저작물 중 원고가 피고에 의하여 침해당했다고 주장하는 부분이 제3자의 음악저작물의 특정 부분(비교 대상 부분)과 현저히 유사하다는 등의 상황이 입증되었을 경우에는 그 창작성에 대한 판단은 그 부분이 비교 대상 부분의 '복제물'로 볼 수 있는지의 법적 판단에 의존하게 된다. 즉, 원고 측에서 침해를 주장하는 원고 작성의 악곡 부분이 제3의 다른 악곡의 비교 대상 부분과 현저히 유사하다는 등의 이유로 그에 '의거'(이 책 [178] 참조)하여 작성된 것으로 추정되고 그 비교 대상 악곡 부분과 '실질적 유사성'(이 책 [179] 참조)이 인정될 경우에는 2차적저작물에 요구되는 새로운 창작성의 존재에 대한 상대적으로 엄격한 심사(이 책 [21] 2. 참조)가 이루어지게 된다. 그러한 2차적저작물로서의 창작성이 인정되지 않는다면, 그 부분이 비교 대상 부분의 복제물에 불과하므로, 창작성이 부정될 수밖에 없고 따라서 그 부분을 피고가 이용한 것이 저작재산권 침해라고 하는 원고의 주장은 (피고 작성의 악곡 부분이 원고 주장의 악곡 부분과 얼마나 유사한지 여부와는 관계 없이) 받아들여질 수 없게 된다. 그것이 대법원 판례의 입장이다(대판 2015. 8. 13, 2013다14828 참조).

[13] 연극저작물

1. 의의

저작권법은 다음과 같이 연극저작물을 저작물의 한 유형으로 예시하고 있다.

■ 제4조(저작물의 예시 등) ① 이 법에서 말하는 저작물을 예시하면 다음과 같다.
  3. 연극 및 무용·무언극 그 밖의 연극저작물

연극저작물은 몸짓이나 동작에 의하여 사상이나 감정을 전달하는 저작물
이다. 저작권법상 연극저작물에는 연극 및 무용·무언극 등이 포함된다.

2. 연극

연극은 배우가 각본을 토대로 극장에서 관객에게 청각과 시각을 통해 전
달하는 예술이다. 그런데 연극의 경우 그 극본(각본) 등은 어문저작물에, 무대
장치 중 미술적 측면을 가진 것은 미술저작물에, 배경음악은 음악저작물에 각
해당할 것이며 또한 연출자의 연출, 배우의 연기 등은 저작인접물인 '실연'(이
책 [149] 2. 참조)에 해당하는 것이므로 결국 이러한 여러 가지 저작물과 연출자
와 배우의 실연으로 연극의 모든 것이 구성되어 있어 그와 별도로 연극저작
물이라고 할 만한 것이 있는지 의문이 생기는 것이 사실이다. 영화의 경우에
는 필름에 담아 고정을 하는 것을 전제로 하는 것이므로 전체적인 기획과 지
휘, 편집 등을 통해 영상저작물의 창작적 표현에 기여하는 영화감독 등을 이
른바 '근대적 저작자'라고 하여 저작자로 인정하는 것이 가능하지만(이 책 [96]
2.참조), 연극의 경우에는 그와 같은 별도 매체에의 고정이라는 것이 전제되지
않고 그때 그때 실연되는 것으로 그치는 것이기 때문에 별도의 저작물의 존
재가 명료하지 않다.

그러나 저작권법이 연극도 어문저작물인 극본과 별도로 연극저작물이 될
수 있도록 규정한 이상 연극의 경우도 무용 등의 경우와 마찬가지로 무대에
서 행해지는 배우의 연기의 형(型)이 연극저작물로 인정되는 경우가 있을 수
있다고 해석할 수밖에 없을 것이다. 다만, 모든 연극이 항상 연극저작물이 될

수 있는 것이 아니라 오히려 연출자와 배우 등이 어문저작물인 극본을 해석하여 관객에게 전달하는 '실연'만이 있고 별도의 연극저작물이 만들어지지는 않은 것으로 볼 경우도 많다고 해야 할 것이다. 이것은 해당 연극의 연출자가 저작권법상 '실연자'의 역할을 한 것으로 인정될 뿐, 어문저작물인 각본(희곡)에 대한 2차적저작물로서의 연극저작물을 창작한 저작자로 인정되지는 않는 경우가 많다는 것을 뜻한다. 그러한 경우에는 '몸짓이나 동작에 의하여 사상이나 감정을 표현하는 저작물'로서의 연극저작물은 존재하지 않고 각본에 기하여 몸짓이나 동작으로 연기하고 그것을 연출하는 '실연'만 존재하는 것으로 보는 것이다.

　'뮤지컬 사랑은 비를 타고' 사건에서 대법원 2005. 10. 4.자 2004마639 결정이 연출자에 의하여 작성된 연극저작물의 존재를 부정하고 해당 뮤지컬이 "각본, 악곡, 가사, 안무, 무대미술 등이 결합된 종합예술의 분야에 속하고 복수의 저작자에 의하여 외관상 하나의 저작물이 작성된 경우이기는 하나, 그 창작에 관여한 복수의 저작자들 각자의 이바지한 부분이 분리되어 이용될 수도 있다는 점에서, 공동저작물이 아닌 단독 저작물의 결합에 불과한 이른바 '결합저작물'이라고" 보아야 한다고 하면서(공동저작물과 결합저작물의 의미와 그 구별 기준에 대하여는 이 책 [32] 1. 참조), "뮤지컬 제작자는 뮤지컬의 완성에 창작적으로 기여한 바가 없는 이상 독자적인 저작권자라고 할 수 없으며, 뮤지컬의 연기자, 연출자 등은 실연 자체에 대한 저작인접권을 가질 뿐"이라고 설시한 것은 위와 같은 법리를 전제로 한 것이라 할 수 있다. 그러나 연출자가 항상 실연자의 지위만 가지는 것으로 보아야 할 것은 아니다. 연출자가 각본의 단순한 재현을 넘어서는 새로운 블로킹(무대 위 배우들의 동선 구역을 정하는 것)을 창출하여 동작(연기)의 형을 구성하는 면에서 새로운 창작성을 부가함으로써 사회통념상 새로운 저작물을 작성한 것으로 인정될 만한 사안이라면, 연출자를 어문저작물인 각본과의 관계에서 2차적저작물의 성격을 가지는 '연극저작물'의 저작자로 인정할 수 있을 것으로 생각된다. 다만 아직 그렇게 인정된 사례를 찾기는 어렵다.

3. 무용, 무언극

가. 무용

무용은 위에서도 언급한 바와 같이 별도의 연극저작물로 인정하기에 보다 적합한데, 그것은 언어라는 수단이 아니라 몸짓이라는 수단으로 표현되기 때문이다. 무용저작물의 경우 무보 등의 방법으로 고정되어 있어야만 실연과 구별되는 의미의 무용저작물의 존재를 인정할 수 있는 것이 아닌가 하는 문제가 오래 전부터 논의되어 왔고, 실제로 베른협약에서도 스톡홀름 개정 이전에는 무보 등의 방법으로 안무가 고정되어 있어야만 하는 것으로 규정한 바 있었다. 그러나 스톡홀름 개정협약에 의하여 이 문제는 가맹국의 국내법 규정에 일임하도록 되었고, 우리나라는 무용을 비롯한 연극저작물에 있어서도 별도로 고정을 요건으로 하지 않고 있다. 무용의 경우 안무가에 의하여 만들어지는 '동작의 형'이 창작성 등 요건을 갖출 경우 연극저작물로 인정될 수 있다. 무용수는 일반적으로 실연자이지 저작자가 아니다. 무용저작물의 경우 저작자의 결정은 누가 동작의 형을 창작성 있게 구성하였는지에 달려 있다. 동작의 형을 표현한 '무보(舞譜)'가 작성되어 있을 경우 그 무보로 표현된 동작의 형을 구성한 사람이 저작자가 되는 것이고, 단순히 이미 구성된 동작을 무보로 작성한 것만으로는 저작자가 되지 못한다. 또한 그 무보에 따라 실연의 지휘만을 한 안무가도 실연자일 뿐 저작자는 아니라고 보아야 한다.

무용저작물과 관련하여 몇 가지 논의되는 문제에 대하여 정리해 보면 다음과 같다.

1) 먼저, 사교댄스의 안무가 무용저작물에 해당할 수 있는지 여부의 문제가 있다. 사교댄스의 안무 중에 기존 스텝의 단순한 조합에 불과한 것은 창작성을 인정받기 어려울 수 있으나, 기존 스텝의 조합을 넘어선 정도의 특별한 창조적 개성이 인정되는 경우에는 그 창작성을 인정할 수 있을 것이라 생각된다.

2) 다음으로, 피겨스케이팅 등의 안무도 무용저작물에 해당하는지 여부가 논의되고 있다. 피겨 스케이팅이나 아이스댄싱, 리듬체조 등의 안무는 무용저작물로서의 창작성을 인정할 수 있는 경우가 있을 수 있고, 그러한 경우에 단순히 스포츠에 사용되었거나 사용될 예정이라는 이유만으로 저작물성을 부정하는 것은 타당하

지 않다.

3) 끝으로, 대중음악용 안무의 저작물성을 어떻게 볼 것인가 하는 점이다. 대중음악용 안무는 각각의 노래 가사 등에 맞추어 일정 시간 연속적인 동작이 이루어진다는 점에서 선택의 폭이 상당히 넓어 창조적 개성을 인정하는 데 문제가 없고, 그러한 안무를 전체적으로 하나의 저작물로 보호한다고 하여 다른 창작자의 표현의 자유를 지나치게 제한하는 문제가 발생하지 않을 것이라는 점에서 그 창작성의 인정에 인색할 필요가 없으리라 생각된다. 특히 '걸그룹' 등이 실연하는 안무의 경우에는 여러 명의 동작의 연결, 조합 등의 요소가 추가적인 창작성 요소가 되어 창작성이 인정될 가능성이 더욱 높아질 것이라 생각된다(그러한 경우에 대하여 무용저작물로서의 창작성을 인정한 사례: '샤이보이 안무' 사건에 대한 서울고판 2012. 10. 24, 2011나104668). 대중음악용 안무에 위와 같은 이유로 창작성이 인정되는 경우라 하더라도 그 개개의 구성요소(또는 그 중 짧은 시간에 이루어진 몇 가지 동작의 단순한 결합에 해당하는 부분)를 떼어서 보면 창작성을 인정하기 어려운 경우가 많을 것이므로, 개별적 구성요소 등에 대하여 저작권 보호를 하는 문제는 보다 신중하게 판단되어야 할 것이다.

나. 무언극

무언극의 경우도 무용과 유사하게 파악하면 될 것으로 생각된다. 즉, 통상 무언극을 만들 때에도 극의 줄거리나 기본적 동작은 기록해 둔다고 하는데 이와 같은 기록물로 '고정'될 것이 저작물 보호의 요건은 아니고 즉흥적 무언극도 창작성이 있으면 연극저작물로 보호되나 그러한 고정을 할 경우에 그 내용을 창작적으로 구성한 사람 또는 고정을 하지 않더라도 연기 내용을 지휘하면서 일정한 동작의 형(型)을 창작하는 데 관여한 사람이 저작자가 된다.

4. 그 밖의 연극저작물

저작권법은 제4조 제1항 제3호에서 연극저작물을 "연극 및 무용·무언극 그 밖의 연극저작물"이라고 하여, '그 밖의' 연극저작물도 있을 수 있음을 예정하고 있다. 따라서 연극, 무용, 무언극에 해당하지 않는 것이라도 동작의 형을 구성하는 면에 있어서 창작성이 있다면 모두 연극저작물로 보호될 수 있다. 음악공연 등의 경우에도 무대 위의 출연자들의 동작을 구성하는 면에서 창작성이 있는 연출을 하였다면 그 연출은 단순한 실연이 아니라 연극저작물의 저작으로 인정될 가능성이 있다. '난타' 공연에 대하여 연극저작물성을 긍정한 판례(서울고판 2012. 11. 21, 2011나104699)가 그러한 법리를 전제로 한 것이라 할 수 있다. 그리고 '밀가루 체험놀이 가루야 가루야'라는 체험전의 공연 기획안에 대하여 창작성 있는 저작물로 인정한 판례(대판 2019. 12. 27, 2016다208600)도 '연극저작물'이라는 유형을 판결에서 명시하지는 않았지만, '그 밖의 연극저작물'의 일종으로 볼 수 있는 사안이 아닌가 생각된다.

[14] 미술저작물

1. 의의

저작권법은 다음과 같이 미술저작물을 저작물의 한 유형으로 예시하고 있다.

■ 제4조(저작물의 예시 등) ① 이 법에서 말하는 저작물을 예시하면 다음과 같다.
  4. 회화·서예·조각·판화·공예·응용미술저작물 그 밖의 미술저작물

미술저작물이란 형상 또는 색채에 의해 미적으로 표현된 저작물을 말하며, 저작권법은 그 예로서 회화, 서예, 조각, 판화, 공예, 응용미술저작물 등을 나열하고 있다. 포스터의 그림, 회화의 밑그림이나 데생 또는 미완성 작품도 화가의 사상 또는 감정이 창작적으로 표현된 것이면 미술저작물이 될 수 있다. 다만 넓은 의미에서 미술 분야에 속한다고 볼 수도 있는 건축저작물과 사진저작물은 미술저작물에 대하여 규정한 제4조 제1항 제4호에 포함되어 있지 않고 각각 제5호와 제6호에 따로 규정되어 있다. 따라서 우리 저작권법상 이 세 가지 유형의 저작물은 서로 구별되는 것으로 보아야 한다.

미술저작물도 '인간의 사상 또는 감정의 표현'으로서 '창작성'을 가지고 있어야 한다는 요건을 갖추어야 하는 점에서 다른 저작물과 마찬가지이다. 미술저작물이라고 하여 반드시 일정 수준 이상의 '예술성'을 필요로 하는 것은 아니다. 즉, 남의 것을 모방하지 아니하고 독자적으로 작성한 것으로서 저작자 나름의 창조적 개성이 표현되어 있으면 예술성에 대한 평가와는 무관하게 창작성 및 저작물성을 인정받을 수 있다.

일반 미술저작물로서의 보호 여부가 문제가 되는 것은 올림픽 상징 도안인 오륜마크와 같이 간단한 도형으로 구성된 경우 등이다. 그 경우 그것이 '상징도안'이라는 것을 이유로 일률적으로 저작물성을 부정할 이유는 없지만, 그 도형적 구성이 너무 간단한 것일 경우에는 창작성 인정에 신중을 기할 필요가 있다. 아주 간단한 도안에 대하여 저작물성을 쉽게 인정하여 독점적 · 배타적 권리로서의 저작권을 부여하게 되면 창작의 자유를 지나치게 제한하는 문제가 있을 것이므로, 짧은 문구에 대하여 창작성을 인정하는 데 신중하여야 하는 것과 마찬가지의 이유에서 그 창작성 인정에 신중을 기하여야 할 것이다.

이러한 간단한 도안은 상표에 사용되는 경우가 많고 상표와 관련된 분쟁에서 상표에 대한 저작권을 주장하는 경우가 빈번하여, 그러한 사안에서 간단한 상표 도안의 창작성이 문제되는 경우가 많다. 그 창작성의 판단에 있어서는 기본적으로 상표가 아닌 '간단한 도안'의 경우와 동일하게 취급하면 될 것이다. 간단하다는 것도 정도의 문제로서 어느 정도를 간단한 도안으로 볼 것인지는 애매한 면이 없지 않은데, 아주 간단한 것이면 창작성을 인정하기 쉽지 않겠지만, 비교적 간단한 도형이라 하더라도 창조적 개성이 표출된 것으로 인정할 만한 경우도 충분히 있을 수 있으므로 사안마다 구체적 · 개별적으로 신중하게 판단하여야 할 것이다.

미술저작물성의 유무와 관련하여 문제가 되고 있는 사례나 논점들을 추가로 살펴보면, 다음과 같다.

1) 꽃꽂이가 미술저작물이 될 수 있을지가 문제되나, 비저작물인 소재의 선택, 배열 및 구성에 창작성이 있을 경우 편집저작물로 보호될 수 있도록 규정한 저작권법의 취지에 비추어 보면, 꽃꽂이도 비록 자연적인 소재를 이용하였다 하더라도 그것을 선택, 배열, 구성하는 면에서의 정신적 노력을 통해 나름대로의 심미적인 결과를 만들어 낸다는 점에서 편집저작물인 동시에 미술저작물로서의 창작성을 인정할 수 있는 경우가 많을 것이라 생각된다.

2) 연극이나 뮤지컬 공연 등에 사용되는 무대장치에 대하여는 개개의 무대장치에 대하여 개별적으로 판단하여 창작성이 있으면 미술저작물로 인정하여야 할 것이다. 의상, 조명 등을 포함한 '무대효과' 전체를 하나의 저작물로 보는 것은 그

렇게 볼 합리적 근거도 없고, 권리귀속관계를 복잡하게 하는 문제가 있으므로 찬성할 수 없다.

3) 기존의 회화를 그대로 모사한 '모사화(模寫畵)'에 대하여 저작물성을 인정할 수 있을지가 문제된다. 이러한 경우에는 원저작물과의 관계에서 2차적저작물로서의 요건을 갖추어야만 새로운 미술저작물로 인정될 수 있는데, 2차적저작물이 되기 위한 창작성의 정도를 비교적 높게 보아 '실질적 개변'을 필요로 하는 것으로 보는 본서의 입장(이 책 [21] 2. 참조)에서는 모사화에 대하여 저작물성을 인정하기는 어려운 것으로 본다.

4) 만화의 경우에는 어문저작물(말풍선 부분과 스토리)과 미술저작물(그림 부분)이 결합된 것으로 볼 수 있다.

5) 미술저작물은 시각에 의하여 감지될 수 있는 미적 표현물을 뜻하는 것으로 보아야 할 것이므로, 시각으로 감지하기 어려운 것은 미술저작물이 될 수 없다.

2. 응용미술저작물

가. 서설

일반적으로 응용미술이란 순수미술에 대응하는 말로서 산업상의 이용 기타 실용적 목적을 가진 미술작품을 뜻한다. 이러한 의미의 응용미술작품에는 ① 미술공예품, 장신구 등 실용품 자체인 것, ② 가구에 응용된 조각 등과 같이 실용품과 결합된 것, ③ 문진(文鎭)의 모델형 등과 같이 양산되는 실용품의 모델형으로 이용될 것을 목적으로 하는 것, ④ 의류디자인 등 실용품의 모양으로 이용될 것을 목적으로 하는 것 등이 모두 포함된다.

그런데, 위와 같은 응용미술작품 중 '공업상 이용할 수 있는 디자인'에 해당하는 것은 신규성, 진보성 등의 요건을 갖춘 경우에는 디자인보호법에 의한 등록을 거쳐 동법에 의한 '디자인권'이 부여될 수 있어 이러한 디자인보호법에 의한 보호와 저작권법에 의한 보호의 관계를 어떻게 볼 것인지가 문제된다. 이에 대한 입장으로는 일차적으로 1) 디자인보호법의 경우는 신규성 등의 엄격한 요건을 갖추고 등록절차를 거칠 것을 요하면서 그 존속기간은 설정등록일부터 디자인등록 출원일 후 20년이 되는 날까지에 불과하여 저작권법에 의한 저작물로서의 보호기간에 비하여 현저히 짧은 점 등을 고려할 때, 디자인보호법의 적용대상이 되는 '공업상 이용할 수 있는 디자인'의 경우에는 저작권법에 의한 보호를 받을 수 없다고 하여 중첩 적용을 부정하는 입장, 2) 그와는 정반대로, 디자인보호법과 저작권법은 각각 별도의 입법목적을 가지고 있는 것이고, 응용미술저작물에 대한 디자인보호법의 보호는 매우 불충분하므로 저작권법에 의한 중첩적 보호도 무제한적으로 인정하여야 한다고 보는 입장, 3) 저작권법에 의한 중첩보호를 인정하되, 위 첫째 입장의 논거 등을 현실적으로 감안하여 디자인보호법에 의한 보호 취지와 충돌하지 아니하는 범위 내에서 일정한 경우에 한하여 제한적으로만 저작권 보호를 인정하여야 할 것이라고 하는 입장 등으로 나누어 생각해 볼 수 있다. 결론적으로 우리나라 현행 저작권법은 위의 세 갈래 입장 중 3)의 입장을 취한 것으로 볼 수 있는데, 그 구체적인 내용을 살펴보기 전에 먼저 이 문제에 관한 저작권법의 규정 연혁을 살펴보기로 한다.

1957년에 제정된 구 저작권법에서는 응용미술작품에 대하여 아무런 언급을 하지 않고 제2조에서 "본법에서 저작물이라 함은 표현의 방법 또는 형식의 여하를 막론하고 문서, 연술, 회화, 조각, 공예, 건축, 지도, 도형, 모형, 사진, 악곡, 악보, 연주, 가창, 무보, 각본, 연출, 음반, 녹음필름, 영화와 기타 학문 또는 예술의 범위에 속하는 일체의 물건을 말한다"고만 규정하여 통상 미술저작물에 포함되는 것들 중 회화, 조각, 공예 등만 저작물로 예시하고 있었다. 즉, 구 저작권법은 일반적으로 응용미술작품의 개념에 해당하는 것 중에서 '공예'를 미술저작물에 포함하여 일품 제작의 공예품이 포함됨은 명백히 하였으나 나머지 응용미술작품의 보호에 대하여는 명백한 입장을 드러내지 않은 것으로 볼 수 있다. 그 후 1986년에 개정된 저작권법은 그 제4조 제1항 제4호에서 "회화·서예·도안·조각·공예·응용미술작품 그 밖의 미술저작물"을 저작물의 하나로 예시하고 응용미술작품에 대한 별도의 정의규정을 두지는 않았다. 규정 내용만으로 보면, 응용미술작품도 미술저작물의 하나에 포함하여 전면적으로 보호하는 것으로 볼 수 있는 규정이었다. 즉, 위 2)의 입장을 입법적으로 채택한 듯 보이는 면이 없지 않았다.

그러나 당시의 의장법의 여러 가지 제한규정을 감안할 때 그와 같이 해석하는 것은 의장법의 규정 취지를 몰각하고 산업계에도 혼란을 야기할 수 있다는 주장이 많이 제기되어 대법원 판례(대판 1996. 2. 23, 94도3266)도 '대한방직' 사건에서 "응용미술작품에 대하여는 원칙적으로 의장법에 의한 보호로써 충분하고 예외적으로 저작권법에 의한 보호가 중첩적으로 주어진다고 보는 것이 의장법 및 저작권법의 입법취지라 할 것이므로 산업상의 대량생산에의 이용을 목적으로 하여 창작되는 모든 응용미술작품이 곧바로 저작권법상의 저작물로 보호된다고는 할 수 없고, 그 중에서도 그 자체가 하나의 독립적인 예술적 특성이나 가치를 가지고 있어 위에서 말하는 예술의 범위에 속하는 창작물에 해당하여야만 저작물로서 보호된다고 할 것이다"고 하여 그 보호범위를 매우 제한적으로만 인정한 바 있다. 즉, 당시 시행중인 저작권법을 그 규정 형식에 불구하고 기본적으로 위 3)의 입장을 취한 것으로 해석하면서 다만 중첩적용의 '예외성'을 강조함과 동시에 일반적인 '창작성' 요건의 의미를 넘어선 "독립적인 예술적 특성이나 가치"를 요구하는 취지를 표명하였을 뿐만 아니라 결과적으로 평면적인 직물 염직 디자인에 대하여 보호를 부정하는 결론을 내려 전체적으로 저작권적 보호의 범위를 지나칠 정도로 제한적으로 보는 입장을 보인 것이다.

그러자 이러한 판례입장을 입법적으로 개선할 필요성에 대한 논의가 제기됨으로써 결국 2000년 저작권법 개정시 이 부분에 대한 개정이 이루어지게 된다. 즉, 2000년 개정법은 그 제4조 제1항 제4호에서 "회화·서예·조각·공예·응용미술저작물 그 밖의 미술저작물"을 저작물의 하나로 예시하여 종전의 '응용미술작품'을 '응용미술저작물'이라는 용어로 고치고, 제2조 제11의3호(현행법 2조 제15호)에서 응용미술저작물에 대하여 다음과 같은 정의규정을 신설하였다.

■ 제2조 제15호: "응용미술저작물"은 물품에 동일한 형상으로 복제될 수 있는 미술저작물로서 그 이용된 물품과 구분되어 독자성을 인정할 수 있는 것을 말하며, 디자인 등을 포함한다.

위 규정은 '응용미술저작물'이라는 개념을 일반적인 의미의 응용미술작품보다 제한적인 개념으로서, 일정한 추가적인 요건을 붙인 것이므로 규정내용만 비교한다면 개정 전 법에 비하여 응용미술의 보호범위를 제한하기 위한 것에 입법취지가 있는 것처럼 오해될 여지가 있다. 그러나 실제로는 대법원 판례의 지나치게 제한적인 보호범위를 개선하기 위한 데에 목적이 두어진 개정임이 분명하고, 개정 이후 대법원 판례도 그러한 입법취지를 중시한 해석을 통해 응용미술저작물의 보호범위를 이전보다 넓혀 직물 염직 디자인을 응용미술저작물의 보호범위에 포함하는 취지의 판결('히딩크 넥타이' 사건에 대한 대판 2004. 7. 22, 2003도7572)을 내렸다.

현행 저작권법상 응용미술저작물로 인정되기 위해서는 일반저작물에 요구되는 '창작성' 등의 요건 외에 추가로 다음 두 가지의 요건을 갖추어야 한다.

첫째, 물품에 동일한 형상으로 복제될 수 있는 것이어야 한다. 이것을 이 책에서는 '대량생산성'의 요건이라 부른다.

둘째, 미술저작물로서 그 이용된 물품과 구분되어 독자성을 인정할 수 있는 것이어야 한다. 이것은 '독자성'의 요건이라 할 수 있다.

나. 대량생산성의 요건

현행 저작권법상 응용미술저작물로 인정되기 위해서는 먼저 '물품에 동일한 형상으로 복제될 수 있는' 것이어야 한다. 이것은 이른바 '일품제작성(一品製作性)'을 가진 공예품 등은 이 개념에 해당하지 않고 대량생산되는 물품에 동일한 형상으로 복제될 수 있는 것만 포함된다는 취지이다. 따라서 이를 '대량생산성'의 요건이라고 한다. 원래 일반적인 개념으로서의 응용미술작품에는 일품제작의 공예품도 포함되는 것이나, 저작권법은 다음에서 보는 독자성 요건을 요하는 것을 산업적으로 대량생산되는 물품 등에 복제될 수 있는 것에 한정하여 그 개념을 좁히고 있는 것이다. 이것은 그 보호의 범위를 좁히고자 하는 취지가 아니라 일품제작의 공예품 등의 경우에는 별도로 '독자성' 요건을 필요로 하지 않고 일반적인 순수미술작품과 마찬가지로 그 미적 표현에 창작성이 있는지 등의 일반요건만 판단하여 보호하면 된다고 하는 생각에 기한 것이다.

'여우머리 형상 상표' 사건에 대한 대법원 판결(대판 2014. 12. 11, 2012다76829)은 상표도안을 "카탈로그 등 홍보물과 인터넷 홈페이지 등에서 물품에 부착되지 않은 도안 자체만의 형태를 게재해 온" 것이 인정되는 사안에 대하여 독자성에 대한 판단을 할 필요 없이 미술저작물로서의 창작성만 따지면 되는 것으로 판단한 바 있다. 이를 이어받아 대법원 2015. 12. 10. 선고 2015도 11550 판결도 유사한 사안에서 해당 도안(캐릭터)이 물품에 표시되는 이외에도 동화책들에서 물품에 부착되지 않은 형태로 게재되는 등 도안 자체만의 형태로도 사용되어 왔음을 이유로 역시 일반적인 미술저작물로서 창작성을 구비하였는지 여부에 따라 판단하면 족하다고 판시하였다.

위 판결들에서 명시적으로 표명하지는 않았지만, 위 판결들은 그러한 사안의 경우에는 '대량생산성'의 요건이 충족되지 않는 것으로 본 것이라 생각된다. 저작권법 제2조 제15호에 의하면 미술저작물 중에서 대량생산성('물품에 동일한 형상으로 복제될 수 있는' 성격)을 갖춘 것이면 '독자성'이 있어야만 '응용미술저작물'로 보호될 수 있는 것인데, 대법원이 위와 같은 경우에 '독자성'에 대한 판단을 할 필요가 없다고 본 것은 결국 그 경우에 '대량생산성'이 없다고 여긴 것이라고 볼 수밖에 없는 것이다.

이러한 판례 입장에 의하면, 온라인상에서 사용되는 배너 이미지 등이나 "그 형태 자체만"의 이용이 이루어지는 캐릭터 등은 대량생산성의 요소를 갖추지 않아 일반 미술저작물로 취급되게 된다. 그런 점에서 위 판결은 제2조 제15호에서 말하는 '물품'을 유체물로 한정하는 취지도 내포하고 있는 것으로 생각된다. 법문은 '물품에 동일한 형상으로 '복제될 수 있는' 미술저작물'이라고 하여 '가능성'의 의미를 내포하는 것처럼 보이지만, 판례는 '기본적으로 물품(유체물)에 동일한 형상으로 복제되는 형태로만 사용되는 것'을 '대량생산성'의 요소를 가진 것으로 보는 입장을 나타낸 것으로 보인다. 응용미술저작물에 대한 저작권적 보호에 있어서 '독자성'이라는 추가적인 문턱을 만든 것은 유체물을 대량 생산함에 있어서 수반되는 디자인의 경우에 그 타당성이 인정될 수 있을 것이라는 점에서, 판례의 위와 같은 제한적 해석은 타당한 것으로 생각된다.

다. 독자성의 요건

(1) '독자성'의 의의와 그 판단기준

응용미술저작물이 되기 위한 가장 중요한 요건은 '미술저작물로서 그 이용된 물품과 구분되어 독자성을 인정할 수 있는 것'이어야 한다는 점이다.

독자성이 무엇을 의미하는지를 보기 위해서는 먼저 무엇이 무엇과의 관계에서 가지는 독자성을 말하는 것인지를 따져 볼 필요가 있다. 제2조 제15호에서 규정하고 있는 바에 따르면 (대량생산품에 복제되는) 미술저작물이 그 이용된 물품과의 관계에서 가지는 독자성을 의미하는 것으로 규정되어 있다. 이 규정의 의미는 다소 애매한 점이 없지 않으나, 그 문리적(文理的)인 의미와 함께 앞에서 살펴본 바와 같은 입법례 및 위와 같은 정의규정을 신설한 2000년 개정법의 입법경위 등 제반사정을 종합하여 합목적적으로 해석하여야 할 것이다. 결론적으로 그 응용미술작품의 미적 표현이 그것이 복제된 물품의 실용적 기능으로부터 분리하여 인식될 수 있다고 하는 의미에서의 분리가능성(separability)을 의미하는 것으로 보아야 할 것으로 생각된다. 즉, 미국 저작권법의 '분리가능성' 이론(자세한 것은 기본서 §4-27 이하 참조)을 우리 법에 도입한 취지로 보아야 할 것이라 생각된다.

개정법 시행 후의 '히딩크 넥타이' 사건에 대한 대법원 판결(대판 2004. 7. 22, 2003도7572)은 "도안이 그 이용된 물품과 구분되어 독자성을 인정할 수 있을 것인지 여부"만 따지면 된다고 하여 법문을 그대로 인용할 뿐, 독자성의 구체적 의미를 풀이한 바는 없었다. 그러나 그 후에 나온 대법원판례(대판 2013. 4. 25, 2012다41410 등)에서는 당해 물품의 실용적·기능적 요소로부터의 '분리가능성'을 뜻하는 것으로 볼 것임을 분명하게 밝히고 있다. 이것은 결국 대법원이 우리 저작권법상의 독자성 요건에 대하여 미국법상의 '분리가능성' 이론을 도입한 것으로 보는 통설의 입장을 수용한 것으로 볼 수 있다.

그러나 미국법에서 말하는 '분리가능성'의 의미가 아주 명료하게 정립되어 있는 것은 아니므로, 위와 같은 통설과 판례의 입장만으로 구체적인 사안에서 독자성 유무의 판단이 일관되고 명확하게 이루어질 수 있는 것은 아니다.

미국의 판례 이론에서 응용미술저작물에 요구되는 '분리가능성'에는 물리적 분리가능성만이 아니라 관념적 분리가능성도 포함된다는 것은 비교적 확고하게 인정되어 왔다. 즉, 심미적인 면에서 창작성이 있어 미술저작물에 해당하는 부분을 그것이 이용된 실용품으로부터 물리적으로 제거하더라도 실용적 기능에 문제가 없는 것(물리적 분리가능성이 있는 것)만이 아니라 미술저작물을 실용품으로부터 관념적으로 분리하여 인식할 수 있는 것만으로도 분리가능성이 인정될 수 있다고 보아 온 것이다. 그 가운데 물리적 분리가능성은 미술작품에 해당하는 부분을 물리적으로 제거한다고 하더라도 실용적 기능에 문제가 없는 것을 뜻하는 것으로 보면 비교적 그 의미가 명료하다고 할 수 있으나 관념적 분리가능성은 그야말로 해석하기 나름이라고 할 정도로 애매한 개념이어서 미국의 판례상으로 이에 관한 여러 가지 다양한 해석 및 적용이 이루어져 왔다.

따라서 우리 대법원이 저작권법 제2조 제15호에서 말하는 '독자성'이 미국법상의 분리가능성 개념을 수용한 것으로 보는 입장을 정립하였다고 해서 문제가 완전히 해결된 것이라고 볼 수는 없다. 아직 대법원은 '분리가능성'의 의미를 어떻게 파악할지에 대하여 분명한 기준을 제시하고 있지는 않은 상황이다.

우리 저작권법상의 '독자성'과 '분리가능성'은 실질적으로 동의어라고 할 수 있고, 우리 법의 해석으로도 분리가능성에는 물리적 분리가능성만이 아니라 관념적 분리가능성이 포함되는 것으로 보아야 할 것이다. 결국 우리에게 남겨진 과제는 관념적 분리가능성의 판단 기준을 명확히 하여 실무상 독자성의 요건을 판단함에 있어서 일관성과 타당성을 기할 수 있도록 하는 것이다.

그리고 기준의 적정한 도출을 위해 무엇보다 염두에 두어야 할 것은, 보호의 문턱을 너무 높이지도 않고 너무 낮추지도 않음으로써 창작유인의 제공이나 산업상의 경쟁 활성화의 어느 면에서도 큰 문제가 없도록 조화를 기할 필요가 있다는 점이다.

사견으로는 "객관적·외형적으로 판단할 때 실용품에 포함된 디자인 등의 미적 표현에 있어 그 이용된 물품의 실용적·기능적 측면이 실질적인 제약요소로 작용한 것으로 볼 수 있는지 여부"를 기준으로 하는 것이 적용에 있어서의 명확성 및 보호범위의 적정성의 양면에서 가장 바람직하다고 생각한다. 분리가능성이란 해당 디자인의 심미적 표현이 제품의 실용적·기능적 측면과 '결합'되어 있지 않고 '분리'될 수 있다는 것이라 할 것인데, 실용적·기능적 측면과의 '결합'은 미적 표현에 있어 실용적·기능적 측면이 실질적인 제약요소로 작용한 경우에 인정되고, '분리가능성'은 그렇지 않은 경우에 인정된다고 보는 것이 타당할 것이기 때문이다. 다만 그것은 반드시 구체적인 사안에서 실제의 창작과정을 조사해 보아야만 알 수 있는 것은 아니며, 해당 물품의 기능 및 외관 등에 의하여 통상의 일반인에 의한 객관적 관찰에 의하여도 충분히 파악할 수 있을 것으로 생각된다. 사안에 따라 실제의 창작과정에 대하여 조사하여 알아보는 것이 참고가 될 수 있는 면은 있겠지만, 기본적으로 객관적인 판단을 중심으로 하는 것이 법적 판단의 명확성, 일관성 등의 면에서 바람직하다.

여기서 '실질적인 제약요소'라고 하여 '실질적인'이라는 제한적 수식어를 붙인 것은 미적 표현에 있어서 기능적 측면의 고려에 의한 약간의 제약이 있다 하더라도 그것이 미미하고 사소한 것에 그칠 경우에는 저작권 보호의 대상에 포함될 수 있다고 보는 것이 타당할 것이라는 생각에 기한 것이다. 위 기준에 따라, 어떤 응용미술작품이 객관적·외형적으로 판단할 때 그 기능적 측면이 미적 표현에 있어 실질적 제약요소로 작용한 것으로 인정될 때에는 신규성 등 요건을 갖춘 경우 디자인보호법에 따라 디자인등록을 하여 동법의 보호를 받거나 아니면 부정경쟁방지법 제2조 제1호 자목 규정에 의한 보호를 받을 수는 있어도 저작권법상 미술저작물로서 보호되지는 않는 것으로 본다.

(2) **판단기준의 구체적 적용**

위 기준을 구체적 사안에서 적용할 경우, 자동차나 비행기의 전체적인 외관, 의류나 핸드백 등의 전체적인 디자인이나 기능적인 부분과 직접 관련된 디자인(예: 비행기의 날개 디자인, 자동차의 차체 등 디자인, 옷의 소매 디자인)은 실용성에 의한 제약이 있을 수밖에 없을 것이므로, 그 창작성을 따지기 전에 응용미술저작물로서의 '독자성' 요건을 갖추지 못한 것으로 보게 될 것이다. 휀스의 디자인에 대하여 독자성을 부정한 사례(서울중앙지판 2022. 2. 11, 2020가합568434)와 책장의 각진 모서리를 곡면으로 처리함으로써 아동을 보호하기 위한 목적을 가진 아동용 4단 책장 디자인의 독자성을 부정한 사례(서울중앙지결 2022. 5. 9, 2021카합21798)도 이 기준의 적용에 있어서 참고할 만한 사례들이다. 반면에 원래 실용성에 대한 고려 없이 미술작품으로서 작성된 것이 나중에 산업상 대량생산되는 실용품의 디자인에 사용되는 경우는 물론이고 그렇지 않은 경우에도 의류 등 제품에 염직된 그림이나 도안, 자동차의 본넷에 달려 있는 엠블럼 등과 같이 객관적·외형적으로 보아 실용성의 고려에 의한 실질적 제약 없이 창작된 디자인 등의 경우에는 디자인보호법에 의한 보호와 중첩되는지 여부와 관계없이 '응용미술저작물'로서 저작권 보호를 받을 수 있는 것으로 보아야 할 것이다.

(3) 판례의 구체적 동향 및 '실용적 기능'으로부터 '정보'와 '외관'의 제외

판례의 입장을 살펴보면, 하급심판결 중에는 본서와 같은 '객관적 제약요소 기준'을 취한 것으로 보이는 사례(서울중앙지결 2009. 1. 22, 2008카합4462: 상품권 등 제품의 배경장식으로 사용되는 디자인으로서 식물의 줄기, 잎, 꽃, 용이나 학 등의 동물, 그 밖의 문자 내지 기하학적 문양을 반복·대비함으로써 패턴화한 것에 대하여, "상품권 등의 증서제품이 가지는 기능적 측면이 이 사건 디자인의 창작적 표현에 실질적인 제약 요소로 작용하였다고 판단되지는 아니하는 이상, 이 사건 디자인은 그 이용된 물품과 구분되어 독자성을 인정할 수 있다"고 판시하였다)도 있으나, 아직 대법원 판결을 통해 구체적 판단기준이 제시되지는 않고 있는 상황이다 보니, 판례의 일관성 면에서 다소간 혼란스러운 상황에 있다고 할 수 있다.

대법원 판례의 경우 구체적 사안에서 독자성의 유무에 대하여 판단한 결론을 이 책의 입장과 비교해 보면, '염직도안'의 일종인 넥타이의 문양에 대하여 독자성을 인정한 '히딩크 넥타이' 사건 판결(대판 2004. 7. 22, 2003도7572) 등을 비롯하여 대체로 일치하는 것으로 보인다. 하급심판결의 경우에도 자동차의 전체적 외양과 차체, 사이드미러, 문, 창문, 전조등, 후미등 등의 디자인에 대하여 독자성을 부정한 사례(서울중앙지판 2014. 11. 21, 2014가합7136)를 비롯하여

위에서 설명한 기준과 결론적으로 일치하는 예들이 많다.

그러나 서적 표지 디자인에 대하여 그 독자성을 부정하는 결론을 내린 판례(대판 2013. 4. 25, 2012다41410)는 위에서 설명한 기준에 반하는 것으로 보인다. 서적 표지에 그려진 그림 등 부분은 서적의 기능적 측면에 의하여 실질적 제약을 받은 것은 아니라고 보아야 할 것이기 때문이다.

그럼에도 불구하고 위 판결이 위와 같은 결론을 내린 것은 서적 표지의 디자인은 해당 서적의 내용을 전제로 하는 것임을 고려한 때문으로 보인다. 그러나 서적 내용과의 관련성은 서적의 기능적 측면과의 분리가능성과는 다른 차원의 문제라고 보아야 할 것이다. 판례의 이와 같은 오해는 우리 저작권법이 미국의 분리가능성 이론을 도입하면서 미국 저작권법상의 중요한 예외규정을 함께 도입하여 명확히 규정하지 않은 데서 비롯된 것으로 보인다.

즉, 미국 저작권법은 '실용품(useful article)'의 디자인이 저작권 보호를 받기 위한 요건으로 분리가능성을 요구하면서 정의규정인 제101조에서 '실용품'에 대하여 "단순히 그 물품의 외관을 나타내거나 정보를 전달함에 그치지 아니하고 본질적으로 실용적인 기능을 가지는 물품을 말한다. 통상적으로 실용품의 부품인 물품은 '실용품'으로 본다"고 정의하고 있다(미국 저작권법 제101조). 따라서 정보의 전달과 관련된 것은 '실용적 기능'에서 제외되는 것이다.

우리 저작권법에 명확한 규정이 없더라도 해석론상으로 위와 같은 규정이 있는 것과 동일한 해석을 하는 것이 입법취지에 부합하는 합리적 해석이라 생각된다. 그러한 관점에서 보면, 서적 표지의 디자인은 비록 해당 서적의 내용에 부합하여야 한다는 제약이 있기는 하지만, 서적의 내용과 관련된 것은 일종의 '정보적' 측면에 해당하는 것으로서 책의 장정 등과 같은 '실용적 기능'에 해당하는 것은 아니므로, 책의 기능적 측면으로부터의 분리가능성, 즉 독자성을 인정하는 것이 타당하다.

인형 등의 경우도 현행법상 물품으로부터의 독자성을 인정하기 어렵다는 이유로 응용미술저작물로서의 보호를 부정할 것이 아니라 인형의 외관은 '단순히 그 물품의 외관을 나타내는' 것에 해당하므로 '말하는 인형' 등과 같이 특별히 기능적인 측면으로부터 제약을 받는 경우가 아닌 한 독자성을 인정하는 것이 타당할 것이다.

상표로 등록되어 사용되는 도안의 경우 물품에 부착된 형태로만 사용되지 않고 그 자체의 형태만으로 인터넷 홈페이지에 게재되는 등 사용된 경우는 대량생산성의 요소가 결여된 것으로 보아 일반 미술저작물로서의 창작성만 판단하면 되는 것으로 볼 것이라는 점은 앞에서 본 바와 같다. 그런데 만약 상표가 독자적으로는 사용되지 않고 물품에 부착된 형태로만 사용되는 경우라면 어떻게 보아야 할까? 그런 경우라면 앞서 본 '대량생산성' 요건을 갖춘 것으로 보아야 할 것이고, 따라서 '독자성' 요건을 충족하여야 응용미술저작물로 보호될 수 있다고 할 것이다. 그 독자성의 해석 및 적용에 있어서 만약 상표로서의 기능과의 관계에서 분리가능성을 요하는 의미로 본다면, 상표로서의 기능과 불가분의 관계에 있는 상표도안은 결국 독자성이 없는 것으로 되어 응용미술저작물로서의 보호를 부정하게 될 것이다. 그러나 그러한 결론은 타당한 것으로 생각되지 않는다. 그 경우에 상표의 기능이라는 것이 결국 자타상품을 식별하도록 하거나 출처를 표시하는 등의 '정보전달적 기능'이므로, 이러한 정보전달의 기능은 분리가능성에서 말하는 '실용적 기능'에는 포함되지 않는 것으로 보아, 상표로서의 기능에도 불구하고 '분리가능성', 즉 독자성을 인정하여야 할 것이다. 따라서 도형상표의 경우 대량생산성의 유무에 대한 판단과 관계없이 어떤 경우에도 창작성만 있으면 미술저작물로 보호될 수 있다.

(4) 창작성의 별도 심사

'독자성'의 개념과 관련하여 한 가지 유의하여야 할 것은, 이 개념이 '창작성'의 개념을 그 자체 안에 내포하는 것은 아니고, 따라서 응용미술저작물이 성립하기 위해서는 위와 같은 의미의 '독자성'과 별도로 '창작성'을 갖추어야 한다는 점이다. '히딩크 넥타이' 사건에 대한 대법원 판결(대판 2004. 7. 22, 2003도7572)에서 "'히딩크 넥타이' 도안이 그 이용된 물품과 구분되어 독자성을 인정할 수 있는 것이라면 저작권법상의 보호대상인 저작물에 해당하고…"라고 판시하여 마치 독자성만 인정되면 창작성에 대한 심사의 필요 없이 저작물성을 인정할 수 있는 것으로 오해할 수 있게 설시한 측면이 있지만, 그것이 판례의 본래 취지는 아니라고 보아야 할 것이다. 창작성은 모든 저작물에 있어서 예외 없이 요구되는 기본적인 요건이고, 독자성의 개념에는 창작성이 포함되어 있지 않음이 명백하기 때문이다. 이후의 다수 하급심 판례(서울중앙지판 2013. 9. 27, 2013가합27850; 서울중앙지판 2018. 8. 31, 2018가합512971 등)에서는 독자성과 별도로 창작성에 대한 심사가 필요함을 전제로 판시하고 있다. 창작성의 심사에 있어서는 기본적으로 일반 미술저작물과 동일한 기준이 적용되는 것으로 보아야 한다.

[15] 건축저작물

1. 의의

저작권법은 다음과 같이 건축저작물을 저작물의 한 유형으로 예시하고 있다.

■ 제4조(저작물의 예시 등) ① 이 법에서 말하는 저작물을 예시하면 다음과 같다.
　5. 건축물·건축을 위한 모형 및 설계도서 그 밖의 건축저작물

건축저작물은 사상 또는 감정이 토지상의 공작물에 표현되어 있는 저작물을 말한다. 건축을 미술저작물의 하나로 보는 입법례가 많으나, 우리 저작권법은 건축이 다른 미술저작물과 달리 취급될 만한 특이성이 있다는 점에서 별개의 저작물 유형으로 나열하고 있다. 여기서 건축물이라 함은 실내건축도 포함한다(다만 실내건축에 해당하려면 건축물의 일부가 되어 분리하기가 쉽지 않은 경우일 것을 요하고, 그렇지 않고 이른바 '인테리어'로서 실내공간을 장식하는 데 사용되지만 건물의 외벽 등에서 쉽게 분리될 수 있는 것은 미술저작물 등에 해당할 수는 있어도 건축저작물에 해당한다고 보기는 어려울 것이다. 서울고판 2021. 6. 24, 2020나2026094 참조).

반드시 주거 목적의 건축물에 한하지 않으므로 예컨대 교회나 정자, 전시장, 가설건축물 등을 포함하는 것으로 해석되고 나아가 협의의 건축물 외에 토목공작물인 교량, 고속도로, 도시설계 및 정원, 공원 등도 포함하는 의미로 이해되고 있다(다수설, 서울고판 2016. 12. 1, 2015나2016239은 '정원'과 유사한 측면이 있는 골프코스의 조성에 대하여 건축저작물성을 인정하였다. 이 판결도 포함하여 일부 판결은 사람의 출입

이 예정되어야만 건축저작물에 해당한다는 취지의 판결을 하였는데, 건축저작물의 범위를 그렇게 한
정할 뚜렷한 근거는 없는 것으로 보인다). 정원이나 탑과 같은 축조물은 그것이 전체
건축저작물의 일부를 구성하는 경우도 있지만, 독립하여 그 자체가 창작성을
가지고 있다면 독립한 건축저작물로 평가될 수도 있다.

건축저작물의 개념과 관련하여 논의되는 몇 가지 사항을 추가적으로 살펴
보면 다음과 같다.

1) 위에서 건축저작물을 '사상 또는 감정이 토지상의 공작물에 표현되어
있는 저작물'을 말한다고 설명한 것과 관련하여, '토지상'이라는 부분을 얼마
나 엄격하게 볼 것인지가 문제이다. '토지상'이라는 것은 저작권법의 규정에
포함된 것이 아니라 종래의 학설이 설명해 온 문구에 들어가 있을 뿐이다. 오
늘날 기술의 발전으로 바다 위에도 도시(해상도시)가 건설될 수 있게 되었고 우
리나라에서도 한강 위에 세빛섬이 건설되어 있는 상황인데, 이와 같은 바다
또는 강 위에 부상해 있는 건축물들이라 하여 건축저작물에서 제외할 이유는
없을 것이라 생각된다.

2) 우리나라의 학설 가운데 '개개의 표준적인 구성요소'를 건축저작물의
개념에서 명시적으로 제외하고 있는 미국 저작권법의 규정을 참고하여, "건축
저작물의 개별적 구성요소" 또는 "건축물에 있어서 표준적인 개개의 구성요
소들"은 건축저작물로서 보호를 받을 수 없다고 하는 견해가 있다. 그러나
"건축물의 개별적 구성요소" 또는 "표준적인 구성요소"라는 표현은 상당히 애
매모호한 면이 있다. 우리 저작권법상 건축저작물을 일종의 편집저작물로 보
아 그 구성요소들의 선택, 배열, 구성 등에 있어서의 창작성만 보호의 대상으
로 삼는 것으로 보아야 할 특별한 법적 근거나 합리적 이유는 없는 것으로
보이므로, 구성요소의 배치, 조화 등에서의 창작성만이 아니라 중요한 구성요
소 자체를 특색 있게 만든 것 등에서의 창작성도 보호의 대상으로 보는 것이
타당할 것이다.

3) 건축물에 부속된 조각의 경우 그것을 건축저작물의 한 구성요소로 볼
것인지 아니면 독립된 미술저작물(그 중 조각저작물)로 볼 것인지의 문제가 있다.
건축저작물인지 미술저작물인지를 구별할 실익은 ① 동일성유지권 제한사유

에 대한 저작권법 제13조 제2항 제2호의 적용 및 ② 제35조 제2항 각호의 적용에 있어서의 차이에 있다. 즉, ① 조각이 건축저작물의 일부라고 보면 '건축물의 증축·개축 그 밖의 변형'에 동일성유지권을 제한하는 제13조 제2항 제2호가 적용될 수 있지만 그렇지 않고 미술저작물에 해당할 경우에는 위 규정의 적용은 받을 수 없고 보충적 제한사유인 같은 항 제5호의 적용 여부의 문제만 남게 될 것이라는 차이가 있다. 다른 한편으로 ② 제35조 제2항에서 "제1항 단서의 규정에 따른 개방된 장소에 항시 전시되어 있는 미술저작물등은 어떠한 방법으로든지 이를 복제하여 이용할 수 있다"고 하면서 그 예외사유로서 제1호에서 "건축물을 건축물로 복제하는 경우", 제2호에서 "조각 또는 회화를 조각 또는 회화로 복제하는 경우"를 들고 있으므로(이와 관련하여 자세한 것은 이 책 [128] 3. 참조), 조각이 건축저작물의 일부일 뿐이면, 그것을 조각으로 복제하여도 예외사유에 해당하지 않게 되지만 그것을 독립된 조각작품으로 볼 때에는 그 경우 예외사유에 해당하게 된다는 차이가 있다. 생각건대, 위 ①과 ②의 두 가지 문제는 관련규정의 입법취지 등을 감안하여 각각 서로 다른 관점에서 판단하는 것이 타당할 것으로 생각된다. 먼저 ①의 문제와 관련하여서는, 해당 조각이 건축물의 외벽에 새겨져 있는 것과 같이 물리적으로 강하게 결합되어 있는 경우만이 아니라 건축물이 해당 조각의 위치, 형상 등을 고려하여 설계된 경우와 같이 사회통념상 해당 조각이 건축물의 한 구성요소로 볼 수 있는 경우에도 이를 건축저작물의 구성요소로 보아 제13조 제2항 제2호의 적용대상에는 해당하는 것으로 보는 것이 타당할 것이다. 그러나 그 경우에도 그것을 따로 떼어서 볼 경우에 미술저작물의 한 유형인 조각작품의 성격도 가지고 있는 것으로 볼 수 있으므로, 위 ②의 문제와 관련하여서는 해당 조각을 조각으로 복제하는 것은 제35조 제2항의 "조각 또는 회화를 조각 또는 회화로 복제하는 경우"에 해당하는 것으로 보는 것이 보다 타당할 것으로 생각된다.

4) 위와 같이 저작권법 제4조 제1항 제5호에서 '건축을 위한 모형 및 설계도'를 건축저작물로 포함하고 있어 지도·도표·설계도·약도·모형 그 밖의 도형저작물을 저작물의 하나로 예시하고 있는 같은 조 제8호 규정과의 관계

가 문제된다. 건축을 위한 모형 및 설계도는 제5호에서 건축저작물의 하나로 규정하고 있는 이상 제8호의 도형저작물에는 포함되지 않는 것이라고 보는 견해도 있으나, 제5호의 건축저작물로서의 성격과 제8호의 도형저작물로서의 성격을 겸유하는 '양면성'을 가지고 있는 것으로 보는 견해가 타당하다고 본다(다수설. 서울중앙지판 2007. 11. 29, 2007가합77724도 같은 입장을 취했다). 다만 도형저작물로서의 창작성과 건축저작물로서의 창작성은 서로 다른 것이므로 설계도에 표현된 건축물의 형상에 창작성이 없고 오로지 제도(製圖)상의 창작성만 있는 경우에는 오로지 도형저작물에만 해당하는 것으로 볼 것이고, 다른 한편으로 건축물의 형상에만 창작성이 있고 제도(製圖)상의 창작성은 없다면 오로지 건축저작물에만 해당하는 것으로 보아야 할 것이다.

한편으로, 건축을 위한 구상을 그림이나 도안으로 표현한 것으로서 그에 따라 직접 시공을 할 수 있는 건축법상의 '설계도면'에 해당하지 않는 것은 건축저작물로서의 '설계도'라고 할 수 없고, 그것은 단지 미술저작물 등에 해당하는 것이라고 보아야 할 것이다('해운대 등대도안' 사건에 대한 서울중앙지판 2007. 11. 29, 2007가합77724 참조).

2. 건축물의 저작물성

건축물은 주택 기타 건물이나 교량, 도로 등의 경우와 같이 대체로 실용적, 기능적인 측면이 많아서 모든 종류의 건축물에 대하여 '인간의 사상 또는 감정의 창작적 표현'이라고 하는 저작물로서의 요건을 갖춘 것으로 보기는 어려운 면이 있다. 예컨대 일반주택에 대하여 쉽게 저작물성을 인정할 수 있다고 하면, 저작권의 배타성에 따라 다른 사람이 비슷한 주택을 짓는 것이 어려워지게 되어 전체적으로 주거문화를 대단히 경직되고 불편한 방향으로 이끌어가게 될 것이다. 저작물의 성립요건으로서의 '창작성'에 대하여 설명하는 부분에서 자세히 살펴본 바와 같이 실용적, 기능적 저작물의 경우에는 기능적인 측면의 고려로 인하여 표현의 자유도가 낮아지게 됨에 따라 상대적으로 '창조적 개성'의 유무에 대한 심사는 까다로워질 수밖에 없는 것인데(이 책 [7] 참조), 그 점은 건축저작물의 경우에도 마찬가지이다. 건축물에 있어서 저작자

(건축가)의 사상 또는 감정이 개성적으로 표현된 부분이라고 하면, 그것은 건축물의 기능적 측면을 사상(捨象)한 외형적 부분의 미적 표현(美的 表現)에 있다고 할 수밖에 없을 것이다. 결국 건축물이 저작물로 인정되기 위해서는 건축을 통한 미적 형상의 표현에 있어서 '인간의 사상 또는 감정의 창작적 표현'이라고 인정할 수 있는 요소가 있어야 하고 '창작성'을 인정하기 위해서는 '창조적 개성'의 유무 및 정도에 대하여 비교적 엄격한 심사를 받아야 한다고 볼 수 있다.

그런 점에서 건축물의 저작물성에 대한 문제는 응용미술의 저작물성에 대한 문제 상황과 유사한 측면이 있다. 다만, 우리 저작권법이 건축저작물을 제외한 응용미술저작물에 대하여만 '독자성' 요건을 규정하고 있는 이상, 건축저작물에 대하여 응용미술저작물의 경우와 똑같은 '독자성' 요건의 심사를 요구할 수는 없다. 건축물의 기능적 요소와 구별되는 미적 표현의 창작성에 대하여 비교적 까다로운 심사를 거치도록 하는 것으로 족하다고 보아야 할 것이다. 즉 건축저작물의 창작성 판당은 구체적 사건에서 앞서 본 '선택의 폭' 이론이나 '합체의 원칙(merger doctrine)', '기능적 저작물의 창조적 개성 심사 엄격화'의 원칙 등을 감안하여 개별적으로 판단하여야 할 것이다.

대법원은 "건축물과 같은 건축저작물은 이른바 기능적 저작물로서, 건축분야의 일반적인 표현방법, 용도나 기능 자체, 저작물 이용자의 편의성 등에 따라 표현이 제한되는 경우가 많다. 따라서 건축물이 그와 같은 일반적인 표현방법 등에 따라 기능 또는 실용적인 사상을 나타내고 있을 뿐이라면 창작성을 인정하기 어렵지만, 사상이나 감정에 대한 창작자 자신의 독자적인 표현을 담고 있어 창작자의 창조적 개성이 나타나 있는 경우라면 창작성을 인정할 수 있으므로 저작물로서 보호를 받을 수 있다."라고 판시하여(대판 2020. 4. 29, 2019도9601) 건축저작물이 기능적 저작물이라는 것을 고려하여 그 창작성에 대한 심사를 엄격하게 하되, 창작성 인정의 문턱을 지나치게 높이지는 않아야 한다는 점을 시사하고 있다.

위 대법원 판결은 "외벽과 지붕슬래브가 이어져 1층, 2층 사이의 슬래브에 이르기까지 하나의 선으로 연결된 형상, 슬래브의 돌출 정도와 마감 각도,

양쪽 외벽의 기울어진 형태와 정도 등 여러 특징이 함께 어우러져" 있는 것을 구체적 특징으로 하는 까페 건물에 대하여 건축저작물로서의 창작성을 인정한 사례이다(이 판례와 유사하게 바다 조망 까페 건물의 건축저작물로서의 창작성을 인정한 사례로 서울서부지판 2023. 9. 14, 2019가합41266이 있다). 그 밖에 건축저작물로서의 창작성과 관련하여 지금까지의 판례를 보면, 건축 설계도서 중 지붕형태와 1층 출입문 및 회랑 형태의 구조에 대하여 창작성을 긍정한 사례(대판 2021. 6. 24, 2017다261981)가 있고, 일반주택이 아닌 특수한 디자인의 주택(서울중앙지판 2007. 9. 12, 2006가단208142), 삼각형 또는 삼각텐트를 기본으로 개성적인 외관 표현을 한 펜션(서울중앙지판 2013. 9. 6, 2013가합23179), 개성적인 디자인의 고층아파트 주동의 형태 및 입면도(서울중앙지판 2018. 8. 20, 2016가합508640), 아파트 단지 내에 "아파트, 근린생활시설, 주민공동시설, 보육시설 등 건물과 도로, 조경, 운동시설, 놀이터 등의 시설물을 조화롭게 배치하여 각 건물 및 시설물의 구조와 형태를 표현한" 단지 배치도(서울중앙지판 2005. 11. 30, 2005가합3613), 창조적 개성이 드러나는 어린이 놀이터의 파고라 등 설계도(서울중앙지판 2022. 4. 8, 2020가합524014, 2020가합527204), 골프코스 내에서 개개의 구성요소의 배치와 조합을 포함한 미적 형상으로서의 전체적 디자인(서울고판 2016. 12. 1, 2015나2016239) 등에 대하여 건축저작물로서의 창작성을 인정한 사례들이 있다. 반면에, 아파트의 세대별 평면도의 경우는 "공간적 제약, 필요한 방 숫자의 제약, 건축관계 법령의 제약 등으로 평면도, 배치도 등의 작성에 있어서 서로 유사점이 많은 점" 등을 감안하여 창작성을 부정하는 결론을 내린 바 있다(대판 2009. 1. 30, 2008도29).

3. 건축물의 복제 – 저작권법 제2조 제22호의 관련 규정

저작권법 제2조 제22호에서는 복제의 개념에 대해 정의하면서 "건축물의 경우에는 그 건축을 위한 모형 또는 설계도서에 따라 이를 시공하는 것을 포함한다"고 규정하고 있다. 건축 설계도나 모형을 동일 또는 유사한 도면이나 모형으로 복제하는 것, 저작물인 건축물을 모방하여 건축하는 것 등은 건축저작물의 복제라는 것에 대하여는 특별히 따로 규정할 필요 없이 명백하지만, 2차원적 도면을 이용하여 3차원적 건축물로 만드는 것이나 모형을 이용하여 실제의 건축물을 만드는 것 등이 복제에 해당하는지 여부에 대하여는 위와 같은 특칙 규정이 없다면 의문이 있을 수 있다. 건축저작물의 본질이 미적 표현에 있다고 보고 그러한 본질이 설계 도면이나 모형에도 구현되어 있다고 보면, 그에 따라 축조된 건축물 등에도 건축저작물로서의 설계도면이나 모형이 매체만 달리하여 복제되어 있는 것으로 볼 수 있을 것으로 생각되나, 표현 매체의 차이를 중시한 이견(異見)도 있을 수 있음을 감안하여 의문이나 논란의 여지를 없애기 위해 위와 같이 규정한 것이다. 즉, 위 규정은 원래 건축저작물의 복제가 아닌 것을 복제로 보는 창설적 성격의 간주규정이 아니라 원래 건축저작물의 복제로 보아야 할 것을 확인하는 주의적 '확인규정'의 성격을 지니는 것으로 보아야 할 것이다. 판례의 입장도 같다(대판 2019. 5. 10, 2016도15974).

그런데, 설계도 등의 경우에는 도형저작물의 성격을 겸유하고 있는 관계로 건축저작물로서의 미적 표현에 창작성이 없는 경우에도 도형저작물로서의 제도(製圖)상의 정신적 노력에 제한적이나마 창작성이 인정될 수 있다는 것은 위에서 살펴본 바와 같은바, 그와 같이 건축저작물로서의 미적 표현에 창작성이 없고 단지 도형저작물로서의 창작성만 인정될 경우에는 복제의 정의에 관한 위 특칙 규정이 적용될 수 없는 것으로 보는 것이 타당할 것으로 생각된다. 왜냐하면, 그러한 경우에는 실질적인 면에서 설계도에 내포된 창작성 있는 미적 표현이 복제된 것이라고 볼 수 없어 위와 같은 입법의도에 부합하지 않기 때문이다. 그런 관점에서 법문에서 '건축물의 경우'라고 한 것은 '건축저작물의 경우'를 뜻하는 것으로 보아야 할 것이다.

한편, 이 규정은 건축을 위한 모형 또는 설계도서의 경우에만 적용되고 다른 도형저작물, 예컨대 기계의 설계도와 같은 경우에는 적용되지 아니한다. 즉, 기계의 설계도를 그대로 따라서 기계를 제작하여도 설계도 자체를 복제하지 아니하는 한 도형저작물로서의 기계 설계도를 복제한 것으로 보지 아니한다.

4. 이용권 유보의 법리

건축설계도에 따라 시공하는 행위를 건축저작물인 설계도를 복제하는 행위라고 보는 위 3.의 결론에 따르면, 건축주가 설계도에 따라 시공을 하다가 공사대금 등에 대한 분쟁으로 그 계약이 해제될 경우 건축주가 계속 시공하는 것은 건축사가 건축저작물인 설계도에 대하여 가지는 복제권을 침해하는 행위가 될 수 있다. 그러나 대단위 아파트 단지 등의 건축에 있어서 이러한 공사대금 등 분쟁을 이유로 시공 자체가 중단되는 것은 중대한 사회적, 경제적 손실을 초래할 수 있다. 이러한 문제를 감안하여 대법원 판례는 "가분적인 내용들로 이루어진 건축설계계약에 있어서 설계도서 등이 완성되어 건축주에게 교부되고 그에 따라 설계비 중 상당 부분이 지급되었으며 그 설계도서 등에 따른 건축공사가 상당한 정도로 진척되어 이를 중단할 경우 중대한 사회적·경제적 손실을 초래하게 되고 완성된 부분이 건축주에게 이익이 되는 경우에는 건축사와 건축주와의 사이에 건축설계계약관계가 해소되더라도 일단 건축주에게 허락된 설계도서 등에 관한 이용권은 여전히 건축주에게 유보되어 있다"고 판시함으로써 '이용권 유보'의 법리를 제시하고 있다(대결 2000. 6. 13, 99마7466, 대판 2022. 5. 12, 2020다240304).

[16] 사진저작물

1. 의의

저작권법은 다음과 같이 사진저작물을 저작물의 한 유형으로 예시하고 있다.

■ 제4조(저작물의 예시 등) ① 이 법에서 말하는 저작물을 예시하면 다음과 같다.
　6. 사진저작물(이와 유사한 방법으로 제작된 것을 포함한다)

사진저작물은 사진 및 이와 유사한 제작방법으로 인간의 사상 또는 감정을 일정한 영상의 형태로 표현한 저작물을 말한다. 사진기 등의 기계를 이용한다는 점에서 미술저작물과 구별되며, '일정한' 영상의 형태로 표현한다는 점에서는 '연속적인' 영상의 형태로 표현하는 영상저작물과 구별된다.

'사진'이란 광선의 물리적, 화학적 작용을 이용하여 피사체를 필름 등에 재현함으로써 제작하는 것을 말하며, '이와 유사한 방법'이라고 하는 것에는 그라비아인쇄(photogravure), 사진염색 등이 포함된다. '디지털 카메라'로 촬영한 데이터도 사진저작물에 해당하는 것으로 본다.

2. 사진의 저작물성

사진은 사진기라고 하는 기계를 이용하여 이미 존재하는 사물을 일정한 영상으로 '재현'하는 성격을 가진다는 점에서 인간의 사상 또는 감정의 창작적 표현에 해당하는지 여부에 의문을 제기할 만한 측면이 없지 않다. 그러나 지금은 피사체의 선택, 구도의 결정, 광량의 조절, 앵글의 조정, 단추를 누르는 순간적 기회(셔터찬스)의 포착(이상 촬영과정) 혹은 원판의 수정, 색채의 배합(이상 현상 및 인화 과정) 등에 촬영자의 사상과 감정이 창작적으로 표현될 수 있는 가능성이 있다는 점을 대체로 인정하고 있다. 대법원도 "사진저작물의 경우 피사체의 선정, 구도의 설정, 빛의 방향과 양의 조절, 카메라 각도의 설정, 셔터의 속도, 셔터찬스의 포착, 기타 촬영방법, 현상 및 인화 등의 과정에서 촬영자의 개성과 창조성이 인정되어야 그러한 저작물에 해당한다고 볼 수가 있다"고 판시함으로써(대판 2010. 12. 23, 2008다44542), 사진저작물의 창작성이 인정될 수 있는 다양한 요소들을 나열하고 있다. 디지털 카메라로 촬영한 경우에도 당연히 사진저작물이 될 수 있는데, 그 경우에는 피사체의 선정, 구도의 설정 등의 창작성 요소는 동일하게 있을 수 있지만, 사진의 현상 및 인화 과정에서의 창작성 요소는 없고, 그 대신 '사진의 가공 및 편집' 과정에 창작성이 있을 수 있다.

사진이 이미 존재하는 사물의 재현(再現)으로서 그 제작방법도 주로는 기계에 의존하는 것이라고 하는 위와 같은 성격은 그 창작성의 인정을 다소 신중하게 하는 이유가 되는 것임을 부정할 수 없다. 하지만 사진저작물에 대하여는 그 특성상 기능적 저작물과 같은 정도의 엄격한 심사를 요구할 필요는 없다고 생각된다. 기능적 저작물의 경우에 저작물성을 넓게 인정할 경우에는 산업상의 경쟁제한과 독점으로 인한 폐해가 있을 수 있으나, 사진저작물의 경우에는 성격상 그런 폐해와는 무관하기 때문이다. 한편으로는, 그 보호범위를 지나치게 넓게 인정하여 예를 들어 동일한 대상을 촬영함으로써 유사할 수밖에 없는 것을 기존 사진저작물에 대한 복제로 인정한다면, 그 폐해도 만만치 않을 것이다. 따라서 사진저작물에 대하여는 그 창작성의 인정은 관대하게 하고, 그 보호범위에 대하여는 엄격하게 제한하는 것이 기본적으로 올바른 방향이라 생각된다.

일반인이 디지털 카메라나 스마트폰을 가지고 간단하게 찍은 풍경사진, 음식사진 등도 피사체의 선택, 구도의 결정, 앵글의 조정, 셔터찬스의 포착 등에 창작성이 전혀 없다고 단정할 수 없으므로 사진저작물로서의 최소한의 창작성이 있는 것으로 인정하되, 그 창작성의 정도가 낮다는 점을 보호범위의 면에서 반영함으로써 유사한 사진을 다른 사람이 찍어도 대개의 경우는 저작권침해가 성립하지 않는 것으로 보아야 할 것이다. 그러한 경우에도 해당 사진 자체를 복제하여 이용하는 이른바 데드카피(dead copy)의 경우에는 저작권침해를 주장할 수 있는 것으로 보아야 할 것이고, 그런 점에서 저작물성이 전적으로 부정되는 것과는 상당한 차이가 있다고 할 수 있다. 이렇게 보는 것이, 기능적 저작물 등이 아닌 경우에는 창조적 개성에 대한 심사를 엄격하게 할 필요 없이 독자적 작성의 요소를 중심으로 나름대로의 개성의 표출만 있으면 널리 창작성을 인정하여야 하며 창작성 인정을 위해 예술적 가치를 필요로 하지는 않는다고 하는 기본 법리에 부합된다. 그렇게 보지 않고 창작성의 정도를 따져 창작성의 정도가 높은 것만 사진저작물로서의 창작성을 인정하고, 그렇지 않은 것은 부정한다고 하면, 그 경계를 어디서 찾을지를 알 수 없어 사진저작물로서의 보호 여부의 판단에 큰 어려움과 혼란이 초래될 것이라는 점도 감안하여야 할 것이다. 이와 같은 입장을 기초로 하여 아래에서는 그동안 국내외 판례나 실무에서 문제가 된 쟁점들에 대하여 살펴보기로 한다.

1) 먼저 실용적인 필요를 충족하기 위해 피사체의 충실한 사실적 재현만을 목적으로 하여 촬영한 사진에 대하여 저작물성을 인정할 것인지가 문제된다. 그러한 경우라면 촬영한 사람의 창조적 개성이 표출될 여지가 별로 없어

사진저작물로서의 창작성을 부정할 수 있으리라 생각된다. 이러한 경우에 해당하는 대표적인 예로는 병원에서 치료목적으로 수술부위를 촬영한 사진을 들 수 있다(대판 2010. 12. 23, 2008다44542 참조).

2) 위 1)과 관련하여, 광고용으로 촬영하는 제품사진 등은 어떻게 볼 것인지가 문제된다. 햄제품 사진의 저작물성이 문제된 사안에서 대법원 2001. 5. 8. 선고 98다43366 판결은 다른 장식물이나 과일, 술병 등과 조화롭게 배치하여 촬영한 '제품 이미지 사진'에 대하여는 창작성을 인정하였으나, 햄제품 자체만 촬영한 제품사진에 대하여는 "위 제품사진은 비록 광고사진작가인 원고의 기술에 의하여 촬영되었다고 하더라도, 그 목적은 그 피사체인 햄제품 자체만을 충실하게 표현하여 광고라는 실용적인 목적을 달성하기 위한 것이고, 다만 이때 그와 같은 목적에 부응하기 위하여 그 분야의 고도의 기술을 가지고 있는 원고의 사진기술을 이용한 것에 불과하다"는 이유로 그 창작성을 부정하는 결론을 내린 바 있다. 그러나 대법원의 이러한 판단에 전적으로 찬동하기는 어렵다. 우선, 위 판결에서 광고 목적이 있다는 것을 '실용적'이라고 하여 창작성 인정에 불리한 사유로 삼은 것은 적절하지 않다. 광고의 경우 표현에 있어서의 선택의 폭이 넓은 경우가 많아 특별히 창작성에 부정적인 영향을 미친다고 볼 이유가 없다. 아래에서 보는 바와 같이 대법원도 이 사건 이외의 대부분의 사건에서 광고 목적이 있다는 것만으로는 창작성에 부정적인 영향을 미치지 않음을 전제로 판결하고 있다. 미국에서도 광고 목적 유무는 창작성 판단에 영향을 미치지 않는다는 것이 연방대법원의 Bleistein 사건 판결{Bleistein v. Donaldson Lithographing Co., 188 U.S. 239, 251-52 (1903)} 이래 확립된 판례이다. 이 판결은 광고목적 중에서도 제품의 식별을 위한 목적인 경우에는 사실재현적인 성격이 강할 것으로 보는 취지를 내포하고 있는 것으로 보이나, 광고용 제품사진의 경우 반드시 제품식별만을 목적으로 한다고 보기도 어렵고 따라서 사실재현적인 측면만 있다고 단정할 수 없다. 비록 미묘하여 눈에 크게 띄지는 않는다 하더라도 광고에 사용할 수 있기에 적합한 심미적 기준을 충족하기 위해 촬영각도의 선택, 광선의 상태나 조명의 조정 등 여러 가지 측면을 신중하게 고려하여 촬영하게 될 것이므로 거기에 나름대로의 창조적

개성이 인정될 가능성이 충분히 존재하기 때문이다. 따라서 사실재현적인 목적을 너무 쉽게 인정하여서는 안 될 것이다.

그 후에 선고된 '찜질방 사진' 사건에 대한 대법원 2006. 12. 8. 선고 2005도3130 판결의 경우는 역시 광고 목적으로 촬영한 사진 중에서 음식점 내부를 촬영한 사진에 대하여는 창작성을 부정하고, 찜질방을 촬영한 사진에 대하여는 구체적인 사안을 살펴 창작성을 긍정한 면에서 위 햄제품 사진 사건의 판례와 유사한 면이 있다. 그러나 자세히 살펴보면, 광고라는 실용적인 목적으로 피사체의 충실한 재현을 목적으로 한 것으로서 누가 하더라도 같거나 비슷할 수밖에 없는 것이라는 이유로 두 가지 사진 모두에 대하여 창작성을 부정하는 결론을 내린 원심판결을 파기환송하면서 광고의 목적을 달성하기 위한 촬영자의 고려에 창작성의 근거를 부여하고 있음을 엿볼 수 있다. 즉, 이 판결은 "'○○텔' 내부 전경 사진은 목욕을 즐기면서 해운대의 바깥 풍경을 바라볼 수 있다는 '○○텔' 업소만의 장점을 부각하기 위하여 피해자 소속 촬영담당자가 유리창을 통하여 저녁 해와 바다가 동시에 보이는 시간대와 각도를 선택하여 촬영하고 그 옆에 편한 자세로 찜질방에 눕거나 앉아 있는 손님의 모습을 촬영한 사진을 배치함으로써 해운대 바닷가를 조망하면서 휴식을 취할 수 있는 최상의 공간이라는 이미지를 창출시키기 위한 촬영자의 창작적인 고려가 나타나 있다고 볼 수" 있음을 강조하여 그 창작성을 긍정하고 있는 것이다. 이를 종합하여 현재의 대법원 판례 입장을 정리해 보면, 광고 목적의 사진이라고 하여 그 창작성을 인정하는 데 아주 엄격한 입장을 보이고 있다고 할 수는 없으며, 제품사진과 같이 특별히 사실재현적인 성격이 강한 경우나 구도의 선택 등에서 특별한 고려요소가 있었다는 입증이 없는 등의 경우에만 예외적으로 창작성을 부정하는 입장을 보이고 있다고 할 수 있다.

3) 다음으로 풍경사진의 저작물성 및 그 보호범위에 대하여 살펴보자. 촬영의 구도, 셔터찬스의 포착 등 여러 가지 요소에 최소한의 창작성이 인정되는 것으로 볼 것임은 위에서 언급한 바와 같다. 문제는 풍경사진의 보호범위에 있다. 이것은 특히 전문적인 사진작가가 특정한 촬영지점을 발굴하여 특정한 구도로 자연 속에 존재하는 풍경을 촬영한 경우에 문제가 된다. 만약 그것

이 이전에 잘 알려지지 않은 지점이라면 그 사진작가는 자신이 찍은 그 지점과 그 구도에 대하여 자신의 권리를 보호받기를 바라는 마음이 있을 것이다. 즉 다른 사람이 자신의 사진을 데드카피하여 이용하는 것만이 아니라 촬영지점과 촬영각도를 흡사하게 하여 촬영하는 것으로부터 자신의 저작권을 보호받을 수 있기를 바랄 수 있다. 반면에 아마추어 사진작가들의 입장에서는 같은 지점에서 유사한 각도로 촬영하는 자유를 누리기를 원할 것이다. 이런 상황에서 그 보호범위를 결정하는 데에는 고도의 균형감각이 필요한 것으로 생각된다. 즉 특정 사진작가의 풍경사진에 대한 저작권 보호범위를 너무 넓게 인정하면 다른 사진작가들의 자유를 지나치게 뺏는 결과가 될 것이고, 그렇다고 그 보호범위를 너무 협소하게 잡으면 유명 사진작가의 작품을 쉽게 모방할 수 있도록 허용하는 셈이 되어 사진작가들의 작품활동을 통한 경제적 보상의 기회를 부당하게 침해하는 결과가 될 수 있기 때문이다.

일단 여기서 한 가지 분명하게 짚을 수 있는 것은, 아무리 각고의 노력 끝에 발견한 촬영지점이라 하더라도 그 촬영지점 자체나 피사체 자체는 저작물로서의 보호와 무관하다는 것이다. 따라서 그 지점에서 그 피사체를 촬영하는 것 자체에 대하여 저작권 보호를 주장할 수는 없다고 보아야 한다. 나아가 자신이 촬영한 것과 유사한 구도로 다른 사람이 사진을 촬영하는 것을 금지할 수 있는 권리를 인정하는 것도 타당하지 않은 것으로 생각된다. 여기서부터는 저작물성의 긍정이라는 차원과 그 저작물에 대한 보호범위의 결정이라는 차원이 구별되기 시작한다. 즉, 피사체의 선택과 구도의 결정만으로도 최소한의 창작성(사진저작물성)을 인정할 수는 있으나, 다른 사람이 데드카피를 하는 것을 넘어서, 유사한 구도로 촬영하는 것까지 금지할 수 있을 만큼의 '보호범위'를 인정하기는 어려울 것으로 생각된다. 만약 구도의 결정, 촬영시점(계절, 날씨, 시각 등)의 선택, 조명의 조정, 하늘을 나는 새들의 상황 등과 관련한 셔터찬스의 포착, 특수효과 등의 여러 가지 면이 구체적으로 조합되어서 상당한 선택의 폭이 있는 것으로 보이는 부분을 그대로 모방하였다면, 그것은 데드카피가 아니더라도 복제권 등의 침해가 성립하는 것으로 보아야 할 것이다. 결국 모방금지의 효력을 가지는 정도의 보호범위를 인정하기 위해서는 여러 가지 요소들의 결합으로 충분한 선택의 폭이 있는 부분이 모방의 대상이 되는 경우여야 할 것으로 생각되는데, 그 결합의 정도가 어느 정도여야 그러한 경우에 해당할지에 대하여는 결국 위와 같은 양 측면을 균형 있게 고려하여, 구체적 사안마다 개별적으로 신중하게 판단하여야 할 문제인 것으로 생각된다('솔섬 사진 사건'에 대한 서울고판 2014. 12. 4, 2014나211480 등 참조).

4) 다음으로 '보도용 사진'의 저작물성에 대하여 살펴본다. 신문사 등의 사진기자가 취재 현장에서 촬영하는 사진의 경우 피사체의 선택, 구도의 결정, 앵글의 조정, 셔터찬스의 포착 등의 면에서 최소한의 창작성은 인정되는 것으로 보아야 할 것이다(물론 그 창작성의 정도가 높지는 않으므로 대개 데드카피로부터 보호를 받는 정도에 그칠 것이다). 저작권법 제7조 제5호에서 '사실의 전달에 불과한 시사보도'를 저작권 보호의 대상에서 제외하고 있지만, 이는 창작성이 없는 경우에 대한 확인적 의미의 규정으로 해석될 뿐이므로, 그것을 이유로 창작성이 인정되는 사진저작물을 비보호대상으로 보아서는 안 된다. '연합뉴스' 사건에 대한 대법원 2006. 9. 14. 선고 2004도5350 판결이 연합뉴스사의 기사만이 아니라 사진에 대하여도 '단순한 사실의 전달에 불과한' 것으로 볼 수 있음을 시사하는 판시를 한 바 있으나, 대법원의 위 판결은 연합뉴스 기사가 정형적이고 간결한 문체와 표현 형식을 통해 사실을 있는 그대로 전달하는 것에 그치는 부분에 대하여만 구체적으로 언급하고, 사진저작물의 창작성 요소인 구도의 결정, 셔터찬스의 포착 등 요소에 대한 판단을 보여주지는 않고 있다. 따라서 위 판례를 보도사진의 상당수가 저작권보호의 대상에서 제외되는 것으로 보는 입장을 분명히 하였다고 보기는 어렵다. 대법원에서 만약 보도사진 중에 일부는 창작성이 없는 것으로 판단한 취지라고 하더라도 같은 보도사진에 대하여 어떤 것은 창작성이 있고, 어떤 것은 없는지를 판단하는 것이 과연 가능할지는 의문이고, 대법원도 그 기준을 제시하지 못하고 있는 셈이다.

5) 다음으로 사진을 촬영함에 있어 피사체의 배치나 조합 등의 조형을 인위적으로 한 부분이 있을 경우 그 부분에 사진저작물로서의 창작성이 인정될 수 있을지에 대하여 살펴본다. 위에서 본 풍경사진의 경우에는 만인이 공유하여야 할 자연 경관 자체가 피사체로 선택된 것에 불과하므로 피사체 자체의

조형에 대한 창작성 여하는 문제되지 않는다. 그러나 미국에서 사진의 저작물성이 긍정된 최초의 사례로 널리 알려진 오스카 와일드 사진의 경우만 하더라도 "오스카 와일드를 카메라 앞에 앉아 포즈를 취하게 하고 의상, 드레이퍼리 기타 여러 가지 장식물 등을 선택하여 걸치거나 착용하게" 한 부분에도 창작성이 있는 것으로 인정된 바 있다(Burrow-Giles Lithographic Co. v. Sarony, 111 U.S. 53 (1884)). 햄제품 사진 사건에 대한 대법원 2001. 5. 8. 선고 98다43366 판결도 자세히 보면, 제품사진에 대하여는 저작물성을 부정하면서 '제품 이미지 사진'에 대하여 저작물성을 인정한 이유가 주로 "다른 장식물이나 과일, 술병 등과 조화롭게 배치하여 촬영한" 것에 있다는 것을 알 수 있다. 피사체의 인위적 조형이 사진 촬영자에 의한 것으로서 사진에 반영되어 있는 이상, 적어도 창작성의 한 요소가 될 수는 있는 것으로 보아야 할 것이다. 문제는 그 보호범위와 관련하여, 이러한 피사체의 조형을 다른 사람이 비슷하게 모방하는 것으로부터도 보호받을 수 있을지 여부에 있다(이 문제에 대한 일본, 미국의 판례 등 자세한 것은 기본서 §4-80-6 이하 참조).

　이 문제는 결론적으로 피사체의 배치 등의 조형과 촬영의 구도 설정 등에 있어서 여러 가지 요소들이 얼마나 특징적으로 결합되어 구체화되어 있는지에 달려 있는 것으로 보아야 할 것이다. 즉, 그 결합의 정도가 단순하여 거기에 독점적 권리를 부여하기에는 선택의 폭이 너무 좁은 것으로 생각되면, 결국 창작성이 없거나 '아이디어'의 영역에 해당하는 것으로 볼 것이고, 반면에 여러 가지의 특색 있는 요소가 결합되어 있어 선택의 폭이 넓은 가운데 구체적인 개성의 표출이 있는 것으로 여겨질 경우에는 그 부분에 대하여 단순히 아이디어의 영역에 해당하는 것으로 볼 것이 아니라 '표현'의 영역으로서 비교적 높은 정도의 창작성을 가진 것으로 보아 데드카피의 경우만이 아니라 그러한 부분의 전부 또는 상당부분을 거의 그대로 모방하여 이용하였을 경우에도 저작권 침해를 인정할 수 있을 것으로 생각된다. 다만 어디까지가 아이디어의 영역이고 어디부터가 표현의 영역인지를 획정하는 것은 쉬운 일이 아니므로 구체적 사안마다 고도의 균형감각을 가지고 신중하게 판단하여야 할 것이다.

우리나라 판례 중에 사진촬영의 대상인 아기의 좌우로 아기보다 약간 작은 곰인형들을 나란히 배열한 것이 '아이디어의 영역'에 포함될 여지가 있다고 판단한 사례(서울고판 2010. 3. 18, 2009나74658)가 있으나, 곰인형 배치의 모습이나 색상, 구도 등의 여러 가지 구체적인 요소들에 특징적인 부분이 있으면 그것은 창작성 있는 표현으로 보호받을 가능성이 없지 않을 것이다.

6) 끝으로 회화나 조각 등 미술저작물을 촬영한 사진이 사진저작물로 인정될 수 있을지에 관하여 살펴본다. 회화의 복제사진은 특별한 경우가 아닌 한 피사체의 충실한 기계적 재제에 불과하므로 단순한 회화의 복제물일 뿐 사진저작물이 아니라고 할 것이다. 조각품이나 건축물 등 입체적 미술저작물을 촬영한 사진의 경우에는 촬영의 구도 등에서 특징을 살릴 수 있는 면이 있으므로 사진저작물이 될 가능성을 전적으로 부정할 수는 없다. 다만 그 경우에 사진저작물로 인정한다는 것은 미술저작물을 원저작물로 한 2차적저작물이 되는 것을 인정하는 셈이므로, 2차적저작물에 대하여 요구되는 '실질적 개변'(이 책 [22] 2. 참조)에 해당하는 창작성을 갖추어야 한다. 즉, 그 사진에 사회통념상 새로운 저작물이라고 볼 수 있을 정도의 새로운 창작성이 부가된 것으로 인정되어야 사진저작물로 여겨질 수 있을 것이다. 우리나라 판례 중에 뮤지컬을 녹화한 영상물에 대하여 '실질적 개변'을 인정하기 어렵다는 이유로 영상저작물성을 부정한 서울고등법원 2002. 10. 15. 선고 2002나986 판결이 그러한 창작성의 인정이 쉽지 않을 수 있음을 말해 준다. 미국의 판례 중에도 보드카병 사진의 저작물성을 인정하면서 보드카병이나 거기에 붙어 있는 라벨의 저작물성이 없음을 전제로 함으로써, 저작물을 촬영한 사진의 저작물성 판단을 2차적저작물의 창작성 요건이라는 관점에서 다소간 엄격하게 할 것을 시사한 판례(Ets-Hokin v. Skyy Spirits, Inc., 225 F.3d 1068 (9th Cir 2000))가 있다. 그러나 다른 한편으로, 묘지 앞 '새 소녀(bird girl)' 조각을 예술성 있게 촬영한 사진의 저작물성을 긍정한 사례(Leigh v. Warner Bros, 212 F.3d 1210 (11th Cir 2000))와 캐릭터 장난감들을 적절히 배치하여 촬영한 사진의 저작물성을 긍정한 사례(Schrock v. Learning Curve Intern., Inc., 586 F.3d 513 (7th Cir 2009))도 있다. 이러한 판례들을 참고해 볼 때, 우리나라에서도 기존 저작물을 촬영한 사진에 2차적저작물로서의 새로

운 창작성을 인정함에 있어서 지나치게 엄격한 기준을 적용할 것은 아니고 적절한 조화점을 찾기 위해 노력할 필요가 있을 것이라 생각된다.

3. 위탁에 의한 사진

저작권법 제35조 제4항에서는 "위탁에 의한 초상화 또는 이와 유사한 사진저작물의 경우에는 위탁자의 동의가 없는 때에는 이를 이용할 수 없다"고 규정하고 있다. 사진저작물에 관한 부분만 본다면, 사진 촬영을 위탁한 사람이 갖는 초상권 등 인격적 권리를 보호하기 위하여 저작권자의 저작재산권을 제한하는 취지의 규정이다(이 책 [128] 5. 참조).

[17] 영상저작물

1. 의의

저작권법은 다음과 같이 '영상저작물'을 저작물의 유형 중 하나로 예시하고 있다.

■ 제4조(저작물의 예시 등) ① 이 법에서 말하는 저작물을 예시하면 다음과 같다.
  7. 영상저작물

그리고 제2조 제13호에서 영상저작물을 다음과 같이 정의하고 있다.

■ 제2조 제13호: "영상저작물"은 연속적인 영상(음의 수반여부는 가리지 아니한다)이 수록된 창작물로서 그 영상을 기계 또는 전자장치에 의하여 재생하여 볼 수 있거나 보고 들을 수 있는 것을 말한다.

저작권법상 영상저작물에 해당하기 위해서는 ① 연속적인 영상으로 구성되어야 하고, ② 그것이 일정한 매체에 수록되어 있어야 하며, ③ 기계 또는 전자장치에 의하여 재생할 수 있어야 한다. 그 중 ②의 요건은 '고정'의 요건으로 볼 수 있다. 즉, 다른 저작물에 대하여는 우리 법상 미국법 등에서 요구하는 바와 같은 '고정'을 저작물의 성립요건으로 규정하지 않고 있지만(이 책 [6] 2. 다. 참조), 영상저작물의 개념에 해당하려면 '고정'이 요건인 것으로 볼 수 있다. 다만 그것은 '영상저작물'의 개념에 해당하기 위한 요건일 뿐이고 '저작물'로서의 성립요건이라고 볼 수는 없다. 영상저작물의 정의에 '수록'이라는 말을 사용한 것만으로는 영상저작물의 경우에 특별히 '고정'을 저작물의 성립요건으로 보고자 하는 입법적 결단이 있었던 것으로는 보이지 않기 때문이다.

극장에서 상영되는 극영화뿐만 아니라 뉴스영화, 문화영화, 기록영화, TV방송용 영상물 등이 모두 포함되며, 온라인상의 동영상 파일 등에 수록된 것이라도 창작성 등의 요건만 갖추고 있으면 이에 포함된다. 뮤직비디오도 당연히 영상저작물에 해당할 수 있다. 주로 음악을 표현하기 위한 것이지만, 음과 함께 영상이 고정되어 있는 이상 그 자체를 '음반'으로 볼 수는 없다(제2조 제5호). TV생방송도 대개는 영상이 나감과 동시에 기계장치에 수록되는 것이므로 영상저작물에 해당한다고 봄에 별다른 어려움이 없을 것으로 생각한다. 게임은 대개의 경우 영상저작물과 컴퓨터프로그램저작물이 결합된 것으로 볼 수 있다. 연재만화와 같이 기계 또는 전자장치에 의하여 재생될 수 없는 것 또는 사진과 같이 연속적인 영상으로 구성되지 않은 것 등은 위 정의규정에서 말하는 영상저작물에서 제외된다.

2. 영상저작물의 창작성

영상저작물로서 저작권법의 보호를 받기 위해서는 저작자에 의한 창작성이 인정되어야 한다. 영상물을 위한 장면 자체를 연출해 내는 영화의 경우에는 일반적으로 창작성에 의문이 없을 것이지만, 그렇지 않고 이미 존재하는 동적인 상황을 단지 녹화하기만 하는 경우에도 영상저작물로서의 창작성이 인정될 수 있을지 문제된다. 예를 들어 CCTV를 설치해 놓고 지나가는 행인 등을 기계적으로 촬영함으로써 만들어지는 영상물의 경우 아무런 창작성이 없어 영상저작물이 될 수 없다는 것은 의문의 여지가 없다. 그 외에도 영상저작물의 저작물성이 문제되는 경우가 몇 가지 있다.

1) 먼저 연극을 녹화하는 경우에 영상저작물로 성립할 수 있을지가 문제된다. 연극을 녹화하는 경우에도 특별한 경우가 아닌 한 그것은 단순히 연극저작물 또는 극본과 그에 따른 실연행위 등을 복제하는 것에 불과한 것으로

보아야 할 것이고 영상저작물의 요건으로서의 창작성은 인정되기 어려울 것이다(서울고판 2002. 10. 15, 2002나986 참조). 다만 전문적인 영상기법으로 특별한 창작성을 부가하여 영상화하였을 경우에는 연극저작물 또는 극본의 2차적저작물로서의 성격을 가진 영상저작물로서 보호될 수 있다.

2) 다음으로 스포츠경기의 녹화가 영상저작물이 될 수 있을지도 문제된다. 만약 스포츠경기를 일정한 위치에 설치된 카메라를 이용하여 기계적으로 촬영하여 방송하는 데 그친다면, 그 녹화된 영상물에 아무런 창작성을 인정할 수 없을 것이나, 일반적인 TV 방송의 경우 하이라이트가 될 만한 중요한 순간의 슬로우 모션에 의한 반복과 동일한 장면을 다양한 앵글로 촬영한 것을 보여주거나 슛을 하는 장면 등을 아주 가깝게 볼 수 있도록 줌업(zoom up)을 하는 등의 노력에 의하여 경기장에서 보는 것과는 다른 효과를 낳는다는 점에서 촬영 및 편집에 있어서의 창작성이 인정된다고 할 것이므로 영상저작물로서의 요건을 갖춘 것으로 보는 것이 타당할 것이다.

3) 뉴스 보도를 위해 제작된 영상도 창작성이 있는 한 영상저작물로 보호받을 수 있다('모기와의 전쟁 보도' 사건에 대한 서울고판 2012. 6. 13, 2011나52200 참조).

4) 영상저작물을 구성하는 화상이미지 하나를 영상저작물로 보호할 수 있을지 여부의 문제는 그 이미지 하나만으로도 창작성을 인정할 수 있을지 여부에 달려 있는 것이고, 그것은 '사진저작물'의 창작성 판단기준(피사체의 선정, 구도의 설정, 빛의 방향과 양의 조절, 카메라 각도의 설정, 셔터의 속도, 셔터찬스의 포착, 기타 촬영방법, 현상 및 인화 등의 과정에서 촬영자의 개성과 창조성이 인정되어야 함)에 따라 그 한 이미지의 창작성을 판단할 때 그 창작성을 긍정할 수 있음을 전제로 한다(전주지판 2022. 8. 18, 2022노316 참조).

5) 영상저작물과 관련하여 최근 큰 관심을 끄는 문제인 방송포맷의 보호에 대하여는 앞에서 살펴보았다(이 책 [6] 2. 나. (4) 참조).

6) 게임을 영상저작물로 인정한다고 할 때 그 보호범위가 문제되는데, 게임의 캐릭터 및 스토리, 영상 및 배경음의 구성 등에 창작성이 있는 부분은 보호대상에 포함될 수 있다. 게임물에 포함되는 여러 가지 규칙의 조합 등 다른 구성요소들의 경우에도 대법원 판례는 편집저작물 기준설에 의하여 방송

포맷의 저작물성을 제한적으로 긍정한 판례의 연장선에서 "저작자의 제작 의도와 시나리오를 기술적으로 구현하는 과정에서 다양한 구성요소들을 선택·배열하고 조합함으로써 다른 게임물과 확연히 구별되는 특징이나 개성이 나타날 수 있다"는 전제 하에 "게임물의 창작성 여부를 판단할 때에는 게임물을 구성하는 구성요소들 각각의 창작성을 고려함은 물론이고, 구성요소들이 일정한 제작 의도와 시나리오에 따라 기술적으로 구현되는 과정에서 선택·배열되고 조합됨에 따라 전체적으로 어우러져 그 게임물 자체가 다른 게임물과 구별되는 창작적 개성을 가지고 저작물로서 보호를 받을 정도에 이르렀는지도 고려해야 한다."고 판시(대판 2019. 6. 27, 2017다212095)함으로써 일정한 요건 하에 게임규칙의 복잡하고 특징적인 조합 등에 대하여도 그 저작물성을 인정할 수 있는 근거와 판단 기준을 제시하고 있다

3. 영상저작물의 저작자 및 특례 규정

영상저작물의 저작자를 누구로 볼 것인지의 문제와 영상저작물의 이용에 대한 특례규정(제99조부터 제101조까지)에 대하여는 후술한다(이 책 [96] 2. 이하 참조).

[18]　도형저작물

1. 의의

저작권법은 다음과 같이 도형저작물을 저작물의 한 유형으로 예시하고 있다.

■ 제4조(저작물의 예시 등) ① 이 법에서 말하는 저작물을 예시하면 다음과 같다.
　8. 지도·도표·설계도·약도·모형 그 밖의 도형저작물

도형저작물은 지도·도표·설계도·약도·모형 그 밖의 도형으로 인간의 사상 또는 감정을 창작적으로 표현한 것을 의미한다. 2차원의 그래픽으로 표현된 것과 3차원의 입체 모형으로 표현된 것 등이 모두 포함된다. 건축을 위한 설계도면 또는 모형의 경우에는 건축저작물로서의 성격과 도형저작물로서의 성격을 겸유할 수 있다는 것은 앞에서 살펴본 바와 같다(이 책 [15] 1. 4) 참조).

2. 지도의 저작물성

저작권법은 위와 같이 제4조 제1항 제8호에서 지도를 도형저작물의 하나로 예시하고 있다. 지도는 지구 표면의 일부나 전부의 상태를 기호나 문자를 사용하여 실제보다 축소해서 평면상에 나타낸 것으로서, 크게 일반도(一般圖)와 주제도(主題圖)로 나누어지며, 일반도에는 국토지리정보원에서 만들어내는 2만 5000분의 1 지형도, 5만분의 1 지형도, 50만분의 1 지세도, 100만분의 1 전도(全圖) 등이 있다. 지도는 지구상의 자연적 또는 인문적인 현상의 전부 또는 일부를 일정한 축척으로 미리 약속한 특정의 기호를 사용하여 객관적으로 표현하는 것인바, 지도상에 나타난 현상은 '사실' 그 자체에 지나지 아니하여 저작권의 보호대상이 되지 않는다.

그 현상을 지도에 표현하는 것은 저작물이 될 가능성이 있지만, 그 표현방식도 미리 약속된 특정의 기호를 사용하여야 하는 등 상당히 제한되어 있기 때문에 그러한 부분에 창작성을 인정하기가 쉽지 않고 인정하더라도 매우 제한적인 범위 내에서 인정될 것이다. 그러나 한편으로는, 한정된 지면에 지구상의 현상을 세밀하고 빠짐없이 나타내는 것은 불가능하기 때문에 지도의 용도에 따라 표현하여야 할 항목을 취사선택하지 않으면 안 되는데, 이 점에서 지도 작성자의 개성, 학식, 경험 등이 결정적인 역할을 하게 되고 동일한 지방의 지도라 하더라도 그 표현된 내용이 모두 동일하지는 않게 되는 것이다. 따라서 지도의 경우에는 각종 소재의 취사선택, 배열 및 그 표시방법에 대하여 지도 작성자의 개성, 학식, 경험 등이 중요한 역할을 할 것이므로 창작성이 있다면 주로 그 부분에 있다고 할 수 있다.

다만 지도의 작성은 위에서 본 바와 같이 국토지리정보원에 의한 공공측량 결과를 포함해 기존의 소재를 이용하는 경우가 많고, 이렇게 기존의 소재를 이용한 지도가 새로운 저작물로 인정받을 수 있는가의 여부는 결국 소재의 취사선택 등에 있어서 새로운 저작물로 인정할 만한 정도의 창작성이 인정되어야 하고, 기존의 지도를 주로 이용하면서 다소의 수정·증감을 가한 것만으로는 독립한 저작물로 인정하기 어렵다('전국도로관광지도'의 창작성을 부정한 대판 2003. 10. 9, 2001다50586 참조).

　　따라서 지도가 저작물로서 보호된다고 하여도 그 보호의 범위는 그리 넓지 않은 경우가 많다. 특히 정확성을 위주로 하는 지도의 경우 저작물로서 보호될 수 있는 가능성은 크게 제한된다. 반면에 그림지도와 같이 회화적인 요소가 강한 저작물에 있어서는 창작적인 표현을 인정할 수 있는 여지가 많아진다. 즉 이 경우는 미술저작물로서의 성격을 겸유한다고 볼 수 있고, 그러한 경우에 건물의 위치관계 등 도형저작물로서의 요소에는 무시하기 어려운 정도의 개변이 가해졌다고 하더라도 회화로서 평가될 만한 부분이 추출, 사용되고 있다면 저작권침해가 인정될 수 있다. 춘천시의 전경을 입체적으로 표현하는 관광지도를 제작하면서 '의도적인 왜곡표현'으로 다운타운 지역을 크게 나타내고 다운타운 지역으로부터 원거리에 있는 남이섬과 같은 관광명소들을 실제보다 가까운 거리에 배치함으로써 관광객으로 하여금 관광명소를 한 눈에 볼 수 있도록 하는 특징을 가지도록 한 것에 대하여 저작물로서의 창작성을 인정한 사례(서울중앙지판 2005. 8. 11, 2005가단12610)도 동일한 맥락으로 이해할 수 있다.

3. 설계도의 저작물성

　　설계도도 저작권법상 도형저작물의 한 형태로 예시되어 있다. 따라서 기계 등의 설계도도 저작권법상 도형저작물로 보호될 수 있는 가능성이 있다. 그러나 기계 제작 등에 관한 기술적 사상 자체는 특허 등 산업재산권의 보호 대상이 될 수는 있어도 저작권법상 저작물로 보호될 수는 없는 것이다. 따라서 기계의 설계도가 저작물로 보호될 수 있는 가능성은 그 속에 내포된 기술적 사상 자체의 창작성이 아니라 그 기술적 사상을 도면 등으로 표현하는 데 있어서의 '제도(製圖)'상의 정신적 노력에 창작성이 인정될 수 있다는 데 기한 것이다. 그런데 설계도를 작성함에 있어서의 제도상의 표현기법도 '룰'로 정립된 부분이 많고 선택의 자유도는 극히 낮을 것이므로 실제로 그 창작성이 인정될 가능성은 극히 낮다고 할 수 있다. 기계 그 밖의 비저작물인 상품의 디자인을 일반적인 제도방법으로 작성한 설계도라면 도형저작물이라고 인정

할 수 없다. 대법원은 지하철 통신설비 중 화상전송설비에 대한 제안서도면에
관하여 기능적 저작물로서의 특성을 감안하여 '창조적 개성'에 대한 비교적
엄격한 심사를 통해 그 창작성을 부정하는 결론을 내린 바 있다(대판 2005. 1. 27,
2002도965).

한편, 건축저작물로서의 성격을 겸유하는 건축 설계도 등의 경우가 아닌
기계 등 설계도의 경우에는 그에 따라 기계 등을 제작하였다 하더라도 그러
한 '기계 제작' 행위가 도형저작물의 '복제'에 해당하지 아니함은 앞에서 설명
한 바(이 책 [15] 3. 참조)와 같다.

4. 기타 도형의 저작물성

위에서 본 설계도 이외의 도형저작물도 기능적 저작물로서의 성격을 갖는
경우가 대부분이므로 역시 그 창작성에 대한 심사는 까다롭게 이루어진다(종이
접기 도형에 대하여 저작물성을 부정한 대판 2011. 5. 13, 2009도6073 등 참조).

[19] 컴퓨터프로그램저작물

1. 컴퓨터프로그램저작물의 의의

저작권법은 다음과 같이 컴퓨터프로그램저작물을 저작물의 한 유형으로
예시하고 있다.

■ 제4조(저작물의 예시 등) ① 이 법에서 말하는 저작물을 예시하면 다음과 같다.
 9. 컴퓨터프로그램저작물

그리고 제2조 제16호에서 컴퓨터프로그램저작물을 다음과 같이 정의하고
있다.

■ 제2조 제16호: "컴퓨터프로그램저작물"은 특정한 결과를 얻기 위하여 컴퓨터 등
정보처리능력을 가진 장치(이하 "컴퓨터"라 한다) 내에서 직접 또는 간접으로 사용되
는 일련의 지시·명령으로 표현된 창작물을 말한다.

원래 컴퓨터프로그램저작물(이하 '프로그램저작물'이라 함)에 대한 자세한 규율

은 저작권법이 아니라 1986. 12. 31. 제정된 컴퓨터프로그램보호법에 맡겨져 있었다. 그러다가 2009년 4월 1일 저작권법과 컴퓨터프로그램보호법을 통합하는 취지의 저작권법 개정안이 국회를 통과하여 4월 22일에 공포되었다. 이 법이 2009. 7. 23. 시행되기 시작하면서 컴퓨터프로그램보호법은 시행된 지 22년여 만에 폐지되고(개정 저작권법 부칙 2조), 프로그램저작물도 다른 저작물과 함께 저작권법에 의한 통일적인 보호를 받게 되었다.

이러한 개정입법으로 인해 지금은 프로그램저작물에 대하여도 저작권법에 특별한 제외규정이나 예외규정(제37조의2 등)에 해당하는 경우가 아닌 한 저작권법의 모든 규정이 적용된다. 프로그램저작물이 가지는 고유한 특성은 저작권법상의 특례규정 등으로 반영되어 있다.

2. 컴퓨터프로그램저작물의 요건

제2조 제16호의 정의규정을 분석해 보면, 다음의 요건을 갖추어야 프로그램저작물로 보호될 수 있음을 알 수 있다.

1) 컴퓨터 등 정보처리능력을 가진 장치 내에서 사용되는 것일 것   통상 컴퓨터가 가지고 있는 연산, 제어(통제), 기억, 입력, 출력의 5종류의 기능 중 입력, 출력의 기능이 없더라도 연산, 제어, 기억의 기능만 가지고 있으면 여기서 말하는 정보처리능력을 가진 장치라고 할 수 있다(예컨대, 전화교환기, 마이크로프로세서 등). 그러한 장치 내에서 사용된다는 것은 그러한 장치의 통상적인 용법에 따라 사용될 수 있는 것을 의미한다. 그러나 실제로 컴퓨터에서 사용할 수 있는 상태가 되어야만 프로그램으로 인정될 수 있는 것은 아니며, 컴퓨터 내에서 사용되도록 하기 위한 것이라면 설사 아직 작동이 되지 않는 것이라 하더라도 프로그램에 해당할 수 있다.

2) 특정한 결과를 얻기 위한 것일 것   특정한 결과를 얻는다는 것은 어떠한 의미를 갖는 일을 할 수 있다는 의미이다. 그 일의 대소나 가치의 고저는 전혀 문제되지 않는다. 특정한 결과를 얻을 것을 목적으로 하면 되고, 그 결과를 낼 수 있는 상태가 되어야 프로그램저작물이 되는 것은 아니다. 전체 프로그램의 일부로서 기능하는 하위 프로그램도 프로그램저작물이 될 수

있고(서울중앙지판 2006. 4. 21, 2003가합95465 참조), 버그가 있어서 실행에 오류가 있는 프로그램도 프로그램저작물로 보호될 수 있다.

3) 컴퓨터 내에서 직접·간접으로 사용되는 일련의 지시, 명령일 것   프로그램은 일련의 지시·명령이다. 그러므로 단 한 스텝의 지시만으로는 프로그램이라고 인정될 수 없을 것이다.

여기서 중요한 것은 프로그램이란 컴퓨터 내에서 직접·간접으로 사용되는 것이라는 점이다. 지시나 명령은 직접·간접으로 컴퓨터에 대한 것이어야 한다. 따라서 프로그램 작성의 전후에 작성되는 흐름도(flow chart)나 사용자 매뉴얼 등은 사람(개발자 또는 사용자)에 대한 지시 또는 설명일 뿐, 컴퓨터에 대한 지시, 명령이 아니므로 프로그램이 아니고, 도형저작물이나 어문저작물로 인정될 수 있을 뿐이다(흐름도나 사용자 매뉴얼도 소프트웨어 진흥법상의 '소프트웨어'의 개념에는 해당함. 같은 법 제2조 제1호 참조).

법문상의 "직접 또는 간접으로 사용되는"에서 "직접"으로 사용된다는 것은 프로그램이 기계어(이진 코드)로 되어 있어서 컴퓨터가 바로 그에 따른 실행을 할 수 있는 경우, 즉 목적코드(object code)의 경우를 말한다. 그리고 "간접으로" 사용된다는 것은 프로그래밍 언어를 사용하여 개발자가 작성한 지시, 명령문의 집합으로서 컴파일러 등에 의하여 기계어로 변환하는 과정을 거쳐야 컴퓨터가 그에 따른 실행을 할 수 있게 되는 경우, 즉 원시코드(source code)의 경우를 말한다. 따라서 원시코드('소스코드')와 목적코드가 모두 프로그램에 포함됨을 알 수 있다.

컴퓨터에 대한 일련의 지시, 명령으로서의 성격을 가지는지 여부는 프로그램성의 유무를 결정짓는 중요한 잣대가 된다. 전자파일로서 기록매체에 전자적으로 기록되어 컴퓨터가 그것을 읽을 수 있는 것이라 하더라도 컴퓨터를 작동시키는 일정한 처리를 지시하는 것이 없으면 프로그램에 해당하지 않는 것으로 보아야 한다. 다음의 두 사례가 그런 이유로 프로그램저작물에 해당하지 않는 것으로 판단된 경우이다.

• 공중전화카드의 '워터마크': 워터마크 부분이 카드의 진정성을 확인할 수 있는 정보로 구성되어 있는데, 그것이 공중전화기에 삽입되었을 때 카드판독기에 대하

여 어떠한 지시·명령을 하는 것은 없고, 카드판독기는 당연히 워터마크 테이프의 처음부터 끝까지 읽도록 되어 있을 뿐이라는 이유로 프로그램저작물이라고 볼 수 없다고 판시함(서울지판 2000. 7. 21, 99가합8750).

- ECO_RFID.INI 파일: 이 파일은 RFID 단말기 구동 프로그램 중 동적 연결 프로그램들이 초기 환경 설정을 위하여 받아서 처리하는 데이터들, 즉 시리얼 통신에 사용될 연결 포트를 설정하는 데이터와 프로그램에 연결된 리더기의 종류를 설정하는 데이터를 비롯하여 프로그램과 리더기 간의 통신 속도, 통신 해지 조건, 수신 반복 횟수, 통신 간격 및 재 호출 횟수 등을 설정하는 데이터들이 기록된 것에 불과하고, 위와 같은 데이터들을 받아 처리하는 과정이 이 사건 파일의 어떠한 지시·명령에 따라 이루어진다고 보기 어렵다는 이유로 프로그램저작물성을 부정함(대판 2014. 10. 27, 2013다74998·75007)

컴퓨터에 대한 지시, 명령이 아니라 '데이터'에 불과하다는 이유로 프로그램저작물성을 부정한 예를 위에서 보았지만, 그 부분의 판단에 있어서는 주의할 점이 있다. 프로그램으로서의 독립성이 없어도 그 데이터 부분을 읽어들이는 다른 모듈(module)과 연동되어 전체적으로 컴퓨터에 대한 지시·명령의 일부분을 이루는 것으로 볼 수 있다면(하나의 프로그램 패키지 안에 들어가 있고 그 데이터 부분이 없으면 프로그램의 작동이 원활하게 되지 않는 경우가 그러한 예가 될 수 있을 것이다), 그것은 프로그램에 해당하는 것으로 보아야 할 것이다. 결국 프로그램의 일부라고 볼 수 있는지 여부에 따라 판단이 미묘하게 달라지는 부분이 있게 된다.

누군가가 어떤 응용프로그램을 이용하여 새로운 파일을 만든 경우에 그 파일의 작성이 컴퓨터에 대한 지시·명령에 해당하는지 여부를 판단하기가 실제로는 그리 쉬운 일이 아니다. 그 판단에 있어서 코딩 또는 코딩에 준하는 작업을 통해 만들어지는 '소스코드'가 있는지 여부는 중요한 판단의 잣대로 작용할 수 있다('엑셀 파일' 사건에 대한 수원지판 2005. 5. 10, 2003노3579 참조).

한편으로, 웹에서 사용되는 HTML 파일의 경우에는 그 안에 표시되는 태그(tag)가 컴퓨터에 대한 지시, 명령으로서의 성격을 가지고 있기는 하지만, 개인 제작의 홈페이지 등에서 사용하는 HTML의 경우 단순한 태그의 사용만으로는 프로그램으로서의 창작성을 인정받기는 어려워 특별한 경우가 아닌 한 프로그램저작물로서 보호받을 수는 없고(서울중앙지판 2009. 7. 22, 2008가합110895 참조), 어문저작물 등으로 보호받을 수 있는 가능성이 있을 뿐이다.

컴퓨터 글자체의 경우는 단순한 데이터 파일이 아니라 컴퓨터에 대한 지시, 명령을 포함하고 있으므로 프로그램저작물로 보호될 수 있다(자세한 것은 이 책 [25] 4. 참조).

4) 창작성을 가질 것   프로그램도 저작물인 이상 창작성을 요건으로 함은 당연하며, 정의규정의 '창작물'이라는 단어에도 그러한 취지가 내포되어 있다. 프로그램의 '표현'에 창작성이 있을 것을 요하고, 아이디어에 창작성이 있는 것만으로는 저작권 보호를 받을 수 없는 것도 일반 저작물과 같다.

프로그램은 그 특성상 '기능적 저작물'에 해당하고, 우리나라 대법원 판례는 기능적 저작물의 경우에 창작성의 한 요소인 '창조적 개성'에 대하여 비교적 신중하게 심사하는 태도를 보이고 있으므로, 결국 프로그램도 창조적 개성이 있는지 여부를 비교적 엄격하게 심사하여야 할 것이라고 할 수 있다. 큰 패키지 프로그램의 경우 그 전체가 저작물성을 부정당하는 경우는 상상하기 어렵지만, 그 중 일부분의 보호가 문제가 되었을 때는 위 법리가 영향을 미치게 된다. 특히 해당 부분의 프로그램의 길이가 짧고 분량이 적을 경우에, 위와 같은 '기능적 저작물'로서의 특성에 따라 '창조적 개성'을 인정하기 쉽지 않을 수 있다(비교적 짧은 소소코드에 대하여 창작성을 부정한 사례인 서울중앙지판 2021. 9. 16, 2020가합593263 참조).

3. 컴퓨터프로그램저작물에 대한 특례규정

가. 서설

위에서 본 바와 같이 원래 별도의 법률로 있던 컴퓨터프로그램보호법이 2009년에 저작권법으로 통합되게 되면서, 컴퓨터프로그램보호법 안에 있던 특징적인 규정들 중 일부가 저작권법 안에 프로그램저작물에 대한 특례규정으로 반영되게 되었다. 그 내용은 다음과 같다.

나. 보호범위의 제한(제101조의2)

저작권법 제101조의2는 프로그램을 작성하기 위하여 사용하는 프로그램 언어, 규약 및 해법에는 저작권법을 적용하지 아니하는 것으로 규정하고 있다. 이 규정의 취지는 저작권법상의 대원칙인 '아이디어와 표현의 이분법(idea-expression dichotomy)'(이 책 [6] 2. 나. 참조)과 궤를 같이 하는 것이다. 그 해석 및 적용에 있어서 프로그램이 가지는 기능적 저작물로서의 특성이 반영되게 되지만 일반저작물과 근본적으로 다른 원리의 적용을 받는 것은 아니라고 할 수 있다.

(1) **프로그램 언어**(program language)

'프로그램 언어'란 프로그램을 표현하는 수단으로서의 문자·기호 및 그 체계를 말한다(제101조의2 제1호). 체계란 주로 문법을 말하는 것이다.

구체적으로는 C, BASIC, FORTRAN, COBOL 등이 여기에 해당한다.

한 가지 주의할 것은 예를 들어 마이크로소프트사에서 개발한 Visual C++ 등은 프로그램 언어 자체가 아니라 프로그램 언어인 C언어를 사용하여 프로그램을 제작하는 도구이므로, 프로그램보호법에 의하여 보호되는 '프로그램'에 해당한다는 것이다. Visual BASIC 등 다른 언어를 위한 도구도 마찬가지이다. 다만, 이들 프로그램을 보호한다고 할 때, 그 보호범위에서, 사용되는 프로그램 언어 자체는 배제되어야 함을 유의하여야 한다.

(2) **프로그램 규약**(program rule)

프로그램 '규약'이라 함은 특정의 프로그램에 있어서 프로그램 언어의 용법에 관한 특별한 약속을 말한다(101조의2 2호). 즉, 프로그램 언어는 언어라고 하는 일반적인 체계의 것임에 대하여, 규약은 어떤 '특정의' 프로그램을 위한 특별한 약속을 말하는 것이다.

규약은 구체적으로는 인터페이스(interface)와 프로토콜(protocol)로 나타난다. '인터페이스'는 본래 둘 이상의 기계장치를 연결시켜 작동하게 하는 경우에 상호간에 정확히 정보가 전달될 필요가 있으므로 이를 위해 정보의 신호, 배열, 타이밍(timing) 등을 정확히 연계시켜 주는 것이다. 구체적으로 컴퓨터에 있어서는 하드웨어와 하드웨어, 하드웨어와 소프트웨어, 소프트웨어와 소프트웨어, 그리고 사람도 컴퓨터시스템의 일부로 포함시켜 보면 사람과 이들 사이를 연결시켜 주는 것이다. 다만, 인터페이스는 '특정한 프로그램에 있어서' 프로그램의 용법에 관한 특별한 약속이므로, 어떤 특정한 프로그램의 다른 프로그램이나 하드웨어 또는 사람(이용자)과의 인터페이스를 의미한다. 이러한 인터페이스 부분은 프로그램의 본질적인 부분에 해당하지는 않는 것이 보통이다.

한편 프로토콜(protocol)은 통신규약이라고도 하며, 원격지의 서로 다른 컴퓨터, 기타 기기 사이에 정보를 교환할 수 있도록 하기 위하여 정한 일정한 규칙 또는 약속을 의미한다. 즉, 인터넷과 같은 네트워크에서 서로 다른 컴퓨터 사이에 정보의 교환이 이루어지는 것은, 보내는 쪽에서 자료를 패킷으로 분리하여 전송하고 받는 쪽에서는 이를 다시 재조립하여 원래의 정보로 환원하는 과정이 정확히 이루어지도록 하는 일정한 규칙이 있기 때문인데, 이 규칙을 프로토콜이라 하며, 이는 광의의 인터페이스에 포함된다. 인터넷의 TCP/IP 등이 이러한 프로토콜에 해당한다.

이 규정의 해석과 관련하여서는 이 규정 등을 이유로 인터페이스나 프로토콜의 보호를 전면적으로 부정하는 견해와 이 규정도 아이디어와 표현의 이분법에 따라 아이디어에 해당하는 인터페이스 등의 보호를 부정하는 취지에 불과한 것으로 보아 그 표현에 창작성이 있으면 보호할 수 있다고 보는 견해가 공존하고 있다. 그러나, 인터페이스나 프로토콜이 프로그램의 형태로 표현되어 있는 경우에도 일률적·전면적으로 보호대상에서 제외하는 것은 바람직하지 않다. 프로그램으로 만들어지는 과정에서 창작적인 표현의 부분이 들어가 있다면, 그것은 원칙적으로 보호되어야 한다. 다만, 인터페이스 프로그램은 어떤 규칙을 전제로 하고 있기 때문에 다른 프로그램에 비하여 그 표현의 선택의 폭이 더욱 제한된다고 할 수 있고, 여기에 위와 같은 호환성을 위한 고려도 참작되어야 하므로 그 저작물성의 정도는 극히 낮은 것으로 보아야 할 것이다. 즉 아이디어와 합체되지 않은 창작성 있는 표현으로서의 인터페이스가 존재할 수 있음을 긍정하되, 그 범위를 비교적 좁게 보는 것이 타당한 방향이라 생각된다(특히 사용자 인터페이스의 보호 등과 관련한 미국 및 우리나라의 판례 등 자세한 내용은 기본서 §4-147 이하 참조).

(3) **프로그램 해법**(algorithm)

해법이란 '프로그램에 있어서의 지시·명령의 조합방법'을 말한다(제101조의2 제3호). 환언하면, 해법은 컴퓨터가 작동하는 순서 또는 일정한 결과를 얻기 위한 문제 처리의 논리적 수순을 말한다. 보통은 알고리즘이라 불리는 것이다. 알고리즘은 '어떤 문제를 유한개의 절차로 풀기 위해 주어진 입력으로부터 원하는 출력을 유도해 내는 정해진 일련의 과정이나 규칙들의 집합'이라고 할 수 있다.

프로그램은 이 알고리즘을 컴퓨터 언어(computer language)로 표현한 것이라고 할 수 있다. 프로그램을 작성하기 전에 반드시 문제에 대한 특정한 해법인 알고리즘이 찾아져야 하고, 알고리즘이 명확히 정립되기만 하면, 프로그램 작성(coding) 자체는 그다지 어렵지 않게 수행될 수 있다. 따라서 프로그램을 보호하는 법에서 알고리즘을 보호하지 않는다고 선언한 것은 모순적인 면이 있다고도 볼 수 있다. 결국 이 규정의 해석에 있어서도 '규약'의 경우와 마찬가지로, 해법의 아이디어를 보호대상에서 제외한 것으로 보아야 하고, 해법의 표현, 즉 알고리즘의 구체적 표현은 창작성이 있는 한 보호될 수 있는 것으로 보아야 할 것이다(특히 알고리즘의 '비문언적 표현'을 어디까지 보호할 수 있을 것인가 하는 문제에 대하여 자세한 것은 기본서 §4-159 이하 및 §27-32 이하 참조).

다. 업무상저작물의 저작자의 예외(제9조)

저작권법 제9조는 다음과 같이 규정하여 프로그램저작물에 대하여는 업무상저작물의 '공표' 요건을 면제하는 특례를 인정하고 있다.

■ 제9조(업무상저작물의 저작자) 법인등의 명의로 공표되는 업무상저작물의 저작자는 계약 또는 근무규칙 등에 다른 정함이 없는 때에는 그 법인등이 된다. 다만, 컴퓨터프로그램저작물(이하 "프로그램"이라 한다)의 경우 공표될 것을 요하지 아니한다.

라. 동일성유지권 제한사유(제13조)

저작권법 제13조 제2항은 다음과 같이 프로그램저작물에 특화된 두 가지의 동일성유지권 제한사유를 규정하고 있다.

■ 저작권법 제13조 ② 저작자는 다음 각 호의 어느 하나에 해당하는 변경에 대하여는 이의(異議)할 수 없다. 다만, 본질적인 내용의 변경은 그러하지 아니하다.

1, 2. (생략)
3. 특정한 컴퓨터 외에는 이용할 수 없는 프로그램을 다른 컴퓨터에 이용할 수 있도록 하기 위하여 필요한 범위에서의 변경

　4. 프로그램을 특정한 컴퓨터에 보다 효과적으로 이용할 수 있도록 하기 위하여 필요한 범위에서의 변경

　5. (생략)

마. 저작재산권 제한사유

저작권법은 일반 저작물에 대한 저작재산권 제한사유 중에서 원래 컴퓨터 프로그램보호법에서 프로그램에 대하여 다소간 다르게 규정하고 있었던 네 가지 사유(재판 등에서의 복제, 교육 목적 등에의 이용, 사적 이용을 위한 복제, 시험문제를 위한 복제 등)에 대하여는 해당 제한사유 규정(제23조, 제25조, 제30조, 제32조)을 프로그램에 대하여는 적용되지 않도록 규정하고(37조의2), 대신 프로그램저작물에 대하여 제101조의3 제1항 제1호·제2호·제3호·제4호·제5호에 다른 내용의 관련 규정을 두었다. 그리고 프로그램저작물에 특화된 제한사유로서, 프로그램의 감정을 위한 복제(제101조의3 제1의2호), 프로그램의 기초를 이루는 아이디어 및 원리를 확인하기 위한 복제(같은 항 제6호), 컴퓨터의 유지·보수를 위한 프로그램의 일시적 복제(같은 조 제2항), 프로그램코드 역분석(제101조의4), 정당한 이용자에 의한 프로그램 보존을 위한 복제(제101조의5) 등에 대한 규정을 두고 있다(자세한 내용은 이 책 [132] 참조).

바. 프로그램의 임치(101조의7)

저작권법 제101조의7은 프로그램에 대한 특례규정의 하나로 '프로그램 임치'제도를 규정하고 있다. 프로그램 임치제도는 이른바 에스크로우제도의 하나로서 프로그램사용허락계약 등을 함에 있어서 프로그램의 원시코드(소스코드)를 신뢰할 수 있는 제3자(수치인)에게 맡겨 두었다가 계약상의 일정한 조건이 충족될 경우에 수치인이 그 조건의 성취를 확인한 후 계약 상대방에게 원시코드를 제공하도록 하는 등의 방법으로 프로그램의 원시코드, 기타 기술정보를 적절히 보호할 수 있도록 하는 제도이다.

제101조의1 제7항은 프로그램의 저작재산권자와 프로그램의 이용허락을 받은 자는 대통령령으로 정하는 자(이하 이 조에서 "수치인"이라 한다)와 서로 합의하여 프로그램의 원시코드 및 기술 정보 등을 수치인에게 임치할 수 있다고 규

정하고, 제2항에서 프로그램의 이용허락을 받은 자는 제1항에 따른 합의에서 정한 사유가 발생한 때에 수치인에게 프로그램의 원시코드 및 기술정보 등의 제공을 요구할 수 있다고 규정하고 있다.

그리고 시행령 제39조의2 제1항은 위 규정에서 "대통령령으로 정하는 자"란 한국저작권위원회를 말한다고 규정하고 있다. 따라서 현행법령하에서는 한국저작권위원회만 임치기관(수치인)으로서의 자격을 가지고 있다. 같은 조 제2항에 따라 위원회는 프로그램의 임치 및 이와 관련된 업무를 전산정보처리시스템으로 처리할 수 있다.

제2관 기타 방식에 의한 분류

[20] 기타 방식에 의한 분류

1. 저작명의에 따른 분류

저작물은 저작명의에 따라 저작자의 실명이 표시된 저작물인 실명저작물과 저작자의 이름이 표시되지 않은 저작물인 무명저작물, 이름이 표시되었지만 실명이 아닌 이명이 표시된 저작물인 이명저작물로 분류된다. 이명저작물은 다시 ① 널리 알려진 이명이 표시된 것과 ② 널리 알려지지 아니한 이명이 표시된 것의 두 가지로 분류되는데 법의 적용에 있어서 ①은 실명저작물과, ②는 무명저작물과 동등하게 대우된다.

2. 성립순서에 따른 분류

저작물은 그 성립순서에 따라 원저작물과 2차적저작물로 분류된다(자세한 것은 이 책 [21] 참조).

3. 공표의 유무에 따른 분류

저작물은 공표의 유무에 따라 공표저작물과 미공표저작물로 분류되기도 한다. 우리 저작권법상 공표저작물과 미공표저작물은 저작권의 존속기간 및 저작재산권의 제한에 관한 일부 규정의 적용 여부와 관련하여 중대한 차이가 있다.

4. 저작자의 수와 저작물의 결합방법에 따른 분류

저작물은 저작자의 수 및 저작물의 결합방법 등에 따라 단독저작물과 공동저작물로 나누어진다(이 책 [31] 이하 참조).

5. 계속성의 유무에 따른 분류

저작물은 계속성의 유무에 따라 일회적 저작물과 계속적 저작물로 분류된다. 일회적 저작물은 1회의 발행이나 공표로 종료되는 저작물을 말하며 계속적 저작물은 신문 연재소설 등의 경우와 같이 계속적으로 발행 또는 공표되는 저작물을 말한다. 계속적 저작물은 보호기간의 산정에 있어서 공표시기산주의(公表時起算主義)를 취하는 몇 가지 예외규정과의 관계에서 공표시점을 결정하는 면에서 고려할 사항이 있으므로 저작권법 제43조에 특칙규정을 두고 있다(이 책 [141] 참조).

제3절 2차적저작물과 편집저작물

[21] 2차적저작물

1. 의의

저작권법은 2차적저작물에 대하여 다음과 같이 규정하고 있다.

■ 제5조(2차적저작물) ① 원저작물을 번역·편곡·변형·각색·영상제작 그 밖의 방법으로 작성한 창작물(이하 "2차적저작물"이라 한다)은 독자적인 저작물로서 보호된다. ② 2차적저작물의 보호는 그 원저작물의 저작자의 권리에 영향을 미치지 아니한다.

제5조 제1항에 의하면, 2차적저작물이란 원저작물을 번역·편곡·변형·각색·영상제작 그 밖의 방법으로 (변형하여) 작성한 창작물을 뜻한다. 즉, 원저작물을 기초로 하여 이를 번역·편곡·변형·각색·영상제작 등의 방법으로 변형함으로써 새로운 창작성이 있는 저작물이 된 것을 원저작물과의 관계에서 2차적저작물이라고 하는 것이다.

여기서 '번역'이란 어문저작물을 체계가 다른 언어로 재표현하는 것을 말한다. 복수의 언어를 국어로 삼고 있는 나라도 있는데, 이 경우에는 국어 상호간에도 번역이 이루어질 수 있고, 한문의 국역도 번역의 일종이다. 그러나 언어의 체계가 동일하면 사용한 문자나 부호가 달라졌다 해도 번역이라고 할 수 없다. 따라서 속기문자, 점자, 암호문 등을 보통의 문자로 고쳐 쓰는 경우 또는 그 역의 경우 등은 번역이라 할 수 없다.

또한 '편곡'은 기존의 악곡에 창작적인 변화를 가하는 것을 말하는데, 예를 들면, 어떤 악기를 위한 독주곡을 합주곡이나 교향곡으로 바꾸는 경우, 고

전음악을 경음악화하는 경우, 국악(國樂)을 양악화(洋樂化)하는 경우 등이 이에 해당한다. 그러나 창작적 변화라 하기 어려운 단순한 변조 등은 편곡이라고 할 수 없다.

'변형'은 미술, 건축, 사진, 도형 등 공간적 형태로 표현되는 저작물의 형태를 창작적으로 변화시키는 것을 말한다. 회화를 조각으로 만들거나 그 역의 경우, 사진을 회화로 그리는 경우, 설계도를 모형화하거나 그 역의 경우 등이 이에 해당한다.

'각색'은 소설 등 비연극적 저작물을 연극 또는 영화에 적합하도록 각본화하는 것을 말하며, '영상제작'은 소설, 만화, 각본 등의 저작물을 영화 등의 영상저작물로 제작하는 것을 말한다.

그리고 이상의 여러 가지 방법 등은 단지 예시에 불과한 것이므로 그 외에도 다음의 성립요건을 충족하는 모든 경우가 2차적저작물에 해당할 수 있다.

2. 성립요건

가. 원저작물을 기초로 하여 작성된 것으로서 원저작물과 실질적 유사성이 있을 것

2차적저작물이 되기 위하여는 원저작물과 관계에서 원저작물을 기초로 하였다고 하는 의미의 '종속성'이 요구된다. 따라서 단지 기존의 어떤 저작물(A)에서 창작상의 힌트나 착상을 부여받은 경우라 하더라도 작성된 저작물이 기존의 저작물을 기초로 한 것이라고 인정할 수 있을 정도의 종속성이 인정되지 않으면 완전별개의 저작물(@)일 뿐 2차적저작물은 아니다. 기존의 저작물이 새로 작성된 저작물에 완전히 소화되어 버려 그 창작성 있는 표현을 전혀 인식 또는 감지할 수 없게 된 경우도 마찬가지이다. 여기서 2차적저작물(AB)의 경우 원저작물을 기초로 한다는 것을 '종속성'이라는 용어로 표현하였으나, 이것은 복제물(複製物)(A')과 대상 저작물 사이에 요구되는 '동일성'과 비교할 때 2차적저작물의 경우 뒤에서 보는 두 번째 요건, 즉 '새로운 창작성이 부가될 것'을 요한다는 것을 별도로 하면 실질적으로 다를 것이 없다(다만 용어의 사용 면에서 '동일성'이라는 용어는 '복제물'에 대해서, '종속성'이라는 용어는 2차적저작물에 대해서 사용되고, 복제물과 2차적저작물에 공통적으로 사용되는 용어가 '실질적 유사성'이다). 즉, 복제물의 경우와 2차적저작물의 경우를 구분할 필요 없이 저작권자의 허락이 없을 경우 크게 보아 저작권침해를 구성하게 되는바, 새로 작성된 작품이 기존의 저작물과의 관계에서 완전 별개의 저작물이 아니라 이러한 복제물 또는 2차적저작물에 해당하는 것으로 보기 위해서는 저작권 침해의 주관적 요건인 '의거관계'(이 책 [178] 참조)와 함께 객관적 요건인 '실질적 유사성'(이 책 [179] 참조)을 갖추어야 한다는 점에서 마찬가지이다(우리나라의 일부 판례는 '실질적 유사성'이라는 용어를 사용하는 대신에 새로 만들어진 작품에서 원저작물의 '본질적 특징' 또는 '창작적 표현형식' 등을 감득 또는 감지할 수 있는지 여부를 기준으로 2차적저작물에 해당하는지 아니면 독립된 저작물로 볼 것인지 여부를 판단하기도 한다. 실질적 유사성 판단을 보완하는 의미를 가진 판단기준이라 할 수 있다. 다만 그 중 다소 애매한 면이 있는 '본질적 특징'이라는 말보다는 '창작적 표현형식' 등의 용어를 사용하는 것이 보다 바람직하다. 이에 대하여 자세한 것은 기본서 §5-7의 각주 4 참조).

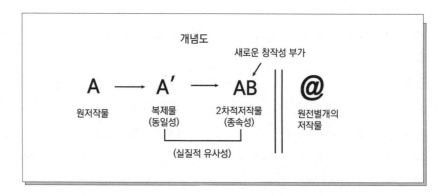

여기서 "원저작물을 이용한다"고 할 때 그것은 직접적인 이용만을 뜻하는 것은 아니고 간접적인 이용의 경우도 포함한다. 즉, 직접 A를 이용하여 2차적저작물을 작성한 경우만이 아니라 A를 이용하여 작성한 2차적저작물인 AB를 이용하여 다시 2차적저작물(ABC: 말하자면, '3차적저작물'이라 할 수 있는데, '3차적'이라는 것은 강학상의 편의에 따라 붙인 명칭이고 법적인 개념은 아니라는 것을 유의해야 한다)을 작성한 경우에도 그 2차적저작물 안에 원저작물의 창작적 표현이 감지될 수 있다

면 원저작물에 대한 관계에서 2차적저작물 작성을 한 것으로 볼 수 있다(그러한 입장을 전제로 판시한 대법원 판례: '영문요약물 번역' 사건에 대한 대판 2013. 8. 22, 2011도 3599). 이것은 "4차적저작물", "5차적저작물"의 경우라고 하여 달라지지 않는다. 그런데 순차적인 간접이용의 과정에서 본래의 원저작물("1차적저작물")의 창작적 표현이 더 이상 이용되지 않는 경우가 있을 수 있다. 예를 들어, "5차적저작물" 속에 "1차적저작물"(A: 본래의 원저작물)과 "2차적저작물"(AB)의 창작성 있는 표현은 남아 있지 않고, "3차적저작물"(ABC)과 "4차적저작물"(ABCD)에서 각각 새로 추가한 창작적 표현만 감지되는 경우(이 때 5차적저작물을 'CDE'로 표시할 수 있을 것이다)가 있을 수 있는 것이다. 그러한 경우 법적으로 "5차적저작물"은 "3차적저작물"과 "4차적저작물"을 원저작물로 한 2차적저작물에 해당하는 것으로 보아야 하지만, "1차적저작물" 및 "2차적저작물"과의 관계에서는 법적으로 2차적저작물로서의 성격을 가지지 않는, 별개의 독립적인 저작물로 보게 된다.

어느 작품이 기존의 어느 저작물과 유사한 정도를 순서대로 보면, ① 완전히 똑같거나 다소의 수정, 증감이 있더라도 동일성(실질적 유사성)이 인정되는 범위 내로서 새로운 창작성이 인정되지는 않는 경우, ② 새로운 저작물로 인정할 만한 정도의 창작성이 부가되고 실질적인 개변이 있었지만 원저작물과 사이에 '실질적 유사성'이 있는 경우, ③ 단순한 창작성의 힌트만 얻었거나 기존 저작물을 완전히 소화하여 새로운 별개독립의 작품을 만듦으로써 두 작품 사이에 '실질적 유사성'을 인정할 수 없는 경우 등으로 나누어 볼 수 있다. 이 가운데 ①의 경우는 복제물, ②의 경우는 2차적저작물, ③의 경우는 완전 별개의 저작물이 되는바, 여기서 ① 또는 ②의 경우와 ③의 경우를 구분하는 객관적인 기준이 바로 '실질적 유사성'의 유무인 것이다. '실질적 유사성'에 대하여는 저작권 침해에 관한 장에서 보다 자세히 다루게 되겠지만, 근본적으로 실질적 유사성의 유무는 원저작물 중 '인간의 사상 또는 감정의 창작적 표현'에 해당하는 부분이 새로 작성된 작품 속에 직접적으로 감지될 수 있는 형태로 포함되어 있는지 여부에 달려 있다고 할 수 있다.

한편, 이때 2차적저작물의 작성을 위한 기초로 이용되는 원저작물은 저작권의 존속기간 경과 여부를 불문한다. 존속기간이 경과되지 않은 원저작물을 기초로 하여 2차적저작물을 작성하려면 원저작물 저작자의 허락을 받아야 하고, 그렇지 않은 경우에는 (최소한 저작재산권의 면에서는) 허락을 받을 필요가 없다는 차이가 있지만, 두 경우 다 개념적으로는 원저작물과 2차적저작물의 관계가 된다.

나. 새로운 창작성의 부가

(1) '실질적 개변'의 법리

2차적저작물은 단지 어떤 저작물의 복제물이 아니라 하나의 새로운 저작물로 인정된다. 따라서 2차적저작물로 인정되기 위해서는 새로운 저작물로 인정할 만한 '창작성'이 부가되어야 한다.

원저작물을 기초로 하여 이를 이용하되 원저작물에 포함되지 아니한 새로운 창작성이 부가되어야만 새로운 저작물로서의 2차적저작물이 성립하는 것이고 그렇지 않으면 단순한 복제물에 불과하게 되는 것이다.

그런데 여기서 창작성이라고 할 때 그것은 일반 저작물의 성립요건으로서의 창작성과 본질적으로 다른 개념이라고 볼 것은 아니나, 그 '정도'의 면에서는 보다 높은 기준이 적용되고 있음을 유의할 필요가 있다. 즉, 2차적저작물이 되기 위해서는 원저작물에 대하여 사회통념상 별개의 저작물이라고 할 정도의 '실질적인 개변'이 있어야 한다고 하는 견해가 유력하며, 하급심 판례 가운데 동일한 법리를 그대로 설시한 예도 보인다(서울고판 2002. 10. 15, 2002나986). 대법원도 동일한 표현을 쓰지는 않아도 유사한 입장을 밝히고 있다. 즉, 대법원은 "2차적저작물로 보호를 받기 위하여는 원저작물을 기초로 하되 원저작물과 실질적 유사성을 유지하고, 이것에 사회통념상 새로운 저작물이 될 수 있을 정도의 수정·증감을 가하여 새로운 창작성이 부가되어야 하는 것이며, 원저작물에 다소의 수정·증감을 가한 데 불과하여 독창적인 저작물이라고 볼 수 없는 경우에는 저작권법에 의한 보호를 받을 수 없다"고 판시하고 있다(대판 2002. 1. 25, 99도863 등).

다만 원저작물에 대한 사소한 변경만으로 쉽게 2차적저작물의 성립을 인정해도 곤란하지만, 실질적 개변을 지나치게 엄격한 기준으로 요구하는 것도

2차적 창작의 영역에 대한 보호를 크게 제한할 수 있다는 점에서 바람직하지 않다. 이 문제에 접근함에 있어서도 늘 '조화와 균형'을 의식할 필요가 있다고 생각한다.

(2) 판례

판례를 보면, 다음의 경우들에 대하여 '새로운 창작성'을 인정하였다.

- 가사의 대폭적 수정('돌아와요 부산항에 사건에 대한 서울서부지판 2006. 3. 17, 2004가합 4676)
- 만화 줄거리의 요약('만화 줄거리' 사건에 대한 서울중앙지판 2004. 12. 3, 2004노555)
- 두 구전가요를 자연스럽게 연결하고 간주와 전주를 추가하여 새로운 가요의 악곡을 만든 것('사랑은 아무나 하나' 사건에 대한 대판 2004. 7. 8, 2004다18736)
- 대중가요를 컴퓨터로 연주할 수 있도록 컴퓨터용 편곡을 한 사례(대판 2002. 1. 25, 99도863)
- 주 멜로디를 그대로 둔 채 코러스를 부가한 '코러스 편곡'(서울민사지결 1995. 1. 18, 94카합9052)
- 성경 번역상의 오역을 원문에 맞두록 수정하여 그 의미내용을 바꾸고 표현을 변경하는 등 '개역' 작업을 한 것(대판 1994. 8. 12, 93다9460)
- 서적 내용의 비교적 자세한 요약물(대판 2013. 8. 22, 2011도3599)
- 외국 영화에 우리말로 번역한 자막을 삽입한 것(대판 2011. 4. 28, 2010도9498)
- 교과서를 이용하여 동영상 강의를 하는 것(서울중앙지결 2011. 9. 14, 2011카합683)
- 교과서를 이용한 문제집 집필(서울남부지판 2014. 6. 12, 2013가합5771)
- 전통 민요의 화성을 변경하여 브라질 재즈풍으로 편곡한 것('아리랑 편곡' 사건에 대한 서울중앙지판 2016. 11. 25, 2013가합559814)

위 사례 중 원저작물의 요약물에 대하여 창작성을 인정한 사례들이 있는데, 대법원은 그 판단기준과 관련하여, "요약물이 그 원저작물과 사이에 실질적인 유사성이 있는지 여부는, 요약물이 원저작물의 기본으로 되는 개요, 구조, 주된 구성 등을 그대로 유지 하고 있는지 여부, 요약물이 원저작물을 이루는 문장들 중 일부만을 선택하여 발췌한 것이거나 발췌한 문장들의 표현을 단순히 단축한 정도에 불과한지 여부, 원저작물과 비교한 요약물의 상대적인 분량, 요약물의 원저작물에 대한 대체가능성 여부 등을 종합적으로 고려하여 판단해야 한다"고 판시하였다(대판 2013. 8. 22, 2011도3599).

공공영역(public domain)에 있는 예술품 등을 다른 매체로 재현한 이른바 '재현작품'의 경우에도 그 재현과정이 기계적인 것이 아니고 사소한 변형을 넘어선 정도의 개변이 있다고 인정된 경우에는 2차적저작물로서의 창작성이 긍정되었다. 실제의 건축물인 광화문을 축소하여 입체모형의 형태로 구현하는 과정에서 실제의 건축물과 구별되는 특징이나 개성을 부가한 것으로 인정된 '광화문 모형' 사건에 대한 대법원 판결(대판 2018. 5. 15, 2016다227625)과 유명 미술가의 작품인 벽화의 기본적인 형상을 재현하면서 일정한 변형을 가하여 목판액자로 제작한 것을 2차적저작물로 인정한 하급심 판결('생명의 나무 목판액자' 사건에 대한 서울중앙지판 2015. 9. 4, 2014가합528947)이 그러한 예에 해당한다.

반면에, 다음의 사례들에서는 새로운 창작성이 인정되지 않았다.

- 뮤지컬을 녹화하여 영상물로 만든 것(서울고판 2002. 10. 15, 2002나986)
- 구 저작권법상의 저작물인 '음반'을 CD로 변환하기 위해 디지털 샘플링을 한 것(대판 2006. 2. 10, 2003다41555)
- 하나의 음반에 수록될 여러 곡의 음량, 음색 등을 균일하게 맞추는 등의 작업을 하여 편집음반에 수록한 것('오리지날 히트 팝스' 사건에 대한 서울중앙지판 2008. 3. 21, 2007가합20803)
- 강의내용을 수록한 전자파일을 제작한 것(서울중앙지판 2008. 7. 25, 2007나17801)
- 기존 화보집을 모바일용으로 만드는 과정에서 기술적 처리를 한 것(서울중앙지판 2008. 8. 28, 2007가합113644)
- 포토샵 등의 프로그램을 이용하여 기존의 그림을 실루엣 처리한 것('REDEYE' 사건에 대한 서울중앙지판 2013. 4. 18, 2012가합521324)
- 골프코스의 전체적인 배치 등에 별다른 변경 없이 각 홀의 벙커와 워터해저드의 위치 및 크기 등만 일부 변경한 것(서울고판 2016. 12. 1, 2015나2016239)
- 음악저작물을 야구장 응원가로 사용하기 위하여 음역대를 좀 높게 하거나 박자 템포를 좀 빠르게 변경한 것(서울고판, 2021. 10. 21, 2019나2016985)
- 음악저작물을 영상에 삽입하기 위한 이른바 싱크로나이제이션(Synchronization) 과정에서 음악저작물의 코드와 템포를 일정 부분 수정한 것(서울고결, 2022. 10. 27, 2020라 21476)
- 임진왜란 때 일본군의 군함으로 사용된 안택선과 관선을 형상화하는 소품을 원고가 설계, 제작한 것(원고의 미술저작물로 인정됨)을 기초로 하여 피고가 3D 그래픽 형태로 그대로 구현한 것(서울중앙지판 2022. 5. 20, 2019가합513216)

이를 통해 판례가 원저작물에 대하여 기술적 처리를 한 것만으로는 실질적 개변을 인정할 수 없다고 하는 입장을 대단히 일관되게 취하고 있다는 것을 알 수 있으나, 전체적으로 볼 때 '실질적 개변'을 지나치게 엄격한 잣대로 적용하지는 않고 있는 것으로 보인다.

3. 효과

가. 독자적 저작물로서의 보호

저작권법 제5조 제1항은 "원저작물을 번역·편곡·변형·각색·영상제작 그 밖의 방법으로 작성한 창작물(이하 "2차적저작물"이라 한다)은 독자적인 저작물로서 보호된다"고 규정하여 2차적저작물이 독자적 저작물로서 보호됨을 분명히 하고 있다. 기존의 저작물에 수정·증감을 가하더라도 그 '복제물'의 범위를 벗어나지 못하면, 독자적인 저작물로 보호될 수 없으므로 그 수정·증감을 행한 자에게 아무런 권리가 발생하지 아니하지만, 2차적저작물의 경우에는 복제물의 범위를 벗어나 새로운 창작성이 부가된 것이므로 독자적 저작물로서 보호되고, 따라서 2차적저작물의 저작자에게도 그에 대한 저작재산권과 저작인격권이 부여되는 것이다. 2차적저작물로서 앞서 본 바와 같은 요건만 갖추면 이와 같은 보호를 받을 수 있는 것이고, 원저작자의 허락이나 동의가 보호의 요건이 되는 것은 아니다. 따라서 원저작자의 허락을 받지 않고 2차적저작물을 작성하는 것이 원저작자의 저작재산권 침해행위라는 점에서 그에 따른 민·형사상의 책임이 따르는 것은 별문제로 하고 원저작자의 허락 없이 작성된 2차적저작물도 하나의 저작물로 성립하며 그것을 무단이용하는 행위에 대하여는 민·형사상 구제를 받을 수 있다(대판 1995. 11. 14, 94도2238 참조).

다만, 2차적저작물의 보호범위는 새로이 창작성이 부가된 부분에 한함을 주의하여야 한다. 즉 원저작물에 포함된 창작성 있는 부분이 A라고 하고, 2차적저작물(AB)에 새로이 부가된 창작성 있는 부분이 B라고 하면, 2차적저작물의 저작자는 B에 대하여만 저작권을 주장할 수 있고, A에 대하여는 아무런 권리를 주장할 수 없다. 즉, 누군가 A를 무단 이용하여 원저작자의 저작권을 침해하였다 하더라도 B 부분을 무단 이용하지 않은 한, 그 부분 창작성을 부

가한 2차적저작물 저작자는 자신의 저작권이 침해되었다고 주장할 수 없는
것이다. 그리고 위와 같은 경우 2차적저작물의 저작자가 원고가 되어 상대방
에 의한 저작재산권침해를 주장하여 소를 제기한 경우에 법원은 피고의 작품
이 원고의 창작적 기여 부분인 B와 사이에 실질적 유사성이 있는지만 가려야
하고, A와 B를 포함한 전체를 가지고 비교하여 실질적 유사성 유무를 판단하
여서는 아니 된다(대판 2007. 3. 29, 2005다44138 참조).

   이 점은 원저작물의 보호기간이 만료한 경우에도 마찬가지이다. 예를 들
어 어떤 외국 소설을 한국어로 번역하여 2차적저작물의 저작자가 된 경우를
가정해 보자. 이때 2차적저작물로서의 보호범위에는 원작 소설의 줄거리나 기
타 표현 등(A 부분)은 포함되지 않고 한국어로 번역함에 있어서의 용어 선택
등의 창작성이 있는 부분(B 부분)만 포함될 것이다. 그런데 원저작물인 외국 소
설에 대한 저작권 보호기간이 만료하여 공공영역(public domain)에 속하게 된다
면, 이를 번역하고자 하는 자는 누구의 허락을 받을 필요도 없이 위 A 부분을
이용하여 번역을 할 수 있다. 그러나 그 경우에도 2차적저작물에 대한 보호기
간이 만료하지 않은 한 위 B 부분을 그 번역자의 허락 없이 이용할 경우에는
저작권 침해가 성립하게 된다.

   한편으로 2차적저작물을 이용하고자 하는 이용자로서는 위 A와 B를 모두
포함하여 이용할 경우(예를 들어 번역서를 그대로 복제하는 것과 같은 경우)에는 원저작
자의 원저작물에 대한 저작재산권이 보호기간 만료 등으로 소멸되지 않은 한,
원저작자와 2차적저작물 저작자의 허락을 모두 받아야 한다. 그렇지 않고 A
부분만을 이용하고자 할 경우에는 B 저작자(2차적저작물 저작자)의 허락은 필요
없고 원저작자의 허락만 받으면 된다.

나. 원저작물 저작자와의 관계

   저작권법 제5조 제2항은 "2차적저작물의 보호는 그 원저작물의 저작자의
권리에 영향을 미치지 아니한다"고 규정하고 있다. 앞에서 살펴본 바와 같이
2차적저작물은 원저작물을 기초로 하여 그와 실질적 유사성을 유지하면서 동
시에 사회통념상 새로운 저작물로 볼 수 있을 만한 정도의 새로운 창작성을

부가함으로써 성립하는 것이고, 앞서 본 바와 같이 원저작자의 허락은 성립요건이 아니다. 그렇지만 2차적저작물이 작성되었다는 것만으로 원저작자의 권리가 제약을 받는 일이 있다면 그것은 매우 부당한 일이 될 것이므로 위와 같은 규정을 두어 그러한 일이 있을 수 없음을 명백히 한 것이다.

원저작물의 저작자가 가지는 저작재산권에는 '그의 저작물을 원저작물로 하는 2차적저작물을 작성하여 이용할 권리', 즉 2차적저작물작성권(이 책 [55] 참조)이 포함된다(제22조). 그러므로 원저작자의 허락 없이 2차적저작물을 작성하는 행위는 그 자체가 원저작자의 저작재산권 중 2차적저작물작성권을 침해하는 위법한 행위가 되는 것이고, 원저작자로서는 이에 대하여 침해금지 및 손해배상의 청구, 형사 고소 등의 민·형사적 구제수단을 강구할 수 있는 것이다. 즉, 이 경우 원저작자의 허락은 2차적저작물의 성립요건은 아니지만 원저작자와의 관계에서의 적법요건이라고 할 수 있다. 원저작자의 허락 없는 2차적저작물도 독자적 저작물로서 보호되고 다른 제3의 침해자에 대하여 자신의 권리를 주장할 수도 있으나, 원저작자에 대한 관계에서 '독자적 저작물로서의 보호'를 이유로 침해책임을 면할 수는 없다.

위 조항은 원저작자의 허락을 받아 2차적저작물이 작성된 경우에도 당연히 적용된다. 즉 단지 2차적저작물 작성을 허락하였을 뿐 다른 특별한 약정을 하지 않은 경우에 원저작자는 그 2차적저작물 작성을 저작권침해행위라고 주장할 수 없다는 것 외에는 다른 모든 권리를 그대로 행사할 수 있는 것이다. 예를 들어 그 2차적저작물을 복제함으로써 자신이 저작한 부분(위 A부분)을 이용하고자 하는 자에 대하여 이를 허락하거나 금지할 권리를 행사할 수 있고, 자신이 저작한 부분만을 다른 사람에게 이용허락할 수도 있다. 2차적저작물의 저작권자는 2차적저작물에 대한 저작권을 행사함에 있어서 원저작자가 원저작물에 대하여 한 이용허락의 범위를 초과할 수 없고 그 범위를 넘는 범위에서의 이용행위는 원저작자에 대한 관계에서 저작권 침해가 성립한다(서울고판 1984. 11. 28, 83나4449 참조).

경우에 따라서는 원저작물보다 2차적저작물의 보호기간이 먼저 만료되는 경우가 있는데, 그 경우에도 원저작물의 저작재산권은 소멸하지 않고 남아 있으므로, 원저작물이 내포되어 있는 2차적저작물을 원저작물 저작재산권자의 허락 없이 이용할 경우 그 저작재산권의 침해가 성립할 수 있다('황금광 시대' 사건에 대한 서울동부지판 2005. 6. 16, 2004노1100 참조). 또한, 2차적저작물은 원저작물과는 별개의 저작물이므로, 어떤 저작물을 원저작물로 하는 2차적저작물의 저작재산권이 양도되는 경우, 원저작물의 저작재산권에 관한 별도의 양도 의사표시가 없다면 원저작물이 2차적저작물에 포함되어 있다는 이유만으로 원저작물의 저작재산권이 2차적저작물의 저작재산권 양도에 수반하여 당연히 함께 양도되는 것은 아니다('로지큐브' 사건에 대한 대판 2016. 8. 17, 2014다5333).

2차적저작물의 작성을 허락하면서 2차적저작물 작성자의 이용행위에 대하여도 일부 허락을 한 것으로 볼 수 있는 경우가 많을 것이고 그러한 경우에 그 허락을 받은 범위 내에서는 2차적저작물 작성자가 채권적 이용권을 가지는 것으로 보아야 하겠지만 허락받은 이용행위의 범위가 어디까지인 것으로 볼 것인지에 대하여 법에서 규정하고 있지 않고 따라서 이는 모두 당사자 간 계약에 맡겨진 문제일 뿐이다. 2차적저작물 작성자가 자신이 허락받은 범위를 넘어서 2차적저작물을 이용할 경우에는 원저작자가 언제든지 저작권침해를 주장할 수 있다는 점을 감안하여, 예상되는 이용행위에 대하여는 계약시에 미리 원저작자의 허락을 받아두는 노력이 필요할 것이다.

위와 같은 원저작자와 2차적저작물 저작자와의 관계는 공동저작물(이 책 [31] 이하 참조)에 대한 공동저작자 상호간의 관계와는 다르다. 저작권법은 공동저작자 상호간의 인적결합관계를 중시하여 저작재산권 및 저작인격권을 원칙적으로 전원합의에 의하여 행사하도록 규정하고 있다. 저작재산권의 행사와 관련하여, 저작권법 제48조 제1항은 "공동저작물의 저작재산권은 그 저작재산권자 전원의 합의에 의하지 아니하고는 이를 행사할 수 없으며, 다른 저작재산권자의 동의가 없으면 그 지분을 양도하거나 질권의 목적으로 할 수 없다. 이 경우 각 저작재산권자는 신의에 반하여 합의의 성립을 방해하거나 동의를 거부할 수 없다"고 규정하고 있다. 원저작자와 2차적저작물 저작자 사이의 관계는 공동저작자의 관계에 있지 않으므로 위와 같은 규정의 적용을 받지 않는다. 공동저작물에 관한 위 규정을 원저작자와 2차적저작물 작성자 사이의 관계에 유추적용하자는 논의가 있을 수 있으나, 유추적용을 인정할 합리적 근거가 없다. 따라서 원저작자는 공동저작자의 경우와 달리, 2차적저작물이 작성된 이후에도 2차적저작물 저작자에게 자신이 이용허락을 한 범위에 한하여 원저작물의 창작적 표현이 포함된 2차적저작물의 이용행위를 침해라고 주장할 수 없을 뿐, 그 외에는 자유롭게 자신의 저작물에 대한 권리행사를 할 수 있는 것으로 보아야 한다.

[22] 편집저작물

1. 의의

저작권법은 편집저작물에 대하여 다음과 같이 정의하고 있다.

■ 저작권법 제2조 제18호: "편집저작물"은 편집물로서 그 소재의 선택·배열 또는 구성에 창작성이 있는 것을 말한다.

2. 요건

가. 편집물일 것

편집저작물이기 위해서는 먼저 편집물이어야 한다. 저작권법은 편집물에 대하여 다음과 같이 정의하고 있다.

■ 저작권법 제2조 제17호: "편집물"은 저작물이나 부호·문자·음·영상 그 밖의 형태의 자료(이하 "소재"라 한다)의 집합물을 말하며, 데이터베이스를 포함한다.

위 규정과 같이 편집물은 저작물 또는 기타 자료(통칭하여 '소재'라고 한다)의 집합물을 의미한다. 복수의 소재를 모아 놓은 집합물이어야 하지만, 그 소재가 반드시 저작물일 필요는 없고 저작물이 아닌 소재의 집합물도 포함된다. 편집물에는 법문에서 명시한 바와 같이 데이터베이스도 포함되므로, 데이터베이스도 아래 나.의 요건을 갖춘 경우, 즉 소재의 선택·배열 또는 구성에 창작성이 있는 경우에는 '편집저작물'로 보호될 수 있다. 그 경우 데이터베이스제작자의 보호에 관한 요건을 동시에 갖춘 경우라면 편집저작물의 저작자로서의 보호와 데이터베이스제작자로서의 보호(이 책 [161] 이하 참조)가 경합하게 된다.

미국 저작권법상으로는 Collective works(소재가 저작물인 경우)와 Other compilations (소재가 비저작물인 경우)를 개념적으로 구분하고 있으나 우리 저작권법상으로는 그러한 개념 구분은 없다. 다만, 소재가 저작물인 경우에는 그 저작권자와의 관계가 문제될 수 있다는 점에서 법적인 취급 내지 고려요소에 있어서의 차이는 우리 법상으로도 있다. 그런 관점에서 구분해 보면, 신문, 잡지, 백과사전, 시집, 논문집 등의 경우는 전자에, 영어단어집, 문헌목록, 직업별전화번호부 등의 경우는 후자에 해당한다.

나. 소재의 선택·배열 또는 구성에 창작성이 있을 것

(1) 창작성 인정의 기준

위와 같이 편집저작물이기 위하여는 먼저 편집물에 해당하여야 하지만 모든 편집물이 편집저작물로 보호되는 것은 아니고 그 가운데 '소재의 선택·배열 또는 구성에 창작성이 있는 것'만 편집저작물로서 보호받을 수 있다. 모든 저작물은 저작물로서 성립하기 위하여 창작성을 필수요건으로 하는바, 편집저작물의 경우에는 그 저작활동의 본질이 '편집' 행위에 있으므로 편집행위에 해당하는 '소재의 선택·배열 또는 구성'에 창작성이 있을 것을 요건으로 규정하고 있는 것이다. 편집저작물의 창작성과 관련하여 대법원은 "편집물이 저작물로서 보호를 받으려면 일정한 방침 혹은 목적을 가지고 소재를 수집·분류·선택하고 배열하여 편집물을 작성하는 행위에 창작성이 있어야 하는바, 그 창작성은 작품이 저자 자신의 작품으로서 남의 것을 복제한 것이 아니라는 것과 최소한도의 창작성이 있는 것을 의미하므로 반드시 작품의 수준이 높아야 하는 것은 아니지만 저작권법에 의한 보호를 받을 가치가 있는 정도의 최소한의 창작성은 있어야 하고, 누가 하더라도 같거나 비슷할 수밖에 없는 성질의 것이라면 거기에 창작성이 있다고 할 수 없다"라고 판시한 바 있다(대판 2003. 11. 28, 2001다9359 등).

그렇지만 어떠한 편집물에 위와 같은 뜻의 창작성이 인정되어 편집저작물로 보호될 수 있을 것인지의 판단은 사안에 따라 꽤 어려운 경우가 많다. 결

국 구체적, 개별적으로 판단할 수밖에 없지만, 몇 가지 도움이 될 만한 판단
기준을 제시한다면 다음과 같다.

우선, 소재 자체의 생성과 관련된 노력은 위 창작성의 내용에 포함되어
있지 않음을 유의하여야 한다. 만약 소재 자체의 작성에 창작성이 있고 그것
이 저작물로 보호될 수 있는 경우라면 그것은 소재 자체에 대한 저작물로서
의 보호가 주어지는 것일 뿐이고 편집저작물로서의 보호요건과는 무관하다.
그리고 위 대법원 판례에서도 창작성의 대상에 '수집'을 분류, 선택, 배열 등
과 함께 나열하고 있으나, 여기서 말하는 '수집'이란 예를 들어 수석(壽石)을
수집할 때 자연스럽게 그 모양이나 크기 등을 보고 판단하여 수집하는 것과
같이 수집과정에 선택이 개재되는 경우를 뜻하는 것으로 보아야 할 것이다.
따라서 수집에 창작성이 있다고 하는 것은 수집과정에서의 '선택'에 창작성이
있음을 의미하는 것으로 보아야 할 것이다. 그러한 선택행위가 개재되지 않은
수집의 경우에는 거기에 아무리 많은 노력이 기울여졌다 하더라도 거기에 편
집저작물로서의 창작성을 인정할 수는 없다.

또한 디지털 환경 하에서의 정보 구축의 망라적 충실성도 편집저작물의
요건으로서의 창작성과는 무관한 것으로 보아야 한다. 오늘날의 디지털환경에
서는 데이터베이스 구축에 있어서 정보의 선별은 검색기능에 맡기면 된다는
전제 하에 최대한 망라적으로 정보를 구축하는 것이 바람직할 경우가 많고,
또한 그렇게 하기 위해 많은 투자와 노력이 기울여지고 있다. 그러나 망라적
으로 충실하게 구축된 데이터베이스라고 하더라도 소재의 선택, 배열, 구성
등에 창작성이 없는 한 데이터베이스로서의 보호는 별론으로 하고, 편집저작
물로서의 보호를 부여할 수는 없는 것으로 보아야 할 것이다. 이러한 망라적
충실성은 소재의 선택에 있어서 비교적 단순한 하나의 객관적 기준(어떤 범주에
해당하기만 하면 무조건 포함한다는 것)을 취한 것이라고 할 수 있다. 망라적이지 않
더라도 누구라도 정확하게 적용할 수 있는 객관적 기준에 따른 선택에는 창
작성을 인정하기 어렵다. 미국의 판례를 보면 약 18,000개의 야구카드 중에서
어느 것을 프리미엄 카드로 할지 결정하여 그 중 5,000개를 선택한 경우와 같
이 소재의 선택만으로도 창작성을 인정받은 경우(Eckes v. Card Prices Update , 736

F.2d 859(2d Cir. 1984))가 있으나, 창작성이 인정되는 '선택'은 객관적인 기준이나 원칙에 의해 결정되는 것이 아니라 주관적 평가의 요소를 내포할 것을 요한다(CCC Information Services, Inc. v. Maclean Hunter Market Reports, Inc., 44 F.3d 61 (2d Cir. 1994)).

　　소재의 배열이나 구성이 널리 사용되고 있는 관행적인 방법이나 기계적인 방법에 의한 것일 경우에 그 부분에 대하여 창작성이 인정될 수 없다는 것도 분명하다. 예를 들어 전화번호부 인명 편을 가나다순으로 정렬한 것을 두고 그 배열 또는 구성에 창작성이 있다고 할 수 없음은 당연한 것이다. 반면에 직업별 전화번호부의 경우 어떤 직업을 어떻게 분류하고 그렇게 분류된 직업들을 어떤 순서로 배열할 것인가 하는 부분에 있어서 기존의 관행에 따르지 않고 편집자 나름의 창조적 개성을 반영한 것으로 인정할 수 있을 때에는 편집저작물로 보호될 수 있을 것이다. 편집저작물 중에서도 기능적인 성격이 약한 것, 예컨대 신문이나 잡지와 같은 경우에는 배열에 있어서 다양한 선택가능성이 있을 수 있으므로 창작성을 인정하기 쉬운 데 반하여, 설계도의 표와 같이 기능적 저작물의 성격을 강하게 띠는 것인 경우에는 누가 하더라도 같거나 비슷할 수밖에 없는 제약이 클 것이므로 창작성을 인정하기 어려운 경우가 많을 것이다.

　　그런데 그 경우 세밀한 분류기준 자체를 창작성 있는 표현으로 보아 편집저작물로 보호할 수 있을 것인지, 그렇지 않고, 분류기준 등은 아무리 세밀하여도 언제나 아이디어의 영역에 해당하는 것으로 보고, 그 기준을 적용하여 실제의 소재들을 분류하여 정리한 구체적 표현만을 창작성 있는 표현으로 보아 편집저작물로서의 보호를 부여할 수 있는 것인지가 문제된다. 이것을 구체적인 사례를 가지고 말하면, A가 세밀한 분류기준을 만들어 어떤 지역의 상가정보를 구축하였는데, B가 A의 허락을 받지 않고 그 분류기준을 그대로 사용하여 다른 지역의 상가정보를 구축하였다면, B가 A의 편집저작권을 침해한 것으로 볼 것인지 여부의 문제라 할 수 있다.

　　생각건대, 이 문제에 대하여는 일률적으로 말하기는 어렵고, 분류기준이나 편집방침 등이 기능적·실용적인 필요와 직접적 관련성이 없는 영역에서 세밀하고 특색 있게 작성된 것인지 여하에 따라 창조적 개성의 유무에 대한 판단이 달라질 수 있는 것으로 보아야 할 것이라 생각된다. 기능적·실용적 필요와 직접적 관련성이 없는 영역에서 세밀하고 특색 있게 작성된 것이라면, 거기에 편집저작권이라는 독점적 권리를 부여하여도 산업상의 경쟁을 부당하게 제한하지 않는 것으로 볼 수 있을 것이다. 그러한 경우에는 그것 자체를 편집저작물로서의 창작성 있는 표현에 해당하는 것으로 보아 보호하여도 좋으리라 생각되므로 위에서 제시한 문제에 대하여는 기본적으로 긍정설의 입장이 타당한 것으로 생각된다. 다만, 분류기준이나 세밀한 편집방침 등이 그 자체로 보호의 대상이 되는 경우라고 인정하기 위하여는 창조적 개성의 유무에 대한 매우 까다로운 심사를 거쳐야 할 것인바, 분류기준이나 편집방침 등은 아이디어의 영역에 그치거나 창작성이 인정되지 않고 그것을 구체적 소재에 적용한 구체적인 표현에 대하여만 편집저작물로서의 창작성을 인정할 수 있는 경우도 많을 것이고, 그 구체적 표현에 창작성이 인정되지 않는 경우도 적지 않을 것이다. 이것을 구분하여 유형화해 본다면, ① 분류기준이나 편집방법 등이 충분히 세밀화되고 구체화되어 있어 그 분류기준 등 자체를 창작성 있는 표현으로 인정할 수 있는 경우, ② 분류기준 등 자체로는 충분히 세밀하고 특색 있는 경우에 해당하지 않아 아이디어의 영역에 그치거나 창작성이 인정되지 않고, 구체적 소재를 가지고 그것을 구현함에 있어서의 구체적인 선택, 배열 등에 창조적 개성이 표출된 것으로 보아 그것만을 보호대상으로 인정하여야 할 경우, ③ 분류기준 등이 아이디어의 영역에 해당할 뿐만 아니라 그 아이디어의 구체적 표현도 누가 하더라도 같거나 비슷할 수밖에 없는 표현으로 인정되어 창작성을 인정받을 수 없는 경우의 세 가지 경우로 구분될 수 있을 것이다.

이 문제와 관련하여 대법원 판례는 "편집방침은 독창적이라고 하더라도 그 독창성이 단순히 아이디어에 불과하거나 기능상의 유용성에 머무는 경우…등에는 편집저작물로서의 창작성을 인정하기 어렵다."고 판시한 바 있다(대판 2021. 8. 26, 2020도13556). 이 판례는 반대해석에 의해, 편집방침이 독창성이 있고, 그 독창성이 아이디어의 영역을 넘어서 세밀하게 구체화된 것으로 볼 수 있으며 기능상의 유용성과 무관한 경우에는 그 편집방침 자체를 편집저작물로서의 보호대상으로 인정할 수 있는 가능성을 긍정한 것으로 볼 수 있다.

위 ②와 ③ 사이의 구별과 관련하여서는 그 편집방침이나 분류기준이 추상적이고 모호한 것일수록 ②에 해당할 가능성이 높아지고, 그것이 의문의 여지 없이 명확하다면 ③에 해당할 가능성이 높아진다고 할 수 있다. 만약 특정한 저작물에 대한 편집원칙이 법령에 규정되어 그것을 준수할 법적 의무가 발생하였다면, 그 편집원칙이 아무리 세밀하게 규정되어 있다 하더라도 편집저작물로서의 창작성을 인정할 수 없다고 보아야 한다. 따라서 그에 따라 편집을 함에 있어 법령에 규정된 것보다 세밀하고 구체적인 부분의 편집에 창조적 개성을 표출한 경우가 아니라면 이를 편집저작물로 보호할 수 없는 것으로 보아야 할 것이다.

한편, 위에서 본 대법원 판례의 내용을 주의깊게 살펴보면, "편집물이 저작물로서 보호를 받으려면 일정한 방침 혹은 목적을 가지고 소재를 수집·분류·선택하고…"라고 하여 "일정한 방침 혹은 목적"에 기한 편집활동일 것을 요하는 것으로 설시하고 있음을 알 수 있다. 그것은 특별한 의도 없이 '임의적'으로 이루어지는 선택, 배열 등에 대하여는 창작성을 인정할 수 없을 것임을 암시하는 것이라고 할 수 있을 것이다.

(2) 판례

지금까지의 판례를 보면 다음과 같은 경우에 편집저작물로서의 창작성이 긍정되었다.

- 구매대행 웹페이지 상에 상품정보 등의 구성형식이나 배열, 서비스 메뉴의 구성 등(서울지결 2003. 8. 19, 2003카합1713)
- PC방 웹사이트 안에 PC방 사업과 관련한 수익모델, 개점절차, 투자 항목 등의 여러 가지 사항을 PC방 창업을 희망하는 고객에게 제공하기 위하여 원고 나름의 지식과 노하우를 독자적인 방법으로 표현한 것(서울고판 2008. 7. 23, 2007나110116)
- 저자가 자신의 축적된 학식과 경험을 바탕으로 하여 그 목적에 적합하도록 자신의 판단에 따라 취사선택한 사항을 연도별로 수록한 '미술사 연표'(대결 1993. 1. 21, 92마1081)
- 저자가 미국에서 20여 년간 생활한 것을 바탕으로 하여 한국인들이 쉽게 익힐 수 있도록 영어 관용구를 기초로 대화문장을 창작한 다음 이를 조합 배열한 것

('이것이 미국영어다' 사건에 대한 서울서부지판 2008. 10. 2, 2007가합4127)

- 저자들이 4세 내지 7세의 유아들이 한글, 수학, 음악, 한자부수, 시조, 속담, 사자성어 등을 쉽고 체계적으로 학습할 수 있도록 하기 위한 목적으로 10년 이상 기간 동안의 교수 경험과 연구결과를 토대로 글과 그림을 선택하여 배열하고, 여기에 나름대로의 표현방식에 따라 창조적인 표현들을 부가하여 제작한 '유아교육용 교재'(서울중앙지판 2009. 1. 8, 2007가합35102)
- 팝송 CD 23장에 수록된 470여곡 및 연주곡 40여곡 중에서 원고가 주된 수요 연령층을 40대 후반에서 70대 초반으로 정하고, 소재 선택 기준도 나름대로 정하여 총 108곡을 선별한 뒤, '추억', '사랑', '연인', '순수', '열정', '영화음악'이라는 6개의 소주제를 정하고, 가사나 제목, 삽입되었던 영화나 드라마의 내용 등이 각 소주제와 관련성이 있는지를 기준으로 6장의 CD에 나누어 수록한 것('오리지날 히트 팝스' 사건에 대한 서울중앙지판 2008. 3. 21, 2007가합20803)

반면에 다음의 사례들에서는 편집저작물로서의 창작성이 인정되지 않았다.

- 온라인 쇼핑몰에서의 웹페이지 화면구성 등을 지원하는 '템플릿'(기능적 저작물로서의 성격을 가짐, '아이디어'의 영역에 해당하는 부분들이 있음, 이미 다른 기업들이나 쇼핑몰 업체에서 널리 활용되는 방식과 특별한 차이가 있다고 보이지 않음)(서울중앙지판 2022. 10. 14, 2021나10615)
- 법조수첩에 수록된 법조 유관기관 및 단체에 관한 사항과 소송 등 업무처리에 필요한 사항 등을 손쉽게 찾아볼 수 있도록 배열한 것("법률사무에 종사하는 자를 대상으로 한 일지 형태의 수첩을 제작하는 자라면 누구나 원고의 수첩에 실린 자료와 동일 또는 유사한 자료를 선택하여 수첩을 편집할 것으로 보이고…")(대판 2003. 11. 28, 2001다9359)
- 경매예상지의 내용("모두 한국마사회 등으로부터 제공받은 자료를 과거부터 누구나 사용해오던 도표 등 일반적인 표현방식으로 편집한 것에 불과…")(대판 1999. 11. 23, 99다51371)
- 국세청 기준시가 자료집("이 사건 책자는 국세청 고시자료를 그대로 옮겨놓는 단순한 기계적 작업의 범주를 벗어나지 않는 것…")(서울지판 1998. 7. 10, 97가합75507)
- 북역 고려사("북한 사회과학원 고전연구소 발간의 고려사 역본을 그대로 축소 복제하여 배치한 다음 동일한 면의 좌우 여백에 해당하는 부분에 고려사 역본의 내용에 대응하는 고려사 한문 원본을 대비시킨 것으로서 한글로 옮겨진 역본에 이미 널리 알려진 한문 원본을 단순히 기계적으로 결합, 배치한 것에 불과하여…")(서울고판 1997. 12. 9, 96나52092)
- 신구약성경의 내용을 12권으로 분책하여 간행한 '파트너 성경'(서울고결 1996. 8. 21, 96라95)

3. 효과

편집저작물의 법적 효과와 관련하여 저작권법은 다음과 같이 규정하고 있다.

■ 제6조(편집저작물) ① 편집저작물은 독자적인 저작물로서 보호된다.
② 편집저작물의 보호는 그 편집저작물의 구성부분이 되는 소재의 저작권 그 밖에 이 법에 따라 보호되는 권리에 영향을 미치지 아니한다.

가. 독자적 저작물로서의 보호

제6조 제1항은 "편집저작물은 독자적인 저작물로서 보호된다"고 규정하여 편집저작물이 독자적 저작물로서 보호됨을 분명히 하고 있다. 비저작물인 소재를 이용한 경우라고 하여 이 규정의 적용대상이 아니라고 할 것은 아니지만, '독자적인'이라고 하는 표현은 주로 저작물인 소재를 이용한 편집저작물의 경우를 상정한 것이다. 즉, 소재로 이용된 것이 저작물인 경우에도 편집행위에 창작성이 있으면 소재에 대한 저작권과는 별도로 그 편집행위의 창작성을 본질적 내용으로 하는 편집저작물이 성립하여 그에 대한 저작권 보호가 주어지는 것이다. 다만, 편집저작물의 보호범위는 그 개별 소재에는 미치지 아니하고, 그 소재들의 편집행위에 창작성이 있는 부분에 한한다는 점을 유의하여야 한다. 즉 소재 저작물로서 창작성 있는 부분에 A, B, C가 있고, 편집행위에 창작성이 있는 부분이 D라고 가정하면, 편집저작물의 저작자로서 저작권을 주장할 수 있는 것은 D 부분에 한하므로, A, B, C에 대하여는 그것이 자신의 저작물이 아닌 한 아무런 권리 주장을 할 수 없는 것이다. 누군가 전체로서의 편집저작물 중 어느 한 부분을 복제하였다고 하더라도 그 복제한 부분이 D가 아니라 A, B, C 중 한 부분이라면 편집저작권의 침해는 성립하지 아니한다. 따라서 이 경우 편집저작권자가 자신의 편집저작권을 침해당하였다고 주장하면서 소를 제기할 경우 법원은 A, B, C가 아니라 D 부분을 가지고 피고가 D 부분, 즉 소재의 선택, 배열 또는 구성 등 편집행위에 창작성이 있는 부분을 무단 이용하였는지를 따져서 판단하게 된다. 대법원이 "저작권의 침해 여부를 가리기 위하여 두 저작물 사이에 실질적인 유사성이 있는지를 판단할 때에는 창작적인 표현형식에 해당하는 것만을 가지고 대비해 보아야

한다. 이는 편집저작물의 경우에도 같으므로, 저작권자의 저작물과 침해자의 저작물 사이에 실질적 유사성이 있는지를 판단할 때에도, 소재의 선택·배열 또는 구성에 있어서 창작적 표현에 해당하는 것만을 가지고 대비하여야 한다.”고 판시한 것(대판 2021. 8. 26, 2020도13556)도 같은 취지에 기한 것이다.

  ‘미술사 연표’ 사건의 원심결정(서울고결 1992. 10. 30, 91라149)은 “편집저작권은 편집저작물 전체를 이용할 경우에만 작용한다”고 판시했지만, 그 상고심인 대법원은 “편집저작물 중 소재의 선택이나 배열에 관하여 창작성이 있는 부분을 이용하면 반드시 전부를 이용하지 아니하더라도 저작권을 침해한 것으로 인정될 수” 있음을 분명히 하였다(대결 1993. 1. 21, 92마1081).

  결국 편집저작권 침해 여부를 결정하는 관건적인 요소는 편집저작물 중에서 D(소재의 선택, 배열 또는 구성에 있어서 창작성이 있는 표현)에 해당하는 부분의 구체적 내용이 무엇인가 하는 점에 있다. 사안에 따라서 ① 구체적인 분류기준 등 자체가 D에 해당하는 경우도 있고, ② 그 기준 등을 적용하여 구체적으로 소재를 선택, 배열함에 있어서 창작성이 있는 부분이 D에 해당하는 경우도 있다. 따라서 그러한 창작성 인정의 범위에 따라, 위 ①의 경우에는 다른 소재를 가지고 동일한 분류기준을 적용한 편집물을 작성하는 행위 또는 그 분류기준 자체를 복제하는 행위도 편집저작권 침해행위가 될 수 있고, 위 ②의 경우에는 분류기준 자체를 이용하거나 복제한 것만으로는 침해가 성립하지 않고, 그것이 소재와 함께 구체적으로 표현되어 있는 부분 중에서 창작성 있는 부분을 복제하는 등으로 이용한 경우에만 편집저작권 침해가 성립할 수 있다.

  한편으로 편집저작물을 이용하고자 하는 이용자로서는 위 A, B, C, D 등이 모두 포함된 편집저작물 전체를 복제 등 방법으로 이용하고자 할 경우에는 A, B, C 등 개별 소재의 각 저작권자와 D 부분에 대한 편집저작권자의 허락을 모두 받아야 하고, 그렇지 않고 그 중 일부 소재, 예를 들어 A 부분만 이용하고자 할 경우에는 D 부분에 대한 편집저작권자의 허락을 받을 필요는 없이 A 부분 저작권자의 허락만 받으면 된다.

나. 소재 저작물 저작자와의 관계

제6조 제2항은 "편집저작물의 보호는 그 편집저작물의 구성부분이 되는 소재의 저작권 그 밖에 이 법에 따라 보호되는 권리에 영향을 미치지 아니한다"고 규정하고 있다. 앞에서 살펴본 바와 같이 편집저작물은 편집물로서 그 소재의 선택, 배열, 구성 등 편집행위에 창작성이 있으면 성립하는 것이고, 소재 저작물 저작자의 허락은 성립요건이 아니다. 그럼에도 불구하고 자신의 저작물을 소재로 한 편집저작물이 작성되었다는 것만으로 소재 저작물 저작자의 권리가 제약을 받는 일이 있다면 그것은 매우 부당한 일이 될 것이므로 위와 같은 규정을 두어 그러한 일이 있을 수 없음을 명백히 한 것이다.

소재 저작물 저작권자의 허락 없이 편집저작물을 작성할 경우에는 소재 저작권자의 복제권(이 책 [49] 참조)을 침해한 것으로서 위법한 행위가 되므로 소재 저작권자는 편집저작물의 저작자에 대하여 침해금지 및 손해배상의 청구, 형사 고소 등의 민·형사적 구제수단을 강구할 수 있다. 즉, 이 경우 소재 저작권자의 허락은 편집저작물의 성립요건은 아니지만 적법요건이라고 할 수 있다. 소재 저작권자의 허락 없는 편집저작물도 독자적 저작물로서 보호되고 다른 제3의 침해자에 대하여 자신의 권리를 주장할 수도 있으나, 소재 저작권자에 대한 관계에서 '독자적 저작물로서의 보호'를 이유로 침해책임을 면할 수는 없다.

위 조항은 소재 저작권자의 허락을 받아 편집저작물이 작성된 경우에도 당연히 적용된다. 즉 단지 편집저작물 작성을 허락하였을 뿐 다른 특별한 약정을 하지 않은 경우에 소재 저작권자는 그 편집저작물 작성을 저작권침해행위라고 주장할 수 없다는 것 외에는 다른 모든 권리를 그대로 행사할 수 있는 것이다. 예를 들어 그 편집저작물을 통째로 복제함으로써 자신이 저작권을 가지는 소재를 이용하고자 하는 자에 대하여 이를 허락하거나 금지할 권리를 행사할 수 있고, 자신이 저작한 소재 부분만을 다른 사람에게 이용허락할 수도 있다.

제 4 절 저작물성이 문제로 되는 것

[23] 캐릭터

1. 개념

캐릭터는 원래 법률상의 용어가 아니고 사회경제적으로 사용되는 용어일 뿐이므로, 그에 대한 엄격한 정의가 있을 수는 없다. 단지 오늘날 일반인들이 '캐릭터'를 무엇이라고 인식하고 있는지, 캐릭터 사용의 사회경제적 실태가 어떠한지 등이 중요할 뿐이다. 그런 관점에서 캐릭터의 의미가 무엇인지 생각해 보면, '만화, 영화, 드라마, 게임, 소설, 연극 등에 등장하는 인물, 동물, 물건 등의 특징, 성격, 생김새, 명칭, 도안, 특이한 동작 등'을 뜻하는 것으로 볼수 있다.

오늘날 만화, 영화 등의 원저작물을 통해 만들어진 캐릭터가 아니라 처음부터 상품화(캐릭터를 의류, 가방, 신발, 장난감, 문구, 과자, 식품 등에 모양이나 도안으로 사용하는 것을 캐릭터의 상품화라 한다)에 사용하기 위해 기획, 제작된 것, 즉 오리지널 캐릭터의 비중이 높아지고 있는데, 이러한 오리지널 캐릭터도 '본래의 의미에서의 캐릭터'와는 다르다고 보아 저작권법상의 논의 대상에서 제외하는 견해가 있지만, 오리지널 캐릭터에 대하여는 '원작으로부터의 독자적 보호'에 대한 논의를 별도로 할 필요가 없다는 것 외에 법적 취급에 특별한 차이를 둘 이유는 없다는 점과 일반 국민들이 오리지널 캐릭터도 '캐릭터'의 일종으로 인식하고 있다는 점을 감안할 때 굳이 이를 캐릭터의 개념에서 제외할 이유는 없다고 생각된다.

문제는, 캐릭터의 개념을 위와 같이 파악하는 대신, 특별한 한정적인 의미를 부가하는 경우들이 있다는 것이다.

첫째, 캐릭터의 개념으로서 고객흡인력 등의 경제적 가치를 가질 것이나 상품화에 이용되었을 것 등의 추가적인 요소를 요구하는 경우이다.

'실황야구' 사건에 대한 제1심 판결(서울중앙지판 2006. 7. 20, 2005가합76758)과 제2심 판결(서울고판 2007. 8. 22, 2006나72392)에서 "일반적으로 캐릭터란 만화, 텔레비전, 영화, 신문, 잡지, 소설, 연극 등 대중이 접하는 매체를 통하여 등장하는 인물, 동물, 물건의 특징, 성격, 생김새, 명칭, 도안, 특이한 동작 그리고 더 나아가서 작가나 배우가 부여한 특수한 성격을 묘사한 인물을 포함하는 것으로서 <u>그것이 상품이나 서비스, 영업에 수반하여 고객흡인력 또는 광고효과라는 경제적 가치를 지니는 것을 말하고, 캐릭터가 상품 등에 이용되는 목적은 대중매체를 통해 일반 대중에게 잘 알려진 캐릭터가 가지고 있는 광고 선전력, 주의 환기력, 고객흡인력을 이용하고자 하는 것이다.</u>"라고 캐릭터의 개념을 규정한 것이 그러한 경우에 해당한다.

위 밑줄 그은 부분의 설명이 단지 '일반적인 경우'에 그러하다는 것으로 이해한다면 큰 문제가 없겠지만, 이것을 캐릭터의 필수적 개념요소로 보게 될 경우에는 여러 가지 문제가 발생한다. 그것은 캐릭터가 창작된 이후에 여러 가지 다른 외적인 요소들에 의하여 일어날 수도 있고 일어나지 않을 수도 있는 상황적 변수에 불과한 것이므로, 그것이 저작물로서의 보호에 영향을 미치는 일이 있어서는 곤란한 것이다. 그럼에도 불구하고 위와 같은 설명을 하나의 엄격한 개념 규정으로 오해하게 될 경우에는 캐릭터에 대한 독자적 저작권 보호와 관련하여 중대한 오해와 혼란이 야기된다.

따라서 저작권법에서 캐릭터의 개념을 파악할 때에는 제1심 및 제2심 판결의 설명 중 밑줄 그은 부분을 제외하는 것이 타당하다. 이와 관련하여 대법원은 이미 2005. 4. 29. 선고 2005도70 판결에서 "저작물인 만화영화의 캐릭터가 특정분야 또는 일반대중에게 널리 알려진 것이라거나 고객흡인력을 가졌는지 여부는 저작물의 저작권법에 의한 보호 여부를 판단함에 있어서 고려할 사항이 아니"라고 판시한 바 있다.

둘째, 캐릭터에서 '표현'의 요소는 사상하고 오로지 '아이디어'의 요소만 캐릭터로 보는 입장이다. 위에서 본 '실황야구' 사건의 제1심 및 제2심 판결이 바로 이러한 입장을 취하였다. 즉 두 판결은 모두 일치되게 "캐릭터라는 것은 일정한 이름, 용모, 역할 등의 특징을 가진 등장인물이 반복하여 묘사됨으로써, 각각의 표현을 떠나 일반인의 머릿속에 형성된 일종의 이미지로서 표현과는 대비된다. 즉, 캐릭터란 그 개개장면의 구체적 표현으로부터 승화된 등장인물의 특징이라는 추상적 개념이지 구체적 표현이 아니며, 결국 그 자체가 사상 또는 감정을 창작적으로 표현한 것이라고 볼 수 없는 것이다."라고 판시하였다. 이와 같이 캐릭터를 표현이 아닌 추상적 개념으로서 '아이디어'의 영역에 있는 것으로 보면 저작권법상의 기본원리인 아이디어와 표현의 이분법에 따라 아이디어인 캐릭터는 저작권법의 보호대상에서 제외되게 된다.

그러나 캐릭터를 이와 같이 추상적 개념으로 한정하여 정의할 아무런 이유나 근거는 없다. 위에서 본 바와 같이 캐릭터의 개념은 법적 개념이 아니므로 사회경제적인 의미에 충실하게 해석하고 적용하는 것이 타당하다. 일반인들은 어떤 만화나 게임에 등장하는 캐릭터를 떠올릴 때 반드시 '구체적 표현으로부터 승화된 등장인물의 특징이라는 추상적 개념'만 떠올리는 것이 아니라 그 캐릭터의 구체적 용모 등의 '구체적인 표현'을 떠올린다. 저작권법에서 굳이 그러한 현실을 부정하고 캐릭터의 개념에서 '구체적인 표현'의 요소를 배제할 이유가 없다. 물론 캐릭터에는 구체적 표현이 아닌 아이디어에 해당하는 것이나 저작물로 보호하기 어려운 단순한 '명칭' 등의 요소도 포함되는 것이 사실이지만, 만화 등의 등장인물이나 동물의 용모 또는 생김새 등과 같이 저작물로 보호될 수 있는 표현의 요소도 있을 수 있는 것이다.

'실황야구' 사건에 대한 대법원 판결(대판 2010. 2. 11, 2007다63409)은 캐릭터의 개념 규정에 대한 하급심의 위와 같은 오류를 수정하였다. 즉 이 판결은 캐릭터의 개념과 관련하여, "…만화, 텔레비전, 영화, 신문, 잡지 등 대중이 접하는 매체를 통하여 등장하는 인물, 동물 등의 형상과 명칭을 뜻하는 캐릭터…"라고 하여, 고객흡인력 등의 개념은 모두 제외하고 오로지 등장인물 등의 '형상과 명칭'을 뜻한다고 간단하게 설명하였다. 이것은 이 판결이 주로 시각적 캐릭터를 염두에 두고 저작권법에서 관심을 가질 만한 부분에 초점을 맞추어

서술한 것이라 할 수 있다. 두 가지로 나열한 것 중 명칭은 저작권 보호를 받기 어렵지만 시각적 캐릭터의 형상 중 창작성이 있는 것은 보호될 수 있음을 전제로 한 것이다.

2. 시각적 캐릭터와 어문적 캐릭터

캐릭터는 여러 가지 기준에 따라 분류할 수 있는데, 실무적으로 중요한 의미를 가지는 구분 중의 하나가 바로 시각적 캐릭터와 어문적 캐릭터의 구분이다.

'시각적 캐릭터'란 만화, 애니메이션 영화, 게임 등에 등장하는 인물, 동물 또는 사물 등과 같이 시각으로 볼 수 있는 형상 등이 저작자에 의하여 창작된 것에 해당하는 캐릭터를 말하며, '어문적 캐릭터'란 그러한 시각적인 표현이 창작된 바는 없고 단지 소설이나 영화 등의 대사, 에피소드, 스토리 등에 의하여 그 성격이나 특징, 외모 등이 어문적으로만 표현되어 있는 캐릭터를 뜻한다. 일반 영화의 등장인물은 배우를 캐스팅하여 배우의 연기에 의한 표현이 시각적으로 전달되지만, 그 시각적인 표현 자체가 창작물인 것은 아니므로 그 등장인물 캐릭터는 '시각적 캐릭터'가 아니라 시나리오등의 어문저작물에 의하여 창작된 '어문적 캐릭터'에 해당하는 것으로 보게 된다.

3. 캐릭터의 독자적 보호

캐릭터의 독자적 저작물성을 인정할 것인지에 대하여 국내 학설이 일치하지 않고 있다. 캐릭터의 독자적 저작물성이라는 말이 무엇을 뜻하는지에 대하여도 학설상의 차이가 있으나, 만화, 영화 등에 나오는 미술적, 영상적 표현으로부터 독립된 캐릭터의 본질에 대한 독자적 보호를 뜻하는 것으로 보는 입장(본질설)에 비하여 만화, 영화 등으로부터 등장인물 등의 캐릭터 표현만을 분리하여 관찰하여도 그것을 저작물로 보호할 수 있다는 의미라고 이해하는 입장(분리관찰설)이 타당하다고 생각한다.

이 문제는 무엇보다 캐릭터의 개념을 어떻게 이해할 것인지와 밀접한 관련성을 가진다. 캐릭터의 개념을 '표현으로부터 승화된 추상적 개념'으로 보

면, '독자적 보호'의 의미에 대하여도 본질설의 입장을 취하게 되고, 캐릭터의
개념에 구체적 표현의 요소도 포함되어 있는 것으로 보는 입장은 분리관찰설
로 이어지게 된다. 분리관찰설의 입장을 취하면, 특히 시각적 캐릭터의 경우
에 등장인물 등의 시각적 표현에 창작성이 있는 한 독자적 보호를 긍정하는
결론으로 자연스럽게 연결된다.

표현의 요소를 내포한 것으로 인식되고 있는 캐릭터를 '추상적 개념'으로
한정하여 볼 법적 근거나 이유가 없고 사회경제적 차원에서도 캐릭터의 법적
보호를 긍정하는 것이 캐릭터산업을 강력하게 뒷받침하는 면에서 바람직하므
로, 분리관찰설의 입장에서 캐릭터의 독자적 보호를 긍정하는 것이 타당하다.
대법원도 같은 입장이다. '실황야구' 사건에 대한 대법원 판결(대판 2010. 2. 11,
2007다63409)은 "저작권법에 의하여 보호되는 저작물이기 위하여는 인간의 사상
또는 감정을 표현한 창작물이어야 할 것인바, 만화, 텔레비전, 영화, 신문, 잡
지 등 대중이 접하는 매체를 통하여 등장하는 인물, 동물 등의 형상과 명칭을
뜻하는 캐릭터의 경우 그 인물, 동물 등의 생김새, 동작 등의 시각적 표현에
작성자의 창조적 개성이 드러나 있으면 원저작물과 별개로 저작권법에 의하
여 보호되는 저작물이 될 수 있다"고 판시함으로써 '독자적 보호 긍정설'의
입장을 분명하게 표명하였다.

다만 위 판결은 "시각적 표현에 작성자의 창조적 개성이 드러나 있으
면…"이라고 하여 이른바 '시각적 캐릭터'에 초점을 둔 판시를 하고 있다. 실
제 위 판결의 사안은 게임물에서 사용되는 시각적 캐릭터에 대한 사안이었다.

그렇다면 '어문적 캐릭터'의 경우는 어떻게 볼 것인가? 어문적 캐릭터의
경우에도 분리관찰설의 입장에서 그 보호 가능성을 판단하여 결론을 내리면
될 것이라 생각된다. 일반적으로 어문적 캐릭터는 시각적 캐릭터에 비하여 보
호가능성이 상대적으로 낮은 면이 있는 것은 사실이다. 예를 들어 사실주의적
인 소설에서 가난하지만 정의롭게 살기 위해 노력하는 청년을 주인공으로 다
루고 있다고 가정할 때, 다른 등장인물과의 관계나 구체적인 사건의 전개과정
등을 배제하고 그 주인공에 대하여 묘사된 성격, 특징 등만 따로 떼어서 관찰
하더라도 그 주인공의 캐릭터를 보호할 수 있을지에 대하여 생각해 보면 그

보호가 쉽지 않을 수 있으리라 생각된다. 사실주의 작품이므로 현실 속에 있을 수 있는 인물을 그렸을 것이고 현실 속의 인물이 가질 수 있는 몇 가지 특징들만으로 '창작성 있는 표현'이라고 인정하기가 쉽지 않을 것이기 때문이다. 그러나 예를 들어 '해리 포터' 시리즈와 같은 판타지 소설의 캐릭터와 같이, 세상에 존재하지 않고 다른 작가의 작품 속에도 존재하지 않는 특성을 갖춘 가상의 인물이 묘사된 경우에는 그 가상의 인물이 가지는 여러 가지 속성이나 특징의 표현이 캐릭터에 포함된 '비문언적 표현'으로서 보호의 대상이 될 수 있는 가능성을 배제할 수 없으리라 생각된다.

미국의 판례는 어문적 캐릭터의 보호기준으로서 '개발의 정도가 높고 그 개성화·특성화의 정도가 크면 클수록 보호의 가능성이 커진다'고 하는 기준(특이성 기준)과 '캐릭터가 이야기의 중핵을 이루어 그러한 캐릭터가 없으면 이야기의 전개가 불가능한 정도에 이를 경우에 한하여 보호된다'고 하는 기준('이야기 그 자체' 기준) 등을 제시한 바 있는데, 그 중 '특이성 기준'이 우리나라에서도 참고할 만한 기준이라 생각된다.

대법원 판례도 '까레이스키' 사건에서 "소설 등에 있어서 추상적인 인물의 유형"은 "아이디어의 영역에 속하는 것들로서 저작권법에 의한 보호를 받을 수 없다"고 판시함으로써 개략적이나마 '특이성 기준'에 부합되는 판시를 한 바 있고(대판 2000. 10. 24, 99다10813) 하급심 판결 중에는 "소설 등 작품에 등장하는 캐릭터는 … 구체적 독창성, 복잡성을 가진 등장인물이거나, 다른 등장인물과의 상호과정을 통해 사건의 전개과정과 밀접한 관련을 가지면 보호되는 표현에 해당할 수" 있다고 판시함으로써 보다 분명하게 '특이성 기준'을 채택한 사례('웍더글덕더글' 사건에 대한 서울중앙지판 2008. 6. 11, 2007가합62777)가 있다. 따라서 우리나라의 판례도 '특이성 기준'을 수용하는 흐름을 뚜렷이 보이고 있는 것으로 여겨진다.

위 '특이성 기준'을 채택한다고 할 때, 실제 사건에서 어문적 캐릭터에 대한 판단을 어떻게 할 것인지에 대하여 정리해 보면, 다음과 같다.

첫째, 소설 등의 어문적 캐릭터로서의 등장인물이 매우 세밀하고 복잡하게 묘사됨으로써 창작적 특성이 충분히 부여된 것으로 보여지는 예외적인 경우(등장인물의 그러한 특성에 대하여 독점적, 배타적 권리로서의 저작권을 부여하여도 다른 작가들의 창작의 자유를 지나치게 제한하는 것으로 보이지 않을 만큼 선택의 폭이 클 경우)에는 어문적 캐릭터로서의 독자적 보호를 인정할 수 있는 것으로 본다. 반면에, 그러한 정도의 창작적 특성이 개발되지 않은 많은 경우에는 '추상적 아이디어'의 영역에 해당하는 것으로 보아 독자적 보호를 부정한다.

둘째, 이러한 어문적 캐릭터는 소설 등의 비문언적 표현의 보호(이 책 [178] 3. 참조)와 불가분의 관계를 맺고 있다. 아이디어가 아니라 '비문언적 표현'으로 인정되는 주된 부분이 "등장인물의 교차와 사건의 구체적 전개과정"이다. 한 명의 등장인물이 아니라 여러 명의 등장인물에 대한 각각의 특성부여 및 그 상호관계의 구성은 원래 비문언적 표현의 내용으로 인정되어 온 부분의 하나이다. 한 명의 등장인물만으로는 창작적 특성이 충분하게 구현되어 있다고 보기 어려운 경우에도 복수의 등장인물이 결합된 부분을 모두 모아 보면 넓은 선택의 폭 안에서 창작적 특성이 구현된 것으로 볼 수 있는 경우가 많을 것이다. 실무상 이러한 집합적 캐릭터의 보호가 문제되는 사안의 유형은 ① 소설의 등장인물 및 스토리 등에 대한 전체적 표절이 문제되는 경우, ② 영화의 속편 등을 원저작자의 동의 없이 만드는 것이 원저작자의 저작권을 침해하는 것인지 등이 문제되는 경우 등으로 구분해 볼 수 있다.

위 ①의 경우에는 어문적 저작물의 포괄적·비문언적 유사성을 판단함에 있어서 사건의 구체적 전개과정과 함께 등장인물들의 상호작용 등(집합적 캐릭터 부분)을 함께 고려하는 방식으로 판단이 이루어지게 된다('사랑이 뭐길래' 사건에 대한 서울남부지판 2004. 3. 18, 2002가합4017). 반면에, 위 ②의 경우에는 대개 속편이 원작의 주요 등장인물에 대한 설정만 그대로 이용하고 사건의 전개과정은 달라지는 경우가 많으므로, 주요 등장인물 캐릭터(집합적 캐릭터)의 보호 문제가 보다 전면으로 부각되게 된다. 실베스터 스탤론이 주연한 영화 록키의 속편과 관련하여 바로 그러한 문제가 다루어진 사건에서, 미국 법원은 그 등장인물들을 저작권법상 보호되는 '캐릭터들'로 보았는데{Anderson v. Stallone, 11 U.S.P.Q.2d 1161 (C.D. Cal. 1989)}, 그 주된 이유는 그것이 일종의 '집합적 캐릭터'라는 점에 있었다.

구체적 사안마다 그 창작성 유무를 신중하게 판단하여야 하겠지만, 그러한 집합적 캐릭터만으로도 창작성 있는 '비문언적 표현'으로 보호될 수 있는 경우가 드물지 않으리라 생각된다.

4. 보호의 범위

캐릭터가 독자적인 저작물로 보호된다고 할 때 그 보호의 범위를 어떻게 파악할 것인지가 문제이다. 위에서 살펴본 바와 같이 캐릭터에는 아이디어의 요소와 표현의 요소가 공존하고 있는데, 그 중에서 저작권법의 보호는 표현의 영역에 한하여 주어지는 것이므로 아이디어의 영역에 속하는 것은 보호범위에서 제외되어야 한다('직립 개' 캐릭터의 저작물성을 인정하면서도 그 중 사족보행 동물을 직립형으로 바꾸는 것 등은 아이디어에 불과하다고 하여 보호범위에서 제외한 서울중앙지판 2021. 10. 22, 2019가합523817 등 참조).

나아가 아이디어의 구체적 표현에 창작성이 인정되지 않는 것도 당연히 보호범위에서 제외되어야 한다. 시각적 캐릭터의 경우에 최소한의 창작성은 인정되는 경우가 대부분이어서 그것을 그대로 가져다 복제하여 이용하는 것에 대하여 저작권침해를 인정하는 데는 별 문제가 없으나, 그것과 유사한 점이 있는 별도의 캐릭터를 다른 회사에서 만든 경우에는 침해 여부를 개별적으로 신중하게 판단할 필요가 있다. 그때, 예를 들어 '귀여운 야구선수'나 '작고 귀여운 이미지의 흰색 토끼'라고 하는 아이디어가 보호되지 않음은 물론이고, 그것의 표현에 있어서도 캐릭터 등의 표현에서 관용적으로 행해지는 것이라고 생각되는 것(예를 들어 신체부위를 2등신 정도의 비율로 나누어 머리의 크기를 과장하고 얼굴의 모습을 부각시킨 것 등, '실황야구' 사건에 대한 대판 2010. 2. 11, 2007다6340 참조)은 창작성을 인정받기 어려워 보호대상에서 제외될 것이다. 특히 동물 캐릭터의 경우 실제 동물의 형상과 유사하게 묘사된 부분은 창작성을 인정받기 쉽지 않다('미피와 부토' 사건에 대한 서울중앙지결 2012. 8. 28, 2012카합330). 시각적 캐릭터'라고 하지만 그 가운데는 전적으로 시각적인 표현만으로 구성된 만화의 등장인물 캐릭터와 같은, 미술저작물로서의 캐릭터가 있는가 하면, 영화와 같이 동영상으로 표현되어 동작이나 말투, 음성 등이 결합되어 있는 영상저작물로서의 캐릭터(이 경우는 '시청각적 캐릭터'라는 표현이 보다 적합할 수 있다)도 있는데, 후자의 경우에는 등장인물 캐릭터의 동작에 관한 표현에 창작성이 인정될 수도 있고(움직이는 이모티콘 캐릭터의 동작에 창작성이 있다고 본 서울중앙지판 2022. 8. 19, 2020가합581574 참조), 시각적 표현의 창작성 외에 말투 등의 청각적 표현에 있어서의 창작성도 보호범위에 포함될 수 있음을 유의하여야 한다.

소설 주인공 등 어문적 캐릭터의 독자적 보호가능성은 집합적 캐릭터의 경우를 제외하면 극히 제한적이지만 그 보호가 인정된다고 하더라도 그 캐릭터에 저작자의 창조적 개성이 반영된 매우 특징적인 부분을 이용한 경우가 아닌 한 캐릭터 저작권의 침해로 인정하여서는 안 될 것이다. 질투심이 많은 남편, 권모술수에 능한 냉혹한 정치가, 가난하지만 의협심 많은 청년, 지혜로운 미모의 여왕 등의 경우는 물론이고, 여성스럽게 행동하고 싶지만 말괄량이이고 무술고수여서 자기도 모르게 무술실력이 발휘되는 소녀나 늘 술에 취해 있지만 무술실력이 좋아 '취권'을 구사하는 남자 등(서울중앙지판 2008. 6. 11, 2007가합62777 참조)도 각각 아이디어의 영역에 해당하므로 집합적 캐릭터의 보호 문제는 별론으로 하고, 개별적 캐릭터의 그러한 성격들은 보호대상에 포함되지 않는 것으로 보아야 할 것이다.

캐릭터 상품화 사업을 하는 입장에서는 저작권법에서 보호의 대상으로 인정하는 것 외에도 그 캐릭터를 연상시키는 모든 것이 보호의 대상이 되기를 바랄 것이나 저작권법은 그 자체의 법리에 따라 창작성 있는 표현만을 보호하는 원칙을 캐릭터의 경우에도 관철할 수밖에 없다.

그 외에 실제적으로 보호 여부가 문제되는 것은 캐릭터의 명칭에 대한 것이다. 캐릭터의 명칭을 함부로 다른 상품 등에 이용하는 것은 캐릭터 상품화 사업을 수행하는 권리자의 입장에서는 그 이익을 크게 침해받는 것으로 생각될 수 있다. 그러나 뒤에서 보는 바와 같이 저작물의 제호는 일반적으로 저작물로서의 보호대상이 아닌 것으로 보므로(이 책 [24] 참조), 캐릭터의 명칭이라고 하여 보호대상으로 인정할 수는 없을 것이다. 대법원도 만화의 등장인물(캐릭터)의 이름이기도 한 만화제명인 '또복이'에 대하여 사상 또는 감정의 창작적 표현이라고 볼 수 없다는 이유로 그 저작물성을 부정하는 결론을 내린 바 있다(대판 1977. 7. 12, 77다90).

[24] 저작물의 제호

책, 노래, 영화 등 저작물의 제호는 그 자체로서 저작권법상의 저작물로 보호되는 것인가? 프랑스 저작권법 제112조의4는 저작물의 제호를 저작권법의 보호대상으로 명시하는 규정을 두고 있고 다른 몇몇 입법례도 이를 따르고 있으나, 우리나라의 판례, 학설은 일반적으로 저작물의 제호에 대하여는 그 저작물성을 부정하고 있다.

다만 그 논거에 있어서는 그것이 저작물의 표지로서 사상 또는 감정의 표현이라고 보기는 어렵다는 것에 중점을 두는 입장과 일반적으로 창작성이 없다고 보는 입장 사이에 미묘하지만 중요한 차이가 있다. 후자의 입장을 취할 경우에는 제호의 보호가 절대적으로 부정되는 것이 아니라 그 길이나 창작성의 정도 등에 따라 예외적으로 보호를 인정할 수도 있게 된다. 생각건대 저작자가 제호를 단순히 자신의 저작물에 대한 기술(記述)적 표시가 아니라 은유적인 표현기법을 동원하여 그 자체가 문학적 표현의 중요한 구성부분이 될 수 있도록 제호를 작성하는 경우도 있을 수 있음을 감안하여야 할 것이라고 생각된다. 그러한 경우에 단지 제호라는 이유만으로 창작성 여부를 따지지 않고 그 복제 등으로부터 일체 보호하지 않는다는 것이 과연 타당한 것인지는 의문이다. 예를 들어 어떤 시인이 짧은 시를 쓰면서 제목은 이례적으로 길고 독창적인 제목을 붙여 놓은 경우에, 다른 시인이 역시 짧은 시를 쓰면서 그 제목 부분을 그대로 표절하여 마치 자신의 시적 표현의 일부인 것처럼 사용하였을 경우를 가정해 보면, 제호의 보호를 그 창작성의 유무를 따지지 않고 절대적으로 부정할 경우 초래되는 문제점도 있을 수 있음을 이해할 수 있을 것이다.

그러한 관점에서 제호의 저작물성을 절대적으로 부정하는 입장에서 제시하는 근거들을 비판적으로 검토해 보기로 한다. 먼저, 일부 판례가 "제호는 사상 또는 감정의 표현이라고 볼 수 없다"고 판시한 것에 대하여 살펴보면,

하나의 고유명사로 지어진 '또복이'를 그렇게 본 대법원 판례(대판 1977. 7. 12, 77
다90)의 입장은 이해할 수 있지만, 하나의 문장으로 구성된 "행복은 성적순이
아니잖아요"를 그렇게 본 하급심판결(서울민사지판 1990. 9. 20, 89가합62247)의 입장
은 수긍하기 어렵다. 비록 창작성은 인정되지 않더라도 사상 또는 감정의 표
현인 것은 명백하다고 보아야 할 것이다. 따라서 제호에 사용되었다는 이유로
언제나 사상 또는 감정의 표현이 아니라고 보는 것은 수긍하기 어렵다.

　다음으로 제호에 대하여 "일반적으로 사상 또는 감정의 창작적 표현이라
고 볼 수 없다"고 한 판례의 입장에 대하여 살펴보면, 그러한 명제 자체는 타
당하지만, 그것을 제호에 대한 저작권 보호를 예외 없이 절대적으로 부정하여
야 하는 이유나 근거로 삼을 수는 없다. 즉 제호의 경우는 대개 짧은 몇 개의
단어 등으로 구성되어 있는 경우가 많아 그 창작성을 인정받을 수 없는 경우
가 거의 대부분일 것으로 생각되지만, 제호가 충분히 길고 독특하여 창작성을
인정받을 수 있는 가능성을 전적으로 배제할 수는 없다. 따라서 일부 판례가
제호의 저작물성 부정의 이유로 제시한 위와 같은 근거는 그 보호 부정의 절
대적 근거가 될 수 없고, 오히려, 제호의 보호에 대한 '원칙적 부정＋예외적
긍정'의 입장을 정당화하는 근거를 제공한 것으로 보아야 할 것이다. 그리고
그 창작성 유무의 판단에 있어서 다른 특별한 법리가 도입되어야 할 이유는
없으므로, 앞서 어문저작물에 대한 부분에서 언급한 단문(短文)에 대한 창작성
인정 여부의 판단기준(이 책 [11] 나. 참조)과 동일하게 판단하면 되는 것으로 보
아야 할 것이다. 그렇게 할 경우에도 통상 제호의 길이가 아주 짧거나 저작물
의 내용을 설명하는 문구로 구성된 경우가 많다는 점에서, 일반적으로는 제호
만으로 저작물로서의 보호를 인정하기 어렵다고 할 수 있을 것이고, 그 길이
가 충분히 길고 표현적인 특색이 강하여 창조적 개성을 인정할 수 있는 예외
적인 경우에 한하여 제호만으로도 저작물로서의 보호를 받을 수 있는 것으로
보게 되므로, 제호에 대한 보호를 너무 넓게 인정하는 것이라 할 수는 없을
것이다.

　대법원은 1977년에 '또복이' 사건에서 등장인물의 이름이기도 한 만화의
제호 '또복이'가 "사상 또는 감정의 창작적 표현이라고 볼 수 없다"는 이유로

그 저작물성을 부정하는 결론을 내린 바 있으나(대판 1977. 7. 12, 77다90), 1996년
에 '크라운출판사' 사건에서는 "저작권법에 의하여 보호되는 저작물이라 함은
문학·학술 또는 예술에 속하는 것으로서 사상 또는 감정을 창작적으로 표현
한 것을 말하므로, 어문저작물인 서적 중 저작자의 사상 또는 감정을 창작적
으로 표현한 부분이라고 볼 수 없는 단순한 서적의 제호나 저작자 또는 출판
사의 상호 등은 저작물로서 보호받을 수 없다"고 판시한 바 있다(대판 1996. 8.
23, 96다273). '또복이'라는 한 단어의 조어만으로는 사상 또는 감정의 표현이라
고 보기 어려울 수 있어 대법원 판결이 위와 같이 판시한 것을 수긍할 수 있
다는 것은 위에서 언급한 바와 같다. '크라운출판사' 사건도 사안은 유사하지
만, 이때는 대법원이 그것이 '사상 또는 감정의 표현'이 아니라고 하여 간단
히 결론을 내리지 않고 제호 등의 보호 여부에 대한 일반적인 법리를 선언하
는 방향을 선택하였다. 즉 이 사건에서 대법원은 '창작성'을 포함한 저작물성
의 요건을 전체적으로 언급한 다음, '단순한 서적의 제호' 등에 대하여는 그
러한 저작물성의 요건을 갖춘 것으로 볼 수 없다는 이유로 그 보호를 부정하
는 결론을 내림으로써, 제호의 보호 여부에 대하여는 다른 특별한 법리를 생
각하거나 따질 필요 없이, 저작물성의 요건을 가지고 판단하면 될 것이라는
취지를 표명하고 있는 셈이다. 나아가 "서적의 제호는 창작성이 없다"고 판시
한 것이 아니라 "창작성이 없는, 서적의 제호"는 저작물로 보호를 받을 수 없
다는 문장 구조를 취하고 있고, '서적의 제호' 앞에 '단순한'이라는 제한적 문
구를 붙임으로써, '단순한 제호'는 저작물성을 인정하기 어렵지만, 예외적으로
단순하지 않고 특별하여 창작성이 인정될 수 있는 제호에 대하여는 보호의
가능성이 있음을 암시하고 있다고 할 수 있다. 따라서 대법원 판례의 입장은
제호의 보호에 대한 절대적 부정설의 입장이라기보다는 원칙적 부정(및 예외적
긍정)의 입장에 가까운 것으로 보는 것이 타당할 것으로 생각된다.

그런데 제호는 위와 같은 이유로 저작권법상 제호 자체를 다른 사람이 함
부로 복제 기타의 방법으로 이용하지 못하도록 하는 뜻에서의 '외적 보호'를
받기는 쉽지 않지만, 다른 한편에서 저작물의 내용을 함축하는 적절한 제호를
선정하기 위한 저작자의 의식적 선택이 반영되어 있고 그에 따라 저작물의

내용과 밀접한 관련을 맺는다는 점을 감안하면 제3자의 저작물 이용시 그 제호를 함부로 변경할 수 없도록 하는 의미에서의 '내적 보호'는 주어져야 마땅한 것이라 할 수 있다. 저작권법 제13조는 동일성유지권 보호의 일환으로 제호에 대한 '내적 보호'를 위한 규정을 포함하고 있다(자세한 것은 이 책 [45] 2. 나. 참조).

[25]   글자체의 보호

1. 글자체의 의의

글자체는 영어로는 타이프페이스(typeface : typographical design)라 하며, 일반적으로 '한 벌의 문자·서체 등에 대하여 독특한 형태의 디자인을 한 것'을 말하고, 용어상으로는 '디자인 서체', '활자용 서체', '인쇄용 서체', '자형', '글자꼴' 또는 단순히 '서체' 등으로도 부르기도 하는데, 디자인보호법에서 '글자체'라는 단어를 법률상의 용어로 채택하였으므로 이 책에서도 이를 따른다. 글자체는 글자 하나하나를 가리키는 것이 아니라, 글자들간에 모양 등에 조화를 이루도록 만들어진 한 벌의 글자들(a set of letters, numbers or symbolic characters)을 뜻한다.

그 제작과정에서 서예가 활용된 것도 글자체의 개념에 포함될 수 있으나, 순수한 서예작품 자체는 글자체의 개념에 포함되지 않는 것으로 본다.

2. 글자체 디자인에 대한 저작권법상의 보호

글자체가 창작성 있는 저작물로서 저작권법의 보호대상이 될 수 있는지 여부에 관하여 대법원 판례는 부정적인 입장을 보이고 있다. 인쇄용 서체도안의 저작권등록을 거부한 처분의 당부가 문제된 사건에서 대법원은 "이 사건 서체도안들은 우리 민족의 문화유산으로서 누구나 자유롭게 사용하여야 할 문자인 한글 자모의 모양을 기본으로 삼아 인쇄기술에 의해 사상이나 정보 등을 전달한다는 실용적인 기능을 주된 목적으로 하여 만들어진 것임이 분명한바, 위와 같은 인쇄용 서체도안에 대하여는 일부 외국의 입법례에서 특별입법을 통하거나 저작권법에 명문의 규정을 둠으로써 법률상의 보호 대상임을 명시하는 한편 보호의 내용에 관하여도 일반 저작물보다는 제한된 권리를 부여하고 있는 경우가 있기는 하나, 우리 저작권법은 서체도안의 저작물성이나 보호의 내용에 관하여 명시적인 규정을 두고 있지 아니하며, 이 사건 서체도안과 같이 실용적인 기능을 주된 목적으로 하여 창작된 응용미술 작품은 거기에 미적인 요소가 가미되어 있다고 하더라도 그 자체가 실용적인 기능과 별도로 하나의 독립적인 예술적 특성이나 가치를 가지고 있어서 예술의 범위에 속하는 창작물에 해당하는 경우에만 저작물로서 보호된다고 해석되는 점 (당원 1996. 2. 23. 선고 94도3266 판결 참조) 등에 비추어 볼 때, 우리 저작권법의 해석 상으로는 이 사건 서체도안은 신청서 및 제출된 물품 자체에 의한 심사만으로도 저작권법에 의한 보호대상인 저작물에는 해당하지 아니함이 명백하다." 고 판시하였다(대판 1996. 8. 23, 94누5632).

위 판결이 저작권법에서 응용미술저작물에 대한 정의규정을 신설하는 등의 2000. 7. 1.자 개정 이전의 판결로서 개정 전 저작권법이 시행되던 때의 응용미술 작품 관련 판례('대한방직' 사건에 대한 대판 1996. 2. 23, 94도3266, 이후 '히딩크 넥타이' 사건에 대한 대판 2004. 7. 22, 2003도7572에 의해 실질적으로 폐기됨)를 인용하여 그 판단근거로 삼은 부분은 현행법의 해석론으로 적절하지 않을 수 있지만, 위 판결에는 실질적으로 글자체가 실용적 기능으로부터의 분리가능성이 없다고 본 취지가 내포되어 있고, 그것은 현행법의 해석으로도 동일한 결론을 내리게 될 것을 시사하는 것이라 생각된다.

현행 저작권법의 해석으로도, 글자체의 디자인은 인쇄기나 컴퓨터에 의해 기술적으로 문자를 표시하는 '실용적 기능'(이것은 단순히 '정보전달적 기능'이라고 하기 어렵다)에 의한 실질적 제약을 받아 이루어지는 것이므로, 응용미술저작물로서의 요건인 '독자성'을 결한 것으로 보아야 할 것이기 때문이다. 그것이 문자 생활과 관련된 복잡한 분쟁 가능성을 높이지 않는 의미에서 현실적인 타당성도 있다고 생각된다. 대신 글자체 디자인을 위해 투입한 창조적 노력은 2004. 12. 31.자 디자인보호법 개정을 통해 디자인보호법에 의한 명시적 보호 대상에 글자체가 편입됨으로써 어느 정도 법적인 보호를 받을 수 있게 되었다.

3. 컴퓨터 글자체의 프로그램으로서의 보호

위와 같이 글자체 디자인 자체의 저작물성은 인정되지 않으나, 그것과 관계없이, 컴퓨터에서 사용되도록 개발된 '컴퓨터 글자체'(폰트 파일)는 프로그램(컴퓨터프로그램저작물)으로서의 보호가 인정될 수 있다. 대법원 판례(대판 2001. 5. 15, 98도732)는 컴퓨터글자체가 프로그램으로 보호될 수 있음을 긍정하면서 그 근거를 자세히 제시하고 있다. 그것을 현행법에 맞추어 정리해 보면 다음과 같다.

① 프로그램은 "특정한 결과를 얻기 위하여 컴퓨터 등 정보처리능력을 가진 장치 내에서 직접 또는 간접으로 사용되는 일련의 지시·명령으로 표현된 창작물"인데(이 책 [19] 2. 3) 참조), 컴퓨터 글자체파일은 그림을 그리는 논리·연산작용에 해당하는 '지시·명령'이 포함되어 있고, 서체 1벌을 컴퓨터 등의 장치 내에서 편리하고 반복적으로 구현할 수 있기 때문에 그 실행으로 인하여 '특정한 결과'를 가져오며, 단독으로 실행이 가능한 것은 아니지만 컴퓨터 내의 다른 응용프로그램이나 장치의 도움을 받아 서체를 출력시킬 수 있어 '컴퓨터 등의 장치 내에서 직접 또는 간접으로' 사용될 수 있으며, 단순한 데이터의 집합은 아니다.

② 글자체파일 프로그램은 인간에 의하여 읽혀지는 문자, 숫자, 기호 등을 사용한 컴퓨터 프로그램 언어로 키보드(keyboard) 등의 입력기를 통하여 직접 소스코드(source code)가 작성되는 것은 아니지만, 폰토그라퍼와 같은 글자체파일 프로그램 제작용 프로그램을 프로그램 제작의 도구로 사용하여 컴퓨터 모니터상에서 마우스로 글자체도안을 완성한 후 글자체파일을 바로 생성시키는 것으로서 그 제작과정을 전체적으로 평가하면 일반적인 프로그램의 제작과정과 다를 바 없으므로, 글자체 파일의 제작자가 직접 코딩(coding)하지 않았다고 하여 이 사건 글자체파일이 데이터의 집합에 불과하다고 할 수 없다.

③ 글자체파일을 제작하는 과정에 있어서 글자의 윤곽선을 수정하거나 제작하기 위한 제어점들의 좌표 값과 그 지시·명령어를 선택하는 것에 글자체파일 제작자의 정신적 노력의 산물인 창의적 개성이 표현되어 있다고 볼

수 있다(폰토그라퍼와 같은 글자체파일 제작용 프로그램에서 하나의 글자를 제작하기 위한 글자체 제작용 창의 좌표는 가로축 1,000, 세로축 1,000의 좌표로 세분되어 있어, 동일한 모양의 글자라 하더라도 윤곽선의 각 제어점들의 구체적 좌표 값이 일치할 가능성은 거의 없다).

대법원 판례가 제시하고 있는 위와 같은 이유는 모두 정당한 것으로 수긍할 수 있다. 위와 같은 제작과정에 비추어 볼 때 글자체파일은 단순한 데이터의 집적이 아니라 컴퓨터에 대한 지시·명령으로서의 성격을 가지고 있으므로 "프로그램"에 해당하고 좌표값과 그 지시·명령어를 선택하는 것에 일반적으로 글자체파일 제작자의 창작성이 반영된 것으로 볼 수 있어, 프로그램저작물로서 보호될 수 있다고 보아야 할 것이다.

여기서 주의할 것은 이러한 프로그램으로서의 보호는 글자체 디자인 자체에 대한 보호와는 달리 글자체 원도(原圖)를 작성함에 있어서의 창작성이 아니라 그것을 전제로 하여 컴퓨터에서 작동할 수 있게 파일로 제작하는 과정에서의 창작성에 대한 보호이기 때문에 그 보호범위는 바로 그러한 파일 제작과정에서의 창작성에만 미치고 원도(原圖)로 표현된 글자체 디자인 자체의 창작성에는 미치지 않는다는 점이다. 구체적으로 그 보호범위를 어떻게 볼 것인지와 그에 대한 이용자 측의 항변사유 등에 대하여 자세히 살펴보면 다음과 같다.

글자체파일과 관련한 이용상황을 크게 나눈다면, 글자체(폰트)파일 자체를 복제 등으로 직접 이용하는 경우와 글자체 파일을 직접 이용하지는 않고 그 출력물 등을 이용하는 경우의 두 가지 경우로 나누어 볼 수 있다.

첫째, 글자체(폰트) 파일을 직접 복제 등으로 이용할 경우에는 그 파일에 구현된 해당 컴퓨터프로그램저작물을 복제 등으로 이용하는 것이 되므로, 저작권법상 복제권 등 침해가 성립할 수 있다. 이 경우 침해 책임을 면할 수 있으려면, ① 그 이용이 해당 프로그램(글자체파일)의 정당한 권리자로부터 이용허락을 받은 범위 내에 있거나, ② 저작재산권 제한사유에 해당하는 경우여야 할 것이다.

1) 먼저 이용허락에는 '묵시적 이용허락'도 포함되는바, 글자체파일의 이용과 관련하여 묵시적 이용허락이 인정된 사례로, '아래 한글' 또는 'MS 워드'

프로그램에 번들로 포함되어 제공되는 서체 파일을 설치할 때 그 이용자가 사용하는 문자 발생기에 그 서체 파일들이 자동으로 저장되고, 저장된 서체 파일들은 위 프로그램들 이외에 다른 프로그램을 사용할 때에도 해당 프로그램을 자동으로 인식하여 사용이 가능하게 된 것이라면 이러한 과정은 서체 파일에 관한 라이선스를 부여한 저작권자들이 위 프로그램 개발자에게 적어도 이를 묵시적으로 허락하였다고 할 것이므로 그러한 서체들을 사용하였다고 하더라도 글자체파일에 대한 저작권을 침해했다고 보기 어렵다고 본 사례(서울중앙지판 2014. 5. 1, 2012가합535149)를 들 수 있다.

2) 다음으로, 글자체 파일의 이용이 저작재산권 제한사유에 해당하는 경우가 있을 수 있다. 예컨대 폰트내장형 PDF 문서의 경우 이미지로 변환된 이미지형이나 폰트파일에 대한 링크정보만 담고 있는 폰트링크형 문서와 달리 그 파일 안에 폰트파일이 포함되어 있기 때문에 예를 들어 A가 자료집을 특정한 폰트가 내장된 PDF 문서로 저장한 후 인터넷 게시판에 올려 두는 등의 행위를 해당 폰트에 대한 저작권자의 허락 없이 할 경우 글자체 프로그램저작권에 대한 침해의 문제가 제기될 수 있지만, 그러한 경우에는 저작권법 제35조의5에 따른 공정이용(이 책 [133] 참조)에 해당할 가능성이 많다는 견해가 있다. 구체적·개별적으로 사안에 따라 신중하게 판단할 필요는 있겠지만, 적법하게 설치된 폰트파일이 PDF 파일에 내장된 것을 하나의 문서 파일로 공유하기 위해 인터넷에 올린 경우 등에는 저작권법 제35조의5에 따라 공정이용에 해당하는 것으로 판단될 수 있는 여지가 많을 것이다.

둘째, 글자체 파일을 직접 이용하지 않고 그 출력물만 이용한 경우에는 특별한 다른 사정이 없는 한 글자체 파일에 대한 프로그램저작권의 침해가 성립하지 않는 것으로 보아야 할 것으로 생각된다. 구체적인 유형별로 살펴보면 다음과 같다.

1) 서체가 인쇄된 자료나 서체가 염직된 물품 등의 사진을 찍어 인터넷 홈페이지에 게시하는 등의 행위는 해당 글자체 디자인에 대한 복제, 전송행위가 될 수는 있어도(글자체 디자인의 경우 저작물로 보호되지 않으므로 복제권 등 침해가 성립하지 않음), 글자체 파일(프로그램) 자체의 복제, 전송에 해당하지 않으므로, 결과

적으로 저작권 침해가 성립하지 않는다(수원지판 2017. 1. 26, 2016나62405 참조).

2) 글자체 파일을 직접 사용한 것이 아니고, 글자체 도안의 형상이 이미지 파일에 들어 있는 것을 전달받아 이용하는 것은 역시 위 1)과 유사한 법리에 의하여 저작권침해로 인정되지 않는다.

3) 특정한 글자체를 사용하여 인쇄된 잡지의 본문이나 책의 표지 등을 스캔하여 이미지 파일로 만들어 인터넷 사이트에 올리는 등으로 이용하는 것도 역시 글자체파일 자체를 이용하는 것은 아니므로, 글자체 프로그램에 대한 저작재산권 등 침해가 성립하지 않는다.

4) 영상물을 납품받아 그것을 재생하여 공연함으로써 그 영상물에 포함된 자막을 사용하는 행위를 한 경우에도 그 자막에 포함된 글자체 도안을 사용한 것으로 볼 수는 있지만 프로그램으로서의 해당 글자체 파일 자체를 이용한 것은 아니므로 역시 프로그램저작권 침해가 성립하지는 않는 것으로 보아야 한다(서울중앙지판 2017. 12. 15, 2017나29582 참조).

5) 다른 글자체 파일 자체를 이용하지 않고, 해당 글자체 디자인이 출력된 인쇄물을 이용하여 그것을 스캔하여 이미지 파일을 만들고 글자체 제작 프로그램을 활용하여 유사한 글자체 파일을 만든 경우에도, 그것이 해당 글자체가 디자인등록이 되어 있을 경우 그 디자인권의 침해가 될 수는 있어도 해당 글자체에 대한 프로그램저작권 침해가 성립하지는 않는 것으로 본다(서울고판 1999. 4. 7, 98나23616 참조).

제 5 절 보호받지 못하는 저작물

[26] 서설

저작권법 제7조는 다섯 가지 종류의 저작물(제1호부터 제5호까지)을 저작권법에 의하여 보호받지 못하는 것으로 규정하고 있다.

> ■ 제7조(보호받지 못하는 저작물) 다음 각 호의 어느 하나에 해당하는 것은 이 법에 의한 보호를 받지 못한다.
> 1. 헌법·법률·조약·명령·조례 및 규칙
> 2. 국가 또는 지방자치단체의 고시·공고·훈령 그 밖에 이와 유사한 것
> 3. 법원의 판결·결정·명령 및 심판이나 행정심판절차 그 밖에 이와 유사한 절차에 의한 의결·결정 등
> 4. 국가 또는 지방자치단체가 작성한 것으로서 제1호부터 제3호까지에 규정된 것의 편집물 또는 번역물
> 5. 사실의 전달에 불과한 시사보도

저작권법의 위와 같은 규정은 국민의 알 권리를 보장하기 위한 것이거나 해당 저작물 자체의 특수한 성격을 고려한 것이다.

[27] 개별적 검토

1. 제1호

제1호는 헌법·법률·조약·명령·조례 및 규칙을 비보호 저작물로 규정하고 있다. 2000년 개정 전에는 '법령'이라고만 규정하고 있었지만 위와 같은 것들을 모두 포함하는 의미라고 해석되고 있었는데, 개정법에서 보다 명확히

규정한 것이다. 국가 또는 지방자치단체에서 제정한 일반적 규범으로서의 '법령'에 해당하는 모든 것이 여기에 포함된다. 따라서 민간에서 자율적으로 제정한 다양한 규칙 등은 여기에 포함되지 않는다.

법령으로 확정되어 공포된 것뿐만 아니라 그 초안이라도 국가기관이 작성한 것이거나 국가 기관에 의한 공식적인 심의에 회부된 것이면 포함된다. 국가기관, 즉 담당 공무원 등이 작성한 것이 아니라 민간단체나 개인 학자 등에 의하여 법령의 초안이 작성되었더라도 국가기관에 의한 공식적인 심의에 회부된 후에는 이 규정에서 말하는 법령에 포함되어 자유이용의 대상이 되나, 그러한 공식적 심의에 회부되지 않은 초안의 경우에는 해당 단체 또는 개인의 저작물로 보호될 수 있다. 외국의 법령도 포함되며, 폐지된 구 법령의 경우도 포함되는 것으로 본다.

2. 제2호

제2호는 국가 또는 지방자치단체의 고시·공고·훈령 그 밖에 이와 유사한 것을 규정하고 있다. 이들은 법령 자체는 아니지만 법규적 성질을 가지거나 법에 대한 해석지침으로서 국민생활에 큰 영향을 끼치는 것이므로 국민의 알 권리의 주요 대상이라는 이유에서 비보호 저작물로 규정한 것이다. 이 규정은 그러한 알 권리의 대상이라면 나열된 것 이외에도 보다 넓게 비보호 저작물에 포함할 수 있도록 하려는 취지에서 '이와 유사한 것'을 포함하는 것으로 규정하고 있다. 이때 그 판단에 있어서는 '국가 또는 지방자치단체가 그 권한 행사의 방법으로 널리 국민 또는 주민에게 주지시키기 위해 작성, 발표한 공문서'인지 여부를 기준으로 하는 것이 타당할 것이다. 국가기관이 작성한 것이라 할지라도 예를 들어 교육부가 발행한 교육백서 또는 우체국에서 만든 그림엽서 같은 것은 그 권한 행사 방법으로서의 문서라고는 할 수 없으므로 저작물로 보호받을 수 있다고 보아야 할 것이다. 또한 외국의 국가기관 등이 작성한 것도 위와 같은 성격의 것이면 여기에 포함되는 것으로 본다.

국가기관이 아닌 단체나 개인이 작성한 표준계약서 등도 국가기관이 법에 따라 표준계약서 등으로 인정하여 고시 또는 공고를 한 경우에는 이 규정에 의하여 자유이용의 대상이 될 수 있는 것으로 해석되고 있다.

3. 제3호

제3호는 법원의 판결·결정·명령 및 심판이나 행정심판절차 그 밖에 이와 유사한 절차에 의한 의결·결정 등을 비보호 저작물로 규정하고 있다.

사법절차 또는 준사법절차에 의하여 나온 판례, 심판례, 심결례 등의 정보는 법령 등의 해석지침으로서 중요한 의미를 가지는 것이므로 법령 등과 마찬가지로 국민의 알 권리의 주요 대상이 되는 것이라는 점을 감안한 규정이다. '그 밖에 이와 유사한 절차에 의한 의결·결정 등'이라고 한 것은 특허심판, 해난심판, 행정상의 소청심사 및 재결, 행정조정에 의한 조정결정 등을 뜻하는 것으로 볼 수 있다. 역시 외국 법원에 의한 판결등도 여기에 포함되는 것으로 본다.

4. 제4호

제4호는 국가 또는 지방자치단체가 작성한 것으로서 제1호 내지 제3호에 규정된 것의 편집물 또는 번역물을 규정하고 있다.

국가 또는 지방자치단체가 주체가 되어 편찬 발행하는 법령집, 예규집, 규칙집, 자치법규집, 심결례집, 재결례집 등과 마찬가지로 국가기관 등이 주체가 되어 제작한 법령DB, 판례DB 등이 여기서의 '편집물'에 해당하고, 법령, 고시, 공고, 판례 등을 관공서가 외국어로 번역한 것이 여기서의 '번역물'에 해당한다. 국가 또는 지방자치단체가 한자로 된 조선시대 법령이나 공고 등을 번역한 것도 이에 해당할 수 있으나, '이조실록'의 경우는 법령, 고시, 공고 등에 해당하지 않으므로, 그것을 국가기관이 번역한 것에 대하여 이 규정을 적용할 수는 없다(서울지법 남부지결 1994. 2. 14, 93카합2009 참조). 외국의 법령, 판례 등을 국가나 지방자치단체가 번역한 것도 보호받지 못한다.

"이 법에 의한 보호를 받을 수 없다"고 하고 있으므로 저작물로 보호받을 수 없을 뿐만 아니라 데이터베이스제작자로서의 보호도 받을 수 없다. 물론 법령, 판례 등의 경우에도 민간의 사기업이나 개인이 편집 또는 번역을 한 경우에는 당연히 편집저작물 또는 2차적저작물로 보호될 수 있고 데이터베이스 제작자로서의 보호를 받을 수도 있다. 대법원 1996. 12. 6. 선고 96도2440 판결은 경매사건에 관하여 법원게시판에 공고되는 정보(위 제2호의 비보호 저작물에 해당하는 것들) 등을 소재로 이용하여 편집한 입찰경매정보지의 저작권보호와 관련하여, "위 한국입찰경매정보지는 그 소재의 선택이나 배열에 창작성이 있는 것이어서 독자적인 저작물로서 보호되는 편집저작물에 해당한다 할 것이고, 위 한국입찰경매정보지가 이와 같이 편집저작물로서 독자적으로 보호되는 것인 이상, 이를 가리켜 저작권법 제7조 소정의 보호받지 못하는 저작물이라고 할 수 없다"고 판시한 바 있다. 법원의 공고 등 소재는 비보호 저작물이라 하더라도 국가기관이 아니라 민간기업이 그것을 소재로 이용하여 편집저작물을 작성한 경우 그 편집저작물은 저작물로 보호될 수 있음을 보여주는 사례라 할 수 있다. 물론 그 경우에도 보호의 범위는 새로이 창작성이 부가된 '편집' 부분에만 미치는 것이고, 소재 자체에 대하여 저작권이 새로 발생하거나 부여되는 것은 아니다.

5. 제5호

제5호로 규정된 것은 '사실의 전달에 불과한 시사보도'이다.

이 규정은 다른 규정과는 성격이 조금 다른 면이 있다. 시사보도 등을 수행하는 주체에는 국가기관이 아닌 민간의 언론사 등이 포함되므로 국가기관의 권리를 제한하는 만큼 일반 국민의 이용권이 넓어지는 관계에 있는 다른 각호 규정과는 다른 이해(利害)의 충돌이 있을 수 있는 것이다. 즉 시사보도에 대하여 저작권 보호를 부정하는 범위를 확대해석하면 국민의 알권리에는 얼핏 도움이 될 것처럼 보이나 시사보도의 주체인 민간 언론기관의 입장에서는 자신의 저작활동에 대한 정당한 보상을 받기가 어려워 결국은 언론사업의 위축을 가져와 국민의 알권리에도 궁극적으로는 부정적 영향을 끼칠 수가 있다. 따라서 이 규정은 확대해석을 하지 않도록 주의할 필요가 있다. 그런 관점에서 보면 이 규정은 원래 저작물이 아닌 것을 주의적으로 규정한 것으로 볼 수 있다. 즉, 저작물은 '인간의 사상 또는 감정의 창작적 표현'을 의미하는 것이므로 시사보도 가운데 단지 '사실의 전달에 불과한' 것은 원래 저작물이라고 볼 수 없는 성질의 것인바, 이 규정은 그러한 법리를 주의적으로 확인한 것에 불과하고 그 이상의 의미는 없다고 보아야 한다.

그런데 이때 '사실의 전달에 불과한' 것이 어떤 것을 말하는지에 대하여는 견해가 반드시 일치한다고 보기 어렵다. 다만 위 규정을 위와 같이 주의규정으로 보는 입장에서는 논평 기사나 해설 기사가 아니더라도 어떠한 사실을 보도함에 있어서 기자의 어문적 표현에 있어서 사상 또는 감정의 표현이라고 할 만한 정신적 노력이 깃들어 있고 거기에 기자 나름대로의 개성이 부여되어 있으면 보도기사라 하더라도 단순히 '사실의 전달에 불과한' 것이 아니라 인간의 사상 또는 감정을 창작적으로 표현한 저작물로서 보호의 대상이 되는 것으로 보아야 할 것이라고 생각된다. 따라서 해설 기사나 논평 기사 등의 경우만 저작물로 보호되는 것으로 볼 것은 아니다. 단순한 사망기사(누가 며칠 몇 시에 죽었다는 것만 보도하는 기사), 단순한 인사이동, 단순한 서훈(敍勳)의 사실만을 기재한 기사 등은 분명히 '사실의 전달에 불과한 시사보도'에 해당하는 것으로 보아야 하지만, 그 외의 경우에는 그 기사가 6하원칙에 입각하여 간결하고 정형적으로 작성한 것으로서 사실의 배열 및 문장 표현 등에 있어서 저작자의 개성이 드러날 만한 것이 없는 것인지 그렇지 않으면 사실 등의 배열과 구체적인 문장표현 등에 있어서 저작자의 개성에 의한 창작성이 인정될 만한 것인지를 가려서 보호여부를 판단하여야 할 것이다. '연합뉴스' 사건에 대한 대법원 판례(대판 2006. 9. 14, 2004도5350)도 기본적으로 이와 같은 입장에 서 있다. 이 판결은 "정치계나 경제계의 동향, 연예·스포츠 소식을 비롯하여 각종 사건이나 사고, 수사나 재판 상황, 판결 내용, 기상 정보 등 여러 가지 사실이나 정보들을 언론매체의 정형적이고 간결한 문체와 표현 형식을 통하여 있는 그대로 전달하는 정도에 그치는 것"에 대하여는 '사실의 전달에 불과한 시사보도'라고 보았는데, 그것은 그에 해당하지 않는 상당수의 보도기사에 대하여는 제7조 제5호에 해당하지 않는다는 것을 전제로 한 것이었다.

6. 음란물등 불법성이 있는 저작물의 경우

먼저 음란물이 저작권법상 저작물이 될 수 있는지에 대하여 살펴보면, 인간의 사상 또는 감정을 창작성 있게 표현한 것이기만 하면 저작물성을 가지는 것이 저작권법의 법리이고 음란물이라는 이유로 저작물성 자체를 부정할 근거는 없다. 저작물성이 있는 경우에도 저작권법의 보호에서 배제되는 경우가 있을 수 있는데 그것이 바로 저작권법 제7조 제1호부터 제4호까지에서 규정하고 있는 경우들이다. 그러나 음란물에 대하여는 제7조에서 아무런 언급이 없다. 저작권법상 저작물성이 인정되고 저작권법상의 보호대상에서 제외하는 규정도 없다면, 그에 대한 저작권 보호를 부정할 법적 근거는 없다고 할 수 있다.

따라서 '음란성'이나 기타의 불법성은 저작권법상 저작물로서의 보호와는 무관한 것으로 보아야 하고, 그러한 불법성에 대한 규제는 다른 법률에 맡겨두어야 할 것이다. 다른 법률 규정에 따라 실제적으로 저작권의 행사에 제약이 따르는 것은 있을 수 있다. 예컨대 국내에서 음란 동영상을 만든 사람도 저작자로 저작권법상의 보호를 받을 수 있지만, 그것을 제작, 유통함에 따르는 형사처벌을 면할 수는 없는 것이다.

대법원은 과거에 누드 사진의 저작물성이 문제된 사건에서 "저작권법의 보호대상인 저작물이라 함은 문학, 학술 또는 예술의 범위에 속하는 것이면 되고 윤리성 여하는 문제되지 아니하므로, 설사 그 내용 중에 부도덕하거나 위법한 부분이 포함되어 있더라도 저작권법상 저작물로 보호된다"고 하여 '위법성'이 저작권 보호의 장애사유가 될 수 없다는 점을 분명히 밝힌 바 있고(대판 1990. 10. 23, 90다카8845), 비교적 최근에 선고된 대법원 2015. 6. 11. 선고 2011도10872 판결에서는 위와 같은 기존 판례의 입장을 전제로 하여 "원심이 음란한 내용이 담긴 영상저작물도 저작권법상의 저작물로 보호될 수 있음을 전제로 하여 이 사건 공소사실을 모두 유죄로 인정한 제1심판결을 유지한 것은 정당"하다고 판시하여 음란물이라 하더라도 창작성이 있는 한 보호될 수 있음을 명백히 하였다.

3장

저 작 자

제1절 저작자의 의의

[28] 창작자 원칙

저작권법은 '저작자'에 대하여 다음과 같이 정의하고 있다.

■ 제2조 제2호: "저작자"는 저작물을 창작한 자를 말한다.

그리고 저작권법 제10조는 다음과 같이 규정하고 있다.

■ 제10조(저작권) ① 저작자는 제11조부터 제13조까지에 따른 권리(이하 "저작인격권"이라 한다)와 제16조부터 제22조까지에 따른 권리(이하 "저작재산권"이라 한다)를 가진다.
② 저작권은 저작물을 창작한 때부터 발생하며 어떠한 절차나 형식의 이행을 필요로 하지 아니한다.

이 규정들을 종합하면, 저작물을 창작한 자가 '저작자'이고, 그러한 '저작자'가 저작물을 창작한 때부터 어떠한 절차나 형식을 이행할 필요 없이(무방식주의; 이에 대하여 자세한 것은 이 책 [38] 참조) 저작재산권과 저작인격권을 모두 포함한 저작권을 향유하는 주체가 되는 것이다. 이처럼 창작자를 저작자로 인정하고 그에게 모든 권리를 귀속시키는 것을 '창작자 원칙'이라 한다.

우리 저작권법은 기본적으로 창작자 원칙을 규정하고 있다고 할 수 있으나 이러한 창작자 원칙에 대한 유일한 예외가 뒤에서 보는 업무상 저작물의 저작자에 관한 규정(제9조; 이 책 [34] 이하 참조)이다. 그 외에 저작권이 창작자인 저작자에게 원시적으로 귀속되는 원칙에 대한 다른 예외는 없다. 그리고 저작권 중 저작재산권에 대하여는 양도 또는 상속 등에 의하여 권리주체의 변동이 있을 수 있으나 저작인격권은 이른바 '일신전속적' 권리이므로(이 책 [36] 1. 참조) 저작자 외의 다른 주체가 향유할 수 없다.

당사자간 계약 등으로 창작자가 아닌 다른 사람을 저작자로 보거나 저작권을 다른 사람에게 귀속시키기로 하는 약정을 하는 경우가 있으나 그 경우에도 저작권의 원시적 귀속 주체를 변경하는 효력이 발생하는 것은 아니며, 단지 저작자가 원시적으로 취득한 저작권 중 일신에 전속하는 성질이 아닌 저작재산권을 양도하는 취지의 약정을 한 것으로 해석될 수 있을 뿐이다(대판 1992. 9. 22, 91다39092 등 참조).

법리적인 면에서 한 가지 주의할 점은 저작물을 창작한 사람을 창작자라고 할 때 그 창작행위는 법적으로 '사실행위'에 해당한다는 점이다(대판 2020. 6. 25, 2018도13696 참조). 등록에 의하여 권리가 발생하는 특허권 등의 경우와 달리 저작권은 창작이라는 사실행위가 있으면 바로 권리가 부여되는 것이다. 따라서 창작시에 저작자가 권리취득의 의사가 있을 것을 요하지 않고, 의사능력이나 행위능력을 요하지도 않으며, 대리에 의한 창작은 인정되지 않는다. 또한 예컨대 甲이 乙과 집필계약을 체결하고 그에 따라 저작물A의 집필에 참여한 경우에, 어떤 사유로 그 집필계약이 해제되었다 하더라도, 甲이 A에 대하여 사실행위로서의 창작을 함으로써 얻게 되는 (공동)저작자의 지위에는 아무런 변화가 없다(대판 2011. 8. 25, 2009다73882 참조).

[29] 저작자의 확정

1. 개관

위에서 본 바와 같이 저작권법상 저작자는 '저작물을 창작한 자'를 말하는 것으로 규정되어 있다. 그런데 실제 소송에서 누구를 저작자로 보아야 하는지가 다투어지는 경우가 많이 있다. 그러한 다툼은 크게 보아 두 가지의 유형으로 나누어 볼 수 있는데, 첫째는 누가 저작물을 창작하였는지에 대하여 쌍방의 주장이 완전히 엇갈리는 경우이다. 이 경우는 저작물을 창작하지 않았으면서 창작하였다고 주장하는 사람이 당사자 중에 있는 것이므로 결국 사실

인정의 문제로서 채증 법칙에 따라 정확한 사실인정을 하여야 할 문제일 뿐
이다. 둘째는 저작물의 창작과정에서 어떤 형태로든 기여 또는 관여한 복수의
사람이 있는 경우에 그 중에서 누구를 저작자로 인정할 것인가 하는 점에 다
툼이 있는 경우이다. 이 경우에는 사실인정의 면도 얽혀 있지만 어느 정도 어
떤 부분에 관여하여야 저작자 또는 공동저작자로 인정될 수 있을지에 대한
판단이 필요한데, 그것은 '법적 평가'의 문제이다(대판 2020. 6. 25, 2018도13696). 이
것이 '저작자의 확정' 문제의 핵심이다.

　근본적으로 저작자의 확정에 있어서 늘 염두에 두어야 할 것은 저작물의
개념 및 보호범위에 대한 법리이다. 앞서 저작물에 대한 장에서 살펴본 것처
럼 저작물은 '인간의 사상 또는 감정의 창작적 표현'으로서 보호의 범위도 창
작성이 있는 표현에 해당하는 부분에만 한정적으로 미치는 것이므로, 저작자
의 개념도 그것과의 관계에서 파악하여야 한다. 즉, 어느 작품 중에서 인간의
사상 또는 감정의 창작성 있는 표현에 실질적으로 기여한 사람만 '창작자'라
고 할 수 있고, 창작성이 없는 부분이나 표현이 아닌 아이디어의 영역에 해당
하는 부분에만 기여를 한 경우에는 사실행위로서의 '창작행위'를 하였다고 할
수 없고, 따라서 '저작자'라고 인정할 수도 없다. 대법원도 같은 입장에서 "2
인 이상이 저작물의 작성에 관여한 경우 그 중에서 창작적인 표현형식 자체
에 기여한 자만이 그 저작물의 저작자가 되는 것이고, 창작적인 표현형식에
기여하지 아니한 자는 비록 저작물의 작성 과정에서 아이디어나 소재 또는
필요한 자료를 제공하는 등의 관여를 하였다고 하더라도 그 저작물의 저작자
가 되는 것은 아니며, 가사 저작자로 인정되는 자와 공동저작자로 표시할 것
을 합의하였다고 하더라도 달리 볼 것이 아니다"라고 판시하였다(대판 2009. 12.
10, 2007도7181).

2. 문제가 되는 경우
다음의 경우들이 실무상 또는 소송상으로 문제가 되는 경우들이다.

1) **창작의 힌트나 테마 또는 소재를 제공한 자**   창작의 힌트나 테마 또는 소재를 제공한 것만으로는 저작물의 창작행위에 실질적으로 관여하지 않은 이상 저작자라고 할 수 없다. 창작의 힌트라고 하는 것은 창작의 내용을 이루는 것은 아니며, 창작의 주제, 테마, 개념 등은 아이디어의 영역에 속하는 것이고 표현의 영역에 속하는 것은 아니므로 그러한 것들을 제공하거나 조언해 준 것에 그친 사람은 창작자가 아니며 따라서 저작자라고 할 수 없다(웹툰 아이디어 등 제공만으로는 공동저작자가 될 수 없다고 한 서울중앙지판 2023. 2. 15, 2022노217 등 참조).

2) **조수**   창작에 실질적으로 관여하지 않고 단순히 보조적인 역할을 수행한 사람은 저작자가 아니다. 예컨대 법에 관한 서적을 집필하는 사람을 도우면서 판례와 논문을 수집하여 제공해 준 것만으로는 창작에 실질적으로 관여하였다고 보기 어려우므로 저작자가 아니다. 그러나 예를 들어 대학의 조교가 교수를 도와 원고의 1차적인 집필을 담당한 부분이 그 저작물의 창작성 있는 표현을 구성하게 된 경우 등은 단순한 조수라고 할 수 없고 적어도 공동저작자로 보아야 할 것이다. 구술한 내용을 문서로 정리하는 역할을 수행한 경우에도 그 정리하는 과정에서의 배열 및 문장표현 등에 있어서 그 나름대로의 창작성을 발휘하여 결과적으로 그 저작물의 창작성 있는 표현을 이루었다면 공동저작자로 인정하여야 할 것이다. 결국 저작자인지 여부는 그 지위나 역할 명칭에 따라 결정되는 것이 아니라 창작성 있는 표현에 실질적으로 관여하였는지 여부에 따라 결정되는 것이다.

3) **창작의 의뢰자·주문자**   창작을 의뢰하거나 주문한 것만으로는 저작자로 볼 수 없다. 그런데 자신의 필요에 따라 창작을 의뢰하거나 주문할 경우에 창작에 대한 비교적 자세한 기획이나 구상을 전달하기도 하고 때로는 중간 검토 등의 과정에서 요망사항 등을 자세하게 전달하거나 조언을 하는 경우가 많아 단순한 의뢰자 또는 주문자라고만 보기 어려운 경우도 있을 수 있다. 그러한 경우에는 전달한 기획이나 구상 또는 조언 등의 내용 가운데 실제 창작에 영향을 미쳐 반영된 부분이 단순한 아이디어의 영역인지 아니면 창작성 있는 표현의 영역에 속하는 것인지를 따져보아 만약 후자의 경우에

해당한다고 볼 수 있는 경우라면 공동저작자로 인정해야 할 경우가 있을 수 있다(서울중앙지판 2023. 9. 21, 2020가합609298이 영상물 제작을 발주한 회사의 직원이 구체적 지시를 한 것이 그 내용에 비추어 창작적 표현형식 자체에 기여한 것으로 볼 수 있다고 판단한 사례이다). 물론 그러한 경우는 어디까지나 예외적인 것이고, 일반적인 경우에는 의뢰나 주문을 받아 창작한 사람이 창작자로서 저작자가 된다. 그 경우 주문계약서 등에서 저작권은 주문자에게 귀속하는 것으로 약정하는 경우가 있지만 앞서 살펴본 바와 같이 저작자의 결정과 그에 따른 저작권의 원시적 귀속은 법적으로 결정되는 것으로서 계약에 의하여 변경할 수 없는 것이고 그러한 계약의 의미는 단지 원시적으로 창작자에게 귀속된 저작권 중 양도 가능한 권리인 저작재산권을 양도하기로 한 약정의 의미로만 파악하여야 할 것이다.

4) **감수·교열자**   감수자 또는 교열자의 역할은 책의 저술이나 편찬 등을 지도, 감독하고 조언하거나(감수자의 경우), 원고의 어구 또는 글자의 잘못을 살펴서 교정하고 검열하는(교열자의 경우) 것에 있으므로 그 역할을 원래대로 수행한 것만으로는 창작에 실질적으로 관여한 것으로 볼 수 없으므로 저작자에 해당하지는 아니한다. 그러나 감수자 또는 교열자라는 이름으로 실질적으로는 직접 원고를 대폭 수정 보완하거나 편집을 담당하는 등의 관여를 하여 창작성 있는 표현으로 반영시켰다면 저작권법의 관점에서는 공동저작자로 보아야 할 경우가 있을 수 있다.

[30]   저작자의 추정

1. 의의

창작행위는 공개적으로 이루어지지 않는 경우가 많으므로 실제 누가 저작자인지 다툼이 있을 경우 실제의 저작자라고 하더라도 자신이 저작자임을 입증하기가 쉽지 않은 경우가 많다. 이에 저작권법은 저작물의 이용과 유통을 원활하게 하고 권리침해가 있었을 때의 입증을 용이하게 하기 위하여 다음과 같은 '저작자 등의 추정' 규정을 두고 있다.

■ 제8조(저작자 등의 추정) ① 다음 각 호의 어느 하나에 해당하는 자는 저작자로서 그 저작물에 대한 저작권을 가지는 것으로 추정한다.
 1. 저작물의 원본이나 그 복제물에 저작자로서의 실명 또는 이명(예명·아호·약칭 등을 말한다. 이하 같다)으로서 널리 알려진 것이 일반적인 방법으로 표시된 자
 2. 저작물을 공연 또는 공중송신하는 경우에 저작자로서의 실명 또는 저작자의 널리 알려진 이명으로서 표시된 자
② 제1항 각 호의 어느 하나에 해당하는 저작자의 표시가 없는 저작물의 경우에는 발행자·공연자 또는 공표자로 표시된 자가 저작권을 가지는 것으로 추정한다.

먼저 '저작자'의 추정에 대하여 규정한 제8조 제1항에 대하여 본다.

이 규정은 간주규정이 아니고 추정규정이므로 반대증거가 있으면 추정이 번복될 수 있다. 이명(異名)의 경우는 실명의 경우와 달리 '널리 알려진 것'일 것을 요한다. "이명으로서 널리 알려진 것"이란, 그것이 저작자의 실명이 아닌 예명, 아호, 약칭 등이지만 실재하는 어느 저작자를 지칭하는 것인지가 사회에 널리 알려져 있는 것을 의미한다. 성명 표시의 방법은 '일반적인 방법'이어야 하므로 저작물의 종류에 따라 각기 행해져 온 일반적 관행이 있을 경우 그에 따라야 하고, 다른 사람이 찾아보기 어려운 특별한 방법으로 표시한 경우에는 추정을 받을 수 없다.

저작자명이 여러 사람의 공동명의로 표시되어 있을 경우에는 그 명의자들의 공동저작물로 추정된다. 업무상 저작물의 저작자인 법인 기타 단체의 경우도 저작자 추정에 관한 위 규정의 적용을 받을 수 있는 것으로 본다.

다음으로 '저작권자'의 추정에 대한 규정인 제2항에 대하여 본다.

저작자 표시가 없는 무명저작물 또는 널리 알려진 것이 아닌 이명을 표시한 이명저작물에 대해서는 저작자 추정에 관한 제1항을 적용할 수 없으나 그 경우 발행자·공연자 또는 공표자를 저작재산권을 승계한 '저작재산권자'로 추정한다는 취지이다(서울중앙지판 2023. 9. 21, 2020가합609298은 유튜브에 올린 영상에 저작자 표시는 없고 유튜브 채널명에 원고의 실명 등이 표시되어 있는 경우에, 원고를 공표자로 보아 이 규정에 따라 그 영상저작물의 저작권자로 추정하였다). 이런 경우는 대개 저작자가 자기의 성명을 대외적으로 밝히는 것을 싫어하는 경우이므로 본인의 의사를 존

중할 필요가 있다는 것과 발행자나 공연자 또는 공표자에게 자기의 권리를 양도한 경우가 많다는 것을 감안하여 이들을 저작권자로 추정한 것이다. 간주 규정이 아니라 추정규정일 뿐이므로 저작자는 언제든지 자신이 저작자임을 입증하고 저작권을 행사할 수 있다. 다만 이 규정은 저작자에 대한 추정규정이 아니라 저작재산권자에 대한 추정규정일 뿐이다.

2. 대작(代作)

대작(代作)이란 일반적으로 소설, 논문, 회화 기타 저작물의 명의를 다른 사람 명의로 공표할 것을 미리 예정하고 그 사람을 대신하여 저작물을 작성하는 행위 또는 그렇게 작성, 공표된 저작물을 말한다. 스승이 제자가 저작한 저작물을 자기의 이름으로 공표하는 경우, 외국어로 된 저작물을 번역하는 경우에 유명인의 이름을 빌려 역자로 표시하는 경우 등 실제 사회에서도 대작의 사례는 적지 않은 것으로 보인다.

이러한 경우에 저작권법상 저작자는 실제의 창작자인 대작자이고 그 공표 명의자를 저작자라고 할 수 없다. 다만 "대작"이라고 불리는 경우에도 저작명의인과 대작작가와의 사이에 구체적인 관여의 정도에 따라서는 예를 들어 이른바 '팝아트'나 '개념미술'의 경우에 저작명의인이 회화가 어떤 방향으로 그려져야 하는지 대작화가에게 지시를 한 경우와 같이, 누가 실제의 창작자인지에 대하여 판단하기가 쉽지 않은 경우가 있을 수 있다(대판 2020. 6. 25, 2018도 13696 참조). 그러나 저작명의인이 창작성 있는 표현에 실질적으로 기여하지 않은 경우라면 대작 작가의 저작으로 인정될 것이다. 제8조의 저작자 추정규정에 의하면, 저작명의인이 저작자로 추정되지만, '대작작가에 의한 창작' 사실이 입증되면 그 추정은 번복되게 된다. 당사자 사이에 저작권 귀속에 관한 합의가 있었던 것으로 인정되는 경우에도, 그에 따라 저작자의 지위가 변경되는 것은 아니므로, 저작자는 여전히 대작자이고, 구체적 사안의 특성에 따라 저작재산권이 대작을 의뢰한 자에게 양도된 것으로 볼 수 있을 뿐이다. 그러나 저작인격권은 양도할 수 없는 일신전속적인 권리이므로 대작자의 저작인격권 행사는 구체적인 약정에 반하지 않는 것인 한 인정되어야 할 것이다.

한편, 이러한 대작의 경우 저작권법 제137조 제1항 제1호(헌결 2018. 8. 30, 2017헌바158에 의해 위헌이 아닌 것으로 인정되었다)에서 규정하는 "저작자 아닌 자를 저작자로 하여 실명·이명을 표시하여 저작물을 공표한 자"에 해당하여 형사처벌의 대상이 된다고 볼 것인지 문제된다. 다른 사람의 명의를 허락 없이 도용한 경우만 여기에 해당하는 것으로 볼 것인지 아니면 저작 명의인의 동의를 전제로 한 '대작'의 경우도 이에 해당하는 것으로 볼 것인지가 문제이다. 보호법익을 저작명의인의 명의에 대한 인격적 이익으로만 본다면, 부정설이 타당하지만, 저작명의인의 인격적 이익 외에 사회 일반의 신용도 보호법익이라고 보면 위 규정 위반죄('저작자 명칭 사칭죄'라고 부르기도 한다)의 성립을 인정하여야 할 것이다(긍정설). 저작권법에서 저작명의인의 동의가 없을 것을 요건으로 규정한 바 없고, 문화계의 잘못된 관행을 바로잡아 사회 일반의 신용을 보호하는 것이 바람직한 방향이라고 생각되기 때문이다. 다만 사회통념에 비추어 사회 일반의 신뢰가 손상되지 않는다고 인정되는 특별한 사정이 있다면 그 위법성이 부정될 여지는 있다. 실제로 저작에 참여하지 않은 교수들을 공저자로 넣고 표지를 변경한 이른바 '표지갈이' 사건에 대한 판결에서 대법원도 같은 입장에서 "저작권법 제137조 제1항 제1호는 저작자 아닌 자를 저작자로 하여 실명·이명을 표시하여 저작물을 공표한 자를 형사처벌한다고 규정하고 있다. 위 규정은 자신의 의사에 반하여 타인의 저작물에 저작자로 표시된 저작자 아닌 자와 자신의 의사에 반하여 자신의 저작물에 저작자 아닌 자가 저작자로 표시된 실제 저작자의 인격적 권리뿐만 아니라 저작자 명의에 관한 사회 일반의 신뢰도 보호하려는 데 목적이 있다. 이와 같은 입법 취지 등을 고려하면, 저작자 아닌 자를 저작자로 표시하여 저작물을 공표한 이상 위 규정에 따른 범죄는 성립하고, 사회 통념에 비추어 사회 일반의 신뢰가 손상되지 않는다고 인정되는 특별한 사정이 있는 경우가 아닌 한 그러한 공표에 저작자 아닌 자와 실제 저작자의 동의가 있었더라도 달리 볼 것은 아니다"라고 판시하였다(대판 2017. 10. 26, 2017도473).

제 2 절   공동저작자

[31]   의의

저작권법은 공동저작물을 다음과 같이 정의하고 있다.

■ 제2조 제21호: "공동저작물"은 2명 이상이 공동으로 창작한 저작물로서 각자의 이바지한 부분을 분리하여 이용할 수 없는 것을 말한다.

위와 같은 공동저작물을 창작한 저작자를 공동저작자라 한다.

공동저작물과 대비되는 것은 결합저작물로서 아래 '요건' 중 '분리이용가능성'의 유무에 따라 구별된다. 각자의 이바지한 부분에 대하여 분리이용가능성이 없는 공동저작물의 경우에는 그 권리행사도 공동으로 해야 하는 등의 제한이 따르게 되나, 분리이용가능성이 있는 결합저작물의 경우에는 단독저작물이 단순히 결합한 것에 불과하므로 자신이 기여(창작)한 부분에 대하여 단독으로 자유롭게 권리 행사를 할 수 있다.

[32]   요건

1. 분리이용이 불가능할 것

이 요건은 공동저작물과 결합저작물을 구별하는 기준이다. 원래 이 양자를 구별하는 기준에 대한 학설로는 복수의 저작자의 각 기여부분이 물리적으로 분리할 수 있는지 여부를 기준으로 하는 분리가능성설과 그 각 기여부분을 분리하여 개별적으로 이용할 수 있는지 여부를 기준으로 하는 분리이용가능성설(개별적 이용가능성설이라고도 함)이 있는데, 우리 저작권법은 위와 같이 "각자의 이바지한 부분을 분리하여 이용할 수 없는 것"을 공동저작물로 규정함으로써 분리이용가능성설을 분명하게 취하고 있다.

따라서 우리 저작권법상으로는 각 기여부분이 물리적으로 분리할 수 있더라도 분리한 상태로 개별적으로 이용하는 것이 불가능하면 공동저작물이 되고 그 저작자들은 공동저작자가 된다. 반면에 그러한 분리이용가능성이 있으면, 겉으로는 하나의 저작물로 결합되어 있는 것처럼 보여도 그것은 공동저작물이 아니라 단독저작물이 단순히 결합한 '결합저작물'에 해당하는 것으로 본다.

예컨대 좌담회에 있어서의 개개의 발언을 물리적으로 분리하는 것은 가능하더라도 분리한 상태로 이용하기는 어렵기 때문에 좌담회의 경우 결합저작물이 아닌 공동저작물로 보게 된다. 서로 대화를 주고받는 형식의 대담, 좌담회, 토론회 등의 경우는 대개 분리이용가능성이 인정되지 않아 공동저작물에 해당한다고 볼 것이다. 반면에 심포지엄이나 세미나의 각 발표문은 자료집에 함께 묶여서 간행되더라도 분리이용가능성이 있어 결합저작물에 해당하게 된다. 심포지엄 등에서 '토론'이라는 이름으로 진행되는 것이더라도 실제로는 각자 준비한 토론문을 가지고 발표하는 형식이라면 그 토론의 내용은 분리하여 이용하는 것이 가능하다고 할 것이므로 주제발표문 등과 함께 묶여진 경우에도 역시 공동저작물이 아니라 결합저작물이라고 보아야 할 것이다.

교과서 등의 공저(共著)의 경우에도 각자 담당한 파트가 있을 경우에는 그 파트를 분리하여 개별적으로 이용하는 것이 가능할 것이므로 결합저작물에 해당하고, 함께 공동으로 토의한 후에 거기서 나온 결론을 정리하고 함께 대조 확인하는 등으로 공동의 창작적 노력이 섞여 들어가 있을 경우에는 분리하여 개별적으로 이용하는 것이 불가능하므로 공동저작물에 해당하게 된다.

한편, 음악저작물의 경우 가사와 악곡은 처음부터 하나의 가곡을 위해 작성된 것이라 하더라 도 위 기준에 비추어 보면, 각각을 분리하여 개별적으로 이용하는 것이 가능하므로 공동저작물이 아니라 결합저작물로 보아야 한다. 대법원 판례의 입장도 같다(대판 2015. 6. 24, 2013다58460 참조). 따라서 예컨대 휴대폰 벨소리 서비스를 위해 해당 음악의 악곡을 이용하고자 할 경우에는 그 작사자의 이용허락을 받을 필요 없이 작곡자의 이용허락만 받으면 되는 것이다.

2. 2인 이상이 공동으로 창작에 관여할 것

이 요건은 다시 다음의 둘로 나누어 볼 수 있다.

가. 2인 이상이 공동으로 창작에 관여할 것

2인 이상이 창작에 관여하여야만 공동저작물이 될 수 있다. 이때 창작에 관여한다는 것은 단순히 아이디어를 제공하는 것이 아니라 저작물의 요건인 '사상 또는 감정의 창작성 있는 표현'에 실질적으로 관여하는 것을 의미한다. 어떠한 경우에 이러한 실질적 관여를 인정할 수 있을지에 대하여는 앞서 '저작자의 확정' 부분(이 책 [29])에서 살펴본 바와 같다.

2인 이상의 자 중에는 법인 기타 단체도 포함될 수 있다. 즉 A회사의 직원과 B회사의 직원이 함께 창작에 관여하여 각 회사가 업무상저작물(이 책 [34] 이하 참조)의 저작자가 된 경우에는 A회사와 B회사가 공동저작자로 인정될 수 있다. 또한 A회사의 직원과 개인 B가 함께 창작에 관여하여 그 중 A가 업무상저작물의 저작자가 된 경우 A회사와 개인 B가 공동저작자로 인정될 수 있다.

나. 창작에 있어서 '공동관계'가 있을 것

'공동관계'는 다시 객관적 공동관계와 주관적 공동관계(공동의사)로 나누어 볼 수 있다.

(1) 객관적 공동관계

창작에 있어서의 객관적 공동관계라 함은 다수인의 창작행위로 하나의 저작물이 발생하였다는 객관적·외부적 사실만 있으면 충족되는 요건으로서 크게 문제되는 것은 아니다. 공동의 시간적인 범위와 관련하여서는 각자의 기여가 동시에 행해진 경우뿐만 아니라 기여의 시점이 서로 다른 경우도 포함하는 것으로 해석되고 있다.

(2) 주관적 공동관계 - '공동의사'

공동저작물이 되기 위해 창작에 관여한 저작자들 사이에 공동으로 저작물을 작성하고자 하는 공동의사를 요하는지 여부에 대하여는 견해의 대립이 있으나 공동의사를 요건으로 보지 않으면 2차적저작물은 모두 공동저작물이 되게 된다는 점에 문제가 있다. 2차적저작물의 저작권 행사 및 처분에 있어서 공동저작물과 동일한 제한을 과할 필요는 없을 것이다(이 책 [21] 3. 나. 참조). 뿐만 아니라 원저작자의 입장에서도 원저작물과 2차적저작물의 관계라면 자신이 창작한 부분에 대한 저작권을 자유롭게 행사할 수 있고, 그 처분 등에도 제한을 받지 않지만, 공동저작물로 인정될 경우에는 그러한 자유를 상실하게 되는데, 그러한 자유의 상실을 정당화하기 위해서는 '공동의사'의 존재가 필요하다. 또한 저작권의 보호기간의 면에서도 공동저작물에 관한 특칙 규정을 2차적저작물에 대하여 모두 적용하는 것은 타당하지 않다. 내심의 문제인 주관적 공동의사를 요건으로 할 경우에는 외부에서 식별하기가 어려워, 입증 등에 어려움이 있을 것이라는 점을 부정설에서 우려하고 있으나, 내심의 의사와 관련된 요건이라 하더라도 객관적인 정황증거를 통한 간접적인 입증방법을 사용할 수 있을 것이라는 점을 고려할 때 특별히 우려할 일은 아니다. 따라서 공동저작물의 성립요건으로서 상대방에 대한 창작성 부가의 허락을 넘어서서 서로 상보적(相補的)인 형태로 창작을 한다고 하는 공동의사가 필요하다고 해석하는 것이 타당하다(긍정설 또는 주관설). 대법원 판례의 입장도 같다(대판 2014. 12. 11, 2012도16066).

공동저작물의 요건으로 '공동의사' 또는 '공동창작의 의사'를 요한다고 할 때, 복수의 창작관여자의 의사가 구체적으로 어떤 것일 때 공동의사를 인정할 수 있을지를 정확하게 규명할 필요가 있다. 앞에서도 언급한 바와 같이, '공동의사의 유무'는 복수의 관여자들의 이시적(異時的)·순차적 기여에 의하여 하나의 새로운 저작물이 만들어질 경우에 그 새로운 저작물이 공동저작물에 해당하는지, 아니면 선행저작자의 원저작물을 이용한 후행저작자의 2차적저작물에 해당하는지를 판가름하는 잣대가 된다. 그런데 2차적저작물의 경우에도 원저작자가 2차적저작물의 작성을 허락하거나 그에 동의한 경우에는 원저작자와 2차적저작물 작성자에게 양자의 기여분이 합쳐진 결과물로서의 새로운 저작물(2차적저작물)을 만드는 것에 대한 의사의 합치가 있는 것으로 볼 수 있다. 따라서 그러한 의사합치와는 구별되는 '공동의사'의 내용이 무엇인지 따져볼 필요가 있는 것이다. 이러한 관점에서 생각해보면, 공동의사라는 것은 결국 공동저작물의 개념과의 관련에서 파악되어야 할 것이고 자신의 저작물이 2차적저작물의 원저작물이 되도록 하려는 의사가 있는 경우는 그 개념에서 제외하여야 할 것이다. 결국 '공동의사' 내지 '공동창작의 의사'란 (특히, 선행저작자의 경우) 자신의 기여부분이 하나의 저작물로 완결되지는 않은 상태로 공동의 창작을 통해 공동관계에 있는 다른 저작자의 기여부분과 합하여 '분리이용이 불가능한 하나의 저작물'을 완성하겠다고 하는 의사를 뜻하는 것으로 보아야 할 것으로 생각된다(2차적저작물의 경우와 구별하는 기준으로서 '완결성'에 대한 의식을 중시한다는 점에서 이러한 기준을 '완결성의식 기준'이라 칭하기로 하였다). '사극 김수로' 사건에 대한 대법원 2016. 7. 29. 선고 2014도16517 판결이 위와 같은 '완결성의식 기준설'을 수용하는 취지를 분명히 하였다.

　한편, 미국에서는 '(공동)저작자가 되고자 하는 의사'가 있어야 공동의사가 있는 것으로 보는 판례(뮤지컬 렌트에 관한 사건인 Thomson v. Larson 147 F.3d 195(C.A.2 (N.Y.), 1998))가 있지만, 우리나라 대법원 판결(대판 2014. 12. 11, 2012도16066)은 "공동창작의 의사는 법적으로 공동저작자가 되려는 의사를 뜻하는 것이 아니라"고 판시함으로써 그러한 미국 판례의 입장을 수용하지 않을 뜻을 명확히 하였다. 따라서 우리 저작권법하에서는 분리이용이 불가능한 하나의 저작물의 창작적 표현에 실질적으로 기여하여 다른 저작자와 함께 하나의 저작물을 완성하겠다는 의사만 있으면, 자신이 법적으로 저작자로 인정될 것에 대한 기대 또는 인식이 없더라도 공동저작자가 될 수 있다. 그리고 공동창작의 의사가 요구되는 것은 각 저작자의 창작시이다. 즉 창작시에 그러한 의사가 있어야 공동저작자가 될 수 있는 것으로 보아야 할 것이다.

[33] 효과

1. 저작권의 행사

가. 서설

민법에서는 제2편 제3장 제3절에 공유, 합유, 총유 등의 공동소유에 관한 규정들을 두고 제278조에서 그 규정들은 소유권 이외의 재산권에도 준용하되, 다른 법률에 특별한 규정이 있으면 그에 의하는 것으로 규정하고 있다. 공동저작자에 대한 특별한 규정이 없다면 공동저작자들의 공동저작물에 대한 저작재산권에도 이 규정들이 준용될 것이다.

그러나 공동저작자의 관계는 공동창작으로 작성된 공동저작물에 대한 각자의 기여부분을 분리하여 이용할 수 없고 그 안에 저작자의 인격이 투영되어 있는 등의 점에서 특별히 밀접한 인적 결합관계를 가지는 것으로 볼 수 있으므로 단순히 '준공유'라고 보기는 어렵고 오히려 합유에 가까운 특수한 관계에 있다고 할 수 있다. 이러한 점을 고려하여 저작권법은 아래에서 보는 바와 같이 공동저작자의 저작권 행사에 대하여 민법의 공유에 관한 규정과는 다른 제한을 가하고 있다.

저작권법 제15조와 제48조의 규정이 그것이다. 아래에서 그 내용을 살펴본다.

나. 저작인격권의 행사

저작권법은 공동저작물의 저작인격권 행사와 관련하여 다음과 같이 규정하고 있다.

■ 제15조(공동저작물의 저작인격권) ① 공동저작물의 저작인격권은 저작자 전원의 합의에 의하지 아니하고는 이를 행사할 수 없다. 이 경우 각 저작자는 신의에 반하여 합의의 성립을 방해할 수 없다.
② 공동저작물의 저작자는 그들 중에서 저작인격권을 대표하여 행사할 수 있는 자를 정할 수 있다.
③ 제2항의 규정에 따라 권리를 대표하여 행사하는 자의 대표권에 가하여진 제한이 있을 때에 그 제한은 선의의 제3자에게 대항할 수 없다.

제15조 제1항이 위와 같이 저작인격권의 행사에 저작자 전원의 합의를 요하는 것은 공동저작물이 앞에서 본 바와 같이 각자의 기여부분을 분리하여 개별적으로 이용하는 것이 불가능할 정도로 불가분적인 일체를 이루고 있는 관계로 어느 한 저작자의 저작인격권만을 분리하여 행사한다는 것이 불가능하기 때문이다. 위 조항 후문에서 "신의에 반하여"라고 하는 것은 사전에 뚜렷이 합의하지는 않았더라도 공동저작물의 작성 목적, 저작인격권 행사의 구체적 내용이나 방법 등에 비추어 공동저작물에 대한 저작인격권의 행사를 할 수 없도록 하는 것이 신의성실의 원칙 및 금반언의 원칙에 비추어 부당하다고 여길 만한 상황을 뜻한다.

다. 저작재산권의 행사 및 처분

(1) 제48조의 규정

공동저작물의 저작재산권의 행사 등과 관련하여 저작권법 제48조 제1항은 다음과 같이 규정하고 있다.

> ■ 제48조(공동저작물의 저작재산권의 행사) ① 공동저작물의 저작재산권은 그 저작재산권자 전원의 합의에 의하지 아니하고는 이를 행사할 수 없으며, 다른 저작재산권자의 동의가 없으면 그 지분을 양도하거나 질권의 목적으로 할 수 없다. 이 경우 각 저작재산권자는 신의에 반하여 합의의 성립을 방해하거나 동의를 거부할 수 없다.

저작재산권의 행사에 있어서도 그 권리행사에 전원 합의를 요하는 것으로 규정하고, 동시에 그 지분의 양도나 입질 등 처분행위에 있어서도 다른 저작재산권자들의 동의를 요하도록 규정하고 있는 것이다. 위 규정의 취지는 저작재산권자의 권리와 의사를 존중하고 저작물이 저작재산권자 의사에 반해 분리 이용되는 일이 없도록 배려하려는 것이다. 한편 각 저작재산권자는 신의에 반하여 합의의 성립을 방해하거나 동의를 거부할 수 없다고 밝힌 저작권법 제48조 제1항 후문의 취지는 전원의 합의를 지나치게 엄격하게 관철할 경우 실제 거래계에서 저작물의 이용허락이 필요하고, 또 그와 같은 이용이 저작권법 제1조가 정한 목적 가운데 저작물의 공정한 이용을 위해 필요한데도 저작재산권자 일부가 합리적 이유 없이 합의를 거절하여 저작물 이용이 활성화되

지 못하는 결과가 발생할 수 있다는 점을 고려한 것이라고 볼 수 있다(서울중앙
지판 2019. 1. 25, 2017가합534004 참조).

　여기서 저작재산권의 행사란 다른 제3자에게 저작물의 이용을 허락하거
나 출판권을 설정하는 행위 또는 스스로 저작물을 복제하거나 출판하는 행위
등의 적극적인 행위를 말하는 것이다.

　저작재산권자 전원의 합의 없는 저작재산권 행사 및 지분 양도 등은 무효
라고 보는 것이 원칙이다. 그러나 일반적으로는 무효라고 보더라도, 제48조
제1항 후문의 규정에 해당하는 경우, 즉 각 저작재산권자가 신의에 반하여 합
의의 성립을 방해하거나 동의를 거부할 수 없는 사안인 것으로 인정될 때에
는 사전에 합의 또는 동의가 없었더라도 예외적으로 유효한 것으로 보는 것
이 타당할 것으로 생각된다.

　공동저작물의 이용에 따른 이익이 발생할 경우 그것을 어떻게 분배할 것
인지는 공동저작자 사이에 특별한 약정이 있을 경우에는 당연히 그에 따라야
하지만, 그러한 특약이 없을 때에는 그 저작물의 창작에 이바지한 정도에 따
라 각자에게 배분되며, 각자의 이바지한 정도가 명확하지 아니한 때에는 균등
한 것으로 추정한다(제48조 제2항).

　한편, 공동저작물의 저작재산권자는 그 공동저작물에 대한 자신의 지분을
포기할 수 있으며, 포기하거나 상속인 없이 사망한 경우에 그 지분은 다른 저작
재산권자에게 그 지분의 비율에 따라 배분된다(같은 조 제3항). 또한 저작인격권 대
표행사자의 선정 등에 관한 저작권법 제15조 제2항 및 제3항의 규정이 준용되므
로(같은 조 제4항), 공동저작물의 저작자는 그들 중에서 저작재산권을 대표하여 행
사할 수 있는 자를 정할 수 있으며, 그 권리를 대표하여 행사하는 자의 대표권
에 가하여진 제한이 있을 때에 그 제한은 선의의 제3자에게 대항할 수 없다.

　(2) 저작재산권의 후발적 공동보유에 대한 유추적용 여부

　위 제48조 제1항과 관련하여, 이 규정이 '공동저작물' 또는 '공동저작자'
에 대하여만 적용되는 규정인지, 아니면 저작재산권의 공동보유관계 일반에
대하여 적용되거나 유추적용될 수 있는 규정인지의 문제가 있다. 예를 들어
어떤 저작물에 대한 저작자 A가 저작자가 아닌 B와 C에게 각각 공동저작물

에 대한 저작재산권의 자신의 지분을 양도한 경우에 B와 C는 공동저작물에 대한 공동저작자가 아니면서 저작물에 대한 저작재산권을 후발적으로 '공동보유'하게 된 지위에 있다. 이러한 지위에 있는 C와 B에 대하여도 제48조 제1항이 적용되는지, 혹은 유추적용되는지 여부가 문제되는 것이다.

제48조 제1항은 법문상으로 '공동저작물'에 대한 저작재산권의 행사, 양도 등과 관련한 규정임이 분명하므로, 적어도 이 규정이 위와 같은 후발적 공동보유자(B와 C)에 대하여도 그대로 적용된다고 볼 수는 없을 것이다. '유추적용'이 문제될 수 있지만, 이 규정이 공동저작자 사이의 강한 인적 결합관계를 감안한 면이 크므로, 그렇지 않은 경우에도 일률적으로 이 규정을 유추적용하는 것은 위 규정의 입법취지에 반하는 것으로 보여 타당하지 않다. 따라서 위와 같은 경우에는 민법의 준공동소유에 관한 규정(민 278조)을 적용하여, 인적결합 관계의 정도에 따라 준공유나 준합유로 보는 것이 타당할 것이다. 다만 위 규정이 '공동저작물'에 대한 것으로만 규정하고 '공동저작자' 사이의 관계로 한정하지는 않고 있으므로, '공동저작물'에 대한 지분을 양도받는 등으로 후발적 공동보유자가 된 사람의 경우로서 공동저작재산권자 중에 '공동저작자'가 1인이라도 포함되어 있는 경우에는 제48조의 적용대상으로 보는 것이 법문에도 부합되고, 공동저작물에 대한 권리자들 사이의 관계를 일관되게 유지할 수 있다는 점에서 현실적 타당성도 있는 결론이라 생각된다. 판례의 입장을 보면, 아직 대법원 판례는 없고, 하급심 판결 중에 후발적 공동보유자 사이의 인적 결합 관계가 강한 경우에 한하여 위 규정의 유추적용을 인정하는 취지의 판결(서울고판 2008. 7. 22, 2007나67809)이 선고된 바 있다. 그러나 이 책의 위와 같은 결론에 의하더라도 그러한 경우에는 '준합유'로 보아 비슷한 결론을 도출할 수 있으므로, 굳이 이 판결과 같이 '제한적 유추적용'의 복잡한 법리를 구성할 필요는 없으리라 생각된다.

라. 공동저작권 침해의 경우

저작권법 제129조는 다음과 같이 규정하고 있다.

■ 제129조(공동저작물의 권리침해) 공동저작물의 각 저작자 또는 각 저작재산권자는

다른 저작자 또는 다른 저작재산권자의 동의 없이 제123조의 규정에 따른 청구를 할 수 있으며 그 저작재산권의 침해에 관하여 자신의 지분에 관한 제125조의 규정에 따른 손해배상의 청구를 할 수 있다.

위 규정에 따라 공동저작물의 각 저작자 또는 각 저작재산권자는 다른 저작자 또는 다른 저작재산권자의 동의 없이 제123조의 규정에 따른 침해정지 및 예방청구, 침해물의 폐기청구, 침해 금지가처분 신청 등을 할 수 있고, 저작재산권 침해를 원인으로 한 손해배상청구 소송을 제기할 수도 있다. 다만, 손해배상청구소송의 경우 자신의 지분에 해당하는 금액만 청구할 수 있다. 이 때 지분 비율은 위 '다. (1)'에서 살펴본 제48조 제2항의 규정에 따라 정해진다.

저작인격권이 침해된 경우의 위자료 청구 및 명예회복 조치의 청구 등도 위 규정에 따라 단독으로 할 수 있을까? 위 규정의 법문상으로는, 저작재산권 침해의 경우에 한정하여 다른 저작자 등의 동의 없는 손해배상청구를 인정하고 있고 저작인격권 침해로 인한 손해배상 및 명예회복 등의 청구에 관한 제127조는 위 규정에 포함하지 않고 있는 것으로 보인다. 이에 대하여, 대법원 판례는 같은 법 제127조에 의한 저작인격권의 침해에 대한 손해배상이나 명예회복 등 조치청구는 저작인격권의 침해가 저작자 전원의 이해관계와 관련이 있는 경우에는 전원이 행사하여야 하지만, 1인의 인격적 이익이 침해된 경우에는 단독으로 손해배상 및 명예회복조치 등을 청구할 수 있고, 특히 저작인격권 침해를 이유로 한 정신적 손해배상을 구하는 경우에는 공동저작자 각자가 단독으로 자신의 손해배상청구를 할 수 있다고 보고 있다(대판 1999. 5. 25, 98다41216 참조). 이러한 판례의 입장은 저작인격권 보호에 충실을 기하고자 하는 관점에 입각한 것으로서 타당한 입장이라 생각된다.

마. 공동저작자의 제48조 위반행위와 저작재산권 침해 여부

공동저작자가 제48조의 저작재산권 행사 방법에 관한 규정을 위반하여, 예컨대 다른 공동저작자와 의논하지 않고 단독으로 제3자에게 공동저작물에 대한 이용허락을 하여 이용하게 하는 등의 행위를 한 경우에, 그것을 단순히 제48조의 저작재산권 행사방법에 관한 규정을 위반한 것으로 그에 따른 민사책임이 수반되는 것에 그치는 것으로 볼 것인지, 아니면 그것을 공동저작자의 저작재산권을 침해한 것으로 보아, 저작재산권 침해에 대한 저작권법상의 민·형사적인 구제 수단을 모두 인정할 것인지가 문제된다.

생각건대, 타인의 저작물을 허락 없이 이용하여 저작재산권이 부여된 복제, 공중송신, 공연, 배포, 2차적저작물 작성 등의 이용행위를 할 경우에는 타인의 저작재산권을 침해한 것으로 볼 것이므로 결국 여기서 판단의 관건이 되는 것은 공동저작자가 공동저작물을 다른 공동저작자의 동의 없이 이용한 것을 '타인의 저작물'을 이용한 것으로 볼 수 있을지 여부에 있다고 할 수 있다. 공동저작자는 공동저작물에 대한 저작재산권을 가지고 있지만 그것은 자신의 지분 범위 내에서만 그런 것일 뿐이고, 자신의 지분을 넘는 범위에서는 타인(다른 공동저작자)의 저작재산권 객체(저작물)로서의 성격을 뚜렷이 가지고 있다. 따라서 저작권법에 다른 규정이 없을 경우에도 공동저작자가 공동저작물을 다른 공동저작자의 허락 없이 단독으로 이용하거나 다른 제3자에게 이용허락을 하여 이용하게 하는 등의 행위를 할 경우에는 다른 공동저작자의 공동저작물에 대한 그 지분에 상응하는 저작재산권을 침해하는 것으로 보는 것이 논리적이라 할 수 있다. 이렇게 볼 경우, 저작권법 제48조는 그러한 법리를 확인하면서 공동저작자 사이의 관계를 합리적으로 조정하기 위한 보충적 규정을 둔 취지라고 보아야 할 것이다.

그러나 이른바 '친정엄마' 사건 중 형사사건에 대한 대법원 판결(대판 2014. 12. 11, 2012도 16066)은 제48조 제1항은 "어디까지나 공동저작자들 사이에서 각자의 이바지한 부분을 분리하여 이용할 수 없는 단일한 공동저작물에 관한 저작재산권을 행사하는 방법을 정하고 있을 뿐이므로, 공동저작자가 다른 공동저작자와의 합의 없이 공동저작물을 이용한다고 하더라도 그것은 위 규정이 정하고 있는 공동저작물에 관한 저작재산권의 행사방법을 위반한 행위가 되는 것에 그칠 뿐 다른 공동저작자의 공동저작물에 관한 저작재산권을 침해하는 행위까지 된다고 볼 수는 없다"고 판시하였다. 이 판결의 이러한 결론에는 위와 같은 법리에 비추어 상당한 의문이 제기된다. 최근의 하급심 판결 중에 위 대법원 판결이 죄형법정주의 등에 대한 요구가 엄격한 형사사건에 대

한 것이라는 점에 주목하여, 적어도 민사사건에 대한 관계에서는 이 판례가
적용되지 않고, 제48조 제1항에 반하여 다른 공동저작자(들)의 허락 없이 공동
저작물에 대한 저작재산권을 단독으로 행사하는 것은 다른 공동저작자(들)의
저작재산권을 침해한 것으로 보아야 한다는 결론을 내린 사례(서울중앙지판 2023.
11. 9, 2019가합579315, 2020가합564098)가 보인다.

그리고 위 대법원 판례는 저작재산권 침해에 대한 판례일 뿐이므로 공동
저작자 사이에도 저작인격권의 침해가 성립할 수 있는지는 별개의 문제이다.
하급심 판결 중에는 甲과 乙의 공동저작물인 A를 乙이 甲의 허락 없이 인터
넷에 자신의 단독저작물인 것처럼 표시하여 게시한 경우, 乙이 공동저작자인
甲의 저작인격권 중 성명표시권을 침해한 것으로 보아야 한다는 취지로 판시
한 사례(서울중앙지판 2022. 5. 27, 2021가합517624)가 있다.

2. 저작재산권의 보호기간

저작재산권은 저작자의 생존하는 동안과 사망 후 70년간 존속하는 것으
로 규정되어 있는바(제39조 제1항), 만약 공동저작물의 경우에 대한 특칙규정이
없다면, 공동저작자가 여러 명으로서 사망시기가 서로 다른 경우에 어느 시점
을 기준으로 삼아야 할 것인지 판단하기가 쉽지 않을 것이다. 만약 공동저작
물이 아닌 결합저작물의 경우라면 단독저작물의 단순한 결합에 불과하므로,
각 사망시를 기준으로 하여 각자 창작한 부분의 보호기간이 별도로 산정될
수 있는 것이지만, 공동저작물의 경우에는 각자의 기여부분이 분리하여 이용
할 수 없는 일체성을 가지므로 그렇게 볼 수는 없다. 이에 저작권법은 "공동
저작물의 저작재산권은 맨 마지막으로 사망한 저작자의 사망 후 70년간 존속
한다"고 하는 특칙규정(제39조 제2항)을 두고 있다.

3. 결합저작물과의 비교

이상 저작권의 행사 및 저작재산권의 보호기간 등의 면에서 공동저작물에
대한 특칙 규정들을 살펴보았는데, 이러한 규정들은 모두 결합저작물의 경우
(이 책 [32] 1. 참조)에는 적용되지 않는다. 결합저작물은 여러 사람의 공동창작인

듯이 보이는 외관을 가진 경우에도 실질적으로는 앞서 본 바와 같이 각 기여
부분을 분리하여 이용할 수 있어 그 본질에 있어서는 단독저작물의 단순한
결합에 불과한 것으로 보므로, 각자가 자신의 기여부분을 자신의 단독저작물
이라고 생각하고 그에 대한 저작권을 자유롭게 행사할 수 있으며 그 저작재
산권을 자유롭게 처분하는 데도 아무런 문제가 없다. 보호기간의 면에서도 위
에서 본 바와 같이, 각자의 창작부분을 각 단독저작물로 보아 별도로 보호기
간을 산정하면 된다.

제 3 절 업무상저작물의 저작자

[34] 서설

저작권법은 '업무상저작물'을 다음과 같이 정의하고 있다.

■ 제2조 제31호: "업무상저작물"은 법인·단체 그 밖의 사용자(이하 "법인등"이라 한다)의 기획하에 법인등의 업무에 종사하는 자가 업무상 작성하는 저작물을 말한다.

그리고 제9조는 '업무상저작물의 저작자'에 대하여 다음과 같이 규정하고 있다.

■ 제9조(업무상저작물의 저작자) 법인등의 명의로 공표되는 업무상저작물의 저작자는 계약 또는 근무규칙 등에 다른 정함이 없는 때에는 그 법인등이 된다. 다만, 컴퓨터프로그램저작물(이하 "프로그램"이라 한다)의 경우 공표될 것을 요하지 아니한다.

위와 같이 저작권법은 정의규정인 제2조 제31호에 해당하는 저작물을 '업무상저작물'이라고 부르고, 그 가운데 다시 제9조의 요건을 갖춘 경우에 그 저작자를 법인 등으로 보는 것으로 하여 저작자에 관하여 전술한 '창작자 원칙'에 대한 예외를 규정하고 있다. 2006년 법 개정 이전에는 '단체명의 저작물'이라는 용어를 사용하였으나 개정법에서는 그러한 용어를 버리고 '업무상저작물'이라는 용어만 사용하고 있다. 개정법상으로는 업무상저작물이라고 하더라도 제9조 소정의 요건을 갖추지 못하면 법인 등이 아니라 실제로 작성한 피용자의 저작물이 된다.

대법원 판례는 이 규정이 예외규정인 만큼 그 성립요건에 관한 규정을 해

석함에 있어서 제한적으로 해석하여야 하고 확대 내지 유추해석을 할 것은
아니라고 판시하고 있다(대판 1992. 12. 24, 92다31309 등 참조).

[35] 요건

1. 법인·단체 그 밖의 사용자가 저작물의 작성에 관하여 기획할 것

가. 법인·단체 그 밖의 사용자

제2조 제31호에서 말하는 "법인·단체 그 밖의 사용자"에는 회사, 비영리
법인, 국가, 지방자치단체, 기타 모든 단체가 포함되며, 권리능력 없는 사단이
나 재단도 대표자나 관리인이 정해져 있으면 여기에 포함된다. 나아가 사용자
의 위치에 있기만 하면 법인이나 단체가 아니라 자연인인 개인도 포함되는
것으로 볼 수 있다(통설).

나. 저작물

업무상 '저작물'에는 모든 종류의 저작물이 포함될 수 있다. 영상저작물의
경우 별도로 영상저작물에 대한 특례규정(이 책 [97] 이하 참조)이 있는 것과의 관
계에서 약간의 의문이 제기되고 있으나, 영상저작물에 대하여도 업무상저작물
에 대한 규정의 적용을 배제할 아무런 근거가 없다.

다. 법인 등 사용자의 기획

제2조 제31호는 업무상저작물의 정의에서 '법인 등 사용자의 기획 하에'
작성된 것일 것을 요하는 것으로 규정하고 있다.

'기획'의 의미와 관련하여 대법원 판례(대판 2010. 1. 14, 2007다61168 및 대판
2021. 9. 9, 2021다236111)는 법인 등이 일정한 의도에 기초하여 저작물의 작성을
구상하고, 그 구체적인 작성을 업무에 종사하는 자에게 명하는 것을 말하는
것으로, 명시적은 물론 묵시적으로도 이루어질 수 있는 것이기는 하지만, 묵
시적인 기획이 있었다고 하기 위해서는 법인 등의 의사가 명시적으로 현출된
경우와 동일시할 수 있을 정도로 그 의사를 추단할 만한 사정이 있는 경우에

한정된다고 보아야 할 것”이라고 판시하고 있다. 이러한 판례의 입장은 이 규정에 대한 제한적 해석의 원칙에 입각한 것으로서 기본적으로 타당한 것으로 생각된다. 다만 법인 등이 업무종사자를 일정한 직무에 배정하여 그 직무상 당연히 당해 업무종사자에 의한 해당 저작물의 작성이 예기되거나 예정되어 있는 경우라면, 특별한 사정이 없는 한, 위 판례에서 말하는 ‘묵시적 기획’이 있는 것으로 볼 수 있을 것이라 생각된다.

2. 법인 등의 업무에 종사하는 자에 의하여 작성될 것 - 사용관계의 존재

‘사용관계’의 의미에 대하여는 법인 등과의 고용관계만을 의미하는 것으로 보는 견해도 있으나, 그렇게만 보면 지나치게 좁은 면이 있으므로, 그보다는 넓게, 사용자와의 조직 사업상, 영업상의 일체관계 속에 편입되어 사용자의 실질적인 지휘감독을 받는 관계가 있는 자를 ‘법인 등의 업무에 종사하는 자’에 포함시키는 것이 타당하다고 생각한다.

이 견해에 의하면, 업무 종사자가 법인 등과의 관계에서 고용관계를 맺고 있지 않더라도 파견근로자의 경우와 같이 실질적으로 고용관계와 다를 바 없는 지휘감독관계하에 있을 경우는 ‘사용관계’가 있는 것으로 인정할 수 있다. 그러나 도급이나 위임 등의 경우에는 원칙적으로 ‘사용관계’를 인정하여서는 안 되며, 다만 하나의 조직적 통솔체계 속에서 다른 직원들과 함께 일하는 등의 면에서 실질적으로 고용관계에 준하는 것으로 볼 만한 특별한 경우(이른바 ‘노무도급’ 등)에 한하여 예외적으로 사용관계를 인정할 수 있다. 판례의 입장도 대체로 같다고 볼 수 있다. 대법원은 제9조에 대한 제한적 해석의 원칙을 근거로 하여, 이를 “저작물의 제작에 관한 도급계약에까지 적용할 수는 없다”고 판시하였다(대판 1992. 12. 24, 92다31309).

위 판단기준에 의할 때, 일반 거래관행상 아르바이트로 출·퇴근하면서 상당한 급료를 받고 프로그램 개발이나 기타 저작물 작성에 참여하였을 경우 실질적 지휘감독관계가 인정되므로 명문의 근로계약을 체결하지 않았더라도 ‘사용관계’를 인정할 수 있다. 임원의 경우도 근로기준법상의 고용관계는 아니지만, 실질적 지휘감독관계에 있어 ‘법인 등의 업무에 종사하는 자’에 해당

한다고 본다. 한편, 사용관계는 보수 여하에 관계가 없으므로 비록 무상(無償)
이라고 하여도 위와 같은 지휘감독관계가 당사자간에 존재하는 경우에는 요
건을 충족한 것으로 해석해도 좋을 것이다.

영화감독의 경우는 대개의 경우 제작사의 실질적 지휘감독 하에 있다고
보기 어렵고 다소간에 독립적인 계약적 지위를 가지는 것으로 생각되어 원칙
적으로 업무상저작물에 관한 규정이 적용되지 않는 것으로 본다. 반면에, 방
송사 PD 등의 경우에는 방송사의 피용자로서 그 실질적 지휘감독을 받는 지
위에 있는 것으로 보게 될 것이다. 또한 사안에 따라 다를 수는 있지만, 판례
가 연극저작물('난타공연') 연출자의 극단에 대한 관계(서울고판 2012. 11. 21, 2011나
104699), 뮤지컬의 악곡 및 각본 작성자와 그 제작자등과의 관계(서울고판 2007. 5.
22, 2006나47785), 안무가와 예술총감독과의 관계(서울고판 2016. 12. 1, 2016나2020914)
등에서 업무상저작물의 요건인 '사용관계'를 부정한 것은, 일반적으로 해당
업무가 전문성에 기한 독립성을 가진다는 점을 반영한 것으로 볼 수 있다.

다만 대법원은 컴퓨터프로그램의 외주개발에 대하여는 엄격한 요건하에
위와 같은 해석상의 원칙(도급, 위임 등 계약관계의 경우에는 사용관계를 인정하지 않는 원
칙)에 대한 예외를 인정하는 판결을 선고한 바 있다. 즉, 대법원 2000. 11. 10.
선고 98다60590 판결은 "주문자가 전적으로 프로그램에 대한 기획을 하고 자
금을 투자하면서 개발업자의 인력만을 빌어 그에게 개발을 위탁하고 이를 위
탁받은 개발업자는 당해 프로그램을 오로지 주문자만을 위해서 개발납품하여
결국 주문자의 명의로 공표하는 것과 같은 예외적인 경우"에 한하여 주문자
를 프로그램저작자로 볼 수 있다고 판시하였다. 이 판결은 구 컴퓨터프로그램
보호법과 관련된 판결이지만, 그 법리는 구 컴퓨터프로그램보호법만이 아니라
현행 저작권법상의 업무상저작물에 관한 규정에 대하여도 적용될 수는 있는
것으로 본다. 다만 그 대상은 프로그램의 경우에 한한 것으로 볼 것이고('웹툰'
제작을 의뢰한 것이 도급관계로 인정된 경우에 대하여 컴퓨터프로그램의 외주개발과 관련된 이 판
례 법리의 적용을 부정한 사례로, 서울중앙지판 2021. 12. 15, 2021노1479가 있다), 나아가 ①
주문자(도급인)가 전적으로 프로그램에 대한 기획을 하고 자금을 투자하면서
개발업자의 인력만을 빌어 그에게 개발을 위탁한 경우일 것, ② 위탁받은 개

발업자는 당해 프로그램을 오로지 주문자만을 위해서 개발납품하였을 것, ③ 주문자(도급인)의 명의로 공표하였을 것 등의 요건을 모두 엄격하게 충족하여야 적용될 수 있는 것으로 보아야 할 것이다. 특히, 컴퓨터프로그램의 경우에 업무상저작물로서의 일반 요건으로는 공표요건이 면제되어 있지만, 위 준용법리의 적용을 위해서는 위 ③의 공표요건을 충족하여야 하는 것으로 본다. 최근의 대법원 판결들 가운데 위 판례가 제시한 요건들을 엄격하게 적용하여, 위 판례에 따라 업무상저작물로 보아야 한다는 주장을 배척한 사례들(대결 2012. 4. 17, 2010마372 및 대판 2013. 5. 9, 2011다69725 참조. 모두 도급인이 "전적으로 기획"한 것으로 보기 어렵다는 것을 주된 이유로 삼았다)이 있다.

3. 업무상 작성하는 저작물일 것

'업무상 작성'하는 저작물이어야 업무상저작물이 될 수 있다. '업무상 작성'이란 법인 등의 업무에 종사하는 자가 그 업무 범위 내에서 저작물을 작성하는 것을 의미한다. 저작물의 작성 자체가 업무가 되어야 하므로 단지 업무수행에 있어 파생적으로 또는 그 업무와 관련하여 작성되는 경우에 불과할 때에는 여기에 해당하지 않는다. 예컨대 공무원이 업무상 얻은 지식이나 경험을 바탕으로 저서를 내는 것 등은 '업무상 작성'이라 할 수 없다. 업무종사자가 법인 등으로부터 직접 지시 또는 명령을 받은 경우는 물론이고, 직접적인 지시나 명령이 없었더라도 통상적으로 법인 등의 업무에 종사하는 자의 직무상 의무수행으로서 예기되거나 예정되어 있는 저작행위를 포함하는 것으로 해석된다.

여기서 판단의 기준이 되는 것은 근무시간이나 근무장소가 아니다. 비록 근무시간 외에 작성된 것이라 하더라도, 또한 정해진 근무장소 외에서 작성된 것이라 하더라도 작성된 저작물의 성격이나 그 맡은 바 직무의 내용 등에 비추어 '업무상 작성'으로 인정할 수 있는 경우가 있을 수 있다. 그런가 하면, 마찬가지 이치로, 근무시간 내에 정해진 근무장소에서 저작물을 작성하였다고 하더라도 그러한 종류의 저작물 작성 행위가 피용자의 직무에 속하지 않는 것이라면 '업무상 작성'에는 해당하지 않는다.

이와 관련하여 문제되는 것 중의 하나가 대학교수의 강의안이다. 미국에서는 대학교수의 강의안의 저작권은 대학당국이 아니라 교수에게 귀속된다는 판례(Williams v. Weisser,273 Cal. App. 2d726, 78Cal. Rptr. 542(1969))가 있었다. 대학교수의 강의안은 교수의 독자적인 지적노력에 의해 작성된 것이라는 점과 학문의 자유를 보장해야 한다는 것 등이 그 근거이다. 대학교수뿐만 아니라 교사의 경우에도 적용된 예가 있어 이를 업무상저작물에 대한 교사의 예외(teacher exception or academic exception)라고 부르기도 한다. 교수나 교사의 강의안 작성은 위에서 본 바와 같은 기준에 의하면, 그 업무 범위에 포함되는 일로서 '업무상 작성'에 해당하는 것으로 볼 수 있는 여지가 크지만, 헌법상 학문의 자유 등과의 관계에서 그 내용의 자율성이 보장된다는 점, 강의안을 토대로 작성된 저서나 연구논문 등의 경우에는 대개 교수 등 개인의 저작물로 인정하는 데 별다른 이론이 없는 점 등에 비추어 볼 때 우리 저작권법의 해석상으로도 교수 등의 강의안은 특별히 법인 등의 저작물로 보아야 할 다른 사정이 없는 한 업무상저작물로 취급하지 않는 것이 바람직하다고 할 것이다. 그 근거에 있어서 '업무상 작성'이 아니라고 하기가 어렵다면, 작성 시점에 있어서 '법인 등의 명의로 공표될 것'을 예정하지 않은 것이라는 것 등을 근거로 삼을 수 있을 것이다.

4. 법인 등의 명의로 공표될 것

가. 일반 저작물의 경우

위 '1.'부터 '3.'까지의 요건은 '업무상저작물'이 되기 위한 요건이지만, 여기서부터는 제9조에 따라 업무상저작물의 저작자를 법인 등으로 보기 위한 요건이다. 제9조는 일반저작물의 경우 업무상저작물이라 하더라도 법인 등의 명의로 공표되는 것이어야만 법인 등이 저작자가 되는 것으로 규정하고 있다.

이와 관련하여 2006년 법 개정 전에는 제9조 단서에서 "기명저작물의 경우에는 그러하지 아니하다"고 규정하고 있었으나 개정법에서 그 단서 규정을 삭제하였다. 법인 등에서 작성자의 이름을 표시하도록 하는 것은 실질적으로는 작성자의 인격적 이익을 보호하기 위한 배려일 수 있는데, 법의 단서규정이 그러한 배려를 오히려 가로막을 수 있다는 것을 고려한 것이다. 그러나 현행법상으로도 법인 등의 명의로 공표되는 것일 것을 요하고 있으므로 단서가 없어졌다고 하여 해석상의 어려운 문제가 사라진 것은 아니다. 가장 문제되는 것은 법인 등의 명의와 작성자의 명의가 함께 표시되어 있는 경우인데, 그 작성자의 명의가 저작명의를 기재한 것으로 볼 수 있는 경우에는 '기명저작물'의 경우에 대한 단서조항이 삭제된 현행법상으로도 법인 등의 명의로 공표된 것으로 보기 어려워 결론은 마찬가지가 될 것이다. 다만 그 작성자의 이름 표시가 저작인격권을 보장하기 위한 저작명의로서의 표시가 아니라 업무분담과 책임소재를 분명히 하기 위한 목적에 기한 것이라고 볼 수 있을 경우에는 그러하지 아니하다. 기자들의 일반 기사에 기자의 이름을 기재한 경우가 그러한 경우에 해당할 가능성이 많다.

또한 2006년의 법 개정 전에는 제9조가 미공표 저작물에도 적용되는가에 대하여 긍정설과 부정설이 대립하고 있었으나 법 개정으로 '공표된'의 과거형이 아니라 '공표되는'의 현재 및 미래형의 표현이 사용된 이상 부정설은 근거를 잃게 되었다고 생각된다. 즉 아직 공표되지 않은 저작물이라도 법인 등의 명의로 공표될 것으로 예정되어 있다면 제9조의 요건을 충족하는 것으로 볼 수 있다. 그것이 법개정의 취지이다.

나. 컴퓨터프로그램저작물의 경우

프로그램의 경우에는 법인 등 명의로 공표될 것을 업무상저작물의 요건으로 하지 않으므로, 법인 등 명의로 공표되지 않더라도 다른 요건만 모두 충족하면 업무상저작물이 성립할 수 있다.

프로그램의 경우 '공표' 요건을 없앤 제도적 취지로는, ① 프로그램을 개발하는 과정에서 종업원이 소스코드를 빼내어 따로 개발한 후 이를 공표함으로써 오히려 법인 등에 대하여 저작권 침해 주장을 할 수 있으므로 분쟁의 소지가 있다는 것, ② 프로그램은 영업비밀에 해당하여 법인 등에서 전략적으로 공표하지 않는 경우가 많은데, '공표요건'을 그대로 둘 경우 법인 등은 프로그램의 저작권을 취득하기 위하여 개발한 모든 프로그램을 공개하여야 하므로 영업비밀로서 가지는 기회이익을 상실하게 되는 등 문제점이 발생한다는 것 등이 들어진다.

5. 계약 또는 근무규칙 등에 다른 정함이 없을 것

위에서 본 바와 같은 모든 요건을 갖춘 경우에도 계약이나 근무규칙 등에 다른 특별한 규정이 있으면 그것이 우선한다. 당사자 사이에 창작자 개인의 인격적 이익을 보호할 필요가 있다고 인정될 경우 원칙대로 업무종사자를 저작자로 할 수 있는 가능성을 열어 두기 위한 규정이다. '근무규칙 등'이라고 한 것에는 근무규칙 외에 단체협약, 취업규칙 또는 저작물취급규정 등이 포함될 수 있으며, 근로자에게 유리한 내용이라는 점에서 사용자가 일방적으로 규정한 것도 그 효력을 인정하는 취지라고 볼 수 있다.

위 규정상의 계약이나 근무규칙 등은 저작물의 작성시에 존재하여야 한다. 법인 등이 저작자가 된 후에 계약 등에서 법인 등으로부터 업무종사자로 저작자의 지위가 변동되게 되면 법적 안정성을 해하여 부당한 결과를 낳을 수 있기 때문이다. 해당 저작물의 작성 후에 그 저작권을 업무종사자인 근로자 등에게 귀속시키는 계약을 한 경우라면, 저작물 작성 당시에는 위 요건(그러한 계약 등이 없을 것이라는 요건)을 충족한 것이 되어 제9조에 따라 법인등이 그 저작자가 되는 것이지만, 그 경우에도 저작재산권을 근로자에게 양도한 것으로서의 효력은 인정될 수 있다.

[36] 효과

1. 법인 등의 저작자 지위 취득

위에서 본 5가지 요건을 모두 충족한 경우에는 법인 등 사용자가 업무상저작물의 저작자가 된다. 따라서 법인 등이 그 저작자로서 저작재산권과 저작인격권을 모두 원시적으로 취득하게 되며, 실제 창작한 자연인에게는 아무런 저작권이 인정되지 않는다.

법인 등이 취득하는 저작권에는 저작재산권의 모든 지분권뿐만 아니라 저작인격권의 모든 지분권도 포함된다.

2. 보호기간

저작권법 제41조는 '업무상저작물의 보호기간'에 대하여 다음과 같이 규정하고 있다.

> ■ 제41조(업무상저작물의 보호기간) 업무상저작물의 저작재산권은 공표한 때부터 70년간 존속한다. 다만, 창작한 때부터 50년 이내에 공표되지 아니한 경우에는 창작한 때부터 70년간 존속한다.

위 규정의 해석과 관련하여 문제가 되는 것은 2006년 개정 저작권법에서 '단체명의 저작물'이라는 용어를 버리고 '업무상저작물'이라는 용어만 사용하면서 위 규정에서 말하는 '업무상저작물'이 무엇을 말하는 것인지가 불분명하게 되었다는 점이다. 즉 개정법은 제2조 제31호에서 위에서 본 요건 1.부터 3.까지를 포함하여 '업무상저작물'에 대한 정의를 한 후 제9조에서 다시 '업무상저작물의 저작자'라는 제목하에 추가적인 4.와 5.의 요건을 붙여 법인 등이 저작자가 되는 효과를 부여하고 있는바, 제41조에서 말하는 '업무상저작물'이 제2조 제31호에 해당하는 것을 말하는 것인지 아니면 제9조의 요건까지 모두 갖춘 것을 의미하는 것인지가 불분명한 것이다. 실질적인 규정 취지 등을 감안할 때, 제41조에서 말하는 '업무상저작물'에는 제9조의 요건까지 갖추어 법인등이 저작자가 되는 경우만 포함되고, 제2조 제31호의 정의규정에는 해당하지만 제9조의 요건을 갖추지 못하여 자연인 창작자가 그 저작자가 되는 경우는 제외되는 것으로 보는 것이 타당할 것이라 생각된다(반대 견해 있음).

한편 저작인격권은 일신전속적인 권리로서 저작권법은 저작자의 사망이나 소멸 후 그 인격적 이익을 보호하는 규정(이 책 [46] 2. 참조)은 마련하고 있지만, 저작인격권의 존속기간을 사망이나 소멸 후에도 존속하도록 규정하고 있는 것은 아니다. 따라서 저작인격권은 법인 기타 조직의 경우 해산이나 소멸시점까지 존속하고, 자연인인 사용자의 경우 그 사망시점까지 존속한다. 저작재산권이 공표일로부터 70년이 경과하여 소멸한 경우에도 저작인격권은 위 각 시점까지 존속할 수 있다.

4장

저작자의 권리

제 1 절　저작권 일반

[37]　저작권의 개념과 범위

저작권은 저작자가 저작물을 작성함으로써 취득하게 되는 저작권법상의 권리라고 할 수 있다. 저작권법 제10조는 '저작권'이라는 표제하에 다음과 같이 규정하고 있다.

> ■ 제10조(저작권) ① 저작자는 제11조부터 제13조까지에 따른 권리(이하 "저작인격권"이라 한다)와 제16조부터 제22조까지에 따른 권리(이하 "저작재산권"이라 한다)를 가진다.
> ② 저작권은 저작물을 창작한 때부터 발생하며 어떠한 절차나 형식의 이행을 필요로 하지 아니한다.

저작권법에 의하면 저작권은 저작권법의 규정에 의하여 저작자가 가지는 저작인격권과 저작재산권으로 구성되며, 어떠한 절차나 형식의 이행도 요하지 않고 저작물을 창작한 때에 발생하는 것으로 규정되어 있는 것이다. 저작인격권에는 다시 공표권(제11조), 성명표시권(제12조), 동일성유지권(제13조)의 세 가지 권리가 포함되고, 저작재산권에는 복제권(제16조), 공연권(제17조), 공중송신권(제18조), 전시권(제19조), 배포권(제20조), 대여권(제21조), 2차적저작물작성권(제22조) 등의 권리가 포함된다.

우리 저작권법은 위와 같이 제10조에서 저작권의 개념을 저작인격권과 저작재산권을 포괄하는 개념으로 사용하고 있음을 분명히 하고 있다. 따라서 '저작권'은 저작인격권과 저작재산권의 상위개념으로서 이 두 가지 권리를 포괄하는 개념으로만 파악하여야 할 것이다. 저작인접권과 출판권 등은 저작권법에서 인정하는 권리이긴 하지만 저작물의 창작에서 비롯된 저작자의 권리가 아니므로 저작권이라고 하기에는 적합하지 않고 단지 '저작권법상의 권리'에 해당할 뿐이다.

[38] 저작권의 발생 - 무방식주의

위에서 본 바와 같이 제10조 제2항은 "저작권은 저작물을 창작한 때부터 발생하며 어떠한 절차나 형식의 이행을 필요로 하지 아니한다"고 규정하고 있다. 이것은 기본적으로 베른협약상의 '무방식주의'에 입각하고 있는 것이다. 무방식주의란 저작물의 창작으로 저작권은 자동으로 발생하며 다른 아무런 방식이나 절차를 요하지 않는 것을 의미한다.

우리나라뿐만 아니라 베른협약 가입국들은 모두 저작권 표시, 등록, 납본 등의 어떠한 방식이나 절차도 저작권 발생의 요건으로 삼지 않는 입장을 채택하고 있다. 우리나라의 저작권법상 저작권등록에 관한 규정이 있으나 그것은 일정한 추정력을 가지거나 권리변동 등에 있어서의 '대항요건'의 의미를 가지는 것이고 저작권 발생 또는 취득의 요건으로 규정된 것은 아니다.

무방식주의의 대척점에 있는 것이 방식주의이다. 방식주의는 저작권의 발생 또는 취득을 주장할 수 있기 위해서는 일정한 방식 또는 절차를 요하는 입장을 의미한다. 국제적으로는 세계저작권협약(UCC)이 저작권의 보호조건으로 ⓒ 표시를 요구하고 있어 방식주의를 취한 예라고 할 수 있다. 또한 1978. 1. 1.부터 시행된 미국 저작권법에서는 미발행의 저작물도 동법에 의하여 보호함과 동시에, 발행된 저작물에 대하여 그 저작권을 유효하게 주장할 수 있기 위해서는 저작물(음반을 포함한다)의 복제물에 반드시 ⓒ(음반의 경우는 ⓟ) 등의 기호, 최초발행연도 및 저작권자의 성명 또는 명칭 등으로 구성되는 '저작권 표시'를 해 두지 않으면 안 되고, 또한 저작권 보호의 조건은 아니지만, 저작권 침해에 대한 소송은 저작물이 발행되어 있는지 그렇지 않은지를 불문하고 그 저작물의 복제물을 납본하여 저작권등록을 받은 연후에만 제기할 수 있는 것으로 규정하고 있었다. 무방식주의를 취하고 있는 베른협약 가입 후에 미국

은 1988년 10월에 저작권법을 개정하여(시행시점은 1989. 3. 1.) 저작권 보호의 조
건으로 되어 있던 '저작권 표시' 의무를 폐지함과 동시에 등록의무에 대한 규
정도 개정하여 국제법상 무방식주의에 부합되도록 하였다. 그러나 시각예술저
작물에 대한 저작인격권 침해의 경우를 제외하고는 여전히 사전등록을 하였
거나 새로 등록을 마치기 전에는 '미국 저작물'에 대한 저작권 침해소송을 제
기할 수 없도록 하는 제한규정을 두고 있어{411조 (a)} 국내법적인 차원에서는
방식주의를 완전히 탈피하지 않고 있는 부분이 있다.

[39] 저작권이원론과 저작권일원론

1. 서언

저작권의 권리구성에 있어서 저작인격권과 저작재산권의 관계를 어떻게
볼 것인지 하는 문제와 관련하여 전통적으로 두 권리의 관계를 이원적(二元的)
으로 파악하는 저작권이원론(著作權二元論)과 일원적(一元的)으로 파악하는 저작권
일원론(著作權一元論)의 입장이 대립하여 왔다. 뒤에서 보는 바와 같이 우리나라
저작권법은 이 두 가지 학설 중 저작권이원론의 입장을 취하고 있음이 비교
적 분명하지만, 각 학설의 내용을 살펴보고 관련 입법례 등을 검토해 보는 것
은 저작권의 법리적 이해에 도움이 되는 면이 있으므로 이곳에서 소개하기로
한다.

2. 저작권이원론

이 학설은 저작권이 저작인격권과 저작재산권으로 이루어진 것이라 하여
저작권의 내용으로서 저작인격권과 저작재산권을 병행적으로 인정하는 견해
이다. 즉 이 학설에 의하면, 저작권은 각각 서로 독립한 권리인 저작인격권과
저작재산권으로 구성되어 있는 권리의 집합체이며, 이 두 가지 권리는 양도,
상속, 소멸 등의 권리변동에 있어서 각각 다른 과정을 거치는 것이라고 한다.

3. 저작권일원론

이 학설은 저작권은 순수한 재산권도 일신전속적인 인격권도 아니며, 인격권적 요소와 재산 권적 요소가 유기적으로 결합한 단일의 권리이고, 저작인격권과 저작재산권 양자의 상위에 있는 특수한 권리로서 이들 두 권리를 발생시키는 근원적 권리라고 함으로써 저작권을 일원적으로 구성하고자 하는 견해이다. 이 학설에 의하면, 저작인격권과 저작재산권의 두 가지 권리는 양도, 상속, 소멸 등의 권리변동에 있어서도 일치된 성격을 가진다고 한다.

4. 입법례 및 우리나라 저작권법의 입장

현재 독일을 비롯한 몇몇 나라에서 저작권일원론에 입각한 입법을 하고 있지만 대다수의 국가에서는 저작권이원론에 입각하여 저작인격권과 저작재산권을 서로 독립한 별개의 권리로 취급하고 있다.

우리나라에서는 1957년에 제정된 구 저작권법이 제7조에서 저작권의 개념을 정의하면서 "본법에서 저작권이라 함은 저작자가 그 저작물 위에 가지고 있는 일체의 인격적 · 재산적 권리를 말한다"고 규정하고 제2장에서는 저작권의 내용으로서 저작인격권에 해당하는 권리들과 저작재산권에 해당하는 권리들을 별다른 구분 없이 나열하는 방식을 취하였다가 1986년의 저작권법 전문개정시에 현재와 같이 저작권을 저작인격권과 저작재산권으로 구성되는 것으로 정의하고 각각의 권리를 서로 다른 절(節)로 나누어 나열하는 방식으로 변경하였다.

그리고 현행 저작권법은 저작인격권의 일신전속적(一身專屬的) 성격을 분명히 하면서 저작권의 양도, 상속, 소멸 등 모든 면에서 서로 다른 취급을 하고 있다. 이러한 여러 가지 측면에 비추어 볼 때 우리 저작권법은 구법상의 다소 애매한 표현들을 명확하게 정리함으로써 '저작권이원론'의 입장을 확고히 한 것으로 볼 수 있다.

[40] 저작권의 일반적 성격

1. 배타성

저작권은 저작권자가 자신의 저작물을 스스로 이용하거나 타인에게 이용을 허락함으로써 경제적 이익을 얻을 수 있는 물권에 유사한 배타적 권리이다. 따라서 제3자가 저작권자의 허락 없이 저작물을 이용하면 저작권의 침해를 구성하여 민·형사상의 책임을 지게 된다. 우리나라 저작권법은 독일, 미국, 프랑스, 일본 등의 저작권법과 달리 배타적인 성격을 명문으로 밝히고 있지는 않지만, 저작권이 배타적 권리의 성격을 가진다고 하는 전제하에 여러 규정을 두고 있다는 것에 관하여 아무런 이론이 없다(다만 저작자의 저작재산권 중 저작재산권 제한 규정, 예컨대 제25조 제6항이나 제31조 제5항의 규정에 의하여 보상청구권으로 변한 것이 있는데, 그러한 경우는 배타적 권리의 성격을 가지지 않는다).

이것은 저작권이 지적재산권의 일종으로서 특허권 등의 산업재산권과 기본적으로 공유하고 있는 특성이기도 하다. 그러나 저작권은 산업재산권과는 다음과 같은 여러 측면에서 구별되는 특징을 가지고 있다.

(1) 권리의 발생

저작권은 저작물을 창작함으로써 그 외 아무런 방식이나 절차를 요하지 않고 발생하는 권리이나(이 책 [38] 참조), 특허권 등 산업재산권은 등록하여야 권리가 발생한다.

(2) 권리의 성격

저작권의 경우는 설사 다른 사람의 저작물과 동일한 저작물이 작성되었더라도 그것이 원저작물에 의거한 것이 아니라 독자적으로 작성한 것이라면 저작권의 침해를 구성하지 않는다는 점에서 상대적·독점적 권리라고 할 수 있으나, 예컨대 특허권의 경우는 다른 발명을 이용하여 모방한 것이 아닌 독자적인 발명이라고 하더라도 기존 발명과 동일한 발명인 한 특허권 침해를 구성할 수 있다는 점에서 절대적·독점적 권리라고 할 수 있다.

(3) 권리의 유지

저작권을 유지하기 위하여 법적으로 특별한 의무를 부담하는 것은 없으

나, 산업재산권을 유지하기 위하여는 존속기간 중에 일정한 요금을 납부하여
야 하며, 디자인보호법에 의한 '디자인'을 제외하고는 일정한 실시의무, 사용
의무 등이 있어 그 의무에 위배되면 강제실시의 대상이 되거나(특허 등의 경우),
불사용으로 인하여 취소될 수 있다(상표의 경우).

(4) 권리의 존속기간

저작재산권은 원칙적으로 저작자의 사망 후 70년의 기간까지 존속하나,
산업재산권의 존속기간은 그보다 훨씬 짧다. 특허권의 경우에는 "특허권의 설
정등록이 있는 날부터 특허출원일후 20년이 되는 날까지"만 존속하고, 디자인
권의 경우에는 등록일부터 20년 동안만 존속한다. 상표권도 계속 갱신할 수
있는 가능성이 있지만, 기본적인 존속기간은 등록일부터 10년 동안으로 제한
된다. 실용신안권은 등록일부터 출원일 후 10년이 되는 날까지 존속된다.

(5) 권리의 속지성

산업재산권은 각 국가별로 출원하여 등록을 마쳐야만 해당 국가에서 보호
를 받을 수 있는 속지적 성격을 강하게 가지고 있다. 저작권의 경우도 속지주
의에 있어서 예외는 아니지만, 별도의 절차를 취하지 않아도 TRIPs 및 베른협
약 가입국 사이에는 우리나라와 유사한 내용의 법적 보호를 받을 수 있다는
점에서 속지적 성격이 실질적인 면에서 현저하게 완화되어 있다.

2. 공공성

저작권법 제1조는 "이 법은 저작자의 권리와 이에 인접하는 권리를 보호
하고 저작물의 공정한 이용을 도모함으로써 문화 및 관련 산업의 향상발전에
이바지함을 목적으로 한다"고 규정하고 있다. 이 규정은 저작권법의 목적이
저작자의 권리 보호 자체가 아니라 궁극적으로 문화의 향상발전에 이바지하
기 위한 것으로서 그 목적이 '문화의 발전'이라고 하는 공공적인 성격을 가지
고 있음을 분명히 하고 있는 셈이다. 저작자의 권리 보호는 그것이 저작자의
창작 동기를 유발한다는 점에서 문화의 향상발전에 이바지하는 수단으로서의
성격을 가지고 있다고 할 수 있다. 배타적인 권리로서의 저작권의 행사에 아
무런 제한을 가하지 않으면 그러한 공공적 목적에 반하는 결과를 초래할 수

있다. 따라서 저작권법은 제23조부터 제35조의5까지에서 저작재산권 제한사유를 자세히 규정하는 등 저작물의 공정한 이용을 보장하기 위한 규정들을 두고 있다.

3. 유한성

유체물에 대한 소유권은 목적물이 존재하는 한 존속하나, 저작권은 일정한 시적 한계를 가지고 있다. 우리나라 저작권법상 저작재산권은 원칙적으로 저작자 사망 후 70년간 존속하고 그 기간이 만료하면 소멸하여 만인공유의 상태에 놓이게 된다.

4. 가분성

저작권은 저작인격권과 저작재산권으로 구성되어 있고, 이들 권리는 다시 여러 가지의 지분권으로 구성되어 있어 '권리의 다발'이라고 할 수 있다. 저작인격권과 저작재산권이 권리변동에 있어서 각각 별도로 취급됨은 위에서 본 바와 같은바, 저작재산권의 양도에 있어서도 저작재산권을 이루는 개별 지분권별로 나누어 양도할 수 있을 뿐만 아니라 각 지분권도 다시 지리적 범위 등을 한정하여 '일부 양도'를 할 수 있다(이 책 [57] 참조). 이러한 점에서 저작권은 가분성을 가지고 있다고 할 수 있다.

[41] 저작권과 다른 권리의 관계

1. 저작권과 헌법상 기본권의 관계

헌법은 제22조 제2항에서 "저작자·발명가·과학기술자와 예술가의 권리는 법률로써 보호한다"고 규정하고 있다. 이 규정은 저작권만이 아니라 지식재산권 보호제도를 헌법적으로 뒷받침하는 근거규정이라 할 수 있다. 그리고 이 규정에 의하여 법률로 보호되는 지식재산권도 재산권으로서의 성질을 가지는 이상 헌법 제23조의 재산권 보장규정의 적용을 받게 된다. 따라서 지식재산권의 하나인 저작권은 헌법 제22조 제2항과 제23조에 의하여 중첩적으로 보장받는 위치에 있다고 할 수 있다(중첩적 보장설). 그리고 저작인격권은 인격적 권리의 성격을 가지므로 "모든 국민은 사생활의 비밀과 자유를 침해받지 아니한다"고 규정하고 있는 헌법 제17조에 의하여 뒷받침되는 측면이 있다.

그 외 저작권법과 관련하여 중요한 의미를 가지는 기본권은 제21조에 의한 언론·출판의 자유(표현의 자유)와 제22조에 의한 학문과 예술의 자유 등이다. 저작권을 배타적 사권으로서 아무런 제한 없이 절대적으로 보장하게 되면 국민의 기본권인 표현의 자유를 실질적으로 보장하는 데 문제가 있을 수 있다. 따라서 헌법상의 표현의 자유를 비롯한 기본권 관련 규정들은 저작권법의 해석에 있어서 중요하게 고려되어야 한다. 저작권법의 규정 중 저작재산권 제한사유에 대한 규정 등이 표현의 자유와 깊은 관련성을 가지고 있고, 한편으로는 아이디어와 표현의 이분법, 침해 요건으로서의 실질적 유사성 개념 등도 표현의 자유 및 학문·예술의 자유와 불가분의 관계를 가지므로, 이러한 규정 및 법리의 해석 또는 적용에 있어서 헌법적 가치로서의 저작권의 보호와 표현의 자유 등의 조화와 균형을 의식할 필요가 있다. 그러나 구체적인 저작재산권 제한 사유 등과 관계없이 헌법상의 기본권 규정을 들어 저작권의 침해를 정당화하는 근거로 원용하는 것은 경계해야 할 것이다.

2. 저작권과 소유권의 관계

소유권의 내용에 대해 규정한 민법 제211조는 "소유자는 법률의 범위 내에서 그 소유물을 사용, 수익, 처분할 권리가 있다"고 규정하고 있다. 이러한 소유권은 그 대상이 되는 물건을 직접 배타적으로 지배할 수 있는 권리로서의 성격을 가지고 있다. 저작권도 배타적 지배권의 성격을 가지고 있는 것은 소유권과 마찬가지이지만, 공공성에 기한 제한과 유한성, 가분성 등의 면에서 소유권과는 다른 특징을 가지고 있음은 위에서 살펴본 바와 같다. 그런데, 가끔 특정한 저작물과 관련하여 민법상의 소유권과 저작권법상의 저작권의 관계가 문제 되는 경우가 있을 수 있다.

예를 들어 어떤 작가가 원고지를 사용하여 소설의 원고를 썼다고 가정할 때 그 작가는 자신이 작성한 유체물로서의 원고에 대하여는 민법상의 소유권을 가지고 있고, 그 원고에 화체된 무체물로서의 저작물(소설)에 대하여는 저작권법상의 저작권을 취득하게 된다. 이때 원고에 대한 소유권과 저작물에 대한 저작권은 전혀 별개의 것으로서 각각 따로 따로 이전될 수 있다. 따라서 그 작가가 자신의 원고에 대한 소유권을 타인에게 넘겼더라도 저작재산권을 양도한 바가 없다면 저작권은 여전히 자신에게 남아 있는 것이다.

　저작권과 소유권의 관계가 가장 많이 문제되는 경우는 미술저작물의 경우라고 할 수 있는데, 예를 들어 어느 화가가 캔버스에 그린 회화에 대한 소유권을 타인에게 양도하여 유체물로서의 회화에 대한 소유권을 타인이 가지게 된 경우에도 저작재산권 양도 약정이 없는 한 미술저작물로서의 회화에 대한 저작권은 의연히 저작자인 화가에게 남아 있게 되므로, 회화의 소유자가 자신이 소유하고 있는 회화를 이용하는 행위가 때로는 저작권침해의 문제를 야기할 수도 있다. 예컨대 그 소유자가 저작권자의 허락 없이 회화에 다른 색을 칠하여 개변을 가한 경우에는 동일성유지권의 침해가 되고, 회화 저작자를 다른 화가로 표시하여 전시할 경우에는 성명표시권의 침해가 된다. 또한 그 회화를 컬러인쇄 등의 방법으로 복제하여 배포할 경우에는 원칙적으로 저작권자의 저작재산권 중 복제권 및 배포권의 침해를 구성하게 된다(아래에서 보는 제35조 제3항의 경우 제외).

　그러면, 소유자가 자신이 소유하고 있는 미술작품 등을 전시할 경우에는 어떻게 될까? 그러한 경우에까지 저작권자의 개별적 허락을 받지 않았다는 이유로 저작권 침해라고 한다면 사회통념에 반하는 결과가 될 것이다. 그러한 점을 감안하여 저작권법은 일정한 경우에 소유권자에게 저작권법상의 저작물 이용행위에 관한 일정한 권한을 부여하여 소유권자와 저작권자의 이해관계를 적절히 조정하고자 하는 취지의 규정을 두고 있다.

　그것이 바로 미술저작물 등의 전시 또는 복제에 관한 저작권법 제35조 제1항 및 제3항의 규정(그 자세한 내용은 이 책 [128] 2. 및 4. 참조)으로서 이 규정에 따라, 미술저작물 등의 원본의 소유자나 그의 동의를 얻은 자는 그 저작물을 원본에 의하여 전시할 수 있다. 다만, 가로 · 공원 · 건축물의 외벽 그 밖에 공중에게 개방된 장소에 항시 전시하는 경우에는 그러하지 아니하다(제1항). 또한 이 규정에 따라 전시를 하는 자 또는 미술저작물 등의 원본을 판매하고자 하는 자는 그 저작물의 해설이나 소개를 목적으로 하는 목록 형태의 책자에 이를 복제하여 배포할 수 있다(제3항).

그리고 공표권과 관련하여 제11조 제3항은 "저작자가 공표되지 아니한 미술저작물·건축저작물 또는 사진저작물(이하 "미술저작물등"이라 한다)의 원본을 양도한 경우에는 그 상대방에게 저작물의 원본의 전시방식에 의한 공표를 농의한 것으로 추정한다"고 규정하고 있다.

3. 저작권과 디자인권의 관계

응용미술작품과 관련하여 저작권법과 디자인보호법의 경합이 문제가 되는 것과 관련해서는 저작물중 응용미술저작물에 관한 설명 부분(이 책 [14] 2.)에서 언급한 바 있다. 그 외에, 양법의 관계와 관련하여 디자인보호법 제95조 제3항은 "디자인권자·전용실시권자 또는 통상실시권자는 등록디자인 또는 이와 유사한 디자인이 그 디자인등록출원일 전에 발생한 타인의 저작물을 이용하거나 그 저작권에 저촉되는 경우에는 저작권자의 허락을 받지 아니하고는 자기의 등록디자인 또는 이와 유사한 디자인을 업으로서 실시할 수 없다"고 규정하고 있다.

4. 저작권과 상표권의 관계

이와 관련하여 상표법 제92조 제1항에서는 "상표권자·전용사용권자 또는 통상사용권자는 그 등록상표를 사용할 경우에 그 사용상태에 따라 그 상표등록출원일 전에 출원된 타인의 특허권·실용신안권·디자인권 또는 그 상표등록출원일 전에 발생한 타인의 저작권과 저촉되는 경우에는 지정상품 중 저촉되는 지정상품에 대한 상표의 사용은 특허권자·실용신안권자·디자인권자 또는 저작권자의 동의를 받지 아니하고는 그 등록상표를 사용할 수 없다"고 규정하고 있다. 미술적 도안의 성격을 가진 도형상표의 경우, 그러한 상표의 도안도 창작성이 있는 한 저작물로 보호될 수 있다는 것은 앞서 살펴본 바와 같다(이 책 [14] 2. 나. 및 다. (3) 참조).

제 2 절 저작인격권

[42] 개설

저작인격권이라고 함은 저작자가 자신의 저작물에 대하여 가지는 인격적·정신적 이익을 보호하는 권리를 말하며, 경제적 권리인 저작재산권과 함께 저작권의 내용을 이루는 한 축을 형성하고 있다.

서구에서 처음 저작권에 관한 입법을 할 무렵에는 저작권을 경제적 권리(저작재산권)로만 파악하다가 18, 19세기의 개인존중의 사상에 힘입은 인격권의 법적 승인 추세의 일환으로 먼저 독일과 프랑스를 비롯한 대륙법계 국가에서 저작물에 대한 인격적 권리로서의 저작인격권을 함께 인정하게 되고, 1928년 베른협약 로마규정(제6조의2 제1항)에서도 이를 명문화함으로써 저작인격권의 인정이 국제적 기준으로 확립되게 되었다. 원래 영미법 국가에서는 저작인격권을 인정하지 않았으나 위와 같은 국제적 추세에 따라 영국은 1988년 11월의 저작권법 개정으로 저작인격권을 정면으로 인정하게 되었다. 미국도 1990년의 개정법을 통해 비록 시각적 예술가(visual artists)에 한정한 것이긴 하지만 저작인격권보호규정을 연방저작권법에 두게 되었다.

위와 같이 대다수의 국가가 저작인격권을 인정하고 있지만, 그 구체적인 권리내용에 있어서는 나라마다 약간의 차이가 있다. 현재 우리나라 저작권법은 저작인격권으로 공표권, 성명표시권, 동일성유지권의 세 가지 권리를 인정하고 있다.

[43] 공표권

1. 의의

저작권법은 공표권에 대하여 다음과 같이 규정하고 있다.

■ 제11조(공표권) ① 저작자는 그의 저작물을 공표하거나 공표하지 아니할 것을 결정할 권리를 가진다.

공표권은 위 규정과 같이 저작자가 그의 저작물을 공표하거나 공표하지 아니할 것을 결정할 권리를 뜻한다.

저작물이 공표될 경우 저작자는 자신의 인격이 반영된 저작물에 대한 사회적 평가에 직면하게 될 것이므로 그 공표 여부에 대한 결정권을 가지는 것이 자신의 인격적 이익을 지키는 데 매우 요긴하다고 할 수 있다. 예를 들어 아직 충분히 퇴고되지 않아 세상에 내놓기에 부끄러운 상태의 원고를 저작자의 의사에 반하여 강제로 공표함으로써 실제로 저작자에 대한 사회적 평가가 크게 저하되는 경우를 가정해 보면, 저작자에게 공표권을 부여하는 의의를 충분히 이해할 수 있을 것이다. 이것은 헌법상 개인에게 보장된 '표현의 자유'의 한 측면으로도 볼 수 있다.

2. '공표'의 의의 - '공중'의 개념

공표권의 구체적인 내용을 파악하기 위해서는 '공표'의 개념을 정확하게 파악할 필요가 있는데, 저작권법은 '공표'를 다음과 같이 정의하고 있다.

■ 제2조 제25호: "공표"는 저작물을 공연, 공중송신 또는 전시 그 밖의 방법으로 공중에게 공개하는 경우와 저작물을 발행하는 경우를 말한다.

위 규정에서 말하는 "발행"이란 저작물 또는 음반을 공중의 수요를 충족시키기 위하여 복제·배포하는 것을 말한다(제2조 제24호). 저작물을 '복제하여 배포하는 행위'가 있어야 저작물의 발행이라고 볼 수 있고, 저작물을 복제한 것만으로는 저작물의 발행이라고 볼 수 없다. 대법원 판례도 같은 입장이다(대판 2018. 1. 24, 2017도18230).

결국 공중을 대상으로 공개하거나 복제 및 배포하는 경우에 공표한 것으로 보게 된다. 공중을 대상으로 공개하는 것에는 뒤에서 보는 공중송신, 공연, 전시 등이 포함된다.

'공표'에는 위와 같이 공개의 대상으로서 '공중'이라는 개념 요소가 포함되어 있는데, '공중'은 공표권만이 아니라 뒤에서 보는 저작재산권의 각 지분권 중 복제권과 2차적저작물작성권을 제외한 모든 지분권에도 개념요소로 포함되어 있다.

이와 같이 저작권법상 매우 중요한 개념으로 작용하고 있는 '공중'을 저작권법은 다음과 같이 정의하고 있다.

■ 제2조 제32호: "공중"은 불특정 다수인(특정 다수인을 포함한다)을 말한다.

위 '공중'의 정의를 보면, 특정 또는 불특정의 다수인을 뜻하는 것으로 보이는데, "특정 또는 불특정 다수인" 또는 단순히 "다수의 사람"이라고 하지 않고 위와 같이 "특정다수인을 포함한다"는 것을 괄호 안에 넣은 것은 어떤 취지일까? 그것은 '불특정다수인'이 공중의 기본 개념에 해당하는 것이고, 예외적으로 특정 다수인도 그 수가 상당히 많을 경우 포함될 수 있다는 것을 의미하는 것이다. 결국 '특정' 여부에 따라 '다수인'의 해석이 달라지게 된다. 즉, 불특정인일 경우에는 2인이라도 다수로 보는 것이 일반적이지만(대판 1985. 3. 26, 85도109 등), 특정다수인으로 인정되기 위해서는 사회통념상 "상당수의 사람들"에 해당하여야 하는 것으로 보고 있다(통설). 그 경우 몇 명이면 그러한 의미의 '다수인'에 해당할에 대하여는 법에서 아무런 규정을 두고 있지 않으므로 명확한 기준선은 제시하기 어렵다. 사안에 따라 ① 해당 저작물의 종류 및 성격, ② 이용행위의 종류 등 다양한 고려요소를 감안하여 합리적으로 판단하여야 한다.

그렇다면 '특정'이란 무엇을 말하는가? '특정'이란 사람들을 묶는 일정한 인적인 결합관계가 있음을 의미하는 것으로서 사적 이용을 위한 복제에 대하여 규정한 저작권법 30조에서 말하는 "가정 및 이에 준하는 한정된 범위"보다는 그 인적인 결합관계가 훨씬 약한 경우도 포함하는 개념이다. 예를 들어 한 고등학교의 학생 전원과 같은 경우는 물론이고(하급심판결 중에 "00고등학교의 해당 학년 학생들"을 '특정다수인'으로 본 사례가 있다. 서울중앙지판 2006. 10. 18, 2005가합73377 참조),
우연히 한 아파트에 거주하게 된 경우도 이에 해당할 가능성이 있지만, 전혀
아무런 인적 결합관계가 없이 우연히 동일한 저작물을 이용하게 된 경우에는
불특정인에 해당하게 된다. 따라서 '인적 결합관계'라고 해도 상호간의 인간
적 유대관계를 뜻하는 것은 아니고, 특정한 기준에 의한 인적 범위의 한정성,
폐쇄성을 뜻하는 것으로 이해하는 것이 타당하다.

특정한 영업주체와의 관계에서 함께 고객의 관계에 있게 된 경우는 상황
에 따라 불특정다수인이 될 수도 있고, 특정다수인이 될 수도 있는 것으로 생
각된다. 이와 관련하여 대법원은 '특정 사이트의 음원서비스를 구매한 사람
들'을 '불특정다수인'이 아니라 '특정다수인'으로 보는 판시를 한 바 있는데(대
판 2012. 1. 12, 2010다57497), 음원서비스를 구매하기 전에는 '불특정다수인'에 해
당하지만, 일단 음원서비스를 구매한 사람들에 대한 관계에서 음원을 계속 전
송한 것이 문제된 경우에 그 사이트와의 관계에서 본인들의 서비스 구매행위
를 통해 범위가 명확히 특정되었다는 의미에서 '불특정인'이 아니라 '특정다
수인'에 해당하는 것으로 본 것이었음을 유의할 필요가 있다.

그리고 위 대법원 판례를 통해서도 알 수 있는 바와 같이, 특정한 영업주
체와의 관계에서 다수의 고객이 서비스의 대상이 된 경우에 각 고객 한 명
한 명을 떼어서 '특정인'으로 보기보다 그 고객 전체를 집합적으로 보아 아직
범위가 특정되기 전에는 '불특정다수인'으로, 범위가 특정되었는데 그 수가
많다면 '특정다수인'으로서 '공중'의 개념에 해당하는 것으로 보는 것이 '저작
권의 적정한 보호'의 관점에서 타당한 것으로 생각된다. 위 대법원 2012. 1.
12. 선고 2010다57497 판결의 원심판결은 각 구매자 한 명씩을 따로 따로 파
악하여 '특정인'으로서 공중에 해당하지 않는 것으로 보았으나, 대법원은 위
와 같이 서비스 구매자 전체를 함께 보아 '특정다수인'으로서 공중의 개념에
해당하는 것으로 보았다. 그리고 예를 들어 노래방을 이용하는 고객이 4, 5명
씩 무리지어 와서 노래방 시설을 이용하여 노래를 부르는 경우에 함께 오는
고객들 상호간에는 서로를 '특정소수인'에 해당하는 것으로 볼 수 있지만, 노
래방 업주와의 관계에서는 '불특정다수인'으로서 공중에 해당하는 것으로 보

아야 한다(대판 1996. 3. 22, 95도1288 참조).

3. 공표권의 구체적 내용

공표권의 구체적 내용은 다음과 같다.

첫째, 미공표 저작물을 공표할지 말지를 결정할 권리이다.

둘째, 미공표 저작물을 어떠한 형태로 세상에 내놓을지, 즉 서적의 형태로 출판할지, 무대에서 상연할지, 아니면 영화로 제작하여 공개할지 등의 공표의 방법을 선택할 권리이다.

셋째, 공표의 시기를 선택할 권리이다. 즉 어느 달 어느 날에 공표할 것인지, 금년 내에 공표하면 좋을지 등을 결정할 권리이다.

그런데 실제로 이들 권리를 의미 있게 행사하게 되는 것은 적극적인 차원에서 자신이 스스로 공표하는 경우가 아니라 소극적인 차원에서 다른 사람이 저작자의 뜻에 반하여 공표를 하거나 저작자의 뜻에 부합하지 않는 방법이나 시기를 선택하려고 할 때 이를 금지하거나 또는 공표하려고 하는 자에게 허락을 하거나 공표조건을 붙인다거나 하는 경우이다. 이런 뜻에서 공표권은 적극적인 권리가 아니라 적극적 행위를 금지하는 소극적인 권리의 성격을 가진다고 할 수 있다.

공표권은 원저작물을 그대로 공표하는 경우에만 미치는 것이 아니라 원저작물을 편곡하거나 번역하는 등으로 2차적저작물을 작성하여 공표하는 경우 또는 원저작물을 구성부분으로 하는 편집저작물을 작성하여 공표하는 경우에도 미치는 것으로 보아야 할 것이다.

공표권과 관련하여 한 가지 유의하여야 할 점은, 이 권리는 저작물이 '미공표' 상태에 있을 것을 전제로 하는 것이므로, 어떤 이유에서든 이미 공표가 된 저작물에 대하여는 다시 공표권을 주장할 수 없다는 점이다(서울중앙지판 2006. 5. 10, 2004가합67627 등 다수 판결 참조). 예를 들어 어떤 강의장 내에서 수강생들을 대상으로 강의안을 만들어 배포한 것을 누군가 책자 형태로 출판한 경우를 가정해 보면, 그 수강생들이 사회통념상 '특정다수인'으로서 '공중'에 해당할 경우에 해당 저작물은 그들을 대상으로 한 배포시점에 이미 '공표'된 것으로 보게 될 것이므로, 설사 나중에 이루어진 출판행위가 저작자의 뜻에 반하여 이루어졌다 하더라도 그것은 저작재산권(복제권 및 배포권)의 침해가 됨은 별문제로 하고, 공표권의 침해를 구성하지는 않는다. 건축저작물의 경우는 일반적으로 건축이 완료됨으로써 공중에게 공개되어 공표된 것이 되어, 이후 저작자의 허락 없이 해당 건축저작물에 대한 사진 등을 홈페이지 등에 게시하였다고 하더라도 공표권의 침해가 성립하지 않는다(서울중앙지판 2022. 5. 27, 2021가합517624 참조).

아직 공표가 이루어지기 전이라도 저작자가 상대방에게 공표에 대하여 동의를 한 바가 있을 경우 그에 기한 공표가 공표권 침해가 아님은 당연한 것이다. 저작권법은 일정한 경우에 그러한 공표 동의가 있는 것으로 추정하거나 간주하고 있다(아래 3. 참조). 대법원은 저작자가 일단 공표에 동의하였거나 저작권법에 의하여 그 상대방에게 저작물의 공표를 동의한 것으로 추정되게 되면 "아직 그 저작물이 완전히 공표되지 않았다 하더라도 그 동의를 철회할 수는 없다"고 결정한 바 있다(대결 2000. 6. 13, 99마7466).

4. 공표 동의의 추정, 간주

가. 서언

공표는 공연, 공중송신, 전시, 배포 등의 저작물 이용행위에 필연적으로 수반되게 되는 것이므로 저작재산권의 양도, 저작물의 이용허락, 미술저작물 등의 원본 양도, 2차적저작물 이용 등의 경우에 해당 저작물의 공표에 대한 동의를 따로 받지 않으면 전혀 위와 같은 저작물 이용행위를 할 수 없다고 할 때 여러 가지 불편과 혼란이 있을 수 있다. 저작권법은 그러한 점을 감안하여 다음과 같은 추정규정과 간주규정을 두고 있다.

나. 저작재산권 양도 등의 경우

저작권법은 다음과 같이 저작재산권의 양도, 이용허락, 배타적발행권의 설정 또는 출판권의 설정을 한 경우에 공표 동의를 추정하고 있다.

■ 제11조(공표권) ② 저작자가 공표되지 아니한 저작물의 저작재산권을 제45조에 따른 양도, 제46조에 따른 이용허락, 제57조에 따른 배타적발행권의 설정 또는 제63조에 따른 출판권의 설정을 한 경우에는 그 상대방에게 저작물의 공표를 동의한 것으로 추정한다.

추정규정이므로 반대사실의 입증으로 추정을 복멸할 수 있다. 예를 들어 자신의 저작물에 대한 저작재산권을 양도하면서 다만 그 공표 여부 및 공표의 시기와 방법은 자신이 결정하는 것으로 명시적인 조건을 붙인 경우가 있을 수도 있는데, 그러한 사실이 입증되면 추정은 깨어진다. 다만 저작재산권 중 일부만 양도한 경우가 있을 수 있는데, 그러한 경우에는 동의를 한 것으로 추정되는 공표의 방법에 한정이 있는 것으로 보아야 할 것이다. 예를 들어 공연권만 양도한 경우에는 공연 이외의 방법으로 공표할 경우 공표권의 침해가 될 수 있다. 한편 저작물의 이용허락을 한 경우에도 법문에는 명시되어 있지 않지만, 허락한 이용의 방법에 공표가 수반되는 경우에 한하여 그 방법으로 공표하는 것에 대하여 동의한 것으로 추정될 뿐이라고 해석하는 것이 타당하다. 예를 들어 저작물의 복제만 허락한 경우에는 공표에 대한 동의가 있는 것으로 추정할 수 없고, 또한 저작물의 '방송'을 허락한 경우에 '공연'의 방식으로 공표하는 데 대한 동의도 있었다고 추정할 수는 없는 이치이다.

이와 같이 동의가 추정되는 경우에 저작자가 그 동의를 철회할 수는 없다는 취지의 대법원 판례(대결 2000. 6. 13, 99마7466)가 있음은 상술한 바(위 3.)와 같다.

다. 미술저작물 등의 원본 양도의 경우
저작권법은 다음과 같이 미술저작물 등의 원본 양도의 경우에도 공표 동의를 추정하고 있다.

■제11조(공표권) ③ 저작자가 공표되지 아니한 미술저작물·건축저작물 또는 사진저작물(이하 "미술저작물등"이라 한다)의 원본을 양도한 경우에는 그 상대방에게 저작물의 원본의 전시방식에 의한 공표를 동의한 것으로 추정한다.

이것은 앞에서 본 바와 같이(이 책 [41] 2. 참조) 저작물이 화체된 유체물의 소유권자와 해당 저작물의 저작권자의 이해관계를 합리적으로 조정하기 위한 규정의 일환이다. 유체물의 소유권과 그 유체물에 화체된 무체물로서의 저작물에 대한 저작권은 엄격히 구분되는 것이지만, 특히 미술저작물 등의 경우에는 유체물인 원본의 소유권을 양수한 사람이 최소한 그 작품의 전시를 하는 것만큼은 저작권자의 별도 허락 없이도 할 수 있도록 허용하는 것이 바람직하다는 취지에서 제35조 제1항에서 일정한 조건하에 원본에 의한 전시를 허용하는 규정(이 책 [128] 2. 참조)을 두고 있는데, 이 규정도 그것과 맥락을 같이하는 것이다. 역시 간주규정이 아니라 추정규정이므로 미공표의 저작물인 원본을 양도하면서 공개전시를 하지는 않도록 하는 조건을 붙였다는 등의 특별한 사실에 대한 입증이 있으면 추정은 깨어진다. 미술저작물, 건축저작물, 사진저작물의 3가지 종류의 저작물에 대하여만 적용되고, 또한 '전시' 방식으로 공표하는 경우에만 적용된다는 것에 주의할 필요가 있다.

라. 2차적저작물 등의 경우

저작권법은 다음과 같이 원저작자의 동의를 얻어 작성된 2차적저작물, 편집저작물의 공표의 경우에 공표 동의를 '간주'하는 규정을 두고 있다.

> ■ 제11조(공표권) ④ 원저작자의 동의를 얻어 작성된 2차적저작물 또는 편집저작물이 공표된 경우에는 그 원저작물도 공표된 것으로 본다.

이 규정은 간주규정이므로 반대사실의 입증으로 번복할 수 없다. 그런데 사실은 이 규정이 없더라도 원저작물과 실질적 유사성이 인정되는 2차적저작물이나 원저작물을 구성요소로 한 편집저작물이 공표되었다면 법적으로는 원저작물도 함께 공표된 것으로 평가하는 것이 법리적으로 타당하다. 법문에서 "원저작자의 동의를 얻어"라는 전제조건을 달고 있으나 원저작자의 동의를 얻지 않았다고 하여 공표되지 않은 것으로 볼 것이 아니라 '동의를 받지 않은 공표'가 이루어진 것으로 보는 것이 논리적으로 타당하다. 따라서 위와 같은 법문상의 표현은 오해의 소지가 있어 바람직하지 않다고 생각된다.

마. 도서관 등에 기증한 경우

저작권법은 다음의 경우에도 공표 동의를 추정하고 있다.

■ 제11조(공표권) ⑤ 공표하지 아니한 저작물을 저작자가 제31조의 도서관등에 기증한 경우 별도의 의사를 표시하지 아니하면 기증한 때에 공표에 동의한 것으로 추정한다.

[44] 성명표시권

1. 의의

저작권법은 저작자의 성명표시권에 대하여 다음과 같이 규정하고 있다.

■ 제12조(성명표시권) ① 저작자는 저작물의 원본이나 그 복제물에 또는 저작물의 공표 매체에 그의 실명 또는 이명을 표시할 권리를 가진다.
② 저작물을 이용하는 자는 그 저작자의 특별한 의사표시가 없는 때에는 저작자가 그의 실명 또는 이명을 표시한 바에 따라 이를 표시하여야 한다. 다만, 저작물의 성질이나 그 이용의 목적 및 형태 등에 비추어 부득이하다고 인정되는 경우에는 그러하지 아니하다.

위 규정에서 말하는 "저작물의 원본이나 그 복제물에 또는 저작물의 공표 매체에 그의 실명 또는 이명을 표시할 권리"가 저작자의 성명표시권이다. 저작물에 저작자명을 표시하는 것은 저작물의 내용에 대한 책임과 평가의 귀속 주체를 명확히 한다는 점에서 대단히 중요한 의미를 가지는 것으로서 저작자의 인격적인 이익에 큰 영향을 미치는 것이므로 저작자에게 그에 관한 권리를 부여하고 있는 것이다.

2. 구체적 내용

가. 성명표시의 방법

저작자로서의 성명표시는 자연인의 성명이나 법인의 명칭등을 실명(實名)으로 표시할 수도 있고, 예명(藝名), 아명(雅名), 필명(筆名), 아호(雅號), 약칭(略稱) 등 이명(異名)으로 표시할 수도 있다. 신분이나 직함의 표시 등도 성명표시에 포함된다고 본다. 또한 표시방법은 회화의 낙관(落款)과 같이 원작품에 기재 또는 날인을 하거나 책과 같은 복제물의 표지나 첫장 또는 말미에 인쇄하거나 연주회에서 사회자나 아나운서가 연주자명을 발표하는 등의 다양한 방법이 있을 수 있다. 이러한 성명표시의 방법에 대하여 저작자가 결정할 수 있고, 또한 성명을 표시하지 않고 '무기명'으로 공표하기로 결정할 권리도 있다. 따라서 저작물의 공표에 있어서 저작자의 뜻에 반하여 저작자의 실명을 이명으로 고치거나 이명을 다른 이명 또는 실명으로 고치는 행위 또는 그 성명표시를 삭제하는 행위, 나아가 무기명의 저작물에 저작자의 실명을 표시하는 행위는 성명표시권의 침해를 구성하게 된다.

성명표시는 사회통념상 적절하다고 인정될 수 있는 방법으로 하여야 한다. 책의 경우 원칙적으로 저자명 전부를 그 표지에 표시하여야 하고 서문(序文) 등에 표시하는 것만으로는 저작자의 성명표시권을 침해하지 않는 적절한 성명표시로 인정되지 않을 것이다(서울서부지판 2018. 11. 15, 2017가합399030 참조). 또한 어떤 저작물에 기존의 다른 저작물을 복제하여 이용한 부분이 있을 경우, 해당 저작물이 복제, 이용된 사실과 함께 그 저작자의 성명을 적절한 방법으로 표시하여야 하고 그 저작자가 해당 저작물과 관련하여 다른 역할을 한 것으로만 표시하여서는 적절한 성명표시라고 할 수 없다(서울지판 1999. 11. 5, 99가합42242 참조).

성명표시의 자세한 방법을 저작자가 결정할 권리를 가지고 있다고 할 때 대두될 수 있는 의문점은 저작물의 이용자가 저작물을 공표할 때마다 저작자에게 성명표시의 방법을 다시 확인해야 할 것인가 하는 점이다. 만약 그렇게 본다면 저작물의 원활한 이용에 큰 불편을 초래하게 될 것이다. 그래서 제12조 제2항 본문에서 "저작물을 이용하는 자는 그 저작자의 특별한 의사표시가 없는 때에는 저작자가 그의 실명 또는 이명을 표시한 바에 따라 이를 표시하여야 한다"고 규정하고 있다. 이 규정은 저작자의 성명표시권에 상응하는 이용자의 의무를 확인하는 의미도 있지만, 보다 중요한 의미는 저작자가 자신의 저작물에 대한 저작자명을 일정한 방식으로 표시한 바 있을 경우 이용자는 공표시마다 일일이 확인할 필요 없이 저작자의 표시방식을 따르면 족하다고

하는 데 있다. '특별한 의사표시가 없는 때에는'이라고 규정하여 특별한 의사
표시가 있을 경우를 제외하고 있는데, 그것은 예컨대 특정한 이명(異名)을 사용
하여 자신의 저작물을 공표한 바 있는 저작자가 "이제부터는 다른 이명을 사
용하였으면 한다"거나 "이제부터는 나의 실명을 표시했으면 한다"는 등의 적
극적인 의사표시를 하였을 경우에는 당연히 그 의사표시를 따라야 한다는 취
지를 나타낸 것이다.

　　저작자가 표시한 바에 따라 표시하면 된다는 것과 관련하여 다음 몇 가지
사항을 유의할 필요가 있다.

1) 저작자가 저작물에 자신의 이름을 표시하지 않고 공표한 '무기명 저작물'일 경
우에는, 그 저작자가 성명을 표시하지 않는 방법으로 해당 권리를 행사한 것으
로 생각되므로 그 저작물을 이용함에 있어서는 진정한 저작자를 조사하여 저작
자의 의사를 확인할 필요까지는 없고 무기명의 저작물로서 이용하면 족한 것으
로 본다. 다만 이것은 공표된 저작물일 것을 전제로 하고, 미공표의 저작물일 경
우에는 그 저작자가 공표시 무기명저작물로 할 의사를 표명한 것으로 볼 수 없
으므로 실명 또는 이명의 표시 여부에 대하여 저작자의 의사를 확인하여야 할
것이다.
2) 저작자가 저작물에 자신의 이름을 표시하지 않고 자신이 운영하는 업체의 상호
를 표시한 경우에는 이용자도 해당 저작물 이용시에 저작자의 상호를 표시하는
방식으로 이용할 수 있다고 본 사례(서울고판 2016. 11. 24, 2016나2003971)가 있다.
3) 인터넷 상에 올려진 게시물 등을 인용할 때에는 해당 게시자의 성명이 아니라
ID만 표시하여도 적절한 표시로 인정되는 경우가 있을 수 있다(서울지판 2000. 1.
21, 99가합52003 참조).

나. 성명표시의 객체

(1) 개관

　　저작자가 자신의 실명 또는 이명을 표시할 객체는 저작물의 원본이나 그
복제물 또는 저작물의 공표 매체에 한한다. 따라서 이 세 가지 중 하나에 해
당하지 아니하는 것, 예를 들어 저작물에 대한 광고내용을 담고 있는 선전광
고물에 저작자의 성명표시를 누락하였다든가 하는 것은 성명표시권의 침해로
보지 아니한다(대판 1989. 1. 17, 87도2604 참조). 다만 광고선전물이라 하더라도 그

안에 저작물이 복제되어 있을 경우에는 역시 성명표시권이 미치고, 따라서 그 광고선전물에 해당 저작자의 성명을 표시하지 않은 것이 성명표시권 침해로 인정될 수 있다(서울서부지판 2017. 6. 1, 2016나34384 참조).

(2) '복제물'

저작물의 '복제물'이라는 부분과 관련하여 저작물의 수정, 변경시에 성명표시권이 어느 범위까지 미치는 것으로 볼 것인지가 문제이다. 우선 '복제'의 개념과 관련하여, 원저작물을 원형 그대로 복제하지 아니하고 다소의 변경을 가한 것이라고 하여도 원저작물의 재제 또는 동일성이 감지되는 정도이면 복제가 되는 것이라는 것이 판례의 입장이므로 그와 같은 의미의 복제물이 타인의 저작물로 공표되게 되면 원저작자의 성명표시권의 침해가 있었다고 보는 것(대판 1989. 10. 24, 89다카12824 참조)은 당연할 것이다.

(3) 2차적저작물

원저작물을 토대로 하여 작성된 2차적저작물을 작성하여 공표하는 경우에도 원저작자의 성명표시권이 미치는 것으로 볼 것인지에 대하여는 견해의 대립이 있을 수 있다. 그러나 그 경우에도 원저작자의 성명표시권이 미치는 것으로 보는 것이 타당하다. 2차적저작물의 경우에도 2차적저작물은 [원저작물+새로운 창작성]의 내용을 가지고 있어 그 안에 원저작물을 직접적으로 감지할 수 있는 내용이 있게 되는데 그러한 저작물에 대하여 원저작자의 표시를 하지 않을 경우에도 아무런 구제를 받을 수 없다면, 실질적으로 원저작자가 자신의 저작물에 대하여 가지는 인격적 이익을 제대로 보호하는 것이라고 말하기 어렵기 때문이다. 법문에서 '복제물'이라는 용어를 사용한 것도, 일반적으로 예상되는 성명표시의 객체를 나열하고자 한 것에 불과한 것으로서 복제물의 범위를 넘어선 2차적저작물의 공표의 경우에는 성명표시권이 미치지 않는 것으로 규정하고자 한 취지라고 보기는 어렵다. 제12조 제2항에서 "저작물을 이용하는 자"에게 성명표시의무를 부여하고 있는데 저작물의 '이용'에는 '2차적저작물 작성행위'도 포함되는 것으로 보는 것이 타당하다. 구체적인 표시방법의 면에서는, "원작소설 ○○○", "극본 ○○○" 등과 같이 원저작물을 특정할 수 있는 표시와 함께 (원저작자의 특별한 의사표시가 없는 한) 원저작물에 표시된 바에 따라 그 성명 또는 이명을 표시하면 될 것이다.

이 문제에 관한 판례의 동향을 보면, 아직 이 문제를 분명하게 다룬 대법원 판례는 나오지 않고 있고, 하급심 판결의 경우 일부 엇갈리는 흐름이 보이지만, 적어도 서울중앙지방법원에서는 비교적 일관되게 긍정설의 입장을 취해 온 것으로 보인다(서울중앙지판 2008. 7. 24, 2007가합114203; 2022. 1. 21, 2020가합523233 등).

물론 2차적저작물이라고 인정할 만한 실질적 유사성도 없어서 완전히 별개의 저작물로 인정될 수 있는 저작물을 만들어 공표하는 경우에 저작자의 성명표시권이 미치지 아니함은 당연한 것이다. 결국 '실질적 유사성'의 유무는 성명표시권 침해 여부와도 직결됨을 알 수 있다.

(4) 편집저작물의 소재로 이용되는 경우

편집저작물의 소재로 이용되는 경우에는 복제가 수반되어 위 규정상의 '복제물'에 해당하므로 당연히 소재 저작물 저작자의 성명표시권이 미치는 것으로 보아야 한다.

(5) '공표매체'

위 규정에서 저작물의 '공표매체'라고 한 것은 공연, 공중송신 등의 무형적 이용의 경우를 염두에 둔 표현으로서 시각적 또는 시청각적 매체의 경우와 청각적 매체의 경우로 구분될 수 있다. 영화나 TV방송의 화면, 인터넷을 통해 현출되는 컴퓨터 화면 등이 시각적 또는 시청각적 공표매체에 해당하고, 라디오 방송이나 그와 유사한 형태의 웹캐스팅, 백화점 등의 배경음악 방송 등으로 흘러나오는 소리가 청각적 공표매체에 해당한다. 청각적 공표매체의 경우에는 진행자 등의 멘트(음성)로 저작자 성명을 밝히는 방법을 취할 수밖에 없지만(따라서 상황에 따라서는 그러한 방식의 성명표시를 생략하는 것이 부득이한 것으로 보여, 제12조 제2항 단서의 제한사유에 해당하는 것으로 인정될 수 있는 경우가 많다. 아래 3. 참조), 시각적 또는 시청각적 공표매체의 경우에는 화면의 자막이나 인터넷 화면의 팝업창 등에 표시하는 방법을 취할 수 있을 것이다. 특히 영화의 경우에는 '엔딩 크레딧'에 저작자 성명을 그 구체적 역할과 함께 표시하면 충분한 것으로 보는 것이 판례의 입장이다(서울고판 2008. 6. 18, 2007나60907 등 참조). 인터넷 음원

사이트의 경우 어떤 저작자가 작곡한 음원을 어느 한 부분에서 서비스하고 있다면, 해당 서비스(mp3 파일 다운로드 또는 미리듣기 등 서비스)만이 아니라 다른 서비스 부분(가사보기 서비스)에서 그 음악의 작곡자를 다른 사람으로 잘못 표시한 것도 성명표시권 침해가 될 수 있다는 취지의 대법원 판결(대판 2012. 1. 12, 2010 다57497)이 있다. 그것은 판례가 '표시상의 적극적 오류'의 경우에는 단순한 '표시누락'의 경우보다 성명표시권이 미치는 공표매체의 범위를 넓게 파악하고 있음을 말해주는 것이 아닐까 생각된다.

(6) 이용행위

저작인격권의 경우가 모두 그러하지만, 성명표시권의 경우에도 배타적 권리로서의 저작재산권이 부여된 이용행위(복제, 공연, 공중송신, 전시, 배포, 2차적저작물 작성 등)가 있어야만 그 침해 여부가 문제될 수 있다. 대법원 판례(대판 2010. 3. 11, 2009다4343)가 "저작권법 제12조 제2항 본문에서 규정한 '저작물을 이용'한 다고 함은 저작자의 권리로서 보호하는 복제, 전송, 전시 등과 같은 방식으로 저작물을 이용하는 것을 의미한다고 봄이 상당하다"고 한 것은 바로 그러한 취지를 명확히 한 것이다. 따라서 온라인상에서 타인의 저작물을 링크하는 것은 그러한 복제 등의 이용행위가 있다고 할 수 없으므로 타인의 사진저작물을 '인라인 링크' 방식으로 제공하면서 그 저작자의 성명표시를 누락한 경우에도 성명표시권 침해가 성립하지는 않는 것으로 보게 된다(위 대판 2010. 3. 11, 2009다4343 참조. 하이퍼링크의 법적 문제에 대하여는 이 책 [51] 5. 참조). 같은 이유에서 단순한 노래제목의 배치, 나열에 불과한 노래목록의 다운로드 서비스를 제공하면서 목록에 포함된 노래의 작곡자 이름을 잘못 표시한 것은 성명표시권 침해에 해당하지 아니한다(대판 2012. 1. 12, 2010다57497).

또한 자신이 저작자가 아닌 저작물에 자신을 저작자로 표시한 것은 경우에 따라 명예훼손이 될 수는 있어도 저작권법상의 성명표시권 침해라고 할 수는 없는데, 그 이유도 그것이 자신의 저작물을 '이용'한 경우에 해당하지 않기 때문이다(서울지판 1995. 6. 23, 94카합9230). 이러한 성명표시의무는 각 이용행위마다 인정되는 것이므로, 예컨대, 甲의 저작물(A)과 동일성이 있는 범위에서 일부 변형을 가한 복제물(A')을 작성한 乙이 그 복제물(A')에 甲의 성명을 표시하지 않은 것이 성명표시권 침해로 인정될 수 있을 경우에, 그와 같이 甲의 성명이 표시되지 않은 복제물(A')을 乙로부터 인도받아 '전시'를 한 丙도 甲에 대한 관계에서 성명표시권 침해의 책임을 지게 된다.

(7) 사적 영역에서의 이용

'이용'에 해당하는 경우에도 순수한 사적 영역에서의 이용에 대하여는 성명표시권이 미치지 않는 것으로 봄이 타당하다. 저작재산권 제한사유에 대한 규정이지만, 저작권법상 허용되는 사적 이용을 위한 복제(번역, 개작 등도 제36조 제1항에 의하여 포함된다)의 경우에는 제37조 제1항 단서에 의하여 '출처명시의무'를 면제하고 있는 것에 비추어 보면, 적어도 사적이용을 위한 복제의 요건에 해당하는 정도의 사적 영역이라면 성명표시권의 통제범위를 벗어난 것으로 보는 것이 법의 취지임이 분명하다고 할 수 있다. 다만 사적 영역에서 저작자의 성명표시를 누락하거나 잘못 표시한 것이 이후 그 영역을 벗어나 공중을 대상으로 이용되게 될 경우에는 결과적으로 성명표시권 침해가 될 수 있음을 유의하여야 할 것이다.

3. 성명표시권의 제한

위에서 본 바와 같이 저작물의 이용자는 저작자의 의사를 존중하여 그가 표시한 대로 저작자명을 표시하거나 특별한 의사표시가 있을 경우에는 그 의사표시에 따라서 저작자명 표시를 하여야 할 의무가 있고 이를 이행하지 않을 경우에는 성명표시권 침해를 구성하게 된다. 그러나 이것을 모든 경우에 그대로 관철하기는 어려울 것이다. 예를 들어 백화점의 매장이나 호텔의 로비에서 분위기 조성을 위해 배경음악을 방송으로 내보내는 경우에도 일일이 곡마다 작곡가의 성명을 방송해야 한다면 매우 불편할 뿐만 아니라 분위기를 해치게 되는 면도 있고 또한 일일이 저작자명을 알리지 않는다고 하여 의도적으로 저작자명을 은닉하는 것으로 생각되지도 않을 것이기 때문에, 그와 같은 경우에는 성명표시권을 제한하여 저작자의 성명 표시를 생략할 수 있다고 보는 것이 바람직할 것이다.

2000년의 개정 저작권법에서 제12조 제2항 단서로 "다만, 저작물의 성질, 그 이용목적 또는 형태 등에 비추어 부득이하다고 인정되는 경우에는 그러하지 아니하다"라고 하는 규정을 추가하기 전부터 위와 같은 경우에는 사회통념상 성명표시권이 제한되는 것으로 해석되어 왔으나 법 개정에 의하여 성명표시권 제한의 법적 근거가 명확하게 마련되었다고 할 수 있다.

이 규정을 지나치게 엄격한 요건으로 해석할 필요는 없다고 생각된다. 저작자명 표시를 일일이 할 경우에 오히려 어색함이나 불편함이 수반되는 반면에 저작자명의 표시를 생략하는 것이 사회통념상 부당한 것으로 느껴지지 않고 오히려 관행화되어 있다면 우리 법의 해석상으로도 '부득이'한 경우에 해당하는 것으로 볼 수 있지 않을까 생각된다.

위에서 예를 든 바와 같은 호텔, 백화점 등의 배경음악 방송의 경우 저작자명의 표시 생략은 그러한 경우에 해당한다고 볼 수 있을 것이다. 그러나 예를 들어 TV에서 음악관련 방송을 할 경우에는 적어도 자막으로라도 작곡자, 작사자 등의 저작자 성명을 표시하는 것이 공정한 관행에 부합되는 것이라 할 것이므로 그 표시의 생략이 '부득이'한 경우라고 인정하기 어렵다. 요컨대 시각적 또는 시청각적 매체의 경우에 비하여 청각적 매체의 경우가 성명표시권 제한사유에 해당하는 것으로 인정받기가 상대적으로 용이하다고 할 수 있다.

어떤 음악을 저작자의 허락을 받지 않고 TV 및 라디오 광고의 배경음악으로 이용한 사건에서 어느 경우에도 저작자의 성명을 표시하지 않았지만, 시청각적 매체인 TV 방송의 경우에는 부득이한 사유를 인정하지 않고 라디오 방송의 경우에만 부득이한 사유가 있다고 인정한 서울고등법원 2008. 9. 23. 선고 2007나127657 판결이 바로 그러한 차이를 분명하게 보여주는 사례이다.

[45] 동일성유지권

1. 의의

저작권법은 다음과 같이 저작자의 저작인격권 중 하나로 동일성유지권을 인정하는 규정을 두고 있다.

■ 제13조(동일성유지권) ① 저작자는 그의 저작물의 내용·형식 및 제호의 동일성을 유지할 권리를 가진다.

제13조 제1항에서 말하는 저작자가 "그의 저작물의 내용·형식 및 제호의 동일성을 유지할 권리"를 동일성유지권이라 한다. 1957년에 제정된 구 저작권법은 '원상유지권(原狀維持權)'(16조)과 '변경권(變更權)'(17조)으로 나누어 규정하고 있었는데, 두 규정이 각각 저작자가 자신의 저작물에 대하여 가지는 소극적인 변경금지권과 적극적인 변경권을 규정한 것으로서 서로 표리의 관계에 있다는 것을 감안하여, 1986년에 전문개정을 하면서 일괄하여 '동일성유지권'으로만 규정하게 된 것이다. 이렇게 함으로써 실질적으로 '변경금지권'이라고 하는 소극적인 측면에만 초점을 맞추게 된 셈인데, 그것은 국제적인 추세에 비추어 보더라도 바람직한 방향이라 생각된다. 즉 저작인격권으로서의 동일성유지권의 본질은 저작자가 저작물을 적극적으로 변경할 수 있다는 것에 있는 것이 아니라 다른 사람이 함부로 저작물을 변경하지 못하도록 금지할 수 있다는 점에 있는 것이고, 그런 점에서 성명표시권이나 공표권에 비하여 더욱 소극적인 성격을 갖는 권리라고 할 수 있다.

저작물은 저작자의 인격의 표현이라고 할 수 있으므로 저작물에 구체화된 저작자의 사상·감정의 완전성을 보호할 필요가 있다는 것이 기본적인 입법 취지이지만, 다른 한편으로는 국민들이 향유할 문화적 자산인 저작물을 누구나 함부로 변경함으로써 혼란과 훼손을 초래하지 않도록 할 공공적인 필요성도 다소 반영된 제도라고 할 수 있다.

'원상유지권'을 규정한 구 저작권법 제16조는 "저작자는 저작물에 관한 재산적 권리에 관계없이 또한 그 권리의 이전 후에 있어서도 그 저작물의 내

용 또는 제호를 개찬, 절제 또는 기타 변경을 가하여 그 명예와 성망을 해한
자에 대하여 이의를 주장할 권리가 있다"고 규정하였는데, 동일성유지권에 관
한 현행법 규정은 "그 명예와 성망을 해한 자"라고 하는 부분을 제외하였다.
따라서 현행법상 저작자의 '명예와 성망을 해할 것'은 동일성유지권 침해의
요건이 아니다. 현행법상으로는 가사 저작물을 함부로 변경한 것이 저작물의
객관적 가치를 높이고 그에 따라 저작자의 객관적인 명예를 높이는 경우라
하더라도 동일성유지권의 침해가 성립할 수 있다.

2. 동일성유지권의 내용

가. 내용 및 형식의 동일성 유지

(1) 의의

동일성유지권은 저작자가 그의 저작물의 내용·형식 및 제호의 동일성을
유지할 권리를 말한다. 그 중 '저작물의 내용·형식'에 대한 동일성유지권에
대하여 먼저 살펴본다. 그 자세한 의미를 이해하기 위해서는 어떤 경우에 동
일성유지권 침해가 되는지를 검토해 볼 필요가 있다.

(2) 동일성유지권 침해의 요건

1) 저작지의 허락이 없을 것   먼저 저작자의 '허락'이 없을 것을 요한
다. 대법원도 "저작자가 명시적 또는 묵시적으로 동의한 범위 내에서 저작물
을 변경한 경우에는 저작자의 동일성유지권 침해에 해당하지 아니한다"고 판
시하고 있다('롯티' 사건에 대한 대판 1992. 12. 24, 92다31309. '역사교과서 수정' 사건에 대한
대판 2013. 4. 26, 2010다79923도 같은 취지임). 이것은 당연한 것으로 보이지만, 저작자
의 묵시적 동의를 인정함에 있어서 규범적 의사해석의 요소가 가미될 경우
실질적으로 동일성유지권의 인정폭을 제한하는 역할을 하는 법리가 될 수 있
다. 따라서 '묵시적 동의'의 인정이 남용되어 저작인격권 존중의 입법정신을
훼손하는 일이 없도록 유의할 필요가 있다.

또한, 저작자가 개변에 동의하였다 하더라도 그 동의의 범위에 대한 판단
에 있어서는 신중을 기할 필요가 있다. 판례는 동의의 유무 및 범위에 대한
판단과 관련하여 "저작자가 저작물의 변경에 대하여 동의하였는지 여부 및

동의의 범위는 계약의 성질·체결 경위·내용, 계약 당사자들의 지위와 상호 관계, 계약의 목적, 저작물의 이용실태, 저작물의 성격 등 제반 사정을 종합적으로 고려하여 구체적·개별적으로 판단하여야 한다"고 밝히고 있다(대판 2013. 4. 26, 2010다79923 등). 따라서 사안에 따라 구체적·개별적으로 판단하여야 하지만, 저작자가 구체적으로 특정하여 동의하지는 않은 영역에서 원저작물의 본질을 해하는 정도의 중대한 변경이나 원저작물 저작자의 명예를 훼손하는 것으로 인정될 수 있는 변경이 있다면 그것은 동의의 범위를 벗어난 것으로 보게 될 가능성이 많을 것이다(서울중앙지판 2015. 1. 16, 2013가합85566 참조).

2) 저작물의 내용 또는 형식에 대한 개변이 있을 것   저작물의 '내용'이란 저작물의 표현 중 형식적인 것을 제외한 모든 것을 지칭하는 의미를 내포하는 것으로 볼 수 있다. 따라서 저작물의 형식 및 내용이란 저작물로 표현된 형식적인 요소와 내용적인 요소를 모두 포함하는 것으로 넓게 해석할 수 있고, 어떤 것이 형식이고 어떤 것이 내용인지의 구분을 엄격하게 할 필요는 없다. 다만 여기서 '형식'이라고 한 것은 저작물이 어떤 다른 요소들과 결합된 형태로 표현되어 있을 경우 그 모든 요소들의 형태도 포함하는 개념으로 사용된 것으로 보인다. 저작자는 창작성 있는 표현의 요소와 그렇지 않고 창작성이 없거나 아이디어의 영역에 해당하는 요소들이 혼재되어 있는 일체로서의 자신의 작품의 원형을 유지하는 데 정당한 이익을 가지고 있고, 제13조 제1항은 그러한 저작자의 정당한 이익을 총체적으로 보호하고자 하는 취지에서 저작물의 '내용·형식 및 제호'라는 포괄적인 용어를 사용한 것으로 보이기 때문이다. 따라서 엄격하게 따지면 비저작물에 해당하는 것도 포함하여 저작물의 표현에 일체적으로 결합된 모든 것은 동일성유지권의 보호대상에 해당하는 것으로 보아야 할 것이다. 물론 저작물성을 가지는 것이 전혀 없다면 동일성유지권에 의하여 보호를 받을 수 없는 것이 당연하지만, 일부라도 저작물성이 있는 것이 있다면 그와 일체적으로 결합된 것을 함부로 변경하는 것도 저작물의 '형식'의 변경에 해당하는 것으로 보아야 할 것이다. 제호의 경우 일반적으로는 저작물에 해당하지 않는 것이지만(이 책 [24] 참조), 저작권법 제13조 제1항이 제호를 동일성유지권의 보호대상에 포함한 것도 그러한 입법

취지의 표명으로 이해할 수 있다.

　3) 저작물의 동일성에 손상이 가해졌을 것　　　다음으로 단순한 '개변'만
이 아니라 '동일성'의 손상이 침해의 요건이 된다는 것에 주목할 필요가 있다.
예컨대 오자, 탈자를 바로잡는 경우에는 '개변'은 있지만 '동일성'에는 손상이
없어서 저작자의 허락이 없더라도 동일성유지권의 침해를 구성하지 않는 것
으로 본다. 이러한 경우는 예외적이고 원칙적으로는 비교적 사소한 변경이라
고 하더라도 함부로 타인의 저작물의 내용이나 형식을 변경하는 것은 동일성
유지권 침해에 해당한다. 예컨대 어느 시인의 시집을 출판하면서 시인의 동의
없이 시 중 하나에 사용된 접속사를 같은 뜻을 가진 다른 단어로 변경하여
출판했다면, 그것은 사소한 변경인 것처럼 보이지만, 그런 변경을 허용한다면
저작물의 완전성이 유지되기를 바라는 저작자(시인)의 정신적 이익을 훼손하게
되고, 그러한 변경을 허용해야 할 특별한 이유도 없으므로 그러한 경우에는
그 시인의 시에 대한 동일성유지권을 침해한 것으로 볼 수 있다. 판례는 TV
에 출연하여 60여분 동안 한국사회의 미래 방향을 제시하는 강연을 한 학자
의 강연 내용 중 23분에 해당하는 내용을 임의로 삭제하여 방영한 방송사에
대하여 그 학자의 강연(어문저작물)에 대한 동일성유지권을 침해한 것으로 인정
한 바 있다(서울고판 1994. 9.27, 92나35846).

　　다만 오늘날 저작물의 다양한 이용형태에 따라 모든 경우에 너무 쉽게
'동일성의 손상'을 인정하는 것은 디지털 시대의 저작물의 다양한 활용을 지
나치게 제한하는 면이 있을 수 있다. 따라서 특히 '부분적 이용'이나 기존 저
작물에 자막 등 일정한 요소를 '추가'하는 경우와 같은 특정한 이용의 경우에
는 그러한 이용형태의 특성만을 이유로 '동일성의 손상'을 인정하지는 않는
것이 타당하다. 그것이 대법원 판례가 취하고 있는 방향이다. 즉, 2015년에 대
법원은 온라인 음악 사이트에서 '미리듣기' 서비스를 통해 음악저작물의 음원
전부가 아니라 그 중 음원 중 약 30초 내지 1분 정도의 분량만을 스트리밍
방식으로 전송한 것이 해당 음악저작물 저작자의 동일성유지권을 침해한 것
이 아닌지 문제된 사안과 관련하여 다음과 같이 판시하였다.

　　"어문저작물이나 음악저작물·영상저작물 등의 일부만을 이용하더라도,

그 부분적 이용이 저작물 중 일부를 발췌하여 그대로 이용하는 것이어서 이용되는 부분 자체는 아무런 변경이 없고, 이용방법도 그 저작물의 통상적 이용방법을 따른 것이며, 그 저작물의 이용 관행에 비추어 일반 대중이나 당해 저작물의 수요자가 그 부분적 이용이 전체 저작물의 일부를 이용한 것임을 쉽게 알 수 있어 저작물 중 부분적으로 이용된 부분이 그 저작물의 전부인 것으로 오인되거나, 그 부분적 이용으로 그 저작물에 표현된 저작자의 사상·감정이 왜곡되거나 저작물의 내용이나 형식이 오인될 우려가 없는 경우에는, 그러한 부분적 이용은 그 저작물 전부를 이용하는 것과 이용하는 분량 면에서만 차이가 있을 뿐이어서 저작자의 동일성유지권을 침해한 것으로 볼 수 없다. 이는 그 부분적 이용에 관하여 저작재산권자의 이용허락을 받지 않은 경우에도 마찬가지이다"(대판 2015. 4. 9, 2011다101148).

이러한 대법원 판례의 입장에 따르면, 통상적 이용방법을 따른 것으로서 저작물에 관한 부당한 오인 또는 왜곡 가능성이 없는 '부분적 이용' 등의 경우도 저작물의 '동일성'에 손상이 없는 경우의 한 예가 된다고 할 수 있다. 이 것은 판례가 '동일성'의 개념을 너무 엄격하게 보지는 않는 입장을 취하고 있음을 보여주는 것이기는 하지만, 오인이나 왜곡의 가능성이 없는 '부분적 이용'이나 반주곡 제작에 따른 일반적으로 통용되는 범위 내에서의 다른 요소의 '추가'(음악저작물을 노래반주기용 반주곡으로 제작하면서 코러스, 랩, 의성어 등을 추가한 것에 대하여 동일성유지권 침해를 인정하지 않은 대판 2015. 4. 9, 2012다109798 참조) 등의 경우에 한하여 제한적으로 적용되어야 할 것이고, 이것을 일반적인 경우에까지 널리 확대적용하는 것은 타당하지 않다.

또한 여기서 말하는 '동일성'은 일부 변형된 복제물이 원저작물에 대하여 동일성을 가진다고 할 때의 '동일성'(이 책 [21] 2. 가. 참조) 개념과는 전혀 다른 개념으로서, 저작자가 원래 의도한 대로의 원형이 동일하게(혹은 완전하게) 유지된다고 하는 측면에 초점을 맞춘 개념으로 이해하여야 한다. 따라서 그 의미는 '완전성'(integrity)에 가까운 것으로서, 위와 같은 '오탈자 수정' 및 '부분적 이용' 등과 같은 예외적인 경우를 제외하면, 원래 저작자가 작성한 것에서 조금이라도 변형하면 동일성유지권 침해가 되는 것으로 보는 것이 원칙이다.

4) 변경되기 전의 저작물과 실질적 유사성이 유지되고 있을 것 – '복제물' 또는
'2차적저작물'의 범위 내일 것

변경의 정도가 크다고 하여 반드시 동일성유지권의 침해가 되는 것은 아
니다. 변경의 정도가 심하여 원래의 저작물의 '창작성 있는 표현'이 잔존하지
않을 정도로까지 변경되는 경우, 즉 변경 전의 저작물과 실질적 유사성이 인
정되는 범위를 넘어서는 경우에는, 변경 전 저작물에 대한 개변이라기보다는
별개의 저작물을 작성한 경우에 해당하여 동일성유지권 침해가 될 수 없다.

동일성유지권은 저작자가 자신의 저작물에 대하여 가지는 권리이고, 저작
물은 '인간의 사상 또는 감정의 창작성 있는 표현'이라고 할 수 있는데, 창작
성 있는 표현이 전혀 남아 있지 않다면 거기에 자신의 저작물이라고 주장할
것이 없고 따라서 자신의 저작물에 대한 동일성 유지를 주장할 근거 자체가
없어져 버리기 때문이다. 개변된 저작물과 개변을 통해 작성된 저작물 쌍방의
공통점 내지 유사성이 개변된 저작물의 창작성 있는 표현에 대한 것이 아니
라 창작성이 없거나 표현이 아닌 아이디어의 영역에 해당하는 것에만 있다면
저작물의 동일성 유지에 대한 문제는 일어나지 않는다. 따라서 동일성유지권
이 미치는 한계선을 긋는 기준은 개변된 저작물의 창작성 있는 표현이 잔존
하고 있는지 여부를 기준으로 하여 판단하면 되고, 그 범위는 저작권이 미치
는 2차적저작물의 범위를 획정하는 '실질적 유사성'의 범위와 일치한다. 서울
고등법원도 "어떤 저작물이 기존의 저작물을 다소 이용하였더라도 기존의 저
작물과 실질적인 유사성이 없는 별개의 독립적인 신저작물이 되었다면, 이는
창작으로서 기존의 저작물의 저작권을 침해한 것이 되지 아니하고, 동일성유
지권 침해도 되지 않는다"고 판시한 바 있다(서울고판 2019. 12. 19, 2019나2031694).

그러한 법리에 따라 예를 들어 기존의 악곡을 이용하여 야구 응원가를 만
들어 부르는 것과 같은 경우에 그 응원가의 가사에 기존 가사의 표현이 잔존
해 있지 않고 완전히 새로운 가사를 만든 경우에는 기존 가사와 사이에 실질
적 유사성이 없는 경우이므로, 기존 가사에 대한 관계에서 동일성유지권 침해
가 성립하지 않는다('삼성라이온즈 응원가' 사건에 대한 서울고판 2021. 10. 21, 2019나
2016985 참조). 또한 가사와 악곡은 공동저작물이 아니라 서로 별개의 저작물(단

순한 결합저작물)이라고 보므로(이 책 [32] 1. 참조), 그 경우 가사에 대한 변경이 악곡에 대한 동일성유지권 침해가 되는 것도 아니라고 본다(위 서울고판 2021. 10. 21, 2019나2016985 참조).

원저작물의 저작자로부터 허락을 받지 않고 2차적저작물을 작성할 경우 저작재산권으로서의 2차적저작물작성권의 침해 외에 동일성유지권의 침해가 성립할 수 있을까? 이 문제에 대하여도 학자들의 견해가 일치하지 않고 있으나, 이 책은 다음과 같은 이유에서 긍정설의 입장을 취한다.

원저작물의 개변으로 작성된 저작물이 원저작물과 2차적저작물의 관계에 있다면, 새로 작성된 저작물에 원저작물의 창작성 있는 표현이 남아 있는 경우이므로 원저작물의 저작자는 그 부분이 실질적으로 자신의 저작물이라고 주장할 수 있고, 따라서 그 동일성의 유지 여부를 문제삼을 수 있는 지위에 있다. 원저작자가 그러한 주장을 할 수 없게 되는 것은 위에서 본 바와 같이 원저작물의 창작성 있는 표현이 전혀 잔존하지 않을 정도로 개변이 진행되어 완전히 별개 독립의 저작물이 만들어진 경우일 뿐이다.

실질적으로 2차적저작물 작성에 의한 개변에 대하여 원저작자가 허락을 하지 않았는데도 그것이 2차적저작물이라는 이유만으로 원저작자의 동일성유지권 침해를 인정하지 않는다면, 원저작자의 인격적 이익이 충분히 보장된다고 말하기 어렵다. 저작물에 대한 수정·증감이나 변경이 있더라도 "원저작물의 재제 또는 동일성이 인식되거나 감지되는 정도"의 변경이면 '복제물'의 범주에 해당하므로 동일성유지권이 미친다고 하는 것은 대법원 판례상으로도 확립된 입장인데(대판 1989. 10. 24, 89다카12824 참조), 그러한 '복제물'에 해당하는 경우와 '2차적저작물'에 해당하는 경우의 차이점은 복제물의 경우와 달리 2차적저작물의 경우에는 새로운 창작성이 부가되었다고 하는 점뿐이다. 임의적 개변으로부터 보호해야 할 원저작자의 인격적 이익이나 필요의 관점에서는 하등의 차이가 없는 것이다. 예컨대 다른 사람의 미술저작물인 회화작품을 가져다가 새로운 창작성을 부가하여 변경할 경우에 2차적저작물이 될 수 있지만, 그러한 임의의 변경으로 인한 원저작자의 정신적 고통은 새로운 창작성이 부가되지 않은 경우와 별반 차이가 없을 것이다. 저작재산권 중 2차적저작물

작성권을 가지고 해결하면 되지 않겠는가 하고 반문하는 의견이 있을 수 있지만, 저작재산권과 저작인격권은 각각 별도의 존재이유와 법률효과를 가지고 있을 뿐만 아니라 저작재산권은 양도 등에 의하여 저작자가 아닌 자에게 이전될 수도 있으므로 저작자의 인격적 이익을 제대로 보호하기 위해서는 저작인격권으로서의 동일성유지권을 행사할 수 있도록 하지 않으면 안 될 것이다. 대법원 판례의 입장도 아직 약간의 불명료한 부분이 남아 있지만 긍정설의 입장을 취한 것으로 볼 수 있는 여지가 많이 있다(대판 1989. 10. 24, 89다카12824, 1992. 12. 24, 92다31309 등. 자세한 것은 기본서 §12-45 이하 참조).

　　하급심 판결 중에도 허락 없이 2차적저작물을 작성한 것에 대하여 2차적저작물작성권 침해와 함께 동일성유지권 침해를 인정한 사례(서울중앙지판 2008. 7. 24, 2007가합114203)와 동일한 법리를 전제로 하면서 2차적저작물의 범위를 넘어선 창작에 해당한다는 이유로 동일성유지권 침해를 부정한 사례(위 서울고판 2019. 12. 19, 2019나2031694 및 2021. 10. 21, 2019나2016985)를 찾아볼 수 있다.

　(3) 허락에 기한 2차적저작물 작성의 경우

　　저작자의 허락 없이 원저작물을 수정, 변경하여 2차적저작물을 작성할 경우 동일성유지권의 침해가 될 수 있음은 위 (2)에서 자세하게 살펴본 바와 같다. 그렇다면, 저작자의 허락하에 번역, 편곡, 번안이나 영화화 등의 방법으로 2차적저작물을 작성한 경우에는 어떨까? 허락한 방식으로 2차적저작물을 작성하는 데 따른 필연적인 변경에 대하여는 당연히 동일성유지권 침해의 문제가 발생하지 않는 것으로 보아야 하겠지만, 그러한 필연적인 범위에 속하지 않으면서 원저작자의 의사에 반하는 것일 경우 동일성유지권 침해의 문제가 제기될 가능성이 있다. 예컨대 번역의 경우 번역 언어 자체의 한계로 인한 부득이한 표현상의 한계로 원저작자의 표현이 충분하게 번역되지 못했다 하더라도 그것을 동일성유지권 침해라고 볼 수는 없지만, 예컨대 스토리를 비극에서 희극으로 바꾸어 버린다거나 원작에 있는 장면을 삭제하거나 없는 장면을 추가하는 등의 중대한 변경을 함부로 할 경우에는 당연히 동일성유지권 침해가 성립한다. 그러한 본질적이거나 중대한 내용의 변경이 아니라 세부적인 사항의 변경이라 하더라도 번역에 따른 불가피한 것이 아니라 '오역'을 한 것일 경우에는 역시 동일성유지권 침해가 성립할 수 있다. 다만 번역한 나라의 실정에 맞추어 적절히 화폐단위 등을 변경하는 것, 예컨대 프랑스 책자에 나오는 '프랑'이라는 화폐단위를 '원'으로 환산하여 표현을 하는 등의 행위는 동일성유지권 침해가 아니라고 할 수 있다. '번역'의 경우 외에도, 방송드라마의 극본을 집필한 작가의 허락 없이 그 극본의 구체적 내용에 반하여 영상저작물로서의 드라마를 제작하여 방영한 경우도 '세부적 사항의 변경'에 대하여 동일성유지권 침해를 인정할 수 있는 경우라 할 수 있다(서울지법 남부지결 1995. 10. 24, 95카합 3860 참조).

위와 같은 번역, 극본에 따른 드라마 제작 등의 경우를 제외하고 일반적으로는 계약상 특별한 제한을 가하지 않는 한 2차적저작물 작성을 허락받은 이용자에게 비교적 폭넓은 재량이 허용되는 것으로 볼 수 있는 경우가 많을 것이다. 그러한 경우라면, 개변된 내용이 저작자의 명예나 명성을 해치는 경우 또는 통상적인 변형에서 예정하고 있지 않은 본질적인 변형이 이루어진 경우에 해당하지 않는 한 저작자의 허락을 받고 2차적저작물을 작성하는 행위는 저작자의 동일성유지권을 침해하는 것이 아니라고 볼 수 있을 것이라 생각된다(그러한 취지의 판결로는 서울중앙지판 2007. 11. 29, 2007가합77724, 서울고판 2008. 6. 18. 선고 2007나60907 등을 들 수 있다). 결국 정리해 보자면, 저작자의 허락하에 2차적저작물을 작성하는 것이 동일성유지권 침해에 해당하는 것은 ① 개변된 내용이 저작자의 명예나 명성을 해치는 경우, ② 통상적인 변형에서 예정하고 있지 않은 본질적인 변형이 이루어진 경우, ③ 예컨대 번역의 경우와 같이 2차적저작물 작성행위의 성격에 비추어 사회통념상 원저작물의 표현형식 중 세부적인 내용에 대한 변경이 제한되는 것으로 볼 수 있거나 이용허락 계약 등에서 구체적으로 이용자에 의한 일정한 범위의 세부적 변경을 제한하고 있는 경우에 그와 같이 제한되는 범위에 속하는 세부적인 변경을 한 경우 등으로 한정된다고 볼 수 있을 것이다.

(4) 원본을 소훼, 파괴한 경우

예컨대 미술저작물인 명작회화의 원본을 불에 태워 없애거나 건축저작물에 해당하는 건축물을 전부 파괴해 버리는 행위 등이 동일성유지권 침해에 해당하는지도 논의의 대상이 된다. 특히 2010년 5월경 정부가 도라산역 벽화를 작가와 상의 없이 일방적으로 철거, 소각한 것이 문제된 사건을 계기로 이 문제에 대하여 새롭게 많은 논의가 이루어진 바 있다. '전부 파괴'가 부분적 파괴보다 법적으로 가벼운 취급을 받는 것은 부당하다는 이유로 전부 파괴의 경우도 동일성유지권 침해에 해당하는 것으로 보는 것이 우리 법의 해석상 타당하다는 견해도 있으나, 다수 학설은 동일성유지권 침해로 보기는 어렵다는 입장을 취하고 있다.

　동일성유지권에 대한 저작권법 규정은 무체물로서의 저작물 자체를 함부로 개변함으로써 그 동일성(완전성)에 왜곡이나 변경이 초래되고 그에 따라 마치 자신이 그렇게 왜곡 또는 변경된 저작물을 작성한 것처럼 인식될 수 있는 상황이 조성되는 것으로부터 저작자의 인격적 이익을 보호하는 데 그 초점이 있는 것이므로 무체물로서의 저작물이 화체된 유체물 자체를 전부 파괴하는 것은 그러한 개변 등과는 성격이나 차원을 달리하는 것으로서, 그로 인해 저작자의 의도와는 다른 형식이나 내용의 저작물(무체물)에 저작자가 연결되는 일은 있을 수 없으므로, 그러한 유체물 파괴의 경우는 별도의 법적 근거가 마련되지 않는 한, 현행 저작권법상의 동일성유지권에 의하여 저작권자의 통제 범위에 두고자 하는 저작물에 대한 개변행위의 범위에 들지는 않는 것으로 보는 것이 타당하다. '도라산역 벽화 철거' 사건에 대한 서울고등법원 2012. 11. 29. 선고 2012나31842 판결도 결론적으로 벽화의 철거 및 파괴에 대하여 동일성유지권 침해를 인정하지는 않았다.

　이와 관련하여 특정한 장소에 설치되는 것 자체를 미술작품 창작의 중요한 구성요소로 삼은 '장소특정적 미술(site-specific art)'에 대하여는 다르게 보아야 하는 것이 아닌지가 문제된다. '도라산역 벽화 철거' 사건에서도 원고 측에서 '장소특정적 미술'의 경우에는 일반적인 경우와 달리 그것을 원래 있던 장소에서 철거하는 것 자체가 동일성유지권 침해가 될 수 있다고 주장한 바 있다. 이에 대하여 법원은 우리 저작권법상 '장소 특정적 미술'이라는 개념을 인정하여 특별한 법적 효과를 부여한 바가 없다는 이유로 원고의 주장을 받아들이지 않았다(위 서울고판 2012. 11. 29, 2012나31842). 생각건대 위와 같은 의미의 장소특정적 미술의 경우에는 그에 대한 명문의 규정이 없더라도 동일성유지권의 보호와 관련한 법해석 및 적용에 있어서 일정한 고려를 할 수 있으리라 생각된다. 즉 어디에 두든지 상관이 없는 일반 미술작품과 달리, 특정한 공간적 배경을 전제로 하여 조각 작품을 만든 것과 같은 경우에는 그 공간적 배경이 작품의 한 요소가 되고 있는 것이 사실이므로, 그 작품을 저작자의 의사에 반하여 다른 곳으로 옮겨 설치하는 것은 동일성유지권 침해가 될 가능성이 있을 수 있다. 그런 점에서는 장소 특정적 미술이라는 것을 해석론상의 도구개념의 하나로 활용할 수 있으리라 생각된다. 그러나 그것도 그러한 이전 설치 등의 경우에만 문제 삼을 수 있고, 완전히 파괴한 경우에 대하여는 앞서 본 바와 같은 침해부정설의 논리를 그대로 적용하는 것이 일관성 있는 해석이라 생각된다.

한편으로 어느 장소에 설치된 작품을 완전히 파괴하기 위해서는 그 과정에서 기존 장소로부터의 철거과정에서의 일부 훼손 등이 있을 수 있고, 그것만 가지고 따지면 유체물에 화체된 무체물로서의 저작물에도 일부 개변이 있는 것으로 볼 수 있는 측면이 있다. 그 점은 '도라산역 벽화 철거' 사건에서 원고가 동일성유지권 침해의 법리적 근거를 제시한 주장에 포함되어 있기도 하다. 그러나 그러한 일부 훼손은 결국 '전부의 파괴'라고 하는 종국적인 결과의 과정일 뿐이므로 그 과정이 특별히 느리게 진행되면서 공중에게 부분적 파괴의 결과가 노출되었다거나 하는 사정이 없는 한, 파괴의 과정에 흡수된 것으로 보아야 할 것이고, 그것만을 따로 떼어서 동일성유지권 침해라고 볼 것은 아니라 할 것이다. 이에 대한 서울고등법원의 판단도 유사한 취지였다(위 서울고판 2012. 11. 29, 2012나31842).

그리고 위와 같이 동일성유지권 침해가 성립하지는 않는 경우라 하더라도, 사안에 따라서 위법성 있는 행위로 저작자의 정신적 고통을 초래하는 것으로서 민법상의 일반 불법행위에 해당하는 것으로 인정되어 저작자의 위자료 청구가 받아들여지는 경우는 있을 수 있고, '도라산역 벽화 철거' 사건에 대한 서울고등법원 판결과 그 상고심 판결인 대법원 2015. 8. 27 선고 2012다204587 판결이 그러한 입장을 취한 사례였다.

나. 제호의 동일성 유지

제호에 대한 법적 보호는 외적 보호와 내적 보호로 나누어진다. 외적 보호란 제호를 타인의 저작물에서 사용할 수 없도록 하는 보호를 뜻하는데, 앞에서 살펴본 바와 같이 일반적으로 제호만으로는 인간의 사상, 감정의 창작성 있는 표현이라고 볼 수 없다는 이유로 특별한 경우가 아닌 한 그 보호를 부정하고 있다(이 책 [24] 참조). 내적 보호는 어떤 저작물에 붙어 있는 제호 자체를 함부로 변경하지 못하도록 보호하는 것을 말하는데, 동일성유지권에 관한 제13조에서 제호의 동일성을 유지할 권리를 저작자에게 부여하고 있는 것이 바로 그러한 '내적 보호'에 해당한다. 이 규정에 따라, 저작물의 내용, 형식에는 아무런 변경이 없고 제호만 변경한 경우에도 동일성유지권의 침해가 성립한다.

제호의 변경이 동일성유지권 침해가 되기 위해서는 1) 저작자의 허락이 없을 것, 2) 저작자가 저작물에 붙인 제호를 변경하여 저작물을 이용할 것, 3) 그 이용하는 저작물이 기존 저작물과 사이에 실질적 유사성을 유지할 것의 세 요건을 충족할 필요가 있다.

외국에서 수입한 영화를 배급하면서 영화제목을 원작과는 다르게 하여 배급하는 경우가 더러 있는데 그것이 영화 저작자의 허락에 기한 것이 아니라면 제호에 대한 동일성유지권 침해를 구성하는 것으로 보게 될 것이다.

다만 여기서 동일성유지권으로 보호받는 제호는 저작자 자신이 붙인 제호만을 의미한다. 따라서 저작자에 의하여 붙여진 것이 아니라 세상 사람들이 붙인 명칭이나 저작자의 사후에 제3자에 의하여 붙여진 호칭이나 별칭 등을 변경하거나 삭제하는 것은 동일성유지권 침해의 문제가 아니다.

3. 동일성유지권의 제한

가. 의의

저작물의 성질이나 그 이용의 목적 및 형태에 따라서는 저작물의 내용, 형식 또는 제호를 변경해야 할 부득이한 사정이 있는 경우가 있을 수 있다. 그러한 점을 감안하여 저작권법 제13조 제2항은 다음과 같이 규정하고 있다.

■ 제13조 ② 저작자는 다음 각 호의 어느 하나에 해당하는 변경에 대하여는 이의
(異議)할 수 없다. 다만, 본질적인 내용의 변경은 그러하지 아니하다.
  1. 제25조의 규정에 따라 저작물을 이용하는 경우에 학교교육 목적상 부득이하다
    고 인정되는 범위 안에서의 표현의 변경
  2. 건축물의 증축·개축 그 밖의 변형
  3. 특정한 컴퓨터 외에는 이용할 수 없는 프로그램을 다른 컴퓨터에 이용할 수
    있도록 하기 위하여 필요한 범위에서의 변경
  4. 프로그램을 특정한 컴퓨터에 보다 효과적으로 이용할 수 있도록 하기 위하여
    필요한 범위에서의 변경
  5. 그 밖에 저작물의 성질이나 그 이용의 목적 및 형태 등에 비추어 부득이하다
    고 인정되는 범위 안에서의 변경

먼저 위 규정 단서에서 "다만, 본질적인 내용의 변경은 그러하지 아니하
다"고 규정한 것과 관련하여 '본질적인 내용'이 무엇인지가 문제된다. 저작물
의 성질에 따라 구체적, 개별적으로 판단하여야 할 것이나, 예를 들어 스토리
가 있는 어문저작물의 경우에는 구체적인 자구 표현(문언적 표현)보다는 사건의
전개과정이나 등장인물의 교차 등의 비문언적 표현이 '본질적인 내용'의 주된
부분이 될 것으로 생각된다. 따라서 자구 내지 문장표현의 수정이나 어려운
말을 쉬운 말로 풀이하는 것은 비본질적 부분의 수정이므로 법에서 인정하는
예외적인 경우에는 허용될 수 있다고 하겠고, 예를 들어 소설의 스토리를
비극적 결말에서 희극적 결말로 변경하거나 시대적 배경을 바꾸는 등 비문
언적 표현을 중대하게 변경할 경우에는 본질적인 내용의 변경에 해당하여
법에서 인정하는 예외적인 경우에도 허용되지 아니하는 것으로 본다.

나. 제한되는 경우(제13조 제2항 각호)

(1) 학교교육목적상 부득이한 경우(제1호)

제13조 제2항 제1호는 "제25조의 규정에 따라 저작물을 이용하는 경우에
학교교육 목적상 부득이하다고 인정되는 범위 안에서의 표현의 변경"에 대하
여 그것이 본질적인 변경이 아닌 한 동일성유지권을 주장할 수 없도록 규정
하고 있다. 제25조는 고등학교 및 이에 준하는 학교 이하의 학교의 교육 목적
을 위하여 필요한 교과용도서에는 공표된 저작물을 게재할 수 있고(제1항), 교

과용도서를 발행한 자는 교과용도서를 본래의 목적으로 이용하기 위하여 필요한 한도 내에서 교과용도서에 게재한 저작물을 복제·배포·공중송신할 수 있으며(제2항), 특별법에 따라 설립되었거나 '유아교육법', '초·중등교육법' 또는 '고등교육법'에 따른 학교, 국가나 지방자치단체가 운영하는 교육기관 및 이들 교육기관의 수업을 지원하기 위하여 국가나 지방자치단체에 소속된 수업지원기관은 그 수업 또는 지원 목적상 필요하다고 인정되는 경우에는 공표된 저작물의 일부분(저작물의 성질이나 그 이용의 목적 및 형태 등에 비추어 저작물의 전부를 이용하는 것이 부득이한 경우에는 전부)을 복제·배포·공연·방송 또는 전송할 수 있다(제3항 및 제4항)고 규정하고 있다(이 책 [117] 참조). 이러한 경우에는 학교교육의 목적을 위해 저작재산권을 제한하면서 동시에 교육목적상 부득이하게 저작물의 표현내용을 변경해야 할 필요성이 있을 수 있음을 감안하여 이와 같이 동일성유지권도 제한하고 있는 것이다.

어려운 표현을 쉽게 하거나 사회도덕관념에 부합하지 않는 표현을 교과서에 실을 수 있는 수준으로 순화하는 것 등이 이에 해당할 것이다. 영어 교과서 같은 경우에는 학년에 따라서 난이도를 조정하기 위하여 저학년 교과서의 경우 어려운 단어를 빼고 쉬운 단어로 치환하는 경우도 부득이한 경우로 인정될 가능성이 없지 않다. 다만 부득이하다고 하는 것을 당해 저작물을 게재하기로 결정한 것을 전제로 판단할 것은 아니다. 교육목적에 적합한 것 중에 표현을 변경하지 않아도 될 만한 좋은 소재가 있다면 그것을 우선적으로 채택하여야 할 것이므로 그러한 경우에 굳이 해당 저작물을 채택하여 그 표현을 변경하였다면 결과적으로 부득이한 경우에 해당하지 않는 것으로 보는 것이 타당할 것이다.

(2) **건축물의 변형**(제2호)

제2호는 건축물의 증축·개축 그 밖의 변형의 경우에 동일성유지권이 제한되는 것으로 규정하고 있다. 건축물은 저작물로서의 창작성이 인정되는 경우라 하더라도 거주 기타 목적에 따른 실용적인 기능이 중시될 수밖에 없으므로 그러한 실용적인 필요에서 증축·개축을 하거나 그 밖에 필요한 변형을 할 경우에 저작자의 동일성유지권에 발목이 잡히지 않을 수 있도록 하기 위해 규정한 것이다. 법의 취지가 그러하므로 그러한 실용적 필요 또는 관점에서의 증·개축이나 변형이 아니고 심미적·예술적 관점이나 그러한 측면의 기호(嗜好) 때문에 변경을 가하는 것이라면 이 규정에 해당하지 아니하고 동일성유지권의 침해에 해당하는 것으로 보아야 할 것이다. 건축저작물의 완전파괴의 경우에는 아예 동일성유지권 침해가 문제되지 않는 것으로 볼 것임은 앞에서 설명한 바와 같으므로(위 2. 가. (4) 참조), 그러한 경우에는 이 제한규정과도 관계가 없다.

(3) 특정한 컴퓨터 외에는 사용할 수 없는 프로그램을 다른 컴퓨터에 사용할 수 있도록 하기 위하여 필요한 범위 안에서의 변경(제3호)

제3호는 특정한 컴퓨터 외에는 사용할 수 없는 프로그램을 다른 컴퓨터에 사용할 수 있도록 하기 위하여 필요한 범위 안에서 변경하는 경우에 동일성유지권이 제한되는 것으로 규정하고 있다. 전산환경 통합이나 시스템 업그레이드 등의 이유로 운영 중인 컴퓨터시스템의 운영체제를 윈도우즈에서 Linux나 MAC OS, Unix 운영체제로 변경(소위 '포팅')하는 경우 등을 말한다.

(4) 프로그램을 특정한 컴퓨터에 보다 효율적으로 사용할 수 있도록 하기 위하여 필요한 범위 안에 서의 변경(제4호)

제4호는 프로그램을 특정한 컴퓨터에 보다 효율적으로 사용할 수 있도록 하기 위하여 필요한 범위 안에서 변경하는 경우에 동일성유지권이 제한되는 것으로 규정하고 있다. 32bit용으로 프로그래밍된 것을 64bit용으로 업그레이드 하는 경우가 그 예이다.

(5) 기타 저작물의 성질 등에 비추어 부득이한 경우(제5호)

제5호는 일반적으로 "그 밖에 저작물의 성질이나 그 이용의 목적 및 형태 등에 비추어 부득이하다고 인정되는 범위 안에서의 변경"에 대하여 동일성유지권을 제한하고 있다. 제1호부터 제4호까지의 경우 외에도 저작물의 성질이나 이용 목적 및 형태 등에 비추어 저작물의 수정·변경이 부득이하다고 인정될 수 있는 경우가 다양하게 있을 수 있으나 그것을 일일이 나열하기 어려우므로 위와 같은 불확정개념을 사용하여 일괄적인 규정을 하게 된 것이다. 실제로 어떤 경우가 이 규정에 해당할지 여부는 구체적·개별적으로 신중하게 판단하여야 할 것이다. 이 규정에 해당할 수 있는 구체적인 사례로는 다음과 같은 경우들을 들 수 있다.

첫째, 복제의 기술적인 수단에 따른 부득이한 경우가 있다. 예를 들어 컬러인쇄 출판물의 경우 출판용 3색판의 사용으로 인해 원작의 색채가 충분하게 구현되지 않는다고 하는 회화인쇄기술의 문제가 있을 수 있다. 또한 음악저작물의 녹음 등을 하는 경우에 극도로 높은 음이나 극도로 낮은 음은 수록되지 않는다고 하는 녹음기술상의 문제도 있을 수 있다. 그런가 하면, 조각과 같은 입체적인 작품을 평면적으로 인쇄하는 경우에는 어떻게 하더라도 충분한 입체감을 살릴 수 없다고 하는 제약이 있게 된다. 이러한 제약들로 인한 부득이한 변경은 동일성유지권 제한사유에 해당하게 된다. 그러나 예컨대 컬러작품을 흑백으로 복제하는 것은 제한사유에 해당하지만, 흑백 작품에 색채를 넣어 컬러작품으로 변경하는 것은 부득이한 경우라고 할 수 없으므로 제한사유에 해당하지 아니한다.

둘째, 연주 또는 가창 솜씨의 미숙 등으로 인해 부득이한 경우가 있다. 가창 솜씨의 미숙이나 연습부족으로 인하여 저작자의 음악적 표현을 제대로 살리지 못한 경우에는 동일성유지권의 침해로 보지 아니한다.

셋째, 방송 등의 기술적 수단에 따라 부득이한 경우이다. 예를 들어 TV방송을 함에 따라 평면TV가 아닌 경우 브라운관의 곡률에 따라 네 모서리가 잘려 회화작품이나 영화 등이 완전한 형태로 보이지 않는 것이 그러한 경우로서 동일성유지권이 제한된다. 영화의 TV방영에 따라 화면의 가로세로비율의 변경이 있게 되는 것도 '부득이한' 것으로 인정될 수 있을 것으로 생각된다. 그러나 방송시간대와의 관계에서 방영시간을 맞추기 위해 영화의 일부분을 삭제하고 방영하는 것은 여기서 말하는 '부득이한' 경우에 해당하지 아니한다.

넷째, 프로그램의 이른바 '버그'를 수정하기 위해 부득이한 경우도 이에 해당한다.

[46] 저작인격권의 성질 및 행사

1. 저작인격권의 일신전속성

가. 의의

저작인격권은 저작자 일신에 전속한다(제14조 제1항). 즉 저작인격권은 일신전속성을 가진다. 따라서 저작인격권은 타인에게 양도할 수도 없고 포기할 수도 없다. 그 권리의 행사에 있어서는 대리나 위임이 가능하긴 하지만, 이는 어디까지나 저작인격권의 본질을 해하지 아니하는 한도 내에서만 가능한 것이다. 따라서 실질적으로 저작인격권을 양도하는 것과 마찬가지의 결과를 초래하는 포괄적인 위임은 허용되지 않는 것으로 본다(대판 1995. 10. 2, 94마2217 참조). 만약 저작인격권을 사전에 포기하는 약정 또는 타인에게 양도하는 약정을 하거나 혹은 위와 같이 타인에게 포괄적으로 위임하는 약정을 하더라도 그러한 약정은 무효라고 보아야 한다. 저작인격권은 재산상속인들에게 상속되지도 않는다. 저작자가 자연인일 경우에는 그가 사망한 때에 본래적 의미의 저작인격권은 소멸하고(대판 2008. 11. 20, 2007다27670), 다음에서 보는 저작자의 사후 인격적 이익의 보호에 관한 제14조 제2항 및 제128조의 규정이 적용될 뿐이다.

저작인격권의 일신전속성은 저작자가 자연인인 경우에만 인정되는 것은 아니다. '업무상저작물'의 저작자인 법인 등 단체가 가지는 저작인격권도 일신전속성을 가지는 것은 마찬가지이다. 법인일 경우에는 법인이 존속하는 한 장기간 계속 저작인격권을 행사할 수 있다. 법인이 합병한 경우에도 합병 후의 법인이 합병 전의 법인과 동일성을 가지고 있다고 평가될 경우에는 그 법인은 저작자의 지위를 상실하지 않은 것으로 해석된다.

나. 저작인격권 불행사특약의 효력

저작인격권은 일신전속적인 권리이므로 양도할 수도 없고 포기할 수도 없는 성질을 가지고 있음은 위에서 본 바와 같다. 따라서 2차적저작물작성권을 포함하여 저작재산권을 전부 양도하여 원저작자에게 저작재산권은 전혀 남아 있지 않은 경우에도 저작인격권은 원저작자에게 남아 있는 것으로 보게 된다. 이러한 법리는 저작자의 인격적 이익을 훼손하는 계약으로부터 저작자를 보호하는 역할을 수행하고, 저작물의 상업적 이용자에 비하여 경제적 약자의 입장에 처하는 경우가 많은 저작자에게 최후의 보루와도 같은 기능을 담당하는 면이 있다고 할 수 있다.

그러나 다른 한편으로는 저작자에게 경제적 대가를 지급한 후 저작물을 최대한 자유롭게 활용하여 경제적 이윤을 취하고자 하는 상업적 이용자의 입장에서는 어떤 계약에도 불구하고 저작자에게 저작인격권이 남아 있다는 것이 하나의 암초와도 같은 법적인 리스크로 다가오는 부분이 있을 수 있다.

저작권계약의 실무에서는 위와 같은 법적 리스크를 최대한 회피하기 위해 저작인격권에 대한 '불행사특약'을 받아두는 경우가 많다.

저작인격권의 불행사특약은 상대방과의 채권적 계약이라는 점에서 저작인격권의 대세적(對世的), 물권적인 '포기'와는 다르다고 할 수 있다. 그렇지만 그 효력을 제한 없이 광범위하게 인정하면 저작인격권이 가지는 일신전속성의 본질을 훼손할 우려가 있다. 따라서 이 특약도 포괄적인 것이면 무효라고 보아야 할 것이고, 저자자명을 허위로 변경하기로 하는 취지나 저작자의 명예나 성망을 훼손하는 변경을 허용하는 취지의 약정도 무효라고 보아야 할 것이다. 그러한 문제가 없고 구체적 특정성이 있는 불행사특약만 그 효력을 긍정할 수 있으리라 생각된다(자세한 것은 기본서 §12-93-1 참조).

2. 저작자 사후의 인격적 이익의 보호

가. 의의

저작인격권의 일신전속성의 원리를 관철한다면, 저작자의 저작인격권은 그의 생존기간 동안만 인정되고 그가 사망하면 소멸하는 것으로 보는 것이 타당할 것이다. 자연인이 사망한 후에는 아무런 권리의무의 주체가 될 수 없는 것이 당연하고, 또 저작인격권의 일신전속성에 따라 그 상속을 인정할 수 없기 때문이다. 그러나 그렇게만 보게 될 경우, 저작자가 사망하기만 하면 누구나 함부로 미공표 저작물을 공표하거나 저작자의 성명을 다른 이름으로 표

시하여 배포하는 행위 또는 저작물의 내용을 변경하여 동일성을 해하는 행위
를 하여도 아무런 조치를 취할 수 없게 되어 사자의 명예를 크게 훼손할 수
있을 뿐만 아니라 문화유산의 보전에도 많은 어려움과 혼란을 안겨줄 우려가
있다.

이 문제에 대하여 입법적으로 대응하는 방안으로는 ① 그러한 면이 있더
라도 일신전속성의 원리를 관철하여 저작자의 사망으로 저작인격권은 완전히
소멸하는 것으로 정하는 방안(그러나 이 방안은 베른협약상의 저작인격권 보호 기준에 미치
지 못하게 되는 문제가 있다. 베른협약은 제6조의2 제2항에서 저작인격권은 저작자의 사후에 있어서
도 적어도 저작재산권이 소멸하기까지 존속하는 것으로 규정하고 있다), ② 그러한 면을 고려
하여 일신전속성의 원리에는 반하지만 저작인격권의 상속을 인정하는 방안,
③ 저작자 사망시 저작인격권이 소멸하는 것으로 전제하되 저작자 사후의 인
격적 이익의 보호에 관한 특별 규정을 두는 방안 등 3가지의 길이 있을 수 있
다. 우리나라 저작권법은 ③의 방안을 채택하고 있다. 즉 저작권법은 저작자
가 사망할 경우 그 저작인격권은 소멸한다는 전제하에, 다음과 같은 규정들을
두고 있다.

■ 제14조 ② 저작자의 사망 후에 그의 저작물을 이용하는 자는 저작자가 생존하였
더라면 그 저작인격권의 침해가 될 행위를 하여서는 아니 된다. 다만, 그 행위의
성질 및 정도에 비추어 사회통념상 그 저작자의 명예를 훼손하는 것이 아니라고
인정되는 경우에는 그러하지 아니하다.
■ 제128조(저작자의 사망 후 인격적 이익의 보호) 저작자가 사망한 후에 그 유족(사망한
저작자의 배우자·자·부모·손·조부모 또는 형제자매를 말한다)이나 유언집행자는 해당
저작물에 대하여 제14조 제2항을 위반하거나 위반할 우려가 있는 자에 대해서는
제123조에 따른 청구를 할 수 있으며, 고의 또는 과실로 저작인격권을 침해하거나
제14조 제2항을 위반한 자에 대해서는 제127조에 따른 명예회복 등의 청구를 할
수 있다.

제14조 제2항은 저작자 사망 후 인격적 이익의 보호를 위하여 금지되는
행위를 규정하고 있고, 제128조는 그 규정을 위반한 경우의 구제수단에 대하
여 규정하고 있다.

나아가 제137조 제1항 제3호에서는 위 제14조 제2항을 위반한 자에 대하여 1년 이하의 징역 또는 1천만원 이하의 벌금에 처하도록 규정하고 있다.

이 규정들은 저작자의 인격적 이익을 사후에라도 일정한 한도에서 보호하는 것이 저작자의 인격적 이익을 두텁게 보호하는 면에서 타당하다는 측면 외에 위에서 본 바와 같이 문화유산의 보호라고 하는 공공적인 필요성도 반영한 것이라고 할 수 있다.

나. 보호의 요건

제14조 제2항 본문에서 "저작자의 사망 후에 그의 저작물을 이용하는 자는 저작자가 생존하였더라면 그 저작인격권의 침해가 될 행위를 하여서는 아니 된다"고 규정하고 있으므로 원칙적으로 저작인격권 침해의 요건에 해당하면 제14조 제2항 위반에 해당한다고 볼 수 있다. 다만 제14조 제2항 단서는 "다만, 그 행위의 성질 및 정도에 비추어 사회통념상 그 저작자의 명예를 훼손하는 것이 아니라고 인정되는 경우에는 그러하지 아니하다"고 규정하고 있으므로 이 규정에 해당하는 경우에는 예외적으로 제14조 제2항의 위반에 해당하지 않는다. 대법원은 소설가 이광수 사후의 저작물 출판시 일부 내용을 수정한 것과 관련하여 "수정한 내용이 주로 해방 후 맞춤법 표기법이 바뀜에 따라 오기를 고치거나 일본식 표현을 우리말 표현으로 고친 것으로서, 망인 스스로 또는 그 작품의 출판권을 가진 출판사에서 원작을 수정한 내용과 별로 다르지 않다면 그 수정행위의 성질 및 정도로 보아 사회통념상 저작자의 명예를 훼손한 것으로 볼 수 없"다는 이유로 위 규정 위반이 아니라는 취지로 판시한 바 있다(대판 1994. 9. 30, 94다7980).

결국 우리 저작권법은 저작자의 사망이나 소멸 후에는 구체적인 여러 정황에 비추어 사회통념상 저작자의 명예를 훼손할 가능성이 없는 것으로 보이는 경우에는 그 범위 내에서 미공표 저작물의 공표, 성명표시 방법 등의 수정, 저작물의 내용, 형식 및 제호의 변경 등 행위를 할 수 있도록 용인하고 있다고 볼 수 있다. 예를 들어 저작자가 사망하고 난 후에 그 성명을 필명이 아니라 실명으로 표시하는 행위 등이 이에 해당한다.

제14조 제2항은 "저작자의 사망 후에"라고 하여 자연인의 사망에 해당하는 표현만을 사용하고 있어서 이 규정은 자연인이 사망한 경우에만 적용되고, 업무상저작물의 저작자인 법인 기타 단체의 경우에는 적용되지 않는 것이 아닌가 하는 의문이 있을 수 있다. 그러나 이 문제에 대하여 대다수의 학설은 법문의 표현에도 불구하고 법인 기타 단체가 해산 등의 사유로 소멸한 경우에도 이 규정의 적용을 받을 수 있는 것으로 보고 있다.

다. 구제수단의 행사 주체 및 종류

저작자 사후의 인격적 이익 보호에 관한 제14조 제2항의 규정이 있다고 하더라도 보호의 대상이 되는 저작자는 이미 사망한 후이고, 또한 이와 같이 보호되는 저작자의 인격적 이익이 상속의 대상이 되는 것도 아니므로 법에서 특별히 민사적 구제를 취할 수 있는 자격에 관하여 따로 규정하지 않으면 민사적으로 구제를 받는 것은 불가능할 것이다. 그러한 점을 감안하여 저작자 사후의 인격적 이익을 충실하게 보호하기 위하여 제128조에서는 "그 유족(사망한 저작자의 배우자·자·부모·손·조부모 또는 형제자매를 말한다)이나 유언집행자는 해당 저작물에 대하여 제14조 제2항을 위반하거나 위반할 우려가 있는 자에 대해서는 제123조에 따른 청구를 할 수 있으며, 고의 또는 과실로 저작인격권을 침해하거나 제14조 제2항을 위반한 자에 대해서는 제127조에 따른 명예회복 등의 청구를 할 수 있다"고 규정하고 있다.

먼저, 구제수단의 행사 주체는 저작자의 유족이나 유언집행자이다. 저작자가 법인 기타 단체인 경우는 구제수단을 행사할 주체 자격이 법에 정해져 있지 않으므로 민사적 구제를 받을 수 있는 길이 없다고 할 수 있고, 뒤에서 보는 형사적 구제의 대상이 될 뿐이다. 유족의 범위는 재산상속인의 범위와는 다르고, 위와 같이 저작자의 배우자·자·부모·손·조부모 또는 형제자매만을 의미하는 것으로 한정되어 있다. 이들 중 한 사람에 해당하면 그가 저작자의 재산상속인이 아니더라도 구제수단을 행사하는 주체가 될 수 있다. 반면에 이들 중 한 사람에 해당하지 않으면 재산상속인이라고 하더라도 제128조에 의한 구제수단을 행사하는 주체가 될 수 없다. 여기에 나열된 유족 및 유언집행자가 모두 사망하고 나면 결과적으로 민사적 구제를 받을 길은 없어지고 형사적 구제의 대상으로만 남게 된다.

다음으로, 구제방법의 종류는 침해의 정지 등 청구와 명예회복 청구로만 한정되어 있고, 손해배상청구를 할 수는 없다. 손해배상청구를 인정하지 않은 이유는, 저작자의 저작인격권이 상속 되는 것이 아니라 저작자의 사후 인격적 이익의 보호를 위하여 필요한 구제수단과 그 행사 주체를 법이 정하고 있을 뿐이므로 구제수단의 행사자인 유족 등에게 손해배상금을 청구하여 받을 수 있는 권리를 부여하는 것은 입법취지에 반하기 때문이다.

형사적 구제의 면에서는, 제14조 제2항을 위반한 자에 대하여 1년 이하의 징역 또는 1천만원 이하의 벌금에 처하도록 규정하고 있고(제137조 제1항 제3호), 이는 고소가 없어도 논할 수 있는 비친고죄로 규정되어 있다(제140조 제2호). 이 규정의 적용은 국가형벌권의 발동에 의하여 가능하고 특별히 구제수단의 행사자가 따로 있을 필요가 없으므로 법인 기타 단체의 경우에도 적용되며, 저작자가 자연인일 경우 유족 및 유언집행자가 모두 사망한 후에도 적용된다. 법에서 특별히 기간의 제한을 규정하고 있지 않으므로 영구적으로 적용될 수 있는 것이나, 세월이 많이 흐른 경우에는 특별한 경우가 아닌 한 실질적인 가벌성이 현저히 줄어들게 될 것이다.

위에서 본 바와 같은 구제수단 행사 주체로서의 유족등의 권리는 저작자 사후의 인격적 이익의 보호에 반하는 행위가 있을 경우 위와 같은 구제수단을 통해 구제를 받을 수 있는 소극적인 권리에 그치는 것이고 다른 사람의 그러한 행위를 적극적으로 허락할 권리가 포함된 것은 아니다. 따라서 유족 등으로부터 허락을 받았다고 하더라도 여전히 위 처벌규정에 저촉되어 처벌을 받을 수 있고, 유족 중의 일부로부터 동의를 받았더라도 다른 유족이나 유언집행자가 여전히 민사적 구제를 청구할 수 있는 것으로 보아야 할 것이다.

[47]   기타 저작자의 인격적 이익 보호를 위한 권리

1. 저작물의 수정·증감권

배타적발행권자가 배타적발행권의 목적인 저작물을 발행 등의 방법으로 다시 이용하는 경우(제58조의2 제1항) 및 출판권자가 출판권의 목적인 저작물을 다시 출판하는 경우(제63조의2)에 저작자는 정당한 범위 안에서 그 저작물의 내용을 수정하거나 증감할 수 있다(이 책 [78] 1. 및 [89] 1. 참조). 이러한 수정·증감권은 배타적발행권자 및 출판권자와의 관계에서 법이 인정한 권리로서 우리 저작권법상 저작인격권의 지분권 가운데 하나로서의 지위를 가지고 있는 것은 아니지만 저작자의 인격적 이익을 보호하기 위한 규정들인 것은 분명하다. 따라서 저작재산권자가 아니라 '저작자'가 그 주체이다. 저작재산권(복제권)을 양도하여 복제권자가 아니게 된 저작자도 포함되지만 저작자가 사망한 후에 그 유족이 행사할 수 있는 것은 아니다. 한편, 배타적발행권자 또는 출판권자는 배타적발행권 또는 출판권의 목적인 저작물을 다시 발행 등의 방법으로 이용하거나 출판하고자 하는 경우에 특약이 없는 때에는 그때마다 미리 저작자에게 그 사실을 알려야 할 '통지의무(通知義務)'를 가지는바(제58조의2 제2항, 제63조의2), 이 규정들은 위와 같은 저작자의 '수정·증감권'을 실질적으로 보장하기 위한 것이다.

2. 명예권

저작권법 제124조 제2항은 "저작자의 명예를 훼손하는 방법으로 그 저작물을 이용하는 행위는 저작인격권의 침해로 본다"고 규정하고 있다. 공표권, 성명표시권, 동일성유지권 등 저작인격권의 각 지분권 침해에 해당하지 않을 경우에도 저작자의 명예를 훼손하는 방법으로 저작물을 이용할 경우에는 저작인격권 침해행위로 간주되도록 보충적인 규정을 둠으로써 특히 저작물의 창작의도에 반하거나 저작물에 표현된 예술적 가치의 손상을 가져오는 저작물 이용행위로부터 저작자를 보호하고자 한 것이다. 저작인격권의 세 가지 지분권 중 어느 권리를 침해한 것으로 볼 것인지는 특정하지 않았으므로 세 가지 지분권을 모두 포괄하는 의미에서의 저작인격권을 침해한 것과 마찬가지로 간주한다는 의미로 보면 될 것이다.

원래 저작인격권은 개인의 인격 자체를 직접적인 보호대상으로 하는 것이 아니라 그 인격이 화체된 저작물을 보호함으로써 간접적으로 저작자 개인의 인격적 이익을 보호한다고 하는 점에서 민법상의 일반적 인격권과 구별되는 특징이 있다고 할 수 있는데, 명예권의 경우는 실질적으로 개인의 인격 자체를 보호하는 면이 있어 민법상의 명예훼손에 대한 권리 가운데 저작물의 이용과 관련된 특수영역을 다루고 있다고 할 수 있고, 그런 점에서 저작인격권과 민법상 인격권의 중간영역에 있는 권리라고 말할 수 있다.

저작자의 명예를 훼손하는 방법으로 저작물을 이용하는 행위의 예로는 예술작품인 나체화를 스트립쇼를 하는 주점의 간판에 사용하는 경우 등이 들어진다.

다만 그러한 이용방법에 의하여 저작자의 명예가 구체적으로 훼손되었다는 것을 입증할 필요는 없고, 사회통념상 명예훼손의 우려가 높다고 인정되는 이용방법이라고 판단되면 족한 것이다.

한편, 저작자 사후 인격적 이익의 보호에 관한 제14조 제2항에서 "저작자의 사망 후에 그의 저작물을 이용하는 자는 저작자가 생존하였더라면 그 저작인격권의 침해가 될 행위를 하여서는 아니 된다"고 규정한 내용 중 '그 저작인격권의 침해가 될 행위'에는 공표권, 성명표시권, 동일성유지권의 침해뿐만 아니라 본 조항에 저촉되는 경우도 포함되는 것으로 보아야 할 것이다.

제 3 절 저작재산권

[48] 개관

저작재산권은 저작물의 이용으로부터 생기는 경제적 이익을 보호하기 위한 권리이다. 저작권법은 저작재산권에 포함되는 권리의 종류로서 복제권(제16조), 공연권(제17조), 공중송신권(제18조), 전시권(제19조), 배포권(제20조), 대여권(제21조), 2차적저작물작성권(제22조) 등을 인정하고 있다.

법문의 표현만으로는 그 성격이 분명하게 나타나 있다고 보기 어려우나, 위와 같은 7가지 종류의 저작재산권은 저작권자가 독점적·배타적으로 가지는 배타적 지배권의 성격을 가진다. 그리고 그러한 배타적인 지배권으로서의 저작재산권은 기본적으로 저작권법에서 규정하고 있는 종류에 한하여 인정된다.

저작권자는 이러한 배타적 권리에 터잡아 주로 타인, 특히 출판업자, 영화제작사, 방송사, 음반기획사 등 전문적 사업자로 하여금 자신의 저작물을 이용할 수 있도록 허락하고, 그로부터 대가를 취득하는 방법으로 경제적 이익을 취하게 된다. 저작재산권은 위와 같이 여러 가지 내용의 권리들이 한데 모인 포괄적인 권리로서 이른바 '권리의 다발(bundle of rights)'이며, 그것을 이루는 여러 권리들은 소위 '지분권(支分權)'으로서 각각 분리하여 양도할 수 있다.

[49] 복제권

1. 복제권의 의의

저작권법은 다음과 같이 저작자의 복제권에 대하여 규정하고 있다.

■ 제16조(복제권) 저작자는 그의 저작물을 복제할 권리를 가진다.

이 규정에 따라 저작자는 자신의 저작물을 스스로 복제하거나 타인에게 이를 할 수 있도록 허락하거나 하지 못하도록 금지할 배타적인 권리를 가진다. 따라서 타인이 저작권자의 허락 없이 저작물을 복제할 경우, 복제권의 침해가 성립한다. 이 복제권은 모든 종류의 저작물에 관하여 적용되는 권리로서 저작재산권의 여러 지분권 중에서 가장 기본적인 권능이다.

저작재산권의 지분권들은 모두 저작물의 특정한 이용행위에 대한 배타적 권리로 규정되어 있으므로 각각의 지분권을 정확하게 이해함에 있어서는 그 지분권에 해당하는 특정한 이용행위의 개념 범위를 정확하게 파악하는 것이 가장 중요한 일이다.

2. 복제권의 내용

가. '복제'의 의의

(1) 저작권법의 규정

복제권의 경우에는 저작물의 '복제'라는 이용행위에 대한 권리이므로, '복제'의 의미가 무엇인지가 무엇보다 중요하다. 저작권법은 '복제'의 개념을 다음과 같이 정의하고 있다.

■ 제2조 제22호: "복제"는 인쇄·사진촬영·복사·녹음·녹화 그 밖의 방법으로 일시적 또는 영구적으로 유형물에 고정하거나 다시 제작하는 것을 말하며, 건축물의 경우에는 그 건축을 위한 모형 또는 설계도서에 따라 이를 시공하는 것을 포함한다.

(2) 유형물에의 고정 등

먼저 유형물에 고정하거나 유형물로 다시 제작한다고 하는 것이 복제의 중요한 개념요소이다. 컴퓨터 파일형태로 된 저작물을 컴퓨터 하드디스크나 USB 등 전자적 기록매체에 저장하는 이른바 '디지털 복제'도 복제에 해당하는 것으로 보는데, 그것은 이러한 디지털 복제도 유형물인 하드디스크 등 매체에 저장되는 것이므로 '유형물에의 고정'에 포함되기 때문이다. 2000년의 저작권법 개정시 복제의 개념에 '유형물로 다시 제작하는' 행위에 추가하여 '유형물에의 고정'을 포함시킨 것은 디지털 복제를 명확히 저작권법상의 복제에 포함시키고자 한 취지가 포함되어 있었다. 대법원도 무형물인 mp^3 파일을 컴퓨터 하드디스크에 저장하는 행위는 '유형물로 다시 제작하는 것'에는 해당하지 않지만 '유형물에의 고정'에는 해당한다고 판시한 바 있다(대판 2007. 12. 14, 2005도872). 아날로그정보를 디지털신호로 변환하는 이른바 '디지털화'도 그 과정에 필연적으로 유형물인 기록매체에의 저장이 수반된다는 점에서 저작권법상의 복제에 해당하는 것으로 보는 데 별 문제가 없다.

그러나 이른바 '무형복제(無形複製)'라고 일컬어지는, 저작물의 공연·방송·연주·가창(歌唱)·연술(演述) 등은 '유형물에의 고정'이나 '유형물로 다시 제작'하는 등의 요소가 없으므로 저작권법상 '복제' 개념에 포함되지 아니한다. 이들 무형복제에 대하여는 공연권·공중송신권 등의 지분권을 별도로 규정하고 있다.

다만 각본이 무대에서 연극으로 상연되거나 그것이 방송되는 경우에 그러한 상연이나 방송을 녹음, 녹화하는 것은 어문저작물인 각본의 복제에 해당하는 것으로 볼 수 있다. 각본이 유형물로 고정되거나(디지털 녹화 등의 경우) 유형물로 다시 제작된 경우(DVD 등으로 제작된 경우)에 해당하기 때문이다. 마찬가지로 어떤 악곡이 연주되거나 가창되었을 경우 그 실연을 녹음하는 행위는 실연의 복제일 뿐만 아니라 악곡의 복제에도 해당한다.

(3) 복제의 방법

복제의 방법이나 수단에는 제한이 없다. 인쇄·사진촬영·복사 등의 '가시적인 복제'뿐만 아니라 녹음·녹화 등의 '재생가능한 복제'도 포함된다. 소설이나 논문을 인쇄하거나 회화나 조각을 사진촬영하는 것, 책 등을 복사기로 복사하는 것 또는 음악의 실연을 음반으로 제작하는 것 등은 복제의 대표적인 예라고 할 수 있다. 기계적·전자적·화학적 방법에 의하는 것 외에 손으로 베끼는 것(필사)도 '그 밖의 방법'에 의한 복제에 포함된다. 유형물이기만 하면 종이·나무·플라스틱·강철·고무·유리·석고·옷감·완구 등 어느 것에 수록하더라도 모두 복제로 된다. 원작을 복제하는 직접복제뿐만 아니라, 복제물을 복제하는 간접복제도 복제에 포함된다.

(4) 일시적 저장

저작권법상 '일시적 저장'의 문제는 원래 컴퓨터의 주기억장치(RAM)에 저작물을 저장하는 것을 저작권법상의 '복제'에 해당하는 것으로 볼 것인가 하는 문제에서 출발하였다. 컴퓨터의 주기억장치인 램(RAM)은 반도체로 만들어진 빠른 속도의 기억장치로서 대개의 경우 컴퓨터의 전원이 켜져 있는 동안에만 저장기능을 발휘하고, 일단 전원이 꺼지면 다른 '영구적'인 저장장치에 저장해 두지 않는 한, 저장된 자료가 모두 사라져 버리는 '임시성'을 속성으로 하고 있기 때문에, 2011년의 저작권법 개정 전에는 이러한 램에의 저장은 '복제'의 개념요소인 '고정'의 요건을 충족하지 못하므로 복제의 개념에 포함되지 않는다고 보는 견해가 많았다. 한편으로, 램에의 저장 외에도, 캐싱(caching) 등의 기능에 의한 하드디스크에의 일시적 저장도 '복제'의 개념에 해당하는지 함께 논의되어 왔다.

이러한 일시적 저장이 복제가 아니라고 보게 되면, 온라인상에 수없이 일어나는 일시적 저장에 대하여 저작권자의 권리가 미치지 않게 되어 디지털 네트워크 환경에서의 저작물 유통에 대한 법적인 리스크가 줄어드는 장점이 있지만, 이용자가 저작물을 영구적인 형태로 복제할 필요 없이 일시적으로 저장하는 형태로 저작물을 이용할 수 있도록 하는 소프트웨어 임대(ASP 등) 또는 콘텐츠 접속 등의 유료 서비스를 비즈니스 모델로 하는 사업자에게는 법적인 보호의 공백을 초래하는 문제가 있을 수 있다. 이른바 소유의 시대에서 '접속의 시대'로의 패러다임 전환과 관련하여 일시적 저장에도 저작권이 미치기를 바라는 산업 현장으로부터의 수요는 갈수록 늘어날 것이다. 그러나 다른 한편으로는 일시적 저장을 모두 복제라고 보게 될 경우에, 저작권자의 배타적 권리가 너무 광범위하고 강력하게 온라인 네트워크 전반에 미치게 되어 온라인상의 저작물 유통을 크게 경색시키는 문제를 초래할 수도 있다. 위와 같은 특별한 비즈니스 모델 외의 대부분의 일시적 저장은 경제적으로 별다른 중요성을 띠지 않고 있음에도 '개념적으로' 복제에 해당한다는 이유로 모두 배타적 권리에 묶이게 하는 것은 결코 바람직하지 않다.

　이러한 딜레마를 어떻게 해결할 수 있을까 하는 것이 '일시적 저장' 문제에 관한 법·정책적 고민의 핵심을 이룬다. 이 문제를 해결하는 데 있어서 지나치게 관념적인 접근만을 하면 실제적인 면에서 큰 대가를 치르게 될 수 있다. 즉, 법리적·개념적으로 일시적 저장도 복제라고 생각하여 그것을 복제로 다루는 데서 그치면 온라인상의 정보유통의 흐름에 매우 큰 부정적 영향을 미치게 될 것이고, 역시 법리적·개념적으로만 접근하여 그것이 복제가 아니라고만 하고 말면, '접속의 시대'의 새로운 패러다임에 부합하는 신 비즈니스의 보호에 저작권법이 무기력한 모습을 보이게 되는 문제가 있을 수 있다. 결국 양극단을 지양하는 중도절충적인 해법이 필요한데, 그 해법은 '일시적 저장'을 복제에서 아예 제외하는 데서 나올 수는 없다. 일시적 저장을 적어도 일정한 범위에서는 '복제'라고 보는 데서 출발하여, 그 예외를 비교적 광범위하게 인정하는 것이 가장 합리적인 해법이다.

　우리나라도 한·미 FTA의 이행을 위한 2011. 12. 2.자 개정법에 기본적으로 위와 같은 취지의 내용을 저작권법에 반영하였다.

　개정 저작권법은 위와 같이 제2조 제22호의 '복제'에 대한 정의 규정에 "일시적 또는 영구적으로"라는 표현을 추가하여 '일시적 복제'도 복제에 해당함을 분명히 하는 한편, 일시적 복제에 대하여 비교적 광범위한 저작재산권 제한사유를 인정하는 제35조의2를 신설하였다(이 규정에 대하여 자세한 것은 이 책 [129] 참조).

　개정 저작권법 상의 일시적 복제의 개념에는 ① 램(RAM)에의 일시적 저장(램에의 일시적 저장이 저작권법상의 '일시적 복제'에 해당한다는 것은 '오픈캡처' 사건에 대한 대판 2017. 11. 23, 2015다1017, 1024, 1031, 1048도 인정하였다)과 ② 캐싱 등에 의한 하드디스크에의 일시적 저장이 모두 포함되는 것으로 봄이 입법의 경위, 목적 등에 비추어 타당하다. 다만 일시적 저장 중에서도 순간적·과도적인 것으로 볼 수 있는 일정한 유형의 경우에는 여전히 '고정'의 요건을 충족하지 못하여 복제의 개념에 포함되지 않는 경우가 있을 수 있다고 생각된다. 즉, 우리 저작권법상 디지털 복제가 복제로 인정되기 위하여는 개정법하에서도 여전히 '유형물에의 고정'에 해당하여야 하므로 개정법상의 '일시적 복제'로서 복제의 개념에 해당하기 위해서는 비록 일시적이라 하더라도 사회통념상 유형물에의 '고정'에 해당하는 것으로 볼 수 있는 최소한의 저장 시간(duration)을 요하는 것으로 볼 수 있는 것이다{미국의 판례 중 Cartoon Network LP, LLLP v. CSC Holdings, Inc. 536 F.3d 121, 127-130(C.A.2 (N.Y.), 2008) 참조}. 따라서 ① 컴퓨터에서의 프로그램의 실행과 관련하여 처리장치(CPU)의 읽기, 비디오램에의 입력, ② 디지털TV의 시청과 관련하여 압축음성, 영상 데이터의 버퍼에의 저장, ③ 네트워크에서의 데이터의 전달과 관련하여 이메일 등의 전달과정에서의 저장 등의 경우는 순간적·과도적인 성격이 강하여 개정 저작권법하에서도 '복제'의 개념에 포함되지 않는 것으로 보는 것이 타당하지 않을까 생각된다.

(5) 건축의 경우

제2조 제22호는 건축저작물에 관하여 설계도서나 모형에 따라서 건물을 시공하는 것을 건축저작물의 복제로 보는 규정을 두고 있다(이 규정의 해석과 관련하여 자세한 것은 이 책 [15] 3. 참조).

(6) 링크의 경우

인터넷상의 타인의 저작물을 자신의 웹사이트 등에 링크시키는 것이 저작권법상의 복제에 해당하는지가 문제되는데, 대법원은 "인터넷 링크(Internet link)는 인터넷에서 링크하고자 하는 웹 페이지나, 웹사이트 등의 서버에 저장된 개개의 저작물 등의 웹 위치 정보 내지 경로를 나타낸 것에 불과하여, 비록 인터넷 이용자가 링크 부분을 클릭함으로써 링크된 웹페이지나 개개의 저작물에 직접 연결한다 하더라도, 이는 … '유형물에 고정하거나 유형물로 다시 제작하는 것'에 해당하지 아니한다"는 이유로 링크 자체가 복제에 해당하지는 않는 것으로 보고 있다(대판 2010. 3. 11, 2009다4343. 다만 불법복제물에 링크시킨 경우에는 상황에 따라 복제권 침해의 방조행위로 인정될 수 있다. 링크에 대하여 자세한 것은 이 책 [51] 5. 참조).

나. '복제'의 인정범위

복제에 해당하기 위해서는 반드시 기존저작물의 전부를 그대로 베낄 것을 요하는 것은 아니다. 저작물의 일부를 복제하는 경우에도 그것이 그 저작물의 창작성이 있는 부분을 복제한 것으로서 양적인 상당성을 갖춘 경우에는 복제에 해당하는 것으로 보아야 하며, 저작물의 문언적 표현을 복제한 경우가 아니라 비문언적 표현(이 채 [179] 3. 참조)을 복제한 경우에도 그것이 기존의 저작물과 동일성(실질적 유사성)이 있는 것으로 판단되는 경우에는 복제로 인정된다. 한편 새로 제작된 작품이 기존의 저작물과 유사하더라도 그것이 기존의 저작물에 '의거'하여 제작한 것이 아니고 단지 우연의 일치에 의한 것일 뿐이라면 복제에 해당한다고 할 수 없으므로, 그러한 주관적인 요소('의거')도 복제의 개념에 포함되는 것이다(이 책 [178] 참조). 그 입증의 어려움을 경감하기 위해 판례는 기존의 저작물에 대한 '접근가능성(access)'(이 책 [178] 2. 가. 참조)이나 '현저한 유사성'(이 책 [178] 2. 나. 참조) 등이 인정되면 해당 저장물에 대한 '의거'가 인정될 수 있는 것으로 보고 있다.

[50] 공연권

1. 공연권의 의의

저작권법은 다음과 같이 저작자의 공연권에 대하여 규정하고 있다.

▪ 제17조(공연권) 저작자는 그의 저작물을 공연할 권리를 가진다.

이 규정에 따라 저작자는 자신의 저작물을 스스로 공연하거나 타인에게 공연할 수 있도록 허락하거나 하지 못하도록 금지할 배타적인 권리를 가진다.

2. '공연'의 의의

가. 규정

공연권의 내용과 범위를 정확하게 이해하기 위해서는 역시 '공연'의 의미를 정확하게 파악할 필요가 있는데, 저작권법은 '공연'을 다음과 같이 정의하고 있다.

> ■ 제2조 제3호: "공연"은 저작물 또는 실연(實演)·음반·방송을 상연·연주·가창·구연·낭독·상영·재생 그 밖의 방법으로 공중에게 공개하는 것을 말하며, 동일인의 점유에 속하는 연결된 장소 안에서 이루어지는 송신(전송은 제외한다)을 포함한다.

위 규정에서 "실연(實演)·음반·방송을"이라고 한 부분은 뒤에서 살펴볼 '저작인접권'에도 '공연'에 대한 권리가 포함되어 있기 때문에 포함된 것이다.

나. 공연의 방법

위 규정은 공연의 방법으로 "상연·연주·가창·구연·낭독·상영·재생 그 밖의 방법"을 나열하고 있다.

위 규정상의 '상연'은 각본이나 무보 기타 연극적 저작물을 무대 위에서 실현시키는 것을 뜻한다. 그리고 음악저작물을 악기로 실연하는 것이 '연주', 음성으로 실연하는 것이 '가창'이다. 동화, 만담, 야담 등을 흥미롭게 말로 표현하는 것이 '구연'이며, 시 등을 소리 내어 읽는 것이 '낭독'이고, 저작물을 영사막에 영사하는 것이 '상영'이다.

원래 상영은 영상저작물을 영사막에 영사하는 것을 뜻하는 단어로 주로 사용되어 왔으나, 오늘날은 저작물의 무형적 전달행위로서 상영이라는 용어에 해당할 수 있는 다양한 유형들이 존재하고 그 대상이 영상저작물에만 한정되는 것도 아니므로, 이러한 모든 경우를 포괄할 수 있도록 상영의 개념을 넓게 파악하는 것이 타당하다. 그것이 저작자의 권리를 보다 두텁게 보호하는 길이기도 하고, 저작자에게 '공중전달권'이라는 포괄적 권리를 인정하도록 하고 있는 WIPO저작권조약 제8조의 취지에 부합하는 것이기도 하다.

따라서 단지 영상저작물을 영사하는 경우만이 아니라 미술, 사진, 어문 저작물 등의 다양한 저작물들을 컴퓨터 화면(각 개인의 PC에서 볼 수 있도록 인터넷 송신을 하는 것은 '공중'에게 상영하는 것이 아니므로, 전송에 해당할 뿐, 공연에는 해당하지 않는 것으로 보아야 할 것이지만, 전람회 등에 설치된 PC화면으로 사진, 미술저작물 등을 디스플레이하여 불특정 다수인이 볼 수 있게 하는 것은 '상영'으로서의 공연에 해당하는 것으로 본다), TV수상기, 빌딩 벽면의 대형 디스플레이, 빔프로젝트 등을 통해 영사막에 영사하는 것을 모두 '상영'으로 볼 수 있다. '전시권'의 대상이 되는 전시는 유형물인 저작물의 원본 또는 복제물을 공중에게 진열하는 등의 행위만을 의미하고 이른바 무형적인 전시는 포함하지 않는 개념으로 보아야 할 것인바(이 책 [52] 참조), 그러한 무형적 전시는 아무런 권리의 대상이 되지 않는 것이 아니라 바로 '상영'에 해당하여 공연권의 대상이 되는 것으로 본다.

한편, 제2조 제3호는 위와 같이 "재생"의 방법도 함께 나열함으로써 상업용 음반이나 DVD 등을 기계적으로 재생하는 방법으로 공중에게 음악을 들어 주거나 영상을 보여 주는 것도 공연에 해당한다는 것을 분명히 하고 있다. 그리고 방송, 전송, 디지털음성송신 등의 방법으로 공중송신되는('공중송신'의 개념에 대하여 자세한 것은 이 책 [51] 참조) 저작물을 전달하는 것, 예를 들어 식당에서 라디오나 TV를 켜서 고객들로 하여금 음악 등을 듣게 하거나 방송프로그램을 시청하게 하는 것 또는 '매장음악 서비스' 등을 통해 인터넷으로 송신되는 음악을 수신장치를 사용하여 들려주는 것 등도 '재생'이나 혹은 '그 밖의 방법'에 의한 공연에 해당하는 것으로 볼 수 있다('현대백화점' 사건에 대한 대판 2015. 12. 10, 2013다219616 등 참조).

다. '공중'의 개념

또한 공연은 '공중에게 공개'할 것을 요건으로 하고 있는데, 앞에서 살펴본 바(이 책 [43] 2. 참조)와 같이 '공중'에는 불특정다수인 외에 특정다수인도 포함되지만, 불특정인일 경우에는 2인이라도 다수로 보는 것이 일반적인 반면에 특정다수인으로 인정되기 위해서는 사회통념상 "상당수의 사람들"에 해당하여야 하는 것으로 보고 있다. '특정다수인'의 경우 몇 명이면 다수인에 해당하는지에 대하여 명확한 기준선을 제시하기 어렵고 ① 해당 저작물의 종류 및 성격, ② 이용행위의 종류 등 다양한 고려요소를 감안하여 합리적으로 판단하여야 하는데, 특히 이용행위의 종류 중에서 '공연'이 저작권자의 이해관계에 상대적으로 덜 민감한 면이 있으므로 '공연'의 경우에는 '전송' 등 다른 이용행위에 비하여 '특정다수인'에서 말하는 다수의 기준치가 높아지는 면이 있다. 정당의 집회 등의 경우는 '특정다수인'으로서 공중에 해당할 가능성이 많지만, 가족·친지 등으로 참석범위가 한정되는 통상의 결혼식이나 피로연에서의 연주, 오케스트라단원들의 연습을 위한 연주, 가정에서의 수인의 동호인을 위한 연주나 상영 등의 경우에는 '특정소수인'에 해당하는 것으로 보아 공연권이 미치지 않는다. 하급심 판례 중에는 한 학교의 재학생 전부를 대상으로 한 것이라면 공중을 대상으로 한 것이므로 '공연'에 해당할 수 있지만, "학교 선생님들과 동아리 선배들만 불러 모아 진행"한 것은 공중을 대상으로 한 것이 아니므로 공연 개념에 해당하지 않는다고 본 사례(서울중앙지판 2018.5.4, 2017나76939)가 있다.

　　공중인지 여부의 판단과 관련하여, 특정한 영업주체와의 관계에서 다수의 고객이 서비스의 대상이 된 경우에는 각 고객 한 명 한 명을 떼어서 '특정인'으로 보기보다 그 고객 전체를 집합적으로 보아 아직 범위가 특정되기 전에는 '불특정다수인'으로, 범위가 특정되었는데 그 수가 많다면 '특정다수인'으로서 '공중'의 개념에 해당하는 것으로 보는 것이 타당하다. 따라서 예컨대 노래방을 이용하는 고객이 4, 5명씩 무리지어 와서 노래방 시설을 이용하여 노래를 부르는 경우에 함께 오는 고객들 상호간에는 서로를 '특정소수인'에 해당하는 것으로 볼 수 있을지라도, 노래방 업주와의 관계에서는 '불특정다수인'으로서 공중에 해당하는 것으로 보게 된다(대판 1996. 3. 22, 95도1288 참조. 공중의 개념에 대하여 보다 자세한 것은 이 책 [43] 2. 참조).

　　대법원은 "공중에게 공개한다 함은 불특정인 누구에게나 요금을 내는 정도 외에 다른 제한 없이 공개된 장소 또는 통상적인 가족 및 친지의 범위를 넘는 다수인이 모여 있는 장소에서 저작물을 공개하거나, 반드시 같은 시간에 같은 장소에 모여 있지 않더라도 위와 같은 불특정 또는 다수인에게 전자장치 등을 이용하여 저작물을 전파, 통신함으로써 공개하는 것을 의미하므로…
공중이 공개된 장소에서 저작물을 접할 수 있는 상태에 있는 한 공중이 실제
로 있는지 여부를 불문한다"고 판시한 바 있다(대판 2022. 11. 17, 2019다283725,
283749, 283732).

라. 방송 개념과의 구별

2000년 1월의 개정 저작권법은 공연의 정의에 "동일인의 점유에 속하는
연결된 장소 안에서 이루어지는 송신을 포함한다"고 하는 규정을 추가하였는
데, 이것은 그러한 규정이 없는 상태에서도 공연의 의미를 다소 넓게 해석하
여 노래방에서의 재생 등을 공연으로 보아온 판례(대판 1996. 3. 22, 95도1288)의 입
장을 수용하면서 '공연'의 개념을 인접 개념인 '방송'과의 관계에서 보다 명확
하게 규정하려 한 것이라고 할 수 있다. 이에 따라, 공연의 상대방인 공중이
반드시 동일한 장소에 있어야 하는 것은 아니지만, '동일인의 점유에 속하는
연결된 장소 안'에 있어야만 위 개념요건을 충족하게 된다.

따라서 동일한 한 백화점의 전층이나 한 열차의 모든 객실에 "구내방송"
을 하는 것은 저작권법상 방송이 아니라 '공연'에 해당하는 것으로 보게 된다.
서로 다른 임차인들이 입주하여 영업을 하는 쇼핑몰의 경우에도 단일한 임대
인이 각 임차인에게 임대하여 전체적으로 관리하고 있는 경우라면 임대인의
'간접점유'도 점유의 개념에 해당한다는 것과 위 규정의 입법취지 등을 감안
할 때 동일인의 점유에 속하는 연결된 장소에 해당하는 것으로 보아 그 쇼핑
몰 전체에 대한 "구내방송"은 역시 저작권법상 '공연'에 해당하는 것으로 보
아야 할 것이다.

그렇지만, 그러한 간접점유의 면에서 따져도 동일인의 점유에 속한다고
할 수 없는 복합상가 건물 등에서 음악을 각층 매장 또는 복도 등에서 들려
주는 경우 공연이 아니고 방송에 해당하는 것으로 해석할 수밖에 없다. 한편,
'연결된 장소 안'일 것이 요구되는데, 여기서 말하는 '연결'의 의미에 건물의
부지와 다른 건물의 부지가 주변의 다른 토지로 연결되어 있는 것도 포함하
는 의미로 해석할 경우에는 그 의미가 지나치게 확대되어 입법취지에 반하는

것으로 생각되므로, 서로 다른 건물이라면 그 건물과 건물이 복도 등으로 구조적으로 연결된 경우만 여기에 포함되는 것으로 보아야 할 것으로 생각된다. 따라서 그렇게 연결되어 있지 않고 서로 독립된 건물인 경우에는 설사 동일한 사업주체 또는 경영주체에 의하여 관리되는 영역 안에 있는 건물들이라 하더라도 그 건물들에 걸쳐서 '구내방송'을 할 경우에는 저작권법상으로도 '공연'이 아니라 '방송'에 해당하는 것으로 본다.

마. 전송 개념과의 구별

위와 같이 2000년의 개정으로 방송과의 관계는 어느 정도 정리가 되었으나 '전송'과의 경합 관계는 명확히 해결되지 않았다. 즉, 동일인의 점유에 속하는 연결된 장소 안에서의 송신이 동시에 "공중이 개별적으로 선택한 시간과 장소에서 수신하거나 이용할 수 있도록 저작물을 무선 또는 유선통신의 방법에 의하여 송신하거나 이용에 제공하는 것"에도 해당할 경우에는 그것을 공연으로 볼 것인지, 아니면 전송으로 볼 것인지의 문제가 제기될 수 있었는데, 2006년 개정법은 위와 같이 공연에 대한 정의규정인 제2조 제3호의 괄호 속에 "전송을 제외한다"고 명시하고 있어 위와 같은 경우는 공연이 아니라 전송에 해당하는 것임이 분명하게 되었다. 예를 들어 호텔에서 각 객실에 제공하는 VOD 서비스는 현행법상 공연이 아니라 전송에 해당한다. 다만 전송은 송신의 이시성(異時性, 비동시성)을 요건으로 하므로, 유선 또는 무선 통신을 이용하여 동일인의 점유에 속하는 연결된 장소 안에서 송신을 한 경우라 하더라도 그것이 '동시성'을 갖춘 경우에는 공연에 해당하게 된다(그러한 장소적 범위를 넘어 송신할 경우에는 '방송' 개념에 해당한다).

바. 공연권과 복제권의 구분

공연권과 복제권은 엄격히 구분되는 것이므로, 저작권자가 저작물의 복제만을 허락한 경우에 그 허락을 받은 사람이 그 저작물을 공연하기 위해서는 다시 저작권자의 허락을 받아야 함은 당연한 것이다. 예컨대 노래반주용 기계의 제작업자에게 사용료를 받고 가사와 악곡 등 음악저작물의 이용을 허락하는 경우에 그 허락의 범위는 일반적으로 노래반주용 기계에 그것을 수록하여 복제하는 데 한하는 것으로 인정되고, 따라서 저작권자의 별도의 허락 없이 노래방에서 위와 같이 복제된 노래반주용 기계를 구입하여 복제된 가사와 악곡을 재생하는 방식으로 공중을 상대로 영업하는 행위는 공연권을 침해하는 것이 된다(대판 1994. 5. 10, 94도69).

사. 공연권의 제한

저작권법상 공연권은 가장 큰 제한을 받고 있는 권리이다. 즉 비영리 목적의 공연 등에 대하여 비교적 광범위한 저작재산권 제한 규정을 두고 있다(제29조, 이 책 [121] 참조).

[51] 공중송신권

1. 공중송신권의 의의

저작권법은 다음과 같이 저작자의 공중송신권에 대하여 규정하고 있다.

■ 제18조(공중송신권) 저작자는 그의 저작물을 공중송신할 권리를 가진다.

이 규정에 따라 저작자는 자신의 저작물을 스스로 공중송신하거나 타인에게 이를 할 수 있도록 허락하거나 하지 못하도록 금지할 배타적인 권리를 가진다. 따라서 타인이 저작권자의 허락 없이 저작물을 공중송신할 경우, 공중송신권의 침해로 된다.

공중송신권의 내용과 범위를 이해하기 위해서는 역시 '공중송신'의 개념을 정확하게 파악하는 것이 중요하다. 저작권법은 '공중송신'을 다음과 같이 정의하고 있다.

■ 제2조 제7호: "공중송신"은 저작물, 실연·음반·방송 또는 데이터베이스(이하 "저작물등"이라 한다)를 공중이 수신하거나 접근하게 할 목적으로 무선 또는 유선통신의 방법에 의하여 송신하거나 이용에 제공하는 것을 말한다.

공중송신의 개념은 위와 같이 방송, 전송, 디지털음성송신 및 기타의 송신 행위를 모두 포괄하는 개념이다. 따라서 공중송신의 개념도는 다음과 같다.

원래는 방송권과 전송권이 별도의 지분권으로 인정되었으나, 2006년의 개정법에서 보다 상위의 개념으로서 공중송신의 개념과 함께 공중송신권이 신설되게 되어, 종전의 방송권 및 전송권은 모두 공중송신권에 속하게 되었다.

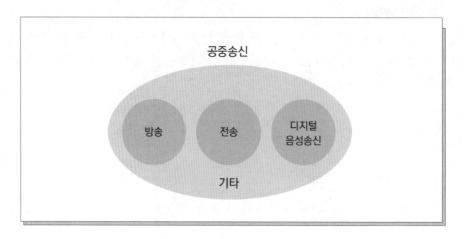

2. 방송

가. 규정

공중송신 중 '방송'의 개념에 대하여 저작권법은 다음과 같이 정의하고 있다.

■ 제2조 제8호: "방송"은 공중송신 중 공중이 동시에 수신하게 할 목적으로 음·영상 또는 음과 영상 등을 송신하는 것을 말한다.

나. 무선방송과 유선방송

위에서 본 바와 같이 '공중송신'이란 저작물 등을 공중이 수신하거나 접근하게 할 목적으로 무선 또는 유선통신의 방법에 의하여 송신하거나 이용에 제공하는 것을 말하므로 결국 방송은 "공중이 동시에 수신하게 할 목적으로 음·영상 또는 음과 영상 등을 무선 또는 유선통신의 방법에 의하여 송신하는 것"을 의미하는 것으로 볼 수 있다.

국제적으로는 무선방송만 방송으로 보는 입장(로마협약 등)도 있으나, 위와 같이 우리 저작권법은 무선방송뿐만 아니라 유선방송도 방송의 일종으로 규정하고 있다.

먼저 무선방송이란 일반적으로 음(音)만의 방송(라디오방송)과 음(音)과 영상의 방송(텔레비전방송)이 주된 것이지만, 반드시 이에 한정되는 것은 아니다. 음성·음향·영상의 송신이 아닌 단순한 부호의 송신은 방송이라고 할 수 없다고 하는 견해도 있지만, 모르스신호에 의한 방송이나 문자방송 등도 저작권법상의 방송에 포함된다고 보는 것이 타당할 것으로 생각된다. 저작권법의 문언상으로도 '음·영상 또는 음과 영상 등'이라고 하여 송신의 대상을 음과 영상에만 엄격하게 한정하지 않고 있기 때문이다.

다음으로 유선방송이란 유선통신에 의한 방송을 말하며, 여기에는 영업소에 대한 유선음악방송이나 CATV에 의한 방송 등이 포함된다.

다. 수신의 동시성

위 정의 규정 중 "공중이 동시에 수신하게 할 목적으로"라고 하는 부분이 '수신의 동시성(同時性)'을 방송 개념의 중요한 요소로 규정한 것이라 할 수 있다. 방송의 개념에 이러한 '수신의 동시성'이라고 하는 요소가 포함된 것은 2000년 1월의 개정법에서 비롯된 것인데, 이것은 뒤에서 보는 '전송'의 개념과 방송의 개념을 명확히 구분하기 위한 것이다. 따라서 '수신의 동시성'은 전송의 개념요소인 '수신의 이시성(異時性)'과 비교할 때 그 의미가 분명하게 드러난다. 즉 수신의 동시성이란 일반적인 TV방송이나 라디오 방송의 경우와 같이 누구나 같은 시간에는 같은 내용을 시청하거나 청취할 수밖에 없는 경우를 말하고, 수신의 이시성이란 인터넷을 통하여 제공되는 정보를 자신이 원할 때 클릭하여 이용하는 경우와 같이 각 개인이 선택한 시간과 장소에서 저작물등에 접근하여 이용할 수 있도록 저작물등을 제공하는 경우를 말한다. 예컨대 IPTV 등을 통하여 각 개인이 선택한 시간과 장소에서 접근하여 이용할 수 있도록 정보를 제공할 경우에는, 그것이 TV 수상기를 통해 제공되더라도 '방송'이 아니라 '전송'에 해당하는 것으로 본다.

라. 생방송과 재방송

방송에는 생방송만이 아니고 녹음·녹화물에 의하여 방송하는 경우와 원방송을 수신하여 중계방송을 하는 경우 및 재방송도 포함된다. 다만 '동일인의 점유에 속하는 연결된 장소 안에서 이루어지는 송신'은 공연에 해당하므로(이 책 [50] 2. 라. 참조), 방송의 개념에서는 제외된다.

마. 공중 대상

법문이 공중으로 하여금 수신하게 할 목적으로 할 것을 요건으로 하고 있으므로, 그러한 목적을 가지지 아니한 아마추어 방송은 저작권법상의 방송에 해당하지 아니한다.

바. 방송에 대한 저작재산권 제한

방송의 경우에도 영리를 목적으로 하지 아니하고, 또한 청중이나 관중 혹은 제3자로부터 어떤 명목으로든지 반대급부를 받지 아니하는 경우에는 저작재산권(공중송신권)의 침해로 되지 아니한다(제29조 제1항). 그리고 공표된 저작물의 방송에 대하여는 방송사업자가 특정한 경우 문화체육관광부장관의 승인을 얻어서 저작물을 방송할 수 있다(제51조).

3. 전송

가. 규정

공중송신 중 '전송'의 개념에 대하여 저작권법은 다음과 같이 정의하고 있다.

■ 제2조 제10호: "전송(傳送)"은 공중송신 중 공중의 구성원이 개별적으로 선택한 시간과 장소에서 접근할 수 있도록 저작물등을 이용에 제공하는 것을 말하며, 그에 따라 이루어지는 송신을 포함한다.

이 규정에 따르면, 전송은 ① 수신의 이시성, ② 이용제공 또는 송신, ③ '공중의 구성원'의 세 가지 개념요소를 가지고 있다.

나. 첫번째 개념 요소: 수신의 이시성

전송의 첫번째 개념요소는 '수신의 이시성(異時性)'이다. 위 정의규정에서 "공중의 구성원이 개별적으로 선택한 시간과 장소에서 접근할 수 있도록"이라는 표현에 그러한 개념요소가 내포된 것으로 볼 수 있다. 그 점에서 수신의 동시성을 요소로 하는 방송 및 디지털음성송신과 구분된다. 예를 들어 A가 인터넷 홈페이지에 문서파일을 하나 등록하여 누구든지 찾아와 다운로드 받을 수 있도록 제공하고 있다면, 공중의 구성원이 자신이 선택한 시간과 장소에서 접근하여 다운로드 받아 이용할 수 있게 제공하는 것에 해당하고, 공중이 그 문서파일를 동시에 수신하도록 제공하는 것은 아니므로, '전송'의 개념요소인 '이시성'을 가진 것이라 할 수 있다. 실제로 인터넷상의 서비스 대부분은 이러한 의미의 이시성을 가지고 있다. 다운로드 방식에 의한 서비스만이 아니라 스트리밍 방식에 의한 주문형 비디오(VOD: Video On Demand), 주문형 오디오(AOD: Audio on demand) 등의 서비스도 위와 같은 의미에서의 '이시성'을 가지고 있으므로, 서비스 주체가 그것을 '인터넷방송'이라고 부르더라도 저작권법상은 방송이 아니라 전송에 해당하는 것으로 보아야 한다.

한편, 전송과 공연의 구별기준도 수신의 이시성 여부에 있다. 즉 동일인의 점유에 속하는 연결된 장소 안에서 이루어지는 송신은 방송이 아니라 공연에 해당할 수 있음은 위에서 본 바와 같은데, 그러한 송신이라고 하더라도 VOD 서비스와 같이, 수신의 이시성이 인정될 경우에는 전송에 해당하는 것으로 볼 수 있고, 전송에 해당할 경우는 공연의 개념에서 제외되는 것으로 법에서 명시하고 있으므로(제2조 제3호 괄호 안의 부분), 결국 그 경우에는 공연에 해당하지 않고 전송에만 해당하는 것으로 보게 된다. 쌍방향 매체로서의 속성을 가지는 인터넷을 이용한 송신 가운데, 이와 같이 수신의 이시성이 있을 경우에는 '전송'에 해당하고, 수신의 동시성이 있을 경우에는 '디지털음성송신'(음만의 송신일 경우) 또는 기타의 공중송신(영상을 포함한 송신의 경우로서 강학상의 '디지털영상송신'에 해당함)에 해당하는 것으로 보게 된다.

그러나 수신의 동시성과 이시성이 명확히 구분되지 않는 새로운 형태의 서비스가 계속 대두되고 있어, 이른바 '유사전송'에 대한 규제의 필요성이 논의되고 있다. 예를 들어 '디지털음성송신' 형태를 염두에 둔 인터넷 음원 서비스의 경우 고객이 듣고 싶은 노래를 선택하면 그 노래의 처음부터 나온다는 의미에서의 '이시성'은 없지만, 그 사이트에서 제공하는 음원으로 자신이 좋아하는 몇 곡을 선택하여 '방송만들기'를 한 후 자신이 만든 방송제목을 선택하기만 하면 그 몇 곡 안에서 노래가 돌아가는 "음악방송"을 들을 수 있도록 제공하는 경우에는 '이시성' 또는 '주문형'에 상당히 근접한 면이 있다. 이러한 서비스가 전송인지 디지털음성송신인지의 구분을 어떻게 할 것인지는 아직 명료하지 않은 부분이 있다. 다만, 예를 들어 위와 같은 인터넷 사이트의 고객이 자신이 '방송만들기'를 한 음악목록에 관한 한 그 목록의 처음부터 음원을 청취하는 것이 가능한 형태로 서비스가 이루어지는 경우나 그렇지 않더라도 해당 고객이 자신이 청취하고 싶은 소수의 음원을 개별적으로 선택하여 청취할 수 있는 자유도가 상당한 정도에 이를 경우에는 그러한 고객들과의 관계에서 '동시성'이 아니라 '이시성'('주문형')의 요소가 있는 음원의 '이용제공'을 하는 것으로 보아야 할 것이다. 그러한 경우에 해당한다고 할 수 있는 인터넷 서비스의 제공과 스마트폰 앱을 통한 모바일 서비스의 제공을 각 '전송'으로 본 하급심판결(서울남부지판 2013. 9. 26, 2012노1559 및 서울고판 2018. 5. 3, 2017나2058510)이 있다. '일시정지 후 다시 이어 듣기' 기능이나 '곡 넘기기 기능' 등을 넣은 경우에도 디지털음성송신의 개념요소인 '동시성'은 없고, 제한적이지만 전송의 개념요소인 '이시성'은 인정될 수 있으므로 해석상 전송으로 보아야 할 것이다.

다. 두번째 개념 요소: 이용제공 또는 송신

전송의 두 번째 개념요소는 "이용제공"이다. 이용제공이란 공중의 구성원이 이용하는 것이 가능한 상태로 업로드 등을 하는 것을 뜻한다. 실제 그 이용자의 PC 등으로 저작물의 송신이 이루어지지 않고 단지 인터넷 게시판 기

능 등에 의하여 공중이 접근할 수 있는 웹서버 등에 저작물이 올려져 있기만
하여도 "이용제공"에는 해당하므로, 전송은 이미 행해진 것으로 볼 수 있다.
그러한 이용제공 행위가 있게 되면 그 이후 누군가가 웹사이트에 접속하거나
'클릭' 등의 동작을 취할 경우 기계적으로 송신이 이루어지게 된다. 법에서
위와 같이 " … 그에 따라 이루어지는 송신을 포함한다"라고 정의하고 있는
것은, '송신'의 준비단계라고 할 수 있는 '이용제공'만이 아니라 '이용제공' 이
후 실제로 공중의 구성원이 접근하여 이용하고자 할 때 그 이용자에게 자동
적으로 이루어지는 '송신'도 전송의 개념에 포함하는 취지이다. 따라서 예컨
대, 1회의 이용제공 이후 그에 기하여 자동적으로 송신이 100번 이루어진 사
실이 인정된다면, 형사적으로 101회의 공중송신(전송)이 이루어진 것으로서 그
것이 저작권자의 허락을 받지 않은 경우에는 101개의 공중송신권 침해죄의
경합범이 성립하게 되는 것으로 보아야 한다. 공소시효의 면에서도 각각의 송
신의 시점이 시효산정의 기준이 되어야 하는 것이다. 다만 우리 저작권법상
'전송'의 개념에 포함되는 '송신'은 수신의 이시성을 요소로 하는 송신자 측의
'이용제공' 행위에 수신자가 매체적으로 접속함으로써 자동적으로 이루어지는
송신에 한하는 것임을 유의하여야 한다. 따라서 송신자 측에서 사전에 일정한
분야를 지정하여 기사를 팩스로 보내 주는 클리핑 서비스와 같은 경우는 '전
송'의 개념에 해당하지 않는다.

한편 이용제공의 형태에는 여러 가지 유형이 있음을 유의할 필요가 있다.
① 공개된 인터넷 홈페이지나 웹사이트 게시판, 블로그 등에 글이나 사진, 영
상물 등을 업로드하는 것이 이용제공의 일반적인 형태이나, 그 외에도 ② 자
신의 블로그에 '비공개'로 올려 두었던 글을 '공개'로 설정변경하거나 웹스토
리지에 비공개로 올려 두었던 파일에 대하여 다른 이용자들도 공유할 수 있
도록 설정변경하는 것 등과 같은 경우, ③ 서버 컴퓨터에 웹서비스를 할 수
있는 모든 정보를 올려 두었지만 그 컴퓨터를 네트워크에 연결하지 않고 있
다가 네트워크에 연결하여 실제 서비스가 이루어지도록 하는 경우 등도 이용
제공에 포함될 수 있다. 위 ①의 경우에는 전송의 과정에 복제가 수반되지만,
②, ③의 경우에는 이용제공행위 자체에는 복제가 수반되지 않는다는 점에 차

이가 있다. 다만 위 ②, ③의 경우에도 그와 같이 공개가 되고 나면 그 이전의 복제도 사적 이용을 위한 복제(이 책 [122] 참조)가 아닌 것으로 보게 되어 저작자의 허락이 없을 경우 공중송신권(전송권) 침해만이 아니라 복제권 침해도 성립하는 것으로 보게 될 가능성이 많을 것이다.

라. 세번째 개념 요소: 공중의 구성원

전송의 세 번째 개념요소는 "공중의 구성원"이다. 저작권법이 정의규정에서 방송, 디지털음성송신 등의 경우에는 "공중"을 대상으로 하는 것으로 규정하고 있음에 반하여 전송은 '공중의 구성원'을 대상으로 하는 것으로 규정하고 있는 것은 전송이 '공중'에게 동시적으로 송신하는 것이 아니라 공중 중의 한 사람 한 사람이 개별적으로 접근하여 이용할 수 있게 하는 행위라는 특성, 즉 '수신의 이시성'을 반영한 표현이라 할 수 있다. 그 점만 이해하면, '공중'의 개념은 동일하므로, 특별히 해석상 다른 고려를 할 필요는 없다.

따라서 '공중의 구성원'을 대상으로 하지 않은 행위, 예를 들어 특정한 개인에게 이메일을 보내는 것 또는 가족만 가입하는 비공개 까페에 글을 올리는 것 등은 전송에 해당하지 않는다. 다만, 동일한 저작물이 자동적으로든 수동적으로든 반복되어서 다수의 사람에게 발송된다면, 이는 전송에 해당하는 것으로 보아야 할 것이다.

영업주체와 그 고객과의 관계에서 공중의 개념을 어떻게 파악할 것인지는 '공연권'에 대하여 설명한 것(이 책 [50] 2. 다. 참조)과 같은 법리가 전송의 경우에도 적용된다. 즉, 특정한 영업주체와의 관계에서 다수의 고객이 서비스의 대상이 된 경우에는 각 고객 한 명 한 명을 떼어서 '특정인'으로 보기보다 그 고객 전체를 집합적으로 보아 아직 범위가 특정되기 전에는 '불특정다수인'으로, 범위가 특정되었는데 그 수가 많다면 '특정다수인'으로서 '공중'의 개념에 해당하는 것으로 보는 것이 타당하다. 예를 들어, TV프로그램에 대한 인터넷상의 원격녹화 서비스의 경우에 각 가입자 개인에 대한 서비스라는 점에 초점을 맞추면 회사와 가입자 개인의 1:1 관계의 서비스인 것처럼 생각되는 면이 있지만, 이러한 경우에 전체적으로 보아 1: 다(多)의 관계, 즉 회사가 불

특정다수의 고객들(공중)에 대하여 이용제공을 하는 것으로 보아야 할 것이다
('송신주체 기준설', '엔탈' 사건에 대한 서울고판 2009. 4. 30, 2008나86722가 그러한 판단기준을 채
택한 것으로 보인다).

마. 모바일 서비스 등

이용자가 PC를 이용하여 접근할 수 있도록 제공하는 것만이 아니라 휴대
폰 등의 모바일기기 등을 통해 이용자들이 원하는 시간에 접근할 수 있도록
제공하는 것도 전송에 해당한다. 예컨대 팟캐스트(PODCAST) 같은 서비스나 최
근 인기를 끌고 있는 모바일 스트리밍 서비스도 위에서 본 수신의 '이시성'을
가지고 있는 한 전송에 해당한다.

위 세 가지 요소 외에 예를 들어 '인터넷을 이용한 송신일 것'은 전송의
요소가 아니다. 인터넷에 의하지 않은 디지털 송신의 경우에도 이용자가 선택
한 시간과 장소에서 시청 등을 할 수 있게 제공하는 주문형 서비스(VOD 등)일
경우에는 방송이나 디지털음성송신 등에 해당하지 않고 전송에 해당한다.

4. 디지털음성송신

가. 규정

공중송신 중 '디지털음성송신'의 개념에 대하여 저작권법은 다음과 같이
정의하고 있다.

■ 제2조 제11호: "디지털음성송신"은 공중송신 중 공중으로 하여금 동시에 수신하
게 할 목적으로 공중의 구성원의 요청에 의하여 개시되는' 디지털 방식의 음의 송
신을 말하며, 전송은 제외한다.

위 규정에 따르면 디지털음성송신은 ① 수신의 동시성, ② 매체의 쌍방향
성, ③ '음의 송신', ④ '공중'의 네 가지 개념요소를 가지고 있다.

나. 첫번째 개념요소: 수신의 동시성

디지털음성송신의 첫 번째 개념요소는 '수신의 동시성(同時性)'이다. 이것은
방송과는 같고 전송과 구별되는 특징이다. 쌍방향 매체인 인터넷 등을 통해

'음'의 송신이 이루어질 경우 수신의 이시성 유무에 따라 전송에 해당할지 아니면 디지털음성송신에 해당할지 여부가 결정된다. 인터넷상의 서비스 대부분은 전송에 해당하지만, '실시간 방송' 또는 '라이브 방송' 등의 경우와 같이 수신의 동시성이 있는 경우가 일부 있는데, 그 중 '음의 송신'이라는 개념요소를 갖춘 것이 바로 '디지털음성송신'에 해당하는 것이다. 그 중 특히 서비스제공회사가 제공하는 음원을 이용하여 이용자가 2개 이상의 음원목록을 만들어 방송채널 등을 생성 또는 개설할 수 있는 서비스에 대하여는 그 채널 개설을 하는 이용자의 음원 선택 청취의 자유도가 높을 경우 '수신의 이시성'이 인정될 수 있으므로 디지털음성이 아니라 전송에 해당한다고 보아야 할 것이라는 점은 앞서 살펴본 바와 같다(위 3. 나. 참조).

다. 두번째 개념요소: 매체의 雙方向性

디지털음성송신의 두 번째 개념요소는 매체의 雙方向性, 즉 송신이 "공중의 구성원의 요청에 의하여 개시되는" 것이라는 점이다. 예를 들어 인터넷상에서 실시간으로 음악을 청취할 수 있게 제공하는 비주문형의 웹캐스팅의 경우를 보면, 그 이용자(수신자)가 해당 사이트에 접속하거나 특정한 서비스 메뉴 등을 클릭함으로써 수신자의 수신정보(IP) 및 송신요청 신호가 서비스 제공자 측의 서버에 전달되어야만 서버로부터 수신자의 PC를 향한 스트리밍 방식의 송신이 개시되는 점에서 제2조 제11호에서 말하는 "공중의 구성원의 요청에 의하여 개시되는" 것이라 할 수 있다. 이러한 특성을 '매체의 雙方向性'이라 한다. "공중의 구성원의 요청에 의하여 개시되는"이라는 말만 보면 이른바 '주문형 서비스'의 특성과 관련된 '이시성'의 요소를 떠올리기가 쉽지만, 여기서 말하는 것은 그러한 주문형의 서비스를 뜻하는 것이 아니라는 점을 유의하여야 한다. 비주문형의 서비스, 즉 실시간 웹캐스팅의 경우에도 인터넷이라는 매체를 이용한 서비스의 경우에는 반드시 수신자 측에서 해당 사이트를 접속하거나 특정 메뉴를 클릭하는 등의 행위를 통해 서비스 제공자 측의 서버에서 수신자 측의 PC가 네트워크 상에서 가지는 주소정보를 받은 후에야 정보를 송신하는 특성을 가지게 되는데, 바로 그것을 지칭하는 것이 위 표현인 것이다.

공중파 방송이나 케이블TV 방송 등의 경우는 수신자 측의 송신요청 여부와 관계없이 일방향적으로 공중을 향해 또는 케이블을 통해 수신자의 TV에까지 방송 신호를 송신하는 점에서 이러한 웹캐스팅이 가지는 특성(매체의 쌍방향성)을 가지고 있지 않음을 알 수 있다.

라. 세번째 개념요소: '음의 송신'

디지털음성송신의 세번째 개념요소는 '음의 송신'이다. '음'만 송신하여야 디지털음성송신에 해당하고, 음과 영상을 함께 송신하거나 영상만을 송신하는 경우는 디지털음성송신에 해당하지 않는다.

마. 네번째 개념요소: '공중'

디지털음성송신의 네번째 개념요소는 '공중'이다. 공중을 대상으로 한 송신이 아니면 공중송신의 한 유형인 디지털음성송신의 개념에 해당하지 않는다. 공중의 의미는 방송의 경우와 같다.

지상파방송을 동시에 웹으로 시청할 수 있게 하는 "지상파방송 동시 웹캐스팅(Simulcast)"도 음의 송신만을 내용으로 하는 것이면 디지털음성송신에 해당하며, 모바일(핸드폰, 스마트폰)을 통한 무선 서비스도 여기에 포함될 수 있다.

5. 방송, 전송, 디지털음성송신 등 개념의 구별

원래 2006년 개정법 이전의 구 저작권법상으로는 현행법상 공중송신에 포함되는 개념 중 방송과 전송에 대하여만 권리를 부여하는 규정을 두고 있었다. 따라서 개정법 이전의 구 저작권법상으로는 '매체의 쌍방향성' 유무에 따른 구분이 없었으므로, '수신의 동시성'이 있는 송신은 모두 '방송' 개념에 해당하는 것으로 해석될 수 있었다.

시점을 좀 더 거슬러 올라가 보면, 처음 저작권법상 '방송' 개념이 도입되었을 당시에는 인터넷이라는 매체가 상용화되기 전이므로, '수신의 동시성'과 '매체의 일방향성'은 서로 붙어 있는 개념이었다. 그러다가 인터넷이 등장하고 관련 서비스가 발전하면서 이른바 실시간 웹캐스팅과 같이 '수신의 동시성'이라는 면에서는 기존의 라디오방송이나 TV 방송과 동일하지만 '매체의 쌍방향성'의 면에서 기존의 방송과는 다른 제3의 영역이 대두되게 되었다. 이러한 제3의 영역의 법적 성격에 대하여 저작권법에서 어떻게 규정할 것인지는 각국의 입법례가 일치하지 않고 있다. 2006년의 개정법 이전에는 오로지 방송과 전송의 두 가지 개념으로만 나누어 규정하고 있었으므로 제3의 영역에 대한 별도의 개념화가 이루어지지 않은 것이고 따라서 그 영역도 '수신의 동시성'이 있는 한 '방송' 개념에 해당하는 것으로 여겨질 수 있었다. 그러나 저작권법상 '방송'은 원래 공중파 방송 등을 전제로 한 개념으로서 방송사업자의 권리를 저작인접권으로 보호하고 방송에 대하여 비교적 폭넓은 저작재산권 제한사유를 인정하는 등 특별한 법적 취급을 해 온 것도 기존의 방송을 전제로 한 면이 크다. 따라서 웹캐스팅을 기존의 방송과 동일하게 취급하는 것은 적절치 않은 측면이 없지 않다.

그러한 측면을 반영하여 2006년 개정법은 적어도 '라디오 방송'과 유사하지만 매체의 쌍방향성의 면에서 차이가 나는 서비스를 '방송' 개념에 포함하지 않고 별도의 개념으로 구분하는 입장을 취하게 되었다. 그러면서 기존의 방송과 전송 및 새롭게 도입된 '디지털음성송신' 개념 등을 모두 아우르는 상위개념으로 '공중송신'이라는 개념을 도입하여 규정하게 된 것이다.

문제는 위 개정법에서 비주문형의 웹캐스팅 중 음만의 송신이 아니라 '영상'을 함께 송신하거나 영상만을 송신하는 경우는 어떻게 취급할 것인지 법에서 명문의 규정을 두지 않은 점에 있다. 여러 가지 자료에 의하면 당시 입법추진자의 의사는 이른바 '디지털영상송신'이라고 할 수 있는 영역도 '방송'의 개념에서 제외되는 것을 전제로 그것을 '기타의 공중송신'에 포함하는 입장이었던 것으로 보이는 면이 크나, 그것이 법문에 분명히 반영되어 있지 않다 보니, 해석상의 일치를 보지 못하고 있다. 사견으로는 '디지털영상송신'을 '기타의 공중송신'으로 보는 것이 타당하다고 생각하나(기타송신설), 다른 일부 학설은 이를 방송의 개념에 포함하는 입장(방송설)을 취하고 있다.

여기서 공중송신 중 방송, 전송, 디지털음성송신의 구별기준을 정리해 본다. 먼저 수신의 동시성/이시성을 기준으로 이시성을 가진 전송과 동시성을 가진 경우들로 구분되고, 그 다음 동시성을 가진 경우들 중에서 수신자의 송신요청에 의한 송신 개시 여부(매체의 쌍방향성)를 기준으로 하여 방송과 디지털음성송신 등으로 나누어지는 것으로 볼 수 있는데, 그것을 도표로 정리해 보면 다음과 같다.

	수신의 동시성		수신의 이시성
수신자의 송신 요청에 의하여 송신 개시 (쌍방향성)	음의 송신	디지털음성송신	전송
	영상의 송신 포함	기타의 공중송신 (방송으로 보는 입장도 있음)	
수신자의 송신 요청과 무관하게 송신 개시 (일방향성)	방송		

6. 링크의 문제

가. 링크의 의의와 법적 성격

하이퍼링크(hyperlink, 이하에서는 간단히 줄여서 '링크'라고만 한다)는 인터넷상에 올려진 모든 정보들이 서로 거미집('웹'의 원뜻)처럼 연결되어 클릭하면 자신이 원하는 정보에 바로 접근할 수 있도록 하는 기술적 수단으로서 월드와이드웹의 핵심요소이다.

인터넷의 웹페이지들에 들어가 보면, 클릭하면 다른 웹페이지로 넘어가는 배너들도 있고, 텍스트 중간 중간에 다른 색이나 밑줄로 표시된 부분을 클릭하면 역시 다른 웹페이지로 넘어가도록 한 부분들이 있는데, 이것이 바로 링크이다. 이러한 링크를 이용하여 자신의 홈페이지 등에 허락 없이 타인의 저작물을 연결하여 제공할 경우 저작권 침해에 해당하는지 여부가 문제이다.

먼저 링크가 저작권법상의 '복제'에 해당하는가 하는 문제를 살펴보면, 링크는 단지 홈페이지 제작자가 인터넷에 올린 HTML(Hypertext Markup Language의 약어로서, 하이퍼텍스트 형식의 웹문서를 만드는 데 사용하는 언어를 말한다) 문서에 예를 들어 '<A href="http://www.copyright.or.kr/">한국저작권위원회</a>'와 같이 링크하고자 하는 웹사이트의 이름과 URL(인터넷주소)에 링크에 사용하는 태그(tag)를 붙여 놓은 것에 불과하고 링크하는 웹사이트의 내용에 대한 복제행위가 전혀 수반되지 않으므로 저작권법상의 '복제'에 해당하는 것으로 볼 수 없음은 분명하다.

저작권법상의 전송에 해당하는지 여부가 문제인데, 이 경우 당해 링크사이트의 문서 기타 정보를 웹서버에 올려 공중이 이용할 수 있도록 제공하는 측에서 전송행위를 하는 것이고, 그 사이트의 주소로 연결시키기 위해 HTML 문서에 위와 같은 태그를 기재하여 올려 두는 행위는 단지 '저작물의 전송의 뢰를 하도록 하는 지시 또는 의뢰의 준비'에 해당할 뿐이므로 원칙적으로 저작권법상의 '전송'에 해당하지는 않는 것으로 보고 있다. 이러한 법리의 이면에는, 만약 홈페이지에 링크를 다는 것을 전송에 해당하는 것으로 보아 전송권으로 규율할 경우 인터넷의 기술적 특성 중의 하나인 하이퍼링크의 활용을 지나치게 억압함으로써 다양한 형태의 정보의 유통을 통해 얻어질 수 있는 공중의 편익에도 큰 위협을 가하게 될 것이라는 데 대한 정책적 고려가 깔려 있다고 할 수 있다.

나. 심층 링크, 프레임 링크, 인라인 링크 등
(1) 심층 링크

웹상에 올려진 타인의 저작물 등을 링크하는 방법에는 여러 가지 유형이 있는데, 그 중 가장 문제가 되지 않는 것이 타인의 웹사이트 초기화면이나 홈페이지의 '메인페이지'를 링크하는 '단순링크'이다.

타깃 사이트의 '홈페이지' 또는 '메인페이지'에 링크하지 않고 그 세부적인 페이지에 바로 링크하는 이른바 심층 링크(deep link, 직접링크(direct link)라고도 한다)의 경우에는 실질적인 면에서 이해관계의 대립이나 분쟁의 소지가 없지 않다.

그러나 그러한 링크의 경우에도 링크 행위에 '복제'나 '전송'이 수반되지 않는다고 하는 법리의 측면에서 다르게 볼 수 있는 부분은 없다. 대법원도 심층링크가 저작권법상의 복제 또는 전송의 개념에 해당하지 않고, 따라서 타인의 저작물이나 그 복제물에 대하여 그 허락 없이 심층링크를 하여도 저작재산권의 직접적인 침해 행위에 해당한다고 할 수 없음을 분명하고 일관되게 밝히고 있다(대판 2009. 11. 26, 2008다77405 등 참조).

(2) 프레임 링크의 문제

인터넷 홈페이지를 제작할 때 '프레임(frame)' 기능을 사용하면, 자신의 홈페이지 화면을 둘 이상의 영역으로 구획하여 표시할 수 있다. 즉, 화면의 좌측 창과 우측 창을 나누어서 좌측 창에는 홈페이지의 메뉴가 나타나게 하고 우측창에는 선택된 메뉴의 내용이 나타나게 하는 등의 방법이 인터넷에서 널리 사용되고 있는데, 그것이 바로 프레임 기능을 이용한 것이다. 프레임 기능을 사용한 홈페이지에서 별다른 주의 없이 타인의 사이트를 링크하면 화면 좌측에는 자신의 홈페이지 메뉴가 그대로 나오고 화면 우측에만 타인의 홈페이지가 나타나서 마치 우측의 내용도 자신의 홈페이지의 일부처럼 보여지게 된다. 이러한 경우에는 이용자의 오인, 혼동을 야기할 수 있다는 점에서 저작권 침해 여부가 문제될 수 있다. 이러한 경우에 역시 예외적으로 전송행위에 해당하는 것으로 보는 견해도 있을 수 있으나, 프레임 기능을 사용했다는 것만으로 전송 개념에 해당한다고 보기는 어렵다. 2차적저작물작성권 침해로 구성하는 견해도 없지 않으나, 그것이 성립하려면 원저작물을 이용한 창작성 있는 개작 등이 있어야 하는데, 프레임 안에서 링크를 설정하는 행위만으로는 그러한 요건을 충족한다고 보기는 어렵다.

대법원은 프레임 링크의 문제에 대하여 직접 언급하고 있지는 않으나, 프레임 링크의 성격도 가지고 있는 인라인 링크에 대하여 저작재산권의 직접침해를 부정하는 입장을 표명한 바 있으므로(대판 2010. 3. 11, 2009다4343 참조), 인라인 링크의 성격을 가지지 않은 프레임 링크에 대하여도 같은 입장을 취할 것으로 볼 수 있다.

(3) 인라인 링크

인라인 링크(inlining 또는 embedded link)란 웹사이트 이용자가 링크 제공자의 웹페이지를 방문했을 때 링크된 내용이 자동적으로 실행(activate)되게 하는 링크를 말한다. 인라인 링크는 다른 웹사이트의 정보를 링크제공자의 프레임 내에서 이용한다는 측면에서는 프레임 링크와 같지만 링크가 이용자의 개입 없이 자동적으로 실행되는 점에서 다르다. 예컨대, 링크 제공자가 다른 웹사이트의 이미지 파일이나 음악 파일에 인라인 링크를 한 경우에는 이용자가 링크제공자의 웹사이트를 방문했을 때 어떤 다음 동작을 하지 않아도 해당 이미지가 자동적으로 웹 사이트의 한 구성부분으로 보이거나 해당 음악이 자동적으로 흘러나오게 된다. 이러한 인라인 링크의 경우에는 링크가 자동적으로 실행되기 때문에 웹사이트 이용자로서는 링크된 정보의 위치는 물론 링크가 되어 있는 사실조차 모르는 경우가 많다.

인라인 링크의 경우에는 여전히 링크를 거는 행위 자체에 '복제'가 수반되지는 않지만, 그것이 가지는 실제적인 기능에 초점을 맞추어 이것을 '전송'에 해당하는 것으로 성격 규정을 할 수 있는 여지가 없지 않다.

대법원 판례는 '인라인 링크' 또는 '임베디드 링크'라는 말을 사용하지는 않아도 실제적으로 사진 이미지 등에 대한 인라인 링크가 문제된 사안에서 "피고가 원래의 사진 이미지 또는 적어도 이를 상세보기 이미지 크기로 축소, 변환한 이미지를 자신이 직접 관리하는 서버 등의 유형물에 저장하고 있었다는 점"을 인정할 증거가 없는 이상 저작권법상의 복제, 전송 등에 해당하지 않는다는 입장을 표명하였으며(대판 2010. 3. 11, 2009다4343), 동영상에 대한 임베디드 링크가 문제된 사건에서도 결과적으로 같은 입장을 취하였다(대판 2017. 9. 7, 2017다222757). 이것은 대법원이 링크에 의한 저작재산권 직접 침해 여부와 관련하여, 미국 판례이론상의 두 가지 판단 기준 중에서, '프레임 링크'나 '인라인 링크' 등을 통해 화면상 자신의 웹페이지 안에 다른 저작물을 편입시킨 모습을 취하기만 하면 공중송신권 침해의 주체가 될 수 있다고 보는 판단기준인 '편입 기준(incorporation test)'이 아니라 자신이 관리하는 '서버' 컴퓨터에 전자적 정보를 저장하여 직접 송신 서비스를 제공하는 자만이 공중송신권

침해의 주체가 될 수 있다고 보는 판단기준인 '서버 기준(server test)'을 취하고 있음을 보여주는 것이라 할 수 있다. 그러나 미국의 판례도 검색엔진에 의한 서비스와 관련되지 않은 인라인 링크에 대하여는 서버 기준이 아닌 편입 기준을 취하는 판례들이 나오고 있으므로(예: Justin Goldman v. Breitbart News Network, LLC 등), 우리나라에서도 이 부분 법리에 대한 지속적 검토가 필요한 면이 있다.

다. 링크에 의한 저작권침해 방조의 문제 등

대법원 판례가 링크행위만으로는 타인의 저작물을 복제, 전송 등의 방법으로 이용하는 것으로 볼 수 없으므로 저작재산권 침해가 성립하지 않은 것으로 보는 입장을 일관되게 취하고 있음은 위에서 본 바와 같다. 그렇다면, 타인이 인터넷에 올린 불법복제물을 그 사실을 잘 알면서 자신의 웹사이트에 링크를 하여 둔 경우에도 아무런 법적 책임을 지지 않는 것으로 보아야 할까. 그러한 경우에도, 링크행위가 복제, 전송 등의 이용행위는 아니라고 보는 이상 이를 저작재산권의 직접침해 행위로 보기는 어려울 것이다. 그러나 그러한 경우에 링크를 한 사람에게 타인의 저작재산권 침해행위에 대한 방조의 책임을 물을 수는 있다고 보는 것이 타당할 것이다.

대법원은 한때 불법 복제물에 대하여 링크를 걸어 제공하는 행위가 저작재산권 침해행위에 대한 방조가 될 수 있는 가능성을 전적으로 부정하는 것으로 여겨질 수 있는 판결(대판 2015. 3. 12, 2012도13748)을 선고한 바 있으나, 이후 대법원 전원합의체 판결은 위 판례를 변경하면서 "저작권 침해물 링크 사이트에서 침해 게시물에 연결되는 링크를 제공하는 경우 등과 같이, 링크 행위자가 정범이 공중송신권을 침해한다는 사실을 충분히 인식하면서 그러한 침해 게시물 등에 연결되는 링크를 인터넷 사이트에 영리적·계속적으로 게시하는 등으로 공중의 구성원이 개별적으로 선택한 시간과 장소에서 침해 게시물에 쉽게 접근할 수 있도록 하는 정도의 링크 행위를 한 경우에는 침해 게시물을 공중의 이용에 제공하는 정범의 범죄를 용이하게 하므로 공중송신권 침해의 방조범이 성립한다. 이러한 링크 행위는 정범의 범죄행위가 종료되기 전 단계에서 침해 게시물을 공중의 이용에 제공하는 정범의 범죄 실현과 밀접한 관련이 있고 그 구성요건적 결과 발생의 기회를 현실적으로 증대함으로써 정범의 실행행위를 용이하게 하고 공중송신권이라는 법익의 침해를 강화·증대하였다고 평가할 수 있다. 링크 행위자에게 방조의 고의와 정범의 고의도 인정할 수 있다."고 판시하였다(대판 2021. 9. 9, 2017도19025). 위 판례는 인터넷상 표현의 자유의 중요한 요소인 '링크의 자유'와 저작권자의 권리 보호 사이의 균형을 위해 '불법복제물에 대한 링크' 중에서도 '정범의 침해사실에 대한 충분한 인식'과 '영리적·계속적인 게시' 등의 추가적인 요건을 갖춘 경우에 한하여 침해방조의 책임을 물을 수 있는 것으로 보고 있다.

위 판례는 '불법 복제물'에 대한 링크인 것을 전제로 한 것으로서, 저작재산권자의 허락하에 게시되어 있는 영상물 등에 대한 링크를 걸어 둔 경우에는 침해 방조의 문제가 생기지 않는다(서울중앙지판 2022. 1. 27, 2020가합587633).

7. 공중송신권의 제한

2006년의 개정 저작권법이 위와 같이 전송과 방송의 개념을 구분하고 있으므로, 방송에 대하여 규정된 저작재산권 제한규정이나 법정허락에 대한 규정이 그 자체로 전송이나 디지털음성송신의 경우에도 적용되는 것은 아니다. 따라서, 저작권법의 규정 중 영리를 목적으로 하지 아니하는 방송에 대한 제29조 제1항, 방송사업자의 일시적 녹음·녹화에 대한 제34조의 각 저작재산권 제한규정, 공표된 저작물의 방송을 위한 법정허락에 대한 제51조의 규정 등은 법적으로 '방송'이 아니라 '전송'에 해당하는 VOD 또는 AOD 서비스나 '디지털음성송신'에 해당하는 실시간 웹캐스팅(그 중 음만 송신하는 서비스) 등에는 적용되지 않는다.

다만, 학교교육 목적 등에의 이용에 대한 제25조, 시사보도를 위한 이용의 경우에 대한 제26조, 시험문제를 위한 복제 등의 경우에 대한 제32조, 시각장애인등을 위한 복제 등의 경우에 대한 제33조, 청각장애인 등을 위한 복제 등의 경우에 대한 제33조의2 등에는 포괄적 개념으로서 "공중송신" 행위가 나열되어 있으므로 전송이든 방송이든 또는 디지털음성송신이든 관계없이 같이 적용되게 된다.

[52] 전시권

1. 전시권의 의의

저작권법은 다음과 같이 저작자의 전시권에 대하여 규정하고 있다.

> ▪ 제19조(전시권) 저작자는 미술저작물등의 원본이나 그 복제물을 전시할 권리를 가진다.

이 규정에 따라 저작자는 자신의 미술저작물등의 원본이나 그 복제물을 스스로 전시하거나 타인에게 전시할 수 있도록 허락하거나 하지 못하도록 금지할 배타적인 권리를 가진다. 위 규정은 전시권을 모든 저작물에 대하여 인정하지 않고 '미술저작물등'에 대하여만 인정하고 있는데, 여기서 '미술저작물등'이란 저작권법 제11조 제3항에서 약칭하기로 한 바에 따라 미술저작물 외에 건축저작물과 사진저작물을 포함하는 것으로 보아야 한다. 미국의 경우는 온라인상의 전시도 '전시권'의 범위에 포함하고 있지만, 우리 저작권법상의 '전시'는 저작물이 화체되어 있는 '유형물'을 일반 공중이 자유로이 관람할 수 있도록 진열하거나 게시하는 것을 말하는 것으로 본다. 판례의 입장도 같다(대판 2010. 3. 11, 2009다4343).

따라서 인터넷상이나 프로젝트 기기에 의한 영사막 등에 이미지를 보여주는 이른바 '무형 전시'는 유형물 자체의 진열 등에 해당하지 않으므로 전시의 개념에 해당하지 않고, 대신에 그 중 공중의 구성원인 개인들이 각자 자신의 PC 등을 통해 볼 수 있도록 하는 것은 '전송'에 해당하며, 전람회 등 공개적 장소에 설치된 PC 화면으로 미술저작물 등을 디스플레이하여 다수인이 볼 수 있게 하는 것은 '공연'의 요소 중 하나인 '상영'에 해당하여 '공연권'의 대상이 되는 것으로 본다(이 책 [50] 2. 나. 참조). 전시의 장소는 화랑·도서관·상점의 진열대·진열장 등과 같이 전시를 위하여 마련된 장소뿐만 아니라, 가로, 공원, 건축물의 외벽, 호텔의 로비, 극장의 복도, 그 밖의 공중에 개방된 장소에서 하는 것도 모두 포함된다. 전시는 일반인에 대한 공개를 전제로 하는 것을 의미하므로 가정 내에서의 진열은 전시에 해당하지 아니한다. 여기서 일반인에 대한 공개의 개념은 공연의 경우와 같다. 공개적인 이상 전시의 방법, 관람료의 징수 여부는 묻지 아니한다. 하급심판례를 보면, 甲이 그린 수채화 (A)의 사진을 乙이 갑의 허락 없이 丙의 시 하단 부분에 삽입하여 시화(詩畵) 액자를 만들어 역 대합실에 걸어 둔 것(전주지판 2005. 12. 1, 2005나1936), 甲이 촬영한 사진(A)을 포함한 앨범을 乙이 '사진 및 기자재 관련 전시회'에 참여하여 설치한 부스에 올려 두어 전시회 관람 고객들이 누구나 넘겨볼 수 있도록 한 것(서울북부지판 2016. 4. 14, 2015가단118639), 甲이 그린 그림(A)의 복제물을 乙이 자신이 경영하는 음식점에 게시한 것(서울중앙지판 2011. 1. 12, 2008가단391321, 2009가단 418018) 등에 대하여 乙이 甲의 A에 대한 전시권을 침해한 것으로 인정하였다.

2. 전시권의 제한

미술저작물 등의 경우에 그 원본의 소유자와 저작권자가 일치하지 않을 경우 소유권과 저작권의 충돌이 문제될 수 있다. 저작권법 제35조 제1항 및 제4항의 규정에 의하여 이 문제를 해결하고 있다. 즉 같은 조 제1항에서 "미술저작물 등의 원본의 소유자나 그의 동의를 얻은 자는 그 저작물을 원본에 의하여 전시할 수 있다. 다만, 가로·공원·건축물의 외벽 그 밖에 공중에게 개방된 장소에 항시 전시하는 경우에는 그러하지 아니하다"고 하여 일정한 예외적인 경우를 제외하고는 소유자에게 저작물을 원작품에 의해 전시할 수 있도록 허용하고(이 책 [127] 2. 참조), 그러한 범위 내에서 저작권자의 전시권이 제한되게 함으로써 양자의 이해관계를 조정하고 있다.

한편 위탁에 의한 초상화 또는 이와 유사한 사진저작물의 경우에는 위탁자의 초상권을 보호하기 위하여 위탁자의 동의가 없는 한 저작자가 이를 전시할 수 없도록 규정하고 있는데(제35조 제4항)(이 책 [127] 5. 참조), 이 또한 전시권의 제한규정에 해당한다.

3. 전시권과 공표권

전시권은 저작인격권 중 하나인 공표권과 밀접하게 관련되어 있으나 언제나 공표권의 일면을 구성하는 것만은 아니고, 전시에 따른 관람료가 지불되는 경우가 많으므로 재산권으로서의 성질을 가지고 있는 것이다. 다만, 공표권의 문제가 해결된 뒤라야 전시권을 행사할 수 있음은 물론이다.

[53] 배포권

1. 배포권의 의의

저작권법은 다음과 같이 저작자의 배포권에 대하여 규정하고 있다.

■ 제20조(배포권) 저작자는 저작물의 원본이나 그 복제물을 배포할 권리를 가진다. 다만, 저작물의 원본이나 그 복제물이 해당 저작재산권자의 허락을 받아 판매 등의 방법으로 거래에 제공된 경우에는 그러하지 아니하다.

이 규정에 따라 저작자는 자신의 저작물의 원본이나 그 복제물을 스스로 배포하거나 타인에게 배포할 수 있도록 허락하거나 하지 못하도록 금지할 배타적인 권리를 가진다.

배포권의 내용과 범위를 이해하기 위해서는 역시 '배포'의 개념을 정확하게 파악하는 것이 중요하다. 저작권법은 '배포'를 다음과 같이 정의하고 있다.

■ 제2조 제23호: "배포"는 저작물등의 원본 또는 그 복제물을 공중에게 대가를 받거나 받지 아니하고 양도 또는 대여하는 것을 말한다.

서점이나 음반 매장 또는 도서 대여점 등에서 공중을 대상으로 책이나 CD, DVD 등을 판매하거나 책, DVD, 만화 등을 대여하는 것 등이 배포의 개념에 해당하는 주된 예이다. 배포는 '공중'을 대상으로 할 것을 요건으로 하므로 '공중'에 해당하지 않는 특정인이나 특정소수인을 대상으로 할 경우에는 배포의 개념에 해당하지 않는 것으로 보아야 할 것이다. 다만, 예를 들어 어떤 책을 읽은 후 인터넷 중고품 판매 사이트에 등록하여 불특정다수인을 판매의 대상으로 한 경우에는 실제로 그 중 1명이 매수를 하였다고 하여 특정인 1인에게 양도한 것으로 볼 것이 아니라 불특정다수인을 대상으로 한 양도로서 배포의 개념에 해당하는 것으로 보아야 한다. 입법론적으로는 배포에 대한 정의규정도 전송에 대한 그것과 마찬가지로 '공중에게' 대신 '공중의 구성원에게'로 하는 것이 보다 바람직하였을 것으로 생각되나, 현행법 하에서도 '공중의 구성원에게'의 의미로 해석하는 것이 타당할 것으로 생각된다.

'배포'의 개념에는 유형물의 형태로 하는 양도 또는 대여만 포함되고 저작물의 무형적 전달은 포함되지 않으므로 웹사이트에서 음악파일이나 동영상 파일 등을 다운로드 방식으로 제공하는 것도 스트리밍 방식 등에 의한 제공의 경우와 마찬가지로 '전송'의 개념(이 책 [51] 3. 참조)에 해당할 뿐 저작권법상 배포의 개념에는 해당하지 아니한다(대판 2007. 12. 14, 2005도872 참조). 그러나 온라인을 통해 전자상거래를 하더라도 유형물로 된 저작물의 원본이나 복제물을 오프라인상으로 배송할 경우에는 '유형물에 의한 양도'에 해당하므로 배포의 개념에 해당할 수 있다.

2. 예외: 권리소진의 원칙

가. 의의

배포권은 이른바 권리소진의 원칙에 의하여 제한된다. 만약 저작권자의 배타적인 권리로서의 배포권을 당해 저작물을 적법하게 판매한 후에도 계속 인정한다면, 저작물의 거래에 있어서 그 때마다 다시 저작권자의 허락을 받아야 하는 불편함이 있게 된다. 그 경우 저작물의 자유로운 유통을 저해하고 거래에 혼란을 초래하며, 소비자의 이익을 침해하는 등의 문제가 발생한다. 이러한 점을 감안하여 저작권법 제20조 단서에서 "다만, 저작물의 원본이나 그 복제물이 해당 저작재산권자의 허락을 받아 판매 등의 방법으로 거래에 제공된 경우에는 그러하지 아니하다"라고 규정하고 있다. 이것을 저작권자의 배포권이 1회의 판매로써 소진된다는 원칙이라고 하여 권리소진(exhaustion of rights)의 원칙 또는 최초 판매의 원칙(first sale doctrine)으로 불리며, 미국·EU를 비롯한 각국의 입법이 이를 인정하고 있다.

나. 요건

(1) 저작물의 원본이나 그 복제물이 거래에 제공될 것

여기서 저작물의 원본이나 그 복제물이라 함은 유형물에 한하는 개념으로 서 온라인상의 복제물은 포함되지 않는다. 즉 온라인상의 다운로드 방식 등으로 음악 파일 등을 판매하여 거래에 제공된 경우라면 유형물의 형태로 거래에 제공된 것이 아니므로 권리소진의 원칙이 적용되지 아니한다. 한편으로 권리소진의 원칙은 배포권에 대하여만 규정되어 있으므로 전송권에 대하여는 적용이 없다고 할 수 있는데, 그것도 유형물에 한하여 권리소진의 원칙이 인정된다는 동일한 결론으로 이어진다. 현행법의 해석론으로서는 이와 같은 결론에 의문이 없지만, 장기적인 면에서 입법적으로는 온라인 판매의 경우에 최초판매의 원칙이라는 제도적 균형장치가 결여된 문제를 어떻게 해결할 것인지는 계속 고민할 필요가 있는 부분이라 할 수 있다.

한편, 우리나라 판례상 상표권의 소진과 관련하여 원래의 상품과의 동일성을 해할 정도의 가공이나 수선이 있을 경우에는 새로운 생산행위로 보아 상표권 소진의 효력이 미치지 않는 것으로 본 판례(대판 2003. 4. 11, 2002도3445)가 있는데, 저작권법상 권리소진의 법리와 관련하여서도 비슷한 문제가 있을 수 있다. 예컨대 유럽사법재판소의 Allposter 사건 결정(Case C-419/13, Art & Allposters International BV v Stichting Pictoright, January 22, 2015)은, 포스터 표면의 잉크층을 캔버스에 옮기는 기술(Canvas Transfer)을 사용한 가공공정을 통해 포스터의 그림을 캔버스에 옮김으로써 복제물의 내구성이 높아지고 회화의 질도 개선되며, 원화에 가까운 것이 만들어진 것으로 인정된 사안에서 "원본에 가까운 것을 만들어 낸 것과 같은 복제물의 개변은 실제로는 저작물의 새로운 복제물에 해당하는 것이다. 이것은 정보사회 지침 제2조(a)에 의하여 저작자의 배타적 권리에 포함되는 행위이다"라고 결정한 바 있다. 우리나라에서도 위와 같은 사안의 경우라면, 새로운 복제물로 인정되어 배포권 소진의 효력이 미치지 않는 것으로 보아야 할 것으로 생각된다.

(2) 해당 저작재산권자의 허락을 받은 경우일 것

위 (1)의 '거래에의 제공'에 대하여 해당 저작재산권자(배포권자)의 허락이

있어야 한다. 실제로는 허락을 받지 않았지만 그것을 모르고 구입한 사람의 경우에는 배포권 침해가 성립할 수 있다.

(3) 판매 등의 방법으로 거래에 제공될 것

판매 외의 거래방법에는 교환, 증여, 소유권의 포기 등 양도에 해당하거나 그에 준하는 것만 포함되는 것으로 보고, '대여'의 경우는 포함되지 않는 것으로 본다. 대여의 경우에는 저작물의 원본 또는 복제물에 대한 처분권이 여전히 대여자에게 남아 있는 것을 전제로 하기 때문이다. 이와 같이 저작물에 대한 처분권의 보유 여부를 기준으로 판단하여야 한다는 것을 전제로 할 때, 배포권자가 약한 의미의 양도담보권을 설정하기만 하고 아직 담보권이 실행되기 전의 상황이라면 권리소진의 요건을 갖춘 것으로 보기 어렵지만, 소유권유보부매매의 경우는 소진의 요건을 갖춘 것으로 볼 수 있다. 여기서 말하는 판매 등의 거래행위가 공중을 대상으로 한 것만 뜻하는 것인지 아니면 개인을 대상으로 한 양도도 포함되는 것인지도 문제되나, 법규정에서 특별한 제한을 두고 있지 않고, '거래 제공'이라는 말만으로 공중을 대상으로 한 경우에 한정하는 의미가 포함되어 있다고 보기 어려우며, 개인간 양도의 경우도 포함하는 것이 거래의 안전을 보장하고자 하는 권리소진 규정의 입법취지에 부합되는 것이라 할 수 있으므로, 개인을 대상으로 한 양도도 포함되는 것으로 봄이 타당하다. 저작권자의 의사에 기한 최초의 양도계약이 정당한 사유로 해제된 경우에는 어떻게 될까? 해제의 소급효에 의하여 최초의 양도계약은 원래부터 없었던 것으로 보게 되므로 그 경우에는 배포권이 소진되지 않은 것으로 보는 것이 타당할 것이다.

다. 효과

권리소진의 요건을 모두 충족할 경우 해당 유형물에 대하여는 그 저작물에 더 이상 배포권이 없는 것과 동일하게 취급된다. 즉, 해당 유형물에 한하여 권리가 소진되는 것일 뿐이다. 따라서 정당한 거래를 통해 구매한 원본이나 복제물로서의 유형물을 양도 또는 대여하는 것은 저작재산권자의 허락이 없어도 가능하지만(다만 대여의 경우에는 이 책 [54]에서 보는 바와 같이 일정한 제한적인 경우에 권리소진의 원칙에 대한 예외로서의 대여권이 작용하게 된다), 아직 거래에 제공되지 않은 원본 또는 복제물에 대하여는 배포권이 그대로 미쳐, 배포권자의 허락 없이 양도 또는 대여할 수 없다. 그리고 배포권이 소진될 뿐이므로, 복제권, 공연권, 공중송신권, 전시권, 2차적저작물작성권 등은 그대로 남아 있다. 따라서 저작물의 복제물을 정당하게 구매한 사람이라도 그것을 이용하여 예컨대 공연이나 전시를 하면 공연권 또는 전시권 침해가 성립한다. 한편 권리자가 배포에 있어서 일정한 제약조건을 붙인 경우에도 위에서 본 다른 요건을 모두 충족하는 한 권리소진의 효과가 발생하는 것으로 봄이 거래의 안전을 보장하고자 하는 위 규정의 입법취지에 비추어 타당할 것이다. 그런 의미에서 위 규정은 강행규정으로서의 성격을 가진다고 할 수 있다. 효과의 지역적 범위와 관련하여, 국내에서 거래에 제공된 경우에만 미치고, 국외에서 거래에 제공된 경우에는 미치지 않는다고 보는 국내소진설과 그러한 경우에도 권리소진의 효과가 미친다고 보는 국제소진설이 대립되고 있다. 사견으로는 국제소진설이 타당하다고 본다(자세한 것은 기본서 §13-61 이하 참조). 국제소진설에 의하면 이른바 진정상품의 병행수입('진정상품의 병행수입'이란 특정한 권리자에 의해 해외에서 제조·판매된 진정상품이 독점적 수입권을 권리자로부터 얻은 회사나 대리점 등을 통해 정규적으로 수입되고 있음에도 불구하고 그러한 정규적 루트를 통하지 않고 진정상품을 해외에서 구입한 사람이 직접 국내로 수입하는 것을 말한다)에 대한 저작권법상의 제한이나 금지는 없는 것으로 보게 된다(최근에 선고된 대판 2023. 12. 7, 2020도17863도 "외국에서 저작재산권자의 허락을 받아 판매 등의 방법으로 거래에 제공되었던 저작물의 원본이나 그 복제물을 국내로 다시 수입하여 배포하는 경우에도 특별한 사정이 없는 한 저작권법 제20조 단서에서 정한 효과가 인정될 수 있다"고 판시하여 '국제소진설'의 입장을 밝히고 있다).

[54] 대여권

1. 대여권의 의의

저작권법은 다음과 같이 저작자의 대여권에 대하여 규정하고 있다.

■ 제21조(대여권) 제20조 단서에도 불구하고 저작자는 상업적 목적으로 공표된 음반(이하 "상업용 음반"이라 한다)이나 상업적 목적으로 공표된 프로그램을 영리를 목적으로 대여할 권리를 가진다.

앞에서 본 바와 같이 일단 최초판매가 이루어지면 저작권자의 배포권은 소진되기 때문에(제20조 단서), 적법한 양수인은 이를 대여할 수도 있게 되는데, 음반이나 컴퓨터프로그램 또는 그 복제물의 상업적 대여는 결과적으로 저작권자가 저작물의 판매로 얻을 수 있는 수익을 감소시키는 결과를 가져오는 문제가 있다. 이를 시정하기 위하여 권리소진의 원칙에 대한 예외로 저작권자에게 인정하는 것이 바로 대여권이다. 즉 대여권은 최초판매 이후에 저작권자가 음반 등 특정한 종류의 저작물의 적법한 양수인에게 음반 등을 상업적으로 대여할 수 있도록 허락하거나 이를 금지할 수 있는 권리이다.

2. 대여권의 대상: 음반과 프로그램

TRIPs 협정 제11조에서는 "적어도 컴퓨터 프로그램과 영상저작물에 관하여 회원국은 저작자나 권리승계인에게 그들이 저작권 보호저작물의 원본 또는 복제물의 공중에 대한 상업적 대여를 허락 또는 금지할 수 있는 권리를 부여한다. 회원국은 영상저작물에 관하여서는 그러한 대여가 자기 나라 저작자와 권리승계인에게 부여된 배타적인 복제권을 실질적으로 침해하는 저작물의 광범위한 복제를 초래하지 아니하는 경우, 이러한 의무에서 면제된다. 컴퓨터 프로그램과 관련하여 이러한 의무는 프로그램 자체가 대여의 본질적인 대상이 아닌 경우에는 적용되지 아니한다"라는 규정을 두었다. WIPO 저작권 조약(WCT)도 유사한 내용의 규정(제7조)을 두고 있다.

우리 저작권법은 1994. 1. 7자 개정을 통해 판매용 음반에 대하여 저작자·실연자 및 음반제작자에게 대여권을 인정하는 규정을 처음 마련하였고, 컴퓨터프로그램에 대하여는 구 컴퓨터프로그램보호법을 1994. 1. 5자로 개정하면서 대여권에 관한 규정을 처음 신설하였다. 저작권법과 컴퓨터프로그램보호법을 통합한 현행 저작권법은 제21조에서 위와 같이 규정함으로써 상업용 음반과 상업용 프로그램에 대한 대여권을 인정하고 있다.

영상저작물에 관하여는 우리나라의 상황이 TRIPs 제11조의 예외규정에서 말하는 "대여가 자기 나라 저작자와 권리승계인에게 부여된 배타적인 복제권을 실질적으로 침해하는 저작물의 광범위한 복제를 초래하지 아니하는 경우"

에 해당한다는 전제하에 대여권 규정을 두지 않고 있다.

3. 영리 목적의 대여

대여권이 인정되는 것은 '상업용 음반이나 상업용 프로그램의 영리를 목적으로 하는 대여'에 한하므로 상업용 음반등이 아니거나 상업용 음반등이더라도 영리를 목적으로 하지 아니한 개인적인 대여에는 대여권이 미치지 아니한다.

4. 배포권과 대여권의 관계

대여권은 배포권에 대한 제한사유인 권리소진의 원칙에 대한 예외규정에 의하여 원래 배포권의 내용에 포함된 일부 권리(배포권 중 대여에 대한 배타적 권리)가 최초판매 이후에도 '소진'되지 않고 남아 있게 됨을 뜻할 뿐이므로, 배포권과 독립된 별개의 지분권이 인정되는 것이라고 보기 어려운 면이 있다. 배포권의 내용에 저작물을 타인에게 양도하는 것뿐만 아니라 대여하는 것을 허락하거나 이를 금지할 권리가 포함되어 있음은 앞에서 본 바와 같다.

5. 공공대출권

대여권과 유사하지만 구별하여야 할 개념이 공공대출권(public lending rights)이다. 공공대출권이란 도서관 소장의 도서 또는 음반 등을 공중에게 무료로 대출하는 것에 대하여 저작자가 보상을 받을 수 있는 권리를 말한다. 대여권은 영리 목적의 대여에 한하는 것인 데 반하여 공공대출권은 비영리 대출을 전제로 하는 것이고, 대여권은 배타적 권리인 데 반하여 공공대출권은 이를 채택한 나라들에 따라 저작권법상의 비배타적 권리로 규정하거나 아예 저작권법이 아닌 도서관 관련 법에 따른 보상제도로 규정하고 있다는 점에서 구별된다. 최초판매의 원칙에 따라 도서관이 구입한 도서나 음반 등의 자유로운 비영리 목적 대출을 인정함에 따라 저작자가 재산적 이익을 잃는 부분이 있으므로 저작자에게 그에 대한 보상금을 인정하여, 저작자의 창작 유인을 강화하고자 하는 취지의 제도이다. 공공대출권 제도는 유럽지역을 중심으로 확산되어 현재 영국, 독일, 프랑스, 네덜란드, 오스트레일리아 등을 비롯한 35개 나라에서 성공적으로 시행되고 있다. 우리나라에서는 아직 도입하지 않고 있으나, 도입 여부를 검토하는 입법적 논의는 계속되고 있다.

[55] 2차적저작물작성권

저작권법은 다음과 같이 저작자의 2차적저작물작성권에 대하여 규정하고 있다.

> ■ 제22조(2차적저작물작성권) 저작자는 그의 저작물을 원저작물로 하는 2차적저작물을 작성하여 이용할 권리를 가진다.

위 규정에 따라 저작자는 자신의 저작물을 원저작물로 하는 2차적저작물을 스스로 작성하여 이용하거나 타인에게 그렇게 할 수 있도록 허락하거나 하지 못하도록 금지할 배타적 권리를 가진다. 2차적저작물의 의의에 관하여는 앞에서 자세히 설명한 바가 있으므로(이 책 [21] 참조) 여기서는 설명을 생략한다.

"2차적저작물을 작성할 권리"가 아니라 "2차적저작물을 작성하여 이용할 권리"라고 규정하여 2차적저작물을 이용하는 것도 이 권리의 내용에 포함되는 것처럼 보이지만, 그 부분에 큰 의미를 둘 것은 아니라 생각된다. 왜냐하면, 저작권법 제5조 제2항은 "2차적저작물의 보호는 그 원저작물의 저작자의 권리에 영향을 미치지 아니한다"고 규정하고 있으므로 2차적저작물이 작성된 경우에도 그것이 원저작물의 창작성 있는 표현을 내포하고 있는 이상 원저작권자는 여전히 자신의 모든 권리를 주장할 수 있을 것이기 때문에 2차적저작물이용권을 별도로 강조할 경우에는 중복과 혼란을 초래하는 면이 있기 때문이다. 예컨대 甲이 원저작물 A의 저작자이고, 乙이 A를 기초로 한 2차적저작물로서 AB를 작성하였는데, 丙이 AB를 무단 복제하였다면, 甲은 丙이 AB를 복제함으로써 자신의 저작물인 A를 복제한 것이 된다는 이유로 복제권 침해를 주장할 수 있다고 보는 것이 제5조 제2항의 취지에 부합한다. 그 경우에 丙이 甲의 A에 대한 "2차적저작물이용권"을 침해하였다고 할 것은 아니라고 생각된다. 제22조가 "2차적저작물을 작성하여 이용할 권리"라고 표현하고 있어 '2차적저작물이

용권'이 '2차적저작물작성권'과 분리하여 귀속, 행사될 수 있음을 전제로 한 것
은 아니라고 봄이 상당하다는 면에서도 그러하다. 결국 이 규정은 2차적저작물
을 작성할 권리를 인정한 데에만 의미가 있다고 보아도 좋을 것이다.

5장

저작재산권의 변동과
이용허락 등

[56] 개관

저작권법은 제2장 제4절 제3관에서 저작재산권의 변동에 대한 규정들, 즉 저작재산권의 양도(45조), 저작물의 이용허락(46조), 저작재산권을 목적으로 하는 질권의 행사 등(47조), 공동저작물의 저작재산권의 행사(48조), 저작재산권의 소멸(49조) 등에 대한 규정을 두고 있다. 그 중 제48조는 공동저작물에 대한 부분에서 살펴본 바 있으므로 나머지 부분들을 여기에서 살펴본다.

한편으로 제2장 제4절 제3관에 같이 규정되어 있지 않지만 저작재산권의 변동과 관련된 규정이라 볼 수 있는 것들이 있다. 배타적발행권(제57조부터 제62조까지), 출판권(제63조 및 제63조의2), 영상저작물에 대한 특례규정(제99조부터 제101조까지), 저작권집중관리에 관한 규정(제105조부터 제111조까지), 그리고 등록 및 인증 제도(제53조부터 제56조까지)에 대한 규정들이 그것이다.

배타적 발행권과 출판권은 저작자가 해당 권리를 다른 사람에게 설정함에 따라 파생적으로 형성되는 배타적 이용권의 일종으로서, 제46조에 따라 저작자로부터 이용허락을 받은 사람이 가지는 채권적 이용권과 뚜렷이 구별되지만, 크게 보면, 저작자로부터 설정 또는 부여받은 저작물에 대한 이용권이라는 점에서는 공통점이 있다. 영상저작물에 관한 특례 규정은 영상저작물에 대하여 일정한 권리에 대한 이용허락 또는 권리의 양도를 추정하는 규정이라는 점에서 권리변동에 대한 규정이라 할 수 있다. 그리고 저작권집중관리에 관한 규정들은 여러 가지 행정적 규정들을 포함하고 있긴 하지만, 집중관리단체 중 신탁단체가 저작자로부터 권리를 '신탁'받아 권리를 보유, 행사하게 되는데, 그 '신탁'은 권리의 완전한 이전을 수반한다는 점에서 권리변동의 성격을 가지고 있다. 등록 및 인증 제도도 권리변동과 깊은 관련성을 가지고 있다.

제 1 절   저작재산권의 양도

[57]   양도가능성 및 그 성질

저작재산권은 전부 또는 일부를 양도할 수 있다(제45조 제1항). 저작재산권은
저작인격권과 달리 재산권으로서의 성질을 가지므로 저작권자의 의사에 따라
자유롭게 양도할 수 있음은 당연하다. 뒤에서 살펴볼, 장래 발생할 저작권에
대한 채권적 양도계약 등의 경우가 아닌 한 일반적으로 저작재산권 양도계약
은 준물권계약(準物權契約)의 성격을 가지고 있다고 할 수 있다.

[58]   불요식행위

저작재산권의 양도에는 특별한 방식이 필요 없다. 저작권법 제54조 제1호
에서 저작재산권의 양도(상속 기타 일반승계의 경우를 제외한다)는 이를 등록하지 않
으면 제3자에게 대항할 수 없다고 규정하고 있는 것에서 알 수 있는 바와 같
이 등록은 양도의 효력발생요건이 아니라 제3자에 대한 대항요건에 불과하다.
그러므로 당사자 사이에 양도계약이 성립하면 바로 양도의 효력이 발생한다.
반드시 서면계약에 의할 것을 요구하고 있지 않으므로 구두계약도 가능하다.

[59]   일부양도의 의의와 한계

민법상의 재산권, 예컨대 소유권의 경우에는 그 소유권의 내용이 되는 권
리 중 일부를 분리하여 양도할 수 없지만, 저작재산권의 경우에는 권리의 일

부를 양도할 수 있다는 점이 매우 특징적인 부분이다.

　권리의 '일부'를 양도할 수 있다고 할 때 어느 정도까지 분할하여 양도할 수 있다는 의미인지 반드시 명확하지 아니하므로, 이를 자세히 분석해 볼 필요가 있다. 우선 저작재산권의 지분권인 복제권·공연권·공중송신권 등의 권리 중 하나 또는 여럿을 따로 양도할 수 있다는 것에 대하여는 아무런 이론이 없다.

　그러나 특정한 지분권을 다시 그 이용형태에 따라 분할하여 양도하는 것도 가능하다고 볼 것인지는 문제가 없지 않다. 예컨대 저작물을 인쇄·출판할 권리와 저작물의 연주를 녹음·녹화할 권리 등도 모두 복제권에 포함되고 있으나, 별개의 권리로 구별하여 취급할 필요성이 높고 실제로도 분리하여 양도되고 있으며, 또한 문예작품이나 학술논문 등 어문저작물의 번역은 실무상으로도 번역되는 국어마다 그 번역할 권리가 구별되고 있으므로 이들에 대한 분할양도의 효력을 부정할 필요는 없을 것이다. 그러나 지분권을 필요 이상으로 세분화하는 것을 인정하면 여러 가지 혼란이 발생할 가능성이 있으므로, 그 세분화에는 여러 가지 상황을 고려하여 해석론상 적절한 한계선을 그을 필요가 있다.

　권리를 행사할 수 있는 지역이나 장소를 한정해서 양도하는 것이 가능한가 하는 문제도 간단한 문제는 아니다. 국가단위로 제한하여, 예컨대 한국 내에서 혹은 미국 내에서 연주할 수 있는 권리를 양도하는 것과 같은 경우에 그 효력을 인정하여야 한다는 데 대해서는 학설이 대체로 일치하고 있다. 그러나 더 나아가 서울에서 복제할 권리의 양도, 미국의 뉴욕에서 연주할 권리의 양도와 같이 국가단위 이하의 장소적 제한을 붙인 계약의 효력을 인정할 것인가에 대하여는 견해의 대립이 있다.

　시간적인 제한, 예를 들어 5년간 양도한다고 하는 것과 같은 기한부의 저작재산권 양도는 유효한 것으로 인정하는 것이 통설이다.

[60] 2차적저작물작성권의 유보 추정

일반 저작물의 경우, 저작권법은 저작재산권의 전부를 양도하는 경우에도 원저작물의 원형을 해칠 우려가 있는 2차적저작물작성권은 원저작권자에게 유보되어 있는 것으로 추정한다(제45조 제2항 본문).

당사자들 사이에 특약으로 2차적저작물작성권을 함께 양도하기로 하는 것은 물론 가능하다. 그 특약에는 명시적인 특약만이 아니라 묵시적인 특약도 포함되므로, 계약 당시의 여러 가지 정황이나 취지 등에 비추어 2차적저작물작성권을 양도하기로 하는 묵시적 특약이 있었다고 인정될 수 있는 경우에는 추정이 번복된다.

위와 같이 일반 저작물을 양도할 경우에 특약이 없는 한 2차적저작물작성권은 원저작권자에게 유보된다고 추정하고 있는 것은 2차적저작물작성권과 밀집한 관련이 있는, 저작자의 저작인격권(동일성유지권)을 존중하기 위한 취지라 할 것이다.

그러나 컴퓨터프로그램저작물의 경우에는 기능적 저작물의 특성상 지속적인 업그레이드(2차적저작물 작성)가 거의 필수적으로 요구되므로 프로그램에 대한 저작재산권 양도 시에 특약이 없더라도 양수인이 필요시에 업그레이드를 할 수 있는 권리는 당연히 함께 양도받은 것으로 생각하는 것이 통례일 것이다. 이러한 프로그램이 가지는 특성 및 거래실정 등을 감안하여 프로그램의 경우에는 일반 저작물에 대한 규정과는 반대로 오히려 특약이 없는 한 2차적저작물작성권도 함께 양도된 것으로 추정하고 있다(제45조 제2항 단서).

[61] 장래 발생할 저작재산권의 양도

장래 발생할 저작재산권의 양도를 인정하는 규정은 없지만, 그러한 양도계약을 체결하는 것도 계약자유의 원칙에 의하여 일반적으로는 유효한 것으로 보아야 할 것이다. 장래 저작재산권이 발생하면 양수인에게 양도하기로 약속하는 채권계약은 물론, 장래 저작권이 발생함과 동시에 저작재산권이 양수인에게 이전되도록 하는 조건부 준물권계약도 유효한 것으로 본다.

　　다만, 장래 발생할 저작재산권의 일괄적 양도를 내용으로 하는 계약의 경우에 기한의 정함이 없고 저작자가 평생 그 계약에 구속되도록 하는 내용을 가지고 있는 경우라면, 민법상의 공서양속의 원칙에 반하여 무효라고 보아야 할 경우가 있을 것이다.

제2절   저작물의 이용허락

[62]   의의

저작재산권자는 다른 사람에게 그 저작물의 이용을 허락할 수 있다(제46조 제1항). '허락'은 저작재산권자가 다른 사람으로 하여금 자신의 저작물을 이용할 수 있도록 정당화하는 의사표시를 말한다. 저작재산권은 배타적 권리이므로 저작재산권자의 허락 없이는 누구도 그 저작물을 이용할 수 없다. 따라서 다른 사람이 저작물을 이용하려면 저작재산권자에게 이용료를 지급하고 그 이용허락을 받아야 하며, 경제적 권리로서의 저작재산권의 행사는 통상 저작물이용허락권 및 이용료청구권의 행사를 통해 이루어진다.

저작재산권자가 타인에게 저작물에 대한 이용권을 부여하는 것과 관련된 제도로는 저작권법 제46조에 의한 이용허락 외에 제57조 이하에서 규정하고 있는 '배타적발행권'(이 책 [70] 이하 참조)및 '출판권'(이 책 [80] 이하 참조) 설정제도가 있다. 제46조에 의한 이용허락 제도가 당사자 사이의 채권계약에 관한 것으로서 채권적인 이용권을 부여하는 것에 관한 제도라면 후자의 제도는 배타적발행권자 또는 출판권자가 일종의 물권적 권리, 즉 배타적 권리를 가지게 되는 제도라는 점에서 근본적 차이가 있다. 배타적이용권을 인정하는 제도로서는 원래 출판권과 프로그램배타적발행권 제도만 있었으나, 한·미 FTA의 이행을 위한 개정법에서 프로그램만이 아니라 모든 저작물에 대하여 적용되는 배타적발행권제도를 도입하면서 기존의 프로그램배타적발행권제도는 신설제도에 흡수시키고, 출판권에 관하여는 출판계의 의견에 따라 그 설정에 관하여 별도의 근거규정을 특례규정으로 존치하는 것으로 하였다. 여기서는 제46

조의 이용허락 제도에 대하여 살펴본다.

[63] 이용허락의 방법·성질

1. 이용허락의 방법

이용의 '허락'은 저작재산권의 양도와 달리 저작권자가 자신의 저작재산권을 그대로 보유하면서 단지 다른 사람에게 자신의 저작물을 이용할 수 있도록 허용하는 의사표시이다. 이용허락에 특별한 방식은 필요하지 않다. 서면에 의할 필요가 없는 것은 물론이고 묵시적 이용허락도 그 효력을 인정받을 수 있다('묵시적 이용허락'을 인정한 사례로는 서울중앙지판 2014. 5. 1, 2012가합535149 등 참조).

2. 이용권의 법적 성격

이용자가 저작권자와의 '이용허락 계약' 등에 의하여 취득하는 '이용권'은 준물권으로서의 성질이 아니라, 저작권자에 대한 관계에서 자신의 저작물이용 행위를 정당화할 수 있는 채권으로서의 성질을 가진다. 채권이 (준)물권을 이기지 못하는 법리에 따라 이러한 채권적 이용권은 저작재산권의 양수인에게 대항하지 못하는 취약성을 가지고 있다. 예컨대 상표법의 경우는 통상사용권도 등록을 통해 대항력을 가질 수 있도록 하고 있지만(상표법 제100조 제1항 제1호 및 제2항) 저작권법의 경우는 이용권을 등록함으로써 대항력을 가질 수 있는 제도를 두고 있지 않으므로 자신에게 이용허락을 한 저작재산권자가 저작재산권을 양도할 경우 양수인에게 자신의 이용권으로 대항할 수 있는 방법이 없다.

그러한 법리를 전제로 하여 대법원도 "저작물 이용자가 저작권자와의 이용허락계약에 의하여 취득하는 이용권은 저작권자에 대한 관계에서 저작물 이용행위를 정당화할 수 있는 채권으로서의 성질을 가지는 데 불과하므로, 저작권 신탁이 종료되어 저작권이 원저작권자인 위탁자에게 이전된 경우에는 원저작권자와 수탁자 사이에 수탁자가 행한 이용허락을 원저작권자가 승계하기로 하는 약정이 존재하는 등의 특별한 사정이 없는 한 저작물 이용자는 신탁종료에 따른 저작권 이전 후의 이용행위에 대해서까지 수탁자의 이용허락이 있었음을 들어 원저작권자에게 대항할 수 없다"고 판시하였다(대판 2015. 4. 9, 2011다101148). 이용권자의 법적 보호방안에 대하여 무관심한 현행법의 태도가 타당한지에 대하여는 이후 입법론적인 검토가 필요할 수도 있을 것으로 생각된다.

3. 이용권의 범위 등

이용허락을 하면서 저작물의 이용방법 및 조건을 정한 경우에 이용권자는 그 허락받은 이용방법 및 조건의 범위 안에서 저작물을 이용할 수 있다(제46조 제2항). 저작물이용계약은 당사자간의 신뢰관계를 바탕으로 하여 이루어지는 것이므로, 그 이용권은 당사자간의 구체적인 신뢰관계에 터잡은 것이므로 저작재산권자의 동의 없이 제3자에게 양도할 수 없다(제46조 제3항).

[64] 이용허락의 유형 및 효력

1. 이용허락의 유형

저작권법 제46조에 의한 저작물의 이용허락은 이를 '단순허락'과 '독점적 허락'의 두 가지 종류로 나누어 볼 수 있다. 먼저 단순허락의 경우는 저작재산권자가 복수의 사람에 대하여 저작물의 이용을 중첩적으로 허락할 수 있다. 즉 단순허락을 한 경우에는 이용자는 저작물을 배타적·독점적으로 이용할 수 없으므로 단순히 저작재산권자에 대하여 자신이 그 저작물을 이용하는 것을 용인하여 줄 것을 구할 수 있을 뿐이고, 자신 이외에 별도로 저작재산권자로부터 동일한 이용허락을 받은 제3자가 있어도 이를 배제할 수 있는 어떤 권리도 가지지 아니하는 것이다.

'독점적 허락'은 이용자가 저작재산권자와 사이에 일정한 범위 내에서의 독점적인 이용을 인정하거나 이용자 이외의 다른 사람에게는 이용허락을 하지 않기로 하는 특약을 체결한 경우이지만, 이러한 독점적 허락도 '배타적발행권'의 설정이 아닌 한 채권적인 성질을 가지는 점에서는 차이가 없으므로 저작재산권자가 그 이용자 이외의 다른 사람으로 하여금 그 저작물을 이용하

게 한 경우에도 독점적 허락을 받은 이용자가 다른 이용자를 상대로 금지청
구나 손해배상청구를 할 수는 없다. 다만, 이러한 경우에 저작재산권자를 상
대로 하여서는 채무불이행을 이유로 한 손해배상청구를 할 수 있다.

2. 효력

가. 제3자인 무단이용자에 대한 손해배상청구권의 유무

만약 제3자가 저작재산권자의 허락 없이 무단으로 저작물을 이용하는 경
우라면 저작재산권자로부터 이용허락을 받은 이용자가 무권원의 제3자에 대
하여 손해배상청구권 등을 행사할 수 있을까.

먼저 단순허락의 경우를 살펴보면 단순허락의 경우에는 이용자가 저작재
산권자에 대한 관계에서 단지 자신의 저작물 이용을 용인해 줄 것을 요구할
수 있을 뿐이고 다른 제3자의 이용에 대하여는 계약상의 어떠한 권리도 없는
입장이므로, 가사 제3자가 저작물의 무단이용을 하였다고 해도 그에 대하여
손해배상청구 등을 할 수는 없다.

다음으로 '독점적 허락'의 경우에는 이용자가 침해자에 대하여 손해배상
청구권을 가지는가 하는 문제를 검토해 보자. 우리나라에서는 이 문제에 관한
논의가 거의 보이지 아니하고 일본의 학설상으로는 견해가 나누어져 있으나,
이 경우에 이용자는 저작물의 독점적 이용에 관하여 밀접한 이해관계를 가지
고 있으므로 적어도 독점적 허락이 있다는 것을 인식하면서 저작물의 무단이
용을 한 침해자에 대하여는 손해배상청구권을 가지는 것으로 봄이 타당할 것
으로 생각된다. 대법원도 "일반적으로 채권에 대하여는 배타적 효력이 부인되
고 채권자 상호간 및 채권자와 제3자 사이에 자유경쟁이 허용되는 것이어서
제3자에 의하여 채권이 침해되었다는 사실만으로 바로 불법행위로 되지는 않
는 것이지만, 거래에 있어서의 자유경쟁의 원칙은 법질서가 허용하는 범위 내
에서의 공정하고 건전한 경쟁을 전제로 하는 것이므로, 제3자가 채권자를 해
한다는 사정을 알면서도 법규를 위반하거나 선량한 풍속 또는 사회질서를 위
반하는 등 위법한 행위를 함으로써 채권자의 이익을 침해하였다면 이로써 불
법행위가 성립하고, 여기에서 채권침해의 위법성은 침해되는 채권의 내용, 침

해행위의 태양, 침해자의 고의 내지 해의의 유무 등을 참작하여 구체적, 개별적으로 판단하되, 거래자유 보장의 필요성, 경제사회정책적 요인을 포함한 공공의 이익, 당사자 사이의 이익균형 등을 종합적으로 고려하여야" 한다고 판시한 바 있다(대결 2010. 8. 25, 2008마1541).

대법원 판례 가운데 저작물의 독점적 이용권자의 채권 침해를 인정한 사례는 아직 보이지 않지만, 독점적 판매권에 대한 제3자의 채권침해를 인정한 판례(대판 2003. 3. 14, 2000다32437)를 참고할 수 있다.

한편, 독점적 이용권자가 저작재산권자의 손해배상청구권을 대위행사할 수 있다고 보는 견해가 있으나, 그 경우는 특정채권의 보전을 위한 채권자대위권 행사를 허용하는 유형에 부합한다고 보기 어렵고, "채권자가 보전하려는 권리와 대위하여 행사하려는 채무자의 권리가 밀접하게 관련되어 있고, 채권자가 채무자의 권리를 대위하여 행사하지 않으면 자기 채권의 완전한 만족을 얻을 수 없게 될 위험이 있어 채무자의 권리를 대위하여 행사하는 것이 자기 채권의 현실적 이행을 유효적절하게 확보하기 위하여 필요하며, 채권자대위권의 행사가 채무자의 자유로운 재산관리 행위에 대한 부당한 간섭이 된다는 등의 특별한 사정이 없는 경우"에 채권자대위권의 행사를 인정하는 대법원 판례(대판 2001. 5. 8, 99다38699 등)의 입장에 비추어 보더라도 일반적으로 그 요건을 충족하는 것으로 보기 어려울 것이라는 점에서, 손해배상청구권의 대위행사는 특별한 경우가 아닌 한 인정되기 어려운 것으로 생각된다(그러한 이유를 들어 저작권자의 제3자에 대한 손해배상청구권을 대위행사한 것에 대하여 피보전권리가 없다는 이유로 각하한 서울중앙지판 2009. 9. 4, 2009가합18194 참조).

나. 제3자인 무단이용자에 대한 침해정지청구의 가부

독점적 허락의 경우 이용자가 위와 같은 무단이용자를 상대로 침해정지청구를 할 수 있을까. 우선 독점적 허락의 경우에도 이용자가 가지는 이용권이 기본적으로 채권의 성질을 가지는 한 그 이용자가 제3자에 대하여 고유의 금지청구권을 행사할 수 있는 근거는 없다고 보아야 할 것이다. 문제는 이 경우에 이용자가 채권자대위의 법리에 따라 저작재산권자를 대위하여 침해자를 상대로 침해정지청구권을 행사할 수 있는가 하는 것이다. 이에 대하여 소극적인 견해(부정설)도 있으나, 독점적 이용허락의 경우에는 특별한 사정이 없는 한 이용권자가 저작재산권자에 대하여 적어도 제3자의 침해를 배제하는 데 협력할 것을 요구할 권리가 있다고 볼 수 있고, 그런 상태에서 침해에 따른 이해관계가 예민하지 않은 저작재산권자가 침해행위의 배제에 소극적일 경우에는 독점적 이용권자가 저작재산권자의 제3자에 대한 침해정지청구권을 대위하여 권리 행사를 할 수 있도록 허용하는 것이 현실적으로도 필요하며 권리보호의 충실화라고 하는 이상에도 부합한다는 점에서, 특정채권의 보전을 위해 채무자의 자력 유무를 불문하고 채권자대위권의 행사를 허용하는 민법상의 법리에 따라, 위와 같은 침해배제 협력요구권을 피보전권리로 하여 저작재산권자가 가지는 침해금지청구권을 대위 행사할 수 있는 것으로 보는 것이 타당한 것으로 생각된다(긍정설). 대법원 판례도 같은 입장이다(대판 2007. 1. 25, 2005다11626).

다만 이것은 그 제3자(丙)가 권리자 본인(甲)으로부터 이용허락을 받은 바 없이 무단으로 이용함으로써 침해가 성립하는 경우에 한하는 것이다. 丙이 甲으로부터 이용허락을 받은 경우에는 그것이 甲과 乙 사이의 독점적 이용허락 계약에 반하여 허락한 것이라 하더라도, 乙이 대위할 피대위권리로서의 甲의 丙에 대한 침해청구권이 존재하지 않으므로, 독점적 이용권자인 乙의 丙에 대한 대위청구가 있을 수 없고, 乙로서는 甲에게 계약위반의 책임을 물을 수 있을 뿐이다. 또한 이것은 甲이 권리행사를 하지 않음을 전제로 하는 것이므로, 甲이 이미 권리행사를 하고 있다면 그것을 대위행사하는 것은 허용되지 않을 것이다. 그러나 甲이 1회 丙에게 침해정지 요구를 한 것만으로는 그 이후에 계속되는 丙의 침해행위에 대하여 乙이 甲을 대위하여 정지청구를 하는 것을 부적법하게 하는 것이 아니라고 보아야 할 것이다(서울서부지판 2007. 5. 30, 2006가합5215 참조). 대위에 의한 침해정지청구가 허용되는 경우에도 자신이 독점적 이용허락을 받은 이용행위의 범위 내에서만 침해정지청구권을 대위할 수 있는 것으로 보아야 할 것인바, 하급심결정 중에 특정 영화에 관하여 '오프라인상'의 독점적 이용권을 가진 사람은 '온라인상' 저작권 침해행위에 대하여 저작권법상 침해정지 등 청구권을 행사할 수 없다고 한 사례('웹스토리지' 사건에 대한 서울중앙지결 2008. 8. 5, 2008카합968)가 있다.

또한, "저작권자와 저작물에 관하여 독점적 이용허락계약을 체결한 자는 자신의 권리를 보전하기 위하여 필요한 범위 내에서 저작권자를 대위하여 … 침해정지청구권 등을 행사할 수 있지만, 저작권자와의 이용허락계약에 의하여 취득하는 독점적 번역출판권은 독점적으로 원저작물을 번역하여 출판하는 것을 내용으로 하는 채권적 권리이므로, 제3자가 작성한 저작물이 원저작물의 번역물이라고 볼 수 없는 때에는 독점적 번역출판권자가 저작권자를 대위하여 그 제3자를 상대로 침해정지 등을 구할 보전의 필요성이 있다고 할 수 없다."라고 한 판례(서울고판 2015. 4. 30, 2014나2018733)도 있다.

[65] 저작물이용허락계약과 양도계약의 구별 및 저작권계약 해석의 원칙

위와 같이 저작물이용허락계약에 기한 이용권은 채권의 성질을 가지는 반면, 저작재산권양도 계약에 의하여 양도받은 저작재산권은 준물권의 성질을 가져 그 성질과 효력이 상이한데, 실제 당사자들 사이의 계약을 해석함에 있어서는 그 계약이 저작물이용허락계약인지 저작재산권양도 계약인지 분명하지 않은 경우가 많다. 이러한 경우에 대하여 대법원 1996. 7. 30. 선고 95다29130 판결은 "저작권양도 또는 이용허락되었음이 외부적으로 표현되지 아니한 경우에는 저작자에게 권리가 유보된 것으로 유리하게 추정함이 상당하다"고 판시함으로써 이른바 '저작자에게 유리한 추정(presumption for the author)'의 원칙을 표명하고 있다. 타당한 입장이라 생각된다.

저작자와 출판자 사이에 저작물이용대가를 판매부수에 따라 지급하는 것이 아니라 미리 일괄지급하는 형태의 소위 매절계약(買切契約)을 체결한 경우에 그 원고료로 일괄지급한 대가가 인세를 훨씬 초과하는 고액이라는 등의 입증이 없는 한 이는 저작재산권의 양도가 아니라 출판권설정계약 또는 독점적 출판계약으로 봄이 상당하다는 판례(서울민사지판 1994. 6. 1, 94카합3724)의 입장도 동일한 맥락에서 파악할 수 있을 것이다. 또한, 같은 맥락에서, 원저작물(A)과 2차적저작물(AB)에 대한 저작권을 모두 가지고 있는 甲이 乙에게 2차적저작물

(AB)에 대한 저작재산권을 양도한 경우에, 원저작물(A)에 대한 저작재산권까지 당연히 양도한 것으로 보지는 않는 것이 대법원 판례의 입장이다(대판 2016. 8. 17, 2014다5333).

대법원 판례가 취한 '저작자에게 유리한 추정'의 원칙은 반드시 저작재산권 양도와 저작물 이용허락계약을 구별하기 위한 기준만이 아니라 저작권계약 전반에 걸쳐 적용될 수 있다. 이는 민법상의 일반 해석원칙과는 구별되는 저작권법 특유의 해석원칙의 하나로서, 특히 신인작가 등 사회경제적인 약자의 지위에 있는 저작자를 보호하는 원칙으로 기능할 수 있다는 점에 주목할 필요가 있다.

이러한 저작권법상의 해석원칙과 민법상의 법률행위에 대한 일반적 해석규범은 서로 상충한다고 보기보다는 저작권법상의 해석원칙이 민법상의 해석원칙을 보충하는 의미를 가지는 것으로 보는 것이 타당할 것으로 생각된다. 위 대법원 95다29130 판결도 위와 같은 저작자에게 유리한 추정의 원칙을 천명하기에 앞서 "일반적으로 법률행위의 해석은 당사자가 그 표시행위에 부여한 객관적인 의미를 명백하게 확정하는 것으로서 당사자가 표시한 문언에 의하여 그 객관적인 의미가 명확하게 드러나지 않는 경우에는 그 문언의 내용과 그 법률행위가 이루어진 동기 및 경위, 당사자가 그 법률행위에 의하여 달성하려고 하는 목적과 진정한 의사, 거래의 관행 등을 종합적으로 고찰하여 사회정의와 형평의 이념에 맞도록 논리와 경험의 법칙, 그리고 사회 일반의 상식과 거래의 통념에 따라 합리적으로 해석하여야 한다"고 하여 민법상 법률행위 해석의 일반원칙을 기초로 하고 있다. 그러한 일반 해석원칙 중에 특히 '사회정의와 형평의 이념에 맞도록' 해석하는 원칙과 관련하여 사회경제적 약자의 지위에 있는 창작자의 보호를 염두에 둘 필요가 있을 것이다.

[66] 이용허락계약 해석의 원칙

1. 새로운 매체의 등장과 저작물이용허락계약의 해석

저작권이용허락계약시 매체의 범위에 대한 명시적 약정이 없는 경우에 계약에서 이용허락을 받은 매체의 범위에 새로운 매체도 포함되는 것으로 볼 것인지 여부가 쟁점으로 되는 경우가 있다. 이것은 기본적으로 구체적인 이용허락계약의 해석문제로서 획일화된 결론은 있을 수 없는 문제이나, 구체적인 사건해결에서 참고할 일반적인 판단기준을 정리해 보는 것은 유익한 일일 것이다. 이와 관련하여 대법원은 음반제작에 의한 음악저작물 이용과 관련된 사안에서 다음과 같이 판시하였다(대판 1996. 7. 30, 95다29130).

"저작권에 관한 이용허락계약의 해석에 있어서 저작권이용허락을 받은 매체의 범위를 결정하는 것은 분쟁의 대상이 된 새로운 매체로부터 발생하는 이익을 누구에게 귀속시킬 것인가의 문제라고 할 것이므로, '녹음물 일체'에 관한 이용권을 허락하는 것으로 약정하였을 뿐 새로운 매체에 관한 이용허락에 대한 명시적인 약정이 없는 경우 과연 당사자 사이에 새로운 매체에 관하여도 이용을 허락한 것으로 볼 것인지에 관한 의사해석의 원칙은 ① 계약 당시 새로운 매체가 알려지지 아니한 경우인지 여부, 당사자가 계약의 구체적 의미를 제대로 이해한 경우인지 여부, 포괄적 이용허락에 비하여 현저히 균형을 잃은 대가만을 지급받았다고 보여지는 경우로서 저작자의 보호와 공평의 견지에서 새로운 매체에 대한 예외조항을 명시하지 아니하였다고 하여 그 책임을 저작자에게 돌리는 것이 바람직하지 않은 경우인지 여부 등 당사자의 새로운 매체에 대한 지식, 경험, 경제적 지위, 진정한 의사, 관행 등을 고려하고, ② 이용허락계약조건이 저작물 이용에 따른 수익과 비교하여 지나치게 적은 대가만을 지급하는 조건으로 되어 있어 중대한 불균형이 있는 경우인지 여부, 이용을 허락받은 자는 계약서에서 기술하고 있는 매체의 범위 내에 들어간다고 봄이 합리적이라고 판단되는 어떠한 사용도 가능하다고 해석할 수 있는 경우인지 여부 등 사회일반의 상식과 거래의 통념에 따른 계약의 합리적이고 공평한 해석의 필요성을 참작하며, ③ 새로운 매체를 통한 저작물의 이용이 기존의 매체를 통한 저작물의 이용에 미치는 경제적 영향, 만일 계약 당시 당사자들이 새로운 매체의 등장을 알았더라면 당사자들이 다른 내용의 약정을 하였으리라고 예상되는 경우인지 여부, 새로운 매체가 기존의 매체와 사용·소비방법에 있어 유사하여 기존매체시장을 잠식·대체하는 측면이 강한 경우이어서 이용자에게 새로운 매체에 대한 이용권이 허락된 것으로 볼 수 있는지 아니면 그와 달리 새로운 매체가 기술혁신을 통해 기존의 매체시장에 별다른 영향을 미치지 않으면서 새로운 시장을 창출하는 측면이 강한 경우이어서 새로운 매체에 대한 이용권이 저작자에게 유보된 것으로 볼 수 있는지 여부 등 새로운 매체로 인한 경제적 이익의 적절한 안배의 필요성 등을 종합적으로 고려하여 사회정의와 형평의 이념에 맞도록 해석하여야 한다.”

위 판례가 제시하고 있는 세밀한 판단기준 가운데 특히 중요한 실제적 의미를 가지는 것은 ③의 기준으로서, 이용자에게 유리하게 볼 다른 사정들이 함께 있을 경우 새로운 매체가 기존매체와 사용·소비방법이 유사하여 기존 매체시장을 잠식·대체하는 측면이 강한 경우에는 이용자에게 새로운 매체에 대한 이용권이 허락된 것으로 보고, 그와 달리 새로운 매체가 기술혁신을 통해 기존의 매체시장에 별다른 영향을 미치지 않으면서 새로운 시장을 창출하는 측면이 강한 경우에는 이용자에게 새로운 매체에 대한 이용권이 허락되지 않은 것으로 볼 것임을 전제로 하고 있다. 이러한 판례의 입장은 이용허락계약의 해석에 있어서 일종의 ‘경제적 접근방법’에 의하여 정의와 형평의 이념에 부합하는 결론을 도출하려고 하는 태도라고 생각된다.

구체적인 사안을 살펴보면 위 대법원 판례는 음악저작물을 기존의 LP(Long Playing Record)음반 등을 통해 복제하여 이용할 권리를 허락받은 음반회사가 계약체결 당시 당사자들이 알지 못하였던 새로운 매체인 CD(Compact Disk)를 통하여 복제이용할 권리도 허락받은 것인가 하는 문제에 대하여, CD음반이 LP음반과 소비·사용기능에 있어 유사하여 LP음반시장을 대체·잠식하는 성격이 강한 점을 다른 구체적인 여러 사정들과 함께 고려하여 위 허락에는 CD음반에 대한 이용허락까지도 포함되어 있는 것으로 판단하였다.

2. 이용허락계약의 해석과 관련한 기타 문제

그 밖에 이용허락계약의 해석과 관련하여 실무상으로 문제된 사례는 다음과 같다.

1) 공연할 음악극의 주제곡을 작곡해 준 대가로 지급한 작곡료의 의미:

달리 특단의 사정이 없는 한 공연할 음악극의 주제곡을 작곡해 준 대가로 지급한 작곡료는 작곡의뢰극단이 그 음악극의 공연과 관련하여 그 주제곡에 대하여 작곡을 의뢰할 당시 이미 예정되거나 또는 앞으로 그 공연을 예견할 수 있는 범위 내에서 향후 상당기간 내에 이루어지는 재공연에 대한 저작권료를 지급한 것으로 봄이 상당하다고 하여 재공연시 주제곡을 사용함으로써 선의·무과실로 작곡가의 저작재산권을 침해하였음을 원인으로 하는 부당이득반환청구를 배척한 원심 판결을 수긍하였다(대판 1994. 12. 9, 93다50351).

2) 웹상의 "스크랩 허용"의 취지: 원고가 이 사건 사진을 게시하면서 스크랩을 허용하였다고 하더라도 이는 이 사건 갤러리를 이용 하는 사람들이 자신의 블로그, 카페 등에 비영리적인 목적으로 사진을 옮기는 범위에서 승낙을 한 것으로 볼 것이고, 이 사건의 경우와 같이 피고가 자신의 회사 홈페이지에서 영리의 목적으로 이 사건 사진을 사용하는 것까지 허락한 것으로 볼 수는 없다(서울중앙지판 2006. 3. 3, 2005가단283641).

3) 기술적 보호조치를 하지 않고 웹상에 게시한 것이 묵시적 이용허락인지 여부: "원고의 저작권을 침해하는 방법으로 저작물을 이용하는 이용자가 있을 것에 대비하여 자신의 저작물을 지키기 위하여 미리 기술적 보호장치를 강구하여야 할 어떠한 의무가 있다고 할 수 없으므로 원고가 사전에 자신의 저작물에 대한 이용자의 접근을 차단하는 등 기술적 보호장치를 하지 않았다고 하여 피고에 의한 저작권 침해행위를 묵시적으로 승낙한 것이라고 보기 어렵다"(서울고판 2005. 7. 26, 2004나76598)

4) 달력의 사진과 전시 허락의 범위: 달력을 판매함에 있어서 전시를 허락한 직접적인 대상은 어디까지나 달력 전체이고, 그 안에 포함된 사진은 달력 전체를 하나의 저작물로 전시할 수 있는 범위 내에서 부수적으로 그 사진에 대한 전시도 허락된 것인데, 달력에서 사진을 분리하여 이를 독자적으로 전시하는 것은 달력의 일부로서가 아니라 새로운 사진작품을 전시하는 것에 해당되며, 인쇄기술의 발달로 달력에 게재된 사진과 필름으로부터 바로 인화한 사진의 구별이 용이하지 않고, 원고가 사진저작물을 대여함에 있어 액자로 전시하는 경우와 달력에 게재하는 경우를 구별하고 있으며, 또한 제반사정을

감안하면 원고가 이 사건 각 사진을 달력에 게재하여 전시하는 용도로만 그 사용을 허락하였다고 볼 수 있으므로, 이 사건 달력을 구입한 사람들이 달력에 게재된 방법으로 이 사건 각 사진을 전시하지 않고, 달력에서 오려낸 후 액자에 넣어 일반 공중이 볼 수 있는 장소에 전시하는 행위는 허락된 범위를 넘는 것으로서 전시권 침해에 해당한다고 본 사례(서울중앙지판 2004. 11. 11, 2003나51230).

5) 음반제작자에의 이용허락이 편집음반에의 복제에도 미치는지 여부: 음반제작자가 음악저작물의 저작자들로부터 이용허락을 받아 그에 관한 원반(原盤)을 제작함으로써 그 원반(原盤)의 복제배포권을 갖게 되었다 하더라도, 위 음반저작물에 대한 저작자의 이용허락의 구체적인 범위와 관계없이 음반제작자가 위 원반(原盤) 등을 복제하여 편집음반을 제작판매한 행위가 음반제작자의 복제배포권의 범위에 당연히 포함되지는 않는다고 본 사례(대판 2007. 2. 22, 2005다74894).

6) 트위터에 올린 글의 이용허락범위: 트윗글의 자유로운 이용은 트위터라는 소셜 네트워크의 공간 안에서, 트위터의 약관에 의한 이용방법의 한도 내에서만 허용된 것으로 보아야 하며, 트위터상에서 열람할 수 있는 각종 저작물을 트위터라는 공간 밖에서 전자책 형태의 독자적인 파일로 복제, 전송하는 것까지 허용하는 것은 아니라고 본 사례(서울남부지판 2013. 5. 9, 2012고정4449).

7) 건강식품 홍보자료로 사용할 목적으로 논문작성을 의뢰한 경우와 논문 저자들의 이용허락범위: '저작자에게 유리한 추정의 원칙'을 적용하여, 다른 특별한 사정이 없는 한 논문 저자들의 허락은 논문에 대한 저작재산권의 양도가 아닐 뿐만 아니라 포괄적 이용허락도 아니라고 본 사례(대판 2013. 2. 15., 2011도5835).

[67] 클릭랩 이용허락(click-wrap license) · 포장지 이용허락(shrink wrap license)

오늘날 인터넷상에서 이용허락계약을 체결하는 경우 마우스의 버튼을 클릭하여 서비스제공자가 제시한 이용허락 조건에 동의함으로써 이용허락계약이 성립하게 되는 경우가 많다. 이것을 "클릭랩 이용허락(click-wrap license)"이라 부르는데, 이것은 과거에 많이 통용되던 방식인 '포장지 이용허락(shrink wrap license)'의 영어 명칭에서 따온 이름이라 할 수 있다. 포장지 이용허락(쉬링크랩 라이선스)은 주로 패키지 소프트웨어의 구매에 적용되었다. 고객이 소프트웨어 매장에서 CD 등으로 포장되어 있는 프로그램을 구입한 후 집에 돌아와 포장을 뜯어보면 CD가 들어 있는 봉투 겉면에 "이 포장을 뜯는 것은 아래의 소프트웨어 사용계약서에 동의함을 의미합니다"라고 하는 등의 문구와 함께 이용허락에 관한 여러 가지 조건들이 기재되어 있었다. 클릭랩 라이선스의 경우는 컴퓨터 화면에 이용허락의 조건이 제시되고 그것에 동의해야만 설치를 위한 다음단계로 넘어갈 수 있도록 하는 방식을 취하고 있는데, 이 두 가지 방식의 이용허락은 오프라인인가 온라인인가의 차이만 있을 뿐 법적인 성격은 매우 유사하다.

　　이러한 방식에 의한 계약은 유효한 것인가. 위와 같은 경우 화면에 제시되거나(클릭랩 이용허락의 경우) 포장지 겉면에 기재되어 있는(포장지 이용허락의 경우) 사항들은 약관의 규제에 관한 법률 제2조 제1호의 '그 명칭이나 형태 또는 범위에 상관없이 계약의 한쪽 당사자가 여러 명의 상대방과 계약을 체결하기 위하여 일정한 형식으로 미리 마련한 계약의 내용'으로서 위 법률에서 말하는 '약관'에 해당함은 의문이 없을 것이므로, 결국 위 법률에 따라 그 유효성을 따져보아야 할 것이다.

　　먼저 약관의 편입통제와 관련하여, 위와 같은 클릭랩 또는 포장지 이용허락약관은 약관의 규제에 관한 법률 제3조의 명시설명의무의 요건을 충족하지 못하였다고 하여 전적으로 약관의 효력을 부인하는 견해도 있는 듯하나, 그것은 쉽게 수긍하기 어렵다. 팝업 등의 방법으로 중요한 내용을 확인하도록 하는 조치를 취하고 있을 경우에는 명시설명의무를 이행한 것으로 볼 수 있을 것이다.

　　다음으로는 약관에 대한 불공정성 통제(내용통제)의 단계에서, 이용허락약관의 내용 가운데 저작권법상의 임의규정을 이용자에게 불리하게 변경하는 조항이나 담보책임을 면제, 제한하는 조항 등은 무효로 보아야 할 것이다. 예컨대 프로그램코드의 역분석을 허용하는 저작권법 규정(제101조의4)의 요건을 충족하는 경우임에도 프로그램코드의 역분석(리버스 엔지니어링)을 금지하는 약관조항을 두고 있다면, 무효라고 볼 가능성이 많을 것이다.

[68] 저작물 이용허락계약의 위반과 저작재산권침해

저작물이용허락계약의 가장 기본적인 요소는 저작재산권자가 저작물에 대하여 이용허락을 함으로써 이용허락을 받은 자(채권적 이용권자)의 이용행위에 대하여 침해주장을 하지 않고 이를 허용한다는 것에 있다. 그러나 실제의 이용허락계약(라이선스계약)에서는 단순히 그러한 사항만이 아니라 그에 대한 대가관계는 물론이고, 저작물의 이용등과 관련한 구체적인 사항들, 기타 상호 협력관계 등에 대한 다양한 계약조항들을 두게 된다. 이러한 경우에 이용자가 그 계약상의 의무를 위반하기만 하면 전부 계약위반으로서 채무불이행책임을 지게 됨과 동시에 저작재산권 침해의 책임도 지게 되는 것으로 보기는 어렵다. 예를 들어 저작물 이용에 대한 대가를 지급하지 않았을 경우에 그것이 계약위반임은 분명하지만 그것을 이유로 바로 저작재산권 침해라고 할 수는 없을 것이다. 하지만 일단 이용허락계약을 적법하고 유효하게 한 이상 이용자가 어떤 의무를 위반하더라도 그것은 계약위반으로서 채무불이행책임을 질 뿐 저작재산권 침해가 성립하지는 않는 것으로 보아서도 안 될 것이다. 예컨대 저작물에 대한 공연을 허락받았는데, 그 허락받은 범위를 넘어서 저작물을 출판하였다면, 계약위반과 동시에, 저작재산권자의 복제권 및 배포권의 침해가 성립하는 것으로 보아야 할 것이다. 단순한 계약위반의 경우에는 민법상의 계약해제 및 손해 배상청구 등이 가능할 뿐인 데 반하여 저작재산권침해가 동시에 성립하는 경우에는 저작재산권자에게 침해정지청구 및 형사고소 등의 구제 수단이 주어지게 되어 두 경우는 실질적으로 큰 차이가 있고, 어떤 내용으로든 계약이 체결되었다는 이유만으로 저작재산권 침해의 병립가능성을 부정하거나 그러한 인정범위를 부당하게 좁힐 경우에는 저작권 보호에 큰 공백이 발생할 수 있음을 유의할 필요가 있다.

그렇다면, 어떤 기준으로 위 두 가지 경우를 구분할 것인가. 이에 대하여 국내외 학설은 상당히 다양하게 나뉘어 있다.

이와 관련하여 먼저 주목하여야 할 규정이 제46조 제2항이다. 같은 항은 "제1항의 규정에 따라 허락을 받은 자는 허락받은 이용 방법 및 조건의 범위 안에서 그 저작물을 이용할 수 있다"고 규정하고 있다. 이 규정은 저작물이용 허락계약과 관련하여 이용권자의 면책범위를 명확히 하고자 한 취지의 규정 으로 보아야 할 것이다. 즉, 이용권자가 자신이 허락받은 "이용방법 및 조건" 의 범위 안에서 이용하기만 하면 그 이용행위에 대하여 저작권법상의 침해책 임을 지지 않는다는 것을 분명히 하고 있는 것이다. 따라서 이 규정의 '이용 방법 및 조건'은 이용권자의 이용행위가 저작권법적으로 적법한 것으로 되기 위한 이용행위의 범위를 특정한 것이라 할 수 있다. 이렇게 볼 경우 결국 문 제는 이 규정상의 '이용방법 및 조건'에 해당하는 것이 무엇인가 하는 것인데, 여기서 중요시하여야 할 단어가 바로 '이용'이다. 여기서 말하는 이용은 저작 권법이 저작재산권을 부여하고 있는 복제, 공연, 공중송신, 전시, 배포, 2차적 저작물 작성 등 행위만을 뜻하고 이른바 '사용행위'로서 저작재산권의 통제범 위 밖에 있는 것은 포함되지 않는다('오픈캡처' 사건에 대한 대법원 2017. 11. 23. 선고 2015다1017, 1024, 1031, 1048 판결도 같은 취지를 표명하였다). 결국 제46조 제2항에서 말 하는 "이용방법 및 조건"이란 바로 위와 같은 '이용'의 의미를 전제로 하여, 저작재산권자의 뜻에 따라 이용권자의 '이용'의 범위를 그 방법이나 조건의 면에서 제한한 사항을 뜻하는 것으로 보아야 할 것이고, 그것이 세부적인 것 인지, 수량적인 것인지 등은 불문하는 것으로 보아야 할 것이다. 여기서 어떤 것이 '방법'이고 어떤 것이 '조건'인지는 따질 필요가 없는 것으로 본다.

구체적인 위반유형에 따라 살펴보면 다음과 같다.

첫째, 이용허락받은 지분권의 범위를 넘어선 이용행위는 이용방법에 대한 기본적인 제한범위를 넘은 것으로서 당연히 저작재산권 침해가 된다. 위에서 도 예를 들었지만 또 다른 예를 들어보면, 희곡의 출판을 허락하였는데 그것 을 가지고 무대에서 상연(공연)을 할 경우 계약위반과 함께 공연권 침해가 성 립한다.

둘째, 이용허락을 받은 수량이나 횟수를 초과한 경우에도 '이용'에 관한 방법 내지 조건상의 제한을 위반한 것인 이상 해당 지분권의 침해가 성립한다. 예를 들어 1,000부를 복제할 수 있도록 허락하였는데 1,100부를 복제하였다면 100부(초과부수가 100부가 아니라 1부라고 하여도 마찬가지이다)만큼은 허락범위 외의 이용으로서 계약위반과 함께 복제권 침해가 성립하는 것으로 보아야 할 것이다.

셋째, 이용의 구체적 방법을 특정하는 약정을 한 경우에 그것이 저작재산권자의 뜻에 따라 이용의 범위를 제한하기 위한 취지에 기한 것이라면 그것을 위반한 경우, 역시 저작재산권 침해가 성립하는 것으로 보아야 할 것이다. 예컨대 영화로 상영할 것인지 TV로 방송할 것인지 등에 대하여 계약에서 규정한 구체적 방법이 아닌 다른 방법으로 이용한 경우에는 저작재산권 침해가 되는 것으로 보아야 한다. 이용의 구체적 방법이 계약서에 적혀 있지만 위와 같은 취지가 아니라 하나의 예시적 방법으로만 기재된 것이라면 그와 다른 방법을 취하더라도 저작재산권 침해가 성립하지 않음은 물론이고 계약위반에 따른 채무불이행 책임을 지지도 않는 것으로 보아야 할 것이다.

넷째, 이용허락의 시간적·장소적 제한을 위반한 경우에도 이용의 방법이나 조건을 위반한 것인 이상 해당 지분권의 침해가 성립한다. 예를 들어 30초간의 방송을 허락하였는데 5분 방송을 한 경우 또는 5일간의 전송을 허락하였는데 10일 동안 전송을 한 경우 등에는 공중송신권 침해가 성립하고, 제주도에서의 연극 상연을 허락하였는데, 서울에서 상연한 경우라면 공연권 침해가 성립한다.

다섯째, 이용자가 저작물에 대하여 '이용'에 포함되지 않는 '사용'행위에 대하여 방법이나 조건을 정한 경우에 그 방법 또는 조건은 '이용'의 범위를 제한한 것이 아니므로 특히 그것을 '이용'의 조건으로 하였다고 볼 만한 사정이 없다면 그것을 위반하여도 저작재산권침해가 성립하지 않는다. 이와 관련하여, '오픈캡처' 사건에 대한 대법원 판결(대판 2017. 11. 23, 2015다1017, 1024, 1031, 1048)은 "저작권법 제46조 제2항은 저작재산권자로부터 저작물의 이용을 허락받은 자는 허락받은 이용 방법 및 조건의 범위 안에서 그 저작물을 이용할 수 있다고 규정하고 있다. 위 저작물의 이용허락은 저작물을 복제할 권리 등 저작재산권을 이루는 개별적 권리에 대한 이용허락을 가리킨다. 따라서 저작 재산권자로부터 컴퓨터프로그램의 설치에 의한 복제를 허락받은 자가 위 프 로그램을 컴퓨터 하드디스크 드라이브(HDD) 등 보조기억장치에 설치하여 사 용하는 것은 저작물의 이용을 허락받은 자가 허락받은 이용 방법 및 조건의 범위 안에서 그 저작물을 이용하는 것에 해당한다. 위와 같이 복제를 허락받 은 사용자가 저작재산권자와 계약으로 정한 프로그램의 사용 방법이나 조건 을 위반하였다고 하더라도, 위 사용자가 그 계약위반에 따른 채무불이행책임 을 지는 것은 별론으로 하고 저작재산권자의 복제권을 침해하였다고 볼 수는 없다."라고 판시하였다.

여섯째, 이용을 하면서 다른 행위를 하기로 약정한 경우, 예컨대 출판을 하면서 광고를 하기로 약정한 경우 등은 광고약정이 그 이용행위의 범위를 직접적으로 특정하거나 한정하는 것이 아니므로, 원칙적으로 그것을 위반하더 라도 계약위반이 될 뿐이고, 저작재산권침해는 아닌 것으로 보아야 할 것이 다. 다만 특별히 강한 의사표시를 통해 그 행위를 반드시 선이행하도록 하는 조건 하에 이용허락을 한 경우라면, 결국 그 이용의 직접적인 조건이 되는 것 으로 볼 수도 있을 것이나 그것은 예외적인 경우라고 할 수 있을 것이다.

일곱째, 이용자의 이용에 대한 반대급부로서의 대가의 지급 등 의무 위반 은 이용행위를 직접 특정하거나 제한하는 것과 관련된 것은 아니므로 그것을 위반하더라도 계약위반이 될 뿐 저작재산권침해가 성립하지는 않는다. 다만 그 반대급부의 제공을 반드시 선이행하도록 하였는데 이행하지 않고 이용행 위를 한 경우에는 역시 그 선이행의 조건이 이용행위에 대한 직접적 제한이 라고 볼 수 있으므로, 그 경우의 위반은 저작재산권침해가 될 수 있다. 또한 이러한 반대급부의 불이행을 이유로 저작재산권자가 계약해제를 한 경우에는 (해제의 소급효가 인정되지 않는 계속적 계약등의 경우가 아니라면) 결국 해제의 소급효에 따라 이전의 이용행위도 소급하여 허락 없는 이용행위로서 침해에 해당하는 것으로 보게 될 가능성이 있다. 그 경우에도 해제 이전에 바로 침해를 주장할 수는 없다는 점을 유의하여야 할 것이다.

제 3 절   배타적발행권

[69]   서설

한·미 FTA의 이행을 위한 2011. 12. 2.자 개정 저작권법은 모든 저작물에 대하여 적용할 수 있는 배타적발행권제도를 새로이 도입하였다. 이러한 배타적발행권제도는 전적으로 새로운 제도는 아니다. 기존 저작권법에 규정된 출판권 및 프로그램 배타적발행권이 실제로 물권적 성격을 가지는 '배타적이용권'에 해당하므로, 법적 성격에 있어서 공통점이 있고, 그 중에서 특히 프로그램 배타적발행권의 경우는 대상 저작물만 컴퓨터프로그램저작물에 한정되는 것 말고는 내용적으로도 동일하다. 따라서 개정법의 배타적발행권제도는 기존의 컴퓨터프로그램에 대하여만 적용되던 제도를 모든 저작물에 대하여 적용할 수 있도록 확장한 데 그 의의가 있다고 할 수 있다. 이러한 배타적발행권이 신설됨으로써 기존의 출판권은 배타적발행권의 한 부분으로서의 성격을 가지게 되므로 입법과정에서 출판권제도의 존치 여부가 문제되었으나, 기존의 관행에 따라 출판권을 설정받은 경우에 대한 법률효과를 혼동 없이 명료하게 할 필요가 있다는 등의 이유로 출판권에 대하여는 배타적발행권에 대한 특례 규정으로 기존의 출판권과 같은 내용의 규정을 존치함으로써 기존제도가 유지될 수 있게 되었다.

[70]   배타적발행권의 의의

저작권법 제57조 제1항 및 제3항은 다음과 같이 배타적발행권에 대해 규정하고 있다.

■ 제57조(배타적발행권의 설정) ① 저작물을 발행하거나 복제·전송(이하 "발행등"이라 한다)할 권리를 가진 자는 그 저작물을 발행등에 이용하고자 하는 자에 대하여 배타적 권리(이하 "배타적발행권"이라 하며, 제63조에 따른 출판권은 제외한다. 이하 같다)를 설정할 수 있다.
③ 제1항에 따라 배타적발행권을 설정받은 자(이하 "배타적발행권자"라 한다)는 그 설정행위에서 정하는 바에 따라 그 배타적발행권의 목적인 저작물을 발행등의 방법으로 이용할 권리를 가진다.

배타적발행권이란 위 규정에 따라 저작물을 발행하거나 복제·전송(이하 "발행등"이라 한다)할 권리를 가진 자로부터 설정을 받은 자(배타적발행권자)가 그 저작물에 대하여 설정행위에서 정하는 바에 따라 그 저작물을 발행등의 방법으로 이용할 권리를 말하며, 제63조에 별도로 규정된 '출판권'은 여기에서 제외된다.

[71] 배타적발행권의 법적 성질

이 권리는 당사자 사이의 계약에 의하여 구체화되지만 단지 계약 당사자 사이에서만 주장할 수 있는 채권적인 권리가 아니라 배타적(排他的), 대세적(對世的) 권리로서 준물권(準物權)적인 성격을 가진다. 이러한 준물권적 권리는 계약 당사자 사이의 합의만으로 창설할 수 있는 것이 아니고 법률상의 근거가 있어야만 설정할 수 있는데, 위에서 본 제57조 제1항이 그 설정의 법적 근거이다.

저작재산권자가 이용자에게 저작물을 이용하게 하되, 이용자가 배타적 권리를 가지지는 않도록 하려면 저작권법 제46조에 의한 '저작물의 이용허락'을 하면 된다(이에 대하여 자세한 것은 이 책 [62] 이하 참조). 제46조에 의한 이용허락 가운데도 계약상 이용자가 독점적인 이용권을 갖도록 하는 경우, 즉 독점적 이용허락을 하는 경우가 있는데, 그 경우에도 그 이용의 독점성이 계약에 의하여 보장되도록 하는 취지일 뿐이고 본조의 배타적발행권을 설정하는 의사에 기한 것이 아니라면, 그것은 단순한 채권적 효력이 있을 뿐이다. 그런 점에서 제46조에 의한 이용허락과 제57조에 의한 배타적발행권 설정은 법적 성격에

있어서 뚜렷이 구별된다. 다만 현실 속에서는 실제 이루어진 계약이 제46조에
의한 이용허락인지 제57조에 의한 배타적발행권 설정인지가 반드시 명확하지
않은 경우가 있을 수 있다. 이 경우에는 의심스러울 때에는 저작권자에게 유
리하게 해석한다는 원칙에 따라 '배타적발행권'의 문구가 뚜렷이 포함되지 않
은 계약이라면 '독점적인 이용'에 관한 내용이 있다고 하더라도 제57조에 기
한 배타적발행권의 설정이 아니라 제46조에 기한 '독점적 이용허락'에 해당하
는 것으로 보는 것이 원칙적으로 타당하다.

한편, 개정법은 문서 또는 도화의 발행에 대한 배타적 권리로서의 출판권
에 대하여는 배타적발행권과는 별도의 권리로 규정하고 있으므로, 저작자로부
터 출판권을 설정받은 자는 다른 약정이 없는 한 출판권만 가질 뿐이고, 배타
적발행권을 가지지는 못한다. 따라서 오프라인 도서의 출판을 위한 출판권을
설정받으면서 동시에 전자책 등의 전자출판에 대하여도 배타적 권리를 갖고
자 할 경우에는 그에 대한 배타적발행권을 설정받을 필요가 있다. 법 개정 이
전에 작성된 기존의 출판권설정계약서상에 전자출판을 허락하는 취지가 포함
되어 있다 하더라도 그것은 미리 법개정을 염두에 두고 합의하였다는 등의
특별한 사정이 없는 한 제46조에 의한 이용허락의 성격을 갖는 것으로 보아
야 할 것이고(따라서 독점조항이 있더라도 독점적 이용허락에 해당할 뿐임), 배타적발행권
을 설정받은 것으로 보기는 어려울 것이다.

저작물에 대한 저작재산권을 토지에 대한 소유권에 비유한다면, 저작재산
권의 양도는 토지에 대한 소유권의 양도에, 배타적발행권의 설정은 토지에 대
한 용익물권(用益物權)(예컨대 지상권)의 설정에 각 해당한다고 할 수 있다. 따라서
저작재산권자(저작물에 대하여 발행 등을 할 수 있는 권리자)의 권리는 설정된 배타적발
행권의 제한을 받는 것 외에는 그대로 원래의 권리자에게 남아 있는 것이고,
또한 배타적발행권은 저작재산권의 존재를 전제로 하여 설정적으로 이전된
것이므로 저작재산권이 어떤 이유로 소멸하면 배타적발행권도 소멸하는 것이
원칙이다. 다만 저작자가 사망하였으나 그 상속인이 존재하지 않으므로 저작
재산권의 보호기간이 경과하기 전에 저작재산권이 소멸하는 경우에 배타적발
행권도 따라서 소멸한다고 하면, 배타적발행권자가 예상치 못한 사유에 의하

여 그의 지위를 불안정하게 하는 불합리한 측면이 있다. 상속인이 없는 경우 저작권을 공유(公有)로 하는 것은 이해관계인이 없어 더 이상 보호할 필요가 없기 때문이라는 것을 감안하여, 그러한 경우에는 저작재산권의 소멸에도 불구하고 배타적발행권이 그 존속기간 동안 그대로 존속하는 것으로 보아야 할 것이다.

배타적발행권은 배타적 성질의 준물권이므로 배타적발행권자는 모든 사람에게 배타적발행권을 주장할 수 있고 당연히 저작재산권자에게도 주장할 수 있다. 즉, 저작재산권자는 배타적발행권자의 배타적발행권을 존중하여야 하므로 계약에서 정한 조건과 방법의 범위 내에서는 스스로 동일한 저작물을 발행 등의 방법으로 이용하거나 다른 제3의 출판자에게 배타적발행권을 설정하거나 이용허락을 할 수 없는 것이 원칙이다. 제57조 제2항은 "저작재산권자는 그 저작물에 대하여 발행 등의 방법 및 조건이 중첩되지 않는 범위 내에서 새로운 배타적발행권을 설정할 수 있다"고 규정하고 있는데, 이것은 발행 등의 방법 및 조건이 중첩될 경우에는 새로운 배타적발행권을 설정할 수 없다는 것을 당연한 전제로 하고 있는 것이다. 만약 다른 특약이 없음에도 불구하고 저작재산권자가 그러한 행위를 한다면 계약상의 채무불이행이 될 뿐만 아니라 배타적발행권 침해에 대한 민·형사상의 책임을 지게 된다.

또한 제3자가 배타적발행권을 침해할 경우 배타적발행권자는 저작재산권자의 도움을 받거나 그의 권리를 대위할 필요 없이 바로 자신의 명의로 자신의 권리인 배타적발행권을 주장하여 민·형사상의 권리구제(침해정지청구, 손해배상청구, 형사고소 등 포함)를 받을 수 있다는 것도 배타적발행권이 가지는 준물권적 성격에 비추어 당연한 것이다.

여기서 문제가 되는 것은 배타적발행권을 설정한 저작재산권자가 그 설정 범위 내에서 제3자가 침해행위를 한 경우에 저작재산권침해를 이유로 침해정지청구를 할 수 있는지 여부이다. 저작권법상의 배타적발행권과 유사한 법적 성격을 가지는 상표법상의 전용사용권에 관하여 대법원은 2006. 9. 8. 선고 2006도1580 판결에서 "상표권이나 서비스표권에 관하여 전용사용권이 설정된 경우 이로 인하여 상표권자나 서비스표권자의 상표 또는 서비스표의 사용권이 제한받게 되지만, 제3자가 그 상표 또는 서비스표를 정당한 법적 권한 없이 사용하는 경우에는 그 상표권자나 서비스표권자가 그 상표권이나 서비스표권에 기하여 제3자의 상표 또는 서비스표의 사용에 대한 금지를 청구할 수 있는 권리까지 상실하는 것은 아니고, 이러한 경우에 그 상표나 서비스표에 대한 전용사용권을 침해하는 상표법 위반죄가 성립함은 물론 상표권자나 서비스표권자의 상표권 또는 서비스표권을 침해하는 상표법 위반죄도 함께 성립한다"고 판시하고 있는데, 이러한 판결취지는 타당한 것으로 생각되며, 저작재산권의 경우에도 마찬가지로 판단되어야 할 것이다. 즉, 저작재산권의 경우에 저작재산권자가 타인에게 배타적발행권을 설정한 경우 그 설정한 범위 내에서 자신의 저작재산권 행사에 제한을 받게 되지만, 제3자가 침해행위를 한 경우에 그에 대한 정지를 청구할 수 있는 권리까지 상실하는 것은 아니라고 보아야 한다. 결국 그러한 경우에 저작재산권자와 배타적발행권자 모두 침해정지청구권을 행사할 수 있는 것(배타적발행권의 침해인 동시에 저작재산권의 침해도 성립하는 것)으로 보아야 할 것이다.

그러나 배타적발행권을 설정한 저작재산권자가 배타적발행권의 범위에 속하는 이용행위를 한 제3의 침해자에 대하여 손해배상청구를 할 수 있는지 여부에 대하여는 경우의 수를 나누어 살펴볼 필요가 있다. 만약 배타적발행권을 설정함에 있어서 일정기간에 대하여 일정금액으로 사용료를 정하여 배타적발행권을 설정한 경우라면 침해로 인하여 매상이 감소하더라도 저작재산권자에게는 사용료 수입의 감소가 없으므로 손해배상을 청구할 수 없을 것이다. 그러나 배타적발행권 설정에 따른 사용료를 배타적발행권자의 판매량에 비례하여 받는 경우에는 배타적발행권이 설정되어 있더라도 저작재산권자의 손해배상청구가 그 사용료 감소분에 상응하는 만큼은 받아들여질 수 있다. 결국 이 문제는 구체적인 사안에서 저작재산권자에게 손해가 있었는지 여부에 따라 판단되어야 할 것이다.

[72] 배타적발행권의 내용

제57조 제3항은 "제1항에 따라 배타적발행권을 설정받은 자(이하 "배타적발행권자"라 한다)는 그 설정행위에서 정하는 바에 따라 그 배타적발행권의 목적인 저작물을 발행등의 방법으로 이용할 권리를 가진다"고 규정하고 있다. 이에 의하면 배타적발행권의 내용은 "설정행위에서 정하는 바에 따라 그 배타적발행권의 목적인 저작물을 발행등의 방법으로 이용할 권리"라고 할 수 있다. 그 내용을 보다 자세하고 정확하게 이해하기 위하여 주요 문구별로 나누어 살펴보기로 한다.

1. '설정행위에서 정하는 바에 따라'

배타적발행권은 저작권법에서 준물권적인 성격으로 설정할 수 있는 법적 근거를 두고 있지만 그 권리가 구체화되기 위해서는 반드시 저작재산권자의 구체적인 설정행위를 필요로 한다. 그 설정행위가 보통은 계약의 형태를 취하겠지만, 유언의 경우와 같이 저작재산권자의 단독행위인 경우도 있을 수 있다. 배타적발행권의 구체적인 내용은 이러한 설정행위에 의하여 정해지게 된다. 그러나 예를 들어 배타적발행권의 배타적인 성질에 배치되는 내용, 즉 저작권자가 다른 제3자에게도 배타적발행권을 중첩적으로 설정할 수 있다고 하는 등의 내용이 계약에 포함되게 되면, 그것은 배타적발행권 설정제도의 본질에 반하는 것이므로 문제가 있다. 그러한 경우라면 설사 '배타적발행권 설정'이라고 하는 표현을 사용한다고 하더라도 실제로는 이용허락계약의 성질을 가진 것으로 보게 될 가능성이 높다. 그리고 저작권법에서 배타적발행권자와 저작권자의 권리의무에 관하여 규정한 것과 상충하는 내용으로 계약이 이루어진 경우 중에서 저작권법의 해당 규정이 강행규정인 경우에는 역시 그 상충하는 부분의 계약의 효력은 인정될 수 없다.

한편, 계약의 내용 중에는 물권적 설정행위의 내용을 이루는 것도 있고, 그렇지 않은 것도 있을 수 있음을 유의하여야 한다. 예컨대 웹사이트에 올리는 방식으로 복제, 전송하는 것에 관하여 배타적발행권을 설정할 경우에 웹사이트에 올리는 방식 자체는 설정행위의 중요한 내용이므로 그 범위를 벗어나 오프라인에서 이용하는 것은 달리 특별한 약정이 없는 한 배타적발행권의 침해가 성립하지 않을 가능성이 많지만, 웹사이트에 올릴 때 구체적인 방식을 특정한 것과 같은 계약 내용은 설정행위의 내용이 아니라 당사자 사이에 채권적인 효력이 있는 계약내용에 불과하다고 보아야 할 것이다. 즉 그러한 경우에는 제3자가 웹상에 올리는 방식을 달리하였다 하더라도 배타적발행권의 침해가 성립할 수 있는 것이다.

설정행위를 할 수 있는 자는 해당 이용행위에 대한 저작재산권을 가지고 있는 저작재산권자이다. 다만 그 부분의 권리에 대하여 질권설정이 되어 있는 경우에는 저작재산권자라고 하더라도 처분권이 제한되므로 질권자의 허락이 있어야만 배타적발행권을 설정할 수 있다(제57조 제4항).

2. '발행등의 방법으로 이용할 권리'

'발행등'이란 저작물을 발행하거나 복제·전송을 하는 것을 말한다(57조 1항). 저작권법상 '발행'이란 "저작물 또는 음반을 공중의 수요를 충족시키기 위하여 복제·배포하는 것"을 말하므로(2조 24호), 결국 '발행등'이란 '복제·배포'와 '복제·전송'을 포괄하는 것이라 할 수 있다. 공중을 대상으로 한 배포 또는 전송이 이루어지는 경우만이 '발행 등'에 해당하므로 그렇지 않고 '복제'만 하는 것에 대하여는 배타적발행권을 설정할 수 없고, 복제는 제외하고 배포 또는 전송행위만 허용하는 경우도 '발행등'에 해당하지 않으므로 배타적발행권을 설정할 수 없다. 단순히 복제만을 허용하기 위하여서는 배타적발행권의 설정 대신 제46조에 의한 이용허락 제도를 이용하면 되지만, 그 경우에는 이용권에 준물권으로서의 '배타적' 성격이 없다는 점에 유의하여야 한다.

결국 배타적발행권의 내용은 ① 복제·배포, 즉 발행을 할 수 있는 권리만 있는 경우, ② 복제·전송을 할 수 있는 권리만 있는 경우, ③ 복제·배포, 즉 발행을 할 수 있는 권리와 복제·전송을 할 수 있는 권리를 모두 가지는 경우의 세 가지로 구분된다. 이른바 '전자출판'이라는 것은 그 중 ②에 해당한다고 할 수 있으므로 전자출판을 할 수 있는 권리를 배타적 권리로 설정하고자 할 경우에 2011. 12. 2.자 개정전 저작권법상으로는 권리 양도 이외의 다른 방법이 없었으나 개정 저작권법에서는 '전자출판업자'에게 '배타적발행권'을 설정할 수 있게 되었다.

위와 같은 세 가지의 권리내용에는 모두 복제 외에 배포 또는 전송 등의 추가적인 행위가 필요하지만, 저작물 이용자의 행위가 배타적발행권의 침해행위가 되기 위하여 그 이용행위에 복제 외에 배포 또는 전송행위가 있어야만 하는 것은 아니고 사적 이용을 위한 복제(제30조)에 해당하지 않는 한 복제행위만으로도 침해가 성립할 수 있다. 다만, 예를 들어 배타적발행권의 설정행위에서 권리의 내용에 온라인 전송을 위한 디지털 복제에 대하여만 배타적 권리를 가지도록 명시한 경우에는 오프라인상의 아날로그 복제는 침해행위가 되지 않는 것으로 볼 수 있을 것이다.

이와 같이 '복제'의 경우에는 배타적발행권의 침해가 성립하지만 '2차적 저작물 작성'의 경우에는 저작재산권자의 2차적저작물작성권 침해만 성립하고 배타적발행권 침해는 성립하지 않는 것으로 본다.

원래의 개정안에는 '배타적이용권'제도로 도입되어 모든 이용행위에 걸쳐 설정할 수 있도록 하고 있었는데, 최종적으로 국회를 통과한 개정안은 위와 같이 발행과 복제·전송의 경우에 한하여 배타적발행권을 설정할 수 있도록 제한하고 있음을 유의할 필요가 있다. 따라서 발행과 '복제·전송' 이외의 행위, 예컨대 공연 행위에 대하여는 우리 저작권법상 배타적 이용권을 설정할 수 있는 방법이 없다. 그러한 행위에 대하여 설사 독점적 권리를 설정하였다고 하더라도 그것은 채권적 의미를 가지는 것에 불과하므로, 그 설정을 받은 사람이 대세적 권리를 행사할 수는 없다(대위에 의한 권리행사 등에 대하여 자세한 것은 이 책 [64] 참조).

3. 출판의 제외

출판은 발행의 개념에 포함되므로, 원래는 그 성질상 배타적발행권의 내용에 포함되는 것이지만, 기존의 출판권을 설정받은 경우와 기존의 관행에 따라 출판권을 설정받는 경우에는 기존 저작권법상의 출판권에 관한 규정을 그대로 적용받을 수 있도록 하기 위해 2011. 12. 2.자 개정법에서 배타적발행권에 대한 특례규정으로 제63조에 출판권의 설정에 관한 규정을 별도로 두면서, 배타적발행권의 개념에서는 출판권을 제외하는 것으로 규정한 것이다(57조 1항 참조). 따라서 뒤에서 보는 출판의 개념에 해당하는 행위를 하는 것은 출판권의 대상으로 하여야 하고, 배타적발행권의 대상으로 할 수는 없다. 앞에서 언급한 바와 같이, 오프라인상의 출판과 온라인상의 전자출판을 동시에 하고자 할 경우에는 '출판권' 및 '배타적발행권'을 동시에 설정받는 방법을 취하여야 할 것이다.

[73] 배타적발행권의 존속기간

배타적발행권의 존속기간은 설정행위에 의하여 임의로 정할 수 있으나, 설정행위에 정함이 없으면 일반적인 경우 맨 처음 발행 등을 한 날로부터 3년간 존속한다(제59조 제1항 본문). 다만 저작물의 영상화를 위하여 배타적발행권을 설정한 경우에는 발행 등을 한 날로부터 5년간 존속한다(같은 항 단서).

3년 또는 5년보다 장기간으로 정하는 것도 물론 가능하나 기간의 한정을 두도록 하는 것이 법의 취지이므로 계약기간을 영구화하는 뜻에서 무기한의 계약기간을 정하는 경우는 '설정행위에 정함이 없는' 경우에 해당하는 것으로 보아 맨 처음 발행등을 한 날로부터 3년(영상화를 위한 경우에는 5년)간만 존속하는 것으로 보게 될 것이다. 맨 처음 발행등을 한 날이라고 함은 음반 등의 형태로 시중의 매장에 배포되거나 웹사이트 등에 올려져 공중이 접근할 수 있는 상태에 놓이게 된 최초의 시점을 의미하는 것으로 본다.

여기서 말하는 '영상화'란 제99조에서 말하는 '영상화'와 같은 의미로 보아야 할 것이다(99조의 '영상화'의 의의에 대하여 자세한 것은 이 책 [97] 1. 참조). 소설, 각본, 시나리오 등 어문저작물의 영상화 외에 음악저작물을 영화나 드라마 등의 배경음악으로 이용하거나 미술저작물을 영화 등의 무대 또는 배경으로 이용하는 것 등도 포함되는 개념으로 본다.

맨 처음 발행등을 한 날로부터 3년 또는 5년간 존속한다고 규정한 것이 배타적발행권이 발생하는 시점을 규정하는 의미도 갖고 있는 것으로 보아 계약 시점부터 최초로 발행등을 한 시점까지 사이에는 배타적발행권이 발생하지 않고 있는 것으로 보는 견해도 있을 수 있으나, 배타적발행권은 설정행위에 의하여 바로 발생하고 '맨처음 발행등을 한 날로부터'라고 하는 것은 배타적발행권 존속기간을 계산하기 위한 기산일을 정한 것에 불과하다고 보는 것이 타당하다.

계약기간 만료 시점에서 특별한 의사표시가 없을 경우 자동으로 기간이 갱신된다는 조항이 있을 경우는 그에 따라 갱신이 이루어지게 되나 그렇지 않은 경우에는 기간의 만료에 의하여 배타적발행권은 소멸되게 된다.

'발행등'의 개념에는 복제와 배포 또는 전송이 모두 포함되므로, 배타적발행권이 소멸되고 나면 해당 배타적발행권자는 저작재산권자의 허락 없이는 저작물의 복제뿐만 아니라 복제된 저작물의 배포 또는 전송도 저작재산권자의 허락 없이는 할 수 없는 것이 원칙이다. 그러나 그 가운데 특히 '배포'를 허용하지 않는 원칙을 무조건적으로 관철하게 되면 이미 복제된 저작물을 무조건 폐기할 수밖에 없어 사회경제적으로 바람직하지 않은 결과가 발생할 수 있다. 그러한 점을 감안하여 저작권법은 두 가지 예외사유를 규정하고 있다.

즉 배타적발행권이 그 존속기간의 만료 그 밖의 사유로 소멸된 경우에 그 배타적발행권을 가지고 있던 자는 ① 배타적발행권 설정행위에 특약이 있는 경우와 ② 배타적발행권의 존속기간 중 저작재산권자에게 그 저작물의 발행에 따른 대가를 지급하고 그 대가에 상응하는 부수의 복제물을 배포하는 경우를 제외하고는 그 배타적발행권의 존속기간 중 만들어진 복제물을 배포할 수 없다(제61조). 두 가지 예외사유의 경우에는 배타적발행권 소멸 후에 복제물을 배포하여도 저작재산권(배포권)침해가 되지 않도록 한 것이다.

[74] 배타적발행권의 양도·입질 등

배타적발행권도 재산권 중 물권에 준하는 성격을 가지므로 그 점만 생각한다면 원칙적으로 제3자에게 이전할 수 있는 것으로 보아야 할 것이다. 그러나 저작재산권자의 입장에서는 특정한 발행자의 지명도나 사회적 신용도 등을 감안하여 계약을 하는 경우가 많을 것이므로 그러한 인적 신뢰관계를 감안할 경우 저작재산권자의 동의 없는 배타적발행권의 임의적 이전을 허용하여서는 아니 될 것이다. 이러한 취지에서 제62조 제1항은 "배타적발행권자는 저작재산권자의 동의 없이 배타적발행권을 양도하거나 또는 질권의 목적으로 할 수 없다"고 규정하고 있다. 저작재산권자의 동의를 전제로 배타적발행권의 양도성 및 입질 가능성을 인정하고 있는 셈이다.

배타적발행권을 양도하는 방법으로서는, 하나의 저작물에 대한 배타적발행권을 양도하는 개별적 양도의 경우와 배타적발행권자의 영업 전체를 양도하는 결과로서 배타적발행권자가 가지는 특정 저작물에 대한 배타적발행권도 함께 양도되는 경우가 있을 수 있다. 후자의 경우에는 배타적발행권자의 영업 양도 자체에 대한 저작재산권자의 동의가 있으면 특정 저작물에 대한 배타적발행권의 양도에 대하여도 승낙을 한 것으로 볼 수 있을 것이다.

배타적발행권의 입질(入質)에 대한 저작재산권자의 동의는 입질을 하는 시점에 있는 것이 바람직하나 그렇지 않고 실제로 질권을 행사하여 배타적발행권의 이전이 이루어지는 시점에 동의가 있어도 이전의 효력은 인정되어야 할 것으로 본다. 배타적발행권의 입질 시점에 저작재산권자의 동의가 있었다면 질권 행사에 의한 배타적발행권의 이전 시점에 다시 동의를 받을 필요가 없음은 물론이다.

배타적발행권자가 저작재산권자의 동의 없이 배타적발행권을 양도하거나 입질을 한 경우의 효과에 대하여 무효라는 견해도 있으나 당사자간의 채권계약으로서의 효력은 발생하고 다만 저작재산권자의 동의가 없이는 그 효력을 저작재산권자에게 주장할 수 없는 것으로 보는 것이 타당하다. 이 경우 저작재산권자로서는 배타적발행권을 양도하거나 입질한 것이 다른 사정과 함께

"배타적발행권자가 그 저작물을 발행 등의 방법으로 이용하는 것이 불가능하거나 이용할 의사가 없음이 명백한 경우"에 해당하는 것으로 볼 수 있을 경우에는 제60조 제2항에 따라 배타적발행권 소멸통지를 할 수 있을 것이다.

한편, 저작재산권자와 배타적발행권자 사이의 인적 신뢰관계를 보호하고자 하는 저작권법 규정의 취지에 비추어 볼 때, 명문의 규정은 없지만 배타적발행권에 대한 강제집행에 의한 이전도 저작재산권자의 동의가 없는 한 허용되지 않는 것으로 보아야 할 것이다.

다만 위와 같은 '특정승계'의 경우가 아니라, 배타적발행권자의 사망에 의한 상속이나 배타적 발행권자인 법인의 합병에 따른 '포괄승계(일반승계)'의 경우에는 저작재산권자의 동의가 없더라도 배타적발행권의 이전이 인정된다.

한편, 배타적발행권의 양도 등에 저작재산권자의 동의를 요하는 것은 배타적발행권자가 저작재산권자로부터 배타적발행권을 설정받은 경우에 한하고, '발행등'을 할 수 있는 권능으로서 복제권 및 배포권 또는 복제권 및 전송권 등을 양도받은 경우에는 당연히 저작자 등의 동의 없이 제3자에게 그 권능(복제권 및 배포권 등)을 양도하거나 그에 대하여 배타적발행권을 설정하는 것이 가능하다.

[75]   배타적발행권의 제한

배타적발행권은 배타적, 대세적 성격의 준물권에 해당하므로 저작물에 대한 제3자의 이용 행위 중 배타적발행권이 설정된 범위 내에 있는 행위에 대하여는 직접 자신의 권리로 침해금지청구 및 손해배상청구 등 권리 구제를 위한 조치를 할 수 있다. 따라서 저작재산권에 대한 제한 규정을 배타적발행권에 대하여도 규정하지 않으면 그러한 사유에 해당하는 경우에 저작재산권자의 권리행사는 배제되지만 배타적발행권자의 권리행사는 가능하게 되어 저작재산권 제한제도의 취지가 몰각되는 일이 있을 수 있다. 그렇게 될 경우에는 배타적발행권이 저작재산권 중 일부 권능을 설정적으로 이전받은 것으로서 저작재산권의 파생적 권리라는 특성과도 배치되는 결과를 초래한다.

그러한 점을 감안하여 제62조 제2항은 "배타적발행권의 목적으로 되어 있는 저작물의 복제 등에 관하여는 제23조, 제24조, 제25조 제1항부터 제5항까지, 제26조부터 제28조까지, 제30조부터 제33조까지, 제35조 제2항 및 제3항, 제35조의2부터 제35조의5까지, 제36조 및 제37조를 준용한다"고 규정하고 있다. 저작재산권에 대한 제한규정을 배타적발행권에 대하여도 준용하도록 규정하고 있는데, 다만 그 제한규정 전부를 준용하는 것이 아니라 필요한 규정만 선별하여 나열하는 방식을 취하고 있다. 그것은 특별히 배타적발행권의 제한 범위를 좁히고자 한 것이라기보다는 '발행등'이라는 저작물 이용 태양의 특성에 비추어 배타적발행권과 무관하거나 배타적발행권에 대하여 적용하기가 적합하지 않은 제한사유들(예컨대 공연, 방송의 경우에 대한 제한사유)이 있음을 감안한 것이다.

2011. 12. 2.자 개정법에서 배타적발행권제도를 도입하면서 컴퓨터프로그램에 대한 특례규정으로서의 배타적발행권 조항(제101조의6)은 삭제하여 프로그램에 대하여도 일반 저작물과 같이 통일적으로 제57조 이하의 배타적발행권제도의 적용을 받는 것으로 보아야 할 것인바, 프로그램에 대한 저작재산권제한규정(제101조의3부터 제101조의5까지)이 배타적발행권에 관하여 적용되는지가 문제된다. 배타적발행권이 설정되었다는 이유만으로 이 규정들의 적용을 배제하고 배타적발행권을 절대적으로 보호하여야 할 이유는 없으므로 이 규정들도 배타적발행권에 대하여 당연히 적용되어야 할 것인데, 법에서 그 부분에 대한 규정을 두지 않은 것은 입법상의 탈루 내지 오류라고 생각된다. 해석론으로라도 그 규정들은 프로그램에 대한 배타적발행권에 대하여도 적용되는 것으로 보아야 할 것이다.

[76] 배타적발행권의 등록

저작권법 제54조 제2호는 배타적발행권의 설정·이전·변경·소멸 또는 처분제한을, 같은 조 3호는 배타적발행권을 목적으로 하는 질권의 설정·이전·변경·소멸 또는 처분제한을 각 등록할 수 있도록 규정하면서 그 등록이 제3

자에 대한 대항요건이 됨을 규정하고 있다. 이 가운데 특별히 주목하여야 할 것은 배타적발행권의 '설정'이 그 이전·변경·소멸 또는 처분제한의 경우와 마찬가지로 제54조 제2호에 의해 그 등록이 제3자에 대한 대항요건으로 규정되어 있다는 점이다. 제53조는 저작권의 등록에 대하여, 제54조는 권리변동 등의 등록에 대하여 각 규정하고 있는데, 배타적발행권은 저작재산권자가 설정하는 배타적 권리라는 점에서 그 설정 자체가 저작재산권의 변동에 해당하는 성질을 가지므로 등록 없이도 권리 발생을 제3자에게 대항할 수 있는 경우인 제53조가 아니라 등록이 제3자에 대한 대항요건인 제54조에서 권리변동 등의 사유의 하나로 규정한 것이다.

배타적발행권 설정 등록이 큰 의미를 가질 수 있는 것은 배타적발행권 이중설정의 경우이다. 예를 들어 저작재산권자가 여러 발행자와 사이에 배타적 발행권 설정계약을 체결한 경우에 배타적발행권 설정 등록을 먼저 한 발행자가 자신의 배타적발행권을 다른 발행자에 대항하여 주장할 수 있게 된다. 한편으로는 배타적발행권을 설정한 저작재산권자가 자신의 저작재산권을 제3자에게 양도한 경우에도 그 양도 이전에 배타적발행권 설정 등록을 마친 배타적발행권자는 배타적발행권의 존속기간 동안 그 양수인에 대항하여 자신의 배타적발행권을 주장할 수 있다.

[77] 배타적발행권자의 의무

1. 9개월 이내에 발행등을 할 의무

배타적발행권자는 그 설정행위에 특약이 없는 때에는 배타적발행권의 목적인 저작물을 복제하기 위하여 필요한 원고 또는 이에 상당하는 물건을 받은 날부터 9개월 이내에 이를 발행등의 방법으로 이용하여야 한다(제58조 제1항).

배타적발행권자가 이 의무를 위반하여 정당한 이유 없이 9개월 이내에 발행등을 하지 않을 경우 저작재산권자는 6개월 이상의 기간을 정하여 그 이행을 최고하고 그 기간 내에 이행하지 아니하는 때에는 배타적발행권의 소멸을 통지할 수 있다(제60조 제1항).

위 규정에서 9개월로 정한 것은 배타적발행권 설정계약에서 이에 관한 규정이 없을 경우를 대비한 임의규정의 성격을 지닌 것으로서 강행규정으로 볼 것은 아니므로 당사자 사이의 합의에 따라 9개월보다 짧은 기간이나 긴 기간을 약정하는 것도 가능하고 그 경우에는 그 약정기간 내에 발행등을 할 의무를 지게 된다.

여기서 한 가지 주의할 점은 배타적발행권자가 기간 내에 하여야 할 것은 저작물의 '복제'가 아니라 '발행등'이라는 점이다. 발행 등의 의미에는 저작물의 배포 또는 전송도 포함되므로 단순한 제작 단계를 넘어 공중이 이용할 수 있도록 배포 또는 전송까지 하여야 발행 등을 하였다고 할 수 있다.

2. 계속 발행등의 방법으로 이용할 의무

배타적발행권자는 그 설정행위에 특약이 없는 때에는 관행에 따라 그 저작물을 계속하여 발행등의 방법으로 이용하여야 한다(제58조 제2항).

'계속하여 발행등의 방법으로 이용'한다고 하는 것은 저작물의 복제물이 늘 시장유통과정에 있을 수 있도록 재고부수를 감안하여 발행행위를 반복하거나 온라인에서 공중이 이용할 수 있도록 전송상태를 유지하는 것을 의미한다. 시장수요가 있는 데도 품절 상태로 방치하거나 온라인서비스를 중단하여서는 안 된다는 취지이다.

여기서 '계속'이라고 하는 것은 완전한 의미의 연속성을 뜻하는 것은 아니고 '관행에 따라' 발행등을 하면 족하다. 이 경우의 관행이라고 함은 업계의 합리적 상식에 부합되는 관행을 의미하는 것으로서 예를 들어 과거의 음반 반품률을 감안하여 2번째의 음반 발행 부수를 합리적으로 제한함에 따라 부득이하게 일정 기간 동안의 품절상태가 발생하는 상황 등을 계속발행의무 위반으로 보지 않을 수 있는 근거가 될 수 있다. 즉 법에서 '관행에 따라'라고 하는 문구를 사용한 것은 계속발행의무를 다소간 완화하여 발행자에게 지나친 경제적 리스크를 안기지 않기 위한 취지를 내포하고 있는 것이다. 이 경우 시장의 구매의욕이 어느 정도 있는지가 판단의 중요한 준거가 된다. 시장의 구매의욕이 상당 정도 있음에도 배타적발행권자의 일방적 판단으로 장기간

품절상태에 두는 것은 계속발행의무에 반한다고 하지 않을 수 없다.

배타적발행권자가 이 의무를 위반할 경우에도 저작재산권자는 6개월 이상의 기간을 정하여 그 이행을 최고하고 그 기간 내에 이행하지 아니하는 때에는 배타적발행권의 소멸을 통지할 수 있다(제60조 제1항).

3. 저작재산권자 표지의무

배타적발행권자는 특약이 없는 때에는 각 복제물에 대통령령이 정하는 바에 따라 저작재산권자의 표지를 하여야 한다(제58조 제3항 본문). 다만, 신문 등의 진흥에 관한 법률에 따라 등록된 신문과 잡지 등 정기간행물의 진흥에 관한 법률에 따라 등록 또는 신고된 정기간행물의 경우에는 표지의무가 면제된다(같은 항 단서).

4. 재이용시의 통지의무

배타적발행권자는 배타적발행권의 목적인 저작물을 발행등의 방법으로 다시 이용하고자 하는 경우에 특약이 없는 때에는 그때마다 미리 저작자에게 그 사실을 알려야 한다(제58조의2 제2항). 이 규정은 같은 조 제1항의 규정에 의한 저작자의 '수정·증감권'(후술)을 실질적으로 보장하기 위한 규정이다. 배타적발행권자가 저작물의 재이용이 있게 된다는 것을 저작자에게 통지하지 않으면 저작자가 저작물을 수정, 증감할 수 있는 기회를 실질적으로 가지기 어려울 것이라는 것을 감안하여 이러한 규정을 둔 것이다. 따라서 그 통지의 대상도 '저작재산권자'가 아니라 수정·증감권의 주체인 '저작자'로 규정되어 있다. 즉 저작재산권자와 저작자가 다른 경우에 통지의무 이행의 대상은 저작재산권자가 아니라 저작자인 것이다. 현실적으로도, 저작자가 양도 등으로 인해 더 이상 저작재산권자가 아니게 된 경우에 특히 통지의 필요성이 크다. 또한 저작자의 사망시에는 통지의무도 소멸됨은 자연스러운 귀결이다.

법문상 '특약이 없는 때에는'이라는 문구가 있어 당사자간의 특약으로 재이용시의 통지의무를 배제할 수 있는 것으로 규정되어 있으나, 이 규정은 저작자가 직접 계약당사자가 된 경우를 전제로 한 것으로서 저작자가 저작재산권자가 아니어서 배타적발행권 설정계약의 당사자에 포함되지 아니한 경우에는 그 저작재산권자와의 특약으로 저작자에 대한 통지의무를 면할 수 있는 것은 아니라 할 것이다.

5. 원고반환의무

저작자가 배타적발행권자에게 전자출판등을 위해 원고(原稿)를 인도한 후에 필요할 경우 원고의 반환을 청구할 수 있는지 여부가 문제이다. 이에 대하여 저작권법에 특별한 규정이 있는 것은 아니므로 일반적인 법원칙에 따라 판단하여야 할 것이다. 원고를 인도하는 이유는 배타적발행권자가 저작물을 이용하는 데 필요하기 때문이고 그러한 필요를 충족하기 위해 유체물로서의 원고에 대한 '소유권'을 배타적발행권자에게 이전할 필요는 없는 것임을 고려할 때 배타적발행권 설정계약에서 다르게 정하지 않는 한 그 소유권은 의연히 저작자에게 있는 것이므로 저작자가 필요할 때 그 소유권에 기하여 반환청구를 할 수 있는 것으로 봄이 타당하다.

[78] 저작자 · 저작재산권자의 권리

1. 수정 · 증감권

배타적발행권자가 배타적발행권의 목적인 저작물을 발행등의 방법으로 다시 이용하는 경우에 저작자는 정당한 범위 안에서 그 저작물의 내용을 수정하거나 증감할 수 있다(제58조의2 제1항). 이러한 수정 · 증감권은 저작자의 인격적 이익을 보호하기 위한 것이므로 '저작재산권자'가 아니라 '저작자'가 그 주체이다. 저작재산권을 양도하여 저작재산권자가 아니게 된 저작자도 포함되지만 저작자가 사망한 후에 그 유족이 행사할 수 있는 권리는 아니다. "저작물을 발행등의 방법으로 다시 이용하는 경우에"라고 하는 것은 이전의 발행등 행위와는 일정한 간격을 두고 발행등 행위를 하는 것을 가리키는 것이다.

2. 전집(全集)·편집물(編輯物)에 수록 또는 분리 이용할 수 있는 권리

저작재산권자는 배타적발행권 존속기간 중 그 배타적발행권의 목적인 저작물의 저작자가 사망한 때에는 배타적발행권의 존속에도 불구하고 저작자를 위하여 저작물을 전집 그 밖의 편집물에 수록하거나 전집 그 밖의 편집물의 일부인 저작물을 분리하여 이를 따로 발행등의 방법으로 이용할 수 있다(제59조 제2항). 배타적발행권을 설정한 경우에는 그 배타적 성격에 의하여 저작재산권자도 배타적발행권의 목적인 저작물을 배타적발행권의 내용과 충돌하는 방법으로 이용할 수 없는 것이 원칙인데, 제59조 제2항은 그 예외를 규정하고 있는 셈이다. 저작자의 사망에 수반하여 그 유족이 저작자의 전집 등에 저작물을 수록하여 전자출판 등을 하는 것에 관하여 일반 국민의 수요가 있다는 것을 감안한 규정으로서 특약에 의하여 배제할 수 없는 강행규정의 성격을 가지고 있다. '배타적발행권의 존속기간 중 저작자가 사망한' 것이 요건이므로 저작자가 사망한 후에 배타적발행권의 설정행위가 있은 경우는 이 규정의 적용이 없다.

3. 배타적발행권 소멸통지권

저작재산권자는 배타적발행권자가 '9개월 이내에 발행등을 할 의무'(제58조 제1항) 또는 '계속 발행등의 방법으로 이용할 의무'(같은 조 제2항)를 위반한 경우에는 6개월 이상의 기간을 정하여 그 이행을 최고하고 그 기간 내에 이행하지 아니하는 때에는 배타적발행권의 소멸을 통지할 수 있다(제60조 제1항). 나아가 저작재산권자는 배타적발행권자가 발행등의 방법으로 이용하는 것이 불가능하거나 이용할 의사가 없음이 명백한 경우에는 위 제1항의 규정에 불구하고 즉시 배타적발행권의 소멸을 통지할 수 있다(같은 조 제2항). 제2항의 경우에는 유예기간을 주더라도 배타적발행권자의 발행등의 방법에 의한 이용을 기대하기 어려운 경우이므로 유예기간 없이 즉시 배타적발행권 소멸을 통지할 수 있도록 한 것이다. 여기서 '발행등의 방법으로 이용하는 것이 불가능하거나 이용할 의사가 없음이 명백한 경우'에 해당하는지 여부는 일반 사회통념을 기준으로 판단하되, 배타적발행권자의 파산 또는 폐업 기타 명백히 그렇다고 인정할 만한 객관적 사유가 있어야만 긍정할 수 있다.

저작재산권자가 위 제1항 또는 제2항의 규정에 따라 배타적발행권의 소멸을 통지한 경우에는 배타적발행권자가 통지를 받은 때에 배타적발행권이 소멸한 것으로 본다(같은 조 제3항). 저작재산권자의 배타적발행권 소멸통지권은 일종의 형성권(形成權)으로서 저작재산권자의 일방적인 의사표시만으로 그 효과가 발생하는 것이며 배타적발행권자의 동의를 요하는 것은 아니다.

이 경우 저작재산권자는 배타적발행권자에 대하여 언제든지 원상회복을 청구하거나 발행등을 중지함으로 인한 손해의 배상을 청구할 수 있다(같은 조 제4항). 원상회복이란 배타적발행권 설정 이전의 상태로 되돌리는 것으로서 배타적발행권 설정 등록을 말소하거나 원고 등을 반환하게 하는 것 등이 포함된다. 그리고 손해배상에는 다른 통상의 발행자를 통해 발행등을 하였더라면 얻을 수 있었을 이익을 얻지 못하게 된 일실이익 등이 포함될 수 있다.

4. 비중첩 범위에서의 배타적발행권 설정권

저작재산권자는 그 저작물에 대하여 발행등의 방법 및 조건이 중첩되지 않는 범위 내에서 새로운 배타적발행권을 설정할 수 있다(제57조 제2항). 예컨대 저작물을 배타적으로 발행할 수 있는 권리를 국가별로 지정한 경우 다른 국가에서 발행하는 것에 관한 배타적발행권을 타인에게 설정할 수 있고, 온라인상의 전자출판을 위해 복제, 전송할 수 있는 배타적발행권을 설정한 경우에 오프라인상의 발행을 위한 배타적발행권을 타인에게 설정할 수 있다. 온라인상의 전자출판을 위한 배타적발행권자의 입장에서는 오프라인상의 복제도 자신의 이해관계를 중대하게 해치는 것으로 여길 가능성이 있지만, 그럴 경우에는 오프라인상에서 동일한 내용으로 발행하는 것을 금지하는 내용을 명시하는 내용을 분명히 계약에 담는 것이 필요할 것이다. 즉, 이것은 결국 계약 내용 등을 토대로 한 법률행위의 해석에 맡겨진 문제로서, 오프라인의 발행과 온라인의 전송을 구분하여 별도의 발행자 등에게 배타적발행권을 설정하는 것이 가능한 것으로 해석되는 경우도 있고, 기존 계약의 문언 등에 비추어 그렇지 않은 것으로 보아야 할 경우도 있을 수 있다. 이러한 법리는 오프라인상의 발행을 위한 배타적발행권이 먼저 설정된 경우에도 마찬가지로 보아야 할 것이다. 나아가 온라인 전송을 위한 배타적발행권이 설정된 경우에 오프라인 출판을 위한 출판권을 타인에게 설정하는 것도 계약의 취지에 반하지 않는 한 허용되는 것으로 볼 수 있다.

[79] 저작재산권자의 의무

저작재산권자는 배타적발행권자의 발행 등의 방법으로 이용할 권리에 대응하여 배타적발행권자로 하여금 발행등의 방법으로 이용할 수 있도록 해 줄 의무가 있다. 즉, 저작재산권자는 원고 또는 이에 상당하는 물건을 배타적발행권자에게 교부해 주어야 하며, 배타적발행권자가 계속발행 등의 방법으로 이용할 의무를 이행할 수 있도록 협조하여야 한다. 또한 저작재산권자는 배타적발행권자의 배타적발행권 설정 등록에 협력할 의무가 있고, 그 저작물에 대하여 발행 등의 방법 및 조건이 중첩되는 범위 내에서는 저작물을 자신이 직접 발행등의 방법으로 이용하거나 제3자에게 이용하도록 하여서는 아니 된다.

제 4 절 출판권

[80] 서설

2011. 12. 2.자 개정 저작권법 제63조 제1항은 "저작물을 복제·배포할 권리를 가진 자(이하 "복제권자"라 한다)는 그 저작물을 인쇄 그 밖에 이와 유사한 방법으로 문서 또는 도화로 발행하고자 하는 자에 대하여 이를 출판할 권리(이하 "출판권"이라 한다)를 설정할 수 있다"고 규정하고 있다. 이 규정은 일반 저작물에 대한 배타적발행권제도가 도입되기 전의 개정전 저작권법 제57조 제1항과 동일한 내용으로서 기존의 출판권설정제도를 배타적발행권 도입 후에도 그대로 유지하는 의미를 담고 있다. 출판은 가장 전통적이고 오래된 보편적 저작물 이용행위 중의 하나로서 출판권설정제도도 오랜 역사와 전통을 통해 독립된 관행을 형성해 왔으므로 그 법적 성격이 실질적으로 배타적발행권의 일종에 불과하다는 이유로 그것을 배타적발행권제도에 흡수시키기보다는 별도로 구별하여 규정함으로써 기존의 관행에 따른 출판권설정의 법률관계에 대한 불필요한 혼동을 미연에 방지하고자 하는 것이 그 입법취지이다.

저작권법은 출판에 대한 별도의 정의규정을 두지 않고 있으나, 제63조 제1항이 사실상 출판에 대한 정의를 하고 있다고 볼 수 있다. 즉, 위 규정은 출판을 "저작물을 인쇄 그 밖에 이와 유사한 방법으로 문서 또는 도화로 발행"하는 행위를 뜻하는 것으로 정의하고 있는 셈이다. 한편, 제2조 제24호는 '발행'을 "저작물 또는 음반을 공중의 수요를 충족시키기 위하여 복제·배포하는 것"으로 정의하고 있으므로 결국 출판은 "저작물을 공중의 수요를 충족하기 위하여 인쇄 그 밖에 이와 유사한 방법으로 문서 또는 도화로 복제·배포하는 것"을 뜻하는 것으로 볼 수 있다. ① 공중의 수요를 충족하기 위하여, ② 인쇄 그 밖에 이와 유사한 방법으로, ③ 문서 또는 도화로 ④ 복제·배포하는 것을 개념요소로 하고 있으므로 기본적으로 종이문서 형태로 복제하여 오프라인에서 유형물의 양도 등의 방법으로 공중에게 배포하는 것을 전제로 하고, 디지털시대의 새로운 이용형태인 '이북(e-book)' 등의 전자출판은 포함하지 않는 개념이다. 전자출판을 위하여 배타적 권리를 설정받기 위해서는 출판권이 아니라 앞에서 자세히 살펴본 배타적발행권을 설정받아야 한다.

2011. 12. 2.자 개정 저작권법은 기존의 출판권설정제도의 규정들을 배타적발행권제도로 수정, 변경하는 방식을 취하고 출판권설정제도는 위와 같이 별도의 규정으로 옮긴 후 법률효과에 대하여는 출판권의 설정 및 그 내용에 관한 것 등(제63조) 외에는 배타적발행권에 관한 규정들(제58조부터 제62조까지)을 준용하는(제63조의2) 방식을 취하고 있다. 배타적발행권제도가 도입됨에 따라 이미 설정받은 출판권을 다시 설정받아야 하는지에 대하여 의문을 가지는 경우도 있으나, 출판권에 대하여는 위와 같은 준용규정에 의하여 실질적으로 기존의 출판권 규정이 그대로 적용되는 것과 마찬가지이므로 다시 출판권을 설정받거나 계약내용을 조정할 필요가 전혀 없다.

[81] 출판을 목적으로 하는 저작권자·출판자 간 계약의 종류

출판을 목적으로 하여 저작권자와 출판자 사이에 체결되는 계약은 여러 가지 각도에서 분류할 수 있다.

1. 출판자가 취득하는 권리의 성질 또는 범위에 따른 분류

가. 저작재산권 양도계약

저작재산권 전부를 양도하는 계약을 말한다. 출판과 직접 관계되는 복제권과 배포권을 포함한 저작재산권 전부를 양도받을 경우 출판자는 적법하게 출판을 할 수 있을 뿐만 아니라 출판 이외의 전송, 방송 등 다른 형태의 이용행위를 할 수도 있고, 제3자의 모든 종류의 저작물 이용행위에 대하여 직접

금지청구권을 가지게 되므로 출판자가 취득하는 권리가 가장 강력하고 광범위한 유형이라고 할 수 있다.

나. 복제권 및 배포권 양도계약

앞에서 살펴본 바와 같이 저작재산권은 그 일부만 양도하는 것이 가능하고, 그러한 일부양도 중에는 저작재산권에 내포된 여러 가지 지분권 중 일부만을 양도하는 것도 포함된다. 따라서 계약하기에 따라서는 저작재산권 중 출판과 직접 관계되는 복제권과 배포권만을 양도받는 것도 가능하고, 그 두 가지 지분권만 취득하면 출판자가 출판을 적법하게 하고 제3자의 복제·배포 등 침해행위로부터 직접 구제를 받을 수 있다. '출판'에 비하여 '복제·배포'의 개념이 보다 넓으므로, 아래의 출판권설정계약의 경우에 비하여 취득하는 권리의 범위가 넓을 뿐만 아니라, 권리의 성격도 저작재산권 중 일부를 직접 취득하는 것으로서 저작재산권자로부터 일정 기간 출판권을 설정받는 것보다 강력하다.

계약하기에 따라서는 복제권과 배포권 외에 전송권 등 다른 지분권도 추가로 포함한 일부 양도를 받는 경우도 있을 수 있다.

다. 출판권설정계약

저작권법 제63조의 규정에 따라 저작재산권자가 출판자에게 출판권을 설정하는 계약을 체결하는 경우이다. 아래의 출판허락계약의 경우와 달리, 출판자가 취득하는 출판권은 배타적발행권과 마찬가지로 단순한 채권적 이용권이 아니라 배타적, 대세적 성격을 가지는 준물권에 해당한다. 따라서 출판권설정계약은 채권계약이 아니라 준물권계약의 성격을 가진다.

라. 출판허락계약

저작권법 제63조의 규정에 따라 출판권을 설정하는 것이 아니라 저작재산권자가 저작권법 제46조에 따라 출판자에게 단순히 자신의 저작물을 출판할 수 있도록 이용허락 계약을 체결하는 경우를 뜻한다. 이때 출판자가 취득

하는 권리는 배타적, 대세적 성격을 갖는 준물권으로서의 출판권이 아니라 자
신에게 이용허락을 한 저작재산권자에게만 주장할 수 있는 채권적인 이용권
에 불과하다.

경우에 따라서는 출판자에게 출판을 허락하면서 그 출판자에게 독점적인
권리를 부여하기로 합의하는 경우가 있을 수 있다. 이러한 경우를 독점출판허
락계약이라고 하는데(그러한 독점에 관한 약정이 없는 경우는 '단순출판허락계약'이라 한다),
이것도 출판자가 취득하는 권리가 준물권으로서의 대세적 권리가 아니라 계
약당사자인 저작권자에 대한 관계에서만 주장할 수 있는 채권적인 권리라는
점에는 차이가 없으나 저작권자를 대위하여 침해정지청구권을 대위행사할 수
있는 경우가 있는 등의 차이가 있다(자세한 것은 이책 [64] 참조).

특정한 계약이 이러한 채권계약으로서의 출판허락계약인지 아니면 준물
권계약으로서의 출판권설정계약인지 여부를 판단하는 문제는 법률행위 해석
의 일반원칙에 따라 신의성실의 원칙, 거래의 관행, 당사자의 구체적인 의사
표시 등을 종합적으로 고려하되, 출판계약의 특수성도 감안하여 판단하여야
할 것이다. 통상의 서적 출판계약은 다른 특별한 의사표시가 없는 한 출판권
설정 계약으로 보아야 할 경우가 많을 것이다. 계약서에 '출판권 설정'이라는
명시적인 문언이 없으면 출판허락계약으로 보아야 한다는 견해도 있으나 반
드시 그렇게 볼 이유는 없다고 생각된다. 다만, 출판권이 배타적 권리라는 점
에서 '저작자에게 유리한 추정의 원칙'(이 책 [65] 참조)을 감안할 때 너무 쉽게
출판권설정계약으로 인정하여서는 안 될 것이고, 계약내용 등에 비추어 출판
에 관한 '배타적 권리'를 설정하고자 하는 취지가 뚜렷이 내포된 경우에 한하
여 출판권설정계약으로 인정할 수 있을 것이라 생각된다. 이에 반하여 잡지
출판의 경우에는 일반적으로 저작물의 1회에 한한 이용을 의도하는 것이므로
출판자로서는 독점적 권리를 취득할 필요는 없고 따라서 출판허락계약을 체
결하는 것이 보통이라고 할 수 있다.

2. 출판에 대한 기획주체 및 비용부담주체에 따른 분류

가. 위탁저작계약

출판자가 기획·입안하여 일정한 저작물의 작성을 의뢰하면 저작자가 그 요구에 따라 저작물을 작성하여 출판자에게 인도하는 계약을 말하며, 성질상 도급에 해당한다. 도급인인 출판자는 저작물을 복제·배포할 의무를 부담하지 않으며, 저작자는 저작물의 공표 전이라도 계약에 따른 보상을 요구할 수 있다는 점에서 보통의 출판계약과는 다른 성격을 지닌다.

나. 위탁출판계약

출판에 따른 위험부담을 저작자가 지는 조건으로 출판자가 출판을 인수하기로 하는 계약을 뜻한다. 실제의 출판은 출판자가 행하지만 거기에 소요되는 모든 비용은 저작자가 부담하고 따라서 출판으로부터 발생하는 모든 이익 및 손실은 저작자에게 귀속되는 점에 특징이 있다. 이것도 일반적인 출판계약과는 다른 것으로서 통상 자비출판이라고 칭하며, 계약의 법적 성질은 역시 도급에 해당한다.

다. 공동출자출판계약

저작자와 출판자가 공동비용으로 저작물을 복제하고 배포는 출판자의 비용으로 하는 계약을 말한다. 이 계약도 엄밀한 의미에서의 출판계약이라고 할 수는 없으며, 법적 성질은 상법상 익명조합에 가깝다고 볼 수 있다.

라. 보통의 출판계약

출판에 대한 기획주체가 누군지에 상관없이 출판자는 자기의 비용부담으로 복제·배포를 하고 저작자는 자기의 비용부담으로 저작물을 저작하는 계약을 말한다. 우리가 출판계약이라고 하는 것은 대개 이러한 유형의 계약을 말한다.

3. 출판의 대가의 지급방법에 따른 분류

가. 원고료지급계약

원고료로서 일정액 또는 원고매수에 따라 산정되는 일정액만을 지급하기로 하는 계약을 말한다. 정기간행물에 기고하는 경우에는 이 계약형태가 채택되는 경우가 많다.

나. 인세지급계약

판매가격의 일정한 퍼센트(이것을 인세율이라 한다)에 발행부수 또는 판매부수를 곱하여 보수액을 산정하는 방식의 계약을 말한다. 서적 출판의 경우에는 주로 이 계약형태가 채택되고 있다. 인세액에 관한 분쟁이 가끔 있는데 약정인세액에 대한 감액청구의 소를 제기하는 것은 원칙적으로 허용되지 않는다는 것이 판례의 입장이다(대판 2000. 5. 26, 2000다2375).

다. 이익분배계약

저작물의 출판에 의하여 생기는 이익 및 손실을 출판자가 저작권자 또는 복제·배포권자와 사이에 분배하는 계약을 말한다.

[82] 출판권의 의의와 성질

저작권법 제63조 제1항 및 제2항은 출판권에 대하여 다음과 같이 규정하고 있다.

■ 제63조(출판권의 설정) ① 저작물을 복제·배포할 권리를 가진 자(이하 "복제권자"라 한다)는 그 저작물을 인쇄 그 밖에 이와 유사한 방법으로 문서 또는 도화로 발행하고자 하는 자에 대하여 이를 출판할 권리(이하 "출판권"이라 한다)를 설정할 수 있다. ② 제1항에 따라 출판권을 설정받은 자(이하 "출판권자"라 한다)는 그 설정행위에서 정하는 바에 따라 그 출판권의 목적인 저작물을 원작 그대로 출판할 권리를 가진다.

출판권이란 위 규정에 따라 복제권자와의 출판권설정계약 또는 복제권자의 출판권설정행위에 의하여 출판자에게 설정된 권리를 말한다. 이 권리는 당사자 사이의 계약에 의하여 구체화되지만 단지 계약 당사자 사이에서만 주장할 수 있는 채권적인 권리가 아니라 배타적(排他的), 대세적(對世的) 권리로서 준물권(準物權)적인 성격의 권리이다. 제63조 제1항이 바로 출판권 설정의 법적 근거이다. 이러한 '출판권'을 저작권자가 가지는 출판에 관한 권능 및 출판허락계약에 기한 채권적 권리로서의 출판할 권리와 구별하는 의미에서 설정출판권이라고 부르기도 한다.

저작물에 대한 저작재산권(복제·배포권)을 역시 토지에 대한 소유권에 비유한다면, 저작재산권(복제권)의 양도는 토지에 대한 소유권의 양도에, 출판권의 설정은 토지에 대한 용익물권(用益物權)(예컨대 지상권)의 설정에 해당한다고 할 수 있다. 따라서 저작재산권자(복제권자)의 권리는 설정된 출판권의 제한을 받는 것 외에는 그대로 원래의 권리자에게 남아 있는 것이고, 또한 출판권은 저작재산권(복제·배포권)의 존재를 전제로 하여 설정적으로 이전된 것이므로 저작재산권이 어떤 이유로 소멸하면 출판권도 소멸하는 것이 원칙이다. 다만 저작자가 사망하였으나 그 상속인이 존재하지 않으므로 저작재산권의 보호기간이 경과하기 전에 저작재산권이 소멸하는 경우에 출판권도 따라서 소멸한다고 하면, 출판자가 예상치 못한 사유에 의하여 출판자의 지위를 불안정하게 하는 불합리한 측면이 있다. 상속인이 없는 경우 저작권을 공유(公有)로 하는 것은 이해관계인이 없어 더 이상 보호할 필요가 없기 때문이라는 것을 감안하여, 그러한 경우에는 저작재산권의 소멸에도 불구하고 출판권이 그 존속기간 동안 그대로 존속하는 것으로 보아야 할 것이다.

출판권은 배타적 성질의 준물권이므로 출판권자는 모든 사람에게 출판권을 주장할 수 있고 당연히 저작권자(복제권자)에게도 주장할 수 있다. 즉, 복제권자는 출판권자의 배타적 출판권을 존중하여야 하므로 스스로 동일한 저작물을 출판하거나 다른 제3의 출판자에게 출판하도록 허락하는 것은 원칙적으로 허용될 수 없다. 만약 그러한 행위를 한다면 계약상의 채무불이행을 구성할 뿐만 아니라 출판권의 침해도 구성하게 된다(저작자에 의한 출판권 침해를 인정한 사례로 서울중앙지결 2021. 3. 15, 2020카합21922를 들 수 있다).

또한 제3자가 출판권을 침해할 경우 출판권자는 복제권자의 도움을 받거나 그의 권리를 대위할 필요 없이 바로 자신의 명의로 자신의 권리인 출판권을 주장하여 민·형사상의 권리구제를 받을 수 있다는 것도 출판권이 가지는 준물권적 성격에 비추어 당연한 것이다. 출판권이 제3자에 의하여 침해될 경우 저작재산권자도 복제권 침해를 이유로 침해정지청구를 할 수 있다는 것(이 경우 출판권의 침해인 동시에 복제권의 침해이기도 한 것으로 보아야 한다. 서울중앙지판 2018. 4. 6, 2017가합530576 참조) 등은 배타적발행권의 경우와 동일하다.

[83] 출판권의 내용

저작권법 제63조 제2항은 "제1항의 규정에 따라 출판권을 설정받은 자(이하 "출판권자"라 한다)는 그 설정행위에서 정하는 바에 따라 그 출판권의 목적인 저작물을 원작 그대로 출판할 권리를 가진다"고 규정하고 있다. 이 규정에 의하면, 출판권은 '설정행위에서 정하는 바에 따라 그 출판권의 목적인 저작물을 원작 그대로 출판할 권리'를 그 내용으로 하고 있다고 할 수 있다. '출판'의 의의가 "저작물을 공중의 수요를 충족하기 위하여 인쇄 그 밖에 이와 유사한 방법으로 문서 또는 도화로 복제·배포하는 것"임은 위에서 살펴본 바와 같으므로, 결국 출판권의 내용은 "설정행위에서 정하는 바에 따라 그 출판권의 목적인 저작물을 공중의 수요를 충족하기 위하여 원작 그대로 인쇄 그 밖에 이와 유사한 방법으로 문서 또는 도화로 복제·배포할 권리"라고 할 수 있다. 이러한 내용을 보다 자세하고 정확하게 이해하기 위하여 주요 문구별로 나누어 살펴보기로 한다.

1. '설정행위에서 정하는 바에 따라'

출판권은 저작권법에서 준물권적인 성격으로 설정할 수 있는 법적 근거를 두고 있지만 그 권리가 구체화되기 위해서는 반드시 복제권자의 구체적인 설정행위를 필요로 한다. 그 설정행위가 보통은 계약의 형태를 취하겠지만, 유언의 경우와 같은 복제권자의 단독행위인 경우도 있을 수 있다. 출판권의 구체적인 내용은 이러한 설정행위에 의하여 정해지게 될 것이다. 그러나 예를 들어 출판권의 배타적인 성질에 배치되는 내용, 즉 저작권자가 다른 제3자에게도 출판을 허락할 수 있다고 하는 등의 내용이 계약에 포함되게 되면, 그것은 출판권설정제도의 본질에 반하는 것이므로 문제가 있다. 그러한 경우라면 설사 '출판권 설정'이라고 하는 표현을 사용한다고 하더라도 실제로는 출판허락계약의 성질을 가진 것으로 보게 될 가능성이 높다. 그리고 저작권법에서 출판권자와 복제권자의 권리의무에 관하여 규정한 것과 상충하는 내용으로 계약이 이루어진 경우 중에서 저작권법의 해당 규정이 강행규정인 경우에는 역시 그 상충하는 부분의 계약의 효력은 인정될 수 없다.

한편, 출판권설정계약에서 판형, 인쇄활자, 제본방법, 장정 등의 복제방법 또는 부수를 1만부로 한다든가 하는 인쇄부수 등까지 출판권의 내용으로 정할 수 있을 것인지가 문제이다. 만약 이러한 사항들을 설정행위에서 출판권의 내용으로 정할 수 있다고 한다면, 그와 같이 정해진 것과 다른 판형, 인쇄활자, 제본방법, 장정 등을 사용하여 제3자가 출판을 한 경우에는 동일한 저작물이라 하더라도 출판권의 침해를 구성하지 않게 되고, 계약에서 정한 1만부를 출판권자가 모두 출판한 후 다른 제3자가 1,000부를 출판하였다고 가정하면 그것도 출판권의 침해를 구성하지는 않게 될 것인데, 그것은 받아들이기 어려운 기이한 결론이 될 것이다. 그렇다고 하여 출판권설정 계약에서 그러한 사항들을 전혀 규정할 수 없다고 제한할 근거도 없다. 결국 이 문제는 계약의 내용을 '출판권의 설정행위' 자체와 '복제권자와 출판자 사이의 채권, 채무 사항을 정하는 부분'으로 구분하여 파악함으로써 해결하여야 할 것이다. 즉, 그러한 판형, 인쇄활자 등의 사항을 계약에서 규정할 수는 있지만, 그것은 복제권자와 출판자 사이의 채권, 채무 사항을 별도로 규정한 것에 그치는 것이고 출판권의 설정행위 자체에 그러한 구체적 제약조건이 담긴 것은 아닌 것으로 보아야 한다. 그렇게 보면, 출판자가 그러한 계약상의 사항을 준수하지 않았을 경우 복제권자와의 관계에서 채무불이행을 구성하는 것은 별론으로 하고, 제3자가 다른 판형 등으로 출판한 경우에도 출판권의 침해를 구성하는 것으로 보는 데는 아무 문제가 없는 것이다.

2. '공중의 수요를 충족하기 위하여'

공중의 수요를 충족하기 위하여 복제·배포하는 경우만 출판의 개념에 해당하므로 공중의 수요를 충족하기 위한 것이 아니라 사적(私的)인 이용을 위하여 복제하는 경우는 포함되지 아니한다.

3. '원작 그대로'

출판권은 그 목적인 저작물을 '원작 그대로' 복제하는 권리이다. '원작 그대로'라고 하는 것은 원작을 개작하거나 번역하는 등의 방법으로 변경하지 않고 출판하는 것을 의미할 뿐 원작의 일자일구(一字一句)도 수정하지 않는다는 것을 의미하는 것은 아니다. 출판권자로서는 저작자의 동일성유지권을 침해하지 않는 범위 내에서 오탈자의 수정을 하는 것은 가능한 것이고, 제3자의 출판 행위가 출판권의 침해가 되는지 여부를 판단함에 있어서는 '인쇄 그 밖에 이와 유사한 방법으로' '문서 또는 도화로' 등의 다른 요건을 충족하는 한, 정확하고 엄밀한 의미의 동일성이 아니라 '복제'의 범위에 해당하는 동일성만 인정되면 출판권 침해를 구성하게 된다. 다만 복제의 범위를 넘어서서 번역 기타의 방법으로 새로운 창작성을 부가한 '실질적 개변'을 함으로써 2차적저작물을 작성한 경우에는 '원작 그대로' 출판한 경우에 해당하지 않으므로 출판권의 침해를 구성하지 않는 것으로 보게 된다(대판 2005. 9. 9, 2003다47782 참조).

또한 출판권 침해가 성립하기 위해서는, 양적인 면에서 출판물의 전부를 복제한 경우일 것을 요하는 것이 아니고, 저작권침해의 요건에서 말하는 '양적인 상당성'(이 책 [179] 2. 참조)을 충족하기만 하면, 침해의 성립을 인정하는 데 문제가 없는 것으로 보아야 한다. 대법원 2003. 2. 28. 선고 2001도3115 판결이 "침해자가 출판된 저작물을 전부 복제하지 않았다 하더라도 그 중 상당한 양을 복제한 경우에는 출판권자의 출판권을 침해하는 것이라 할 것이고…"라고 한 것은 저작재산권(복제권) 침해의 경우와 다른 양적인 기준을 제시하고자 한 취지가 아니라, 복제권침해의 경우에도 요구되는 최소한의 양적 상당성을 출판권 침해의 경우에도 요구한 취지로 보아야 할 것이라 생각된다(다만 하급심 판결 중에는 이 책의 위와 같은 입장과 달리, 복제권침해의 경우와는 다른 정도의 양적 상당성을 요구하는 것으로 위 판례를 해석하여 적용한 사례가 보인다. 서울중앙지판 2022. 10. 7, 2019가합559786 참조).

4. '인쇄 그 밖에 이와 유사한 방법으로'

'인쇄'는 기계적, 화학적 방법에 해당하므로 '이와 유사한 방법'도 기계적, 화학적 방법이나 그에 준하는 방법을 의미하고, 수기(手記) 또는 필사(筆寫)의 방법으로 복제하는 것은 제외됨을 분명히 한 것이다.

5. '문서 또는 도화로'

여기서 문서 또는 도화라고 하는 것은 저작물을 문자(文字)·기호(記號)·상형(象形) 등을 사용하여 유체물 위에 직접 재현시킨 것을 말하고 서적, 잡지, 화집, 사진, 악보 등과 같이 직접 시각적으로 지각할 수 있는 저작물의 복제물을 뜻한다. 따라서 예를 들어 영화필름이나 비디오테이프, 영상 DVD 등과 같은 시청각적 고정물이나 녹음테이프나 음악CD 같은 청각적 고정물은 직접적으로 시각에 호소하는 것이 아니므로 문서 또는 도화의 범주에 포함되지 아니한다.

전자책(e-book)의 출판이 출판권의 내용에 포함될 수 있는가에 대하여 논란이 있지만, 전자책은 오프라인상의 CD-ROM 등의 형태이든 온라인 e-book 서비스이든 불문하고 저작권법상의 문서 또는 도화의 개념에는 해당하지 않는 것으로 보는 것이 타당하다. 전자책 출판의 경우 과거에는 출판자가 저작재산권의 전부 또는 일부를 양도 받는 것 외에는 배타적 권리를 취득할 수 있는 방법이 없었으나, 2011. 12. 2.자 개정법에 의하여 배타적발행권제도가 도입되었으므로 개정법하에서는 배타적발행권을 설정받는 방법에 의하여 출판권설정과 동일한 법률효과를 기대할 수 있게 되었다. 전자책과 종이책을 동시에 출판하고자 하는 출판자가 자신의 출판에 관한 권리를 모두 배타적 권리로 보장받고자 한다면, 개정법 하에서는 전자책에 대한 배타적발행권과 종이책에 대한 출판권을 동시에 설정받아야 할 것이다.

6. '복제·배포할 권리'

출판권의 내용에는 복제권과 배포권이 위에서 본 바와 같은 일정한 제한 하에 포함된다. 복제와 배포의 의미는 저작재산권 중 복제권과 배포권을 설명할 때 기술한 내용과 동일하다. 출판권자가 출판한 저작물과 동일한 저작물에 대하여 그 허락 없이 1.부터 5.까지의 조건을 충족하는 복제행위를 하기만 하여도 출판권의 침해가 될 것이고, 복제행위에는 관여하지 않더라도 그렇게 만들어진 복제물을 허락 없이 배포하기만 하면 역시 출판권의 침해를 구성하는 것으로 보아야 할 것이다.

7. 판면권(판식설계권) 문제

입법례에 따라서는 출판자가 판면제작 내지 판식설계에 대하여 일종의 저작인접권을 가질 수 있도록 하여 출판자를 두텁게 보호하는 경우가 있다. 이 것을 판면권 또는 판식설계권이라고 하는데, 예를 들어 중국 저작권법 제37조 제1항은 "출판자는 그 출판한 도서·정기간행물의 판식 설계를 타인으로 하여금 사용하는 것을 허락 또는 금지할 권리가 있다"고 규정하고 있다. 영국, 대만 등에서도 유사한 입법례를 볼 수 있다. 최근 한국의 출판계에서는 판면권을 인정하는 입법의 필요성을 강하게 주장하고 있다. 판면권을 인정함으로써 출판업자를 보다 두텁게 보호할 현실적 필요성이 어느 정도 있는지, 그것을 인정할 경우 디지털 시대의 저작물 유통의 원활화를 이루어 나갈 필요에 배치되는 면은 없는지 등을 신중하게 검토하여 결정해야 할 사항이라 생각된다. 설사 판면권 제도가 도입되더라도 위에서 설명한 (설정)출판권과 판면권은 전자가 복제권자의 설정행위에 기하여 부여되는 파생적인 권리이고 판면권은 출판자의 판면제작 등에 대하여 법이 부여하는 권리라는 점에서 개념적으로 구별되는 것이다.

[84] 출판권의 존속기간

출판권의 존속기간은 설정행위에 의하여 임의로 정할 수 있으나, 설정행위에 정함이 없으면 맨처음 발행한 날로부터 3년간 존속한다(제63조의2, 제59조 제1항 본문). 3년보다 장기간으로 정하는 것도 물론 가능하나 기간의 한정을 두도록 하는 것이 법의 취지이므로 계약기간을 영구화하는 뜻에서 무기한의 계약기간을 정하는 경우는 '설정행위에 정함이 없는' 경우에 해당하는 것으로 보아 맨처음 발행한 날로부터 3년간만 존속하는 것으로 보게 될 것이다. 맨처음 발행한 날이라고 함은 서적 등의 형태로 제작되어 서점에 배포되는 등 시장유통과정에 놓이게 된 최초의 시점을 의미하는 것으로 본다.

출판권의 존속기간과 관련하여 제기될 수 있는 다른 몇 가지 쟁점에 대하여는 배타적발행권의 존속기간에 대하여 설명한 내용을 출판권에 대하여 그대로 적용할 수 있다(이 책 [73] 참조).

[85] 출판권의 양도·입질 등

출판권의 양도·입질에 대하여는 제63조의2에 의해 배타적발행권의 양도·입질에 대한 제62조 제1항이 준용된다. 따라서 출판권의 양도·입질 등에 대하여는 배타적 발행권의 양도·입질 등에 대하여 설명한 내용을 그대로 적용할 수 있다(이 책 [74] 참조).

[86] 출판권의 제한

출판권의 제한에 대하여도 배타적발행권의 제한에 관한 규정이 준용된다(제63조의2). 따라서 출판권의 제한에 대하여는 배타적발행권의 제한에 대하여 설명한 내용을 그대로 적용할 수 있다(이 책 [75] 참조).

[87] 출판권의 등록

저작권법 제54조 제2호는 출판권의 설정·이전·변경·소멸 또는 처분제한을, 같은 조 제3호는 출판권을 목적으로 하는 질권의 설정·이전·변경·소멸 또는 처분제한을 각 등록할 수 있도록 규정하면서 그 등록이 제3자에 대한 대항요건이 됨을 규정하고 있다. 출판권의 '설정' 역시 그 이전·변경·소멸 또는 처분제한의 경우와 마찬가지로 제54조 제2호에 의하여 그 등록이 제3자에 대한 대항요건으로 규정되어 있다는 것에 유의하여야 한다.

[88] 출판권자의 의무

1. 원작 그대로 출판할 의무

출판권자는 '그 출판권의 목적인 저작물을 원작 그대로 출판'(제63조 제2항)할 의무를 가진다. 오자·탈자를 바로잡고 맞춤법에 맞게 교정을 하는 것은 허용되지만, 그 이외의 사항은 설사 저작물의 본질을 건드리지 않는 수정·증감이라 하더라도 복제권자의 동의 없이 자의적으로 하여서는 안 된다.

2. 9개월 이내에 출판할 의무

출판권자는 그 설정행위에 특약이 없는 때에는 출판권의 목적인 저작물을 복제하기 위하여 필요한 원고 또는 이에 상당하는 물건을 받은 날부터 9개월 이내에 이를 출판하여야 한다(제63조의2, 제58조 제1항).

원고에 상당하는 물건이란 음악저작물의 경우는 악보, 사진 또는 미술저작물의 경우는 원작품 등을 뜻하는 것으로 해석된다. 출판권자가 원고 또는 이에 상당한 물건을 받은 날이란 반드시 복제권자로부터 수교(手交) 등의 방법으로 인도받을 필요는 없고 복제권자의 지시 또는 허락으로 직접 입수한 경우도 포함되는 것으로 본다. 그리고 그것을 받은 날이 9개월 이내 출판의무 이행 여부를 따지는 기산일이 된다는 점에서, 법문에 명확한 규정은 없지만 그러한 원고 등의 일부만 받은 경우는 포함하지 아니하고 그 '전부'를 받은 경우를 의미하는 것으로 보는 것이 타당하다. 출판권자가 이 의무를 위반하여 정당한 이유 없이 9개월 이내에 출판을 하지 않을 경우 복제권자는 6개월 이상의 기간을 정하여 그 이행을 최고하고 그 기간 내에 이행하지 아니하는 때에는 출판권의 소멸을 통지할 수 있다(제63조의2, 제60조 제1항).

한편, 위 규정에서 9개월로 정한 것은 출판권설정계약에서 이에 관한 규정이 없을 경우를 대비한 임의규정의 성격을 지닌 것으로서 강행규정으로 볼 것은 아니므로 당사자 사이의 합의에 따라 9개월보다 짧은 기간이나 긴 기간을 약정하는 것도 가능하고 그 경우에는 그 약정기간 내에 출판을 할 의무를 지게 된다.

여기서 한 가지 주의할 점은 출판권자가 기간 내에 하여야 할 것은 저작물의 '복제'가 아니라 '출판'이라는 점이다. 출판의 의미에는 출판물의 배포도 포함되므로 단순한 제작 단계를 넘어 시장 유통과정에 넘기는 것까지 하여야 출판을 하였다고 할 수 있다.

3. 계속 출판할 의무

출판권자는 그 설정행위에 특약이 없는 때에는 관행에 따라 그 저작물을 계속하여 출판하여야 한다(제63조의2, 제58조 제2항). 그리고 '출판권자가 이 의무를 위반할 경우에도 복제권자는 6개월 이상의 기간을 정하여 그 이행을 최고하고 그 기간 내에 이행하지 아니하는 때에는 출판권의 소멸을 통지할 수 있다(제63조의2, 제61조 제1항).

이와 관련한 보다 자세한 사항은 앞에서 배타적발행권자의 '계속 발행 등의 방법으로 이용할 의무'에 대하여 설명한 내용(이 책 [77] 2. 참조)과 같다.

4. 복제권자 표지의무

출판권자는 특약이 없는 때에는 각 출판물에 대통령령이 정하는 바에 따라 복제권자의 표지를 하여야 한다(제63조의2, 제58조 제3항 본문). 다만, 신문 등의 진흥에 관한 법률에 따라 등록된 신문과 잡지 등 정기간행물의 진흥에 관한 법률에 따라 등록 또는 신고된 정기간행물의 경우에는 표지의무가 면제된다

(같은 항 단서).

5. 재판(再版)통지의무

출판권자는 출판권의 목적인 저작물을 다시 출판하고자 하는 경우에 특약이 없는 때에는 그 때마다 미리 저작자에게 그 사실을 알려야 한다(제63조의2, 제58조의2). 이 규정은 저작자의 '수정·증감권'(후술)을 실질적으로 보장하기 위한 규정이다. 보다 자세한 사항은 배타적발행권자의 '재이용시의 통지의무'에 대하여 설명한 내용(이 책 [77] 4. 참조)이 그대로 적용된다.

6. 원고반환의무

저작자가 출판자에게 원고를 인도한 후에 필요할 경우 원고의 반환을 청구할 수 있는지 여부가 문제이다. 이에 대하여 저작권법에 특별한 규정이 있는 것은 아니므로 일반적인 법원칙에 따라 판단하여야 할 것이다. 원고를 인도하는 이유는 출판권자가 저작물을 복제하는 데 필요하기 때문이고 그러한 필요를 충족하기 위해 유체물로서의 원고에 대한 '소유권'을 출판권자에게 이전할 필요는 없는 것임을 고려할 때 출판권설정계약에서 다르게 정하지 않는 한 그 소유권은 의연히 저작자에게 있는 것이므로 저작자가 필요할 때 그 소유권에 기하여 반환청구를 할 수 있는 것으로 봄이 타당하다.

[89] 저작자·복제권자의 권리

1. 수정·증감권

출판권자가 출판권의 목적인 저작물을 다시 출판하는 경우에 저작자는 정당한 범위 안에서 그 저작물의 내용을 수정하거나 증감할 수 있다(제63조의2, 제58조의2). 이러한 수정·증감권은 저작자의 인격적 이익을 보호하기 위한 것이므로 '복제권자'가 아니라 '저작자'가 그 주체이다. 저작재산권(복제권)을 양도하여 복제권자가 아니게 된 저작자도 포함되지만 저작자가 사망한 후에 그 유족이 행사할 수 있는 권리는 아니다. "저작물을 다시 출판하는 경우에"라고 하는 것은 이전의 출판행위와는 일정한 간격을 두고 출판행위를 하는 것을 가리키는 것으로서, 증쇄(增刷)이든 재판(再版)이든 불문하고 일단 종료한 출판행위로부터 일정한 기간이 경과한 후 출판행위를 행하는 것을 말한다.

2. 전집·편집물에 수록 또는 분리 출판할 수 있는 권리

복제권자는 출판권 존속기간 중 그 출판권의 목적인 저작물의 저작자가 사망한 때에는 출판권의 존속에도 불구하고 저작자를 위하여 저작물을 전집 그 밖의 편집물에 수록하거나 전집 그 밖의 편집물의 일부인 저작물을 분리하여 이를 따로 출판할 수 있다(제63조의2, 제59조 제2항). 출판권을 설정한 경우에는 그 배타적 성격에 의하여 복제권자도 출판권의 목적인 저작물을 출판할 수 없는 것이 원칙인데, 위 규정은 그 예외를 규정하고 있는 셈이다. 저작자의 사망에 수반하여 그 유족에 의한 기념출판이나 사망한 지 일정 기간 경과 후 저작자의 작품을 집대성하여 전집 등을 출판하는 것에 관한 일반국민의 수요가 있다는 것을 감안한 규정으로서 특약에 의하여 배제할 수 없는 강행규정의 성격을 가지고 있다. '출판권의 존속기간 중 저작자가 사망한' 것이 요건이므로 저작자가 사망한 후에 출판권의 설정행위가 있은 경우는 이 규정의 적용이 없다.

3. 출판권 소멸통지권

복제권자는 출판권자가 '9개월 이내에 출판할 의무'(제63조의2, 제58조 제1항) 또는 '계속출판의무'(제63조의2, 제58조 제2항)를 위반한 경우에는 6개월 이상의 기간을 정하여 그 이행을 최고하고 그 기간 내에 이행하지 아니하는 때에는 출판권의 소멸을 통지할 수 있다(제63조의2, 제60조 제1항). 나아가 복제권자는 출판권자가 출판이 불가능하거나 출판할 의사가 없음이 명백한 경우에는 위 1항의 규정에 불구하고 즉시 출판권의 소멸을 통지할 수 있다(제63조의2, 제60조 제2항). 복제권자가 위 제1항 또는 제2항의 규정에 따라 출판권의 소멸을 통지한 경우에는 출판권자가 통지를 받은 때에 출판권이 소멸한 것으로 본다(제63조의2, 제60조 제3항). 복제권자의 출판권 소멸통지권은 일종의 형성권(形成權)으로서 복제권자의 일방적인 의사표시만으로 그 효과가 발생하는 것이며 출판권자의 동의를 요하는 것은 아니다. 이 경우 복제권자는 출판권자에 대하여 언제든지 원상회복을 청구하거나 출판을 중지함으로 인한 손해의 배상을 청구할 수 있다(제63조의2, 제60조 제4항).

위 규정들에 대한 보다 자세한 설명은 '배타적발행권 소멸통지권'에 대하여 설명한 내용(이 책 [78] 3. 참조)을 참고할 수 있다.

[90] 복제권자의 의무

복제권자는 출판권자의 출판할 권리에 대응하여 출판권자로 하여금 출판을 할 수 있도록 해 줄 의무가 있다. 즉, 복제권자는 원고 등의 출판원본을 교부해 주어야 하며, 출판권자가 계속출판의 의무를 이행할 수 있도록 협조하여야 한다. 또한 복제권자는 출판권자의 출판권 설정등록에 협력할 의무가 있고, 동일 저작물을 자신이 직접 출판하거나 제3자에게 출판하도록 하여서는 아니 된다. 출판권자가 복제권자의 표지로서 검인을 첨부할 경우 그 청구에 응하여 검인용지에 날인등을 하여 교부할 의무를 진다.

[91] 수업목적 보상금 문제

상술한 바와 같이, 2011. 12. 2.자 개정 이후의 현행 저작권법은 배타적발행권에 관한 규정을 도입하면서 출판권에 관한 과거의 규정들의 자리에 배타적발행권에 대한 규정들을 두고 출판권은 그에 대한 특칙규정으로 두는 방식을 취하여, 출판권에 관하여 배타적발행권에 관한 규정을 준용하는 형식을 취하고 있다. 제63조의2에 따라 출판권에 준용되는 배타적발행권에 대한 제62조 제2항은 '배타적발행권의 목적으로 되어 있는 저작물의 복제 등에 관하여' 저작재산권 제한규정들을 준용하면서 그 중 하나인 저작권법 제25조 중에서 제1항부터 제5항까지의 규정만 부분적으로 준용하는 것으로 하여, 저작권법 제25조 제1항부터 제5항까지의 규정에 따라 저작물을 이용하는 자에게 보상금 지급의무를 부여하는 같은 조 제6항의 규정을 준용규정에서 제외하고 있다.

이것은 분명히 입법자의 의도가 반영된 것으로서, 그 의도는 배타적발행권 및 출판권이 저작권법 제25조 제1항부터 제5항까지의 제한사유에 따른 자유이용에 장애가 되지는 않도록 하되, 그와 관련된 보상금 지급청구권을 저작권자에게만 인정하고 배타적발행권자 및 출판권자에게 인정하지는 않겠다는 것에 있다고 할 수 있다. 해석론상 위와 같이 보아야 하는 이유는 무엇보다, 저작권법 제25조 제6항에 의한 보상금지급의무의 반면에 있는 보상금청구권이 저작재산권 제한사유로 인하여 실질적인 불이익을 입는 권리자들을 위해 법에서 특별히 인정한 법정채권으로서의 성격을 가지는 것이라는 점에 있다. 법정채권의 귀속주체가 되기 위해서는 법정채권을 부여하는 규정상의 요건을 갖춘 자여야만 하고, 그렇지 않으면 실질적으로 그 요건을 갖춘 경우와 비슷한 측면이 있다고 하더라도 법정채권의 권리자가 되기는 어렵다고 보는 것이다.

제 5 절 질 권

[92] 질권설정의 가능성과 그 성질

민법 제345조는 부동산의 사용·수익을 목적으로 하는 권리를 제외한 재산권은 '권리질권'의 목적이 될 수 있음을 규정하고 있다. 저작재산권도 일종의 재산권이므로 '권리질권'을 설정할 수 있다. 저작권법 제47조는 저작재산권을 목적으로 하는 질권의 행사방법을 규정하고 있는데, 이는 그 질권설정이 가능함을 당연한 전제로 하고 있는 것이다.

[93] 질권설정의 방법

저작재산권에 대한 질권의 설정도 권리의 양도에 관한 방법에 의하여야 하므로(민 제346조) 질권설정계약만에 의하여 질권이 성립하게 된다. 질권자에게 저작권등록증을 교부할 필요는 없다.

[94] 질권의 효력

1. 질권설정자의 처분권한

저작권법 제47조는 "저작재산권을 목적으로 하는 질권은 그 저작재산권의 양도 또는 그 저작물의 이용에 따라 저작재산권자가 받을 금전 그 밖의 물건(배타적발행권 및 출판권설정의 대가를 포함한다)에 대하여도 행사할 수 있다"고 규정하여 질권설정 이후에도 질권설정자인 저작재산권자가 그 저작재산권을 양도하거나 저작물의 이용허락, 출판권설정 등의 방법으로 저작권을 행사할 수 있음을 전제로 하고 있다. 즉 저작재산권과 저작물에 대한 처분권한은 질권설정자인 저작재산권자에게 남아 있다.

2. 대항요건

저작재산권을 목적으로 하는 질권의 설정·이전·변경·소멸 또는 처분제한은 등록하지 아니하면 제3자에게 대항할 수 없으므로(제54조 제3호), 질권이 설정된 저작재산권을 저작재산권자로부터 양수한 양수인도 질권자가 대항요건을 갖추기 전에 먼저 대항요건을 갖추면 질권의 부담이 없는 완전한 저작재산권을 취득하게 된다. 그와 반대로 질권설정 이전에 저작재산권을 양수한 양수인이라도 그 후에 질권을 설정한 질권자가 먼저 대항요건을 갖춘 경우에는 그 질권자에게 대항할 수 없다.

3. 질권설정자의 의무

질권설정자는 질권자의 동의 없이 질권의 목적된 권리를 소멸하게 하거나 질권자의 이익을 해하는 변경을 할 수 없다(민 제352조). 저작재산권을 양도하거나 저작물의 이용허락을 하는 등의 행위는 이에 해당하지 않는 것으로 본다. 다만, 지나치게 낮은 금액으로 저작재산권을 양도하여 그 양도가액이 피담보채권액에 미치지 못하게 하는 행위는 위 조항에 저촉되어 질권침해를 구성하는 것으로 보아야 할 것이다.

4. 저작재산권의 행사

질권의 목적으로 된 저작재산권은 설정행위에 특약이 없는 한 저작재산권자가 이를 행사한다(제47조 제2항). 다만 질권자가 이용허락 등의 권리행사를 통해 제3자로부터 받을 금전 그 밖의 물건에 대하여도 질권의 효력이 미침은 후술하는 바와 같다.

5. 질권의 효력이 미치는 범위

저작재산권을 목적으로 하는 질권은 그 저작재산권의 양도 또는 그 저작물의 이용에 따라 저작재산권자가 받을 금전 그 밖의 물건(배타적발행권 및 출판권 설정의 대가를 포함한다)에 대하여도 행사할 수 있다(제47조 제1항). 저작재산권의 양도대금에 대하여 질권의 효력이 미치도록 규정한 것은 민법 제342조의 "물상대위"에 관한 규정을 저작재산권에 대하여는 '양도'의 경우에도 확장하여 적용한 것으로 볼 수 있고, 저작물의 이용허락이나 출판권 설정에 따라 저작재산권자가 받을 대금 또는 수수료는 저작재산권의 '법정과실'에 해당하므로, 그에 대하여 질권의 효력이 미치도록 한 것은 당연한 규정이라고 할 수 있다. 다만, 이 경우에 다른 제3자와 사이에 우선변제권의 존부에 관한 다툼이 있을 수 있으므로, 그 기준을 명백히 하기 위하여 저작권법 제47조 제1항 단서는 질권자가 위와 같은 금전 또는 물건에 대하여 권리를 행사할 수 있으려면 "이들의 지급 또는 인도 전에 이를 받을 권리를 압류하여야 한다"고 규정하고 있다.

제 6 절   저작재산권의 소멸

[95]   저작재산권의 소멸

1. 보호기간의 만료

저작재산권은 그 보호기간이 만료하면 소멸한다.

2. 저작권법상의 소멸사유

저작권법은 ① 저작재산권자가 상속인 없이 사망한 경우에 그 권리가 민법 기타 법률의 규정에 의하여 국가에 귀속되는 경우와 ② 저작재산권자인 법인 또는 단체가 해산되어 그 권리가 민법 기타 법률에 의하여 국가에 귀속되는 경우에 저작재산권이 소멸하는 것으로 규정하고 있다(제49조). 저작물은 문화적 소산으로서 그 이익을 향유하여야 할 사적 주체가 없는 한 일반국민이 널리 이용하도록 하는 것이 바람직하며, 국유재산으로서 국가가 저작재산권을 행사하는 것은 적당하지 않기 때문에 민법규정에 의하여 국유로 되는 경우에는 이를 사회적 공유로 하는 것이 문화정책적으로 바람직하다는 취지에서 나온 규정이다.

위 규정에 의하여 소멸하는 저작재산권은 저작재산권의 전부만이 아니라 복제권·공연권과 같은 지분권인 경우도 있다. 예컨대 이들의 지분권을 양도받은 자가 상속인 없이 사망하였다면, 이들의 권리는 원권리자에게 복귀하는 것이 아니라 소멸하는 것이다.

3. 저작재산권의 포기

저작권법에 명문의 규정은 없지만, 재산권의 일종인 저작재산권을 포기할 수 있다는 것에 대하여는 이론이 없다. 포기는 저작재산권자의 의사표시만으로 가능하며, 특별한 방식은 요구되지 아니한다. 다만, 저작재산권을 목적으로 한 질권이 설정되었거나 저작재산권자가 배타적발행권 또는 출판권을 설정한 경우에는 저작재산권의 포기가 그들의 권리와 충돌되므로 그 효력을 인정할 수 없다.

4. 시효문제

민법 제162조 제2항에서 소유권 이외의 재산권은 20년간 불행사에 의하여 소멸시효가 완성되는 것으로 규정하고 있으나, 저작재산권의 경우에는 저작물의 이용에 관한 배타적인 권리로서 그 이용방법에는 아무런 제한이 없으므로 '권리의 불행사(不行使)'라는 것을 생각하기 어렵고, 따라서 소멸시효의 문제는 없는 것으로 생각된다. 다만, 저작재산권을 침해한 불법행위자에 대하여 손해배상청구권이 발생하였을 경우에 그 청구권은 소멸시효의 대상이 되나, 저작재산권 자체의 시효문제와는 구별되는 것이다.

저작재산권에 대하여 취득시효가 인정될 수 있을지도 문제이나, 사견으로는 저작재산권에 대하여는 그 특성상 취득시효를 인정하지 않는 것이 타당할 것으로 생각된다.

제 7 절   영상저작물에 대한 특례

[96]   개관

1. 영상저작물의 의의

영상저작물의 의의와 창작성 요건 등에 대하여는 '저작물의 분류' 부분에서 자세히 살펴본 바(이 책 [17] 1. 참조)와 같다.

2. 영상저작물의 저작자

가. 사례방법과 범주방법

극장에서 상영되는 영화나 TV를 통해 방송되는 드라마와 같이 많은 사람들이 공동으로 참여하여 영상저작물을 만들 경우에는 누구를 저작자로 볼 것인지가 간단한 문제가 아니다.

이 문제에 관하여 세계 각국이 취하고 있는 방법은 크게 사례방법(die Fallmethodik)과 범주방법(die Kategorienmethodik)으로 나누어진다. 사례방법은 개개의 사례에 관하여 저작권법의 일반원칙에 따라 개개 영상저작물에 있어서 누가 저작자로서의 특성을 가졌는가에 따라 저작자를 결정하는 방법이고, 범주방법은 법적 안정성을 위해 법에서 창작자 중 일정한 자(가령, 시나리오 작가, 영화감독, 영상제작자)들을 저작자로 규정하는 방법을 말한다.

우리 저작권법상으로는 영상저작물의 저작자를 누구로 볼 것인지에 대한 명시적 규정을 두고 있지는 않고 제99조부터 제101조까지에 영상저작물에 대한 특례규정을 두면서 그 중 제100조 제1항에서 "영상제작자와 영상저작물의 제작에 협력할 것을 약정한 자가 그 영상저작물에 대하여 저작권을 취득한 경우 특약이 없는 한 그 영상저작물의 이용을 위하여 필요한 권리는 영상제작자가 이를 양도받은 것으로 추정한다"고 규정하여 영상제작자와 사이에 영상저작물의 제작에 협력할 것을 약정한 자 중에서 영상저작물에 대한 저작권을 (원시적으로) 취득한 경우가 있을 수 있음을 암묵적인 전제로 하고 있을 뿐이다. 결국 '사례방법'을 취하고 있는 셈이므로, 개개의 사례에서 영상저작물 제작에 협력하거나 참여하는 사람들 중에서 저작권법상의 일반 원칙에 따라 해석에 의하여 그 저작자를 확정할 수밖에 없다.

나. 저작자의 구체적 확정

영상저작물의 제작에 협력하는 사람들을 크게 나누어 보면, ① 시나리오 작가, 방송작가 등 이른바 고전적 저작자(classical authors)에 해당하는 사람들, ② 영화감독 등 이른바 근대적 저작자(modern authors)에 해당하는 사람들, ③ 배우 등 실연자에 해당하는 사람들, ④ 기타 보조인력 등으로 구분할 수 있는데 그 중에서 ③은 우리 저작권법상 저작자와는 별도의 범주인 실연자에 해당하고, ④는 단순한 보조인력인 한 원칙적으로 저작자라고 할 수 없으므로 결국 문제는 ①과 ② 중 어느 쪽을 저작자로 볼 것인가에 있다.

①의 시나리오 작가나 방송작가는 실질적으로 보면 영상저작물 제작과정에 깊숙이 참여하여 함께 협력하여 영상물을 만들어가는 창작의 주체 중 하나라 할 수 있다. 즉 이들은 시나리오나 극본을 작성하여 영상제작자에게 넘긴 후에 일체 관여를 하지 않는 것이 아니라 일반적으로 제작이 완료될 때까지 계속적으로 수정을 하여 영상저작물의 완성과정에 협력하는 점에서는 공동저작자로 볼 만한 요소들을 많이 가지고 있다. 그 때문에, 영상저작물의 공동저작자 목록을 추정규정으로 두고 있는 입법례 중 프랑스, 벨기에, 스페인, 포르투갈, 이탈리아 등의 여러 나라가 시나리오 작가 또는 방송작가를 공동저작자의 한 유형으로 포함하는 태도를 취하고 있다.

그러나 공동저작자가 되려면 저작자들 사이에 '공동창작의 의사'가 있어야 하고, '공동 창작의 의사'란 (특히, 선행저작자의 경우) 자신의 기여부분이 하나의 저작물로 완결되지는 않은 상태로 공동의 창작을 통해 공동관계에 있는 다른 저작자의 기여부분과 합하여 '분리이용이 불가능한 하나의 저작물'을 완성한다고 하는 의사를 뜻하는 것으로 보아야 할 것인데('완결성 의식 기준'. 이에 대하여 자세한 것은 이 책 [32] 2. 나. (2) 참조), 시나리오 작가의 경우에는 자신이 작성하는 것이 하나의 완결된 저작물로서의 시나리오가 되고 이를 감독등이 받아서 영상화에 이용하도록 하는 의사를 가지고 있을 것으로 생각되므로 우리 저작권법 하에서 시나리오 작가는 영상저작물의 공동저작자가 아니라 그 원저작물의 저작자로 인정하는 것이 타당한 것으로 생각된다.

특히 저작권법 제100조 제2항은 "영상저작물의 제작에 사용되는 소설·각본·미술 저작물 또는 음악저작물 등의 저작재산권은 제1항의 규정으로 인하여 영향을 받지 아니한다"고 규정함으로써 각본에 대하여 영상저작물과는 별도의 저작재산권의 대상이 됨을 명시하고 있기도 하다. 각본의 내용이 영상저작물에 반영되어 있는 부분은 '각자의 이바지한 부분을 분리하여 이용할 수 없는 것'에 해당한다고 볼 수 있지만, 일반적으로 각본의 내용을 영상저작물에 반영하는 행위에 작가가 공동으로 관여하였다고 보기는 어려우므로 역시 공동저작물이라고 보기 어렵다. 결국 지속적인 수정작업이 동시에 이루어지는 경우라 하더라도 고전적 저작자인 작가의 저작물인 각본을 토대로 근대적 저작자인 감독 등이 일종의 2차적저작물 작성행위로서의 영상화를 수행하는 것으로 보아야 할 것이다. 즉 이 경우도 위에서 본 원작 소설 등의 경우와 동일한 법적 취급을 할 수밖에 없다고 생각된다. 우리나라 학설 가운데 시나리오 작가등을 공동저작자의 한 유형으로 보는 경우도 없지 않으나, 고전적 저작자의 한 유형으로서 현행법상 영상저작물의 공동저작자는 아닌 것으로 보는 것이 통설적 견해라 할 수 있다. 결국 우리 저작권법상으로, 영상저작물을 구체적으로 만들기 위한 캐스팅, 촬영, 편집 등을 총체적으로 지휘하거나 그 중 중요한 부분들을 나누어 맡아 책임지고 수행하는 사람들인 위 ②의 이른바 '근대적 저작자', 즉 감독, 연출가, 촬영감독, 미술감독, 녹음감독, 필름편집자 등을 영상저작물의 창작자로 보아 이들을 영상저작물의 공동저작자로 보는 것이 우리나라의 통설이라고 할 수 있다. 그러나 이것은 시나리오 작가 등의 고전적 저작자가 아니라 근대적 저작자가 일반적으로 영상저작물의 공동저작자로 여겨진다는 것을 의미할 뿐이고, 근대적 저작자로서의 영화감독 등만 엄격하게 공동저작자로 본다는 것은 아니다. 만약 그렇게 본다면, 그것은 사례방법이 아니라 범주방법에 가까운 것이 되므로, 우리 저작권법상의 저작자 판정의 원리와 모순된다.

예를 들어 영상제작자가 영화감독과 함께 캐스팅에서부터 편집 작업에까지 깊이 관여하여 실질적으로 창작적 기여를 하는 경우도 있을 수 있는데, 그 경우에는 영상제작자도 공동저작자로 보아야 할 것이다. 그리고 예외적인 경우이긴 하지만, 실연자 중에서도 역량 있는 중견배우로서 주연을 맡은 사람 등의 경우 영화의 구체적 내용에 깊이 창작적으로 관여하는 경우가 있을 수 있는데 그 경우에는 실연자로서의 지위와 별도로 영상저작물의 공동저작자로 인정될 수 있는 여지가 전혀 없다고 할 수 없다. 시나리오 작가 등도 그러한 점에서는 다르지 않다. 그런가 하면 예를 들어 어느 영화에 미술감독이라는 이름으로 참여하여도 실질적으로 지시에 따르는 보조적인 역할만 수행하고 영상저작물의 창작에 실질적 관여를 한 것으로 보기 어려운 경우에는 공동저작자로 인정되지 않을 수도 있다. 즉 저작자에 해당하는지 여부의 판단은 전적으로 영상저작물의 작성에 실질적으로 창작적 기여를 하였는지 여부에 따라 이루어져야 하고 직책이나 기본역할 등에 따라 형식적으로 결정될 것은 아니라는 것이다.

이렇게 보는 것이 저작권법의 원칙에 부합되는 해석이기는 하나, 그렇게 볼 경우 구체적 사안에서 영상저작물의 저작자를 구체적으로 확정하는 문제는 쉬운 일이 아니고, 외부에서 파악하기도 곤란하며, 심지어는 공동저작자의 수가 몇 명일지조차 알기 어려운 경우가 많아, 영상저작물의 유통이라는 관점에서 권리의 귀속관계를 간명하게 하기 위한 조치가 필요하다고 할 수 있다. 바로 그러한 관점에서 제100조 제1항의 추정규정 등을 비롯한 특례규정이 마련되어 있다.

3. 영상제작자

영상제작자는 영상저작물의 제작에 있어 그 전체를 기획하고 책임을 지는 자를 말한다(제2조 제14호). 다시 말해 영상저작물의 제작을 전체적으로 기획하고 그에 대한 책임을 지는 자로서, 경제적인 수입·지출의 주체가 되는 자를 말한다. 따라서 영상저작물의 제작에 부분적으로만 참여 또는 관여한 것만으로는 영상제작자가 될 수 없다(서울고판 2022. 1. 27, 2021나2012894·2033464 등 참조). 자연인인 경우도 있겠지만, 영화나 드라마의 경우에는 법인인 경우가 많을 것이다.

단순히 발의와 기획을 한 것만으로는 영상제작자에 해당하지 않으며 제작의 책임을 지는 주체로서 기획한 경우만 이에 해당한다. 예를 들어 이러이러한 영화를 제작하고 싶다고 기획하여 영화사에 제작, 위탁을 한 경우에 그 기획자 또는 그러한 위탁을 한 사람이 영상제작자가 되는 것은 아니다. 그 경우에는 위탁을 받아 자기의 전체적 기획 및 책임하에 구체적인 제작비용 지출 등의 주체가 되어 제작을 한 자(수탁자)가 영상제작자가 되는 것이다. 따라서 TV방송사가 직접 영상저작물을 제작하지 아니하고 독립 프로덕션에 영상제작을 의뢰한 경우에도 TV방송사는 영상제작자가 아니고 직접 제작을 한 프로덕션이 영상제작자로 된다.

영상제작자와 영상저작물의 저작자는 구별된다. 앞서 살펴본 바와 같이 기본적으로 영상제작자가 아니라 감독 등의 근대적 저작자가 영상저작물의 저작자인 것으로 보아야 한다. 물론 업무상저작물의 경우와 같이 영상제작자가 영상저작물의 저작자 지위를 동시에 가지게 되는 경우도 있지만, 그 두 주체가 일치하지 않는 경우가 많다.

우리 저작권법은 영상저작물의 이용과 유통을 원활하게 하기 위하여 권리귀속 관계를 간명하게 정리하기 위한 목적으로 특례규정을 만들면서 영상제작자에게 필요한 권리가 집중될 수 있는 방향을 취함으로써 영상제작자가 실질적으로 영상저작물 이용에 필요한 권리를 확보하는 데 용이한 제도적 틀을 만든 것으로 볼 수 있다. 따라서 영상저작물 제작자는 필요한 권리를 취득하는 데 있어서 결과적으로 '우월적 지위'를 누리고 있다고 할 수 있다.

4. 영상저작물에 대한 특례규정의 개관

위에서 본 바와 같이 영화 등의 영상저작물의 저작 과정에는 많은 사람들이 참여하고 협력하므로 이들의 권리가 복잡하게 얽혀 있는 부분을 간명하게 정리할 수 있도록 법에서 적절한 규정을 두지 않으면 그 원활한 이용과 유통이 어렵게 될 가능성이 많다. 저작권법은 그러한 관점에서 영상저작물의 저작 과정에 참여한 사람들의 권리관계를 적절히 조정함으로써 그 원활한 이용과 유통을 도모하고 영상제작자의 투하자본 회수를 용이하게 하도록 하기 위한 취지에서 제99조부터 제101조까지에 '영상저작물에 대한 특례규정'을 두고 있다.

그 가운데 제99조는 위에서 본 고전적 저작자의 저작물, 즉 원저작물 또는 소재저작물의 영상저작물에의 이용관계를 규율하고 있고, 제100조 제1항은 근대적 저작자의 권리에 대하여, 제3항은 실연자의 권리에 대하여 각각 영상저작물의 원활한 이용을 위한 양도 추정규정을 두고 있으며, 제100조 제2항은 원저작물 저작자가 향유하는 저작재산권에 관하여 규정하고 있다.

[97] 저작물의 영상화를 위한 특례

1. 영상화의 의의

영상저작물을 작성함에 있어서는 대개의 경우 기존의 저작물을 이용하고 있다. 이와 같이 기존의 저작물을 영상저작물의 작성에 이용하는 것을 영상화라고 한다.

제99조는 "저작재산권자가 저작물의 영상화를 다른 사람에게 허락한 경우"에 대한 이용허락의 추정에 대해 규정하고 있는데, 여기서 말하는 '영상화'의 대상은 성격상 소설, 각본 등의 어문저작물에 한한다는 견해도 있으나, 어문저작물 외에도 음악저작물, 미술저작물 등이 포함될 수 있다고 보는 견해(다수설)가 타당하다.

영상화는 모두 원작을 토대로 한 2차적저작물 작성의 의미를 가지는 것으로 설명하는 경우가 많으나, 실제로는 2차적저작물 작성의 경우에 한하는 개념이라고 보기 어렵다. 즉, 소설, 각본, 시나리오 등의 영상화의 경우에는 2차적저작물 작성의 성격을 가지나, 음악이나 미술저작물을 특별한 변형 없이 이용할 경우에는 복제, 공연 등이 수반될 뿐, 2차적저작물 작성행위라고 보기는 어렵다. 그러나 그 경우에도 제99조의 규정이 없으면 원저작자의 허락을 받지 않고 사용할 수 없다는 점에서 규정의 필요성에 있어서 마찬가지라고 할 수 있으므로 위 규정에서 말하는 '영상화'의 개념에 포함되는 것으로 본다. 대법원 판례의 입장도 같다(대판 2016. 1. 14, 2014다202110 참조).

2. 허락의 추정(제99조 제1항)

저작재산권자가 저작물의 영상화를 다른 사람에게 허락한 경우에 특약이 없는 때에는 다음 각 호의 권리를 포함하여 허락한 것으로 추정한다(제99조 제1항).

■ 제99조(저작물의 영상화) ①저작재산권자가 저작물의 영상화를 다른 사람에게 허락한 경우에 특약이 없는 때에는 다음 각 호의 권리를 포함하여 허락한 것으로 추정한다.
 1. 영상저작물을 제작하기 위하여 저작물을 각색하는 것
 2. 공개상영을 목적으로 한 영상저작물을 공개상영하는 것
 3. 방송을 목적으로 한 영상저작물을 방송하는 것
 4. 전송을 목적으로 한 영상저작물을 전송하는 것
 5. 영상저작물을 그 본래의 목적으로 복제·배포하는 것
 6. 영상저작물의 번역물을 그 영상저작물과 같은 방법으로 이용하는 것

위 규정은 원래 간주규정이었던 것을 2003년 개정법부터 추정규정으로 고친 것이다. 따라서 다른 증거에 의하여 계약 내용이 위 규정과 다르다는 것을 입증하면 추정이 복멸될 수 있다.

먼저, 제1호에서는 각색을 포함하고 있다. '각색'이란 원래 소설 등을 각본화하는 것을 말하지만 음악저작물이나 미술저작물 등을 영상화에 적합하도록 편곡하거나 변형하는 것도 이에 포함되는 것으로 본다.

본래 이러한 의미의 각색은 2차적저작물 작성행위에 해당하므로 각 저작

물에 대한 2차적저작물작성권을 가진 저작재산권자의 허락을 받아야만 적법하게 할 수 있는 것이 원칙이지만, 해당 저작물의 '영상화'를 허락한 이상 영상저작물에 알맞도록 개작하는 것도 당연히 허락하였다고 보는 것이 사회통념에 부합할 것이라는 점에서 이러한 규정을 둔 것이다. 다만 영상화에 필요하고도 적절한 범위를 넘어서 함부로 변형할 경우에는 그 허락범위를 넘어선 것으로서 2차적저작물작성권 침해 및 동일성유지권 침해가 성립할 수 있다는 것에 주의하여야 한다.

제2호의 '공개상영'이란 극장 등의 공개적인 장소에서 상영하는 것을 말한다. 공개상영은 저작재산권의 지분권 중 공연권의 내용 중 하나에 해당하는 것이고 따라서 복제 및 배포의 개념에 포함되지 아니하므로 제5호와 별도로 규정한 것이다. 2003년 개정 이전의 저작권법에서는 '공개상영을 목적으로 한' 것으로 제한하지 않고 '영상저작물을 공개상영하는 것'이라고만 규정하여 해석상의 의문이 제기되었다. 즉 공개상영을 목적으로 하지 않고 예컨대 방송을 목적으로 하여 제작된 영상저작물을 공개상영하는 것이 그 규정에 해당하는지 여부에 대하여 학설이 분분하였다. 2003년의 개정에 의하여 그러한 학설의 혼란은 해소되었다. 공개상영을 목적으로 한 것이 아니라 방송을 목적으로 한 것이라면 당연히 본호에 해당하지 않는 것으로 보아야 하고, 따라서 그것을 공개상영하는 것은 원저작물 저작자의 저작재산권 중 공연권의 침해에 해당하는 것이 될 가능성이 높다.

제3호의 규정은 역시 방송을 목적으로 한 영상저작물을 방송하는 경우에만 적용되고 방송을 목적으로 하지 않은 영상저작물을 방송하는 경우에는 적용되지 않는다. 1회의 방송만 허락한다는 특약이 없는 한 방송의 횟수에는 제한이 없는 것으로 봄이 상당하므로, 재방송의 경우에 별도의 허락을 받아야 하는 것은 아니라고 본다.

제4호의 규정은 역시 전송을 목적으로 한 영상저작물을 전송하는 경우에만 적용되고 전송을 목적으로 하지 않은 영상저작물을 전송하는 경우에는 적용되지 않는다.

제5호에서 "영상저작물을 그 본래의 목적으로 복제·배포하는 것"을 허락한 것으로 추정하고 있는 것은, 영상화를 허락하였다면 그때의 당사자의 의사는 영상화에 의하여 만들어진 영상저작물이 그 본래의 목적으로 복제, 배포되는 것까지는 허락할 의사였던 것으로 보는 것이 사회통념상 타당하다고 보기 때문이다. 다만, '그 본래의 목적으로'라고 한 것과 관련하여 그 한계가 어디까지라고 볼 것인지가 문제이다. 특히 방송용 영상저작물을 DVD 등의 형태로 복제하여 배포하는 것도 허락한 것으로 볼 것인지가 논의의 대상이 되고 있다. 방송용 영상저작물이라면 방송용으로 쓰이는 것까지만 '본래의 목적'의 범위 내라고 보는 것이 타당할 것이고, 그것을 DVD 등의 다른 매체로 복제하여 판매하고자 할 경우에는 그러한 취지를 계약에서 명시하여야 할 것이다.

제6호에서 '영상저작물의 번역물'이란, 영상저작물에 사용된 언어를 소리(더빙) 또는 문자(자막) 등을 통하여 다른 언어로 바꾼 것을 말한다. 이 규정이 영상저작물의 수출과 수입에 있어서 중요한 의미를 가지게 됨은 말할 나위가 없다.

제99조에 의하여 이용허락을 받은 것으로 추정되는 사람은 저작재산권자로부터 저작물의 영상화를 허락받은 사람에 한정된다는 점에 유의할 필요가 있다. 저작재산권자로부터 영상화를 허락받은 바 없는 제3자가 무단이용을 할 경우에는 저작재산권자가 그 제3자를 상대로 침해를 주장하여 구제를 받을 수 있고, 그 경우 제3자는 제99조에 의한 이용허락의 추정을 항변 사유로 주장할 수 없다.

위와 같은 이용허락의 추정을 복멸하기 위해서는 상대방이 특약의 존재를 적극적으로 입증하여야 하며, 신탁단체가 새로운 방침을 통보한 후에 계속 이용하였다는 것만으로는 그러한 특약의 존재를 인정하기 어렵다는 것이 판례(대판 2016. 1. 14, 2014다202110)의 입장이다.

3. 독점적 허락(제99조 제2항)

저작권법 제99조 제2항은 "저작재산권자는 그 저작물의 영상화를 허락한 경우에 특약이 없는 때에는 허락한 날부터 5년이 경과한 때에 그 저작물을 다른 영상저작물로 영상화하는 것을 허락할 수 있다"고 규정하고 있다.

저작물의 이용허락에는 당사자의 계약내용에 따라 독점적인 이용허락의 경우와 통상의 이용허락의 경우가 있을 수 있는데 저작물의 영상화를 허락한 경우에는 당사자 사이에 다른 약정(특약)이 없는 한, 독점적인 이용을 허락해 준 것으로 보되, 그 독점적 이용의 기간을 5년간으로 본다는 것이 이 규정의 뜻이다. 따라서 특약이 없는 한, 일단 영상화의 허락을 한 원저작물의 저작재산권자는 5년간 그 허락권이 제한되어 다른 영상저작물 제작을 위한 허락을 할 수 없게 된다.

다만, 영화화한 소설이나 각본을 출판하게 하거나 연극으로 공연하게 하는 등 영상물제작 이외의 목적을 위해 허락해 주는 데 지장이 있는 것이 아님은 물론이며, 또 당사자의 약정으로써 다른 영상물제작에의 이용을 허락할 수 있게 하거나 독점이용의 기간을 달리 정할 수 있음도 물론이다. 영상제작자가 투입한 막대한 비용을 회수할 수 있도록 시간을 주고자 하는 것이 이 특칙의 근본취지이다.

[98] 영상저작물에 대한 권리관계

1. 제100조 제1항의 특례

저작권법 제100조 제1항은 다음과 같이 규정하고 있다.

■ 제100조(영상저작물에 대한 권리) ① 영상제작자와 영상저작물의 제작에 협력할 것을 약정한 자가 그 영상저작물에 대하여 저작권을 취득한 경우 특약이 없으면 그 영상저작물의 이용을 위하여 필요한 권리는 영상제작자가 이를 양도 받은 것으로 추정한다.

위 규정에서 말하는 '영상제작자와 영상저작물의 제작에 협력할 것을 약정한 자'는 영상저작물의 저작자(영상저작물의 저작자에 대하여 자세한 것은 이 책 [96] 2. 참조)로서 원시적으로 저작권을 취득한 사람(들)을 뜻한다. 일반적으로는 영상제작자와 사이에 감독계약 등을 체결한 감독, 연출가, 촬영감독, 미술감독, 녹음감독, 필름편집자 등을 의미하는 것으로 볼 수 있다.

'그 영상저작물의 이용을 위하여 필요한 권리'는 저작권법 제101조 제1항에서 규정하고 있는 "영상저작물을 복제 · 배포 · 공개상영 · 방송 · 전송 그 밖의 방법으로 이용할 권리"이다.

2차적저작물작성권이 여기에 포함될 수 있을지 여부는 명확하지 않으나, 제45조 제2항 본문이 "저작재산권의 전부를 양도하는 경우에 특약이 없는 때에는 제22조에 따른 2차적저작물을 작성하여 이용할 권리는 포함되지 아니한 것으로 추정한다"고 규정하고 있음에 비추어 원칙적으로 제외된다고 보아야 할 것이다.

저작인격권은 위 규정에 포함되어 있지 않을 뿐만 아니라 일신전속성을 가지므로 당연히 저작자에게 유보되어 있는 것으로 본다. 따라서 감독 등 저작자일 가능성이 높은 사람들은 성명표시권을 존중하여 반드시 영상저작물을 배포하거나 상영할 때 그 성명을 표시하여야 한다. 또한 나중에 제3자가 영상저작물을 변형하여 이용할 필요가 있을 경우에는 영상제작자의 허락만이 아니라 영상저작물의 저작자에 해당하는 영화감독 등의 허락도 받을 필요가 있다. 그렇지 않으면 저작자의 저작인격권 중 동일성유지권을 침해하는 행위가 될 수 있기 때문이다.

위와 같은 제100조 제1항의 특례규정은 영상저작물의 이용 원활화 등을 위한 규정이기는 하지만 저작자들의 정당한 보상을 받을 권리를 보장하지 않은 상태에서 그들의 협상력을 크게 제한하는 점에서 문제의 소지가 있는 규정이므로 이에 대한 입법적 개선방안에 대한 검토가 이루어지고 있다.

2. 제100조 제2항

■ 제100조(영상저작물에 대한 권리) ② 영상저작물의 제작에 사용되는 소설·각본·미술저작물 또는 음악저작물 등의 저작재산권은 제1항의 규정으로 인하여 영향을 받지 아니한다.

이 규정은 제100조 제1항의 특례규정이 '영상저작물의 저작자'에 대하여만 적용되는 것으로서, 영상저작물의 원저작물 또는 소재저작물 등에 대하여는 적용되지 않는 규정임을 명확히 하고자 하는 취지의 규정이다.

이러한 원저작물 내지 소재저작물에 대하여는 앞에서 살펴본 바와 같이, 제99조에서 그 저작재산권자가 저작물의 영상화를 다른 사람에게 허락한 경우에 특약이 없는 때에는 영상저작자에게 영상저작물을 본래의 목적에 활용하는 데 필요한 일정한 권리를 허락한 것으로 추정하는 규정을 두고 있다. 그러나 그것은 특정한 이용행위에 대한 '이용허락'을 추정하는 것일 뿐이고 저작재산권 자체를 타인에게 양도하는 것을 추정하는 데까지 나아가지는 않는다. 따라서 그러한 추정규정이 적용되는 경우에도 제99조에서 규정하고 있는 영화적 이용방법을 넘어선 다른 영역의 저작권 행사에 어떤 제한을 받는 것은 아니다. 그 점을 제100조 제2항의 위 규정이 분명하게 확인하고 있는 것이다.

예를 들어, 시나리오 작가는 그 영화화를 허락한 후에도 이를 자신의 시나리오 작품으로 복제, 배포할 권리를 가질 뿐만 아니라 소설로 개작하여 출판하거나 그 스토리를 온라인 게임에서 활용할 수 있도록 허락할 수 있는 등 제반 저작재산권을 그대로 행사할 수 있다. 또한 영화의 배경음악으로 사용할 수 있도록 허락한 음악저작물의 저작자도 그 음악저작물을 자신의 악보집에 포함하여 복제, 배포하거나 음반제작에 활용하는 등의 이용행위를 자유롭게 할 수 있다.

3. 제100조 제3항의 특례

저작권법 제100조 제3항은 다음과 같이 규정하고 있다.

■ 제100조(영상저작물에 대한 권리) ③ 영상제작자와 영상저작물의 제작에 협력할 것을 약정한 실연자의 그 영상저작물의 이용에 관한 제69조의 규정에 따른 복제권, 제70조의 규정에 따른 배포권, 제73조의 규정에 따른 방송권 및 제74조의 규정에 따른 전송권은 특약이 없으면 영상제작자가 이를 양도 받은 것으로 추정한다.

원래 영화의 배우 등 실연자는 자신의 실연에 대하여 저작인접권자로서의 복제권(제69조), 배포권(제70조), 방송권(제73조), 전송권(제74조) 등의 배타적 권리를 가지게 되는데, 영화 제작에 참여한 모든 배우들이 이 권리를 제각기 주장할 수 있다고 하면, 영상제작자가 영상저작물을 이용하고 활용하는 데 큰 불편이 초래될 것이다. 따라서 저작권법은 위 규정과 같이 실연자의 저작인접권을 일정한 범위 내에서 영상제작자에게 양도한 것으로 추정함으로써 영상저작물 이용에 관한 권리관계를 가급적 단순화, 명료화하여 그 원활한 이용을 뒷받침하고자 한 것이다.

여기서 주의할 점은, 그와 같이 양도한 것으로 추정되는 것은 '영상저작물의 이용에 관한' 복제권, 배포권, 방송권 및 전송권에 한한다는 것이다. 여기서 '영상저작물의 이용에 관한'이라는 말의 의미는 '영상저작물을 본래의 창작물로서 이용하는 데 필요한'이라는 의미로 해석된다(대판 1997. 6. 10, 96도2856). 따라서 영상저작물을 본래의 창작물로서 이용하는 데 필요한 범위를 넘어서서 활용하는 것에 관한 권리는 여전히 실연자에게 남아 있는 것으로 보아야 한다. 예컨대 뮤지컬 영화의 주인공이 영화 속에서 부른 노래를 OST 음반으로 제작하여 판매하고자 한다면 거기에는 그 주인공 배우의 실연자로서의 복제권과 배포권이 미치게 되는 것이다. 또한 예컨대 영화에 출연한 배우들의 실연장면을 노래방기기의 배경화면이나 뮤직비디오의 일부로 사용하는 것 등은 이 규정에 따라 양도된 권리의 범위에 포함되지 않으므로 해당 실연자의 허락 없이 할 경우 실연자의 권리를 침해하는 것이 된다(위 대판 1997. 6. 10, 96도2856).

제100조 제3항의 특례에 대하여도, 영상저작물의 이용 원활화에 치중하여 탤런트, 배우 등의 시청각실연자의 권리보장을 위한 대안 마련에는 충분히 배려하지 않은 점에 대한 비판이 제기되어 입법적 개선방안에 대한 검토가 진

행되고 있다.

[99] 영상제작자의 권리

영상제작자의 권리와 관련하여 저작권법은 다음과 같이 규정하고 있다.

■ 제101조(영상제작자의 권리) ① 영상제작물의 제작에 협력할 것을 약정한 자로부터 영상제작자가 양도 받는 영상저작물의 이용을 위하여 필요한 권리는 영상저작물을 복제·배포·공개상영·방송·전송 그 밖의 방법으로 이용할 권리로 하며, 이를 양도하거나 질권의 목적으로 할 수 있다.
② 실연자로부터 영상제작자가 양도 받는 권리는 그 영상저작물을 복제·배포·방송 또는 전송할 권리로 하며, 이를 양도하거나 질권의 목적으로 할 수 있다.

2003년 저작권법 개정 이전에는 영상제작자의 권리에 대한 제76조에서 "영상제작자는 영상제작물이 수록된 녹화물을 복제·배포하거나 공개상영 또는 방송에 이용할 권리를 가지며, 이를 양도하거나 질권의 목적으로 할 수 있다"고 규정하고 있었다. 이 규정과 관련하여 영상제작자의 권리의 성격에 대하여 저작재산권이라는 견해, 법정이용권이라는 견해, 저작인접권이라는 견해 등이 대립하고 있었다.

그러나 이러한 견해 대립은 2003년의 법 개정으로 해소되었다. 즉, 현행법상 제101조의 규정취지는 제100조 제1항에 의하여 영상제작자와 영상저작물의 제작에 협력할 것을 약정한 자로부터 양도받은 것으로 추정되는 저작재산권 및 같은 조 제3항에 의하여 실연자로부터 양도받은 것으로 추정되는 저작인접권 등의 구체적인 내용을 다시 한번 확인하고, 영상제작자의 일괄적인 자본회수를 위하여 영상저작물 자체를 이용할 권리로서의 그러한 배타적 권리들을 양도하거나 질권의 목적으로 할 수 있게 한 것이다. 제100조 제1항 및 제3항에 의하여 양도된 것으로 추정되는 권리 내용 등은 위 '영상저작물에 대한 권리관계'에서 설명한 내용이 그대로 적용되며, 제101조의 규정으로 그에 대한 내용적 변경이 있는 것으로 볼 것은 아니다.

[100]   보호기간

영상저작물의 저작재산권은 공표한 때부터 70년간 존속한다. 다만, 창작한 때부터 50년 이내에 공표되지 아니한 경우에는 창작한 때부터 70년간 존속한다(제42조).

이 규정은 저작재산권의 보호기간에 관한 장에서도 언급한 바 있지만, 다음과 같은 취지에 기한 것이다. 즉, 우리 저작권법상 영상저작물의 저작자는 영상제작자가 아니라 영상저작물의 제작에 창작적으로 관여한 사람들이라고 보게 되므로 공동저작물인 경우가 많다. 따라서 특별한 규정이 없다면, 그 저작재산권의 보호기간도 제39조 제2항에 따라 공동저작자 중 맨 마지막으로 사망한 저작자의 사망 후 70년간 존속하는 것으로 보는 것이 타당하다고 할 수 있다. 그러나 그렇게 보게 될 경우에는 구체적으로 공동저작자의 범위에 들어가는 사람들을 결정하기가 매우 어려워 그 존속기간을 확정짓기가 쉽지 않을 것이다. 따라서 저작권법은 그러한 현실적 문제점을 감안하고 영상저작물의 원활한 이용을 도모하기 위하여 그 보호기간을 업무상저작물의 경우와 동일하게 위와 같이 규정하고 있는 것이다.

제 8 절 저작권집중관리제도

[101] 저작권집중관리제도의 의의와 필요성

'저작권집중관리'란 저작권자 등이 개별적으로 권리를 행사하는 것(이것을 '개별관리'라고 한다)에 갈음하여 저작권자 등으로부터 권리를 위탁받은 저작권관리단체가 집중적으로 저작권 등을 관리하는 것을 말하며, 그것을 뒷받침하는 제도를 '저작권집중관리제도'라고 한다.

일반적으로 저작권 등의 집중관리는 저작물 등에 대한 권리자와 그 위탁을 받는 저작권관리 단체 사이의 법률행위와 그 관리단체와 저작물 이용자 사이에 행해지는 법률행위에 의하여 성립한다고 할 수 있다. 전자에 있어서는 그 위탁의 내용이 예를 저작물이용의 대리, 중개 또는 신탁 행위라고 하는 형태로 행해진다. 여기서 저작물에 대한 권리자와 저작권관리단체 사이에 그 관리 단체가 징수하는 당해 저작물 등의 사용료 중 권리자에게 지급된 분배금액과 관리단체가 얻는 보수액이 결정된다. 이 보수액은 관리수수료 등의 명목으로 당해 계약 등에 기재된다.

한편으로 저작권관리단체와 이용자 사이에서는 이용허락계약이 체결되고 이에 기하여 이용자는 그 사용료를 지불하게 된다. 이때 당해 저작권관리단체는 위탁자인 권리자의 의사에 반하는 형태의 계약을 하지 않을 의무를 진다. 저작물 등의 권리자의 의향을 부정하는 것과 같은 형태의 계약은 피하여야 한다.

이러한 저작권집중관리는 왜 필요한 것일까? 그것을 몇 가지 측면으로 나누어서 정리해 보면 다음과 같다.

1) **저작권자의 측면**   과학기술의 발달에 따라 저작물의 복제수단이 다양화되고 저작물의 이용이 국제화됨에 따라 각 저작권자가 개별적으로 자신의 저작물이 어디서 누구에 의하여 이용되고 있는지 감시하고 이를 적절하게 관리하는 것이 불가능하거나 가능하더라도 상당한 비용과 시간이 소요되게 되었다. 또한 저작물의 이용허락이 매우 빈번하게 이루어지는 경우에 이를 개별적으로 수행하려고 하면 이 역시 매우 불편한 일이다. 그러므로 그 저작권에 대한 관리를 특정한 단체에 위탁하고 저작물 이용에 따른 일정한 수익만 취하는 것이 위와 같은 불편을 제거하는 효과적인 방법이 된다.

2) **이용자의 측면**   저작물의 이용자 측에서도 여러 저작물에 대한 이용허락을 받을 필요가 있을 때 각 저작물의 저작권자가 누구인지를 일일이 확인하고 찾아서 교섭을 해야 한다면 큰 불편이 따를 것이다. 특히 그 이용자가 예를 들어 온라인 음악콘텐츠 사업을 하는 경우와 같이 수많은 콘텐츠에 대한 권리를 단기간 내에 확보하고자 하는 경우를 가정해 보면 "집중관리"는 없고 "개별관리"만 있는 상황이 얼마나 불편한 것인지를 능히 짐작할 수 있을 것이다. 그런 점에서 많은 권리자들의 권리를 위탁받아 관리하는 집중관리단체의 존재는 이용자의 편의(즉 개개의 저작물에 대한 권리자의 파악과 개별교섭을 위해 들이는 시간과 노력의 절감)를 위하여도 필요한 것이다.

3) **저작물의 국제적 교류의 증진**   저작물의 국제적 교류에 있어서도 각국의 저작권관리단체가 상호관리계약에 의하여 관리함으로써 권리자들의 권리 관리와 저작물이 이용이 편리하다는 이점이 있다. 예를 들어 어떤 종류의 저작물을 관리하는 단체가 나라에 하나밖에 없는 경우 외국의 이용자가 그 중 어떤 저작물을 이용하고자 할 때에는 위 단체를 통하여 그 저작권 관리 등의 권리관계가 용이하게 파악될 수 있고, 나아가 그 관리단체의 허락만 얻으면 이용할 수 있다는 점에서 개별적인 확인과 개별교섭에 따르는 리스크, 시간, 비용 등을 대폭 절감할 수 있다. 이것은 위 2)에서 설명한 상황이 국제적인 차원에서도 적용된다는 것을 뜻하는 것인바, 이를 통해 저작물의 국제교류가 증진되는 효과를 기대할 수 있다.

[102]   저작권위탁관리업의 종류와 법적 성격

1. 저작권위탁관리업의 종류

위에서 말한 집중관리의 주체는 저작권위탁관리업자이다. 우리 저작권법 상 저작권위탁관리업은 다시 저작권신탁관리업과 저작권대리중개업으로 나누어진다.

이 두 가지 유형의 저작권위탁관리업을 저작권법은 다음과 같이 정의하고 있다.

  ■ 제2조 제26호: "저작권신탁관리업"은 저작재산권자, 배타적발행권자, 출판권자, 저작인접권자 또는 데이터베이스제작자의 권리를 가진 자를 위하여 그 권리를 신탁받아 이를 지속적으로 관리하는 업을 말하며, 저작물등의 이용과 관련하여 포괄적으로 대리하는 경우를 포함한다.

  ■ 제2조 제27호: "저작권대리중개업"은 저작재산권자, 배타적발행권자, 출판권자, 저작인접권자 또는 데이터베이스제작자의 권리를 가진 자를 위하여 그 권리의 이용에 관한 대리 또는 중개행위를 하는 업을 말한다.

2. 신탁의 법적 성질

위 두 가지 유형의 저작권위탁관리업 중 집중관리의 특성을 보다 강하게 가진 것이 저작권신탁관리업인데, 저작권신탁관리업자(이하 '신탁단체'라 함)가 집중관리를 할 수 있는 법적 지위 또는 권리는 저작재산권자 등의 '신탁'에 의해 발생한다.

'신탁'의 법적 성질은 신탁법상 신탁에 해당하는 것으로 본다(통설). 대법원 판례(대판 2019. 7. 24, 2015도1885)도 "저작권신탁관리의 법적 성질은 신탁법상 신탁에 해당하고, 신탁은 권리의 종국적인 이전을 수반하여 신탁행위 등으로 달리 정함이 없는 한(신탁법 제31조) 신탁자가 수탁자의 행위에 원칙적으로 관여할 수 없는 것이 대리와 구분되는 가장 큰 차이이다. 그에 따라 신탁관리업자는 신탁의 본지에 반하지 않는 범위에서 스스로 신탁받은 저작재산권 등을 지속적으로 관리하며 저작재산권 등이 침해된 경우 권리자로서 스스로 민·형사상 조치 등을 할 수 있다"고 한다. 이에 따라 신탁한 권리의 범위 내에서는 신탁자인 원저작권자는 침해자 등을 상대로 침해소송을 제기하는 등 저작재산권을 행사할 수 없게 된다.

다만, 일신전속권으로서의 성질을 가지는 저작인격권은 신탁관리의 대상이 되지 않으므로, 신탁된 저작물의 저작자가 저작인격권 침해를 이유로 한 침해소송을 제기할 수는 있다.

저작권신탁관리계약으로 2차적저작물작성권도 이전되는지 여부도 문제가 되는데, 2차적저작물작성권은 저작자의 인격적 이익과도 관련되어 일반적으로 신탁의 대상이 되기에는 적합하지 아니하다. 저작권법 제45조 본문에서 "저작재산권의 전부를 양도하는 경우에 특약이 없는 때에는 제22조에 따른 2차적저작물을 작성하여 이용할 권리는 포함되지 아니한 것으로 추정한다"고 규정하고 있으므로 특별히 신탁관리계약에서 2차적저작물작성권을 신탁범위에 명시적으로 포함하지 아니한 이상 신탁범위에서 제외된 것으로 볼 것인바, 예컨대 한국음악저작권협회의 신탁계약약관(제6조) 등에 2차적저작물작성권을 신탁범위에 명시한 바는 없으므로, 이 경우에는 결국 2차적저작물작성권은 신탁범위에서 제외되어 원저작권자에게 남아 있는 것으로 볼 수 있다.

신탁단체라고 하여 항상 권리를 신탁받아 행사하는 것만은 아니라는 점을 유의할 필요가 있다. 신탁단체도 외국인 저작권자 등의 경우 저작재산권을 신탁받지 않고 이용허락을 할 권한만 부여받은 경우가 있는데, 그러한 경우에는 신탁단체라고 하더라도 해당 저작물의 저작재산권을 이전받은 경우가 아니므로, 그 저작재산권을 침해한 자에 대하여 소를 제기할 수 없다(대판 2012. 5. 10, 2010다87474 참조).

한편, 저작권법은 신탁관리업자는 정당한 이유가 없으면 관리하는 저작물 등의 이용허락을 거부해서는 아니 된다고 규정하고 있다(제106조의2).

3. 포괄적 대리

저작권법 제2조 제26호는 "저작물등의 이용과 관련하여 포괄적으로 대리하는 경우", 즉 '포괄적 대리'의 경우도 저작권신탁관리업에 포함되는 것으로 규정하여, 뒤에서 보는 '허가제' 등에 의한 규제를 받도록 규정하고 있다. 여기서 말하는 '포괄적 대리'의 의미에 대하여는 다양한 견해가 대립하고 있는데, 대법원은 포괄적 대리의 범위가 문제가 된 사안에서, 저작권법에 위와 같이 포괄적 대리를 신탁관리업의 범위에 포함하는 규정을 둔 것이 "저작권대리중개업자가 신고만으로 신탁관리업자의 허가요건을 회피하여 실질적으로 신탁관리업자와 같은 행위로 운영하는 것을 규제하기 위한 것"이라는 전제 하에, 신탁의 법적 성질과 관련하여 권리의 종국적 이전, 수탁자의 행위에 대한 신탁자의 관여에 대한 원칙적 금지, 수탁자의 자율적인 지속적 관리 등 특성과 함께 저작재산권 등이 침해된 경우 수탁자가 권리자로서 스스로 민·형사상 조치 등을 할 수 있다는 점 등을 설시한 후, "따라서 저작권대리중개업자가 저작재산권 등을 신탁받지 않았음에도 사실상 신탁관리업자와 같은 행위로 운영함으로써 저작물 등의 이용에 관하여 포괄적 대리를 하였는지를 판단함에 있어서는, 저작권대리중개업자의 저작물 등의 이용에 관한 행위 가운데 위와 같은 저작권신탁관리의 실질이 있는지를 참작하여야 한다"고 판시하고 구체적인 사안에서 "피고인 6 회사는 ① 다수의 권리자로부터 저작물에 대한 이용허락뿐만 아니라 ② 침해에 대한 민·형사상 조치에 대해서도 일체의 권한을 위임받았고, 나아가 ③ '독점적 이용허락'에 기대어 저작물에 대한 홍보·판매 및 가격 등을 스스로 결정하고 ④ 다수의 고객들로부터 사용료를 징수하며, ⑤ 스스로 다수의 저작권침해자들을 상대로 민·형사상 법적 조치를 취하고 합의금을 받아 사진공급업체나 저작권자에게 각 일정 부분을 송금하였다. 따라서 피고인 6 회사의 이러한 행위는 저작권법 제2조 제26호의 '저작물 등의 이용과 관련하여 포괄적으로 대리하는 경우'에 해당한다."고 보았다(대판 2019. 7. 24, 2015도1885, ①부터 ⑤까지의 번호매김은 저자가 한 것임). 이러한 판례의 취지는 포괄적 대리의 범위를 지나치게 넓히는 것이 저작권대리중개업에 대한 규제를 필요 이상으로 강화하는 결과가 될 수 있다는 것을 감안하여, 위 ①부터 ⑤까지의 요소를 모두 갖춘 경우에 한정하여 '포괄적 대리'에 해당함을 명시한 것으로 보인다. 이 가운데 ②와 ⑤의 요소가 결여된 경우에 포괄적 대리로 볼 것인지 여부가 이후 다시 문제될 수 있으나, 판례의 취지는 그 경우에는 신탁관리의 중요한 특성을 결여한 것이므로 신탁관리의 실질이 있다고 보기 어려워 '포괄적 대리'의 범위에서 제외되어야 하는 것으로 본 것이라 생각된다. 즉, 판례는 불특정 다수의 침해행위에 대한 민·형사 소송절차를 일임하는 형태의 대리 중개업무만을 포괄적 대리의 범위에 포함함으로써 이 문제에 대하여 신중하고 제한적인 해석론을 취하고 있다.

4. 중개 또는 대리의 의의

저작권 행사의 중개 또는 대리는 저작권의 귀속에는 아무런 변동이 없고, 단지 특정한 저작권관리단체가 저작권의 실명등록, 양도, 이용허락계약을 대리하거나 중개하는 것을 말한다. 이러한 경우에는 저작권관리단체가 권리 침해자를 상대로 한 소송을 제기할 수는 없는 등의 한계가 있다.

[103] 위탁관리업의 허가 및 신고

1. 허가제와 신고제

저작권신탁관리업을 하려는 자는 문화체육관광부장관의 허가를 받아야 하며, 저작권대리중개업을 하고자 하는 경우에는 허가를 요하지 아니하고 문화체육관광부장관에게 신고를 하기만 하면 된다(제105조 제1항). 즉, 저작권위탁관리업 중에서 저작권신탁관리업에 대하여는 허가제를, 저작권대리중개업에 대하여는 신고제를 취하고 있다.

2. 허가의 요건 등

(1) 허가의 요건

저작권신탁관리업을 하고자 하는 자는 다음 각 호의 요건을 갖추어야 한다(제105조 제2항). 다만, 공공기관의 경우에는 제1호의 요건을 적용하지 아니한다(같은 항 단서).

① 저작물 등에 관한 권리자로 구성된 단체일 것
② 영리를 목적으로 하지 아니할 것
③ 사용료의 징수 및 분배 등의 업무를 수행하기에 충분한 능력이 있을 것

위와 같은 허가의 요건은 2006년 개정법에서 새로 신설된 것이나, 공공기관의 '지정'과 관련한 예외 규정인 위 단서규정은 2016. 3. 22.자 개정으로 신설된 것이다.

(2) 허가 및 신고가 금지되는 경우

다음과 같이 제105조 제7항 각호에 해당하는 자는 허가를 받거나 신고를 할 수 없다.

> ▣ 제105조(저작권위탁관리업의 허가 등) ⑦ 다음 각 호의 어느 하나에 해당하는 자는 제1항에 따른 저작권신탁관리업 또는 저작권대리중개업(이하 "저작권위탁관리업"이라 한다)의 허가를 받거나 신고를 할 수 없다.
>
> 1. 피성년후견인
> 2. 파산선고를 받고 복권되지 아니한 자
> 3. 금고 이상의 실형을 선고받고 그 집행이 종료(집행이 종료된 것으로 보는 경우를 포함한다)되거나 집행이 면제된 날부터 1년이 지나지 아니한 자
> 4. 금고 이상의 형의 집행유예 선고를 받고 그 유예기간 중에 있는 자
> 5. 이 법을 위반하거나 「형법」 제355조 또는 제356조를 위반하여 다음 각 목의 어느 하나에 해당하는 자
>   가. 금고 이상의 형의 선고유예를 받고 그 유예기간 중에 있는 자
>   나. 벌금형을 선고받고 1년이 지나지 아니한 자
> 6. 대한민국 내에 주소를 두지 아니한 자
> 7. 제1호부터 제6호까지의 어느 하나에 해당하는 사람이 대표자 또는 임원으로 되어 있는 법인 또는 단체

3. 수수료 및 사용료 승인제도

가. 제도적 취지

저작권위탁관리업자는 그 업무에 관하여 저작재산권자 등으로부터 수수료를 받을 수 있다(제105조 제8항). 한편, 저작권신탁관리업자는 대외적으로 저작재산권 등을 직접 행사하여 저작물 등의 이용자로부터 저작물 등의 사용료를 받을 수 있다. 이러한 수수료와 사용료 등은 당사자들의 자율적 협의에 맡기는 것이 바람직할 수도 있으나 우리나라의 경우 집중관리에 의한 창구단일화 등의 장점을 중시하여 한 분야에 사실상 1개의 신탁관리업자를 허가하여 거

의 독점적인 지위를 갖도록 보장하고 있으므로 자율을 보장할 경우에는 신탁
관리업자가 독점으로 인하여 강화된 협상력을 남용할 우려가 높다. 그러한 관
점에서 신탁관리업자의 독점적 지위에 따른 폐해를 방지하고 당사자 간 이해
관계를 합리적으로 조정하기 위하여 저작권법에 위탁관리업자가 저작재산권
자 등으로부터 받는 수수료와 신탁관리업자가 이용자로부터 받는 사용료의
요율 또는 금액에 관하여 문화체육관광부장관의 승인을 받도록 하는 수수료
및 사용료 승인 제도가 도입되어 있다.

나. 구체적 내용

저작권법 제105조 제8항부터 12항까지는 다음과 같이 규정하고 있다.

▣ 제105조(저작권위탁관리업의 허가 등) ⑧ 제1항에 따라 저작권위탁관리업의 허가를
받거나 신고를 한 자(이하 "저작권위탁관리업자"라 한다)는 그 업무에 관하여 저작재산
권자나 그 밖의 관계자로부터 수수료를 받을 수 있다.
⑨ 제8항에 따른 수수료의 요율 또는 금액 및 저작권신탁관리업자가 이용자로부터
받는 사용료의 요율 또는 금액은 저작권신탁관리업자가 문화체육관광부장관의 승
인을 받아 이를 정한다. 이 경우 문화체육관광부장관은 대통령령으로 정하는 바에
따라 이해관계인의 의견을 수렴하여야 한다.
⑩ 문화체육관광부장관은 제9항에 따른 승인을 하려면 위원회의 심의를 거쳐야 하
며, 필요한 경우에는 기간을 정하거나 신청된 내용을 수정하여 승인할 수 있다.
⑪ 문화체육관광부장관은 제9항에 따른 사용료의 요율 또는 금액에 관하여 승인
신청을 받거나 승인을 한 경우에는 대통령령으로 정하는 바에 따라 그 내용을 공
고하여야 한다.
⑫ 문화체육관광부장관은 저작재산권자 그 밖의 관계자의 권익보호 또는 저작물등
의 이용 편의를 도모하기 위하여 필요한 경우에는 제9항에 따른 승인 내용을 변경
할 수 있다.

위와 같은 사용료 승인제도에 따라 문화체육관광부장관의 사용료 승인을
받지 못하였다고 하여, 저작권 침해자를 상대로 한 손해배상청구가 불가능한
것은 아니다. '하이마트' 사건에 대한 대법원 판결(대판 2016. 8. 24, 2016다204653)은
"저작권법(2016. 3. 22. 법률 제14083호로 개정되기 전의 것, 이하 같다) 제105조 제5항은
저작권위탁관리업자의 사용료 징수를 통제하기 위하여 '저작권위탁관리업자

가 이용자로부터 받는 사용료의 요율 또는 금액은 저작권위탁관리업자가 문화체육관광부장관의 승인을 얻어 이를 정한다'고 규정하고 있다. 위 규정의 입법 취지와 문언 내용에 비추어 보면, 위 규정은 저작권위탁관리업자가 저작물 이용자들과 이용계약을 체결하고 그 계약에 따라 사용료를 지급받는 경우에 적용되는 규정일 뿐, 저작권위탁관리업자가 법원에 저작권 침해를 원인으로 민사소송을 제기하여 그 손해배상을 청구하는 행위를 제한하는 규정이라고 해석되지 않는다. 따라서 설령 위 규정에 따라 승인받은 사용료의 요율 또는 금액이 없다고 하더라도 저작권 침해를 원인으로 한 손해배상청구권을 행사하는 데 아무런 장애가 되지 않는다."고 판시하였다.

4. 사용료 분배규정의 효력

신탁단체가 제정 또는 개정한 사용료 분배규정의 효력과 관련하여, 대법원은 그것이 단체의 설립목적을 달성하기 위하여 수행하는 사업 또는 활동의 절차 방식·내용 등을 정한 단체 내부의 규정 중 하나라는 전제 하여, 그러한 규정에 대한 기존 판례에 따라 "그것이 선량한 풍속 기타 사회질서에 위반되는 등 사회관념상 현저히 타당성을 잃은 것이라는 등의 특별한 사정이 없는 한 이를 무효라고 할 수 없다"고 판시하였다(대판 2022. 11. 17, 2019다283725·283749, 283732).

[104] 위탁관리업자에 대한 감독 등

저작권위탁관리업자가 적정한 업무를 수행하는 것은 저작권자 등의 정당한 권리 보장 등을 위해 중요한 의미를 가진다. 이에 저작권법은 위탁관리업자에 대한 감독(제108조), 신탁관리업자의 대표자 또는 임원에 대한 징계의 요구(제108조의2), 위탁관리업자에 대한 업무정지명령(제109조 제1항), 허가취소 또는 영업 폐쇄명령(같은 조 제2항), 과징금 처부(제111조) 등에 관한 규정을 두어 문화체육관광부장관이 위탁관리업자의 업무가 적정하게 이루어지도록 감독하고 통제할 수 있는 권한을 부여하고 있다.

제 9 절 등록 및 인증제도

[105] 개관

저작권의 등록이란 저작자의 성명 등 저작권법에서 정한 일정한 사항을 저작권등록부에 기재하는 것 또는 그 기재를 말한다. 우리나라의 저작권법은 무방식주의를 채택하고 있으므로 등록이 저작권의 발생과 직접적인 관계가 있는 것은 아니다. 그러나 저작권에 관하여 일정한 사항을 공부인 저작권등록부에 등록하게 함으로써 일반 공중에게 공개·열람토록 하여 공시적인 효과를 기대함과 동시에, 일정한 사항에 대하여는 사후적인 입증의 편의를 위한 추정의 효력을 가지게 하고, 한편으로는 일정한 사항에 대하여 거래의 안전을 위하여 제3자에게 대항하기 위한 대항력을 가지게 하였다. 전자에 해당하는 것이 '저작권의 등록'이고 후자에 해당하는 것이 저작재산권의 변동, 즉 저작재산권의 양도, 처분 제한 또는 질권의 설정·이전 등에 관한 등록이다.

저작권등록제도를 이해함에 있어서 한 가지 유의하여야 할 것은 저작권에 관한 사항은 이를 모두 등록하여야 제3자에 대하여 대항할 수 있는 것은 아니라는 점이다. 법에 정하여진 저작재산권의 양도·처분 제한이나 질권의 설정·이전 등은 등록하여야 대항력이 발생하지만, 저작권의 원시취득은 등록하지 않아도 제3자에 대한 대항력이 있으며, 법령에서 정하지 않은 사항에 대하여는 등록하고자 해도 등록할 방법이 없다.

개정 전의 저작권법은 저작권의 등록을 무명(無名) 또는 이명(異名)이 표시된 저작자가 하는 '실명등록'과 저작재산권자가 하는 '최초발행·공표일의 등록'을 나누어 규정하였으나, 2000년 1월의 개정법에서부터 이 둘을 통합하고 등록범위 및 기재사항을 확대하여 '저작권의 등록'으로 규정하였다.

한편, 2006년 개정 저작권법은 저작물 등의 거래 안전과 신뢰 보호를 위하여 권리자 등의 인증제도를 규정하고 있다(제56조).

[106] 저작권의 등록

1. 의의

저작자는 저작권법 제53조 제1항 각호의 사항을 등록할 수 있다.

■ 제53조(저작권의 등록) ① 저작자는 다음 각 호의 사항을 등록할 수 있다.
 1. 저작자의 실명·이명(공표 당시에 이명을 사용한 경우로 한정한다)·국적·주소 또는 거소
 2. 저작물의 제호·종류·창작연월일
 3. 공표의 여부 및 맨 처음 공표된 국가·공표연월일
 4. 그 밖에 대통령령으로 정하는 사항
② 저작자가 사망한 경우 저작자의 특별한 의사표시가 없는 때에는 그의 유언으로 지정한 자 또는 상속인이 제1항 각 호의 규정에 따른 등록을 할 수 있다.
③ 제1항 및 제2항에 따라 저작자로 실명이 등록된 자는 그 등록저작물의 저작자로, 창작연월일 또는 맨 처음의 공표연월일이 등록된 저작물은 등록된 연월일에 창작 또는 맨 처음 공표된 것으로 추정한다. 다만, 저작물을 창작한 때부터 1년이 지난 후에 창작연월일을 등록한 경우에는 등록된 연월일에 창작된 것으로 추정하지 아니한다.

위 등록은 저작자만이 할 수 있고, 저작자가 아닌 자는 설사 저작자의 동의를 받았다 하더라더 제53조에 따른 저작권 등록을 할 수 없고, 저작자가 아닌 자가 자신을 저작자로 본조에 따른 등록을 한 경우에는 제136조 제2항 제1호에서 정한 허위등록죄가 성립하게 된다(대판 2023. 2. 23, 2022도5887의 상고기각으로 확정된 부산지판 2022. 5. 10, 2021노3665 참조).

2. 효력

가. 실명등록의 효력

(1) 보호기간의 회복

저작권법 제40조 제1항에서는 일반적인 저작물과 달리 무명 또는 이명(異名)의 저작물의 보호기간은 공표 후 70년으로 규정하고 있지만, 저작물의 발표시에 저작자의 성명을 밝히지 않았거나 이명(異名)을 사용한 경우에도 그 저작자가 실명등록을 하게 되면 다시 일반저작물과 마찬가지로 저작자 사망 후 70년까지의 보호기간을 인정받게 된다(제40조 제2항 제2호).

(2) 저작자에 대한 추정력

위 규정에 의하여 저작자로 실명이 등록되어 있는 자는 그 등록저작물의 저작자로 법률상 추정된다(제53조 제3항). 저작물에 저작자의 실명을 표시한 경우에는 저작권법 제8조의 규정에 의하여 그 표시된 사람이 저작자로 추정되나, 무명 또는 이명의 저작물에 대하여는 위 규정에 따른 실명등록을 하였을 때에 한하여 추정력이 인정된다. 다만, 그의 이명으로서 널리 알려진 것이 일반적인 방법으로 표시된 자의 경우에는 제8조에 의하여 이명을 표시한 저작물의 저작자로 추정되므로, 위 규정에 의한 실명등록을 하지 않아도 불이익을 받지 아니한다.

나. 창작일 · 최초공표일 등 등록의 효력

(1) 등록사항에 대한 추정력

저작물의 창작연월일 또는 맨처음의 공표연월일을 등록하였을 때에는, 원칙적으로 등록된 연월일에 창작 또는 맨처음 공표된 것으로 법률상 추정된다(제53조 제3항 본문). 그 결과 공표시를 기준시점으로 하는 저작재산권의 보호기간은 등록된 최초공표 연월일의 다음해부터 기산한다. 이것은 실제적으로 이용허락을 받을 이용자에 대한 관계에서 중요한 의미를 가진다. 즉, 이용자는 저작재산권자와 사이에 이용허락계약을 체결할 때 등록한 연월일만 확인해 보면, 저작재산권의 존속 여부를 쉽게 파악하고 또 이를 신뢰할 수 있게 되는 것이다.

다만, 저작물을 창작한 때부터 1년이 경과한 후에 창작연월일을 등록한 경우에는 등록된 연월일에 창작된 것으로 추정하지 아니한다(제53조 제3항 단서). 이러한 단서규정은 원래 사후에 프로그램 창작연월일을 소급하여 허위 등록할 가능성이 있음을 우려하여 2006년 개정 컴퓨터프로그램보호법에서 처음으로 추가하였던 규정인데, 일반 저작물에 대하여도 같은 허위 등록의 우려가 있을 수 있으므로 동법과 저작권법을 통합한 2009. 4. 22. 개정법에서 모든 저작물에 대하여 적용되는 규정으로 수용하게 된 것이다.

(2) 최초공표국가의 추정

맨처음의 공표연월일을 등록하면서 맨 처음 공표된 국가를 함께 등록한 경우에는 법률상 명시적으로 규정하고 있지 않지만, 등록된 최초공표국가에서 최초로 공표된 것으로 사실상 추정되는 것으로 보아야 할 것이다. 저작권법 제3조 제2항에서는 대한민국에서 상시 거주하는 외국인(무국적자 및 대한민국에 주된 사무소가 있는 외국법인을 포함한다)의 저작물과 맨 처음 대한민국 내에서 공표된 저작물은 국제협약에 의하지 아니하고도 저작권법에 의하여 보호되는 것으로 규정하고 있는데, 외국인이 국내에서 맨 처음의 발행국가로 대한민국을 등록한 경우에는 다른 특별한 사정이 없는 한, 그 최초발행지가 대한민국이라는 것이 사실상 추정되게 된다.

다. 저작권 등 침해자의 과실 추정

저작권, 저작인접권 또는 출판권이 등록되어 있는 경우에 이를 침해한 자는 그 침해행위에 과실이 있는 것으로 추정된다(제125조 제4항).

라. 법정손해배상의 청구자격 부여

한·미 FTA를 위한 2011. 12. 2.자 개정법에는 법정손해배상제도가 신설되었는데(자세한 내용은 이 책 [198] 5. 참조), 그와 관련하여 개정법 제125조의2 제3항은 "저작재산권자등이 제1항에 따른 청구를 하기 위해서는 침해행위가 일어나기 전에 제53조부터 제55조까지의 규정(제90조 및 제98조에 따라 준용되는 경우를 포함한다)에 따라 그 저작물등이 등록되어 있어야 한다”고 규정하고 있다. 이것은 등록제도의 이용을 활성화하기 위하여 도입한 규정이다.

[107] 저작재산권의 변동에 대한 등록

1. 저작권법의 규정

저작재산권의 양도 또는 처분제한 혹은 저작재산권을 목적으로 하는 질권의 설정·이전·변경·소멸 또는 처분제한은 이를 등록할 수 있으며, 등록하지 아니하면 제3자에게 대항할 수 없다(제54조). 이것은 저작재산권의 양도 등에 관하여 부동산의 물권등기와 유사하게 등록에 의한 공시제도를 규정함으로써 거래의 안전을 도모하고자 한 것이다.

다만, 민법에 있어서는 부동산에 관한 물권변동에 있어서 등기를 그 효력발생요건으로 규정하고 있으나, 저작권법은 저작재산권의 변동에 관하여 등록을 ‘효력발생요건’이 아니라 ‘대항요건’으로 규정하고 있다. 즉 등록을 마치지 않은 상태에서도 저작재산권양도 등의 법률적 효과는 발생하며, 단지 이를 제3자에게 대항할 수 없을 뿐이다.

2. 등록사항

가. 저작재산권의 양도 또는 처분제한(제54조 제1항 제1호)

(1) 저작재산권의 양도

저작재산권의 전부양도뿐만 아니라 ‘일부’의 양도도 여기서 말하는 ‘양도’에 포함되므로, 지분권인 복제권·배포권 등을 각각 분리하여 이전등록할 수 있다.

다만, 법에서 명문으로 제외하고 있는 “상속 기타 일반승계”의 경우에는 이를 등록하지 않더라도 저작권의 이전사실을 제3자에게 대항할 수 있다. ‘일반승계’란 통상 포괄승계라고 불리는 것으로서 단일의 원인에 의하여 전주(前主)의 모든 권리의무가 전체로서 일괄하여 이전되는 것을 말한다. 법이 명시적으로 들고 있는 ‘상속’ 외에 회사의 합병, 포괄유증 등이 이에 해당한다.

(2) 처분제한

저작재산권의 처분제한도 등록하여야 제3자에게 대항할 수 있다. '처분제한'이란 권리의 변동(권리의 소멸이나 이전 또는 내용변경)을 일으키는 법률행위, 즉 처분행위를 제한하는 가압류·가처분, 압류명령 등을 법원으로부터 받은 것을 말한다. 이와 관련하여 대법원은 "과세관청의 압류는 처분 제한에 속하므로 하나의 저작재산권에 대하여 양도와 압류가 이루어진 경우 어느 것이 우선하는지는 특별한 사정이 없는 한 양도 또는 압류의 등록 선후로 판단하여야 한다. 따라서 저작재산권을 양수한 사람이 저작재산권의 양도 등록을 하지 않은 사이에 과세관청이 저작재산권 양도인을 납세자로 하여 저작재산권을 압류하고 압류 등록을 하면, 과세관청이 저작재산권 양수인에게 우선하므로 저작재산권 양수인은 과세관청에 저작재산권의 양도로써 대항할 수 없다. 반대로 과세관청이 저작재산권을 압류하였더라도 압류에 따른 처분 제한에 관한 등록을 하지 않은 사이에 저작재산권을 양수한 사람이 저작재산권의 양도 등록을 마치면 저작재산권 양수인이 과세관청에 우선하므로 저작재산권 양수인은 과세관청에 저작재산권의 양도로써 대항할 수 있다"고 판시하였다(대판 2018. 11. 15, 2017두54579).

나. 배타적발행권 또는 출판권의 설정·이전·변경·소멸 또는 처분제한

주목할 것은 배타적발행권이나 출판권의 이전, 변경 등의 권리변동만이 아니라 그것 자체를 기준으로 할 경우에는 권리의 발생사유에 해당하는 '설정'의 경우도 그 이전 등과 마찬가지로 등록을 효력발생요건이 아니라 대항요건으로 규정하고 있다는 점이다.

다. 저작재산권, 배타적발행권, 출판권 등을 목적으로 하는 질권의 설정·
    이전·변경·소멸 또는 처분제한

(1) 질권의 설정

저작재산권, 배타적발행권, 출판권 등을 목적으로 하는 질권설정은 당사자 사이의 합의만에 의하여 할 수 있고 별도의 등록이나 기타 다른 절차를

취할 필요가 없으나, 이를 제3자에게 대항하기 위해서는 그 질권설정의 등록을 필요로 한다.

(2) 이전·변경 등

이미 설정된 질권을 제3자에게 '이전'하거나 그 질권의 내용을 '변경'하거나 질권을 '소멸'시키거나 또는 '처분을 제한'하는 경우에도 이를 등록하여야 제3자에게 대항할 수 있다. 질권의 내용의 '변경'이라 함은 그 질권에 의하여 담보되는 피담보채권의 변경 등을 의미하는 것이다. 질권의 소멸도 등록에 의하여 제3자에게 대항할 수 있게 한 것은 소멸한 질권에 대하여 권리를 가지는 제3자가 있을 수 있기 때문이다.

3. '제3자'의 범위

위 규정에서 등록을 하지 않으면 '제3자'에게 대항할 수 없다고 할 때 그 '제3자'의 범위에 권리변동에 관계한 당사자와 그 권리·의무의 포괄승계인이 제외되는 것은 당연하다. 따라서 저작재산권의 양도인이 아직 이전등록이 되지 않았다는 이유로 양수인에게 저작재산권이 없다고 주장할 수는 없고, 양도인의 상속인도 마찬가지이다.

나아가 '제3자'는 권리변동에 관계한 당사자와 그 권리·의무의 포괄승계인을 제외한 모든 사람을 말하는 것이 아니라 등록의 흠결을 주장하는 데 대하여 정당한 이익을 가지는 제3자, 곧 권리변동에 관계한 당사자의 법률상 지위와 양립할 수 없는 법률상 지위를 가진 제3자를 의미하는 것으로 해석하는 것이 타당하다. 대법원 판례의 입장도 같다(대판 2006. 7. 4, 2004다10756). 그러한 범위에 속하지 않는 사람, 예컨대 불법으로 저작권을 침해하고 있는 무단이용자도 제3자라고 하여 위 규정의 적용을 받도록 하는 것은 입법취지에 맞지 않기 때문이다. 따라서 저작권이전등록을 마치지 않은 저작권양수인도 저작권침해자에 대하여 침해정지청구권 및 손해배상청구권 등의 권리를 행사하는 데에는 아무런 지장이 없다. 나아가 형사사건에 있어서도 저작재산권을 침해한 사람은 위 규정에서 말하는 제3자가 아니므로, "저작재산권을 양도받은 사람은 그 양도에 관한 등록 여부에 관계없이 그 저작재산권을 침해한 사람을 고소할 수 있다"는 것이 판례의 입장이다(대판 2002. 11. 26, 2002도4849).

또한, 예를 들어 甲이 乙에게 저작재산권을 양도한 후 乙과 양도계약을 합의해제하고 다시 丙에게 저작재산권을 양도하였는데, 그 후 乙이 그 저작재산권을 丁에게 양도한 사안에서의 丁의 지위와 같이 무권리자(위 사안에서 乙)로부터 저작재산권을 양수한 사람은 저작재산권 양도등록의 흠결을 주장할 수 있는 법률상 정당한 이익을 가진 제3자에 해당하지 않는 것으로 보아야 할 것이다(유사한 사안인 '송가황조' 사건에서 같은 취지로 판결한 서울고판 1999. 10. 19, 99나3305 참조).

위 규정의 '제3자'에 해당하는 가장 전형적인 예는 저작재산권자가 저작재산권을 이중으로 양도한 경우의 이중양수인이다. 양도의 시점과 관계 없이 이전등록을 하지 않은 양수인은 다른 양수인에 대하여 대항할 수 없다. 이중양수인 모두가 이전등록을 하지 않은 경우에는 서로가 서로에게 자신의 양수사실을 가지고 대항할 수 없게 된다. 결국 먼저 이전등록을 한 사람만 대항력을 가지게 된다.

이중양도를 받은 양수인이 제3자에 해당하는 대표적인 경우이지만, 그 이외의 다른 경우도 있을 수 있다. 예를 들어 저작권자 A가 X에게 저작재산권을 양도하고 그 등록을 하지 않고 있는 사이에 Y가 A로부터 그 저작권의 객체인 저작물의 이용허락을 받았을 경우에 X는 등록을 하지 않은 한 제3자인 Y에 대하여 자신이 X로부터 저작재산권을 양도받았다는 주장을 할 수 없고, 따라서 Y가 A로부터 받은 저작물 이용허락의 효력을 다툴 수 없다. 같은 사안에서 Y가 배타적발행권이나 출판권을 설정받은 경우도 마찬가지이다.

여기서 말하는 '제3자'에는 '선의'의 제3자만 포함된다는 견해가 있으나 찬동하기 어렵다. 즉 등록을 하지 않은 자는 제3자의 선의·악의를 묻지 않고 대항할 수 없다고 해석하는 것이 기본적으로 타당하다. 왜냐하면 악의의 제3자에게는 등록을 하지 않고도 대항할 수 있다고 하면 제3자가 저작권양도 등의 사실을 알았는지 몰랐는지 하는 것이 관계자 사이에 늘 문제가 되어 저작권거래와 관련하여 끝없는 분쟁에 휘말리게 될 우려가 있고, 그렇게 되면 저작권 이전사실을 공시하게 하여 저작권거래의 안전을 도모하고자 하는 등록제도의 의의를 거의 상실하게 될 것이기 때문이다. 일부 학자들 가운데 '배신적 악의자'의 경우는 제외하여야 한다는 견해가 있으나, 그 개념 또는 법리적 근거가 명확하지 아니한 문제가 있다. 민법상 부동산의 이중 양도에 대한 법리와 마찬가지로 저작재산권양도인의 배임행위에 적극가담하여 저작재산권을 이중으로 양도받은 경우에 한하여 반사회적 법률행위로서 무효이고 따라서 그 양수인 등이 저작권양도등록의 흠결을 주장할 수 있는 법률상 정당한 이익을 가진 제3자에 해당하지 않는 것으로 보는 것이 타당할 것이다(대판 2016. 1. 14, 2014다202110에서 "기록을 살펴보아도 영화제작자가 이 사건 창작곡 저작자들의 배임행위를 유도하고 조장하여 저작권을 양도받거나 이용허락받았다고 볼 만한 사정이 보이지 아니한다."라고 판시한 것은 이 책과 같은 입장을 전제로 한 것으로 보인다).

4. 부실의 등록

저작권의 등록은 대항요건에 불과하고 권리의 발생요건 또는 효력요건은 아니므로 등록이 이루어져도 그것이 실체관계에 합치하지 않을 때에는 그 등록은 그 한도 내에서 무효로 되며, 등록에 공신력(公信力)도 인정되지 아니하므로 등록을 신뢰하여 저작재산권의 양도를 받아도 그 저작재산권을 취득할 수 없는 것으로 해석된다.

[108] 등록의 절차 등

저작권의 등록은 저작권등록부(컴퓨터프로그램저작물의 경우에는 프로그램등록부)에 기록함으로써 행하며, 한국저작권위원회가 이러한 등록업무를 관장하도록 규정되어 있다(제55조 제1항. 2020. 2. 4.자 저작권법 개정에서 착오·누락의 통지 및 직권 경정에 대한 제55조의2, 변경등록등의 신청 등에 대한 제55조의3, 직권 말소등록에 대한 제55조의4 등의 규정을 신설하여 등록제도를 보완하였다. 등록의 절차에 대한 자세한 사항은 저작권법 제55조부터 제55조의4까지의 규정 참조). 원래 문화체육관광부장관의 업무로 규정되어 있는 상태에서 한국저작권위원회가 그 권한을 위탁받아 업무를 관장해 왔는데, 2020. 2. 4.자 개정으로 한국저작권위원회의 고유업무 중 하나로 변경되게 되었다.

저작물의 등록 업무를 수행하는 직에 재직하는 사람과 재직하였던 사람은 직무상 알게 된 비밀을 다른 사람에게 누설하여서는 아니 된다(제55조의5).

[109] 등록관청의 저작물 등록심사권

저작물 등록심사권을 가지는 등록관청이 형식적 심사권한만을 가지는지, 실질적 심사권한도 있는지에 대하여 많은 논의가 있어 왔으나, 대법원 판례(대판 1977. 12. 13, 77누76)는 "저작권에 관한 등록은 하나의 공시제도에 불과하여 등록관청은 그 실체적 권리관계에까지 심사할 권한이 없다고 할 것"이라고 판시하였다.

이러한 판례에 의하면 등록관청인 한국저작권위원회의 심사권한은 형식적 심사권한에 한정된다고 할 것인데, 구체적으로 '형식적 심사권한'의 범위에 속하는 사항에는 어떤 것들이 포함되는지에 대하여 다시 학설상의 논의가 있었다. 특히 저작권등록을 하려면 그 대상이 저작물이어야 함은 당연한 것인데, 어떤 대상이 저작물에 해당하는지 여부는 창작성 등의 여러 가지 요건과 관련하여 어려운 법적 판단의 문제를 제기하고 있는 것이므로, 이러한 저작물성의 판단을 어느 정도까지 '형식적 요건'이라고 하여 등록관청의 심사권한범위 내에 있는 것으로 인정할 것인가 하는 것이 실무상 중요한 문제로 제기되었다.

이 문제와 관련하여, 이후에 나온 대법원 판례(대판 1996. 8. 23, 94누5632)는 "저작권법의 규정내용과 저작권등록제도 자체의 성질 및 취지에 비추어 보면, 현행 저작권법이나 같은 법 시행령이 등록관청의 심사권한이나 심사절차에 관하여 특별한 규정을 두고 있지 않다고 하더라도 등록관청으로서는 당연히 신청된 물품이 우선 저작권법상 등록대상인 '저작물'에 해당될 수 있는지 여부 등의 형식적 요건에 관하여 심사할 권한이 있다고 보아야 하고, 다만 등록관청이 그와 같은 심사를 함에 있어서는 등록신청서나 제출된 물품 자체에 의하여 당해 물품이 우리 저작권법의 해석상 저작물에 해당하지 아니함이 법률상 명백한지 여부를 판단하여 그것이 저작물에 해당하지 아니함이 명백하다고 인정되는 경우에는(반드시 저작물성을 부인한 판례가 확립되어 있다거나 학설상 이론의 여지가 전혀 없는 경우만을 의미하는 것은 아니다) 그 등록을 거부할 수 있지만, 더 나아가 개개 저작물의 독창성의 정도와 보호의 범위 및 저작권의 귀속관계 등 실체적 권리관계까지 심사할 권한은 없다"고 판시하였다.

이러한 판례 취지를 반영하여 2006. 12. 28.자 저작권법 전면개정 시에 다음과 같이 등록신청의 반려에 대한 제55조 제2항을 신설하였다.

> ■ 제55조(등록의 절차 등) ② 위원회는 다음 각 호의 어느 하나에 해당하는 경우에는 신청을 반려할 수 있다. 다만, 신청의 흠결이 보정될 수 있는 경우에 신청인이 그 신청을 한 날에 이를 보정하였을 때에는 그러하지 아니하다.
> 1. 등록을 신청한 대상이 저작물이 아닌 경우
> 2. 등록을 신청한 대상이 제7조에 따른 보호받지 못하는 저작물인 경우
> 3. 등록을 신청할 권한이 없는 자가 등록을 신청한 경우
> 4. 등록신청에 필요한 자료 또는 서류를 첨부하지 아니한 경우
> 5. 제53조 제1항 또는 제54조에 따라 등록을 신청한 사항의 내용이 문화체육관광 부령으로 정하는 등록신청서 첨부서류의 내용과 일치하지 아니하는 경우
> 6. 등록신청이 문화체육관광부령으로 정한 서식에 맞지 아니한 경우

제55조 제2항 제1호의 규정이 위 판례의 입장을 반영한 것이라 할 수 있다. 제2호와 제3호의 규정도 순수하게 형식적인 사항만은 아니라 할 수 있는데, 이러한 규정을 통해 위원회가 부실등록을 방지하는 기능을 적절히 행사할 것에 대한 사회적 요청이 입법적으로 반영된 것이라 할 수 있다. 이 규정들(제1호부터 제3호까지) 중 하나에 저촉되는 부실등록이 이루어진 사실을 알게 된 경우에 위원회는 직권으로 말소등록을 할 수 있다(제55조의4 제1항). 다만 확정판결로 확인된 경우를 제외하고 청문 절차를 거쳐야 하며, 확정판결에 따라 청문 절차 없이 말소등록을 한 경우에는 저작권 등록자 및 이해관계가 있는 제3자에게 알려야 한다(같은 조 제2항, 제3항).

[110] 저작권 인증

문화체육관광부장관은 저작물 등의 거래의 안전과 신뢰보호를 위하여 인증기관을 지정할 수 있다(제56조 제1항). 이 규정은 특히 해외에서 한국 저작물을 거래하는 과정에서 저작권자가 누구인지, 정당한 이용허락을 받은 사람인

지 등에 대한 의문을 가지고 문의해 오는 경우가 많음에도 그것을 확인해 줄 수 있는 특별한 제도적 뒷받침이 되어 있지 않은 문제점을 시정하기 위하여 마련되었다. 위에서 본 바와 같은 저작권등록제도가 있지만, 그것은 뒤에서 보는 '이용허락인증'과 같은 기능을 수행할 수 없고, 모든 저작물이 등록되는 것도 아니며 그 정확성도 확실히 담보되지는 않는다는 점에서, 별도의 '인증' 제도의 필요성이 제기된 것이다. 여기서 '인증'이란 저작물 등의 이용허락 등을 위하여 정당한 권리자임을 증명하는 것을 말한다(제2조 제33호).

이 규정에 따라 인증기관으로 지정받을 수 있는 기관은 ① 한국저작권위원회, ② 저작권신탁 관리업자, ③ 그 밖에 문화체육관광부장관이 인증업무를 수행할 능력이 있다고 인정하는 법인이나 단체 등이다(시행령 제36조 제1항).

인증의 종류는 권리자인증과 이용허락인증으로 구분된다. 권리자인증이란 저작물 등을 특정한 형태로 이용할 수 있도록 허락하는 사람이 그에 대하여 정당한 권리를 가지고 있다는 것을 인증하는 것을 말하는 것이고, 이용허락인증이란 저작물 등을 복제, 배포하는 자가 저작권자로부터 이용허락을 받았다는 것을 인증하는 것을 말하는 것이다.

이러한 인증은 그것이 인증된 사항을 법적으로 확정하는 효력이 있는 것은 아니고 법원의 재판에 의하여 번복될 수 있는 가능성은 있다. 다만, 인증기관을 믿고 거래를 한 사람이 그 나중에 인증 내용이 사실과 다른 것으로 판명됨으로 말미암아 손해를 입은 경우에는 인증기관의 과실을 이유로 손해배상을 청구할 수 있을 것이다. 다른 한편으로 인증을 믿은 이상 저작권 침해의 과실이 있다고 인정되지는 않을 수 있고, 그로 인하여 권리자가 인증을 믿고 거래한 후 저작물의 복제 등을 한 자를 상대로 손해배상청구를 할 수 없게 되는 경우가 있을 수 있고, 그 경우에는 권리자가 인증기관을 상대로 손해배상청구를 할 가능성이 있다.

6장

저작물의 자유이용과
저작재산권의 제한

제 1 절 서 설

[111]   자유이용의 필요성

저작재산권은 저작자의 권익을 보호하기 위해 부여된 배타적 권리이다. 따라서 타인의 저작물을 복제 등의 방법으로 이용하고자 할 경우에는 그 저작자를 찾아 그의 허락을 받아야 하고 그 허락 없이 이용할 경우에는 저작재산권 침해가 성립하는 것이 원칙이다. 그러나 모든 상황에서 모든 저작물 이용행위에 대하여 그러한 원칙을 관철할 경우에는 저작물의 원활한 이용을 저해함으로써 문화의 발전이나 공익적 목적의 달성에 역행하는 결과를 초래할 수 있다. 저작물은 원래 널리 많은 사람들에 의하여 이용됨으로써 그 존재가치가 드러나는 것이고, 어떤 저작물도 선인의 문화유산을 토대로 하지 않고 완전히 무에서 유를 창조한 것은 없다는 점에서 공공성과 사회성을 가진다는 것을 간과하여서는 안 된다. 따라서 저작자의 권익을 보호하기 위해 저작자에게 저작물에 대한 배타적 권리로서의 저작권을 부여하되, 일정한 예외적인 경우에는 저작물의 공공성과 사회성을 감안하여 이용자들의 자유이용(自由利用)을 보장하는 규정들을 둘 필요가 있다.

[112]   자유이용의 의의

저작물의 자유이용(自由利用)은 다음과 같이 여러 가지 의미로 사용된다.

1. 최광의: 보호되는 저작물인지 여부를 불문하고 타인의 저작물을 자유로이 이용할 수 있는 모든 경우를 말한다. 제7조의 규정에 의한 보호받지 못하는 저작물, 저작권법 및 조약상으로 보호 의무를 지지 아니하는 외국인의 저작물, 저작재산

권 보호기간이 지난 저작물 등을 자유롭게 이용할 수 있는 모든 경우가 여기에 포함된다.

2. 광의: 저작재산권 보호의 대상이 되는 타인의 저작물을 저작권자의 허락 없이 이용할 수 있는 모든 경우를 말하므로 여기에는 법정허락에 의한 저작물이용(제50조부터 제52조까지)이 포함된다.

3. 협의: 광의의 자유이용(自由利用) 중 법정허락에 의한 이용을 제외한 것, 즉 저작재산권의 제한사유로 저작권법 제23조부터 제35조의5까지와 제101조의3부터 제101조의5까지에서 규정한 경우를 말한다. 그 이용에 대하여는 사용료를 지불할 필요가 없는 것이 원칙이나, 제25조, 제31조의 경우와 같이 보상금을 지급하여야 하는 경우도 있다. 저작권법상 자유이용(自由利用)이라고 하면 대개 이러한 협의로 이해되고 있다. 이 책에서도 자유이용(自由利用)의 개념을 협의로 파악하여 사용한다.

[113] 저작재산권 제한 규정 개관

저작권법은 제23조부터 제35조의4까지에 걸쳐 개별적인 저작재산권 제한 규정들을 두고 있다. 구체적으로 보면, 재판절차 등에서의 복제(제23조), 정치적 연설 등의 이용(제24조), 공공저작물의 자유이용(제24조의2), 학교교육 목적 등에의 이용(제25조), 시사보도를 위한 이용(제26조), 시사적인 기사 및 논설의 복제 등(제27조), 공표된 저작물의 인용(제28조), 영리를 목적으로 하지 아니하는 공연 · 방송(제29조), 사적이용을 위한 복제(제30조), 도서관 등에서의 복제 등(제31조), 시험문제로서의 복제(제32조), 시각장애인 등을 위한 복제 등(제33조), 청각장애인 등을 위한 복제 등(제33조의2), 방송사업자의 일시적 녹음 · 녹화(제34조), 미술저작물 등의 전시 또는 복제(제35조), 저작물 이용과정에서의 일시적 복제(제35조의2), 부수적 복제 등(제35조의3), 문화시설에 의한 복제 등(제35조의4) 등의 사유가 규정되어 있다.

컴퓨터프로그램저작물에 대하여는 특례규정으로 제101조의3(재판 또는 수사를 위한 복제, 학교교육목적 등에의 이용, 시험 및 검정에의 이용, 프로그램의 기초인 아이디어 및 원리의 확인을 위한 이용, 컴퓨터의 유지 · 보수를 위한 일시적 복제 등), 제101조의4(프로그램코드역분석), 제101조의5(정당한 이용자에 의한 보존을 위한 복제 등) 등의 규정을 두고 있다.

　다음으로 저작권법은 위의 개별적인 제한 사유에는 해당하지 않지만 저작물의 공정한 이용에 해당하는 행위를 허용하기 위해 보충적으로 공정이용에 관한 일반조항의 성격을 가지는 제35조의5 규정을 두었다.

　한편, 저작권법은 제36조에서 저작재산권이 제한되는 각 경우에 번역 등에 의한 이용이 가능한 경우들에 관하여 규정하고, 제37조에서는 제한사유 중에서 출처명시의무가 있는 경우들을 규정하고 있으며, 제38조에서는 이들 제한 규정들이 저작자의 저작인격권에 영향을 미치는 것으로 해석되어서는 아니 된다고 하여 저작인격권과의 관계를 규정하고 있다.

제 2 절   저작재산권 제한규정들

[114]   재판절차 등에서의 복제

1. 의 의

저작권법 제23조는 다음과 같이 규정하고 있다.

■ 제23조(재판 등에서의 복제) 다음 각 호의 어느 하나에 해당하는 경우에는 그 한도 안에서 저작물을 복제할 수 있다. 다만, 그 저작물의 종류와 복제의 부수 및 형태 등에 비추어 해당 저작재산권자의 이익을 부당하게 침해하는 경우에는 그러하지 아니하다.
 1. 재판 또는 수사를 위하여 필요한 경우
 2. 입법·행정 목적을 위한 내부 자료로서 필요한 경우

국가의 사법권, 입법권, 행정권 등을 통해 국가목적을 실현하기 위해 필요한 한도 내에서 저작재산권을 제한하는 취지라고 할 수 있다.

2. 요건

가. 대상 저작물

법에서 공표된 저작물에 한정하고 있지 않으므로 미공표 저작물도 포함될 수 있다. 다만, 저작자의 공표권을 부정하는 취지는 아니므로 필요한 한도를 넘어 저작물이 외부에 공표되도록 하여서는 안 될 것이다. 재판절차에서 판결문의 일부로 포함되어 공개되는 것은 공표권의 침해라고 볼 수 없지만, 입법·행정 목적을 위한 내부자료를 외부에 공개하는 행위는 공표권 침해의 문제가 있을 수 있다.

다음의 2가지 유형으로 살펴볼 수 있다.

1) **재판 또는 수사를 위하여 필요한 경우(제1호)**   먼저 '재판'을 위하여 필요한 경우에는 판결문 내용 중에 저작권 있는 저작물을 사용할 필요가 있는 경우, 증거서류나 변론, 준비서면의 논거자료, 기타 소송자료로 제출할 필요가 있는 경우 등이 포함된다. 또한 여기에서 말하는 재판절차란 법원에서 하는 재판만 뜻하는 것이 아니라 행정관청의 준사법적 절차도 포함하는 개념으로 본다.

다음으로 수사를 위하여 필요한 경우도 포함되는데(2020. 2. 4.자 개정에 의하여 명문으로 포함되게 되었다), 여기서의 '수사'는 수사기관에 의하여 법에 따라 이루어지는 것이면 강제수사인지 임의수사인지 묻지 않고 적용대상이 되는 것으로 본다.

2) **입법·행정 목적을 위한 내부 자료로서 필요한 경우(제2호)**   입법목적을 위한 경우란 법률안심의를 위해 사용하는 경우만이 아니라 예산안심의, 국정조사 기타 국회 또는 지방의회의 기능을 행하기 위해 필요한 경우도 포함하며, 대법원의 규칙제정, 정부의 조약체결, 행정각부의 부령 제정 등의 과정도 '입법'에 준하는 것으로서 포함된다고 볼 수 있다.

행정목적을 위한 경우란 행정청이 그 소관 사무를 수행하기 위해 필요한 경우를 말한다. 단순히 공무원의 집무 참고자료로서 복제하는 것은 인정되지 않고 그 저작물을 복제하지 않으면 입법 또는 행정의 목적을 충분히 달성할 수 없다고 볼 수 있는 경우일 것을 요한다. '내부자료'로 복제하는 것만 허용되므로 행정목적을 위한 것이어도 홍보자료와 같이 외부에 널리 배포하고자 하는 경우는 이에 해당하지 않는다.

나. 복제의 주체

재판을 위하여 필요한 경우의 복제에 있어서는 재판을 위한 필요가 인정되면, 법원, 검찰청 등 국가기관만이 아니라 쟁송사건의 당사자인 원고, 피고, 변호사, 감정인 등이 준비서면이나 의견서의 내용에 포함하거나 참고자료로 첨부하기 위해 저작물을 복제하는 것도 가능하다. 그러나 수사를 위하여 필요한 경우의 복제와 입법·행정의 목적을 위한 내부자료로서의 복제에 있어서는 일반 사인(私人)이 행하는 것은 생각할 수 없으므로 수사기관이나 국회, 지방의회, 관공서 등의 기관 또는 그 구성원만이 복제의 주체가 된다.

다. 복제의 양

위와 같은 요건을 갖춘 경우에도 그 필요한 한도 안에서 복제하여야 하고 이를 초과하여서는 안 된다. 저작물의 일부분밖에 필요하지 않는데, 그 전부를 복제하거나 필요부수를 초과한 부수를 복제하는 것은 필요한 한도 내라고 할 수 없다.

3. 한계

제23조 단서는 "다만, 그 저작물의 종류와 복제의 부수 및 형태 등에 비추어 해당 저작재산권자의 이익을 부당하게 침해하는 경우에는 그러하지 아니하다"라고 규정하고 있다.

저작물의 종류와 복제의 부수 및 형태에 비추어 현실적으로 시판되는 저작물이나 복제물의 판매량을 저하시킨다든가 혹은 장래에 있어서 저작물의 잠재적 판매를 저해할 위험성이 있는 경우의 복제는 허용되지 않는다는 의미로 해석할 수 있다. 예를 들어 행정기관의 내부자료로 사용하기 위해 구매하는 수요가 하나의 시장을 이룰 것이라는 판단하에 상당한 노력과 비용을 들여 간행한 민간의 저작물을 구매하지 않고 복제하여 사용하는 경우가 여기에 해당하는 전형적인 예라고 할 수 있을 것이다.

4. 번역이용 및 출처명시

위 규정에 따른 자유이용으로서 저작물을 복제하여 이용할 경우에는 이를 번역하여 이용할 수 있다(제36조 제2항). 다만 개작하여 이용하는 것은 허용되지 않는다.

한편, 위 규정에 따라 저작물을 이용할 때에는 그 출처를 명시하여야 한다. 출처의 명시는 저작물의 이용 상황에 따라 합리적이라고 인정되는 방법으로 하여야 하며, 저작자의 실명 또는 이명이 표시된 저작물인 경우에는 그 실명 또는 이명을 명시하여야 한다(제37조).

5. 컴퓨터프로그램저작물의 경우

컴퓨터프로그램저작물(이하 프로그램이라 한다)의 경우 제23조가 적용되지 않고(제37조의2) 그 대신 다음과 같은 제101조의3 제1항 제1호가 적용된다.

■ 제101조의3(프로그램의 저작재산권의 제한) ① 다음 각 호의 어느 하나에 해당하는 경우에는 그 목적을 위하여 필요한 범위에서 공표된 프로그램을 복제 또는 배포할 수 있다. 다만, 프로그램의 종류·용도, 프로그램에서 복제된 부분이 차지하는 비중 및 복제의 부수 등에 비추어 프로그램의 저작재산권자의 이익을 부당하게 해치는 경우에는 그러하지 아니하다.
 1. 재판 또는 수사를 위하여 복제하는 경우

이 규정은 재판 또는 수사를 위하여 복제하는 경우에는 그 목적상 필요한 범위에서 공표된 프로그램을 복제할 수 있는 것으로 규정하고 있다.

일반저작물에 비하여 다음과 같은 점에서 그 허용범위가 좁다는 점을 유의하여야 한다.

첫째, 공표된 프로그램만 대상이 될 수 있고, 미공표의 프로그램은 처음부터 그 적용대상이 될 수 없다.

둘째, 재판 또는 수사를 위한 것 외에는 입법·행정의 목적을 위한 내부자료로서 필요한 경우에도 자유이용의 범위에 포함되지 않는다.

프로그램의 종류·용도, 프로그램에서 복제된 부분이 차지하는 비중 및 복제의 부수 등에 비추어 프로그램의 저작재산권자의 이익을 부당하게 해치는 경우에는 위 규정이 적용되지 않는데, 그 점은 일반저작물의 경우와 유사하다고 할 수 있다.

[115] 정치적 연설 등의 이용

1. 의의

저작권법 제24조는 다음과 같이 규정하고 있다.

■ 제24조(정치적 연설 등의 이용) 공개적으로 행한 정치적 연설 및 법정·국회 또는 지방의회에서 공개적으로 행한 진술은 어떠한 방법으로도 이용할 수 있다. 다만, 동일한 저작자의 연설이나 진술을 편집하여 이용하는 경우에는 그러하지 아니하다.

원래 2006년 법 개정 이전에는 위와 같은 규정이 없는 대신 비보호(非保護) 저작물에 관한 제7조 규정의 제6호로 '공개한 법정·국회 또는 지방의회에서의 연술'이 포함되어 있었는데, 2006년 법 개정으로 장소와 관계없이 공개적으로 행한 정치적 연설을 포함하여 보다 확대된 범위의 저작물에 대하여 비보호 저작물이 아니라 저작재산권이 제한되는 경우로 규정하게 되었다. 공개적으로 행한 정치적 연설을 널리 자유이용의 대상으로 함으로써 민주정치의 기초인 정치적 의견의 공유와 자유로운 정치적 토론이 이루어질 수 있도록 함과 동시에 국민의 알 권리를 보장하기 위한 취지라고 할 수 있다. 다른 한편으로 종래 비보호 저작물이던 것을 위 제한사유에 포함하여 규정한 것은 그 경우에도 저작인격권의 보호는 필요하다고 보았기 때문이다.

2. 요건

가. 대상 저작물

(1) 공개 요건

위 규정의 적용을 받는 저작물인 연설이나 진술은 모두 공개적일 것을 요한다. 비밀연설회에서의 연설이나 비공개 심리(審理)에서의 진술과 같이 외부에 공개되지 않을 것이라는 전제하에 말을 한 것이라고 하는 '내밀성(內密性)'을 가진 것에 대하여 자유이용을 인정하는 것은 적당하지 않다고 판단한 결과이다. 따라서 비밀모임에서 행한 연설의 경우에는 저작인격권으로서의 공표권 외에도 저작재산권이 원래대로 작용하게 된다.

입장이 제한된 장소에서의 연설이라고 하더라도 그 실황을 중계방송하는 것이 허용된 것이면 당연히 공개된 것으로 해석해야 하고, 또한 특정 집단의 집회에서 행해진 연설이라고 하더라도 일반 보도 기자(報道 記者)들의 입장이 허용되고 있으면 공개된 것으로 보아야 할 것이다.

(2) 유형별 요건

1) 정치적 연설   위 규정 앞부분의 '공개적으로 행한 정치적 연설'에 해당하기 위해서는 연설의 '정치성'이 인정되어야 한다. 단지 정치에 관한 연설이기만 하면 해당하는 것이 아니라 정치의 방향에 영향을 주려고 하는 것이어야 한다. 정치의 방향에 영향을 주려고 하는 것으로서는, 선거연설회, 정당연설회 등에서의 연설이나 정치적 성격의 집회, 시위 현장에서의 연설 등이 포함될 수 있을 것이다. 정치에 관한 것이어도 정치문제에 관한 해설과 같이 정치상의 주장이 포함되어 있지 않은 경우에는 여기서 말하는 정치적 연설에 해당하지 않는다.

2) 법정·국회 또는 지방의회에서의 진술   '법정·국회 또는 지방의회에서의 공개적 진술'의 경우에는 진술의 '정치성'을 요하지 않는다. 국회 또는 지방의회에서의 공개적 진술은 대개 정치적 연설에 해당하는 경우가 많겠지만, 반드시 거기에 한정할 것은 아니다. '법정에서의 진술'의 경우 공개법정이나 기타 공개적인 심리(審理) 장소에서의 검사, 변호사, 원고, 피고 등의 변론과 감정인 등의 진술, 증인의 증언 등을 모두 포함하는 것으로 본다.

나. 이용방법

위 규정 내용 중 '법정·국회 또는 지방의회에서의 공개적 진술'의 경우는 원래 비보호 저작물이었던 것 등을 감안하여 법은 이 경우의 이용방법에 있어서는 복제, 공연, 공중송신 등을 비롯한 '어떠한 방법'도 가능한 것으로 규정하고 있다. 다만 하나의 예외로서 동일한 저작자의 연설이나 진술을 편집하여 이용하는 경우는 제외된다(제24조 단서). 예컨대 '홍길동 연설문집'이라고 하는 편집물을 발행하면서 홍길동 본인의 허락을 받지 않아도 된다고 하는 것은 법의 취지를 달성하기 위해 필요한 범위를 넘어 저작자의 권리를 지나치게 제한하는 것이라고 보아 그러한 경우에는 저작자가 저작재산권을 행사할 수 있는 것으로 규정한 것이다. 이때 그 편집이 편집저작물로서의 성립요건을 갖출 것을 요하는 것은 아니고 소재의 선택, 배열, 구성 등에 창작성이 없는 단순 편집물의 경우도 단서규정에 포함되는 것으로 본다. 동일한 저작자의 연설이나 진술을 편집하는 경우로 한정하여 규정하고 있으므로 예를 들어 '역대 대통령 연설문집'과 같이 여러 명의 연설을 모아서 편집한 경우에는 단서규정에 해당하지 않는 것으로 본다. 그러나 한 권의 연설문집에 여러 명의 연설문이 포함되어 있다고 해도 그중 1인의 연설문만 떼어서 볼 경우에 그 1인의 연설을 편집하여 이용하는 경우로 볼 수 있을 정도에 이를 때에는 단서규정에 해당하는 것으로 보아야 할 것이다.

3. 번역이용 및 출처명시

위 규정에 따른 자유이용으로서 저작물을 복제하여 이용할 경우에는 이를 번역하여 이용할 수 있다(제36조 제2항). 다만 개작하여 이용하는 것은 허용되지 않는다.

한편, 위 규정에 따라 저작물을 이용할 때에는 그 출처를 명시하여야 한다. 출처의 명시는 저작물의 이용 상황에 따라 합리적이라고 인정되는 방법으로 하여야 하며, 저작자의 실명 또는 이명이 표시된 저작물인 경우에는 그 실명 또는 이명을 명시하여야 한다(제37조).

[116] 공공저작물의 자유이용

1. 의 의

저작권법 제24조의2는 공공저작물의 자유이용에 관하여 다음과 같이 규정하고 있다.

■ 제24조의2(공공저작물의 자유이용) ① 국가 또는 지방자치단체가 업무상 작성하여 공표한 저작물이나 계약에 따라 저작재산권의 전부를 보유한 저작물은 허락 없이 이용할 수 있다. 다만, 저작물이 다음 각 호의 어느 하나에 해당하는 경우에는 그러하지 아니하다.

1. 국가안전보장에 관련되는 정보를 포함하는 경우
2. 개인의 사생활 또는 사업상 비밀에 해당하는 경우
3. 다른 법률에 따라 공개가 제한되는 정보를 포함하는 경우
4. 제112조에 따른 한국저작권위원회(이하 제111조까지 "위원회"라 한다)에 등록된 저작물로서 「국유재산법」에 따른 국유재산 또는 「공유재산 및 물품 관리법」에 따른 공유재산으로 관리되는 경우

② 국가는 「공공기관의 운영에 관한 법률」 제4조에 따른 공공기관이 업무상 작성하여 공표한 저작물이나 계약에 따라 저작재산권의 전부를 보유한 저작물의 이용을 활성화하기 위하여 대통령령으로 정하는 바에 따라 공공저작물 이용활성화 시책을 수립·시행할 수 있다.

③ 국가 또는 지방자치단체는 제1항 제4호의 공공저작물 중 자유로운 이용을 위하여 필요하다고 인정하는 경우 「국유재산법」 또는 「공유재산 및 물품 관리법」에도 불구하고 대통령령으로 정하는 바에 따라 사용하게 할 수 있다.

공공저작물이란 국가, 지방자치단체 또는 공공기관이 저작재산권을 가지고 있는 저작물을 뜻한다. 그 가운데 법 제24조의2 제1항에 의하여 자유이용의 대상이 되는 것은 국가 또는 지방자치단체가 저작재산권을 가지고 있는 것에 한하므로, 그것을 본서에서는 협의의 공공저작물이라 부르고, 공공기관이 저작재산권을 보유하여 같은 조 제2항에 의한 이용활성화 정책의 대상이 되는 저작물을 포함하여 '광의의 공공저작물'이라고 부르고자 한다. 제24조의2의 제목이 '공공저작물의 자유이용'인데 제2항도 포함하여 규정하고 있는 점에서 저작권법상의 '공공저작물' 개념은 광의의 공공저작물을 뜻하는 것으로 볼 수 있고, 따라서 이 책에서도 '협의' 또는 '광의'를 표시하지 않고 단순히 '공공저작물'이라고 할 때는 '광의의 공공저작물'을 뜻하는 개념으로 사용한다.

공공저작물에 대하여는 저작권법 제7조 제1호부터 제4호까지에서도 규정하고 있는데, 그것은 법령, 고시, 훈령, 판결 등으로서 국가 또는 지방자치단체가 작성한 저작물 중에서 특히 일반 국민에게 주지시킬 공익적 성격이 강한 것들에 한정하여 아예 저작권법에 의한 보호를 받지 못하도록 규정한 것이라 할 수 있다(이 책 [27] 1.부터 4.까지 참조). 그러나 그 밖의 공공저작물도 국민이 납부한 세금으로 조성되는 국가예산 등을 바탕으로 공공적인 목적으로 작성되는 것이므로 특별한 문제만 없다면 이를 널리 모든 국민들이 자유롭게

사용하고 문화산업 등을 위해서도 일종의 '창조자원'으로 삼아 활용할 수 있도록 하는 것이 바람직한 방향이라 할 수 있다. 공공저작물의 경우는 공공의 목적 하에 국가예산의 뒷받침으로 작성되는 것이므로 저작권보호의 공리주의적 근거인 '창작유인'을 필요로 하지 않는다는 점도 위와 같은 방향의 제도적 노력에 정당성을 부여한다고 볼 수 있다. 2013. 12. 30.자 저작권법 개정(2014. 7. 1. 시행)을 통해 신설된 저작권법 제24조의2는 위와 같은 취지에 기하여 공공저작물의 자유이용을 보장하고 그 이용을 활성화하기 위한 규정이라 할 수 있다.

위와 같은 법개정으로 현행 저작권법은 공공저작물에 대하여 ① 제7조 제1호부터 제4호까지의 규정을 통해 처음부터 저작권법에 의한 보호에서 배제되는 법령, 고시, 공고, 판결 등이나 그 편집물(국가 또는 지방자치단체에 의하여 작성된 경우에 한함)의 경우, ② 저작권보호의 대상에는 포함되지만, 제24조의2 제1항에서 그 저작재산권을 제한하여 그 예외사유에 해당하지 않는 한 누구든지 자유롭게 이용할 수 있도록 하고 있는 경우(협의의 공공저작물에 대한 규정이라 할 수 있다), ③ 저작권보호의 대상으로 인정되고 자유이용의 대상으로 규정되지 않았지만, 정부의 공공저작물 이용활성화 정책의 대상으로 삼고 있는 경우(제24조의2 제2항 및 제3항. 이것을 포함하는 개념이 '광의의 공공저작물'이다) 등의 세 가지로 구분하여 서로 다른 법적 취급을 하고 있다.

저작권법이 광의의 공공저작물을 모두 자유이용(저작재산권 제한사유)의 대상으로 하지 않고 협의의 공공저작물만 자유이용의 대상으로 한 것은 광의의 공공저작물 중 공공기관이 저작재산권을 보유하고 있는 저작물은 매우 다양한데 그 중 일부 저작물은 현재 유상의 거래대상이 되고 있고 공공기관의 성격도 다양하여 그 차이를 무시하고 일률적으로 법에 의한 자유이용의 대상으로 하는 데는 무리가 따를 수 있음을 감안한 것이라 생각된다. 대신에 그러한 공공기관의 공공저작물도 정부의 시책을 통해 공공저작물에 대한 자유이용허락표시인 '공공누리'를 부착하여 국민들 에게 자유이용의 대상으로 제공될 수 있도록 할 필요가 있다고 보아, 그러한 정부의 시책에 대한 근거조항으로 제2항 및 제3항의 규정을 둔 것이다.

2. 국가 또는 지방자치단체의 공공저작물(제1항)

가. 대상 저작물

(1) 서설

제24조의2 제1항 본문은 "국가 또는 지방자치단체가 업무상 작성하여 공표한 저작물이나 계약에 따라 저작재산권의 전부를 보유한 저작물은 허락 없이 이용할 수 있다"고 하여 그 적용대상을 "국가 또는 지방자치단체가 업무상 작성하여 공표한 저작물이나 계약에 따라 저작재산권의 전부를 보유한 저작물"로 규정하고 있다. 이것은 ① 국가 또는 지방자치단체가 업무상 작성하여 공표한 저작물과 ② 국가 또는 지방자치단체가 계약에 따라 저작재산권의 전부를 보유한 저작물로 구분할 수 있다.

(2) 국가 또는 지방자치단체가 업무상 작성하여 공표한 저작물

"국가 또는 지방자치단체가 업무상 작성하여 공표한 저작물"이란 국가 또는 지방자치단체(이하 통칭하여 '국가등'이라 한다)의 소속 공무원이 업무상 작성한 저작물로서 '업무상저작물'에 관한 저작권법 제9조의 요건을 갖추어 국가등을 그 저작자로 보게 되는 저작물 중 국가등이 공표한 것을 뜻하는 것으로 해석된다. '국가'가 주체인 경우라고 하는 것은 실질적으로 '국가기관'이 주체인 경우를 뜻하는 것으로 볼 수 있는데 국가기관에는 입법부, 사법부, 행정부가 모두 포함되며 행정부에는 정부조직법에 의한 중앙행정기관 등이 포함되며, 구체적으로는 각 부처 직제(대통령령)에 규정된 기관들이 이에 해당하는 것으로 볼 수 있다. 뒤에서 보는 '공공기관'은 국가기관의 범위에서 제외된다. 업무상 저작물에 관한 제9조의 요건 중 '법인등 사용자의 명의로 공표될 것'이라는 요건이 있는데, 그 가운데는 이미 공표된 것만이 아니라 공표가 예정된 것도 포함되므로(이 책 [35] 4. 가. 참조), 국가등의 공무원이 업무상 작성한 미공표 저작물도 국가등 명의로 공표할 것으로 예정된 것은 국가등이 그 저작자가 되지만, 그러한 저작물이 모두 제24조의2 제1항의 적용대상인 것은 아니고 그 중에서 이미 공표된 것만 적용대상인 것으로 보는 것이 "…업무상 작성하여 공표한 저작물"일 것을 요하는 법문에 부합하는 해석이다.

(3) 국가 또는 지방자치단체가 계약에 따라 저작재산권의 전부를 보유한
    저작물

국가등이 "계약에 따라 저작재산권의 전부를 보유한 저작물"이란 국가등
이 저작자가 아니어서 저작재산권을 원시취득하지는 않았지만, 해당 저작물에
대한 저작재산권자로부터 저작재산권 양도계약을 체결함으로써 저작재산권을
후발적으로 전부 취득한 저작물을 뜻한다. 이것은 국가등이 발주한 용역계약
등에서 용역결과로서의 산출물에 대한 저작재산권을 국가등에게 양도하기로
하는 약정을 함으로써 국가등이 그 산출물로서의 연구보고서 기타의 저작물
에 대한 저작재산권을 전부 취득하게 된 경우 등을 주로 염두에 둔 것이지만,
그 사유를 불문하고 어떤 이유로든 국가등이 계약을 통해 저작재산권을 전부
취득하였다면 본항의 적용대상이 될 수 있다. 저작재산권의 "전부"를 취득하
여야 하므로 2차적저작물작성권을 포함한 모든 지분권을 양도받아 취득한 경
우여야 한다. 뒤에서 보는 바와 같이 협의의 공공저작물의 자유이용의 방법에
는 개작이나 번역 등이 포함됨을 감안할 때 국가등이 2차적저작물작성권도
보유하고 있어야 한다고 보는 위와 같은 해석은 필연적이다. 프로그램을 제외
한 일반 저작물의 경우, 저작재산권의 전부를 양도하는 경우에도 2차적저작물
작성권은 원저작권자에게 유보되어 있는 것으로 추정되므로(제45조 제2항 본문),
그 경우 국가등이 계약에서 2차적저작물작성권도 양도받는 취지를 명시한 경
우에 한하여 본항의 대상이 될 수 있음을 유의하여야 할 것이다.

위 (2) 또는 (3)에 해당하지 않는 것은 이 규정에서 자유이용의 대상으로
삼는 공공저작물에 해당하지 않는다. 예컨대 국정도서인 초등학교 교과서에
실린 저작물이라 하더라도 그 저작물 각각에 대한 저작권은 국정도서를 제작
한 교육부가 아니라 원저작자에게 있으므로, 이 규정에 의한 자유이용의 대상
이 되지 않는다(서울고판 2019. 12. 19, 2019나2031694).

나. 예외

(1) 서설

위 가.의 대상 저작물에 해당하면 원칙적으로 법 제24조의2 제1항 본문에

따른 자유이용의 대상이 되지만, 같은 항 단서는 "다만, 저작물이 다음 각 호
의 어느 하나에 해당하는 경우에는 그러하지 아니하다"라고 규정하면서 제1
호부터 제4호까지의 네 가지 예외사유를 규정하고 있다.

(2) 국가안전보장에 관련되는 정보를 포함하는 경우(제1호)

제24조의2 제1항 제1호는 "국가안전보장에 관련되는 정보를 포함하는 경
우"를 예외사유의 하나로 규정하고 있다. '국가안전보장'이란 국가의 존립, 헌
법의 기본질서의 유지 등을 포함하는 개념으로서 국가의 독립, 영토의 보전,
헌법과 법률의 기능 및 헌법에 의하여 설치된 국가기관의 유지 등의 의미로
이해할 수 있다(대판 2013. 1. 24, 2010두18918 참조).

(3) 개인의 사생활 또는 사업상 비밀에 해당하는 경우(제2호)

1) '개인의 사생활'에 해당하는 경우   대법원 판례(대판 2006. 12. 22,
2006다15922)는 "사생활과 관련된 사항의 공개가 사생활의 비밀을 침해하는 것
으로서 위법하다고 하기 위하여는 적어도 공표된 사항이 일반인의 감수성을
기준으로 하여 그 개인의 입장에 섰을 때 공개되기를 바라지 않을 것에 해당
하고 아울러 일반인에게 아직 알려지지 않은 것으로서 그것이 공개됨으로써
그 개인이 불쾌감이나 불안감을 가질 사항 등에 해당하여야 한다"고 판시하
고 있으므로 이러한 대법원 판례에 따라 위법하지 않은 것으로 판단되는 사
항이라면 본 항에서 말하는 "개인의 사생활"에 해당하는 경우는 아니라고 보
아야 할 것이다.

2) '사업상 비밀'에 해당하는 경우   '사업상 비밀'의 의미를 어떻게
보아야 할 것인지, 이를 부정경쟁방지 및 영업비밀보호에 관한 법률(이하 '부정
경쟁방지법'이라 한다)상의 '영업비밀'과 동일한 개념으로 볼 것인지 여부가 해석
상 까다로운 문제이다.

저작권법 제24조의2의 규정 취지가 공공저작물의 자유이용을 최대한 보
장하고자 하는 취지임을 감안하면, 본 규정에서 자유이용의 대상에서 제외하
고 있는 '사업상 비밀'에 해당하는 경우는 엄격하게 해석하여, '사업상 비밀'
의 공개적 이용이 위법한 경우를 뜻하는 것으로 보아야 할 것으로 생각된다.
따라서 이 규정에서의 '사업상 비밀'의 의미는 부정경쟁방지법상의 '영업비

밀'과 동일한 것으로 보는 것이 타당할 것으로 생각된다.

(4) 다른 법률에 따라 공개가 제한되는 정보를 포함하는 경우(제3호)

다른 법률에 따라 공개가 제한되는 정보란 공공기관의 정보공개에 관한 법률 제9조에서 비공개 대상 정보로 규정하고 있는 정보를 뜻하는 것으로 보아도 좋을 것이다. 같은 법 제1항 제1호가 "다른 법률 또는 법률에서 위임한 명령(국회규칙·대법원규칙·헌법재판소규칙·중앙선거관리위원회규칙·대통령령 및 조례로 한정한다)에 따라 비밀이나 비공개 사항으로 규정된 정보"도 비공개 대상정보로 규정하고 있기 때문에 다른 모든 법률 등에 의한 비공개정보도 이 규정으로 수렴되기 때문이다. 다른 법령상의 비공개 대상정보에 해당하는 것의 예로는 공공기록물 관리에 관한 법률 제35조, 국회기록물관리규칙 제32조 등에 따라 비공개로 분류된 기록물을 들 수 있다.

(5) 한국저작권위원회에 등록된 저작물로서 국유재산법에 따른 국유재산 또는 공유재산 및 물품 관리법에 따른 공유재산으로 관리되는 경우(제4호)

1) 한국저작권위원회에 등록된 저작물로서 국유재산법에 따른 국유재산으로 관리되는 경우   국유재산법 제2조 제1호는 '국유재산'에 대하여 "국가의 부담, 기부채납이나 법령 또는 조약에 따라 국가 소유로 된 제5조 제1항 각 호의 재산을 말한다"고 정의하고 있고, 제5조 제1항에서는 "저작권법에 따른 저작권, 저작인접권 및 데이터베이스제작자의 권리 및 그 밖에 같은 법에서 보호되는 권리로서 같은 법 제53조 및 제112조 제1항에 따라 한국저작권위원회에 등록된 권리(이하 "저작권등"이라 한다)"를 국유재산의 범위에 포함하고 있다(같은 항 제6호 나목).

저작권법 제24조의2 제1항 제4호에서 위와 같이 국유재산으로 관리되는 경우를 저작재산권 제한 대상에서 제외한 것은 국가가 특별히 국유재산으로 관리할 필요가 있다고 하는 것은 적극적 등록행위를 통하여 관리하고 그렇게 등록하지 않고 공표한 것은 자유이용의 대상으로 함으로써 일종의 '옵트 – 아웃' 방식(특별히 이용허락을 받은 경우에만 이용할 수 있는 시스템이 아니라 권리자 측에서 특별한 절차적 노력을 기울여야만 자유이용의 대상에서 벗어날 수 있는 시스템이라는 의미)의 제도적 아이디어를 구현한 것이다. 이 규정은 이와 같이 국가기관이 적극적으로 등록

하여 국유 재산의 범위에 포함하여 관리한다는 것만을 예외사유의 요건으로 함으로써 그것이 어떤 정당한 이유를 가졌는지는 묻지 않고 있다. 만약 국가가 특별한 이유 없이 모든 저작물을 국유재산화하여 관리하는 원칙을 정하여 시행한다면 결국 저작권법 제24조의2 제1항은 아무 의미 없는 것이 되겠지만, 현실적으로는 그렇게 될 가능성은 없고, 공공저작물 이용활성화의 정책적 분위기 속에서 나름대로 정당한 필요성이 있는 특별한 경우에 한하여 등록 및 관리를 할 것이라는 예상 또는 기대를 기초로 이와 같은 입법을 한 것으로 볼 수 있다.

2) 한국저작권위원회에 등록된 저작물로서 '공유재산 및 물품 관리법'에 따른 공유재산으로 관리되는 경우　　　공유재산 및 물품 관리법 제2조 제1호는 '공유재산'을 "지방자치단체의 부담, 기부채납이나 법령에 따라 지방자치단체 소유로 된 제4조 제1항 각 호의 재산을 말한다"고 정의하고 있다. 나아가 동법 제4조 제1항 제5호 나목은 "「저작권법」에 따른 저작권, 저작인접권 및 데이터베이스제작자의 권리 및 그 밖에 같은 법에서 보호되는 권리로서 같은 법 제53조 및 제112조 제1항에 따라 한국저작권위원회에 등록된 권리(이하 "저작권등"이라 한다)"를 공유재산의 범위에 포함하고 있다. 따라서 이 법의 규정에 의하면 2012. 12. 18.자 국유재산법 개정 이전의 국유재산법과 마찬가지로 한국저작권위원회에 등록하지 않아도 지방자치단체가 저작권을 가지는 저작물이 창작되거나 다른 저작물에 대하여 지방자치단체가 계약을 통해 저작재산권을 양도받는 즉시 공유재산에 편입되어 법적으로는 관리대상에 포함되게 된다. 그러나 저작권법의 위 규정이 "한국저작권위원회에 등록된 저작물"일 것을 요구하고 있으므로, 위와 같이 공유재산으로 된 저작물이 모두 자유이용의 대상에서 제외되는 것이 아니라 그 가운데 한국저작권위원회에 등록된 것만 제외되게 된다.

3) 국유재산 등으로 관리되는 경우의 이용활성화(제3항)　　　저작권법 제24조의2 제3항은 "국가 또는 지방자치단체는 제1항 제4호의 공공저작물 중 자유로운 이용을 위하여 필요하다고 인정하는 경우 국유재산법 또는 공유재산 및 물품 관리법에도 불구하고 대통령령으로 정하는 바에 따라 사용하게

할 수 있다"고 규정하고 있다.

이것은 국가등이 한국저작권위원회에 등록하여 관리하는 국유재산이나 공유재산의 경우를 예외로 규정하면서도 그 가운데도 공공저작물 이용 활성화의 시책에 따라 널리 국민의 자유이용에 제공할 필요가 있는 것들이 있을 수 있음을 감안한 규정으로서, 제1항의 규정과 같은 저작재산권 제한규정은 아니고, 공공저작물 이용활성화 정책의 시행을 위한 특례규정일 뿐이다. 이것은 국유재산법이나 공유재산 및 물품관리법에 규정된 절차적인 제약을 벗어나 보다 간편하고 자유롭게 이용허락을 할 수 있도록 하기 위한 규정이라 할 수 있다.

다. 이용방법

위 가.에 해당하면서 위 나.의 예외사유에는 해당하지 않는 협의의 공공저작물은 저작권법 제24조의2 제1항에 따라 저작재산권자의 허락 없이 이용할 수 있다. 이용방법에 특별한 제한이 없으므로 어떤 방법으로든 이용할 수 있고, 제36조 제1항에 의하여 번역·편곡 또는 개작도 가능하도록 되어 있다. 다만 저작인격권을 해하지는 않아야 하는 제약은 있는데, 위와 같은 개작 등이 허용되므로 개작에 의한 동일성유지권 침해는 본질적인 변형이나 명예훼손적인 변경 등 예외적인 경우가 아닌 한 문제되지 않을 것이다. 법에 의하여 일률적으로 저작재산권이 제한되는 것이므로 이 규정의 적용대상에 대하여는 국가등이 변경금지의 제한을 가할 수 없고, 비영리목적의 이용 등의 제한을 가할 수도 없다. 성명표시권과 출처명시의무에 기하여 저작물 작성주체인 국가기관 등을 정확하게 표시할 의무는 있다.

3. 공공기관의 공공저작물(제2항)

저작권법 제24조의2 제2항은 "국가는 공공기관의 운영에 관한 법률 제4조에 따른 공공기관이 업무상 작성하여 공표한 저작물이나 계약에 따라 저작재산권의 전부를 보유한 저작물의 이용을 활성화하기 위하여 대통령령으로 정하는 바에 따라 공공저작물 이용활성화 시책을 수립·시행할 수 있다"고 규정하고 있다. 그리고 저작권법 시행령 제1조의3 제1항은 저작권법 제24조의2 제2항에 따른 공공저작물 이용활성화 시책에는 ① 자유이용할 수 있는 공공저작물의 확대 방안(제1호), ② 공공저작물 권리 귀속 명확화 등 이용활성화를 위한 여건 조성에 관한 사항(제2호), ③ 공공저작물의 민간 활용 촉진에 관한 사항(제3호), ④ 공공저작물 자유이용에 관한 교육·훈련 및 홍보에 관한 사항(제4호), ⑤ 자유이용할 수 있는 공공저작물임을 나타내기 위하여 문화체육관광부장관이 정한 표시 기준의 적용에 관한 사항(제5호), ⑥ 공공저작물 자유이용과 관련된 제도의 정비에 관한 사항(제6호), ⑦ 그 밖에 공공기관의 공공저작물 이용활성화를 위하여 필요한 사항(제7호)이 포함되어야 하는 것으로 규정하고 있다.

이 규정은 저작재산권 제한사유에 대한 규정이 아니라 공공저작물 이용활성화 정책에 관한 규정이므로 제1항과는 그 법적 성격을 달리한다. 이 규정에 따른 자유이용은 법에 의하여 바로 허용되는 것이 아니라 위 시행령에서 규정한 시책을 기초로 한 각 국가기관등의 최종결정을 매개로 하여 이루어지는 것이므로 그 이용허락의 범위 선택에 있어서 변경금지, 비영리 등의 조건을 설정하는 것이 저작권법적으로 금지되는 것은 아니다. 다만 공공데이터의 제공 및 이용 활성화에 관한 법률('공공데이터법'이라 약칭함) 제3조 제4항은 "공공기관은 다른 법률에 특별한 규정이 있는 경우 또는 제28조 제1항 각 호의 경우를 제외하고는 공공데이터의 영리적 이용인 경우에도 이를 금지 또는 제한하여서는 아니 된다"고 하여 영리목적의 이용도 원칙적으로 허용하여야 한다고 규정하고 있으므로 동법의 제한을 받을 수는 있다.

그리고 위 ⑤의 "자유이용할 수 있는 공공저작물임을 나타내기 위하여 문화체육관광부장관이 정한 표시 기준"이 바로 '공공누리'(KOGL, Korea Open Government License)이다. '공공누리'란 공공저작물에 대한 자유이용허락 표준 라이선스로, 공공저작물의 자유로운 이용기반을 조성하기 위해 정부에서 마련한 것이다. 자유이용허락표시로는 민간에서 사용되는 CCL이 있으나, 이용허락조건을 보다 간소화하여 자유이용의 범위를 넓히고 공공저작물에 한정된 사용으로 신뢰성을 높이며, 공공기관의 면책약관을 포함함으로써 공공기관들의 보다 적극적인 참여를 유도하고자 하는 등의 목적으로 공공저작물용 자유이용허락표시를 별도로 개발하게 된 것이다. 이용자가 쉽게 그 이용조건을 확인할 수 있도록 이용자가 인지하기 쉬운 '공공누리 마크'가 다음과 같이 만들어져 있다.

견본 표시	이용허락 조건 표시		
	출처표시(기본조건)	상업적 이용금지	변경 금지

그리고 이용허락의 유형으로는 출처표시의무를 기본조건으로 하고, 공공기관의 필요에 따라 상업적 이용금지, 변경금지 의무를 선택적으로 부과할 수 있도록 함으로써 다음과 같은 네 가지 유형의 공공누리 중에 하나를 선택할 수 있게 되어 있다.

유 형	설 명
제1유형 출처표시 	• 출처표시 • 상업적, 비상업적 이용 가능 • 변형 등 2차적 저작물 작성 가능
제2유형 출처표시+상업적 이용금지 	• 출처표시 • 비상업적 이용만 가능 • 변형 등 2차적 저작물 작성 가능
제3유형 출처표시+변경금지 	• 출처표시 • 상업적, 비상업적 이용 가능 • 변형 등 2차적 저작물 작성 금지
제4유형 출처표시+상업적 이용금지+변경금지 	• 출처표시 • 비상업적 이용만 가능 • 변형 등 2차적 저작물 작성 금지

그런데 이 가운데 제2유형과 제4유형은 위에서 본 공공데이터법이 규정하고 있는 원칙(영리 목적 이용의 허용)에 반하는 면이 있으므로 공공데이터법의 적용을 받는 저작물에 대하여는 예외사유에 해당하지 않는 한 사용할 수 없는 유형으로 되었다. 그리고 제3유형도 변경금지를 선택한 것인데, 변경금지는 민간기업이 공공저작물을 창조자원으로 활용하는 데 중대한 제약이 되므로, 가급적 이러한 유형을 선택하지 말고 제1유형을 선택하는 것이 바람직한 면이 있다.

[117] 학교교육목적 등에의 이용

1. 의의

학교나 기타 교육기관의 교육과정에 있어서는 교육의 목적을 달성하기 위해 기존의 저작물을 이용하지 않을 수 없는 경우들이 수없이 많이 있다. 그러한 경우에 일일이 저작재산권자의 동의를 받지 않으면 이용할 수 없다고 한다면, 교육의 목적을 충실히 달성하기가 곤란할 것이다. 저작권법은 그러한 사정과 교육의 공공성을 고려하여 그와 같이 교육의 목적을 달성하기 위해 필요한 일정한 경우에 보상금의 지급을 조건으로 저작재산권을 제한하는 규정을 두고 있다. 교과용 도서에의 게재 및 게재된 저작물의 이용에 관한 제25조 제1항 및 제2항의 규정과 학교 또는 교육기관, 수업지원기관 및 교육을 받는 자의 교육 목적 등 이용에 관한 같은 조 제3항부터 제5항까지의 규정이 바로 그것이다.

2. 유형별 요건

가. 교과용 도서에의 게재와 그 이용

(1) 규정

저작권법은 다음과 같이 교과용 도서에의 게재와 그 이용에 대한 저작재산권 제한사유를 규정하고 있다.

■ 제25조(학교교육 목적 등에의 이용) ① 고등학교 및 이에 준하는 학교 이하의 학교의 교육 목적을 위하여 필요한 교과용도서에는 공표된 저작물을 게재할 수 있다. ② 교과용도서를 발행한 자는 교과용도서를 본래의 목적으로 이용하기 위하여 필요한 한도 내에서 제1항에 따라 교과용도서에 게재한 저작물을 복제·배포·공중송신할 수 있다.

제1항은 일정한 범위에 속하는 학교의 교육 목적을 위해 필요할 경우 교과용도서에 공표된 저작물을 게재할 수 있도록 허용하는 취지의 규정이고, 제2항은 제1항에 따라 교과용도서에 게재된 저작물을 일정한 방법으로 이용할 수 있도록 허용하는 취지의 규정이다.

(2) 교과용 도서에의 게재(제1항)

제1항의 대상이 되는 학교의 범위는 "고등학교 및 이에 준하는 학교 이하의 학교"로 규정되어 있는데, 여기에는 초·중등교육법에 의한 초등학교, 공민학교, 중학교, 고등공민학교, 고등학교, 고등기술학교, 특수학교, 각종 학교 중 고등학교에 준하는 것 등이 포함된다. 고등교육법에 의한 대학, 전문대학 등은 여기에 해당하지 않는다. 유아교육법에 의한 유치원도 '고등학교 및 이에 준하는 학교 이하의 학교'에 포함되지 않는 것으로 보는 견해가 있으나, 반드시 그렇게 볼 이유는 없고 특히 제25조 제3항에서 '유아교육법'에 따른 학교라고 하여 유치원을 그 적용대상에 명시적으로 포함하여 규정하고 있는 취지에 비추어보면, 제25조 제1항의 해석과 관련하여서도 유치원을 '고등학교 및 이에 준하는 학교 이하의 학교'에 해당하는 것으로 보는 것이 타당할 것으로 생각된다. 그것이 실무의 입장이기도 하다.

'교과용 도서'란 일반적으로 교과서와 지도서를 말하고 그것은 다시 국정도서, 검정도서, 인정도서로 분류되는데(교과용 도서에 관한 규정 제2조), 이들이 모두 이 규정에서 말하는 '교과용 도서'에 포함된다(통설). 교과용 도서는 그 개념상 영상저작물 및 전자저작물을 포함하고 있으므로, 영상 기타 멀티미디어 저작물 역시 이에 포함된다.

학습용 참고서는 '교과용 도서'에 포함되지 않으며, 교사가 직접 교육에 활용하기 위해 제작한 참고자료도 이에 해당하지 않는다.

게재할 수 있는 저작물은 공표된 저작물이기만 하면 문학, 음악, 미술저작
물 등 그 종류를 불문한다.

게재할 수 있는 저작물의 분량에 관하여 저작권법상 특별한 제한을 두고
있지 않으나 교육 목적상 필요한 정도를 넘어선 이용은 허용되지 않는다고
보아야 할 것이다. 따라서 시, 회화, 사진 등은 전부 게재하는 것이 불가피한
경우가 많을 것이나, 장편소설 등의 경우 일부 게재만으로 충분히 교육목적을
달성할 수 있음에도 그 전부를 교과용 도서에 게재하는 것은 허용되지 않는다.

(3) **교과용 도서에 게재된 저작물의 이용**(제2항)

제25조 제2항에 따라 교과용도서를 발행한 자는 교과용 도서를 본래의 목
적으로 이용하기 위하여 필요한 한도 내에서 제1항에 따라 교과용 도서에 게
재한 저작물을 복제·배포·공중송신할 수 있다.

이 규정은 2020. 2. 4.자 저작권법 개정에 의해 신설되었다. 원래는 교과용
도서에의 게재에 대한 제1항의 규정만 있었는데, 그 규정만으로는 교과용 도
서의 발행자가 원격교육을 위해 교과용 도서를 전송할 수 있는지 등에 대하
여 여러 가지 의문이 제기될 수 있었으므로, 위 개정으로 그러한 의문점들을
명료하게 해소할 수 있도록 하였다. 이 규정의 적용 요건은 다음과 같다.

첫째, 이용의 주체는 교과용 도서의 발행자에 한한다. 교과용 도서의 발행
자가 아닌 교육기관, 수업지원기관, 교육을 받는 자 등은 제25조 제3항부터
제5항까지의 규정에 따라 허용되는 범위 안에서 이용할 수 있을 뿐이다.

둘째, 교과용 도서를 본래의 목적으로 이용하기 위하여 필요한 한도 내에
서만 이용할 수 있다.

셋째, 제25조 제1항의 요건을 갖추어 같은 항에 따라 교과용 도서에 게재
된 저작물에 한하여 이용할 수 있다.

넷째, 이용의 방법은 복제·배포·공중송신의 세 가지 행위에 한한다. 공
중송신이 포함된 것은 교과용 도서에 전자저작물 등이 포함되어 있고 그것은
온라인을 통한 전송 등 공중송신의 방법으로 교육기관에 전달되어야만 본래
의 목적으로 원격교육 등에 활용될 수 있기 때문이다. 그 밖에 공연 등의 방
법으로 이용하는 것은 허용되지 않는다.

(4) 보상금 지급의무

위 규정에 의한 이용에 대하여는 제25조 제6항에 의한 보상금 지급의무가 있다(아래 3. 참조).

나. 교육기관에서의 이용

(1) 규정

교육기관 및 수업지원기관에서의 이용과 관련하여 저작권법은 다음과 같이 규정하고 있다.

> ■ 제25조(학교교육 목적 등에의 이용) ③ 다음 각 호의 어느 하나에 해당하는 학교 또는 교육기관이 수업 목적으로 이용하는 경우에는 공표된 저작물의 일부분을 복제·배포·공연·전시 또는 공중송신(이하 이 조에서 "복제등"이라 한다)할 수 있다. 다만, 공표된 저작물의 성질이나 그 이용의 목적 및 형태 등에 비추어 해당 저작물의 전부를 복제등을 하는 것이 부득이한 경우에는 전부 복제등을 할 수 있다.
> 1. 특별법에 따라 설립된 학교
> 2. 「유아교육법」, 「초·중등교육법」 또는 「고등교육법」에 따른 학교
> 3. 국가나 지방자치단체가 운영하는 교육기관

(2) 이용의 주체 – 교육기관

저작권법 제25조 제3항은 그 적용을 받는 교육기관으로 ① 특별법에 따라 설립된 학교, ② 「유아교육법」, 「초·중등교육법」 또는 「고등교육법」에 따른 학교, ③ 국가나 지방자치단체가 운영하는 교육기관을 나열하고 있다. 따라서 이 규정의 적용을 받는 교육기관에는 ① 특별법에 의하여 설립된 학교와 ② 유아교육법에 의한 학교인 유치원과 초·중등교육법에 의한 학교(초등학교, 중학교, 고등공민학교, 고등학교, 고등기술학교, 특수학교, 각종학교 등) 외에 고등교육법에 의한 대학, 산업대학, 교육대학, 전문대학, 방송대학, 통신대학, 방송통신대학, 사이버대학, 기술대학 및 이에 준하는 각종학교 등이 포함된다. '학교'로 그 범위를 제한하고 있으므로 학원의 설립·운영 및 과외교습에 관한 법률에 의하여 설립된 학원이나 교습소는 여기에 포함되지 않고, 평생교육법에 기하여 원격 평생교육시설로 신고되었다고 하더라도 마찬가지이다. 나아가 위와 같은 학교

가 아니더라도 ③ 국가 또는 지방자치단체가 운영하는 교육기관이면 이 규정의 적용을 받는 교육기관에 포함되는 것으로 규정하고 있는데, 여기에는 공무원의 각종 교육·연수·훈련 등을 위한 교육기관(중앙 및 지방공무원연수원, 각 시도 교육연수원 등)만이 아니라 국가나 지방자치단체가 특수한 목적을 위하여 운영하는 교육기관도 포함되는 것으로 해석된다. 교육기관이 주체라고 하지만 구체적으로는 교사나 교수가 스스로 또는 직원 등의 보조를 받아 수행하는 형태가 될 것이다.

(3) 이용의 방법

교육기관 및 수업지원기관이 주체가 된 경우는 복제·배포·공연·전시 또는 공중송신을 할 수 있는 것으로 규정되어 있다. 2000년 법 개정 이전에는 '방송'과 '복제'만 규정하였다가 2000년 개정으로 '공연'이, 2006년 개정으로 '전송'이, 2009. 4. 22.자 개정에 의해 '배포'가 각 추가되었고, 다시 2013. 12. 30.자 개정에 의하여 '전시'가 추가됨과 동시에, '방송'과 '전송' 대신에 그보다 상위개념으로서 '전송'과 '방송' 외에 '디지털음성송신' 등을 포함하는 개념인 '공중송신'이 들어가게 되어 결국 위와 같이 규정되게 된 것이다. 다만, 공중송신의 경우에 복제방지의 기술적 조치가 없는 상태에서 무제한 허용되게 되면, 쉽게 유출되어 인터넷 등을 통해 널리 유통됨으로써 저작권자의 정당한 권익을 크게 훼손할 수 있으므로 제25조 제12항에서 "제2항부터 제4항까지의 규정에 따라 교과용도서를 발행한 자, 학교·교육기관 및 수업지원기관이 저작물을 공중송신하는 경우에는 저작권 그 밖에 이 법에 의하여 보호되는 권리의 침해를 방지하기 위하여 복제방지조치 등 대통령령으로 정하는 필요한 조치를 하여야 한다"고 규정하고 있다.

(4) 대상 저작물

복제 등의 객체가 되는 저작물은 공표된 저작물일 것을 요한다. 공표된 저작물이기만 하면 그 종류에는 아무런 제한이 없다.

(5) 허용되는 복제 등의 범위

1) '수업 목적'의 의의　　　　교육기관, 교육지원기관 및 교육을 받는 자 등의 본조에 의한 이용은 모두 수업목적상 필요하다고 인정되는 범위 내에서

만 가능하다. 그런데 여기서 말하는 '수업'이란 교과로서의 수업만이 포함되는 것으로 아주 좁게 해석되지는 않는다. 초중등교육에 있어서는, 특별교육활동인 학교행사(운동회, 수학여행 등), 세미나, 실험·실습, 필수과목으로 되어 있고 교사의 지도를 받는 동아리활동 등도 포함될 수 있고, 대학 등의 고등교육에 있어서는 학점취득이 인정되는 교육활동이 여기에 포함될 수 있는 것으로 보는 것이 유력한 견해이며, 이른바 원격수업도 물론 포함된다. '창의적 체험활동'이나 '방과 후 학습'도 학교 교육과정에 따라 학교장의 지휘, 감독하에 학교 안 또는 밖에서 교수 및 교사에 준하는 지위에 있는 사람에 의해 수행되는 것이라면 수업의 범위에 포함되는 것으로 볼 수 있다. 또한 교사들이 수업을 위해 준비하는 과정(각종 수업자료의 개발, 작성)도 수업의 개념에 포함되며, 수업을 위해 관련 교사 간 자료를 공유하는 과정도 수업의 준비행위로 볼 수 있다. 다만, 그 공유는 과목 교사들 간의 한정된 범위 안에서 가능하며 일반인들의 접근이 가능한 방식의 공유는 허용되지 않음을 유의하여야 한다.

또한 여기서 수업이라 함은 현재 진행되고 있거나 구체적인 수업일시·내용이 정해져 있는 수업만을 의미하는 것이므로, 장차 수업에 사용하려 한다는 등의 추상적인 목적은 본 조항의 적용범위에서 제외된다. 그리고 학생들이 자율적으로 수행하는 과외활동도 수업의 범위에 포함되지 않는다. 또한 교사(校舍)의 건립이나 환경미화 같은 교육환경의 조성이나 개선을 위한 행위도 포함되지 않으며, 따라서, 학교조경을 위해 미술저작물을 복제하는 것은 이 규정에 의하여 허용되는 행위가 아니다. 그 외에, 다음의 행위들도 수업목적의 이용행위라고 보기 어렵다.

① 학교의 교육계획에 근거하지 않은 자주적인 활동으로서의 동아리, 동호회, 연구회 등
② 수업과 관계없는 참고자료의 사용
③ 학급통신·학교소식 등에의 게재
④ 학교 홈페이지에의 게재
⑤ 학교에서 실시하는 독서 캠페인 홍보의 일환으로 제작된 포스터 제작에 글자체 파일을 사용한 행위(서울중앙지판 2022. 2. 11, 2021나46317)

2) **수업목적상 필요한 범위**   교육기관이나 교육을 받는 자의 복제 등 이용은 모두 '수업목적상 필요하다고 인정되는 경우에' 그 필요한 범위 내에서만 인정된다. 따라서 원칙적으로 저작물의 전부를 이용할 수는 없고, '저작물의 일부분'만 이용하여야 한다. 다만 사진·그림 및 시 등과 같이 저작물의 성질이나 그 이용의 목적 및 형태 등에 비추어 저작물의 전부를 이용하는 것이 부득이한 경우에는 예외적으로 전부를 이용할 수 있다(제25조 제3항 단서).

한편, 컴퓨터프로그램저작물의 경우에는 '저작물의 일부분'을 복제, 배포할 수 있다는 명시적 규정이 없는 대신, "프로그램의 종류·용도, 프로그램에서 복제된 부분이 차지하는 비중 및 복제의 부수 등에 비추어 프로그램의 저작재산권자의 이익을 부당하게 해치는 경우에는 그러하지 아니하다"고 하는 규정(제101조의3 제1항 단서)을 두고 있다. 그런데 일반 저작물의 경우에도 해석론상 이러한 규정이 적용되는 것과 같은 해석이 이루어지고 있다. 즉 저작물의 종류·용도, 저작물에서 복제된 부분이 차지하는 비중 및 복제의 부수 등에 비추어 저작재산권자의 이익을 부당하게 해치는 경우에는 수업목적을 위한 정당한 이용으로 보기 어렵다고 여겨지고 있다.

위와 같은 관점에서, 구체적으로 다음과 같은 경우는 수업목적을 위한 정당한 이용으로 보기 어려운 것으로 인정될 가능성이 있다.

① 교사 또는 학생들이 구입하거나 빌려서 이용할 것을 상정하여 시장에 제공되고 있는 것(참고서, 문제집, 대학 교과서 또는 보조교재, 연습서, 교육기관에서의 상영을 목적으로 판매 또는 대여되는 영상물 등)의 구입 등을 대체할 목적으로 복제하는 행위

② 원격 수업에 이용할 수 있도록 하기 위한 목적으로 판매되고 있는 저작물을 허락 없이 복제, 전송하는 행위

③ 본래의 수업목적을 넘는 이용으로서, 예컨대 필요한 기간을 넘어 교실 내 혹은 학교 내의 벽면에 미술저작물을 게시하는 등의 행위

④ 학생 1인당 1부를 초과하여 복제하는 경우

⑤ 복제 후 제본까지 하여 시판되는 책과 동일하게 만들거나 미술, 사진 등 저작물을 감상용이 될 정도의 화질로 인쇄하는 경우

(6) 보상금 지급의무

위 규정에 의한 이용에 대하여는 제25조 제6항에 의한 보상금 지급의무가 있다(아래 3. 참조). 다만 고등학교 및 이에 준하는 학교 이하의 학교에 대해서는 보상금 지급 의무가 면제된다(25조 6항 단서).

다. 수업지원기관에서의 이용

(1) 규정

수업지원기관에서의 이용과 관련하여 저작권법은 다음과 같이 규정하고 있다.

> ■ 제25조(학교교육 목적 등에의 이용) ④ 국가나 지방자치단체에 소속되어 제3항 각 호의 학교 또는 교육기관의 수업을 지원하는 기관(이하 "수업지원기관"이라 한다)은 수업 지원을 위하여 필요한 경우에는 공표된 저작물의 일부분을 복제등을 할 수 있다. 다만, 공표된 저작물의 성질이나 그 이용의 목적 및 형태 등에 비추어 해당 저작물의 전부를 복제등을 하는 것이 부득이한 경우에는 전부 복제등을 할 수 있다.

(2) 이용의 주체 – 수업지원기관

제25조 제4항에 의한 '수업지원기관'은 각급 학교 또는 국가나 지방자치단체에 소속되어 위 제3항에서 나열한 교육기관의 수업을 '지원하는 기관'을 뜻한다. 예를 들어 학교나 중앙공무원교육원 등 교육기관의 '수업을 지원'하기 위한 '학습지원센터' 등이 이에 해당한다. 또한 해당 교육지원기관 구성원의 신분은 국가공무원법 또는 지방공무원법상의 공무원에 해당되어야 한다. 따라서 그 구성원이 공무원 신분이 아닌 한국교육개발원이나 한국교육학술정보원, 한국교육과정평가원 등은 이에 해당하지 않는 것으로 본다.

(3) 이용의 방법

위 나. (3)과 동일하다.

(4) 대상 저작물

위 나. (4)와 동일하다.

(5) 허용되는 복제 등의 범위

수업을 지원하기 위하여 필요한 범위에 한하여 인정된다. 일부분만 복제 등으로 이용하는 것이 원칙이나, 공표된 저작물의 성질이나 그 이용의 목적 및 형태 등에 비추어 해당 저작물의 전부를 복제등을 하는 것이 부득이한 경우에는 전부 복제등을 할 수 있다(제25조 제4항 단서). 이 경우에도, 저작물의 종류·용도, 저작물에서 복제된 부분이 차지하는 비중 및 복제의 부수 등에 비추어 저작재산권자의 이익을 부당하게 해치는 경우는 수업목적을 위한 정당한 이용으로 보기 어려울 것이다.

(6) 보상금 지급의무

위 규정에 의한 이용에 대하여는 제25조 제6항에 의한 보상금 지급의무가 있다(아래 3. 참조).

라. 교육을 받는 자의 이용

(1) 규정

교육을 받는 자의 이용과 관련하여 저작권법은 다음과 같이 규정하고 있다.

■ 제25조(학교교육 목적 등에의 이용) ⑤ 제3항 각 호의 학교 또는 교육기관에서 교육을 받는 자는 수업 목적을 위하여 필요하다고 인정되는 경우에는 제3항의 범위 내에서 공표된 저작물을 복제하거나 공중송신할 수 있다.

위 규정은 교육이 교육을 하는 자와 받는 자 사이의 일방적인 소통이 아니라 쌍방향적인 소통이라는 점을 감안하여 2006년 개정법에서 신설한 조항이다.

(2) 이용의 주체 - 교육을 받는 자

'교육을 받는 자'는 학교 또는 교육기관의 학생이나 수강자 등을 의미한다.

(3) 이용의 방법

교육을 받는 자가 주체가 된 경우는 복제하거나 공중송신할 수 있는 것으로만 규정되어 있다. 따라서 교육기관이나 수업지원기관에게 허용되는 이용행위에 포함되는 배포, 공연, 전시 등은 교육을 받는 자가 할 수 있는 이용행위의 범위에서는 제외되어 있음을 유의하여야 한다.

교육을 받는 자에 의한 이용행위의 범위에 '공중송신'이 포함되어 있는 것은 역시 원격교육을 가능하게 하기 위한 취지이다. 즉, 인터넷을 이용한 쌍방향 교육의 특성을 고려하여 학생이나 수강자 등도 인터넷을 통해 과제물이나 기타 수업 관련 자료를 교사에게 제출할 수 있도록 하고 같은 수업의 학생이나 수강자들도 해당 자료에 접근할 수 있도록 하기 위한 규정이다. 이 경우는 교육을 받는 자가 주체이다 보니 그 능력 등을 감안하여 제25조 제12항의 복제방지조치 등 의무주체에서는 제외하고 있으나, 저작재산권자의 권리가 부당하게 침해되지 않도록 교육기관이 접근 통제를 위하여 필요한 조치를 취한 사이버 공간(예: 특정 학급 학생만 들어오도록 제한된 학교 홈페이지 내 게시판 혹은 자료실) 내에서 공중송신하는 것만 허용되는 것으로 보는 것이 '수업목적상 필요한' 범위 내에서 인정하고자 한 위 규정의 입법 취지에 부합하는 해석이라 할 것이다.

(4) 대상 저작물

공표된 저작물이어야 하는 것 외에, 다른 제한은 없다.

(5) 허용되는 복제 등의 범위

제25조 제5항에서 "수업 목적을 위하여 필요하다고 인정되는 경우에는 제3항의 범위 내에서"라고 하고 있으므로, 이용의 방법이 위 (3)과 같이 제한되어 있는 것 외에는 교육기관에서의 이용에서 허용되는 복제 등의 범위를 제한하는 규정 및 관련 법리가 교육을 받는 자의 복제 등에 대하여도 그대로 적용된다.

(6) 보상금 지급의무에서 제외

위 규정에 의한 이용은 제25조 제6항에 의한 보상금 지급의무 대상에서 제외된다.

3. 보상

가. 규정

저작권법은 교육의 공공성을 고려하여 위와 같은 저작재산권 제한 규정을 두면서도 동시에 저작재산권자의 권익이 부당하게 저해되는 것을 방지하기 위해 보상의무에 관한 규정을 다음과 같이 두고 있다.

> ■ 제25조(학교교육 목적 등에의 이용) ⑥ 제1항부터 제4항까지의 규정에 따라 공표된 저작물을 이용하려는 자는 문화체육관광부장관이 정하여 고시하는 기준에 따른 보상금을 해당 저작재산권자에게 지급하여야 한다. 다만, 고등학교 및 이에 준하는 학교 이하의 학교에서 복제등을 하는 경우에는 보상금을 지급하지 아니한다.

제25조 제1항부터 제4항까지의 규정에 따라 ① 교과용도서에 공표된 저작물을 게재하는 경우(제1항), ② 교과용도서에 게재된 저작물을 그 발행자가 복제·배포·공중송신 등의 방법으로 이용하는 경우(제2항), ③ 교육기관에서 공표된 저작물을 복제, 배포, 공연, 전시 또는 공중송신의 방법으로 이용하는 경우(제3항), ④ 수업지원기관에서 같은 방법으로 이용하는 경우(제4항)에 위 규정에 따른 보상금 지급의무가 발생한다. 다만 ③의 경우에 고등학교 및 이에 준하는 학교 이하의 학교의 경우에는 보상금지급의무가 면제된다(제3항 단서).

나. 보상청구권의 법적 성격

이 규정에 의한 저작재산권자의 보상청구권은 물권적인 것이 아니라 채권적인 성격을 가지고 있다. 따라서 이용자의 입장에서 그 보상의무의 이행이 저작물 이용을 적법하게 하는 요건은 아니다. 즉 앞서 살펴본 2.의 요건들만 모두 갖추면 저작재산권자의 허락 없이 저작물을 이용하여도 위법하지 않고, 그 이용행위에 의하여 구체적인 보상금지급의무가 발생하게 될 뿐이다. 다른 요건을 모두 갖추었을 경우, 보상금을 지급하지 않았다고 하여 소급하여 저작권 침해가 되는 것도 아니다. 물론 보상금청구권을 민사소송의 방법으로 행사하여 판결을 받을 경우 민사상의 강제집행을 할 수는 있다. 그러나 침해정지청구 등을 할 수는 없다.

보상금을 지급하여야 할 대상자(보상권리자)는 '저작재산권자'이다. 그런데 이용자들이 일일이 저작물마다 저작재산권자를 찾아서 보상금을 지급하기는 매우 번거롭고 불편한 일이 될 것이기 때문에 저작권법은 지정단체에 의한 통일적인 권리행사가 이루어지도록 규정하고 있다. 따라서 저작재산권자의 보상금청구권 행사는 개별적으로 할 수 없고, 문화체육관광부장관이 지정하는 권리자 단체를 통해서만 할 수 있다(제25조 제7항).

4. 번역 등에 의한 이용 및 출처명시

위 규정에 따른 자유이용으로서 저작물을 이용할 경우에는 이를 번역·편곡 또는 개작하여 이용할 수 있다(제36조 제1항).

한편, 위 규정에 따라 저작물을 이용할 때에는 그 출처를 명시하여야 한다. 출처의 명시는 저작물의 이용 상황에 따라 합리적이라고 인정되는 방법으로 하여야 하며, 저작자의 실명 또는 이명이 표시된 저작물인 경우에는 그 실명 또는 이명을 명시하여야 한다(제37조).

5. 컴퓨터프로그램저작물의 경우

컴퓨터프로그램저작물(이하 프로그램이라 한다)의 경우 제25조가 적용되지 않고(제37조의2) 그 대신 다음과 같은 내용의 제101조의3 제1항 제2호 및 제3호가 적용된다.

■ 제101조의3(프로그램의 저작재산권의 제한) ① 다음 각 호의 어느 하나에 해당하는 경우에는 그 목적을 위하여 필요한 범위에서 공표된 프로그램을 복제 또는 배포할 수 있다. 다만, 프로그램의 종류·용도, 프로그램에서 복제된 부분이 차지하는 비중 및 복제의 부수 등에 비추어 프로그램의 저작재산권자의 이익을 부당하게 해치는 경우에는 그러하지 아니하다.

 1. (생략)
 2.「유아교육법」,「초·중등교육법」,「고등교육법」에 따른 학교 및 다른 법률에 따라 설립된 교육기관(초등학교·중학교 또는 고등학교를 졸업한 것과 같은 수준의 학력이 인정되거나 학위를 수여하는 교육기관으로 한정한다)에서 교육을 담당하는 자가 수업과정에 제공할 목적으로 복제 또는 배포하는 경우
 3.「초·중등교육법」에 따른 학교 및 이에 준하는 학교의 교육목적을 위한 교과용 도서에 게재하기 위하여 복제하는 경우

이 규정들 중 제3호와 제25조 제1항을 비교하면 거의 다른 점이 없으나 (2020. 2. 4.자 개정에 의해 신설된 제25조 제2항의 규정이 일반 저작물에 대하여만 있다는 것은 차

이점이다), 제2호와 저작권법 제25조 제3항부터 제항까지를 비교해 보면 다음과 같이 상당한 차이점이 있음을 알 수 있다.

첫째, 교육기관의 범위와 관련하여 프로그램에 대한 특칙규정인 제101조의3 제1항 제2호의 규정은 "상급학교 입학을 위한 학력이 인정되거나 학위를 수여하는 교육기관에 한한다"고 명시하고 있으므로 위 교육기관 중 그러한 교육기관이 아닌 경우는 제외된다. 반면에 일반 저작물에 대하여 적용되는 제25조 제3항은 그러한 제한을 붙이지 않고 있으므로, 반드시 학력 인정 또는 학위 수여의 교육기관에 한하는 것으로 볼 근거가 없다.

둘째, 일반 저작물의 경우에는 교육기관만이 아니라 수업지원기관도 이용의 주체가 되나(제25조 제3항), 프로그램의 경우에는 교육기관이 아닌 수업지원기관이 허용되는 이용의 주체가 될 수 없다.

셋째, 일반 저작물의 경우에는 교육을 받는 자도 일정한 범위 내에서 이용의 주체가 될 수 있으나, 프로그램의 경우에는 교육을 받는 자가 그 규정에 의하여 허용되는 이용의 주체가 될 수 없다.

넷째, 일반 저작물의 경우에는 복제, 배포만이 아니라 공연, 전시 및 공중송신도 할 수 있도록 규정하고 있는 데 반하여, 프로그램의 경우에는 복제와 배포만 가능하다. 따라서 예컨대, 원격 교육을 위해 프로그램을 전송하는 등의 행위는 허용되지 아니한다.

다섯째, 위에서 본 바와 같이 일반 저작물의 경우에는 교육기관에서의 이용과 관련하여서도 예외적인 경우를 제외하고 보상의무가 규정되어 있으나, 프로그램의 경우에는 교과용 도서에의 게재를 위한 복제의 경우를 제외하고 제2호의 경우에 대하여는 보상의무를 규정하지 않고 있다.

여섯째, 컴퓨터프로그램저작물의 경우에는 '저작물의 일부분'을 복제, 배포할 수 있다는 명시적 규정이 없는 대신, "프로그램의 종류·용도, 프로그램에서 복제된 부분이 차지하는 비중 및 복제의 부수 등에 비추어 프로그램의 저작재산권자의 이익을 부당하게 해치는 경우에는 그러하지 아니하다"고 하는 규정(제101조의3 제1항 단서)을 두고 있음에 반하여 일반 저작물의 규정은 원칙적으로 '저작물의 '일부분'만 이용할 수 있고 예외적인 경우에만 그 전부를 이용할 수 있도록 하는 취지의 규정은 두고 있다. 다만 이 부분에 있어서 해석상으로는 큰 차이가 없이 적용될 수 있는 것으로 보인다.

[118] 시사보도를 위한 이용

1. 의의

저작권법 제26조는 다음과 같이 규정하고 있다.

> ■ 제26조(시사보도를 위한 이용) 방송·신문 그 밖의 방법에 의하여 시사보도를 하는 경우에 그 과정에서 보이거나 들리는 저작물은 보도를 위한 정당한 범위 안에서 복제·배포·공연 또는 공중송신할 수 있다.

위 규정의 취지는 기자 등의 언론인이 시사보도를 하는 과정에서 당초 의도와 관계없이 우발적으로 타인의 저작물을 이용하게 되거나 또는 시사보도에 부수하여 불가피하게 타인의 저작물이 나타나게 되는 경우 당해 언론인을 저작권 침해의 책임으로부터 면책시켜 줌으로써 시사보도가 보다 원활하게 이루어질 수 있도록 하기 위한 것이다.

언론인의 시사보도를 위한 저작물 이용이 '자유이용'으로 인정될 수 있는 경우로는 이 규정 외에 제28조에 의한 '인용'의 경우(이 책 [120] 참조)가 있을 수 있다. 제28조에 의한 인용은 뒤에서 자세히 살펴보겠지만, '시사보도의 과정에서 보이거나 들리는 저작물'이 우발적으로 이용되는 것이 아니라 보도, 비평 등을 위해 그와 관련된 저작물을 적극적으로 인용하는 행위를 자유이용으로 허용하는 것이므로 제26조와 달리 '공표된' 저작물에 한하여 '정당한 범위' 안에서 '공정한 관행'에 합치되게 이용하여야 하는 등의 엄격한 요건을 갖추어야 한다.

2. 요건

가. 객체가 되는 저작물

본조에서 이용의 객체가 되는 저작물은 "시사보도를 하는 과정에서 보이거나 들리는 저작물"이다.

저작물의 공표 여부는 불문한다. 저작물이 시사보도의 과정에서 보이거나 들린다는 것은 적극적으로 저작물을 시사보도에 인용하는 것이 아니라 "보도되고 있는 사건의 현장에 있는 저작물이 방송이나 신문 등에 우발적으로 복제되는 것"을 말한다. 그 전형적인 사례로는 회화전시회의 개최상황을 보도하거나 명화 도난사건을 보도할 때 보도화면에 전시된 그림이 보이는 것과 체육 대회 입장식을 TV나 뉴스 영화로 보도할 때 행진곡의 연주가 들리는 것 등을 들 수 있다. 그러나 사건현장을 촬영한 보도용 사진 자체는 사건보도의 과정에서 보이는 저작물이 아니므로 본조에 의하여 이용할 수 있는 저작물이 아니다.

방송이나 신문 등에서 어떠한 사건이나 사실을 알리는 행위가 '시사보도'에 해당하는지 여부는 궁극적으로 위와 같은 저작재산권 제한규정에서 시사보도로 인정하여 보호할 만한 최소한의 뉴스가치가 있는지 여부를 규범적으로 판단하여야 할 필요가 있겠으나, 대개의 경우 언론기관에서 사람들의 관심사라는 이유로 보도를 한 이상 시사보도라고 보는 데 별 문제는 없을 것이다. 따라서 그 판단을 너무 까다롭게 여길 것은 아니며, 보도의 영역도 정치, 경제, 사회, 문화, 예술, 스포츠, 연예 등 모든 분야에 걸친 것으로 볼 수 있다.

여기서 한 가지 쟁점이 되는 것은 "특정한 사건을 구성하는 저작물도 본조에 의하여 자유이용이 허용되는지" 여부이다. 이에 대하여는 긍정설도 있으나, "특정한 사건을 구성하는 저작물"의 자유이용을 명시적으로 함께 규정한 일본 저작권법 제41조의 경우와 달리 우리 저작권법에서는 그러한 규정을 두지 않고 있으며, 그것이 제26조의 규정에 포함되지 않는 것으로 보더라도 제28조의 인용에 관한 규정으로 적절히 해결될 수 있다는 점을 감안할 때 부정설이 우리 저작권법의 해석으로 타당한 입장이라 생각된다. 즉, 시사보도의 과정에서 보이거나 들리는 것이 아닌 한, 특정한 사건을 구성하는 저작물이라는 이유만으로 제26조에 따른 자유이용의 대상으로 삼을 수는 없는 것으로 본다.

나. 이용의 범위

보도의 목적상 정당한 범위 내이어야 하며, 이는 사회통념과 시사보도의 관행에 비추어 판단하여야 한다. 시사보도에 사용하는 경우라도 취재를 기화로 의도적으로 취재대상의 배경에 등장하는 저작물에 초점을 맞추어 이를 감상용으로 제공하는 등의 경우라면 보도를 위한 정당한 범위 내에서의 이용이라고 할 수 없다. 연극 상연을 방송으로 보도하는 경우에 그 보도를 위한 목적을 넘어서서 장시간 방송하는 경우나 자선 콘서트를 보도하면서 연주된 음악을 전부 들려주는 경우 등이 그러한 경우의 예가 될 것이다. 일본의 시사주간지에 '한국으로부터의 누드, 비장사진을 일거 대공개'라는 제호로 게재된 저작물인 사진 중 일부를 가져다가 국내 잡지에 '사진예술작품들 일본으로 건너가 포르노성 기획으로 둔갑'이라는 제목하에 전재한 것이 사진저작물에 대한 저작권 침해인지 여부가 문제된 사건에 대하여 대법원은 "잡지에 게재된 사진이 칼라로 된 양질의 사진으로서 그 크기나 배치를 보아 전체적으로 3면의 기사 중 비평기사보다는 사진이 절대적 비중을 차지하는 화보형식으로 구성되어 있는 경우 위 사진들은 보도의 목적이라기보다는 감상용으로 인용되었다고 보이므로 보도를 위한 정당한 범위 안에서 이용되었다고 볼 수 없다"고 판시하였다(대판 1990. 10.23, 90다카8845).

또한 보도 이외의 목적을 위하여 저작물을 이용할 수는 없다. 예를 들어 타인의 저작물이 포함된 장면을 보도가 끝난 뒤 DVD에 수록하거나 또는 화보집 등으로 만들어 시판하는 것은 저작재산권 침해가 될 수 있다.

다. 이용의 방법

이용의 방법에는 '복제ㆍ배포ㆍ공연 또는 공중송신'이 포함된다. 허용되는 행위가 종전에는 '복제ㆍ배포ㆍ공연ㆍ방송 또는 전송'으로 규정되어 있었는데, 2006년 개정법에서 '방송 또는 전송'이 그것들을 포함한 보다 상위의 개념인 '공중송신'(이 책 [51] 1. 참조)으로 대체되었다.

3. 번역이용 등

위 요건을 충족하는 경우 이용자는 그 저작물을 번역하여 이용할 수 있으나(제36조 제2항), 편곡이나 개작을 하여 이용할 수는 없다.

한편, 위 경우에 출처명시의무는 면제되는 것으로 2000년 개정 저작권법에서부터 규정하고 있다.

[119] 시사적인 기사 및 논설의 복제 등

1. 의의

저작권법 제27조는 다음과 같이 규정하고 있다.

■ 제27조(시사적인 기사 및 논설의 복제 등) 정치·경제·사회·문화·종교에 관하여 「신문 등의 진흥에 관한 법률」 제2조의 규정에 따른 신문 및 인터넷신문 또는 「뉴스통신진흥에 관한 법률」 제2조의 규정에 따른 뉴스통신에 게재된 시사적인 기사나 논설은 다른 언론기관이 복제·배포 또는 방송할 수 있다. 다만, 이용을 금지하는 표시가 있는 경우에는 그러하지 아니하다.

이것은 이른바 '전재(轉載) 규정'으로서 베른협약 제10조의2 제1항 규정을 원용하여 2006년 개정법에서 신설한 규정이다.

정치·경제·사회·문화·종교에 관한 시사적인 기사나 논설은 공공성이 강한 저작물이므로 이를 다른 언론기관이 전재할 수 있도록 함으로써 국민의 알권리를 충족하고 건전한 토론문화와 여론형성에 기여하고 궁극적으로 민주주의의 발전을 견인하도록 하는 것이 위 규정을 도입한 취지라 할 수 있다.

2. 요건

가. 대상 저작물

본조에 의하여 이용대상이 되는 저작물은 정치·경제·사회·문화·종교에 관하여 '신문 등의 진흥에 관한 법률' 제2조의 규정에 따른 신문 및 인터넷신문 또는 '뉴스통신진흥에 관한 법률' 제2조의 규정에 따른 뉴스통신에 게재된 시사적인 기사나 논설이다. 신문, 인터넷신문 또는 뉴스통신에 게재된 것만 포함되고 잡지에 게재된 것과 방송된 것은 대상에서 제외되었다. 즉 시사적인 기사나 논설이라 하더라도 그것이 잡지에 게재되거나 방송이 된 경우에는 본조에 의한 자유이용의 대상이 될 수 없다. 잡지는 재산권성이 강하다는 이유, 방송은 이용금지의 표시가 어렵다는 이유가 들어지고 있으나, 이 두 가지의 중요한 언론매체가 포함되지 않은 점은 규정의 취지를 크게 약화시키는 부분이라 생각된다.

'시사적'이라고 하는 것은 최근 일어난 일과 관련된 것을 의미하나, 과거에 일어난 일이어도 최근의 사건과의 관련에서 다루어지면 여기에 해당할 수 있다. 그리고 위 규정에서 말하는 '논설'은 신문의 사설과 같이 언론기관으로서의 주장 내지 제언을 전개하는 것일 것을 요하고 단순한 시사문제의 해설은 이에 해당하지 아니한다. 규정 자체만 보아서는 명백하지 않지만, 언론기관 상호간의 전재(轉載)를 허용하고자 한 규정 취지에 비추어, 언론사 내부인이 아니라 외부의 기고자(寄稿者)가 작성한 저작물은 본조의 적용대상에서 제외되는 것으로 봄이 타당할 것으로 생각된다.

나. 이용의 주체

다른 언론기관이 이용의 주체가 된다. 언론기관만이 주체로 규정되어 있으므로 일반 국민들이 개인적으로 전재하는 것은 여기에 포함되지 아니한다. 법률상 '언론기관'에 해당하는 것에는, 텔레비전 및 라디오 방송사, 신문사업자, 잡지 등 정기간행물 사업자, 뉴스통신사업자, 인터넷언론사 등이 포함된다(공직선거법 제82조 참조). 일반 출판사는 포함되지 않으므로 출판사가 특정한 목적으로 기사나 논설을 편집하여 책으로 출판하는 것과 같은 경우는 본조의 적용대상이 아니다.

다. 이용의 방법

이용방법은 '복제·배포 또는 방송'에 한한다. 따라서 온라인 사이트에 게재하는 '전송'이나 비주문형의 웹캐스팅('디지털음성송신' 등. 이 책 [51] 4. 참조)은 포함되지 아니한다. 인터넷신문의 경우 그 기사나 논설이 이용대상에는 포함되어 있음에 반하여 다른 신문의 기사나 논설 등을 그 온라인 신문에 전재하는 것은 허용되지 않는다는 점에서 형평성을 잃은 규정이라는 비판을 받을 수 있을 것으로 생각된다.

라. 이용금지의 표시가 없을 것

제27조 단서는 "다만, 이용을 금지하는 표시가 있는 경우에는 그러하지 아니하다"고 규정하여 이용금지 표시가 없을 것을 요건으로 하고 있다. 여기서 이용을 금지하는 표시란 일반적인 의미에서의 이용을 말하는 것이 아니라 이 규정에 의한 이용의 금지를 뜻하는 것으로 보아야 한다. 일반적인 이용이라면 그것은 바로 저작권 보호를 의미하는 것으로서 저작물인 한 당연한 것이므로 본조의 단서에 해당하는 표시라고 보기 어렵기 때문이다. 그런 점에서 ⓒ 표시와 '모든 권리 유보(all rights reserved)' 등의 표시도 본조 단서에 의한 이용금지 표시에는 해당하지 않는 것으로 본다.

간단하게는 '전재금지(轉載禁止)'라고만 표시하면 위 단서규정에 해당하는 것으로 볼 수 있다. 문자적으로만 생각하면 '전재금지'에는 방송의 경우는 제외된 것처럼 보일 수도 있으나 그 취지는 방송의 경우를 포함하여 본조에 의한 이용을 금지하는 뜻으로 이해할 수 있을 것이다.

3. 번역이용 및 출처명시

위 규정에 따른 자유이용으로서 저작물을 복제하여 이용할 경우에는 이를 번역하여 이용할 수 있다(제36조 제2항). 외국의 신문 등에 게재된 시사적인 기사 및 논설을 번역하여 전재할 수 있다는 점에 본 규정의 의의가 크다고 할 수 있다. 다만 개작하여 이용하는 것은 허용되지 않는다.

한편, 위 규정에 따라 저작물을 이용할 때에는 그 출처를 명시하여야 한다. 베른협약 제10조의2 제1항에서도 전재규정에 따라 시사적인 기사 또는 논설을 이용할 때 반드시 출처 표시를 하도록 의무화하고 있다.

[120] 공표된 저작물의 인용

1. 의의

저작권법 제28조는 다음과 같이 규정하고 있다.

▪ 제28조(공표된 저작물의 인용) 공표된 저작물은 보도·비평·교육·연구 등을 위하여는 정당한 범위 안에서 공정한 관행에 합치되게 이를 인용할 수 있다.

인용이란 자신의 저작물 중에 타인의 저작물을 이용하는 것으로서, 예를 들어 자신의 저서나 논문에서 주장을 뒷받침하기 위해 타인의 논문 내용을 일부 빌려 쓰거나 사건을 보도하면서 사건과 관계된 사진저작물을 가져다 쓰는 것 등을 의미한다. 이러한 인용은 원래 저작물의 복제 등에 해당하여 저작재산권자의 허락 없이 할 경우 저작재산권 침해가 되는 것이 원칙이지만, 학문과 예술의 발전은 선행의 학문, 예술을 바탕으로 이를 끊임없이 비교·검토하고 비판, 평가하는 가운데 이루어질 수 있는 것이므로, 일정한 요건 하에 인용을 허용할 필요가 있다는 것이 위 규정의 취지이다.

2. 요건

가. 공표된 저작물일 것

공표된 저작물일 것을 요하므로 공표되지 않은 저작물을 인용할 경우에는 이 규정의 요건을 충족하지 못한다. 공표된 저작물이기만 하면, 그 종류를 불문하므로 어문저작물만이 아니라 음악, 미술, 영상저작물 등도 인용의 대상이 될 수 있다.

나. 보도·비평·교육·연구 등을 위한 인용일 것

(1) "보도·비평·교육·연구 등"

본조에 의하여 허용되는 인용은 보도·비평·교육·연구 등을 위한 것이어야 한다. 다만, "보도·비평·교육·연구를 위한 것"이 아니라 "보도·비평·교육·연구 '등'을 위한 것"이어야 한다고 규정하고 있으므로, 나열된 네 가지의 목적(보도, 비평, 교육, 연구)에 한정되지 아니하고, 다른 목적도 포함될 수 있다. 다만 그 목적이 '문화 및 관련 산업의 향상·발전'이라고 하는 저작권법의 목적에 비추어 정당화될 수 없는 것이라면, 이 규정에 의한 공정이용으로 인정하기 어려울 것이다. 예를 들어 자신의 저작에 소요되는 시간과 노력을 절약하기 위한 목적이나 자신의 저작물을 잘 꾸미면서 독자의 호기심을 끌기 위한 목적 또는 타인의 저작물을 사용함으로써 자신의 저작물의 상품가치를 높이기 위한 목적 등으로만 타인의 저작물을 인용하는 것은 이 규정에 의한 허용 범위에 속하지 않는 것으로 보고 있다.

(2) 영리적 목적

영리적인 목적이 있다고 하여 그것만으로 이 규정에 의한 공정이용이 부정되는 것은 아니다. 다만, 영리적인 목적을 위한 이용은 비영리적 목적을 위한 이용의 경우에 비하여 자유이용이 허용되는 범위가 상당히 좁아진다고 보는 것이 판례의 태도이다(대판 1997. 11. 25, 97도2227 등 참조). 실제로 보도·비평·교육·연구의 목적이 반드시 비영리적인 것에 한하는 것은 아니고, 영리목적의 보도·비평·교육·연구가 있을 수 있다. 예를 들어 학교교육을 위한 것은 비영리의 교육목적이라 할 수 있지만, 학원이나 사설 이러닝 사이트 등에서의 이용이나 교육 관련 참고서, 문제집의 출판 등의 경우에는 '영리적인 교육목적을 위한 이용'이라고 할 수 있다. 이러한 경우에는 그 혼합적인 성격을 적절히 감안하여 공정이용 여부의 판단이 이루어져야 할 것이다. 기본적으로, 영리적인 목적이 있다는 것만을 이유로 이 규정의 적용을 부정하지는 않되, 영리적인 목적이 없는 경우에 비하여 자유이용의 범위가 좁아질 수 있다는 것을 전제로 하여, 구체적인 사안에 따라 합리적으로 판단할 필요가 있다.

(3) 정당한 범위 안에서 공정한 관행에 합치되게 인용할 것

1) 주종관계 기준과 새로운 판례의 흐름   "정당한 범위 안에서 공정한 관행에 합치되게" 인용하여야 제28조에 의하여 적법한 인용이 될 수 있고, 그렇지 않으면 저작재산권 침해로 인정되게 된다. 대법원은 과거에 그 중에서 "정당한 범위 안에서"의 인용과 관련하여 이른바 '주종관계'를 요건으로 하는 입장을 표명한 바 있었다. 즉, 대법원 1990. 10. 23. 선고 90다카8845 판결에서

"보도, 비평 등을 위한 인용의 요건 중 하나인 '정당한 범위'에 들기 위하여서
는 그 표현형식상 피인용저작물이 보족, 부연예증, 참고자료 등으로 이용되어
인용저작물에 대하여 부종적(附從的) 성질을 가지는 관계{즉, 인용저작물이 주(主)이
고, 피인용저작물이 종(從)인 관계}에 있다고 인정되어야 할 것이다"라고 판결한 바
있다.

　　그러나 그 뒤에 선고된 판결들에서는 "정당한 범위 안에서 공정한 관행에
합치되게"를 둘로 나누지 않고 하나의 기준으로 삼아 판단하면서, 이를 판단
함에 있어서 고려하여야 할 여러 가지 요소들을 나열하는 입장을 취하고 있
다. 즉, 대법원 1997. 11. 25. 선고 97도2227 판결은 "저작권법 제25조[현행법 제
28조]는 공표된 저작물은 보도·비평·교육·연구 등을 위하여는 정당한 범위
안에서 공정한 관행에 합치되게 이를 인용할 수 있다고 규정하고 있는바, 정
당한 범위 안에서 공정한 관행에 합치되게 인용한 것인가의 여부는 인용의
목적, 저작물의 성질, 인용된 내용과 분량, 피인용저작물을 수록한 방법과 형
태, 독자의 일반적 관념, 원저작물에 대한 수요를 대체하는지의 여부 등을 종
합적으로 고려하여 판단하여야 할 것"이라고 판시하였고, '썸네일 이미지' 사
건에 대한 대법원 2006. 2. 9. 선고 2005도7793 판결도 같은 입장을 취하고
있다.

　　대법원이 '주종관계'라는 기준을 일관되게 적용하지 않은 것은, 첫째, 위
와 같은 주종관계가 인정된다는 이유만으로 '정당한 범위 안에서'의 인용이라
고 인정하기 어려운 사안이 있다는 것(대판 1997. 11. 25, 97도2227 참조), 둘째, 새로
운 인터넷 환경에서의 이미지 검색서비스를 위한 썸네일 이미지의 제공 등의
공정이용 여부를 '인용저작물'과 '피인용저작물'의 주종관계라고 하는 잣대로
판단하기는 어려운 것(대판 2006. 2. 9, 2005도7793의 경우) 등에 이유가 있었던 것으
로 여겨진다. 둘째의 경우는 공정이용에 관한 일반조항이 입법화되어 있지 않
아 부득이하게 공정이용 일반조항에 가장 가까운 제28조를 적용한 것에 기인
하는 것으로 볼 수 있어서, 2011. 12. 2.자 개정에 의해 공정이용에 관한 일반
조항이 도입된 상황에서는 더 이상 고려될 필요가 없을 수도 있으나, 첫째의
경우까지 감안하면, '주종관계'의 기준만으로 정당한 범위 내인지 여부를 전

적으로 결정하는 것은 타당하다고 보기 어려울 것이다. 즉, 주종관계는 인용의 정당성과 공정성을 판단하기 위한 하나의 요소에 불과하고 기타 여러 가지 요소, 특히 '시장 대체성 유무' 등을 중시하여 판단하는 것이 바람직한 방향이라 할 수 있다.

다만, 어느 저작물에서 다른 저작물을 인용하는 일반적인 경우에 적어도 위와 같은 '주종관계'는 인정되어야 정당한 범위 내라고 할 수 있을 것이라고 하는 정도의 의미에서는, 주종관계의 기준이 존속해 온 것으로 볼 수 있다. 이후 '리프리놀' 사건에 대한 대법원 2013. 2. 15. 선고 2011도5835 판결은 위와 같은 입장을 수용하여 종래의 주종관계 기준과 대법원 판례의 새로운 경향에 따른 고려요소들(공정이용적 고려요소들)을 분명하게 결합하는 기준을 적용하고 있다. 결과적으로 주종관계 기준을 A라고 하고 새로운 공정이용적 고려요소를 B라고 할 때, 종전의 '썸네일 이미지' 사건 등의 판례가 그 판단기준을 A에서 B로 대체하는 것처럼 보인 면이 있었음에 반하여, '리프리놀' 사건 판례는 제28조의 판단기준으로 'A+B'의 입장을 명확히 하고 있다고 할 수 있다. 즉, 기본적으로 주종관계의 요건은 갖추어야 하고, 그 다음으로 공정이용적 고려요소들을 종합하여 판단하는 것으로 기준을 세운 것이다. 이것은 공정이용 일반조항(현행법 제35조의5)의 신설 이후의 저작권법에 대한 해석론으로서, 제28조를 일반적인 공정이용에 대한 규정이 아니라 주된 저작물에 타인의 저작물을 인용한 경우 중에 자신이 저작물이 주된 위치에 있을 경우에 대한 규정으로 제한적으로 해석하고 나머지 일반적 공정이용의 영역은 공정이용 일반조항인 제35조의5로 보내고자 하는 취지에 기한 것으로서 향후의 판례는 이러한 방향으로 정립되어 갈 것으로 예상된다.

2) **인용의 양적인 측면**　　　위와 같은 관점에서 제한적인 의의를 가지는 주종관계의 의미를 조금 더 자세히 살펴보기로 한다. 주종관계는 양적인 면과 질적인 면을 나누어 살펴볼 수 있다. 양적인 측면에서 어디까지나 인용하고자 하는 자기의 저작물이 주체가 되어야 하고 인용되는 타인의 저작물은 종적인 존재라야 한다. 따라서 타인의 저작물만 있고 자신의 저작물은 없다면, 정당한 범위 내의 인용으로 볼 수 없고, 나아가 타인의 저작물이 대부분을 차지하

고 자신의 저작물은 인용부분보다 적은 경우에도 일반적으로는 정당한 인용의 범위를 초과한 것으로 볼 수 있다.

인용의 양적인 측면과 관련하여, 타인의 저작물의 전부를 인용하는 것이 허용되는지에 대하여 살펴볼 필요가 있다. 위 규정에서 '정당한 범위 내'라고만 하고 일부만 인용할 수 있는 것으로 명시하고 있지 않은 취지에 비추어보면, 정당한 범위 내라고 볼 수 있는 이상 전부인용이 어떤 경우에도 불가능한 것이라고 볼 것은 아니다. 예를 들어 영화, 소설, 연구보고서, 교향곡 등의 경우는 일부 인용만을 인정해도 문제가 없을 것이나, 짧은 시, 사진, 회화 등의 경우에는 '전부인용'을 하지 않으면, 인용의 목적을 도저히 달성할 수 없고, 일부만을 잘라서 '일부인용'을 할 경우에 오히려 저작물을 훼손하여 저작자의 동일성유지권을 침해할 우려도 있으므로 그러한 경우에는 전부인용이라 하더라도 다른 요건을 충족하면 정당한 인용이 될 수 있다고 보아야 할 것이다. 문학평론가가 어느 시인에 대한 평론을 쓰면서 비평대상인 시인의 시 중 몇 편을 선정하여 그 전부를 인용하거나 미술사에 관한 저술에서 어느 화가의 회화 작품 전체를 인용하는 등의 경우가 그러한 예이다. 다만 사진이나 회화의 경우 인용의 목적을 달성할 수 있는 최소한의 범위를 넘어서서 지나치게 좋은 화질과 크기로 복제, 인용하여 감상의 수요를 충족하게 하는 것과 같은 경우에는 '정당한 범위 내'라고 인정하기 어려울 것이다(대판 1990. 10. 23, 90다카8845 참조).

3) **인용의 질적인 측면**   위에서 살펴본 '양적인 주종관계'와 함께, '질적인 주종관계'도 고려하여야 한다. 자신이 저작한 부분의 분량이 인용된 부분보다 많더라도 질적인 측면에서 피인용부분이 월등히 높은 가치를 가지는 경우라면 인용저작물이 주(主)가 되는 경우라고 볼 수 없다.

또한 인용저작물이 주(主)가 된다고 하려면 먼저 인용부분을 제외한다고 가정하더라도 저작물로서의 독자적인 존재의의를 가지는 창작부분이 존재하여야 한다. 나아가 원칙적으로 피인용저작물이 그 인용된 부분만으로는 독자적인 존재의의를 갖지 못하고 오히려 인용저작물과 연관이 될 때에 비로소 그 존재이유를 갖게 되는 것이어야 한다. 예컨대, 타인이 저술한 논문을 자기의 저서 속에 그대로 전재(轉載)하는 행위는 이 규정에 의한 자유이용에 해당하지 아니한다.

4) 대법원 판례의 새로운 경향에 따른 고려요소들　　위에서 본 바와 같이 대법원 판례의 최근 경향은 '주종관계' 이론을 전면에 내세우기보다 종합적인 관점에서 여러 가지 고려요소를 종합하여 판단하는 태도를 취하는 경우가 많다. 대법원이 그 고려요소로 들고 있는 것은 ① 인용의 목적, ② 저작물의 성질, ③ 인용된 내용과 분량, ④ 피인용저작물을 수록한 방법과 형태, ⑤ 이용자의 일반적 관념, ⑥ 원저작물에 대한 수요를 대체하는지의 여부 등이다("썸네일 이미지" 사건에 대한 대판 2006. 2. 9, 2005도7793 참조).

5) 인용의 방법 - '공정한 관행'에의 합치

㉮ **개관**　　인용방법이 '공정한 관행'에 합치하여야 한다는 것과 관련하여, ① 인용저작물 중에서 피인용 저작물이 인용된 부분이 어느 부분인지 구별될 수 있도록 하여야 한다는 것(이를 '명료구별성 또는 명료구분성의 요건'이라 한다), ② 인용 부분에 대하여 출처를 명시하여야 한다는 것, ③ 원칙적으로 수정, 개작하여 인용하는 것은 공정한 관행에 반하는 것으로 본다는 것 등을 유의할 필요가 있다.

㉯ **인용부분의 명료한 구분(명료구별성)**　　인용 부분의 명확한 구별방법으로서는, 어문저작물의 경우 따옴표를 쓴다든지 줄을 바꾸거나 크기나 모양이 다른 활자로 표시하는 것이 일반적이며, 적합한 위치에 주를 붙이는 것도 한 방법이 될 수 있을 것이다. 인용되는 저작물이 인용하는 저작물과 분명하게 구별되지 않고 저작물에 접하는 일반인이 인용저작물 가운데 그 저작자 이외의 사람이 저작한 부분이 있는 것이 판명되지 않는 방법으로 자기의 저작물 중에 다른 사람의 저작물의 일부를 가지고 들어와 이용하는 경우에는 인용의 요건을 갖추지 못한 것으로 보아야 한다.

㉰ **출처의 명시**　　인용 부분에 대하여 출처를 명시할 의무가 있음은 제37조 제1항에서도 규정하고 있다. 그런데 출처명시의무의 이행은 저작재산권 제한사유와는 별개의 의무로서 그것을 위반한 경우에 별도의 형사적 제재(제138조 제2호)가 가해질 수는 있지만, 그것을 위반하였다고 하여 저작재산권 제한사유의 적용이 부정되는 것으로 볼 수 없다고 하는 것이 학설의 일반적인 입장

이다. 그러나 공표된 저작물의 인용에 있어서, 인용의 방법이 공정한 관행에 합치하여야만 정당한 인용으로 보는 것과 관련하여 출처명시의무의 이행이 그러한 공정한 관행의 내용이 된다고 할 경우에는 결과적으로 제대로 출처를 명시하지 않으면 공정한 인용의 요건을 충족하지 못한 것으로 보게 되어, 결국 단순한 출처명시위반이 아니라 저작재산권 침해로 인정될 가능성이 높다. 다만 저작권법 제28조와 관련하여서는 출처명시의무위반이 있으면 무조건 인용의 공정한 관행에 반하는 것으로 일률적으로 단정할 것인지는 의문이 없지 않다. 특히 과거의 주종관계 기준만이 아니라 새로운 공정이용적 요소들을 대거 판단요소로 추가하여 종합적인 판단을 하는 데 있어서 출처명시 위반이라는 한 가지 사유에 지나친 효과를 인정하는 것은 부당하게 느껴지는 면도 있으므로 그러한 종합적 판단에 있어서 하나의 중요한 고려요소로만 삼는 것이 타당하지 않을까 생각된다(그런 취지로 판결한 서울중앙지판 2016. 1. 27, 2015가합513706 등 참조).

㉮ 수정·개작의 문제 - '요약인용'의 허부 등 피인용저작물을 수정, 개작하여 인용하는 것은 원칙적으로 공정한 관행에 합치되지 아니하는 것으로 보아야 할 뿐만 아니라 저작인격권 중 동일성유지권 침해의 문제를 야기할 수도 있다. 개작이 허용되지 않는다는 것은, 제28조의 제한사유에 해당할 경우에 대하여 제36조에서도 제2항의 규정을 통해 번역하여 이용하는 것만 허용하고 개작에 의한 이용을 허용하는 규정은 두고 있지 않은 점에서도 알 수 있다. 다만 개작에 이르지 않는 변경 중에서 원래의 큰 이미지를 작은 견본용 이미지(썸네일)로 줄여 이미지 검색 서비스에 이용하는 것 등은 판례에 의해 허용되고 있다(대판 2006. 2. 9, 2005도7793).

'개작'이 원칙적으로 허용되지 않는 것과 관련하여, 요약인용의 허용 여부에 대하여 학설이 나뉘고 있다. 공정이용 일반조항(35조의5)이 신설되어 구체적 타당성 있는 해결이 가능하게 되었으니, 요약인용의 허용은 공정이용 일반조항에 맡기고, 제28조의 적용대상은 아니라고 보는 것이 타당하지 않을까 생각된다.

[121] 영리를 목적으로 하지 않는 공연·방송 등

1. 의의

저작권법 제29조는 다음과 같이 규정하고 있다.

> ■ 제29조(영리를 목적으로 하지 아니하는 공연·방송) ① 영리를 목적으로 하지 아니하고 청중이나 관중 또는 제3자로부터 어떤 명목으로든지 대가를 지급받지 아니하는 경우에는 공표된 저작물을 공연(상업용 음반 또는 상업적 목적으로 공표된 영상저작물을 재생하는 경우는 제외한다) 또는 방송할 수 있다. 다만, 실연자에게 일반적인 보수를 지급하는 경우에는 그러하지 아니하다.
> ②청중이나 관중으로부터 해당 공연에 대한 대가를 지급받지 아니하는 경우에는 상업용 음반 또는 상업적 목적으로 공표된 영상저작물을 재생하여 공중에게 공연할 수 있다. 다만, 대통령령으로 정하는 경우에는 그러하지 아니하다.

제1항에서 비영리 목적의 공연·방송을, 제2항에서는 반대급부 없는 상업용 음반 등의 공연을 각각 일정한 요건하에 저작재산권 제한 사유로 규정하고 있다.

2. 요건

가. 비영리목적의 공연·방송(제1항)의 경우

아래의 세 가지 요건을 모두 충족하여야 본 조항의 저작재산권 제한사유에 해당하게 된다.

(1) 영리를 목적으로 하지 않는 공표된 저작물의 공연·방송일 것

먼저 공연 또는 방송에 해당하여야 한다. 예컨대 비영리의 '전시'나 '전송'에 대하여 이 규정을 원용할 수는 없다. 방송의 경우 우리 저작권법상 무선방송과 유선방송을 구별하지 않으므로 해석상 모든 형태의 방송이 포함되는 것으로 보아야 하나, 영리 목적을 부정할 수 있는 경우는 드물 것이다(공영방송사인 한국방송공사의 경우에도 수신료를 받고 있는 이상 비영리 목적의 방송이라 볼 수 없다고 한 서울중앙지판 2016. 1. 27, 2015가합513706 참조). 또한 "공표된 저작물"일 것을 요건으로 규정하고 있으므로, 다른 모든 요건을 충족하여도 이용대상 저작물이 미공표의 저작물인 경우에는 본항에 의한 자유이용의 대상이 될 수 없다. 그러한 미공표 저작물을 이용하여 공중에게 공개하게 될 경우 공연권이나 공중송신권을 침해할 뿐만 아니라 저작자의 저작인격권인 공표권도 침해한 것으로 인정되게 될 것이다.

본항의 적용을 받기 위해서는 방송만이 아니라 공연도 영리를 목적으로 하지 않는 것이어야 한다. 여기서 영리의 목적이라고 하는 것은 두 번째 요건인 '반대급부를 받지 않을 것'과 구별되는 별도의 요건으로 규정된 점에 비추어, 직접적인 영리목적만이 아니라 간접적으로라도 영리적 목적을 가지고 있는 경우를 포함하는 것으로 보아야 한다. 예를 들어 무료의 시사회라고 하여도 선전용의 시사회라면 영리성이 있고, 어떤 상품을 구매하면서 받은 무료입장권을 들고 오는 사람들을 연주회 등에 무료입장시키는 경우도 고객서비스 또는 상품 구매의욕 촉진이라고 하는 관점에서 영리목적이 있다고 할 수 있을 것이다. 특정 회사의 이미지 제고를 위해 그 회사의 이름으로 중창단을 만든 후 정기적으로 공연하고 매 공연마다 일정 금액을 받아 온 경우에도 영리의 목적이 있다고 인정한 판례('얌모얌모' 사건에 대한 대전지판 2015. 1. 15, 2014노1511)가 있다. 그러나 사내 직원들의 회식이나 운동회에서의 연주와 같이 친목을 위한 목적이라면, 그것은 비록 영리적인 성격을 가진 회사의 내부 행사라 하더라도 영리목적의 공연 등에 해당한다고 보기 어려울 것이다.

(2) 반대급부를 받지 아니할 것

본 조항의 적용을 받기 위하여는 청중이나 관중 또는 제3자로부터 어떤 명목으로든지 반대급부를 받지 않아야 한다. 무료의 자선공연이라 할지라도 이른바 스폰서(제3자)가 있다면 이 규정의 적용을 받을 수 없다(위 대전지판 2015. 1. 15, 2014노1511 참조). 저작물의 공연, 방송에 대한 대가를 받기만 하면 그것이 공연에 필요한 제반 경비에 충당하기 위한 목적으로서 달리 이윤을 추구하는 동기는 없다고 하더라도 이 규정의 요건을 충족하지 못하는 것으로 보아야 한다. 다만, 연주회에서 공연에 대한 대가가 아니라 별도로 제공하는 다과에 대한 정상적인 대가만을 받은 경우에는 그것이 경우에 따라 영리목적으로 인정될 수 있음은 별론으로 하고 공연에 대한 반대급부를 받지는 않은 것으로 인정될 수 있을 것이다. 연주회 등의 입장료는 무료이지만 입장 자격이 유료 웹사이트의 회원에게만 주어진다고 하면 그 회비의 일부가 반대급부로서의 성격을 띠는 것으로 보아 역시 본 조항의 요건을 충족하지 못하는 것으로 보아야 한다.

(3) 실연자에게 통상의 보수를 지급하지 아니할 것

실연자(실연자의 개념에 대하여는 이 책 [148] 2. 참조))에게 통상의 보수를 지급하지 아니할 것도 본 조항의 요건이다. 이러한 규정을 둔 것은, 실연자(가수, 악단, 연기자, 무용수 등)에게 보수를 줄 수 있다면 저작재산권자에게도 당연히 저작물 사용료를 지급하여 정상적으로 이용할 일이지 굳이 자유이용을 허용할 이유가 없다는 취지인 것으로 이해된다. '통상의 보수'라고 규정되어 있으므로 그에 미치지 못하고 단지 교통비, 식대 등의 실비를 제공하는 수준에 그치는 것이라면 본 요건에 저촉되지 않는 것으로 볼 수 있다.

(4) 상업용 음반 또는 상업적 목적으로 공표된 영상저작물을 재생하는 경우가 아닐 것

2016. 3. 22.자 개정 저작권법은 제29조 제1항의 적용대상인 공연의 범위에서 '상업용 음반 또는 상업적 목적으로 공표된 영상저작물을 재생하는 경우'를 제외하는 취지를 괄호 속에 명시하고 있으므로, 상업용 음반 등에 의한 재생공연의 경우는 여기서 제외되고, 공연 중에서는 주로 생실연의 경우가 본항의 적용대상이 되게 된다. 다만, 상업용 음반이 아닌 음반이나 상업적 목적으로 공표된 것이 아닌 영상저작물을 재생하여 공연하는 경우는 법문에서 명시적으로 제외하지 않고 있으므로, 반대해석의 원칙에 따라 본항에 포함되는 것으로 보아야 할 것으로 생각된다. 상업용 음반 등이 아닐 경우 경제적 이해관계와는 무관한 경우가 많을 것이라는 점도 그러한 해석의 타당성을 뒷받침하는 면이 있을 것이다.

나. 반대급부 없는 상업용 음반 등의 공연(제2항)의 경우

다음의 요건을 모두 갖추어야 본 조항의 저작재산권 제한사유에 해당할 수 있다.

(1) 반대급부를 받지 아니할 것

청중이나 관중으로부터 당해 공연에 대한 반대급부를 받지 아니할 것이 본 조항의 요건이다. 제3자로부터 반대급부를 받는 것은 이 규정의 적용에 영향을 미치지 않는다. 그 점이 위 제1항의 경우와 다른 점이다.

그 외에도 제2항은 반대급부를 받지 않는 경우이기만 하면, 영리의 목적이 있는지 여부를 불문한다는 것과 제1항의 대상이 된 공연과 방송 중에서 공연의 경우만 대상으로 하고 있다는 점에서 제1항과 다르다.

(2) 상업용 음반 또는 상업용 영상저작물을 재생하는 방법으로 하는 공연일 것

제2항의 요건을 충족하기 위하여는 '상업용 음반' 또는 '상업적 목적으로 공표된 영상저작물'을 재생하는 방법으로 하는 공연이어야 한다. 이 부분은 2016. 3. 23.자 개정에 의하여 달라진 것으로서, 원래는 '판매용 음반' 또는 '판매용 영상저작물'을 재생하는 방법으로 할 것을 요건으로 하였다가 위 개정으로 위와 같이 다른 용어로 교체되게 된 것이다. 그리고 개정법에서 음반의 개념도 종전에는 "음(음성·음향을 말한다. 이하 같다)이 유형물에 고정된 것(음이 영상과 함께 고정된 것을 제외한다)을 말한다."라고만 규정하고 있던 것을 "음반"은 음(음성·음향을 말한다. 이하 같다)이 유형물에 고정된 것(음을 디지털화한 것을 포함한다)을 말한다. 다만, 음이 영상과 함께 고정된 것을 제외한다."라고 개정하여(제2조 제5호), 디지털음원이 음반의 개념에 해당함을 명확히 하였다. 또한 제21조에서 "상업적 목적으로 공표된 음반(이하 "상업용 음반" 이라 한다)..."이라는 규정을 둠으로써 상업용 음반의 의미가 "상업적 목적으로 공표된 음반"을 뜻한다는 것을 분명히 하였다.

제2조 제5호에서 음반의 개념을 정의하면서 사용한 "음이 유형물에 고정된 것"이라는 말 자체는 약간 애매하여 음이 고정된 유형물을 말하는 것인지 유형물에 고정된 음을 말하는 것인지 분명하지 않은 것처럼 여겨질 수 있으나, 음을 디지털화한 것을 포함한다는 규정을 통해, 그것이 '유형물에 고정된 음', 즉 음원을 뜻하는 것임을 분명히 하고 있는 것이다. 만약 음이 고정된 유형물이 음반이라면, 디지털 음원은 음반이 될 수 없고 디지털 음원이 고정된

컴퓨터 하드디스크 등이 음반이 되어야 하는데, 그것이 타당하지 않다는 것은 말할 나위가 없다.

'상업용 음반'의 개념은 위와 같은 의미의 '음반'이 처음 제작, 공표될 때 상업적 목적이 있었던 것을 뜻하는 것으로 보아야 한다. 즉, 최초에 음원이 제작, 공표된 시점에 누군가에게 판매, 대여 그 밖의 상업적인 목적으로 제작, 공표된 것으로 볼 수 있는 한, 이후 CD가 제작된 것에는 판매등 목적이 없더라도 상업용 음반으로 보아야 할 것이다.

그리고 여기서 말하는 '상업적 목적'에는 음반을 판매하거나 대여하는 등의 유상적 거래행위만이 아니라 특정회사의 서비스나 상품에 대한 광고, 홍보를 위한 것이나 매장에서 배경음악으로 사용하기 위한 것 등도 직접 또는 간접으로 상업적인 이익을 도모하는 것이면 모두 포함되는 것으로 보아야 할 것이다.

CD 등 유형물에 고정된 형태로 시중에서 판매되는 것, 즉 시판용 음반만이 아니라, 디지털 싱글 앨범과 같이 처음부터 온라인상에서 다운로드 방식이나 스트리밍 방식으로 유상 거래될 것을 목적으로 하여 공표된 디지털 음원도 당연히 포함하는 개념이며, 또한 시중에 널리 판매하는 것이 아니라 특정 매장을 위하여 전문적으로 제작되어 유상으로 공급되는 CD에 들어 있는 음원도 당연히 포함하는 개념이라고 보아야 한다. 구 저작권법상의 '판매용 음반'에 대한 대법원 판결(대판 2012. 5. 10, 2010다87474)은 이른바 '스타벅스' 사건에서 매장용으로 제작된 편집앨범 CD의 경우는 시판용으로 제작된 것이 아니라는 이유로 '판매용 음반'에 해당하지 않는 것으로 보았으나, 그 판결이 음원으로서의 음반이 처음 공표된 시점을 기준으로 상업적 목적의 유무를 따지지 않고 그 복제물인 CD의 제작이 판매 목적인지 여부를 기준으로 판단한 것은 구 저작권법을 기준으로 볼 때에도 적절하지 않다. 그것이 현행 저작권법에 따른 '상업용 음반'인지 여부에 대하여 검토해 보면, 편집앨범 CD로 제작되기 이전에 이미 상업적 목적으로 공표된 것이므로, 그것을 CD로 제작하여 이용하는 것도 여전히 '상업용 음반'의 이용에 해당하는 것으로 보아야 할 것이다. 만약 매장용으로 제작된 CD에 이전에 공표되지 않은 음원이 처음으로 포함된 것으로 가정하면 어떨까? 그 경우에도 매장용으로 제작되어 매장에서의 재생을 통해 공표되는 것을 법적으로 평가해 보면, 매장의 배경음악으로 사용한다는 상업적인 목적으로 공표되는 것이라 할 것이므로 역시 상업용 음반에 해당하는 것으로 보아야 할 것이다. 또한 이른바 '하이마트' 사건에 대한 대법원 판결(대판 2016. 8. 24, 2016다204653)은 매장음악서비스 제공회사들로부터 디지털 음원을 송신받아 이를 매장 방문 고객들에게 들려주는 방식으로 음악저작물을 공연한 경우에 대하여 '스타벅스' 사건 판례의 취지를 이어받아 그렇게 송신된 디지털 음원이 '시중에 판매할 목적으로 제작된 음반'이 아니므로 판매용 음반에 해당한다고 볼 수 없다고 판단한 원심 판결을 정당한 것으로 수긍하였는데, 그 경우에도 현행 저작권법에 의하면, 최초에 상업용 목적으로 공표된 음반인 이상 '상업용 음반'의 이용에 해당한다고 보아야 할 것이다(개정 전 저작권법상의 '판매용 음반'의 개념에 대하여는 위와 같이 제29조에 대하여는 매장음악 서비스에 의해 송신되는 디지털 음원이 '판매용 음반'의 개념에 해당하지 않는다고 본 '하이마트' 사건에 대한 판례와 실연자 등의 공연 보상청구권에 대한 제76조의2 등 규정에 대하여는 그러한 디지털 음원도 '판매용 음반'에 해당한다고 본 '현대백화점' 사건에 대한 대법원 2015. 12. 10. 2013다 219616 판결의 입장이 엇갈렸고, 그것은 권리제한규정인 제29조와 권리부여규정인 제76조의2 등 규정의 차이에 따른 서로 다른 해석이라고 할 수 있는 면이 있었으나, 2016. 3. 23.자 저작권법 개정은 이러한 혼란을 종식하고 제29조인지 제76조의2인지 등을 불문하고 모두 그러한 디지털 음원을 '상업용 음반'으로 보도록 하는 취지, 즉 '상업용 음반'의 개념을 모든 규정에 대하여 통일적으로 해석, 적용하도록 하는 취지가 포함된 것으로 본다).

'디지털 음원'이 음반의 개념에 포함된다는 것을 명확히 한 현행법하에서는 정규앨범으로 공표된 경우만이 아니라 디지털 싱글앨범으로 공표된 경우도 '상업용 음반'으로 보는 데 아무런 문제가 없다. 영화나 드라마의 OST의 경우, 방송프로그램에서 제작한 경우, 음반 홍보를 위해 무료로 배부된 경우, 공연 실황을 녹음한 경우 등의 일반 음반 등이 모두 '상업용 음반'에 해당한다. 나아가 소위 '주배시 음악'이라고 약칭하여 부르곤 하는 '주제·배경·시그널 음악'의 경우도 기존의 상업용 음반을 주배시 음악으로 사용하는 경우는 물론이고, 음반제작업체가 사전에 제작한 주배시 음악을 방송국 또는 영상제작자 등이 선택하여 사용하는 경우도 상업용 음반에 해당하는 것으로 본다.

오디오 방송 채널은 물론이고 일반 라디오 방송을 통해 송신되는 음원도 처음 공표될 때 상업적인 목적으로 제작, 공표된 음원들일 터이므로 모두 상업용 음반에 해당하는 것이고, 따라서 매장에서 라디오 방송을 통해 음악을 들려주는 경우도 제29조에서 말하는 "상업용 음반을 재생하여 공중에게 공연"하는 경우에 해당하는 것으로 보아야 할 것이다. 요즘 많이 행해지는 바와 같이 매장음악 전문 서비스회사가 매장 경영자에게 '디지털음성송신 서비스'를 제공하고 매장 경영자가 그것을 받아 매장에 틀어 놓는 경우에도 상업용 음반을 재생하여 공중에게 공연하는 경우에 해당함은 물론이다. 또한 유튜브 동영상을 재생하여 매장 고객들에게 음악을 들려주는 경우에도 거기에 사용된 음원이 처음 공표된 시점을 기준으로 파악할 때 상업적 목적으로 제작, 공표된 음원이 사용된 것이라면, 상업용 음반을 재생, 공연하는 경우에 해당하는 것으로 보아야 할 것이다.

(3) 법령에 의한 예외사유에 해당하지 아니할 것

제2항은 세계적으로 입법례가 드문 편이고, 자칫 저작재산권자의 권익을 지나치게 침해할 소지가 있는 조항이라는 점에서 이를 개정하여야 한다는 논의가 있어 왔으나, 아직까지는 법령에 의한 예외사유를 확대함으로써 그러한 문제점을 해결하고자 하는 경향을 보이고 있다. 즉, 제29조 제2항 단서에서 "다만, 대통령령이 정하는 경우에는 그러하지 아니하다"고 규정한 후 저작권법 시행령에서 자세히 예외사유를 규정하는 방식을 취하고 있는데, 시행령상의 예외사유가 수차의 개정으로 확대되어 왔다. 특히 2017. 8. 22.자 개정 시행령(2018. 8. 23. 시행)은 식품위생법 시행령에 따른 휴게음식점 중 커피 전문점 등을 영위하는 영업소(이른바 '호프집' 등도 포함), 체육시설의 설치·이용에 관한 법률 시행령에 따른 체력단련장 또는 유통산업발전법에 따른 대규모점포 중 전통시장을 제외한 대규모점포를 새로 예외규정의 적용대상에 포함하여 이러한 영업소 등에서 저작재산권자가 공연권을 행사할 수 있도록 하였다. 이것은 제29조 제2항을 폐지하는 방안에 비하면 미흡한 면이 없지 않지만, 저작권자 등의 권익의 실질적 향상에 큰 도움이 되는 제도적 개선이라 할 수 있다.

시행령 제11조는 다음의 사유들을 위 규정에 의한 저작재산권 제한사유
의 적용을 받을 수 없는 예외사유로 규정하고 있다.

■ 저작권법 시행령 제11조(상업적 목적으로 공표된 음반 등에 의한 공연의 예외) 법 제29
조 제2항 단서에서 "대통령령이 정하는 경우"란 다음 각 호의 어느 하나에 해당하
는 공연을 말한다.
 1.「식품위생법 시행령」제21조 제8호에 따른 영업소에서 하는 다음 각 목의 공연
  가.「식품위생법 시행령」제21조 제8호가목에 따른 휴게음식점 중「통계법」제22
     조에 따라 통계청장이 고시하는 산업에 관한 표준분류(이하 "한국표준산업분
     류"라 한다)에 따른 커피 전문점 또는 기타 비알코올 음료점업을 영위하는
     영업소에서 하는 공연
  나.「식품위생법 시행령」제21조 제8호 나목에 따른 일반음식점 중 한국표준산업
     분류에 따른 생맥주 전문점 또는 기타 주점업을 영위하는 영업소에서 하는
     공연
  다.「식품위생법 시행령」제21조 제8호 다목에 따른 단란주점과 같은 호 라목에
     따른 유흥주점에서 하는 공연
  라. 가목부터 다목까지의 규정에 해당하지 아니하는 영업소에서 하는 공연으로서
     음악 또는 영상저작물을 감상하는 설비를 갖추고 음악이나 영상저작물을 감
     상하게 하는 것을 영업의 주요 내용의 일부로 하는 공연
 2.「한국마사회법」에 따른 경마장,「경륜·경정법」에 따른 경륜장 또는 경정장에
    서 하는 공연
 3.「체육시설의 설치·이용에 관한 법률」에 따른 다음 각 목의 시설에서 하는 공연
  가.「체육시설의 설치·이용에 관한 법률」제5조에 따른 전문체육시설 중 문화체
     육관광부령으로 정하는 전문체육시설
  나.「체육시설의 설치·이용에 관한 법률 시행령」별표 1의 골프장, 무도학원, 무
     도장, 스키장, 에어로빅장 또는 체력단련장
 4.「항공사업법」에 따른 항공운송사업용 여객용 항공기,「해운법」에 따른 해상여
    객운송사업용 선박 또는「철도사업법」에 따른 여객용 열차에서 하는 공연
 5.「관광진흥법」에 따른 호텔·휴양콘도미니엄·카지노 또는 유원시설에서 하는 공연
 6.「유통산업발전법」별표에 따른 대규모점포(「전통시장 및 상점가 육성을 위한
    특별법」제2조 제1호에 따른 전통시장은 제외한다)에서 하는 공연
 7.「공중위생관리법」제2조 제1항 제2호 숙박업 및 같은 항 제3호 나목의 목욕장
    에서 영상저작물을 감상하게 하기 위한 설비를 갖추고 하는 상업적 목적으로
    공표된 영상저작물의 공연

8. 다음 각 목의 어느 하나에 해당하는 시설에서 영상저작물을 감상하게 하기 위한 설비를 갖추고 발행일부터 6개월이 지나지 아니한 상업적 목적으로 공표된 영상저작물을 재생하는 형태의 공연

가. 국가·지방자치단체(그 소속기관을 포함한다)의 청사 및 그 부속시설

나. 「공연법」에 따른 공연장

다. 「박물관 및 미술관 진흥법」에 따른 박물관·미술관

라. 「도서관법」에 따른 도서관

마. 「지방문화원진흥법」에 따른 지방문화원

바. 「사회복지사업법」에 따른 사회복지관

사. 「양성평등기본법」 제47조 및 제50조에 따른 여성인력개발센터 및 여성사박물관

아. 「청소년활동진흥법」 제10조 제1호 가목에 따른 청소년수련관

자. 「지방자치법」 제161조에 따른 공공시설 중 시·군·구민회관

커피 전문점이나 생맥주 전문점에서 음악 공연에 대한 반대급부를 받지 않고 상업용 음반을 재생하여 공연하는 경우 제29조 제2항 본문에 의하면 제한사유에 해당하지만, 같은 항 단서 및 시행령 제11조 제1호 가목 및 나목에 따라 그 예외에 해당하므로 결국 허락 없이 재생하는 것이 저작재산권자의 공연권 침해에 해당하게 된다. 그리고 도서관에서 저작재산권자(공연권자)의 허락 없이 상업용 영상저작물을 재생하는 경우, 그 영상저작물이 발행일로부터 6개월이 지난 것이면, 제29조 제2항 본문에 따라 제한사유에 해당하지만, 6개월이 지나지 않은 것이면 같은 항 단서 및 시행령 제11조 제8호 라목에 따라 그 예외에 해당하므로 역시 공연권 침해에 해당하게 된다.

3. 개작 이용 등

본조에 의한 저작재산권 제한사유에 해당하는 경우에는 해당 저작물을 번역·편곡 또는 개작 하여 이용할 수 있다(제36조 제2항).

또한 이 경우에 출처명시의무는 면제된다(제37조 제1항).

[122] 사적이용을 위한 복제

1. 의의

'사적이용을 위한 복제'와 관련하여 저작권법 제30조는 다음과 같이 규정하고 있다.

■ 제30조(사적이용을 위한 복제) 공표된 저작물을 영리를 목적으로 하지 아니하고 개인적으로 이용하거나 가정 및 이에 준하는 한정된 범위 안에서 이용하는 경우에는 그 이용자는 이를 복제할 수 있다. 다만, 공중의 사용에 제공하기 위하여 설치된 복사기기, 스캐너, 사진기 등 문화체육관광부령으로 정하는 복제기기에 의한 복제는 그러하지 아니하다.

본조의 규정취지는 저작권법이 사적(私的) 영역 내에서 행해지는 복제까지 금지할 경우에는 인간의 행동의 자유가 과도하게 저해될 수 있고, 반면에 그러한 사적 복제를 저작권의 범위 내로 한다고 해도 실제 그 실효성을 기대하기 어렵다는 것에 있다.

2. 요건

컴퓨터프로그램저작물의 경우를 제외한 일반저작물의 경우 다음의 요건들을 충족할 때 제31조에 의해 자유이용이 허용된다.

가. 공표된 저작물일 것

사적 이용을 위한 복제가 허용되기 위하여는 그 대상이 공표된 저작물일 것을 요한다. 공표된 저작물이기만 하면, 어문, 음악, 미술, 기타 어떤 종류의 저작물이라도 그 대상이 될 수 있다.

나. 영리 목적이 아닐 것

사적 이용을 위한 복제로 인정되려면 영리의 목적으로 하지 않아야 한다. 여기서 영리의 목적이란 소극적으로 저작물의 구입비용을 절감한다는 의미가 아니라 복제물을 타인에게 판매하거나 타인으로부터 복제의뢰를 받아 유상으로 복제를 대행하는 등 복제행위를 통하여 직접 이득을 취할 목적을 의미한다. 그러므로 예를 들어, 다음의 경우들은 일반적으로, 영리의 목적을 가진 것으로 보지 아니한다.

① 개인사업자 또는 영리법인인 회사 등이 타인에게 판매할 의사 없이 내부에서 이용하기 위하여 저작물을 복제하는 행위(다만, 이 경우는 뒤에서 보는 바와 같이 '개인, 가정 또는 이에 준하는 한정된 범위' 안에서 이용되는 것이라고 할 수 없어 결국 이 규정에 의한 자유이용의 범위에는 포함되지 않는 것으로 본다.)

② 교사가 수업 준비를 위한 자료로 저작물을 복제하여 이용하는 경우(다만, 그 자료를 학생들에게 배부할 경우에는 역시 '개인, 가정 또는 이에 준하는 한정된 범위'를 넘어선 것으로 볼 수 있다. 그러나 그 경우에도 일정한 요건하에 교육목적을 위한 이용으로서 제25조 제2항에 의하여 허용될 수는 있다.)

③ 개인적으로 감상할 목적으로 음원을 구매 하는 대신, P2P 프로그램이나 파일 공유형 웹하드 사이트에서 다운로드 받는 행위(다만, 뒤에서 보는 바와 같이, P2P 프로그램을 이용하여 다운로드를 받으면서 동시에 공유폴더에 그 파일이 등록되어 불특정 다수의 사람에게 전송되게 되는 경우에는 '개인, 가정 또는 이에 준하는 한정된 범위'를 넘어서 이용하는 경우에 해당하는 것으로 볼 수 있다)

④ TV 방송 내용을 나중에 다시 보기 위하여 녹화해 두는 행위(결론적으로도 사적 이용을 위한 복제로서 허용되는 행위가 될 가능성이 높다.)

⑤ 구입한 음악 CD에 수록된 음원을 MP3 플레이어에 넣어서 보다 편리하게 감상하기 위하여 리핑(ripping)하는 행위(결론적으로도 사적 이용을 위한 복제로서 허용되는 행위가 될 가능성이 높다)

다. 개인, 가정 또는 이에 준하는 한정된 범위 안에서의 이용일 것

(1) 의의

이 규정의 적용을 받으려면 '개인적으로 이용하거나 가정 및 이에 준하는 한정된 범위 안에서 이용하는 경우'이어야 한다. 복제행위를 개인적으로 하는 것 등을 의미하는 것이 아니라 복제 후의 이용행위가 이러한 범위 내에서의 이용이어야 한다는 뜻이다. 복제 시점을 기준으로 하면 이러한 범위 내의 이용을 '목적'으로 한 복제일 것을 요한다고 볼 수 있다.

먼저 '개인적으로 이용'한다는 것은 복제를 한 자 자신이 이용하는 것을 의미한다. '가정'이라는 용어는 친족관계보다는 동거관계에 중점을 두고 있는 개념으로 이해되므로 동거하지 않는 가족은 제외되는 것으로 보이지만 동거하지 않는 가족도 그에 '준하는' 범위로는 볼 수 있어 결국 이 규정의 범위에 포함된다.

그리고 '이에 준하는 한정된 범위 안'이라고 하기 위해서는 복제하는 자가 속하는 소수의 집단 구성원들 상호간에 강한 인적결합 또는 사적 유대감이 있을 것을 필요로 한다. 예를 들어 자신과 교분이 있는 친구들에게 배포하는 것과 같은 경우에 그 친구들 상호간에는 인적결합이 없다면 이 요건을 충족하지 못하는 경우라고 할 수 있다. 전형적으로는 동호회나 서클 중에서 하나의 취미 내지 활동을 목적으로 하여 모여 있는 한정된 극소수의 그룹을 가리키는 것으로 보고 있다(수적인 기준이 명확하게 있지는 않고, 학자들에 따라서 10인 이내 혹은, 3~4인 정도 등 다양한 주장이 있다. 구체적인 사안의 특성에 따른 개별적 판단이 필요하다).

(2) '공중' 개념과의 관계

이 요건이 '공중'의 개념(이 책 [43] 2. 참조)과 직접적인 관련성을 가진 것은 아니므로, '공중'을 대상으로 한 것이 아니라는 것만으로 이 요건을 충족한다고 할 수는 없다. 하지만, '공중'에 해당하는 사람이 이용할 수 있는 경우라면, '개인, 가정 또는 이에 준하는 한정된 범위'라고 할 수 없고, 따라서 사적 이용을 위한 복제로서 허용되는 것으로 볼 수 없을 것이다. 이것을 전송의 개념(이 책 [51] 3. 참조)과 관련하여 생각해 보면, "공중의 구성원이 개별적으로 선택한 시간과 장소에서 접근할 수 있도록 저작물 등을 이용에 제공하는 것"을 뜻하는 전송에 해당하는 경우라면 사적 이용을 위한 복제가 허용되지 않는다고 볼 수 있다. 반면에, 공중의 구성원이 이용할 수 있게 제공하는 것이 아니라는 이유로 전송에 해당하지 않는 것으로 보는 경우라고 해서 반드시 '개인, 가정 또는 이에 준하는 한정된 범위'의 요건을 충족하는 것은 아니지만, 그 범위 내라고 볼 가능성이 적지 않을 것이다. 예를 들어 저작물의 복제물을 가족이나 서로 잘 알고 있는 극소수의 친구들에게 이메일이나 메신저로 송부하는 경우에는 전송의 개념에 해당하지 않고 그에 수반하는 복제는 사적 이용을 위한 것으로 볼 수 있을 것이다. 게시물을 회원들만 공유하고 비회원은 그 내용을 전혀 열람할 수도 없도록 하는 폐쇄적인 형태의 인터넷 카페를 개설하여 가족들 또는 그에 준하는 극소수의 친구 등만을 회원으로 하여 운영할 경우에 그 카페 게시판 등에 복제물을 올려 공유할 경우에도 '전송'의 개념에 해당하지 않고, 이 규정에 따라 사적 이용을 위한 복제로서 허용되는 것으로 볼 수 있을 것이다. 그러나 그러한 폐쇄적인 인터넷 카페라 하더라도 그 회원 수가 많거나 회원 상호간의 개인적인 결합관계가 약한 경우, 또는 비회원이 '글쓰기'를 할 수는 없어도 검색 및 열람을 할 수 있게 하는 경우이거나 회원 구성이 쉽게 바뀔 수 있는 개방적인 형태로 운영되는 등의 경우에는 공중을 대상으로 한 것으로서, '전송'에 해당하고, 사적 이용을 위한 복제라고 보기도 어려울 것이다.

(3) 기업의 업무를 위한 이용의 경우

본 요건과 관련하여 가장 문제가 되는 것은 기업에서 내부적으로 업무를 위해 이용하는 경우가 본 요건을 충족할 수 있는가 하는 점이다. 이에 대하여 는 대부분의 학설은 그러한 경우에는 '이에 준하는 한정된 범위 안'에 해당하지 않는다고 보고 있으며, 대법원도 '리프리놀' 사건에서 다수설의 입장을 수용한 판결을 선고하였다(대판 2013. 2. 15, 2011도5835). 의사, 변호사 등의 개인직업의 경우에는 본조의 요건을 충족하는 것으로 보아야 한다는 견해도 있지만, 업무에 사용하기 위한 복제에 관한 한, 위와 같은 이유로 찬성하기 어렵다. 요컨대 본조에 의한 이용행위에는 비즈니스와 관련한 업무상의 이용은 포함되지 않는 것으로 보아야 할 것이다.

(4) P2P 프로그램 등을 통해 타인의 저작물을 다운로드 받는 경우

P2P 프로그램 또는 서비스를 이용하여 개인적으로 타인의 저작물을 다운로드 받는 경우에는 사적 이용을 위한 복제에 해당한다고 볼 수 있으나 다운로드 받음과 동시에 이른바 '공유폴더'에 등록되어 불특정 다수의 접속자가 다운로드 받아 갈 수 있도록 제공할 경우에는 역시 가정에 준하는 한정된 범위 안에서의 이용이라고 볼 수 없으므로 사적 이용을 위한 복제에 해당하지 아니하며, 복제만이 아니라 공중송신(전송)에도 해당하게 된다('소리바다' 사건에 대한 서울고판 2005. 1. 12, 2003나21140 참조). 그러한 전송이 수반되지 않는 방법으로 P2P 프로그램을 이용하거나 혹은 파일공유형 웹스트로지(웹하드) 사이트를 이

용하여 개인적으로 감상할 목적으로 영화, 음원 등의 불법복제물을 다운로드 받는 경우에는 그것을 다른 목적으로 사용하지 않는 한 '개인, 가정 또는 이에 준하는 한정된 범위' 안에서의 이용에 해당할 가능성이 높다.

라. 복제의 주체

법문에서 '그 이용자는 이를 복제할 수 있다'고 규정하고 있으므로 복제의 주체는 사적 이용자 본인이어야 한다. 복제행위의 주체가 본인인 이상 실제로 복사행위를 하는 자는 본인이 수족으로 사용하는 사람이거나 업무상 본인을 보조하는 지위에 있는 타인이라도 무방하다.

이와 관련하여, 이용자가 복제업자에게 복제를 의뢰하는 경우를 본조에 의한 사적 이용으로 볼 것인지가 문제된다. 반대견해도 전혀 없는 것은 아니지만, 복제업자에게 의뢰를 하여 수행하는 경우에 그 복제의 주체는 영리적인 목적으로 복제업에 종사하는 복제업자라고 보아야 하므로 본조의 요건을 갖춘 것으로 볼 수 없다.

마. 복제의 방법

복제의 방법에 있어서는 1957년에 제정된 구 저작권법은 기계적·화학적 방법에 의하지 아니하는 복제만 허용하였지만, 현행법상으로는 특별한 제한이 없어서 복사기를 쓰거나 녹음, 녹화기기를 사용하거나 웹사이트 등에서 제공하는 복제기능을 이용하거나 아무 상관이 없다. 다만, 제30조 단서 규정에 의한 제한이 존재한다.

즉, 현행법 제30조 단서는 "다만, 공중의 사용에 제공하기 위하여 설치된 복사기기, 스캐너, 사진기 등 문화체육관광부령으로 정하는 복제기기에 의한 복제는 그러하지 아니하다"고 규정하고 있다. 2000년에 개정된 저작권법에 처음 위와 같은 단서 규정이 신설될 때에는 "공중의 사용에 제공하기 위하여 설치된 복사기기에 의한 복제"만 규정하였는데, 오늘날 복사기기에 의한 복제만이 아니라 책을 스캔할 수 있는 스캐너를 설치하여 고객들에게 빌려주는 등의 북스캔 관련 영업이 성행하는 등의 새로운 상황에 대처하기 위하여

2020. 2. 4.자 저작권법 개정에 의하여 위 단서 규정의 적용대상 범위를 위와 같이 넓히게 되었다.

이 단서 규정에 해당하기 위해서는 복사기기 등이 "공중의 사용에 제공하기 위하여 설치된" 것이어야 한다. 이 규정이 복사기기 등의 소유가 복제자 본인에게 속할 것을 요구하는 것은 아니므로 타인의 복사기를 빌린 경우이더라도 가정 내에 설치한 것으로서 공중의 사용에 제공되는 것이 아니라면 단서규정에 저촉되지는 않지만, 공중의 사용에 제공하기 위하여 설치된 것인 이상 전문 복제업자가 소유, 운영하는 것만이 아니라 시민회관 등의 공공시설에서 공중이 이용할 수 있도록 설치, 제공하는 기기도 포함된다.

이 단서 규정의 적용대상인 기기의 유형은 ① 복사기, ② 스캐너, ③ 사진기, ④ 이 세 가지에 해당하는 기기의 기능을 복합하여 갖추고 있는 복제기기 등이다(시행규칙 제2조의2).

바. 복제의 양적 범위

위에서 본 요건들을 모두 갖추더라도 그 복제는 필요한 한도에서 허용되는 것이고 필요한 범위를 넘어 복제를 하거나 필요한 부수보다 많은 부수를 복제하는 것은 법의 취지에 비추어 허용되지 않는 것으로 본다.

3. 개작 이용 등

본조 규정에 의한 자유이용에 있어서는 그 저작물을 번역·편곡 또는 개작하여 이용할 수 있다(제36조 제1항). 또한 출처명시의무는 면제된다(제37조 제1항 단서).

4. 컴퓨터프로그램저작물의 경우

컴퓨터프로그램저작물에 대하여는 저작권법 제30조가 적용되지 아니하고(제37조의2), 대신 저작권법 제101조의3 제1항 제4호가 적용된다. 이 규정에 의하면, "가정과 같은 한정된 장소에서 개인적인 목적으로 복제하는 경우"로서 "영리를 목적으로 복제하는 경우"가 아닐 것(같은 호 괄호) 및 "프로그램의 종류·

용도, 프로그램에서 복제된 부분이 차지하는 비중 및 복제의 부수 등에 비추어 프로그램의 저작재산권자의 이익을 부당하게 해치는 경우"가 아닐 것(제1항 단서)을 조건으로 자유이용이 허용된다.

여기에서 "가정과 같은 한정된 장소에서 개인적인 목적"으로 이용하는 경우라고 하는 것은 저작권법 제30조의 "개인적으로 이용하거나 가정 및 이에 준하는 한정된 범위 안에서"와 그 뜻하는 바가 다르다. 즉 제30조의 경우에는 앞서 설명한 바와 같이, 복제하는 사람 자신이 개인적으로 이용하는 경우뿐만 아니라 가정이나 그에 준하는 한정된 범위 안에 있는 소수 사람들이 함께 이용하는 경우가 포함될 수 있지만, 프로그램에 대한 저작권법 제101조의3 제1항 제4호가 적용되기 위해서는 복제하는 사람 자신이 개인적으로 이용하는 것을 목적으로 하는 경우일 것을 필요로 하고, "가정과 같은 한정된 장소에서"라고 하는 것은 이용자의 범위를 넓히는 것이 아니라 오히려 복제의 장소를 가정 안이나 혹은 그에 준하는 한정된 장소로 한정하는 의미를 가질 뿐이다. 그 규정에 의하면, 공공장소에 설치된 PC 등에 의한 복제는 개인적인 목적이라 하더라도 자유이용의 범위에서 제외된다.

위에서 일반 저작물에 대한 요건 중 '영리 목적이 아닐 것'에 대한 설명 (위 2. 나.)은 프로그램에 대하여도 그대로 적용될 수 있으나, 그 나머지 요건들은 프로그램에 대하여는 적용되지 아니하는 요건들임을 유의할 필요가 있다.

[123] 도서관 등에서의 복제

1. 서설

저작권법 제31조에서는 도서관 등이 주체가 된 경우에는 일정한 요건하에 저작물을 복제 또는 전송할 수 있도록 규정하고 있다. 도서관 등이 학문과 예술의 발전을 위해 역할을 원활하게 수행할 수 있도록 하기 위한 규정이다.

2. 제31조 제1항

가. 의의

저작권법 제31조 제1항은 다음과 같이 규정하고 있다.

■ 제31조(도서관등에서의 복제 등) ① 「도서관법」에 따른 도서관과 도서·문서·기록 그 밖의 자료(이하 "도서등"이라 한다)를 공중의 이용에 제공하는 시설 중 대통령령으로 정하는 시설(해당 시설의 장을 포함한다. 이하 "도서관등"이라 한다)은 다음 각 호의 어느 하나에 해당하는 경우에는 그 도서관등에 보관된 도서등(제1호의 경우에는 제3항에 따라 해당 도서관등이 복제·전송받은 도서등을 포함한다)을 사용하여 저작물을 복제할 수 있다. 다만, 제1호 및 제3호의 경우에는 디지털 형태로 복제할 수 없다.
  1. 조사·연구를 목적으로 하는 이용자의 요구에 따라 공표된 도서등의 일부분의 복제물을 1명당 1부에 한정하여 제공하는 경우
  2. 도서등의 자체보존을 위하여 필요한 경우
  3. 다른 도서관등의 요구에 따라 절판 그 밖에 이에 준하는 사유로 구하기 어려운 도서등의 복제물을 보존용으로 제공하는 경우

도서관 등에서 그 이용자들에게 필요한 자료를 복제하여 주는 것이 도서관의 중요한 업무로 되어 있고 또한 도서관 자료의 보존이나 활용을 위하여는 복제가 불가피한 경우가 있다. 현행법은 이러한 도서관 업무의 실태와 도서관의 문화적·공공적 역할의 중요성을 고려하여 도서관 등에서 일정한 요건하에 저작자의 동의 없이도 저작물을 복제할 수 있도록 하기 위하여 도서관 등에서의 자유이용을 규정하고 있는 것이다. 디지털화하여 보존하는 것이 보관 공간의 절약 및 검색의 편의성 등 면에서 장점이 있다는 것을 감안하여 제2호에 의한 보존의 경우 디지털 형태로 복제하는 것도 허용하고 있으나 한편으로는 디지털화하여 유통될 경우 저작권자의 권익에 큰 위협이 될 수 있음을 감안하여 제1호 및 제3호의 경우에는 디지털 형태로 복제하는 것(그 의미에 대하여는 아래 나. (3) 참조)을 허용하지 않고 있다.

나. 요건

(1) 복제의 주체

도서관 등이 복제의 주체일 것이 요건이다. 법문에 따르면 "도서·문서·기록 그 밖의 자료(이하 "도서등"이라 한다)를 공중의 이용에 제공하는 시설 중 대통령령으로 정하는 시설(해당 시설의 장을 포함한다. 이하 "도서관등"이라 한다)"이 주체이다. 도서관과 기록보존소가 이에 해당한다.

복제의 주체에 관한 위 규정은 도서관등이 물리적인 복제의 장소가 될 것을 의미하는 것이 아니라 복제의 사업적 주체가 도서관 등일 것을 요하는 취지이다. 따라서 외부의 복사업자가 도서관 구내에 들어와 복제업을 수행할 경우는 당연히 본조의 요건을 충족하지 못한다. 다만 복제행위에 대한 사업적 책임을 도서관 등이 지고 있을 경우에는 복제기기의 소유권이 외부의 임대사업자에게 있거나 일정한 보조적 업무를 외부에서 수행한다고 하더라도 도서관 등이 복제의 주체인 것으로 볼 수 있을 것이다.

(2) 복제의 대상 및 수단

도서관 등이 복제를 할 수 있는 대상은 그 도서관 등에 보관된 도서·문서·기록 그 밖의 자료(이하 "도서 등"이라 한다)이다. 도서 등의 소유권이 당해 도서관 등에 있는지 다른 도서관 등으로부터 빌려온 것인지를 불문하고, 당해 도서관 등이 책임지고 보관하고 있는 도서 등일 것을 요한다. 그 도서관 등이 보관하고 있는 도서 등이 아니라 이용자가 개인적으로 외부에서 가지고 온 자료를 당해 도서관으로 하여금 복제하게 하는 것은 이에 해당하지 않는다.

도서·문서·기록 그 밖의 자료라고 하여 비교적 광범위하게 규정하고 있으므로 서적, 잡지, 기록물 등의 문서 자료 외에 지도, 도형, 모형, 사진, 음반, 영상물 등 모든 정보매개물을 포함하는 개념으로 본다.

따라서 복제의 수단에도 복사, 사진촬영, 녹음, 녹화 또는 마이크로 필름화 등이 널리 포함된다. 그러나 디지털 형태로 복제하는 것은 제2호 사유의 경우에만 허용된다.

(3) 유형별 요건

1) 이용자의 요구에 의한 복제(제1호)   첫째, 이용자의 요구에 의하여야 한다. 수요를 예측해서 복사를 미리 준비해 두었다가 이를 이용자에게 판매한다고 하는 형태는 이 요건에 합치되지 않는 것으로 본다. 개인(자연인)뿐만 아니라 법인 기타 단체, 특히 영리법인 또는 영리단체도 조사연구의 목적을 위하여 그 명의로 도서관에 대하여 복제를 요구할 수 있다. 다만, 그 영리법인 등이 1부의 복제물을 도서관 등으로부터 제공받은 후에 업무상 이용을 위해 여러 부로 복제할 경우에는 저작권자의 허락이 없는 한 복제권 침해가 성립할 수 있다. 기업의 업무상 복제가 사적 이용을 위한 복제에 해당하지 않음은 앞서 살펴본 바(이 책 [122] 2. 다. 참조)와 같기 때문이다.

둘째, 이용자의 복제요구가 조사, 연구를 목적으로 하는 것이어야 한다. 따라서 단순한 취미, 오락 등의 목적으로 복제를 요구하는 경우에는 본조의 요건을 충족하지 아니한다. 그러나 이용자가 어떤 목적을 가졌는지는 도서관 등이 객관적으로 판단하기 어려울 것이므로 결국 이 요건은 선언적인 의미에 그치는 것이라고 보지 않을 수 없다.

셋째, 공표된 저작물일 것을 요한다. 따라서 미공표 유고, 일기 등을 설사 도서관 등이 보관하고 있다고 하더라도 이 규정에 따라 복제를 하는 것은 허용되지 않는다.

넷째, 도서 등의 일부분을 복제하여야 한다. 따라서 한 권의 책이나 한 권의 사진집의 전부를 복제하여서는 아니 된다.

다섯째, 1인 1부에 한하여 제공되어야 한다. 1인의 대표에 의해 다수인이나 단체 구성원들을 위한 대리신청, 수령이 문제가 되는데, 이용자 1인이 복수 부수를 손에 넣는 것을 방지하는 의미에서 허용되지 않는다고 해석하여야 할 것이다.

여섯째, 디지털 형태의 복제가 아니어야 한다. 스캐닝 등에 의하여 디지털 자료로 변환하는 것도 일종의 복제이지만, 그러한 복제를 하여 이용자에게 전달할 경우에는 온라인을 통해 쉽게 유통될 가능성이 있다는 점에서 저작권자의 권익에 부정적인 영향을 미칠 수 있다는 점을 고려한 규정이다. 팩스를 이용하여 복제물을 송부할 경우에는 전기적 신호로 전달되더라도 디지털 팩시밀리가 아닌 한 '디지털 형태'의 복제가 수반되지는 않는 것으로 보이고, 팩스 송부가 우리 저작권법상 '전송'에 해당한다고 보기도 어려우므로 제1호에 따라 허용되는 범위에 포함된다고 볼 수 있을 것이다.

디지털 형태의 도서 등을 아날로그 형태로 복제하는 것은 이 규정에 의하여 허용되는 범위 안에 있다. 즉 이북이나 디지털 형태의 학술논문 자료 등을 프린터로 출력하여 제공하는 것은 가능하다. 다만, 그 경우에 뒤에서 보는 바와 같은 보상금 지급의무가 따른다.

2) 도서 등의 자체보존을 위한 복제(제2호)　　도서관 등은 도서 등의 자체보존을 위하여 필요한 경우에도 도서 등을 복제할 수 있다. 이에 해당하는 경우로는 다음의 경우들을 들 수 있다.

첫째, 보관 공간의 부족으로 인해 마이크로필름, 마이크로피시, 자기테이프 등으로 축소복제 하거나 스캐닝 등으로 디지털화하여 보존하고자 하는 경우이다.

둘째, 보관 중인 귀중한 희귀본의 손상, 분실을 예방하기 위해 완전한 복제를 해 둔다고 하는 경우도 있을 수 있다. 희귀본이라고 볼 수 없는 일반 소장문서의 부식 등에 의한 결손에 대처하기 위해 복제를 해 두는 행위의 필요성에 대하여는 극히 엄격한 판단기준이 적용되어야 할 것이다.

셋째, 보관 중인 자료의 오손(汚損)된 페이지를 보완하기 위해 복제하는 경우도 있을 수 있다. 그러나 정기간행물의 궐호를 보충하기 위해 복제를 하는 것은 본호의 법문과도 일치하지 않음은 물론 본조 본문에서 말하는 '그 도서관 등에 보관된 도서 등'을 복제하는 행위에도 해당하지 않아 허용되지 아니한다.

본호의 경우는 제1호 및 제3호의 경우와 달리 디지털 형태의 복제도 허용되는데, 그렇게 규정된 것은, 내부 보관을 위한 것이므로 저작권자의 정당한 이익을 위협할 수 있는 불법유통의 가능성이 상대적으로 적은 반면, 보관을 위한 공간의 문제나 보관기간의 경과로 인한 훼손의 문제에 대비하기 위한 좋은 방법 중의 하나가 될 수도 있기 때문이다. 다만, 본조 제4항 및 제7항에 의한 제한이 있다. 즉, 도서관 등은 본호의 규정에 따라 도서 등의 복제를 할 경우에 그 도서 등이 디지털 형태로 판매되고 있는 때에는 그 도서 등을 디지털 형태로 복제할 수 없다(제4항). 또한 이 경우 제7항에 의한 복제방지조치 등 의무를 진다.

3) 다른 도서관 등의 요구에 따른 복제(제3호) 제3호는 "다른 도서관 등의 요구에 따라 절판 그 밖에 이에 준하는 사유로 구하기 어려운 도서 등의 복제물을 보존용으로 제공하는 경우"이다. 도서관 간의 상호 자료 제공을 일정한 한도 안에서 인정하는 취지의 규정으로서, 다른 도서관 등의 요구에 따라 입수하기 곤란한 도서 등의 복제물을 제공할 수 있도록 정하고 있다.

여기서 "다른 도서관 등"이라 함은 역시 본조 및 시행령상의 도서관 및 기타 시설(기록보존소)에 해당하는 경우여야 할 것이다.

"절판 그 밖에 이에 준하는 사유로 구하기 어려운 도서 등"이라 함은 절판된 단행본, 발행 후 장기간을 경과한 정기간행물 등으로서 헌책방 등에서도 쉽게 구할 수 없는 것을 말한다. 가격이 높기 때문에 재정적으로 구입하기가 어렵다고 하는 경제적 이유는 정당한 이유라고 보기 어렵다. 외국도서이기 때문에 입수하는 데 시간이 걸린다고 하는 것도 이유가 될 수 없음은 물론이다. 일반시장에는 이미 존재하지 않고 있는 것과 같은 경우만을 의미하는 것이다. 이때 복제의 주체는 입수하기 곤란한 자료를 소장하여 복제물을 제공하는 도서관 등이 된다. 즉 복제물을 필요로 하는 도서관 등이 그 자료를 빌려서 복제하는 것은 허용되지 않는다는 것에 주의를 요한다.

본호의 경우, 디지털 형태로 복제하는 것은 허용되지 아니한다.

3. 제31조 제2항부터 제7항까지의 규정

가. 서언

제31조 제1항이 도서관 등의 복제에 관한 전통적인 규정으로서 디지털 시대가 되면서 디지털 형태의 복제에 의한 보존을 허용하는 등 일부 수정만 된 규정임에 대하여, 제2항부터 제7항까지의 규정은 본격적인 '전자도서관' 구현을 위한 규정이라 할 수 있다. 다만, 그로 인하여 저작권자의 이익이 부당하

게 위협받는 일이 없도록 균형을 잡으려는 의도도 반영되어 있다.

나. 도서관 등의 안에서의 전자적 열람을 위한 복제, 전송(제2항)

제2항에 따라 도서관 등은 일정한 요건하에 컴퓨터 등 정보처리능력을 가진 장치(이하 '컴퓨터'라 한다)를 이용하여 이용자가 그 도서관 등의 안에서 열람할 수 있도록 보관된 도서 등을 복제 하거나 전송할 수 있다.

이 규정에 따라 복제 또는 전송이 허용되기 위한 요건들을 살펴보면 다음과 같다.

첫째, '도서관 등'이 복제의 주체가 되어야 하고 그 도서관 등에 보관된 도서 등을 사용하여 복제 또는 전송할 것을 요하는 점은 제1항의 경우와 마찬가지이다.

둘째, 이용자의 열람을 목적으로 하는 복제·전송일 것을 요한다. 일반적으로 열람이란 저작물을 시각적으로 보는 행위를 말하나, 도서관 이용의 관행상 이에 국한되는 것은 아니며, 듣는 행위를 포함하는 것으로 이해되고, 따라서 음반이나 영상저작물을 복제·전송하여 청취 또는 시청하게 하는 것도 이에 포함되는 것으로 볼 수 있다. 여기서의 복제는 전송을 위한 디지털 형태의 복제를 뜻한다.

이용자가 열람을 넘어 복제를 할 수 있도록 제공하는 것은 이 규정에 의한 자유이용의 범위를 넘어선 것으로 보아야 한다. 따라서 이용자로 하여금 디지털 형태의 도서 등을 디지털 형태로 복제(다운로드, USB로의 파일복제 등)하게 하는 것이 허용되지 않음은 물론이고, 아날로그 형태로 복제, 즉 출력(프린트 아웃)을 할 수 있도록 하는 것도 제31조 제1항 제1호에 따라서 저작물의 일부분을 복제(프린트 아웃)하는 경우를 제외하고는 이 규정(제2항)에 따라 허용되지는 아니한다.

셋째, 도서관 등의 안에서의 열람을 위한 것이어야 한다. '도서관 등의 안'이란 도서관 등의 구내(premises)를 의미한다. 대학 등의 경우 비록 교내라 할지라도 연구실 등에서의 열람을 위한 복제·전송은 이에 해당한다고 보기 어렵다. 도서관 등이 여러 동의 건물로 이루어진 경우에도 그 건물들이 하나의 조직에 속해 있다면 그 건물들에 있는 도서관 등의 구내는 해당 도서관 등의 안으로 볼 수 있다.

넷째, 동시 열람 이용자 수에 관한 제한을 준수할 것을 요한다. 이 경우 동시에 열람할 수 있는 이용자의 수는 그 도서관 등에서 보관하고 있거나 저작권 그 밖에 이 법에 따라 보호되는 권리를 가진 자로부터 이용허락을 받은 그 도서 등의 부수를 초과할 수 없다(제31조 제2항 후문). 그 부수를 초과한 수의 이용자가 동시에 열람할 수 있도록 제공할 경우에는 이 규정에 의한 자유이용의 범위를 벗어나는 것이 되고 따라서 허락 없이 그렇게 할 경우에는 저작권자 등의 복제권 및 전송권을 침해하는 것이 된다. 다만 동시 열람 이용자 수에 관한 이러한 제한은 보상금지급의무가 수반되지 않는, 관내 전송에 관한 제31조 제2항의 경우에만 적용되고, 보상금지급의무가 수반되는, 관간 전송에 관한 제31조 제3항의 경우에는 적용되지 않는 것이다. 제2항에서 동시열람이 가능한 이용자 수를 제한한 것은 도서관 등에서 보다 많은 이용자에게 디지털 정보를 열람할 수 있도록 제공하고자 할 경우에는 보다 많은 부수의 도서 등을 구입하거나 별도의 이용허락을 받아야만 하게 되어 결과적으로 저작권자 등의 권익 보호에 도움이 될 것을 기대한 취지의 규정이라 할 수 있다.

다섯째, 복제방지조치 등 필요한 조치를 취할 것을 요한다. 이 규정에서 말하는 복제는 디지털 복제를 의미하므로 제1항 제2호 사유 중 디지털 형태의 복제의 경우와 마찬가지로 복제방지조치 등 의무를 지운 것이다.

여섯째, 도서 등이 이미 디지털 형태로 판매되고 있는 경우에는 디지털 형태로 복제하여서는 아니 된다(제31조 제4항).

다. 다른 도서관 등의 안에서의 전자적 열람을 위한 복제, 전송(제3항)

제3항에 따라 도서관 등은 일정한 요건하에 컴퓨터를 이용하여 이용자가 다른 도서관 등의 안에서 열람할 수 있도록 보관된 도서 등을 복제하거나 전송할 수 있다. 이 규정에 의하여 복제, 전송이 허용되기 위한 요건은 다음과 같다.

첫째, '도서관 등'이 복제의 주체가 되어야 하고 그 도서관 등에 보관된

도서 등을 사용하여 복제 또는 전송할 것을 요하는 점은 제1항 및 제2항의
경우와 마찬가지이고, 이용자의 열람을 목적으로 하는 복제·전송일 것을 요
하는 것은 제2항의 경우와 마찬가지이다.

둘째, 다른 도서관 등의 안에서의 열람을 위한 것이어야 한다. 도서관 등
의 안이란 역시 도서관 등의 구내(premises)를 의미한다. 동일한 도서관 등인지
다른 도서관 등인지를 구별함에 있어서는 동일한 지휘, 감독 체계에 따라 운
영되는지가 중요한 판단요소가 된다. 예를 들어 대학 내에 각 단과대학별로
자료실 등이 운영되고 있는 경우에, 그 단과대학 자료실들이 대학 중앙도서관
의 지휘·감독을 받고 있을 때에는 각 자료실의 구내를 동일한 대학 도서관의
구내라고 할 수 있을 것이지만, 그렇지 않고 각 자료실 등이 대학 중앙도서관
의 지휘·감독을 받지 않고 독립적으로 운영되고 있다면 이를 하나의 도서관
이라고 하기 어려우며 따라서 별개의 도서관으로 보아야 할 것이다.

셋째, 그 전부 또는 일부가 판매용으로 발행된 도서 등은 그 발행일로부
터 5년이 경과하여야 이를 복제하거나 전송할 수 있다. 도서 등의 일부가 판
매용으로 발행된 경우에는 ① 편집물인 도서 등의 일부 내용이 판매용으로
발행된 경우와 ② 전체 발행 부수의 일부는 비매품이지만 다른 일부가 판매
용으로 발행된 경우가 모두 포함된다. 비매품으로만 발행된 도서 등은 5년의
기간이 경과하기를 기다릴 필요 없이 이를 복제하거나 전송할 수 있다. 결국
이 규정에 의한 자유이용의 대상이 되는 것은 비매품과 발행일로부터 5년이
경과된 도서 등으로 한정된다.

넷째, 복제방지조치 등 필요한 조치를 취할 것 및 도서 등이 이미 디지털
형태로 판매되고 있는 경우에는 디지털 형태로 복제하지 아니할 것 등은 제2
항의 경우와 동일하다.

라. 도서 등이 디지털 형태로 판매되고 있는 경우(제4항)

위에서도 각 해당 규정에서 언급한 바 있지만, 도서관 등은 자체보존을
위한 도서 등의 복제 및 관내 전송 및 관간 전송에 관한 규정에 따라 도서 등
의 복제를 함에 있어서 그 도서 등이 디지털 형태로 판매되고 있는 경우에는

그 도서 등을 디지털 형태로 복제할 수 없다(제31조 제4항). 어떤 책이 e-book으로 제작되어 시중에 판매되고 있을 경우에는 도서관 등으로서도 이를 구매하여 보존하거나 이용자 등에게 제공할 수 있을 것이고, 그것이 e-book 등 판매시장의 한 축이 될 수 있으므로 그러한 경우에 디지털 형태의 복제를 허용하면 저작권자의 경제적 권리를 부당하게 해할 수 있게 될 것이라는 것을 고려한 것이다.

디지털 형태의 복제만 금지하고 있고, 전송을 금지하고 있지 않은 것은 기왕에 도서관 등이 디지털화하여 DB를 구축해 놓은 것은 그대로 전자도서관으로 활용할 수 있도록 한 취지로 여겨진다. 따라서 도서관 등이 그 소장도서 등을 이미 디지털 형태로 복제하였다면 이를 제2항(도서관 등 안에서의 전자적 열람을 위한 전송)과 제3항(다른 도서관 등 안에서의 전자적 열람을 위한 전송)의 규정에 의하여 전송할 수는 있다.

마. 보상의무(제5항, 제6항)

도서관 등은 제31조 제1항 제1호의 규정에 의하여 이용자의 요구에 따라 디지털 형태의 도서 등을 복제(프린트 아웃)하는 경우 및 제3항의 규정에 의하여 도서 등을 다른 도서관 등의 안에서 열람할 수 있도록 복제하거나 전송하는 경우에는 문화체육관광부장관이 정하여 고시하는 기준에 의한 보상금을 당해 저작재산권자에게 지급하여야 한다(저작재산권자가 가지는 보상청구권의 법적 성격 등에 대하여는 이 책 [117] 3. 참조). 다만, 국가, 지방자치단체 또는 고등교육법 제2조의 규정에 의한 학교를 저작재산권자로 하는 도서 등은 그 전부 또는 일부가 판매용으로 발행된 도서 등이 아닌 한 보상금 지급의무가 면제된다(제31조 제5항).

보상금청구권의 행사는 개별적으로 할 수 없고 문화체육관광부장관이 지정하는 권리자 단체를 통해서만 할 수 있도록 하고 있다(제31조 제6항).

바. 복제방지조치 등(제7항)

위 각 규정에 의하여 도서 등을 디지털 형태로 복제하거나 전송하는 경우에 도서관 등은 저작권 그 밖에 저작권법에 의하여 보호되는 권리의 침해를

방지하기 위하여 복제방지조치 등 대통령령이 정하는 필요한 조치를 하여야
한다(제31조 제7항). 이는 디지털 형태의 복제가 저작권자의 이익을 침해할 수
있는 위험요소를 최대한 회피할 수 있도록 하기 위한 규정이다.

4. 온라인 자료의 보존을 위한 국립중앙도서관의 복제

도서관법 제20조의2에 따라 국립중앙도서관이 온라인 자료의 보존을 위
하여 수집하는 경우에는 해당 자료를 복제할 수 있고(제31조 제8항), 그 경우 저
작권, 출판권, 저작인접권 등의 침해로 보지 아니한다.

정보기술의 비약적 발달에 따라 지식정보의 생산 및 이용환경은 온라인으
로 급속히 확산되고 있는 추세이나 오프라인자료에 비하여 생성·소멸주기가
짧은 이들 온라인 자료에 대한 관리는 미약한 상황에 있다. 이에 국가 기록물
의 전반적 법정 수집기관인 국립중앙도서관이 정보통신망을 통하여 공중의
이용에 제공되는 저작물 중 국가차원에서 보존가치가 높은 도서 등을 수집하
여 보존할 수 있도록 2009. 3. 25. 개정법에서 복제 근거규정을 마련한 것이
다. '온라인 자료'란 정보통신망을 통하여 공중송신되는 자료를 말한다(도서관법
제3조 제6호).

도서관법 제22조 제5항에서는 위와 같이 "수집하는 온라인 자료의 전부
또는 일부가 판매용인 경우에는 그 온라인 자료에 대하여 정당한 보상을 하
여야 한다"고 규정하여 보상제도를 마련하고 있다.

5. 개작 이용 금지 등

본조 규정에 의한 자유이용에 있어서는 그 저작물을 번역하거나 편곡 또
는 개작하여 이용할 수 없다(제36조). 출처명시의무는 면제된다(제37조 제1항 단서).

[124] 시험문제로서의 복제

1. 의의

저작권법 제32조는 다음과 같이 규정하고 있다.

■ 제32조(시험문제를 위한 복제 등) 학교의 입학시험이나 그 밖에 학식 및 기능에 관한 시험 또는 검정을 위하여 필요한 경우에는 그 목적을 위하여 정당한 범위에서 공표된 저작물을 복제·배포 또는 공중송신할 수 있다. 다만, 영리를 목적으로 하는 경우에는 그러하지 아니하다.

본조는 시험문제는 비밀성을 요하는 것이므로 시험문제에 저작물을 사용하기 위해 사전에 저작권자의 허락을 받기가 현실적으로 곤란한 면이 있고, 시험문제로 이용되는 것만으로는 저작권자의 이익을 해할 우려가 크지 않다는 것을 감안한 규정이다.

2. 요건

가. 공표된 저작물일 것

본조에 의하여 이용할 수 있는 저작물은 공표된 저작물에 한한다. 저작물의 종류는 묻지 아니한다.

나. 시험 또는 검정을 위해 필요한 경우에 그 목적을 위해 정당한 범위에서 복제·배포 또는 공중송신하는 것일 것

시험 또는 검정은 학교의 입학시험뿐만 아니라 다른 기관에서 치르는 시험이나 검정이더라도 학식 및 기능에 관한 것이면 여기에 포함된다. 입사시험 등의 선발시험, 모의 테스트 등의 학력평가시험, 운전면허시험 등의 기능검증 등 다양한 경우가 있다. 다만, 영리 목적의 시험 등이 제외됨은 뒤에서 보는 바와 같다.

시험 또는 검정을 위해 필요한 경우라고 하면, 예를 들어 입학시험에서 국어에 대한 이해능력을 알아보기 위한 국어문제로 소설의 일부나 시 등의 문예작품을 인용한 후 그 주제나 표현기법 등에 대하여 출제하는 경우나 영어시험에서 독해능력을 테스트하기 위해 미국 작가의 수필 중 일부를 출제하는 것 또는 음악 문제로서 악보를 제시하는 경우 등이 이에 해당한다.

허용되는 행위에는 원래 "복제·배포"만 포함되어 있었는데, 오늘날 온라인에서 치러지는 시험의 비중이 크게 높아진 것을 감안하여 2020. 2. 4.자 개정으로 "공중송신" 행위를 허용범위에 포함하게 되었다.

본조의 규정이 적용되기 위해서는 시험문제 그 자체로서 복제하여야 하고, 입학시험에 출제된 문제를 모아 복제하여 시험문제집(기출문제집)을 작성하는 등의 행위나 예상문제집에 싣기 위해 복제하는 경우는 본조의 적용범위에 포함되지 않는다. 그 경우에는 문제집에 복제되는 저작물의 저작권자로부터 이용허락을 받아야 할 것이다. 하급심 판례 중에 "시험문제에 저작물을 자유이용할 수 있는 범위는 응시자의 학습능력과 지식 등에 대한 객관적이고 공정한 평가를 하기 위한 시험의 목적에 필요한 범위에 한정된다고 보아야 하므로, 해당 시험이 종료된 후에 저작권자의 동의 없이 시험문제를 공개하는 것도 해당 시험의 목적에 필요한 범위, 즉 해당 시험문제에 대한 이의신청 등 검증 과정을 거쳐 정당한 채점과 성적을 제공하는 데 필요한 제한적 범위 내에서만 허용되어야 한다. 그렇지 않고 시험 종료 후 시험문제의 비밀성을 유지할 필요가 없게 되고 해당 시험의 목적 달성에 절차상 필요한 과정이 종료된 경우에까지 저작물의 자유이용을 허용하게 되면, 위 규정에서 정한 시험을 위한 정당한 범위를 넘어 저작물에 대한 학습 내지 교육, 나아가 감상 등 저작물에 대한 수요를 대체하는 효과까지 발생할 여지가 있어 위 규정의 취지를 벗어나게 된다"는 이유로 한국교육과정평가원의 기출문제 게시행위에 대하여 제32조의 적용을 부정한 사례(서울고판 2021. 8. 19, 2020나2045644)가 있다.

다. 영리를 목적으로 하지 않을 것

영리를 목적으로 하는 경우란 본조의 취지에 비추어 볼 때 너무 넓게 해석하지 않는 것이 타당하다고 생각된다. 따라서 본조에서 말하는 '영리 목적'의 의미는 시험을 치르는 것 자체가 직접적으로 영리를 목적으로 하는 것을 의미한다고 보아야 한다. 시험의 실시를 업으로 하는 회사나 단체가 수험료를 받고 실시하는 시험이나 시험문제 출제를 대행해 주는 것을 업으로 하는 대행사가 출제하는 것 등이 여기에 해당한다.

3. 번역이용 등

본조 규정에 의한 자유이용에 있어서는 그 저작물을 번역하여 이용할 수 있다(제36조 제2항). 달리 편곡 또는 개작하여 이용하는 것은 허용되지 않는다. 또한 출처명시의무는 면제된다(제37조 제1항 단서).

4. 컴퓨터프로그램저작물의 경우

컴퓨터프로그램저작물에 대하여는 저작권법 제32조가 적용되지 아니하고 (제37조의2), 대신 저작권법 제101조의3 제1항 제5호가 적용된다. 이 규정에 의하면, "「초·중등교육법」,「고등교육법」에 따른 학교 및 이에 준하는 학교의 입학시험이나 그 밖의 학식 및 기능에 관한 시험 또는 검정을 목적(영리를 목적으로 하는 경우는 제외한다)으로 복제 또는 배포하는 경우"에 프로그램에서 복제된 부분이 차지하는 비중 및 복제의 부수 등에 비추어 프로그램의 저작재산권자의 이익을 부당하게 해치는 경우"가 아닐 것(제1항 단서)을 조건으로 자유이용이 허용된다.

[125] 시각장애인 등을 위한 복제 등

1. 의의

시각장애인 등을 위한 복제 등과 관련하여 저작권법은 다음과 같이 규정하고 있다.

■ 제33조(시각장애인등을 위한 복제 등) ① 누구든지 공표된 저작물을 시각장애인과 독서에 장애가 있는 사람으로서 대통령령으로 정하는 사람(이하 "시각장애인등"이라 한다)을 위하여 「점자법」제3조에 따른 점자로 변환하여 복제·배포할 수 있다.
② 시각장애인등의 복리증진을 목적으로 하는 시설 중 대통령령으로 정하는 시설(해당 시설의 장을 포함한다)은 영리를 목적으로 하지 아니하고 시각장애인등의 이용에 제공하기 위하여 공표된 저작물등에 포함된 문자 및 영상 등의 시각적 표현을 시각장애인등이 인지할 수 있는 대체자료로 변환하여 이를 복제·배포·공연 또는 공중송신할 수 있다.

③ 시각장애인등과 그의 보호자(보조자를 포함한다. 이하 이 조 및 제33조의2에서 같다)는 공표된 저작물등에 적법하게 접근하는 경우 시각장애인등의 개인적 이용을 위하여 그 저작물등에 포함된 문자 및 영상 등의 시각적 표현을 시각장애인등이 인지할 수 있는 대체자료로 변환하여 이를 복제할 수 있다.

④ 제2항 및 제3항에 따른 대체자료의 범위는 대통령령으로 정한다.

시각장애인 등을 위한 특수 목적 또는 특수한 방식의 복제, 배포, 녹음 등은 장애인의 정보접근권 보장 및 장애인복지를 위한 공익적 요청이 큰 부분이며, 이러한 복제 등을 허용한다고 하더라도 저작권자가 통상적으로 예정하고 있는 저작물의 이용행위가 아니기 때문에 저작권자의 경제적 이익을 해할 우려가 크지 않기 때문에 두고 있는 규정이다. 2023. 8. 8.자 저작권법 개정으로 위 제3항이 신설되는 등의 입법적 보완이 이루어졌다.

2. 요건

가. 제1항의 경우

(1) 주체

제1항은 이용의 주체에 대한 제한이 없으므로 다른 요건만 충족하면 누구나 할 수 있다.

(2) 시각장애인등을 위한 것일 것

원래 제33조 제1항에서 다른 설명 없이 "시각장애인 등을 위하여"라는 문구를 사용하였었는데, 2023. 8. 8.자 개정에 의하여 "시각장애인과 독서에 장애가 있는 사람으로서 대통령령으로 정하는 사람(이하 "시각장애인등"이라 한다)을 위하여"라는 문구로 수정함으로써 '시각장애인등'의 범위에 난독증과 같이 독서에 장애가 있는 사람도 포함된다는 것이 법률상으로 명료하게 되었다. 저작권법 시행령은 '시각장애인등'의 범위에 ① 「장애인복지법 시행령」 별표 1 제3호에 따른 시각장애인과 ② 신체적 또는 정신적 장애로 인하여 도서를 다루지 못하거나 독서 능력이 뚜렷하게 손상되어 정상적인 독서를 할 수 없는 사람을 포함하는 규정을 두고 있다(시행령 제15조).

시각장애인 등을 위한 것이기만 하면, 영리목적이 없을 것은 요건이 아니다.

(3) 점자로 복제, 배포하는 것일 것

점자와 함께 정상인도 읽을 수 있는 형태를 부가하여 복제하는 것은 허용되지 않는다.

나. 제2항의 경우

(1) 주체 : 법령이 정하는 일정한 시설

제33조 제2항에서는 "시각장애인등의 복리증진을 목적으로 하는 시설 중 대통령령이 정하는 시설(당해 시설의 장을 포함한다)"이 주체가 되어야 한다고 규정하고 있고, 저작권법 시행령 제14조는 위 규정에서 '대통령령이 정하는 시설'이란 다음 각호 중 하나에 해당하는 시설을 말한다고 규정하고 있다.

1) 장애인복지법 제58조 제1항에 따른 장애인복지시설 중 다음 각목의 어느 하나에 해당하는 시설
   가. 시각장애인 등을 위한 장애인 거주시설
   나. 장애인 지역사회재활시설 중 점자도서관
   다. 장애인지역사회재활시설 및 장애인직업재활시설 중 시각장애인 등을 보호하고 있는 시설
2) 유아교육법, 초·중등교육법 및 장애인 등에 대한 특수교육법의 규정에 의한 특수학교와 시각장애인 등을 위하여 특수학급을 둔 각급학교
3) 국가·지방자치단체, 영리를 목적으로 하지 아니하는 법인 또는 단체가 시각장애인 등의 교육·학술 또는 복리증진을 목적으로 설치·운영하는 시설

(2) 목적: 비영리, 시각장애인등의 이용에 제공

제33조 제2항의 규정을 적용받기 위해서는 영리를 목적으로 하지 않아야 하며, 동시에 시각장애인등의 이용에 제공하기 위한 목적을 가져야 한다. 시각장애인등의 범위는 위에서 살펴본 바와 같다. 오로지 시각장애인 등을 위한 것이어야 하므로 일반인을 위하여도 제공하고자 하는 목적을 가지고 있으면 본조의 요건을 충족할 수 없다.

(3) 공표된 저작물등에 포함된 문자 및 영상 등의 시각적 표현을 대상으로 한 것일 것

공표된 저작물등에 포함된 문자 및 영상 등의 시각적 표현을 대상으로 한

것만 허용되므로 미공표 저작물이나 공표된 저작물 등의 비시각적 표현 등을 대상으로 할 수는 없다. 원래는 "공표된 어문저작물"로 한정하였으나, 그 경우 영상저작물 등이 제외되어 시각장애인등의 정보접근권을 충분히 보장한다고 보기 어려운 문제가 있었다. 이에 2023. 8. 8.자 저작권법 개정(2024. 2.9.부터 시행)에서 위와 같이 대상범위를 넓혀 저작물의 종류에 대한 제한을 없애고 오로지 '시각적 표현'에 한정하는 제한만 두는 것으로 하였다.

(4) 허용되는 행위

위와 같은 요건을 갖춘 경우 위 시설들이 할 수 있는 행위는 공표된 저작물등에 포함된 문자 및 영상 등의 시각적 표현을 시각장애인등이 인지할 수 있는 대체자료로 변환하여 이를 복제·배포·공연 또는 공중송신하는 것에 한정된다. 이 규정이 제1항에 비하여 목적, 주체 등의 면에서 비교적 엄격한 제한을 두고 있는 것은 '점자'의 경우와 달리 '음성' 등 대체자료의 경우에는 장애인이 아닌 일반인의 수요와도 연결되는 부분이 있음을 감안하여 권리자의 경제적 이익에 부당한 영향을 미치지 않도록 하기 위한 것이라 할 수 있다.

개정 전 저작권법에서는 "공표된 어문저작물을 녹음하거나 대통령령으로 정하는 시각장애인 등을 위한 전용 기록방식으로 복제·배포 또는 전송할 수 있다"는 표현을 사용하였는데, 2023. 8. 8.자 저작권법 개정에서 "시각장애인 등이 인지할 수 있는 대체자료로 변환하여 이를 복제·배포·공연 또는 공중송신할 수 있다"는 표현으로 수정하였다. 녹음물 제작도 '대체자료로의 변환'에 포함되는 것으로 보아 보다 간명한 용어를 사용한 것으로 보인다. 구법에 비하여 '공연'을 허용되는 행위에 추가하고 '전송'을 '공중송신'으로 수정한 것도 유의할 부분이다. '공연'을 포함시킨 것은 구 저작권법에서 대상의 범위를 '어문저작물'로 한정하였다가 '영상저작물'을 포함한 모든 종류의 저작물로 대상범위를 확대한 것에 따른 것이다. 이 규정에 따른 '대체자료'의 범위는 대통령령으로 정하도록 위임하였다(제33조 제4항).

다. 제3항의 경우

(1) 주체: 시각장애인등과 그의 보호자

시각장애인등과 그의 보호자(보조자 포함, 이하 같다)가 이용의 주체이다. 이 규정(제3항)은 2023. 8. 8.자 저작권법 개정으로 신설된 규정이다.

(2) 공표된 저작물등에 적법하게 접근하는 경우일 것

미공표 저작물은 대상에서 제외되고, 해당 저작물에의 접근, 이용이 부적법한 경우도 제외된다.

(3) 목적: 시각장애인등의 개인적 이용을 위함

시각장애인등의 개인적 이용을 위한 목적이 있어야 한다. 따라서 대체자료의 변환을 통해 이용하는 해당 시각장애인등 외의 제3자가 이용하도록 하기 위한 목적이 있을 경우에는 설사 영리의 목적이 없더라도 이 규정의 적용을 받을 수 없다.

(4) 허용되는 행위

위와 같은 요건을 갖춘 경우 시각장애인등과 그의 보호자가 할 수 있는 행위는 해당 저작물등에 포함된 문자 및 영상 등의 시각적 표현을 시각장애인등이 인지할 수 있는 대체자료로 변환하여 이를 복제하는 것에 한정된다. 오로지 '복제' 행위로 한정되고, "배포·공연 또는 공중송신" 행위는 제외되는 점에서 이용행위의 범위가 제2항과 다르다는 점에 유의하여야 한다.

3. 출처명시의무 등

본조에 의하여 자유이용이 허용되는 경우에는 이를 번역하여 이용할 수 있으며(제36조 제2항), 그 밖의 개작 등은 허용되지 않는다. 출처명시의무도 면제되지 않는다(제37조).

[126] 청각장애인 등을 위한 복제 등

1. 의의

시각장애인 등을 위한 복제 등과 관련하여 저작권법은 다음과 같이 규정하고 있다.

■ 제33조의2(청각장애인 등을 위한 복제 등) ① 누구든지 공표된 저작물을 청각장애인 등을 위하여 「한국수화언어법」 제3조제1호에 따른 한국수어로 변환할 수 있고, 이러한 한국수어를 복제·배포·공연 또는 공중송신할 수 있다.
② 청각장애인 등의 복리증진을 목적으로 하는 시설 중 대통령령으로 정하는 시설(해당 시설의 장을 포함한다)은 영리를 목적으로 하지 아니하고 청각장애인 등의 이용에 제공하기 위하여 필요한 범위에서 공표된 저작물등에 포함된 음성 및 음향 등을 자막 등 청각장애인 등이 인지할 수 있는 대체자료로 변환하여 이를 복제·배포·공연 또는 공중송신할 수 있다.
③ 청각장애인 등과 그의 보호자는 공표된 저작물등에 적법하게 접근하는 경우 청각장애인 등의 개인적 이용을 위하여 그 저작물등에 포함된 음성·음향 등을 자막 등 청각장애인 등이 인지할 수 있는 대체자료로 변환하여 이를 복제할 수 있다.
④ 제1항부터 제3항까지에 따른 청각장애인 등의 범위와 제2항 및 제3항에 따른 대체자료의 범위는 대통령령으로 정한다.

시각장애인등을 위한 복제 등의 경우와 마찬가지로, 청각장애인 등을 위한 특수 목적 또는 특수한 방식의 복제, 배포, 공연, 공중송신 등은 장애인의 정보접근권 보장 및 장애인 복지를 위한 공익적 요청이 큰 부분이며, 이러한 복제 등을 허용한다고 하더라도 저작재산권자가 통상적으로 예정하고 있는 저작물의 이용행위가 아니기 때문에 저작권자의 경제적 이익을 해할 우려가 크지 않기 때문에 두고 있는 규정이다. 원래는 시각장애인 등을 위한 규정(제33조)만 있었는데, 2013. 7. 16 법률 제11903호로 이루어진 저작권법 개정을 통해 청각장애인 등을 위한 이 규정(제33조의2)이 신설되게 되었다. 그리고 2023. 8. 8.자 저작권법 개정으로 위 제3항이 신설되는 등의 입법적 보완이 이루어졌다.

2. 요건

가. 제1항의 경우

(1) 주체

청각장애인 등을 위한 것이기만 하면 누구든지 그 주체가 될 수 있다.

'청각장애인 등'의 범위에 대하여는 저작권법시행령 제15조의3에서 장애인복지법 시행령 별표 1 제4호에 따르는 것으로 규정하고 있다.

(2) 대상

공표된 저작물이기만 하면 어떤 저작물도 그 대상이 될 수 있다.

(3) 목적: 청각장애인 등을 위한 것일 것

청각장애인 등을 위한 것이기만 하면, 영리를 목적으로 하여도 이 규정의 적용범위에서 제외되지 않는다.

(4) 허용되는 행위

제1항에 의하여 허용되는 행위는 저작물을 수화로 변환하는 것과 그렇게 변환된 수화를 복제·배포·공연 또는 공중송신하는 것이다.

나. 제2항의 경우

(1) 주체: 법령이 정하는 시설

제33조의2 제2항은 "청각장애인 등의 복리증진을 목적으로 하는 시설 중 대통령령으로 정하는 시설(해당 시설의 장을 포함한다)"이 주체가 되어야 한다고 규정하고 있고, 저작권법 시행령 제15조의2는 위 규정에서 '대통령령으로 정하는 시설'이란 다음 각 호의 어느 하나에 해당하는 시설을 말한다고 규정하고 있다.

1) 장애인복지법 제58조 제1항에 따른 장애인복지시설 중 다음 각 목의 어느 하나에 해당하는 시설
    가. 장애인 지역사회재활시설 중 수화통역센터
    나. 장애인 지역사회재활시설 및 장애인 직업재활시설 중 청각장애인 등을 보호하고 있는 시설
2) 유아교육법, 초·중등교육법 및 장애인 등에 대한 특수교육법에 따른 특수학교와 청각장애인 등을 위하여 특수학급을 둔 각급학교
3) 국가·지방자치단체, 영리를 목적으로 하지 아니하는 법인 또는 단체가 청각장애인 등의 교육·학술 또는 복리 증진을 목적으로 설치·운영하는 시설

(2) 목적: 비영리, 청각장애인 등의 이용에 제공

제2항의 적용을 받기 위해서는 영리를 목적으로 하지 않아야 하며, 동시에 청각장애인 등의 이용에 제공하기 위한 목적을 가져야 한다. 오로지 청각장애인 등을 위한 것이어야 하므로 일반인을 위하여도 제공하고자 하는 목적을 가지고 있으면 본조의 요건을 충족할 수 없는 것으로 본다.

(3) 공표된 저작물등에 포함된 음성 및 음향 등을 대상으로 한 것일 것

공표된 저작물만 대상으로 규정되어 있으므로 미공표저작물을 대상으로 할 수는 없다. 저작물의 유형이나 종류를 제한하지 않고 있으므로 어떤 종류의 저작물이라도 그 대상이 될 수 있다.

(4) 허용되는 행위

위와 같은 요건을 갖춘 경우 위 시설이 할 수 있는 행위는 공표된 저작물 등에 포함된 음성 및 음향 등을 자막 등 청각장애인 등이 인지할 수 있는 대체자료로 변환하여 이를 복제·배포·공연 또는 공중송신하는 것이다. 이 규정이 제1항에 비하여 목적, 주체 등의 면에서 비교적 엄격한 제한을 두고 있는 것은 '수화'의 경우와 달리 '자막' 등 대체자료의 경우에는 장애인이 아닌 일반인의 수요와도 연결되는 부분이 있음을 감안하여 권리자의 경제적 이익에 부당한 영향을 미치지 않도록 하기 위한 것이라 할 수 있다.

위와 같이 자막 등으로 변환하는 것과 그 변환된 자막 등을 복제, 배포, 공연 또는 공중송신하는 것만 이 규정에 의하여 허용되는 것이므로 그 자막을 붙인 영상저작물의 복제, 배포, 공연 또는 공중송신이 이 규정에 따라 허용되는 것은 아니다. 그러한 영상저작물의 이용은 별도로 다른 저작재산권 제한 규정의 적용을 받는 이용행위가 아닌 한 저작재산권자의 허락을 받아야 한다. 이 규정에 따른 '대체자료'의 범위는 대통령령으로 정하도록 위임하였다(제33조 제4항).

다. 제3항의 경우

(1) 주체: 청각장애인 등과 그의 보호자

청각장애인 등과 그의 보호자(보조자 포함)가 이용의 주체이다. 이 규정(제3

항)은 2023. 8. 8.자 저작권법 개정으로 신설된 규정이다.

(2) 공표된 저작물등에 적법하게 접근하는 경우일 것

미공표 저작물은 대상에서 제외되고, 해당 저작물에의 접근, 이용이 부적법한 경우도 제외된다.

(3) 목적: 청각장애인 등의 개인적 이용을 위함

청각장애인등의 개인적 이용을 위한 목적이 있어야 한다. 따라서 대체자료의 변환을 통해 이용하는 해당 청각장애인 등 외의 제3자가 이용하도록 하기 위한 목적이 있을 경우에는 설사 영리의 목적이 없더라도 이 규정의 적용을 받을 수 없다.

(4) 허용되는 행위

위와 같은 요건을 갖춘 경우 청각장애인 등과 그의 보호자가 할 수 있는 행위는 해당 저작물등에 포함된 음성·음향 등을 자막 등 청각장애인 등이 인지할 수 있는 대체자료로 변환하여 이를 복제하는 것에 한정된다. 오로지 '복제' 행위로 한정되고, "배포·공연 또는 공중송신" 행위는 제외되는 점에서 이용행위의 범위가 제2항과 다르다는 점에 유의하여야 한다.

[127]   방송사업자의 일시적 녹음·녹화

1. 의의

방송사업자의 일시적 녹음·녹화와 관련하여 저작권법은 다음과 같이 규정하고 있다.

■ 제34조(방송사업자의 일시적 녹음·녹화) ① 저작물을 방송할 권한을 가지는 방송사업자는 자신의 방송을 위하여 자체의 수단으로 저작물을 일시적으로 녹음하거나 녹화할 수 있다.
② 제1항의 규정에 따라 만들어진 녹음물 또는 녹화물은 녹음일 또는 녹화일부터 1년을 초과하여 보존할 수 없다. 다만, 그 녹음물 또는 녹화물이 기록의 자료로서 대통령령으로 정하는 장소에 보존되는 경우에는 그러하지 아니하다.

방송사업자가 타인의 저작물을 이용하여 방송할 경우에 그것이 생방송이 아닌 한 일시적으로나마 저작물을 녹음·녹화하지 않을 수 없다. 제38조와 같은 규정이 없다고 가정하면, 방송사업자가 저작재산권자(방송권자)로부터 방송에 대한 허락을 받았더라도 저작재산권자(복제권자)로부터 녹음·녹화 등의 복제행위에 대한 허락을 별도로 받지 않으면 복제권 침해가 성립할 수 있다. 이렇게 되면 현실적으로 방송사업자의 원활한 사업 운영에 큰 지장과 불편을 초래하게 된다. 반면에 이미 방송을 허락한 저작재산권자 측의 입장을 복제에 관하여 추가로 배려해 줄 필요는 그 복제가 일시적인 것인 한 그리 크다고 볼 수 없다. 그러한 사정을 감안하여 저작권법은 방송사업자의 일시적 녹음·녹화에 대하여 일정한 요건하에 자유이용을 허락하는 위와 같은 규정을 두게 된 것이다.

2. 요건

가. 방송사업자가 주체가 될 것

본조의 적용을 받기 위하여는 일시적 녹음·녹화의 주체가 방송사업자이어야 한다. 방송사업자는 방송을 업으로 하는 자를 말한다(제2조 제9호). 전송을 업으로 하는 경우는 물론 디지털음성송신사업자 등도 방송사업자에 포함되지 않는 것으로 본다.

나. 자신의 방송을 위하여 하는 것일 것

먼저 방송을 위하여 하는 것이어야 하므로 방송 이외의 다른 목적으로 하는 것은 본조의 요건을 충족하지 못한다. 나아가 '자신의' 방송을 위하여 하는 것이어야 하므로 다른 방송사 등의 방송을 위하여 하는 것도 본조의 요건에 해당하지 않는 것이다. MBC(문화방송)와 같이 서울본사와 지방 방송사가 서로 별개의 법인체로 되어 네트워크를 이루고 있는 경우에도 엄격히 해석하여 각 방송국이 자신의 방송을 위하여 하는 경우에 한하여 본조의 요건을 충족하는 것으로 보아야 한다.

다. 자체의 수단으로 하는 것일 것

방송사업자가 자체의 수단으로 녹음·녹화하는 경우여야 한다. 이는 방송사업자가 자체적으로 보유한 인적·물적 수단을 말하는 것으로서, 자신의 시설, 설비를 사용하여 자기직원에 의하여 녹음·녹화하는 경우를 말하는 것이다. 그러나 전체적으로 보아 자신이 보유한 시설, 설비를 이용 하는 것이 중심이라면 일부 시설이나 설비를 빌려서 이용하는 것이 있더라도 본조의 요건을 충족하는 것으로 볼 수 있을 것이다. 물론 외부 프로덕션 회사를 이용한 경우에는 여기에 해당하지 않는 것으로 본다.

라. 일시적 녹음·녹화일 것

2006년의 법개정 전에는 조문 제목에만 '일시적'이라는 말이 있고, 조문 내용에는 빠져 있었는데, 2006년 개정으로 조문 내용에서도 일시적 녹음·녹화일 것을 분명히 요구하고 있다. 그러나 '일시적'이라고 하여 녹음·녹화의 매체, 방법 등이 달라지는 것은 전혀 없다. 단지 방송사업자의 입장에서 방송을 위해 일시적으로 녹음·녹화하는 것이므로 특별한 사유 없이 방송을 위한 필요와 무관하게 계속 보존할 수 없는 것이라는 '의식'을 분명히 가지고 녹음·녹화할 것을 요구하는 데에 그 의미가 있다.

객관적으로 보다 중요한 의미를 가지는 것은 법이 허용한 보존기간이 어떻게 되는가 하는 것인데, 이에 대해 법 제34조 제2항은 "제1항의 규정에 따라 만들어진 녹음물 또는 녹화물은 녹음일 또는 녹화일로부터 1년을 초과하여 보존할 수 없다. 다만, 그 녹음물 또는 녹화물이 기록의 자료로서 대통령령으로 정하는 장소에 보존되는 경우에는 그러하지 아니하다"고 규정하고 있다. 그리고 저작권법 시행령 제16조는 위 규정상의 "대통령령이 정하는 장소"를 ① 기록의 보존을 목적으로 국가 또는 지방자치단체가 설치·운영하는 시설, ② 방송용으로 제공된 녹음물이나 녹화물을 기록 자료로 수집·보존하기 위하여 「방송법」 제2조 제3호에 따른 방송사업자가 운영하거나 그의 위탁을 받아 녹음물 등을 보존하는 시설로 규정하고 있다. 결국 1년의 기간이 지난 후에도 '기록 보존'의 목적으로는 계속 보존할 수 있도록 허용하고 있는 셈이

다. 이것은 방송 자료가 문화유산으로서의 가치를 가질 수 있음에도 불구하고
모두 폐기할 것을 요구하는 것이 사회경제적으로 큰 손실이 될 수 있음을 고
려한 규정이라 생각되는데, 방송사업자로서는 이 규정을 남용하여 저작권자의
이익을 부당하게 해하는 일이 없도록 유의하여야 할 것이다.

3. 출처명시의무 면제

본조에 의한 자유이용의 경우는 그 성격상 출처명시의무는 면제된다(제37
조 제1항). 번역이나 편곡, 개작 등의 이용은 당연히 허용되지 아니한다.

[128] 미술저작물 등의 전시 또는 복제

1. 개설

저작권법상 미술저작물, 건축저작물 및 사진저작물을 묶어서 '미술저작물
등'이라고 부르고 있다(제11조 제3항). 이러한 미술저작물등의 경우 전시권과의
관계에서 유체물인 원작품의 소유자와 저작자의 이해를 조정할 필요가 있고,
공개적으로 전시된 경우에는 일반 이용자의 복제이용을 일부 허용해 주는 것
이 바람직하다는 등의 특성을 가지고 있으므로 이러한 특성을 감안하여 저작
권법은 1) 원본 소유자에 의한 전시, 2) 공개된 미술저작물 등의 복제, 3) 미
술저작물 등의 전시, 판매에 수반되는 목록 형태의 책자 복제, 배포 등의 3가
지 경우에 있어 일정한 요건하에 저작재산권을 제한하는 한편, 4) 위탁초상에
관한 특칙을 규정하고 있다.

2. 원본 소유자에 의한 전시

가. 의의

저작권법 제35조 제1항은 다음과 같이 규정하고 있다.

■ 제35조(미술저작물등의 전시 또는 복제) ① 미술저작물등의 원본의 소유자나 그의
동의를 얻은 자는 그 저작물을 원본에 의하여 전시할 수 있다. 다만, 가로·공원·
건축물의 외벽 그 밖에 공중에게 개방된 장소에 항시 전시하는 경우에는 그러하지

아니하다.

위에서도 언급한 바와 같이 유체물인 원본의 소유자와 저작권자 사이의 이해관계를 적절히 조정하기 위한 취지의 규정이다. 저작권과 유체물로서의 회화 등 원본의 소유권은 구별되는 것이므로 화가가 그림을 그린 후 그것을 다른 사람에게 양도한 경우에도 저작권은 여전히 화가가 가지게 된다. 따라서 그 그림을 양수하여 소유자가 된 사람도 이를 복제하거나 전시 또는 개작 등을 하고자 하면 저작권자의 허락을 받아야만 한다. 그러나 그러한 이용행위들 중에서 전시(展示)의 경우에는 일반 거래관념에 비추어 볼 때 소유자가 저작권자의 별도의 동의 없이도 할 수 있으리라 기대하고 거래에 임하는 것이 보통일 것이고, 이를 허용하지 않으면 원본 소유의 가치가 현저히 떨어져 원본의 원활한 거래와 그로 인한 저작자의 경제적 이익에도 오히려 부정적인 영향을 미칠 수 있는 것이다. 그러한 점을 고려하여 저작권법은 위와 같이 미술저작물 등의 원본 소유자 등에 의한 전시를 일정한 요건하에 허용하고 있다.

다만 법에서 원본 소유자 등의 전시를 제한적으로 허용하는 것은 저작재산권 중 전시권을 그들에게 귀속시키는 취지는 아니다. 전시권은 기본적으로 저작권자가 가지되, 위와 같은 법취지에 따라 소유자 등의 전시를 일부 허용하기 위해 저작재산권(전시권) 제한사유의 하나로 규정한 것일 뿐이다.

나. 요건
(1) 주체: 원본의 소유자 또는 그의 동의를 얻은 자

원본 소유자뿐만 아니라 그의 동의를 받은 자(화랑 운영업자 등)도 전시의 주체가 될 수 있도록 허용하고 있다. 여기서 '원본'이란 저작자가 자신의 사상이나 감정을 표현하여 직접 제작한 유형물을 말하는 것으로서 대개의 경우 원본은 하나밖에 없는 경우가 많으나, 저작물의 종류에 따라서는 복수의 원본이 있는 경우도 있다. 예를 들어 판화의 경우에는 저작자에 의하여 직접 원본으로서 제작된 판화는 그 수량과는 관계없이 모두 원본으로 볼 수 있고, 사진저작물의 경우에도 저작자가 현상을 한 것은 여러 장이더라도 모두 원본이라고 보아야 하며, 조각 등의 입체적인 조형도 저작자가 형(型)을 이용하여 여러 개의 조형물을 만든 경우에 그 모두가 원본이 될 수 있다. 위와 같이 원본을 저작자에 의해 유형물로 제작된 것을 뜻하는 것으로 보는 이상, 저작자가 컴퓨터 프로그램을 이용하여 그린 그림이나 디지털 카메라로 촬영하여 인화한 적이 없는 사진영상 등과 같이 저작자에 의하여 유형물로 제작된 바 없는 것에 대하여는 원본이 존재하지 않는 것으로 보아야 할 것이다.

(2) 원본에 의한 전시일 것

원본에 의한 전시여야 한다. 원본을 소유한 것을 중시하여 허용하는 것이므로 원본에 의한 전시만 허용됨은 당연한 것이다. 이와 관련하여, 하급심 판결 중에, 달력에 있는 사진을 오려 내어 액자에 넣어 허락 없이 병원복도에 걸어놓는 것은 저작권자의 전시권을 침해하는 행위라고 판단한 사례(서울중앙지판 2004. 11. 11, 2003나51230)가 있는데, 원본에 의한 전시가 아니기 때문에 본조항의 적용대상이 되지 않은 것이다.

(3) 공중에게 개방된 장소에 항시 전시하는 경우가 아닐 것

가로·공원·건축물의 외벽 그 밖에 공중에게 개방된 장소에 항시 전시하는 경우는 아니어야 한다(제35조 제1항 단서). 빌딩 외벽에 걸린 그림 또는 일반 시민이 드나드는 공원에 설치된 동상이나 기타 조각 등이 공중에게 개방된 장소에 전시된 경우라고 할 수 있다. 유료의 유원지와 같이 입장료를 징수한다고 하더라도 불특정다수인이 들어와서 감상할 수 있는 장소에 있다면, 공중에게 개방된 장소라고 보아야 할 것이다. 처음부터 공중에게 개방된 장소에 항시 전시할 목적으로 설치된 것이 분명하다면 저작자 자신이 그러한 전시를 용인하는 의사를 명백히 한 것으로 볼 수 있어 별 문제는 없을 것이다. 그렇지 않고 처음에는 저작자의 뜻에 따라 공중에게 개방되지 않은 장소에 설치하였던 것을 이후 소유자의 의사에 기하여 개방적인 장소로 옮기거나 그 설치된 장소 자체를 개방한다거나 하는 경우에는 저작자의 뜻에 반하는 경우가 있을 수 있고, 그러한 경우에는 이 규정에 의한 자유이용이 허용되지 않음을 명확히 하고자 한 것이 위 단서규정의 취지이다.

다만 '항시' 전시하는 경우만 문제 삼고 있으므로, 임시로 공개적인 장소에 설치하였다가 오래지 않아 철거하는 것은 이 단서조항에 해당하지 않는다.

동상이 토지상의 좌대에 고정된 경우나 벽화가 건축물 자체와 일체화되어 있는 등의 경우는 '항시' 전시되는 전형적인 경우들이라 할 수 있지만, 그 밖에도, 예를 들어 버스 차체에 미술저작물이 그려진 상태에서 그 버스가 지속적으로 운행된다면, 그 미술저작물이 항시 전시되는 것이라고 볼 수 있을 것이다.

다. 공표권과의 관계

미술저작물 등 원본의 소유자가 그 원본을 전시하는 것은 저작재산권자의 전시권에 대한 관계에서만 문제되는 것이 아니라 저작자의 저작인격권 중 공표권과의 관계에서도 문제가 있을 수 있다. 즉 원래 미공표의 저작물인 경우에 원본 소유자가 이를 전시하게 되면 저작자의 공표권을 침해하는 것이 될 수 있는 것이다. 따라서 법에서 그러한 전시를 허용하기 위하여는 전시권을 제한하는 규정만이 아니라 공표권에 관한 문제를 해결하는 조항이 별도로 필요하다. 이러한 점을 감안하여 저작권법은 앞서 공표권에 관한 장에서 살펴본 바와 같이(이 책 [43] 4. 참조), 제11조 제3항에서 "저작자가 공표되지 아니한 미술저작물·건축저작물 또는 사진저작물(이하 "미술저작물 등"이라 한다)의 원본을 양도한 경우에는 그 상대방에게 저작물의 원본의 전시방식에 의한 공표를 동의한 것으로 추정한다"고 하는 공표동의 추정조항을 마련해 두고 있다. 따라서 특별히 공표에 대한 동의를 하지 않았음을 저작자 측에서 입증하지 못하는 한, 소유자의 원본 전시는 저작자의 공표권에도 저촉되지 않는 것으로 볼 수 있다.

3. 개방된 장소에 항시 전시된 미술저작물 등의 복제

가. 의의

제35조 제2항은 다음과 같이 규정하고 있다.

▪ 제35조(미술저작물등의 전시 또는 복제) ② 제1항 단서의 규정에 따른 개방된 장소에 항시 전시되어 있는 미술저작물등은 어떠한 방법으로든지 이를 복제하여 이용할 수 있다. 다만, 다음 각 호의 어느 하나에 해당하는 경우에는 그러하지 아니하다.
  1. 건축물을 건축물로 복제하는 경우
  2. 조각 또는 회화를 조각 또는 회화로 복제하는 경우
  3. 제1항 단서의 규정에 따른 개방된 장소 등에 항시 전시하기 위하여 복제하는 경우

4. 판매의 목적으로 복제하는 경우

위 규정에서 "제1항 단서의 규정에 따른 개방된 장소에 항시 전시되어 있는 미술저작물등"의 의미가 무엇인지는 위에서 제1항 단서에 대하여 설명한 바(위 2. 나. (3) 참조)와 같다. 제1항단서에 나열된 가로·공원·건축물의 외벽 등이 그 예이다. 예컨대 올림픽공원에 설치된 조각 작품을 그 공원을 산책하는 시민들이 카메라로 촬영하는 것은 매우 자연스러운 일로서 이것을 저작권자의 허락 없이 하였다고 하여 복제권 침해라고 한다면 지나친 저작권 보호로 공중의 이익을 저해하는 일이 될 텐데, 그러한 경우에 복제권을 제한한다고 하여 저작권자의 경제적 이익을 부당하게 해할 것으로 보이지도 않는다는 것이 위 규정의 취지라고 할 수 있다. 이에 따라 공중에게 허용되는 저작물 이용의 자유를 '파노라마의 자유'라고 부른다.

우리 저작권법은 위와 같이 가로·공원·건축물의 외벽 그 밖에 공중에게 개방된 장소에 항시 전시되어 있을 것만 요구하고, 일본 저작권법(제46조 제1항)과 달리 그 장소가 '옥외', 즉 '건물 밖'일 것을 명시적으로 요구하고 있지는 않은데 그럼에도 불구하고 우리 저작권법의 해석상으로도 '옥외'에 전시된 경우만을 의미하는 것으로 보는 견해가 있음에 유의할 필요가 있다. 하급심판결 가운데도 예를 들어 호텔 라운지의 한쪽 벽면에 미술저작물이 설치된 것도 공중에게 개방되어 있는 장소라는 이유로 이 규정에 의한 자유이용의 대상으로 삼을 수 있을지가 문제된 사안에서, 우리 저작권법의 해석상으로도 '옥외'에 설치되어 전시될 것을 요한다는 전제하에 그러한 경우에는 이 규정에 의한 자유이용의 대상이 될 수 없다고 본 사례(서울중앙지판 2007. 5. 17,고 2006가합104292)가 있다.

'골프존' 사건에 대한 서울고등법원 2016. 12. 1 선고 2015나2016239 판결은 위 규정에서 '공중에게 개방된 장소'라고 함은 "불특정 다수의 자가 보려고만 하면 자유로이 볼 수 있는 개방된 장소"를 가리킨다고 해석하는 것이 타당하다고 전제한 후, 회원제 골프장은 그러한 장소에 해당하지 않는다고 판시하였다. 사견으로도, 위 규정에서 말하는 "제1항 단서의 규정에 따른 개방된 장소"에는 어떤 제한 없이 불특정 다수의 자가 보려고만 하면 자유로이 볼 수 있는 개방된 장소를 뜻하는 것으로 보는 것이 타당할 것이라 생각한다. 따라서 원칙적으로 호텔을 이용하는 고객을 위해 개방된 장소인 호텔 내부나 회원제 골프장 등은 여기에 포함되지 않는 것으로 보는 것이 타당할 것으로 생각된다. 다만 '옥외의 장소'일 것을 명시하고 있는 일본 저작권법의 규정과 달리 '옥외'일 것을 요구하지 않는 우리 저작권법의 해석으로는, 반드시 '옥외'일 것을 요하지는 아니하고, 예를 들어 역 구내 등과 같이 불특정 다수의 사람이 자유롭게 출입할 수 있는 공공장소도 포함되는 것으로 보는 것이 타당할 것으로 생각된다.

그리고 그러한 개방된 장소에 '항시' 전시하는 경우여야 한다. 예를 들어 단기간의 행사와 관련하여 현수막을 건 것과 같이 일시적으로 전시하였다가 머지않아 철거될 것으로 보이는 경우에는 '항시' 전시하는 것으로 보기 어려울 것이다. 눈이나 얼음으로 만든 조각품 등은 일정시간만 공중에게 전시될 수 있으므로 '항시'의 요건을 충족하기 어렵다.

"복제하여 이용할 수 있다"고 규정하고 있으므로 그 일차적 이용행위는 저작권법상 '복제'의 개념에 해당하는 것이어야 하고 '개작'은 포함하지 않는 것으로 보아야 할 것이다(같은 취지에서 골프장의 골프코스를 촬영하여 스크린골프장에서 사용할 수 있도록 3D 스크린골프 시뮬레이션 영상을 만든 것에 대하여 그것이 '2차적저작물의 작성'에 해당한다는 이유로 이 규정의 적용을 부정한 서울고판 2016. 12. 1, 2015나2016239 참조). 하지만 개방된 장소의 미술저작물 등을 촬영하거나 녹화한 후 그것을 배포하거나 공중송신하는 행위는 사회적으로 널리 행해지는 것으로서 이를 제한할 필요는 크지 않다고 생각되고, 법문도 "복제할 수 있다"가 아니라 "복제하여 이용할 수 있다"고 규정하여 복제 후의 2차적 이용행위를 널리 허용하고 있는 것으로 볼 수 있는 근거를 제공하고 있다고 볼 수 있으므로 복제물의 배포 또는 공중송신 행위는 허용되는 범위에 포함되는 것으로 봄이 타당하다고 생각된다.

나. 예외

(1) 건축물을 건축물로 복제하는 경우(제35조 제2항 제1호)

건축물은 대개 개방된 장소에 세워지게 되는데, 본항에 의하여 그러한 건축물을 그대로 모방하여 새로운 건축물을 짓는 것을 허용한다면 건축저작물의 보호는 그 의미를 상실하게 될 것이라는 것을 고려한 예외규정이다. 물론 여기서 말하는 건축물은 건축저작물로 인정되는 것을 전제로 하는 것이며, 건축저작물로 인정할 만한 창작성이 없는 일반 주택 등의 경우는 저작재산권 제한 사유를 논할 필요도 없이 그 외형을 자유롭게 복제할 수 있는 것이다. 건축저작물을 사진촬영하거나 모형을 만드는 것 등은 본항 본문의 요건을 충족하는 한 허용된다.

(2) 조각 또는 회화를 같은 형태로 복제하는 경우(제35조 제2항 제2호)

조각을 조각으로 회화를 회화로 복제하는 것은 저작권자의 권익에 큰 영향을 미치게 될 것임을 고려한 예외규정이다. 사진이나 녹화물의 영상에 수록하는 것은 당연히 가능하다.

(3) 개방된 장소에 항시 전시하기 위하여 복제하는 경우

복제물을 개방된 장소에 항시 전시하는 경우에는 역시 저작권자의 권익에 큰 영향을 미치는 것이라고 보아 예외규정에 포함시킨 것이다. 따라서 개방된 장소에 설치된 조각을 촬영하더라도 그 사진을 공개된 건물 외벽 등에 항시 전시하기 위해 하는 것은 허용되지 아니한다.

(4) 판매를 목적으로 복제하는 경우

판매를 목적으로 복제하는 경우에는 저작권자의 경제적 이익과 충돌하는 경우이므로 허용되지 않는 것으로 한 것이다. 아름다운 조각이나 건축물의 경우 이를 사진으로 촬영한 후 엽서 등에 담아 판매하는 경우가 많이 있는데 이 예외규정에 따라, 저작권자의 허락을 받지 않으면 허용되지 않는 것으로 보아야 한다. 그러나 복제물 자체가 판매의 주요대상이 되는 것이 아니라 예를 들어 판매되는 잡지의 표지 디자인에 사용되는 등의 경우라면 이 예외규정에 저촉되지 않는 것으로 보아야 할 것이다.

또한 판매를 목적으로 복제하는 경우만이 이 예외규정에 해당하게 되므로, 선전·광고 등 영리를 목적으로 하는 것이라도 무료로 배포되는 것이라면 이에 해당하지 않는다. 따라서 예를 들어 무료로 배포되는 기업의 홍보용 캘린더에 복제하는 것은 본 예외규정의 적용이 없고 제35조 제2항 본문에 따라 자유이용이 허용된다고 본다(통설).

4. 미술저작물 등의 전시, 판매에 수반되는 목록 형태 책자의 복제 및 배포

가. 의의

제35조 제3항은 다음과 같이 규정하고 있다.

■제35조(미술저작물등의 전시 또는 복제) ③ 제1항의 규정에 따라 전시를 하는 자 또는 미술저작물등의 원본을 판매하고자 하는 자는 그 저작물의 해설이나 소개를 목적으로 하는 목록 형태의 책자에 이를 복제하여 배포할 수 있다.

위에서 본 제1항의 규정에 따라 미술저작물 등의 원본 소유자는 원본에 의한 전시를 자유롭게 할 수 있으며, 한편으로 판매 등의 방법으로 한번 거래의 대상이 된 이후에는 권리소진의 원칙(이 책 [53] 2. 참조)을 정한 제20조 단서 규정에 따라 저작권자의 배포권도 소진되어 저작권자의 허락 없이 이를 자유롭게 다른 제3자에게 판매할 수도 있다. 그런데 그러한 전시 및 판매를 위해 불특정 다수인이 관람할 수 있는 전시회장 등에 내놓을 경우에는 그에 수반하여 카탈로그, 팜플렛 등 목록 형태의 책자를 만들어 배포하는 것이 필요한데, 그 책자에 미술 저작물 등을 복제한 사진 등을 게재하여 배포하는 것에 대해 저작재산권자(복제·배포권자)의 별도 허락을 받도록 요구한다면 결국 소유자의 위와 같은 전시 및 판매 등의 자유는 실질적으로 큰 제약을 받게 될 것이다. 그런 점에서 저작권법은 본항을 통해 그와 같은 경우를 저작재산권 제한사유로 추가한 것이다.

나. 요건

(1) 미술저작물 등의 원본의 소유자로서 원본에 의하여 전시하는 자 또는 미술저작물등의 원본을 판매하고자 하는 자가 이용할 것

미술저작물등의 원본의 소유자로서 제35조 제1항에 의하여 원본에 의하여 전시하는 자 또는 미술저작물등의 원본을 판매하고자 하는 자만 이 규정에 의한 자유이용의 주체가 될 수 있고, 예를 들어 미술저작물 등의 복제물을 판매하고자 하는 자는 이 규정에 의한 자유이용의 주체가 될 수 없다.

(2) 미술저작물 등을 그 저작물의 해설이나 소개를 목적으로 하는 목록 형태의 책자에 복제, 배포할 것

"그 저작물의 해설이나 소개를 목적으로 하는 목록 형태의 책자"는 관람자를 위해 전시되는 저작물의 해설 또는 소개를 목적으로 하는 소형의 카탈로그, 목록 또는 도록 등을 의미하는 것으로서, 해설 또는 소개의 목적을 벗어나 원본을 대신하여 감상용이 될 수 있을 정도의 호화본이나 화집이라고 할 수 있을 정도의 것은 허용되지 않는 것으로 보고 있다.

특별전람회와 같은 경우에는 출품되어 진열된 작품을 복제하여 게재하는 것이 허용될 것이지만, 미술관과 같은 상설적인 시설에서는 목록 작성 시점에 진열되어 있는 작품뿐만 아니라 교체진열이 예정되어 있는 소장작품 전체를 소장목록 형태의 책자로 복제하는 것도 허용된다고 본다.

이 규정에 의하여 작성된 카탈로그나 목록 등이 제작 실비에 해당하는 가격으로 판매되는 경우는 물론이고, 전시회 등의 수익을 위하여 실비 이상의 가격으로 판매되는 경우도 있을 수 있는데, 그러한 경우라고 하여 이 규정이 적용되지 않는다고 볼 것은 아니다. 그러나 그러한 카탈로그나 목록은 해당 미술저작물 등의 시장적 가치를 저해하는 결과를 초래할 우려가 크므로 이 규정의 적용 여부를 판단함에 있어서 더욱 엄격하게 볼 것이 요망된다.

위와 같은 조건들을 충족할 경우 미술저작물등을 목록 형태의 책자에 '복제'하여 '배포'하는 것이 허용된다. 법문을 위주로 해석할 경우, 이러한 규정은 오프라인 인쇄물 형태로 제작하여 배포하는 것만 허용하는 취지로서 온라인상의 전송이나 기타 공중송신의 경우는 적용되지 않는 것으로 보게 될 가능성이 높지만, 전자상거래가 활성화된 오늘날의 디지털 환경 속에서는 인터넷상의 미술저작물 경매 등의 경우에 그 미술저작물의 축소 이미지를 경매 사이트에 올려서 구매희망자들이 볼 수 있게 할 필요성이 크게 부각되고 있다. 이러한 점을 감안하여, 하급심 판결 가운데는 해석론으로도 복제 및 배포 외에 공중송신의 경우도 이 규정의 유추적용에 의해 면책이 가능한 것으로 본 사례(서울중앙지판 2008. 10. 17, 2008가합21261)가 있다. 하지만 그러한 경우에는 이 규정의 유추적용을 하기보다 공정이용 일반조항인 제35조의5에 따른 공정이용에 해당하여 허용되는 것으로 보는 것이 타당할 것으로 생각된다.

5. 위탁에 의한 초상화 등

위탁에 의한 초상화 또는 이와 유사한 사진저작물의 경우에는 위탁자의 동의가 없는 때에는 이를 이용할 수 없다(제35조 제4항). 위탁에 의하여 초상화나 그와 유사한 인물 사진 등을 작성한 경우에도 특별한 약정이 없는 한 그 저작권은 초상화를 그린 화가나 사진을 촬영한 사진사가 갖는 것이 원칙이다. 그런데 그 초상화나 인물사진에는 '초상'의 주인공인 위탁자의 초상권이 작용하기 때문에 저작권자라고 하여 그 초상권을 침해할 수 있는 이용행위를 함부로 하여서는 아니 된다. 이것은 민법상의 인격권(그 중 초상권)에 관한 법리만으로도 충분히 도출되는 결론으로서 저작권법의 특별한 규정을 요하는 것은 아니나, 저작권법은 주의적으로 확인하는 의미에서 위와 같은 규정을 둔 것이다.

6. 출처명시 등

본조에 의한 자유이용의 경우에 출처명시의무는 면제되지 아니한다(제37조). 개작 이용도 허용되지 않음은 위에서도 언급한 바와 같다(제36조 참조).

[129] 저작물 이용과정에서의 일시적 복제

1. 의의

2011. 12. 2. 개정 저작권법은 한·미 FTA(협정문 §18. 4. 1.)에 따라 제2조 제

22호에서 복제의 개념에 일시적 복제도 포함됨을 명시함과 동시에(자세한 것은 이 책 [49] 2. 가. (4) 참조) 그러한 개정이 컴퓨터에서의 저작물 이용 및 유통을 지나치게 경색시키는 결과를 초래하지 않도록 하기 위해 일시적 복제에 대한 저작재산권 제한규정으로 제35조의2를 신설하였다. 그 규정내용은 다음과 같다.

> ■ 제35조의2(저작물 이용과정에서의 일시적 복제) 컴퓨터에서 저작물을 이용하는 경우에는 원활하고 효율적인 정보처리를 위하여 필요하다고 인정되는 범위 안에서 그 저작물을 그 컴퓨터에 일시적으로 복제할 수 있다. 다만, 그 저작물의 이용이 저작권을 침해하는 경우에는 그러하지 아니하다.

2. 요건

가. 컴퓨터에서의 저작물 이용(주된 이용)에 따른 부수적 이용일 것

제35조의2는 "컴퓨터에서 저작물을 이용하는 경우에는 … 그 저작물을 그 컴퓨터에 일시적으로 복제할 수 있다"고 규정하고 있는데, 이것은 컴퓨터 환경에서의 저작물 이용(주된 이용)을 위해 부수적으로 일시적 복제가 이루어지는 경우일 것을 요하는 취지라고 할 수 있다. 즉 이 규정에서 "저작물을 이용하는 경우"라고 할 때의 '이용'은 '일시적 복제'를 제외한 다른 형태의 이용을 말하며, '일시적 복제'는 그 이용에 대한 관계에서 부수적인 성격을 가질 것을 요하는 것으로 보아야 한다.

예컨대 DVD를 구입하여 컴퓨터에서 시청하기 위해 재생을 시키는 과정에서 DVD에 수록된 파일의 내용이 컴퓨터의 램(RAM)에 일시적으로 저장되는 것, 인터넷상의 정보를 검색하고 이용하는 과정에서 그 정보의 내용이 램에 저장되거나 일부 내용이 캐시 파일로 하드디스크에 일시적으로 복제되는 것 등이 그러한 경우에 해당한다. 즉, 이때 컴퓨터에서 DVD를 재생하여 시청하는 것이 주된 목적이라면 그 과정에서 램에의 일시적 복제가 일어나는 것은 부수적인 성격을 가지는 것이며, 인터넷상의 정보를 검색, 열람하는 것과 그 과정에서 램이나 캐싱을 위해 지정된 폴더에 정보(저작물)가 일시적으로 복제되는 것의 관계도 마찬가지이다.

"저작물을 이용하는 경우"에서 말하는 '이용'에는 반드시 저작재산권의 구체적 지분권에 해당하는 이용만 포함되는 것이 아니라 위와 같은 DVD 시청, 정보의 검색·열람 등과 같이 지분권에 포함되지 않는 일반적인 의미의 이용도 포함되는 것으로 보아야 할 것이다.

나. 원활하고 효율적인 정보처리를 위하여 필요하다고 인정되는 범위 안에서 이루어질 것

'원활하고 효율적인 정보처리를 위하여 필요하다'는 것은 위에서도 예를 든 바와 같이, DVD의 원활한 재생을 위해 그 안에 수록된 정보를 램(RAM)에 일시적으로 저장하는 것이나 정보검색의 속도를 향상시키기 위해 캐시파일을 PC 하드디스크의 임시폴더에 저장해 두는 것과 같이, 원활하고 효율적인 정보처리를 위한 기술적 필요에 의하여 일시적 복제가 필요한 경우를 말한다. 같은 취지에서 '오픈캡쳐 유료화' 사건에 대한 서울고등법원 2014. 11. 20. 선고 2014나19891 판결은 "프로그램을 일시적으로 램에 저장하는 것은 중앙처리장치(CPU)는 처리속도가 빠른 반면 하드디스크 등의 보조기억장치에서 데이터를 읽어 오는 속도는 느리므로 두 장치 사이의 속도 차이를 조정하여 처리속도를 높이기 위한 것이므로 오픈캡쳐 유료버전의 실행 과정에서 이루어지는 일시적 복제는 원활하고 효율적인 정보처리를 위하여 필요한 범위 내의 복제에 해당한다"고 판시하였다. '일시적 저장' 또는 '일시적 복제'로 문제되는 전형적인 경우들은 대체로 이 요건을 충족하는 데는 문제가 없는 것으로 볼 수 있을 것이다.

하지만, 그러한 경우가 아니라 사용자가 특별히 하드디스크에 저장한 후 일정한 기간만 사용하는 등의 경우에는 그 사용기간이 비록 짧았다 하더라도 이 (2)의 요건을 충족하는 것으로 보기 어렵다. 한편으로는, 위와 같은 캐싱 등의 기술적 과정에서 하드디스크에 저장된 파일이라 하더라도 그것을 다른 저장공간으로 복사하여 사용하는 등의 2차적인 사용행위를 할 경우에는 '원활하고 효율적인 정보처리'를 위해 필요한 '범위 내'의 이용이라고 할 수 없으므로, 역시 이 요건을 충족하지 못하는 것이 된다.

다. 일시적 복제에 해당할 것

이 규정에 따라 저작재산권이 제한되려면, 저작물이 램이나 하드디스크에 저장되는 시간의 면에서도 '영구성'이 아닌 '일시성'을 가질 것을 요한다. 일반적으로 램(RAM)의 경우는 특별한 경우가 아닌 한 그것이 가지는 저장매체로서의 속성 자체가 임시성 또는 휘발성을 가지므로 '영구성'을 가지지 않는다는 점에 대해 아무런 의문이 없다. 캐싱의 경우와 같이 하드디스크의 폴더에 저장되는 경우에는 램에의 일시적 저장에 비하여 비교적 장시간 저장되는 경우가 있을 수 있으나, 그것이 일정한 시간의 경과 등에 따라 기술적으로 삭제 또는 갱신되도록 되어 있는 이상 '일시적 복제'의 성격을 가지는 것으로 보아야 할 것이다. 즉 일정한 시간적 유한성이 기술적으로 주어져 있기만 하면 일시적 복제에 해당하는 것으로 볼 수 있을 것이다.

일시적 저장 중에서도 순간적·과도적인 것으로 볼 수 있는 일정한 유형의 경우에는 여전히 '고정'의 요건을 충족하지 못하여 복제의 개념에 포함되지 않는 경우가 있을 수 있다는 것은 앞에서 살펴본 바와 같다(이 책 [49] 2. 가. (4) 참조).

결국 개정법에 의할 때, 컴퓨터 환경 하에서의 저작물의 저장은 그 시간적 길이 및 그것을 결정하는 기술적 속성 등에 따라 ① '순간적'이라고 할 정도로 짧을 경우('고정'의 요소를 결하여 '복제'의 개념에 해당하지 않음)와 ② 그보다는 길어서 복제의 개념요소 중의 하나인 '고정'의 요소를 갖춘 것으로 볼 수 있지만, 그 저장의 시간 및 기술적 속성 등에 비추어 '일시적 복제'의 성격을 가지는 경우, 그리고 ③ 위와 같은 관점에서 '일시성'이 인정되지 않아 '일시적 복제'가 아니라 일반적 복제라고 해야 할 경우의 세 가지로 구분된다고 할 수 있다. 그 중 본조의 요건을 충족할 수 있는 것은 ②의 경우에 한하지만, ①의 경우는 처음부터 복제의 개념에 해당하지 않으므로 본조의 요건을 충족하는지 여부와 상관없이 그 자체로는 저작권침해를 구성하지 않는 것으로 보아야 할 것이다.

라. 주된 이용이 저작권침해를 구성하지 않을 것

제35조의2 단서 규정은 "다만, 그 저작물의 이용이 저작권을 침해하는 경우에는 그러하지 아니하다"고 규정하고 있다. 위 규정에 포함된 '그 저작물의 이용'이라는 것은 위에서 본 저작물의 '주된 이용(일시적 복제를 제외한 이용)'을 말하는 것으로 본다. 즉, 위 단서 규정은 일시적 복제의 주체가 하는 저작물의 '주된 이용'이 저작권법상의 복제권, 공중송신권 등의 저작재산권의 지분권을 침해하는 경우에는 그에 부수하여 이루어지는 일시적 복제만을 제35조의2에 따라 침해가 아닌 것으로 볼 필요가 없다는 이유로 그 경우에는 일시적 복제도 침해가 된다는 취지의 규정을 한 것이라고 보아야 할 것이다.

또한 이러한 '주된 이용'이 저작권침해에 해당한다는 것은 그 취지에 비추어 저작인격권이 아닌 저작재산권의 침해에 해당한다는 의미라고 보아야 할 것이다. 같은 취지에서 '오픈캡쳐 유료화' 사건에 대한 서울고등법원 2014. 11. 20. 선고 2014나19891 판결은 "저작권법 제35조의2 단서에서 정해진 그 저작물의 이용이 저작권을 침해하는 경우라고 함은, 일시적 복제의 주체가 행하는 저작물의 주된 이용이 저작권자의 허락을 받아야 하는 이용행위에 해당함에도 저작권자로부터 이용허락을 받지 아니하였거나 저작권법에 의해 허용된 행위(저작권법이 정하고 있는 사적복제 등 각종 제한 규정에 해당하는 행위)에 포함되지 아니하는 이용행위로서 저작권법상의 복제권 등의 저작재산권의 지분권을 침해하는 경우 또는 프로그램의 사용을 일정한 요건을 갖춘 경우에 침해로 간주하고 있는 행위(저작권법 제124조 제1항 제3호)에 해당하는 것을 말한다. 따라서 이러한 경우에는 그에 부수하여 이루어지는 일시적 복제도 저작권법 제35조의2 본문의 자유이용으로부터 제외된다"고 판시하였다. 위 사건에 대한 상고심 판결인 대법원 2017. 11. 23. 선고 2015다1017(본소), 2015다1024(병합), 2015다1031(병합), 2015다1048(반소) 판결은 이와 관련하여 "앞서 본 대로 피고의 허락하에 오픈캡처 유료버전이 원고들 직원들의 컴퓨터 하드디스크 드라이브(HDD)에 복제된 이상 저작권법 제35조의2 단서가 일시적 복제권의 침해에 대한 면책의 예외로 규정하고 있는 '저작물의 이용이 저작권을 침해하는 경우'에 해당하는 사유도 존재하지 않는다고 할 것이다."라고 판시하였다. 이 판결은 관련 법리를 친절하게 설시하고 있지는 않지만, 위 2심 판결에서 밝힌 법리를 전제로 하여, 주된 이용으로서의 오픈캡처 유료버전의 영구적 복제가 적법하게 이루어진 이상 제35조의2 단서에 해당하는 사유도 없다고 본 것이라 할 수 있다.

예를 들어 컴퓨터를 이용하여, DVD에 수록된 영상저작물 또는 인터넷상에서 스트리밍 방식으로 제공되는 영상저작물을 재생하여 공중이 시청할 수 있도록 보여주는 공연행위를 저작권자의 허락 없이, 저작재산권 제한사유에도 해당하지 않는 상태에서 할 경우 그 영상저작물을 컴퓨터의 램에 일시적으로 저장하는 것이 비록 공연행위의 과정에서 부수적으로 행하는 것으로서 위 '가'부터 '다'까지의 요건을 모두 충족하는 것이라 하더라도 그 주된 이용행위인 공연이 저작권 침해를 구성하는 이상 위와 같은 일시적 저장도 복제권 침해에 해당하는 것으로 보아야 한다는 것을 의미한다는 것이다.

이와 같이 어차피 주된 이용이 저작권 침해를 구성하는 사안에서 일시적 복제도 함께 침해를 구성하는 것으로 정리하는 정도의 의미이므로 위 '라'의 요건이 가지는 실제상의 의의는 미미하다고 할 수 있다.

마. 일시적 복제가 독립한 경제적 가치를 가지지 않을 것

그렇다면 일시적 복제 중에 어떤 경우가 저작권침해를 구성하게 될까. 그것은 바로 일시적 복제가 위와 같은 부수적인 성격을 가지지 않는 경우, 즉 일시적 복제 자체가 독립한 경제적 가치를 가지는 경우임에도 저작권자의 허락을 받지 않았고 달리 저작재산권 제한사유에도 해당하지 않는 경우이다. 예컨대 온라인상의 서비스 방식으로 소프트웨어를 유상으로 제공하는 SaaS('Software as a service'의 약어이다. 소프트웨어의 기능 중 이용자가 필요로 하는 것만을 서비스로 제공하여 이용이 가능하도록 하는 방식을 말하며, 서비스형 소프트웨어라고도 불린다), 웹상에서 응용프로그램을 임대하여 제공하는 ASP('Application Service Provider'의 약어로서 웹상의 응용소프트웨어 임대업이라고 할 수 있다) 등의 경우 및 역시 접속에 의하여 온라인상으로 내용을 열람하는 것을 통제하면서 그러한 열람을 위해서는 이용료나 회비를 내게 하는 유료 콘텐츠 서비스 등의 경우에는 일시적 저장 자체가 독립한 경제적 가치를 가지는 것으로 볼 수 있다. 즉 이 경우에는 이용자 PC의 램(RAM)에 서비스 제공회사의 소프트웨어나 콘텐츠가 일시적으로 저장되는 것이 유상거래의 핵심적 대상이 되므로 단순히 부수적인 것이라고 할 수 없어 제35조의2의 요건을 갖추지 못한 것으로 보아야 할 것이다.

제35조의2의 법문은 분명하게 '독립한 경제적 가치가 없을 것'을 요건의 하나로 제시하고 있지는 않지만, 위 규정의 취지 속에 일시적 복제가 '주된 이용'과의 관계에서 '부수적'인 성격을 가질 것을 요하는 의미가 내포되어 있는 것으로 본다면, 그 부수성의 자연적인 귀결로서 일시적 복제가 그 자체로 독립한 경제적 가치를 갖지는 않는 경우일 것을 요하는 것으로 해석할 수 있다고 생각된다.

오픈캡처 사건에 대한 대법원 2017. 11. 23. 선고 2015다1017(본소), 2015다1024(병합), 2015다1031(병합), 2015다1048(반소) 판결은 저자의 위와 같은 주장을 수용하여, 본조의 적용에 있어서 "일시적 복제 자체가 독립한 경제적 가치를 가지는 경우는 제외되어야 할 것이다."라고 판시하였다. 위 판결은 해당 사안에서 오픈캡처 유료화 이전의 무료 버전을 설치한 데 따라 유료화 이후에도 '사용'한 것만으로는 '독립한' 경제적 가치를 가지는 경우에 해당하지 않는 것으로 보았지만, 위 판결의 법리를 이어받아 판결한 대법원 2018. 11. 15. 선고 2016다20916 판결은 일시적 복제가 라이선스계약상의 최대 동시사용자수를 실질적으로 늘리는 방법으로 사용된 경우에 대하여 '독립한 경제적 가치'의 존재를 긍정하고, 그에 따라 본조에 의한 면책을 부정하는 결론을 내렸다.

3. 출처 명시 등

본조에 의한 자유이용의 경우에 출처명시의무는 면제된다(제37조 제1항). 개작 이용이나 번역에 의한 이용 등은 허용되지 않는다(제36조).

[130] 부수적 복제 등

1. 의의

부수적 복제 등에 대한 저작재산권 제한사유에 관하여 저작권법 제35조의3은 다음과 같이 규정하고 있다.

> ■ 제35조의3(부수적 복제 등) 사진촬영, 녹음 또는 녹화(이하 이 조에서 "촬영등"이라 한다)를 하는 과정에서 보이거나 들리는 저작물이 촬영등의 주된 대상에 부수적으로 포함되는 경우에는 이를 복제·배포·공연·전시 또는 공중송신할 수 있다. 다만, 그 이용된 저작물의 종류 및 용도, 이용의 목적 및 성격 등에 비추어 저작재산권자의 이익을 부당하게 해치는 경우에는 그러하지 아니하다.

앞에서 살펴본 제26조는 "방송·신문 그 밖의 방법에 의하여 시사보도를 하는 경우에 그 과정에서 보이거나 들리는 저작물은 보도를 위한 정당한 범위 안에서 복제·배포·공연 또는 공중송신할 수 있다"고 규정하고 있는데(이 책 [118] 참조), 여기서 "그 과정에서 보이거나 들리는 저작물"을 특별한 의도 없이 보도 사진 또는 보도 영상에 이용하게 되는 것이 '부수적 이용(incidental use)'의 전형적인 예라고 할 수 있다. 제26조는 시사보도의 목적이 가지는 공익적 가치와 함께 그러한 이용행위가 가지는 부수적 성격을 함께 고려하여 자유이용의 대상으로 한 것으로 볼 수 있다. 그런데 이러한 부수적 이용의 경우는 반드시 시사보도를 위한 경우가 아니더라도 저작권침해로 문제 삼기보다 자유이용의 대상으로 하는 것이 바람직한 경우가 많다. 특히 오늘날 인터넷 및 모바일 등의 다양한 채널을 통해 누구나 쉽게 대중을 상대로 한 표현활동을 할 수 있는 상황에서는 저작권법을 형식적으로 경직되게 적용할 경우에 저작권침해가 성립할 부수적 이용의 예가 부지기수로 많이 있을 수 있다.

우리 저작권법상으로는 제26조 외에 부수적 복제 등에 대한 포괄적 면책 규정을 별도로 두지 않고 있었으나, 영국, 독일, 일본 등 해외 여러 나라의 입법례에는 그러한 규정이 있다는 점을 참고하고, 한편으로는 가상·증강 현실 기술을 이용한 산업의 발전을 뒷받침하기 위하여 촬영 등의 주된 대상에 부수적으로 다른 저작물이 포함되는 경우 저작권 침해를 면책할 수 있는 근거를 마련하기 위해 2019. 11. 26.자 개정법에서 위 규정을 새로 신설, 도입하게 되었다.

2. 요건

가. 촬영등을 하는 과정에서 보이거나 들리는 저작물이 촬영등의 주된 대상에 부수적으로 포함되는 경우일 것

사진촬영, 녹음 또는 녹화(이하 이 조에서 "촬영등"이라 한다)를 하는 과정에서 보이거나 들리는 저작물이 촬영등의 주된 대상에 부수적으로 포함되는 경우일 것을 요한다. 예를 들어 음악 관련 오디션 프로그램에 출연한 사람들을 촬영하여 그들의 노래 부르는 장면을 시청할 수 있게 하는 것을 주된 목적으로 하여 녹화 촬영을 하였는데, 출연자 중 한 명이 입고 나온 티셔츠에 그려진 미술저작물이 화면에 나오게 된 것과 같은 경우에, 바로 그 미술저작물이 촬영에 포함된 것은 이 요건을 충족한 것으로 볼 수 있다. 또한 예를 들어 공원에서 자녀들이 뛰어노는 모습을 촬영하였는데, 공원의 배경음악으로 흐르는 음악이 일부 포함되게 된 경우에도 그 배경음악이 동영상에 포함되어 아이들의 웃음 소리 등과 함께 녹음된 것은 주된 촬영대상인 아이들에 대한 관계에서 '부수적 성격'을 가지므로 위 요건을 충족하는 것으로 볼 수 있다. 그러나 예를 들어 미술 전람회에 가서 그림 하나 하나를 대상으로 하여 촬영을 한 경우에 그 그림은 촬영의 주된 대상이지 부수적으로 포함된 것이 아니므로 위 요건을 충족하지 못하는 것이고 허락 없이 그렇게 하여 온라인 전송 등을 할 경우 저작재산권 침해가 될 수 있다.

구체적인 사안에서 촬영에 포함된 어떤 대상이 '부수적 성격'을 가지는지 여부의 판단이 애매하고 어려운 경우가 있을 수 있다. 그때 하나의 기준으로 삼을 수 있는 것은 '그 저작물이 촬영 등에 의하여 다른 저작물에 포함되어 있지만, 그 저작물이 들어가야 할 심미적 또는 영리적인 필요성이 인정되지 않거나 다른 것으로 교체해도 무방하였던 것으로 여겨지는 경우인지 여부'라 생각된다.

한일 월드컵 당시 널리 사용된 "Be The Reds!"라는 응원문구를 도안화한 저작물인 *Reds!* 도안이 그려진 티셔츠 등을 착용한 모델을 촬영한 후 그 사진들을 인터넷 상에서 양도, 이용허락을 중개하는 이른바 포토라이브러리(photo library)업체에 위탁하여 인터넷상에 배포한 것이 저작재산권 침해에 해당하는지 여부가 문제된 사안에서 대법원(대판 2014. 8. 26, 2012도10777)은 "① 이 사건 사진들 중 일부 사진들에는 이 사건 저작물의 원래 모습이 온전히 또는 대부분 인식이 가능한 크기와 형태로 사진의 중심부에 위치하여 그 창조적 개성이 그대로 옮겨져 있다는 점, ② 이 사건 저작물은 월드컵 분위기를 형상화하고자 하는 위 사진들 속에서 주된 표현력을 발휘하는 중심적인 촬영의 대상 중 하나로 보인다는 점 등을 이유로 침해를 인정하였다. 제35조의3이 신설되기 전의 판례이지만 위와 같은 판시에 비추어볼 때 현행법하에서도 제35조의3이 요구하는 '부수적 성격'을 결여한 것으로 보아 그 적용을 부정하고 침해를 인정하였을 가능성이 높을 것으로 보인다.

나. 허용의 한계

제35조의3 단서는 "다만, 그 이용된 저작물의 종류 및 용도, 이용의 목적 및 성격 등에 비추어 저작재산권자의 이익을 부당하게 해치는 경우에는 그러하지 아니하다"고 규정하고 있다. 위 '가'의 요건을 충족하는 경우에도 구체적인 사안에서 권리자의 이익을 부당하게 해치는 경우인지 여부를 따져보고 그에 해당하는 경우에는 이 규정을 적용하지 않아야 한다. 예를 들어 음악 공연이 있는 곳 근처에서 아이들이 노는 모습을 촬영하였는데, 그 촬영의 길이가 길고 녹음의 질이 높아, 해당 음악에 대한 감상적인 수요를 대체할 정도가 된다면, 저작재산권자의 이익을 부당하게 해치는 경우로 판단될 가능성이 많을 것이다.

다. 허용되는 행위

허용되는 행위는 "복제·배포·공연·전시 또는 공중송신"이다. 2차적저작물작성은 포함되어 있지 않지만, 후술하는 바와 같이 '개작 이용'이 허용되므로, 요건을 충족하는 한, 모든 이용행위가 허용되는 것으로 볼 수 있다.

3. 개작 이용 등

본조 규정에 의한 자유이용에 있어서는 그 저작물을 번역·편곡 또는 개작하여 이용할 수 있다(제36조 제1항). 또한 출처명시의무는 면제된다(제37조 제1항 단서).

[131] 문화시설에 의한 복제 등

1. 의의

문화시설에 의한 복제 등과 관련하여, 저작권법은 다음과 같이 규정하고 있다.

■ 제35조의4(문화시설에 의한 복제 등) ① 국가나 지방자치단체가 운영하는 문화예술활동에 지속적으로 이용되는 시설 중 대통령령으로 정하는 문화시설(해당 시설의 장을 포함한다. 이하 이 조에서 "문화시설"이라 한다)은 대통령령으로 정하는 기준에 해당하는 상당한 조사를 하였어도 공표된 저작물(제3조에 따른 외국인의 저작물을 제외한다. 이하 이 조에서 같다)의 저작재산권자나 그의 거소를 알 수 없는 경우 그 문화시설에 보관된 자료를 수집·정리·분석·보존하여 공중에게 제공하기 위한 목적(영리를 목적으로 하는 경우를 제외한다)으로 그 자료를 사용하여 저작물을 복제·배포·공연·전시 또는 공중송신할 수 있다.

② 저작재산권자는 제1항에 따른 문화시설의 이용에 대하여 해당 저작물의 이용을 중단할 것을 요구할 수 있으며, 요구를 받은 문화시설은 지체 없이 해당 저작물의 이용을 중단하여야 한다.

③ 저작재산권자는 제1항에 따른 이용에 대하여 보상금을 청구할 수 있으며, 문화시설은 저작재산권자와 협의한 보상금을 지급하여야 한다.

④ 제3항에 따라 보상금 협의절차를 거쳤으나 협의가 성립되지 아니한 경우에는 문화시설 또는 저작재산권자는 문화체육관광부장관에게 보상금 결정을 신청하여야 한다.

⑤ 제4항에 따른 보상금 결정 신청이 있는 경우에 문화체육관광부장관은 저작물의 이용 목적·이용 형태·이용 범위 등을 고려하여 보상금 규모 및 지급 시기를 정한 후 이를 문화시설 및 저작재산권자에게 통보하여야 한다.

⑥ 제1항에 따라 문화시설이 저작물을 이용하고자 하는 경우에는 대통령령으로 정하는 바에 따라 이용되는 저작물의 목록·내용 등과 관련된 정보의 게시, 저작권 및 그 밖에 이 법에 따라 보호되는 권리의 침해를 방지하기 위한 복제방지조치 등

필요한 조치를 하여야 한다.

⑦ 제2항부터 제5항까지의 규정에 따른 이용 중단 요구 절차와 방법, 보상금 결정 신청 및 결정 절차 등에 관하여 필요한 사항은 대통령령으로 정한다.

공공문화시설이 저작자불명저작물을 활용하여 문화향상 발전에 이바지 할 수 있도록 저작재산권자 불명의 저작물을 이용할 수 있는 근거를 마련하기 위해 2019. 11. 26.자 개정법에서 위 규정을 새로 신설, 도입하게 되었다.

2. 요건

가. 주체: 법령상의 문화시설

저작권법 제35조의4 제1항은 이 규정에 의한 이용의 주체를 "국가나 지방 자치단체가 운영하는 문화예술 활동에 지속적으로 이용되는 시설 중 대통령령 으로 정하는 문화시설(해당 시설의 장을 포함한다. 이하 이 조에서 "문화시설"이라 한다)"로 규정하고 있다. 그리고 저작권법 시행령 제16조의2는 위 규정에서 말하는 "대 통령령으로 정하는 문화시설"이란 ① 「국회법」 제22조에 따른 국회도서관, ② 「도서관법」 제19조에 따른 국립중앙도서관 및 같은 법 제25조에 따른 광역대 표도서관, ③ 「박물관 및 미술관 진흥법」 제10조에 따른 국립중앙박물관·국 립현대미술관 및 국립민속박물관 중 어느 하나에 해당하는 시설을 말하는 것 으로 규정하고 있다. 도서관, 미술관 및 박물관이 여기에 포함되지만 모든 도 서관 등이 포함되는 것이 아니라 국회도서관, 국립중앙도서관, 광역대표도서 관, 국립중앙박물관 등만 포함되는 것으로 한정적으로 규정되어 있음을 알 수 있다.

나. 이용대상: 저작재산권자 불명의 공표된 저작물

제35조의4 제1항은 이용대상과 관련하여 "대통령령으로 정하는 기준에 해당하는 상당한 조사를 하였어도 공표된 저작물(제3조에 따른 외국인의 저작물은 제 외한다. 이하 이 조에서 같다)의 저작재산권자나 그의 거소를 알 수 없는 경우"일 것을 요하는 것으로 규정하고 있다. '상당한 조사의 기준'에 대해서는 저작권 법 시행령 제16조의3이 자세히 규정하고 있다. 이러한 조사를 통해서도 저작

재산권자나 그의 거소를 알 수 없는 저작물을 이른바 '고아 저작물'이라고 부른다. 이 규정은 문화국가의 지식정보 역량을 강화하기 위해, 상당한 조사를 거쳐도 고아 저작물의 상태를 벗어나지 못하는 공표된 저작물을 문화시설이 국민들을 위해 활용할 수 있도록 하고 있는 것이다. 다만, 이 규정이 베른협약 등과의 관계에서 문제의 소지가 전혀 없다고 할 수는 없다는 전제 하에, 외국인의 저작물은 이용대상에서 제외하도록 규정하고 있다.

다. 목적: 문화시설에 보관된 자료를 수집·정리·분석·보존하여 공중에게 제공하기 위한 목적(비영리)

문화시설에 보관된 자료를 수집·정리·분석·보존하여 공중에게 제공하기 위한 목적으로만 이용할 수 있고, 영리의 목적으로 하는 것이 아니어야 한다.

라. 허용되는 행위

위 요건들을 충족하는 경우 문화시설은 해당 자료를 사용하여 저작물을 복제·배포·공연·전시 또는 공중송신할 수 있다.

마. 제2항 이하의 규정

저작재산권자는 제1항에 따른 문화시설의 이용에 대하여 해당 저작물의 이용을 중단할 것을 요구할 수 있으며, 요구를 받은 문화시설은 지체 없이 해당 저작물의 이용을 중단하여야 한다(제35조의4 제2항). 이것은 저작재산권자에게 이른바 옵트-아웃(opt-out)을 할 수 있는 권리를 부여한 것이라 할 수 있다.

저작재산권자는 제1항에 따른 이용에 대하여 보상금을 청구할 수 있으며, 문화시설은 저작재산권자와 협의한 보상금을 지급하여야 하며(제3항), 보상금 협의절차를 거쳤으나 협의가 성립되지 아니한 경우에는 문화시설 또는 저작재산권자는 문화체육관광부장관에게 보상금 결정을 신청하여야 한다(제4항). 그러한 보상금 결정 신청이 있는 경우에 문화체육관광부장관은 저작물의 이용 목적·이용 형태·이용 범위 등을 고려하여 보상금 규모 및 지급 시기를 정한 후 이를 문화시설 및 저작재산권자에게 통보하여야 한다(제5항).

그리고 제35조의4 제1항에 따라 문화시설이 저작물을 이용하고자 하는 경우에는 대통령령으로 정하는 바에 따라 이용되는 저작물의 목록·내용 등과 관련된 정보의 게시, 저작권 및 그 밖에 이 법에 따라 보호되는 권리의 침해를 방지하기 위한 복제방지조치 등 필요한 조치를 하여야 한다(제6항).

3. 개작 이용 등

본조 규정에 의한 자유이용에 있어서는 그 저작물을 번역·편곡 또는 개작하여 이용할 수 있다(제36조 제1항). 또한 출처명시의무는 면제된다(제37조 제1항 단서).

[132] 컴퓨터프로그램저작물의 특성에 따른 저작재산권 제한사유

1. 개관

구 컴퓨터프로그램보호법과 저작권법을 통합한 2009. 4. 22.자 개정 저작권법은 기존의 컴퓨터 프로그램보호법의 규정들 중 컴퓨터프로그램저작물(이하 프로그램이라 한다)의 특성을 반영한 규정들을 저작권법상의 특례규정으로 수용하였다. 특례규정 중 저작재산권 제한사유에 관한 규정들이 제101조의3, 제101조의4, 제101조의5이다. 그 가운데 제101조의3 제1호(재판 또는 수사를 위한 복제), 제2호(교육기관에서의 수업목적 이용), 제3호(교과용 도서에의 게재), 제4호(사적 이용을 위한 복제), 제5호(시험 또는 검정 목적의 이용)의 다섯 가지 사유는 각각 일반저작물에 대한 제한사유인 제23조, 제25조 제2항, 같은 조 제1항, 제30조, 제32조에 대한 특칙규정이라 할 수 있으므로, 각 해당 사유에 대한 설명의 마지막 부분에서 이미 설명하였다.

위 다섯 가지 사유를 제외한 네 가지 사유, 즉 ① 프로그램의 기초를 이루는 아이디어 및 원리를 확인하기 위한 복제(제101조의3 제1항 제6호), ② 컴퓨터의 유지·보수를 위한 프로그램의 일시적 복제(제101조의3 제2항), ③ 프로그램코드 역분석(제101조의4), ④ 정당한 이용자에 의한 프로그램 보존을 위한 복제 등(제101조의5)의 각 사유에 대하여 여기에서 살펴본다.

2. 프로그램의 기초를 이루는 아이디어 및 원리를 확인하기 위한 복제

가. 의의

저작권법 제101조의3 제1항 제6호는 다음과 같이 규정하고 있다.

■ 제101조의3(프로그램의 저작재산권의 제한) ① 다음 각 호의 어느 하나에 해당하는 경우에는 그 목적을 위하여 필요한 범위에서 공표된 프로그램을 복제 또는 배포할 수 있다. 다만, 프로그램의 종류·용도, 프로그램에서 복제된 부분이 차지하는 비중 및 복제의 부수 등에 비추어 프로그램의 저작재산권자의 이익을 부당하게 해치는 경우에는 그러하지 아니하다.

  1-5. (생략)

  6. 프로그램의 기초를 이루는 아이디어 및 원리를 확인하기 위하여 프로그램의 기능을 조사·연구·시험할 목적으로 복제하는 경우(정당한 권한에 따라 프로그램을 이용하는 자가 해당 프로그램을 이용 중인 경우로 한정한다)

"프로그램의 기초를 이루는 아이디어 및 원리를 확인하기 위하여 프로그램의 기능을 조사·연구·시험할 목적으로 복제하는 경우(정당한 권한에 의하여 프로그램을 이용하는 자가 해당 프로그램을 이용 중인 때에 한한다)"를 프로그램의 종류·용도, 프로그램에서 복제된 부분이 차지하는 비중 및 복제의 부수 등에 비추어 프로그램의 저작재산권자의 이익을 부당하게 해치는 경우가 아닐 것을 조건으로 저작재산권 제한사유로 규정하고 있다.

나. 요건

(1) 프로그램의 기초를 이루는 아이디어 및 원리를 확인하기 위하여 프로그램의 기능을 조사·연구·시험할 목적으로 복제하는 경우일 것

컴퓨터프로그램은 다른 저작물과 마찬가지로 그 표현만 보호되고 그 기초를 이루는 아이디어나 원리는 아무리 참신한 발견 등을 내포하고 있더라도 법적으로 보호되지 않는다(이 책 [6] 2. 나. 참조). 즉 그 아이디어나 원리는 저작권법적으로는 원래 자유로이 이용할 수 있는 것이 원칙이다. 그런데 다른 프로그램의 아이디어나 원리를 알아내기 위해서는 그 아이디어 및 원리를 확인하기 위해 프로그램을 조사, 연구, 시험하는 과정이 필요하게 된다. 이러한 과정을 거치는 것을 법에서 허용하지 않으면 실제로 아이디어를 자유롭게 이용할 수 없는 결과가 되고, 그것은 경쟁의 촉진이라고 하는 면에서 바람직하지 않은 결과가 된다. 그러한 아이디어를 추출하기 위해 때로 프로그램 코드 역분석이라고 하는 과정을 거칠 필요도 있는데, 그에 대하여는 엄격한 요건하에 저작권법 제101조의4에서 별도로 규정하고 있고, 이 규정(제101조의3 제1항 제6호)은 그 아이디어 등을 확인하기 위해 코드 역분석이 아니라 프로그램의 정상적 설치, 실행, 사용 등의 절차를 활용하는 것을 허용하는 취지로 규정된 것이다. 정당한 권한을 가진 이용자라면 원래 프로그램의 설치, 실행, 사용 등에 수반되는 복제는 적법하게 할 수 있는 것이지만, 때로는 권리자가 이용자들에게 원래의 프로그램이 예정하고 있는, 예를 들어 교육이나 업무생산성 향상, 엔터테인먼트 등의 정해진 목적으로만 이용할 수 있도록 하고 다른 목적으로의 사용을 허락하지 않는 경우가 있으므로 그러한 경우에도 그러한 목적을 위한 설치, 사용 등을 법에서 허용하기 위해 이 규정을 둔 것이라고 할 수 있다.

따라서 이 규정은 위와 같은 목적으로 행하는 복제에 대하여만 적용되고, 그렇지 않은 경우에는 적용되지 않는다. 실제로 위와 같은 목적으로 행하는 것이 아니더라도, 원래의 이용자가 정당하게 사용할 수 있는 목적 범위 내에 있는 경우라면, 저작권자의 허락을 받은 이용이므로 처음부터 저작권 침해가 되지 않는 것이다. 결국 이 규정은 이용허락을 받은 사용목적의 범위 내가 아니더라도 위와 같은 목적에 따른 설치, 사용 등이면 이것을 허용하기 위한 규정으로서, 그 취지는 이용행위의 추가적 허용이라기보다는 이용목적의 추가적 허용에 있다고 할 수 있다.

(2) 정당한 권한에 의하여 프로그램을 이용하는 자가 행하는 경우일 것

이것은, 컴퓨터프로그램의 설치, 사용 등에 대하여 권리자로부터 이용허락을 받은 경우이거나 다른 저작재산권 제한사유 등에 의하여 정당하게 이용할 수 있는 경우여야 한다는 것을 뜻한다.

(3) 그 이용자가 해당 프로그램을 이용 중인 때에 하는 복제일 것

이것은 위와 같은 프로그램의 정성적인 설치, 사용 과정 중에 부수적으로 이루어지는 복제만 자유이용의 범위 안에 있는 것이고, 그러한 이용과정을 벗

어나 복제 등의 행위를 하는 것은 허용되지 않는다는 것을 뜻하는 것이다.

3. 컴퓨터의 유지·보수를 위한 프로그램의 일시적 복제

가. 의의

한·미 FTA 이행을 위한 2011. 12. 2.자 개정법에서는 제101조의3 제2항을 신설하여 컴퓨터의 유지·보수를 위한 프로그램의 일시적 복제를 프로그램에 특화된 저작재산권 제한사유의 하나로 추가하였다. 규정내용은 다음과 같다.

> ■ 제101조의3(프로그램의 저작재산권의 제한) ② 컴퓨터의 유지·보수를 위하여 그 컴퓨터를 이용하는 과정에서 프로그램(정당하게 취득한 경우로 한정한다)을 일시적으로 복제할 수 있다.

이것은 PC, 스마트폰 등의 정보처리장치(저작권법상 총칭하여 '컴퓨터'라 한다. 제2조 제16호 참조)에 프로그램이 설치되어 있는 상태에서 고장으로 수리할 필요성이 많아지면서 그 필요성이 부각된 조문이다. 즉 이러한 상황에서 컴퓨터가 고장이 날 경우에는 컴퓨터를 수리하는 과정에서 그 운영체제를 새로 깔아 설치하는 등의 경우에 기존의 하드디스크 등에 설치되어 있던 프로그램을 일시적으로 다른 저장매체에 복제해 두었다가 다시 컴퓨터로 복제하는 과정을 거치지 않으면 컴퓨터를 정상적으로 이용할 수 없게 되는 경우가 많으므로, 그러한 경우에 일시적으로 프로그램을 다른 매체에 복제하는 등의 행위를 명시적으로 허용하기 위하여 이 규정을 마련하게 된 것이다.

나. 요건(제101조의3)

(1) 컴퓨터의 유지·보수를 위하여 그 컴퓨터를 이용하는 과정에서 하는 행위여야 한다.

컴퓨터가 바이러스의 감염이나 물리적 충격 등의 사유로 정상적으로 작동되지 않아 수리를 하기 위해 그 컴퓨터의 운영체제 프로그램을 새로 설치하거나 하드디스크를 교체하는 등의 과정에서 일시적으로 다른 매체에 복제해 두었다가 수리 후 다시 원래 컴퓨터에 복제하는 것이 그 전형적인 예라고 할 수 있다. 새로운 컴퓨터를 사서 기존의 구 컴퓨터에 설치되어 있던 프로그램을 옮겨 복제하는 것은 컴퓨터의 유지·보수를 위한 것이 아니고 '일시적 복제'도 아니므로 이 규정의 적용대상이 아니다. 컴퓨터의 수리를 위해 일시적 복제를 하는 사람은 반드시 컴퓨터의 소유자 자신이 아니라 전문 수리업자여도 상관없는 것으로 보아야 할 것이다.

(2) 정당하게 취득한 프로그램이어야 한다.

프로그램이 처음부터 권리자의 허락 없이 불법으로 복제되어 있는 것이라면 컴퓨터의 수리 과정에서 일시적으로 복제하는 행위라고 하여 굳이 적법하게 볼 필요가 없다는 취지에서 규정된 요건이다. 프로그램이 컴퓨터 소유자 등에 의하여 정당하게 취득된 것이 아닐 경우에는 전문적인 수리업자의 경우에도 침해 책임을 질 여지가 없지 않다. 다만 특별히 불법복제물이라는 증거가 없는 이상, 고의, 과실이 없는 것으로 볼 가능성은 많을 것이다.

(3) 일시적 복제여야 한다.

위와 같이 수리과정에서 프로그램을 다른 저장매체에 복제하였다가 수리 후에 원래의 컴퓨터에 다시 복제한 후 다른 저장매체에 복제하였던 프로그램은 삭제를 할 경우에는 '일시적 복제'의 개념에 해당한다고 볼 수 있다. 그러나 앞서도 언급한 바와 같이, 고장이 난 컴퓨터 대신 다른 컴퓨터에 옮겨 복제해 두고 계속 사용하는 것과 같은 경우에는 '일시적 복제'라고 할 수 없다.

4. 프로그램코드 역분석(리버스 엔지니어링)

가. 의의

프로그램코드 역분석이란 일반적으로 리버스 엔지니어링(reverse engineering)이라 불리는 것 중의 한 유형이다. 리버스 엔지니어링이란 회사나 개인이 어떠한 물건을 구입한 후 그 제품의 기술정보를 알아내기 위하여 그 제품을 분해 또는 분석하는 것을 말한다. 컴퓨터프로그램에 있어서의 역분석, 곧 리버스 엔지니어링은 다음과 같은 특징을 갖는다. 즉, 시중에 유통되고 있는 컴퓨터프로그램은 대부분 목적코드(object code)의 형태로 되어 있어 그 자체로는 내용을 알아볼 수 없고 따라서 특수한 컴퓨터프로그램을 이용하여 그 목적코드를 원시코드(source code)로 역변환(decompile)할 필요가 있다. 그러므로 프로그램의 리버스 엔지니어링에는 반드시 이러한 역변환의 과정이 따르게 되는데, 그 과정에서 컴퓨터프로그램의 '복제'가 수반되는 것은 필연적이다. 또한 역변환에 의하여 그 원래의 원시코드와 유사한 원시코드(cousin source code)를 만들고 그것에 기하여 흐름도(flow chart)를 작성하는 행위는 역시 저작권법상 프로그램의 복제에 해당하거나 아니면 2차적저작물 작성행위에 해당하는 것으로 볼 수 있다. 따라서 저작권법상 이것을 허용하는 아무런 규정이 없다면, 저작권자의 허락을 받지 않는 한 복제권 또는 2차적저작물작성권의 침해가 될 수 있다. 저작권법 제101조의4는 바로 이러한 행위를 프로그램코드 역분석이라고 칭하면서 일정한 조건을 충족할 경우 자유이용의 대상이 될 수 있도록 다음과 같이 규정하고 있다.

> ■ 제101조의4(프로그램코드역분석) ① 정당한 권한에 의하여 프로그램을 이용하는 자 또는 그의 허락을 받은 자는 호환에 필요한 정보를 쉽게 얻을 수 없고 그 획득이 불가피한 경우에는 해당 프로그램의 호환에 필요한 부분에 한정하여 프로그램의 저작재산권자의 허락을 받지 아니하고 프로그램코드역분석을 할 수 있다.
> ② 제1항에 따른 프로그램코드역분석을 통하여 얻은 정보는 다음 각 호의 어느 하나에 해당하는 경우에는 이를 이용할 수 없다.
>   1. 호환 목적 외의 다른 목적을 위하여 이용하거나 제3자에게 제공하는 경우
>   2. 프로그램코드역분석의 대상이 되는 프로그램과 표현이 실질적으로 유사한 프로그램을 개발·제작·판매하거나 그 밖에 프로그램의 저작권을 침해하는 행위에 이용하는 경우

나. 요건

(1) 정당한 권원에 의하여 프로그램을 사용하는 자 또는 그의 허락을 받은 자가 프로그램코드 역분석을 행할 것

정당한 권원에 의하여 프로그램을 사용하는 자 또는 그의 허락을 받은 자가 행할 것을 요건으로 하므로, 프로그램의 불법복제물을 취득한 자 등은 이 규정에 의한 코드 역분석을 할 수 없다. 여기서 정당한 권원에 의하여 프로그램을 사용하는 자의 뜻은 위 2.에서 살펴본 제101조의3 제6호의 "정당한 권한

에 의하여 프로그램을 이용하는 자"와 같다. 다만 이 규정에 의한 자유이용
에 있어서는 그러한 정당한 사용 권한을 가진 자만이 아니라 그로부터 허락
을 받은 자도 주체가 될 수 있다는 것이 제101조의3 제6호의 경우와 다른 점
이다.

(2) 호환에 필요한 정보를 쉽게 얻을 수 없고 그 획득이 불가피한 경우일 것

현행 저작권법상 코드 역분석은 '호환'과 관련된 한도 안에서만 허용된다.
'호환(interoperability)'이란 하드웨어와 소프트웨어의 상호 연결성을 포함하는 개
념으로서, 일반적으로는 "정보를 교환하고 상호간에 교환된 정보를 사용할 수
있는 능력"으로 정의되고 있다.

'호환에 필요한 정보를 쉽게 얻을 수 없고 그 획득이 불가피한 경우'라고
함은 코드 역분석에 의하지 않고는 호환에 필요한 정보를 쉽게 얻을 수 없고
코드 역분석에 의하여 호환에 관한 정보를 획득하는 것이 호환을 위해 불가
피한 경우를 의미하는 것으로 볼 수 있을 것이다. 다른 방법이 있을 경우에는
허용되지 않고 다른 방법이 없을 경우에만 보충적으로 허용된다는 의미에서
보충성의 원칙이라고 부르기도 한다.

(3) 해당 프로그램의 호환에 필요한 부분에 한하여 코드 역분석을 할 것

위와 같이 호환을 위해 불가피하게 코드 역분석을 할 필요가 있다고 인정
되더라도, 필요한 호환 관련 정보를 얻기 위해서는 그 프로그램 중 일부분에
대해서만 코드 역분석을 하여도 충분한 경우라면 그 일부분에 한하여 역분석
을 하여야 하고, 그것을 넘어서는 부분에 대하여 역분석을 하는 것은 허용되
지 아니한다. 그러므로 이 규정에 의한 자유이용을 하고자 하는 이용자는 해
당 프로그램 중 호환에 필요한 정보를 얻기 위해 역분석을 하지 않으면 안
되는 부분이 어느 부분인지를 확인한 후 그 부분을 초과하여 역분석을 하지
않도록 주의를 기울여야 한다.

(4) 코드 역분석을 통하여 얻은 정보를 ① 호환 목적 외의 다른 목적을
위하여 이용하거나 제3자에게 제공하는 경우 또는 ② 코드 역분석의
대상이 되는 프로그램과 표현이 실질적으로 유사한 프로그램을 개발·
제작·판매하거나 그 밖에 프로그램의 저작권을 침해하는 행위에 이

용하는 경우에 해당하지 않을 것(제101조의4 제2항)

코드 역분석은 호환을 위해 필요한 정보를 얻기 위해 불가피한 경우에 그러한 목적으로만 허용되는 것이므로, 역분석을 통해 얻은 정보를 그러한 호환목적 외의 다른 목적에 이용하거나 제3자에게 제공하는 것은 허용되지 않는다(제101조의4 제2항 제1호). 즉, 그 정보는 반드시 호환을 위한 원래 목적에만 사용하여야 하는 것이다. 그것을 벗어나 다른 목적 등에 이용할 경우에 프로그램 저작권의 침해가 될 수 있다. 코드 역분석의 대상이 되는 프로그램과 표현이 실질적으로 유사한 프로그램을 개발·제작·판매하거나 그 밖에 프로그램의 저작권을 침해하는 행위(제101조의4 제2항 제2호)도 호환의 목적으로 이용하는 경우가 아니므로 당연히 제1호의 경우에 포함되는 것이나, 특히 문제되는 경우라는 점에서 제2호에 명시하여 금지행위로 하고 있는 것이다.

5. 정당한 이용자에 의한 프로그램 보존을 위한 복제 등

가. 의의

저작권법 제101조의5 제1항은 다음과 같이 규정하고 있다.

■ 제101조의5(정당한 이용자에 의한 보존을 위한 복제 등) ① 프로그램의 복제물을 정당한 권한에 의하여 소지·이용하는 자는 그 복제물의 멸실·훼손 또는 변질 등에 대비하기 위하여 필요한 범위에서 해당 복제물을 복제할 수 있다.
② 프로그램의 복제물을 소지·이용하는 자는 해당 프로그램의 복제물을 소지·이용할 권리를 상실한 때에는 그 프로그램의 저작재산권자의 특별한 의사표시가 없으면 제1항에 따라 복제한 것을 폐기하여야 한다. 다만, 프로그램의 복제물을 소지·이용할 권리가 해당 복제물이 멸실됨으로 인하여 상실된 경우에는 그러하지 아니하다.

프로그램은 그 기록매체의 특성상 일반저작물보다 쉽게 멸실, 훼손될 수 있으므로, 사용자의 합리적인 이용권을 보장하기 위하여 보존용 복제물(backup copy)을 만들어 둘 수 있도록 허용한 것이다.

나. 요건

(1) 프로그램의 복제물을 정당한 권한에 의하여 소지·이용하는 자가 행할 것

프로그램의 복제물을 정당한 권한에 의하여 소지·이용하는 자만 이 규정에 의한 이용주체가 될 수 있다. 판매되는 프로그램의 복제물을 구입한 자를 비롯하여 어떤 이유로든 프로그램의 복제물을 정당하게 소지하고, 그 프로그램의 사용에 대하여 저작권자로부터 이용허락을 받거나 법정허락 등에 의하여 이용할 수 있는 경우 등을 모두 포함한다. 프로그램의 불법복제물을 소지하는 자가 여기에 포함되지 않음은 당연한 것이다.

(2) 프로그램 복제물의 멸실, 훼손 또는 변질 등에 대비하기 위한 경우일 것

프로그램 복제물의 멸실, 훼손 또는 변질 등에 대비하기 위한 경우에 한한다. 프로그램의 보존을 위하여 복제할 수 있다고 함은 복제를 할 때에만 그러한 목적이 있으면 족한 것이 아니라 그 복제물의 보존 중에도 그러한 목적이 유지되어야 한다. 따라서 처음에 프로그램의 보존을 위하여 복제하였더라도 뒷날 보존의 목적을 넘어 복제물을 타인에게 양도하거나 대여하는 것은 허용되지 않으며 다른 컴퓨터에서 보존용 복제물을 사용하는 것도 허용되지 않는다. 프로그램의 복제물을 정당한 권한에 의하여 소지하고 있다고 하더라도 위와 같은 보존의 목적이 아닌 다른 목적을 가지고 추가적으로 복제물을 작성할 경우에는 이용허락 계약이나 약관 등에서 특별히 허용하지 않은 이상, 프로그램저작권자의 저작재산권을 침해하는 행위가 됨을 유의하여야 한다.

(3) 보존을 위해 필요한 범위에서의 복제일 것

보존을 위해 백업 카피를 작성할 필요성이 있는지 여부를 판단함에 있어서는 복제물이 저장된 매체의 특성이 중요한 고려사항 중의 하나가 된다.

(4) 원래의 프로그램을 소지·사용할 권리를 상실한 때에는 보존용 복제물도 폐기할 것

보존용 복제물을 만든 경우에, 원래의 프로그램을 소지·사용할 권리를 상실한 때에는 그 프로그램의 저작재산권자의 특별한 의사표시가 없는 한 보존용 복제물도 폐기하여야 한다(제101조의5 제2항 본문). 따라서 프로그램 복제물

의 소유권을 타인에게 양도하거나 프로그램의 대여기간이 도과한 경우 원래의 프로그램 복제물을 양도 또는 폐기할 뿐만 아니라 보존용 복제물도 폐기하여야 한다. 프로그램의 복제물을 소지·사용할 권리가 당해 복제물이 멸실됨으로 인하여 상실된 경우에 그러한 폐기의무를 인정할 수 없음(같은 조 제2항 단서)은 당연한 것이다.

[133] 공정이용 일반조항(제35조의5)

1. 의의

한·미 FTA 이행을 위한 2011. 12. 2.자 개정 저작권법은 개별적 저작재산권 제한 규정(제23조~제35조의4, 제101조의3~제101조의5) 이외에 저작물의 통상적인 이용과 충돌하지 아니하고 저작자의 합리적인 이익을 부당하게 저해하지 않는 범위 내에서 보도·비평·교육·연구 등을 위하여 저작물을 이용할 수 있도록 하는 규정(원래 제35조의3이었으나 현재 제35조의5이다)을 신설하고 특정한 이용이 이러한 제한의 범위 내에 포함되는지를 판단하는 데에 고려될 수 있는 네 가지의 기준을 예시하고 있다. 규정 내용은 다음과 같다.

■ 제35조의5(저작물의 공정한 이용) ① 제23조부터 제35조의4까지, 제101조의3부터 제101조의5까지의 경우 외에 저작물의 일반적인 이용 방법과 충돌하지 아니하고 저작자의 정당한 이익을 부당하게 해치지 아니하는 경우에는 저작물을 이용할 수 있다.
② 저작물 이용 행위가 제1항에 해당하는지를 판단할 때에는 다음 각 호의 사항등을 고려하여야 한다.
 1. 이용의 목적 및 성격
 2. 저작물의 종류 및 용도
 3. 이용된 부분이 저작물 전체에서 차지하는 비중과 그 중요성
 4. 저작물의 이용이 그 저작물의 현재 시장 또는 가치나 잠재적인 시장 또는 가치에 미치는 영향

이 규정은 개별적 저작재산권 제한규정과는 달리 구체적인 이용행위를 특정하지 않고 어떠한 이용행위이든지 그것이 공정이용에 해당하는지 여부를 그 이용행위의 목적 등 몇 가지 일반적인 고려요소에 따라 판단할 수 있도록

포괄적으로 허용하고 있는 규정이므로 '공정이용 일반조항' 또는 '포괄적 공정이용 조항'이라고 할 수 있다. 이 규정은 미국 저작권법 제107조를 참고한 것이지만, 한·미 FTA에 의하여 반드시 도입하기로 한 것은 아니고, 미국법의 내용 중 권리보호 수준을 높이는 내용은 도입하면서 공정이용을 폭넓게 보장하기 위한 규정은 도입하지 않는다면 권리 보호와 공정이용의 보장 사이의 제도적 균형을 악화시킬 수 있다는 관점에서 도입하게 된 것이다.

　저작물의 디지털화와 유통환경 변화에 따라 기존 저작권법상 열거적인 저작재산권 제한규정으로는 제한규정이 필요한 다양한 상황하에서의 저작물 이용을 모두 아우르기 어려운 한계가 있으므로, 환경 변화에 대응하여 적용될 수 있는 포괄적인 저작재산권 제한규정이 필요하게 된 것이 이 규정의 도입 배경이라고 할 수 있다. 앞에서 살펴본 개별적인 저작재산권 제한 규정들이 있으나, 저작재산권 제한이 필요함에도 이러한 개별적 제한 규정으로 포섭하기 어려운 다양한 상황을 대비하여 포괄적 공정이용 조항으로서 위 조항이 신설된 것이다. 이 규정의 도입 경위, 문언상 의미, 규정 체계 등을 종합하면, 위 규정은 다른 개별적 제한 규정들과 중첩적으로 적용되므로, 저작물에 대한 어떤 이용행위가 개별적 제한 규정에 의해서는 허용되지는 않지만 위 규정에 따른 공정이용에는 해당할 여지가 있는지 여부가 검토될 수 있다(서울고판 2021. 8. 19, 2020나2045644 참조).

　제35조의5 제1항은 베른협약 제9조 제2항, TRIPs 제13조, WIPO 저작권조약(WCT) 제10조 제2항 등에서 규정 하고 있는 저작권의 제한 및 예외에 관한 이른바 3단계 테스트를 법문 속에 반영하고 있는 셈이고, 제35조의5 제2항은 공정이용에 관한 일반조항의 대표적 입법례인 미국 저작권법 제107조의 규정에 따른 네 가지 고려요소를 참고한 규정이라 할 수 있다. 위 법문의 구조로 볼 때 제1항과 제2항은 서로 별개의 요건을 규정한 것이 아니라 제2항이 제1항의 판단요소를 규정한 것으로서 서로 불가분의 관계를 맺고 있음을 알 수 있다.

2. 3단계 테스트와 제35조의5 제1항

가. 3단계 테스트

3단계 테스트는 베른협약, TRIPs, WCT 등 국제조약에서 저작권 제한 또는 예외 사유와 관련하여 그 제한 또는 예외 규정이 지나치게 확대되어 저작권자등의 정당한 이익을 부당하게 해치지 않도록 하기 위한 일종의 안전장치로 도입된 것이다. 이것은 저작권법의 양대 목표인 저작권자 등의 권리 보호와 이용자의 공정이용 도모 사이의 미묘한 균형과 관련된 것으로서 저작권 등의 권리 보호를 절대적으로 강조하기보다 공정이용을 보장하되 공정이용이라는 이름으로 저작권자 등의 이익이 과도하게 위협받지 않도록 보장하기 위한 규정의 성격을 가지는 것이다.

3단계 테스트를 반영하여 규정된 개정 저작권법 제35조의5 제1항을 중심으로 그 의미를 살펴보면, 다음과 같다.

제35조의5 제1항은 "제23조부터 제35조의4까지, 제101조의3부터 제101조의5까지의 경우 외에 저작물의 일반적인 이용 방법과 충돌하지 아니하고 저작자의 정당한 이익을 부당하게 해치지 아니하는 경우에는 저작물을 이용할 수 있다"고 규정하고 있는데, 이것은 이 규정이 제23조부터 제35조의4까지 및 제101조의3부터 제101조의5까지의 규정에 의하여 자유이용이 허용되지 않는 경우에 대한 보충적 규정임을 말해 줌과 동시에, 그러한 경우에 공정이용으로 보아 자유이용이 허용되기 위하여 거쳐야 할 3단계 테스트를 반영하고 있다. 원래 3단계 테스트는 첫째, 그것이 특별한 경우(certain special cases)여야 한다는 것, 둘째, 저작물의 통상적인 이용 방법과 충돌하지 않는 경우여야 한다는 것, 셋째, 저작자의 정당한 이익을 부당하게 해치지 아니하는 경우여야 한다는 것인데, 위 규정은 그 중 둘째와 셋째를 명시적으로 반영하고 있고, 첫째는 암묵적인 전제로 하고 있다고 볼 수 있다.

첫째, 그것이 '특별한 경우(certain special cases)'여야 한다는 것은 '명확하게 한정된' 경우들만을 의미하는 것은 아니라고 해석된다. 만약 그러한 의미라고 보면, TRIPs 등 국제조약 체결을 주도한 미국의 저작권법 제107조 및 우리의 개정 저작권법 제35조의3의 규정 자체가 3단계 테스트를 위반한 것이 되어 받아들이기 어려운 결론을 도출하게 된다. 보다 구체적으로, 이것은 이용되는 저작물등의 성격이나 그 이용행위 등의 면에서 그 이용을 정당화할 수 있을 만한 특수성이 있어야 한다는 의미라고 할 수 있으며, 그 구체적인 판단에 있어서는 다음의 둘째, 셋째의 테스트도 함께 고려될 수 있다고 보아야 할 것이다.

둘째, 저작물의 통상적인 이용 방법과 충돌하지 않는 경우여야 하는데, 여기서 저작물 등의 통상적 이용(normal exploitation)이란 해당 저작물이 일반적으로 지향하고 있는 시장을 의미한다. 예를 들면, 학교 수업시간에 활용될 것을 예상하고 만들어진 학습 보조교재의 경우라면 이러한 저작물에 대한 저작재산권은 비록 학교 교육목적을 위해서라도 제한하여서는 안 된다는 것이 바로 이 둘째의 테스트와 관련된 것이다. 즉 이 테스트는 저작물의 통상적인 시장과 경쟁관계에 있는 이용행위는 원칙적으로 허용될 수 없다는 의미를 담고 있는데, '통상적인 시장'의 범위를 넓게 모든 잠재적인 시장을 다 포괄할 경우에는 공정이용을 인정할 수 있는 여지가 거의 없어져 권리보호와 공정이용 사이의 미묘한 균형이 파괴될 것이므로 그러한 균형을 깨트리지 않는 규범적인 관점에서 '통상적인 시장'인지 여부를 합리적으로 판단하여야 할 것이다. 결국 그 판단은 제35조의5 제2항의 네 가지 고려요소를 종합하여 하게 될 것이다.

셋째, 저작권자 등의 정당한 이익을 부당하게 해치지 아니하는 경우여야 한다. 이것은 마지막 테스트이므로 "저작물의 통상적인 이용 방법과 충돌하지 않는 특별한 경우"라고 하더라도 "저작권자 등의 정당한 이익을 부당하게 해치는" 것으로 볼 수 있는 경우에는 공정이용으로 허용될 수 없다는 것이다. 권리의 제한이 권리자의 이익에 어느 정도 영향을 주는 것은 필연이라고 하여도 그 영역을 넘어서 저작권자 등의 이익이 부당하게 저해되는 것으로 볼 수 있는 경우에까지 공정이용이 인정되어서는 안 될 것이라는 의미라고 할 수 있다. 공정이용이 본질적으로 권리자의 이익과 특정한 경우에 있어서의 이용 사이를 조정하고자 하는 것이므로 권리자 측에서 그 이익이 어느 정도 저해된다고 하여도 그것은 수인하여야 하지만 그 이익이 부당하게 저해되는 사태까지 수인할 의무는 없는 것이다.

나. '보도 · 비평 · 교육 · 연구 등을 위하여'의 삭제

2011년 개정법은 원래 제1항에서 "…보도 · 비평 · 교육 · 연구 등을 위하여 저작물을 이용할 수 있다"고 하여 저작물 이용의 목적에 관하여 언급하고 있었으나, 2016. 3. 22.자 개정법에서 이 부분을 삭제하였다. 이것은 같은 조 제2항 제1호의 고려요소 중에서 '영리성 또는 비영리성 등'이라는 문언을 삭제하는 것과 동시에 이루어진 것으로서, 그 개정이유로는 "공정이용 조항은 다양한 분야에서 저작물 이용행위를 활성화함으로써 문화 및 관련 산업을 발전시키는 중요 목적을 수행하여야 할 것이나, 그 목적 및 고려 사항이 제한적이어서 목적 달성에 어려움이 있는바 이를 정비할 필요"가 있다는 것이 제시되었다. 그와 같은 개정 이전에도 '보도 · 비평 · 교육 · 연구 "등"을 위하여'라고 규정하고 있었으므로 나열된 네 가지의 목적에 한정되지 아니하고 다른 목적도 포함될 수 있는 것으로 해석될 수 있었으나, 그 부분에 대한 오해의 가능성을 피하고 보다 적극적인 적용을 유도하기 위한 목적으로 위 문언을 삭제하는 개정을 한 것으로 생각된다. 이러한 전후 경위에 비추어보면, 위 개정이 본조 적용에 있어서의 오해를 방지하는 것 외에 법적으로 큰 변화를 야기하는 것이라고 보기는 어렵다.

3. 네 가지의 고려요소(제35조의5 제2항)

가. 영리성 또는 비영리성 등 이용의 목적 및 성격(제1호)

공정이용 여부의 판단에 있어서는 첫 번째로, 저작물등의 이용의 목적 및 성격을 고려하여야 한다. 이것이 공정이용 판단의 제1요소이다. 여기서 고려되어야 할 구체적인 요소들을 나누어 살펴보면, 다음과 같다.

(1) 영리성을 가진 것인지 여부

저작물의 이용이 영리성 또는 비영리성을 가진 것인지 여부는 공정이용 판단의 제1요소를 판단함에 있어서 중요한 고려요소가 된다. 그러나 영리성을

가지면 언제나 공정이용이 될 수 없고 비영리성을 가지면 무조건 공정이용이 될 수 있는 것은 결코 아니다. 미국의 판례도 "저작물의 이용이 교육적이고, 영리를 목적으로 한 것이 아니라는 사실만으로 침해의 인정으로부터 자유로울 수 없는 것과 마찬가지로 이용의 영리적인 성격만으로 공정이용의 인정이 전적으로 배제되는 것은 아니다"라고 하고 있다(Campbell v. Acuff-Rose Music, Inc., 510 U.S. 569). 원래 본호는 "영리성 또는 비영리성 등 이용의 목적 및 성격"으로 규정되어 있다가 2016. 3. 22.자 개정법에서 제35조의5 제1항에서 "보도· 비평·교육·연구 등을 위하여" 부분을 삭제함과 동시에 본호의 "영리성 또는 비영리성 등" 부분도 삭제하여, 현행법상으로는 "영리성 또는 비영리성"의 고려가 규정의 문언에서 빠지게 되었다. 이것은 영리적 이용이라고 하여 공정이용이 절대적으로 부정되거나 그렇지 않더라도 지나치게 소극적인 적용이 이루어질 경우 공정이용제도를 통해 저작권 관련 산업에서의 창조와 혁신을 뒷받침하고자 하는 입법목적의 달성을 저해할 것이라는 우려를 반영한 것이라 여겨진다.

그렇지만 이용의 목적이 영리적인 성격을 가질 경우가 그렇지 않은 경우에 비하여 공정이용으로 인정되기에 불리한 면이 있고, 거꾸로, 이용의 목적이 비영리적인 성격을 가질 경우가 상대적으로 유리한 면이 있는 것은 사실이다. 우리나라 판례가 공표된 저작물의 인용에 관한 저작권법 제28조의 적용과 관련하여 "이 경우 반드시 비영리적인 목적을 위한 이용만이 인정될 수 있는 것은 아니라 할 것이지만, 영리적인 목적을 위한 이용은 비영리적 목적을 위한 이용의 경우에 비하여 자유이용이 허용되는 범위가 상당히 좁아진다"고 판시한 것(대판 1997. 11. 25, 97도2227)은 보충적 일반조항인 제35조의5에 대하여도 마찬가지로 적용될 것이다.

영리적 목적의 이용이라고 해도 그 안에는 그 영리성의 정도에 있어 매우 다양하고 광범위한 스펙트럼이 있다. 그 스펙트럼의 한 쪽 끝에는 이용자의 상품 광고에 사용하는 것이 있고, 다른 한 쪽 끝에는 시청료를 받고 뉴스보도를 하는 공영방송의 경우 또는 비영리 공익법인이 그 사업 목적에 따라 책을 판매용으로 출판하는 경우 등에서의 저작물 이용이 있다. 이처럼 서로 다른 상업성의 정도도 공정이용의 판단에 영향을 미칠 수 있다. 즉, 일반 상품 광고의 경우는 가장 대표적으로 강하게 영리성을 띤 경우라고 할 수 있으므로, 공정이용의 인정범위가 상대적으로 가장 좁다고 할 수 있고, 시청료나 광고 등 수입으로 운영되는 방송사의 뉴스보도나 비영리 법인의 판매용 책자 출판과 같은 경우는 공정이용의 인정범위가 다른 영리 목적 이용의 경우에 비하여 상대적으로 넓은 것으로 보아야 할 것이다. 상품 광고의 경우가 영리성의 정도가 가장 높은 편에 속하는 것은 사실이지만, 상품 광고에 저작물을 이용하는 경우라고 하여 그 저작물에 대한 공정이용의 가능성이 전적으로 부정되는 것은 아니다.

영리목적이라고 함은 반드시 직접적으로 금전적 대가를 취득할 목적만을 의미하는 것이 아니라 간접적으로라도 이윤창출에 기여하고자 하는 것이라면 이에 해당한다.

(2) 이용이 '변형적 이용' 또는 '생산적 이용'의 성격을 가지는지 여부

Acuff-Rose 사건에서 미국 연방대법원은 공정이용의 첫 번째 고려요소인 '이용의 목적 및 성격'에 관한 판단에 있어서 가장 핵심적인 것은 "그 이용이 단순히 이용되는 저작물을 대체(supersede)하는 것인지 아니면 그 이용이 원저작물을 새로운 표현, 의미, 메시지로 변경하는 변형적인 것인지 여부 및 만약 그러하다면 어느 정도로 그러한지 여부"의 판단이라고 하였다(Campbell v. Acuff-Rose Music, Inc 510 U.S. 569 at 569). 즉, 그 이용이 '변형적 이용(transformative use)'에 해당할 경우에는 공정이용에 해당할 가능성이 상대적으로 높고, 그렇지 않고 '대체적 이용'에 해당할 경우에는 공정이용에 해당할 가능성이 상대적으로 낮다는 것이다.

변형적 이용에는 저작물 자체의 변형을 수반하는 경우도 있지만, 반드시 그러한 경우에 한정되지 않고 기존 저작물을 새로운 맥락(context) 속에서 이용하는 경우도 포함될 수 있다. 예를 들어, 포털 등의 웹사이트에서 이미지 검색서비스를 제공하기 위한 준비과정에서 타인의 사진저작물 또는 미술저작물에 해당하는 이미지 파일을 복제하는 것은 저작물을 변형하는 것이 아니지만, 인터넷 검색서비스를 통해 이용자들에게 '새로운 정보'를 제공하기 위한 복제

라는 이유로 공정이용에 해당하는 것으로 인정한 사례들이 있다.

변형적 이용과 관련하여 한 가지 주의를 요하는 것은, 저작권법에서 저작권자에게 2차적저작물작성권을 인정하고 있는 이상, 당연히, 2차적저작물에 해당할 정도로 원저작물에 새로운 창작성을 부가하였다는 이유만으로 공정이용으로 인정되는 것은 아니며, 그러한 경우에 원칙적으로는 2차적저작물작성권을 가진 저작권자의 허락을 받아야 한다는 것이다. 2차적저작물을 작성하더라도 원저작물에 대한 대체적 성격이 클 경우에는 변형적 이용이라고 볼 수 없을 것이다. 그렇지 않고 변형적 이용에 해당하는 경우라 하더라도, 변형적 이용이라고 하는 것은 공정이용의 판단에서 고려할 여러 가지 요소 중의 하나에 불과하고, 나머지 고려요소들을 종합하여 최종적인 결론을 내려야 하는데, 인용·패러디 등의 경우를 제외하고 일반적으로는 2차적저작물 작성에 관한 시장도 저작물에 대한 통상의 시장이 될 수 있으므로, 2차적저작물 작성을 너무 쉽게 공정이용으로 인정할 경우 저작물의 잠재적 시장에 부당한 영향을 미치는 것이 될 수 있음을 유의하여야 한다. 그렇다면, 변형적 이용이란 2차적저작물의 범위를 넘어서서 완전히 독립 별개의 새로운 저작물을 작성한 경우에만 인정되는 것일까? 그것은 아니다. 만약 그러한 경우라면 그것은 그 자체로 이미 저작권 침해가 될 수 없는 경우이므로, 공정이용이 문제될 수 있는 영역이 아니다. 타인의 저작물(원저작물)을 이용하여 무언가를 만든 것이 공정이용에 해당하는지 여부, 그와 관련하여 변형적 이용에 해당하는지 여부를 따지는 것은 그 무언가가 원저작물의 복제물이거나 아니면 2차적저작물에 해당함을 전제로 하는 것이다. 그러한 경우 중에서, 그것이 위에서 본 바와 같은 변형적 이용에 해당할 경우에 그것이 가지는 생산적이고 창조적인 요소를 다른 여러 요소와 함께, 공정이용의 판단에 있어서 긍정적인 관점으로 고려할 수 있다고 생각하면 족할 것이다.

판례에 따라서는 '변형적 이용'이라는 용어 대신 '생산적 이용' 등의 용어를 사용하기도 한다. 변형적 이용 또는 생산적 이용에의 해당여부를 판단함에 있어서 하나의 기준이 되는 것은 저작물을 이용하는 목적 및 그것이 이바지하는 기능이 원저작물의 목적 또는 기능과 동일한지 여부이다. 그것이 동일한 경우에는 변형적 이용이라고 보기 어렵고, 공정이용의 다른 고려요소의 면에서도 불리하게 판단될 가능성이 높을 것이다. '리프리놀' 사건에 대한 대법원 2013. 2. 15. 선고 2011도5835 판결도 제28조의 '공표된 저작물의 인용'의 요건으로서의 '인용의 목적'과 관련된 판단이긴 하지만, 변형적 이용 여부에 관한 위와 같은 판단기준을 채택하여, "피고인은 기능성 원료의 인정신청을 위한 근거서류로 이 사건 논문 전체를 복제한 것인데, 이와 같은 목적은 이 사건 논문이 작성된 원래의 목적과 같으므로, 이 사건 논문의 복제는 원저작물을 단순히 대체한 것에 불과한 것으로 볼 수 있는 점"을 제28조의 공정이용적 고려요소의 판단에서 불리한 요소의 하나로 나열한 바 있다. 또한 'Be The Reds' 사건에 대한 대법원 2014. 8. 26. 선고 2012도10777 판결도 마찬가지로 제28조를 적용한 사건이긴 하지만, 공정이용적 고려요소를 판단함에 있어서, "피고인들의 행위에 영리적 목적이 있고, 이 사건 저작물을 단순히 대체하는 수준을 넘어 그와 별개의 목적이나 성격을 갖게 된다고 볼 수는 없다는 점"을 공정이용 인정에 불리한 요소로 나열함으로써, 유사한 입장을 드러내고 있다.

변형적 이용과 관련하여 한 가지 저작권법 규정을 주목할 필요가 있는데, 그것은 저작권법 제36조이다. 제36조는 공정이용 일반조항인 제35조의5에 따라 저작물을 이용할 경우에는 그 저작물을 번역·편곡 또는 개작하여 이용할 수 있다고 규정하여 '변형적인' 이용을 최대한도로 허용하고 있다.

(3) 이용의 목적이 공익적 가치를 가지고 있는지 여부

이용의 목적이 공익적 가치를 가지고 있는지 여부는 공정이용의 판단에 상당히 중요한 요소라고 여겨진다. 미국 저작권법 제107조는 공익적 가치를 가지는 목적으로서 "비평, 논평, 시사보도, 교수(학습용으로 다수 복제하는 경우를 포함), 학문, 또는 연구 등"을 나열하고 있다. 우리 저작권법도 이 규정 제1항에서 "보도·비평·교육·연구 등을 위하여 저작물을 이용할 수 있다"고 하여 저작물 이용의 네 가지 목적을 언급하고 있었으나, 2016. 3. 22.자 개정법(2016. 9. 23. 시행)에서 그 부분이 삭제되었음은 앞에서 살펴본 바와 같다. 이들 네 가지의 목적 이외의 경우에도 공정이용이 인정될 수 있음에도 불구하고 지나치게 제한된 목적의 범위 내에서만 공정이용을 인정하는 경향성이 있을 것을

우려하는 뜻에서 이를 삭제하는 개정이 이루어진 것이지만, 그러한 공익적 목적이 있을 경우 공정이용 판단에 유리한 면이 있을 수 있음은 현행법상으로도 부정할 수 없다.

공공기관에서 업무상으로 이용할 경우에는 공익적 가치가 인정될 가능성이 높으나, 그 공익적 가치를 절대화하여 공정이용을 너무 쉽게 인정하는 것은 바람직하지 않다. 공공기관에서의 이용과 관련하여서는 제23조에서 규정하고 있는 부분이 있으므로 기본적으로는 그 규정의 적용을 통해 해결하고, 그 규정에 해당하지 않는 경우 가운데, 여러 가지 고려요소를 종합할 때 공정이용을 인정할 만한 예외적인 경우에만 공정이용이 인정될 수 있을 것이다.

온라인상의 새로운 이용행위 중에서도 공익적 가치를 인정할 수 있는 경우가 있을 수 있다. 우리 대법원 판례가 역시 공정이용 일반조항이 시행되기 전에 제28조를 적용한 사안이긴 하지만 명시적으로 공익적 가치가 있다고 인정한 예로서는 웹상에서 이미지 검색서 비스를 구축하여 제공함에 있어서, "사용자들에게 보다 완결된 정보를 제공하기 위해 썸네일 이미지를 사용"한 경우를 들 수 있다(대판 2006. 2. 9, 2005도7793).

(4) 저작물을 이용하게 된 경위 등이 정당한지 여부 등

미국의 판례상으로 공정이용이 인정되기 위해서는 그 이용자의 행위가 신의성실의 원칙에 비추어 볼 때 정당한 것으로 인정되어야 하고, 거짓말 등으로 불법 또는 부당하게 저작물을 입수하여 이용한 경우 등에는 이른바 악의적 이용이라고 하여, 공정이용의 인정을 어렵게 하는 사유의 하나로 보고 있다. 그러나 협상 등 거래비용이 높지 않음에도 불구하고 저작권자의 동의를 구하지 않았다는 것만으로는 그러한 '악의적 이용'에 해당하지 않는다는 것이 미국의 다수 판례의 입장이다. 저작권자에게 허락 여부를 물어본 데 대하여 저작권자가 거절을 하였음에도 불구하고 이용을 한 사실도 공정이용의 인정에 아무런 부정적 영향을 주지 않는다는 것이 지배적인 판례 및 학설의 입장이고, Acuff-Rose 사건에서 연방대법원도 같은 입장을 표명하고 있다(Campbell v. Acuff-Rose Music 510 U.S. 569 at 585). 만약 판례가 그와 다른 입장을 표명하였다면, 공정이용인지 여부가 애매한 상황에서 권리자의 허락을 구하려는 노력을 가로막는, 바람직하지 않은 결과가 초래되었을 가능성이 있다.

나. 저작물의 종류 및 용도(제2호)

공정이용 여부의 판단에 있어서는 두 번째로 저작물의 종류 및 용도를 고려하여야 한다. 이것이 공정이용 판단의 제2요소이다. 여기서 고려되어야 할 구체적인 요소들을 나누어 살펴보면, 다음과 같다.

(1) 저작물이 사실적 저작물 등인지 여부

제2 요소와 관련하여, 미국의 판례는 저작물의 성격이 사실적·정보적인 성격을 많이 가지고 있을수록 그 이용행위가 공정이용으로 인정될 가능성이 높은 것으로 보고, 역으로, 이용되는 저작물의 성격이 창조적인 것으로 인정될 경우에는 공정이용이 인정될 가능성이 상대적으로 낮아지는 것으로 보고 있다.

(2) 저작물이 공표된 저작물인지 여부

미국 저작권법 제107조는 아직 공표되지 않은 저작물도 공정이용의 대상이 될 수 있음을 명시하고 있다. 우리 저작권법상의 기존의 저작재산권 제한 사유들을 보면, 공표된 저작물일 것을 요건으로 하고 있는 것이 대부분이고, 공표된 저작물일 것을 요하지 않는 경우는 재판절차 등에서의 이용에 관한 제23조, 시사보도를 위한 이용에 관한 제26조, 미술저작물 등의 원본소유자의 전시 등에 관한 제35조 제1항 및 제3항 등의 규정뿐이다. 특히 '인용'에 관한 제28조, 사적 이용을 위한 복제에 관한 제30조가 모두 '공표된 저작물'일 것을 요건으로 하고 있어 원칙적으로 공표된 저작물을 대상으로 하여야 공정이용으로 인정될 수 있다는 원칙이 우리 저작권법에 반영되어 있다고 할 수 있다. 미국 저작권법상으로도 공표되지 않은 저작물이 공정이용의 대상이 되는 것을 부정하지는 않지만, 공표되지 않은 저작물과 공표된 저작물 사이에는 공정이용의 인정에 있어서 큰 차이가 있을 수 있다는 것이 판례에 의하여 인정되고 있다. 특히 Harper & Row Publishers, Inc. v. Nation Enterprises 사건에서 미국 연방대법원은 "저작물의 성격 중 아직 미공표 상태라는 것은 반드시 결정적인 것은 아닐지라도 저작권침해소송에서 제기되는 공정이용 항변을 물리치는 데 매우 중요한 요소 중의 하나이다"라고 판시한 바 있다(471 U.S. 539 at 554). 이것은 우리 저작권법 제35조의5의 해석에 있어서도 마찬가지일 것이다. 즉, 우리 저작권법 상으로도 공정이용에 관한 보충적 일반조항으로서의 제35조의5의 규정의 해석상으로, 아직 공표되지 않은 저작물도 공정이용의 대상이 되는 경우를 완전히 배제할 수는 없지만, 공표된 저작물에 비하여 그 인정가능성이 매우 낮을 것으로 예상할 수 있다.

미국 판례상 미공표 저작물에 대한 공정이용이 인정된 사례는 주로 전기작가가 전기대상인물이 쓴 편지 등을 전기에 이용한 경우인데, 그러한 경우에는 사안에 따라 우리 저작권법상으로도 '공표된 저작물의 인용'에는 해당할 수 없어도 보충적 일반조항인 제35조의5의 규정에는 해당하는 것으로 볼 수 있는 경우가 있을 수 있다.

다. 이용된 부분이 저작물 전체에서 차지하는 비중과 그 중요성(제3호)

공정이용 여부의 판단에 있어서는 세 번째로, 이용된 부분이 저작물 전체에서 차지하는 비중과 그 중요성을 고려하여야 한다. 이 세 번째의 고려요소(제3요소)는, 이용된 부분이 이용된 저작물 전체에서 차지하는 양적 비중과 질적 중요성을 고려할 것을 요구하고 있다. 기본적으로 이용된 저작물 전체를 기준으로 하여 양적, 질적 비중을 판단하여야 하고, 그것을 이용하여 새로 만들어진 저작물을 기준으로 하여서만 판단하여서는 안 된다.

타인의 저작물 중 일부만을 이용할 경우에 그 양이 극히 적어 양적인 상당성을 갖추지 못할 경우에는 저작권침해의 요건인 '실질적 유사성'이 인정되지 않는 경우가 있을 수 있다(이 책 [179] 2. 참조). 그러한 경우에는 공정이용 여부를 따지기 이전에 이미 침해가 부정되는 것이므로, 논리적으로는 공정이용과 무관한 영역이라고 할 수 있다. 따라서 그러한 경우에 공정이용의 다른 고려요소를 함께 고려하여 판단할 것은 아니고, 구체적인 사안에서 이용되는 부분의 창작성의 정도 등을 함께 살펴서 침해 여부를 판단하면 족하다. 한편으로 저작권법상 보호되는 것은 인간의 사상 또는 감정의 창작성 있는 '표현'이지 그 표현된 사상이나 감정 기타 '아이디어'가 아니므로 타인의 저작물 속에

있는 아이디어만을 이용하는 것은 저작권 침해가 되지 아니한다. 이것도 마찬
가지로 공정이용의 여부를 따지기 이전의 문제이므로, 논리적으로는 공정이용
과 무관한 것이다. 결국 타인의 저작물 가운데 창작성 있는 표현에 해당하여
저작물로서의 보호범위에 해당하는 부분을 최소한의 양적 상당성을 넘어 이
용한 경우에 공정이용 여부가 문제될 수 있고, 그러한 경우에 다시 그 이용한
양적 비중과 질적 중요성이 공정이용의 여러 가지 고려요소 중 하나의 고려
요소로 작용하는 것으로 이해하여야 할 것이다.

다만 이것은 공정이용의 고려요소 중 하나의 요소일 뿐이므로, 타인의 저
작물을 전부 복제하였다고 하여 공정이용의 가능성이 전적으로 부정되는 것
은 아닐 뿐만 아니라 전부 이용을 공정이용으로 인정한 사례가 상당수 있다.
이것은 다른 고려요소들이 공정이용의 인정에 유리한 경우들로서, 특히 그 이
용을 인정함에 따르는 이용자의 이익 및 공익적 가치가 권리자의 손실을 훨
씬 상회하고 저작권자의 권리행사에 따르는 거래비용이 현저히 높은 경우에
그러하다고 할 수 있다. 다만 예외적으로 저작물 전체의 복제를 인정하더라도
그 복제의 부수 등은 필요 최소한도로만 인정하여야 할 것이다.

일반적인 경우에, 양적인 비중과 질적인 중요성 중에서 판례는 질적인 측
면이 더 큰 중요성을 가지는 것으로 보고 있다. 예를 들어 Harper & Row
Publishers, Inc. v. Nation 사건에서 미국 연방대법원은 비록 약 20만 단어로
이루어진 원고의 저작물 중 피고가 이용한 것은 300단어에 불과하지만, 그 부
분이 전체 저작물 중에 '가장 흥미롭고 감동적인 부분'이라는 것을 중시하여
공정이용을 부정하고 침해를 인정하는 결론을 내린 바 있다(471 U.S. 539 at 565).

라. 저작물의 이용이 저작물의 현재 시장 또는 가치나 잠재적인 시장 또는 가치에 미치는 영향(제4호)

공정이용 여부의 판단에 있어서는 네 번째로, 저작물의 이용이 저작물의
현재 시장 또는 가치나 잠재적인 시장 또는 가치에 미치는 영향을 고려하여
야 한다.

저작물의 이용이 저작물의 현재 시장 또는 가치나 잠재적인 시장 또는 가

치에 미치는 영향(제4요소)은 네 가지 고려요소 중에 결론에 해당하는 부분으로서 가장 중요하게 취급되어야 할 요소라고 할 수 있다. 이것은 앞에서 설명한 3단계 테스트 중에서 제2단계(저작물의 통상적인 이용 방법과 충돌하지 아니할 것) 및 제3단계(저작자의 정당한 이익을 부당하게 해치지 아니할 것)의 기준과도 일맥상통하는 고려요소이다.

우선, 피고의 저작물이 원고의 그것과 경쟁관계에 있을 때 제4요소에 있어서 공정이용의 인정에 매우 불리한 요소가 된다. 즉 피고의 저작물이 원고가 이미 진입해 있는 기존의 시장에서 경쟁관계를 형성할 경우에는 공정이용을 인정하기가 매우 어려울 것이다. 우리 저작권법상 공표된 저작물의 인용에 관한 제28조의 적용이 문제된 사안에서 대법원이 "정당한 범위 안에서 공정한 관행에 합치되게 인용한 것인지 여부는 인용의 목적, 저작물의 성질, 인용된 내용과 분량, 피인용저작물을 수록한 방법과 형태, 독자의 일반적 관념, 원저작물에 대한 수요를 대체하는지 여부 등을 종합적으로 고려하여 판단하여야 한다"(대판 2004. 5. 13, 2004도1075 등)고 할 때의 나열된 고려요소들 중 "원저작물에 대한 수요를 대체하는지 여부"라고 하는 것이 바로 시장에서 일종의 '대체재'로서 경쟁하는 관계에 있음을 의미한다고 할 수 있다. 예를 들어 원저작물을 압축, 요약하여 일목요연하게 정리한 인쇄물을 판매할 경우에 원저작물에 대한 수요를 대체하는 효과가 상당히 있을 수 있으므로, 그러한 경우에 공정이용을 인정하기는 어렵다.

시장 경쟁 여부를 판단할 때에 권리자가 이미 진입한 시장만을 고려대상으로 하는 것은 타당하지 않다. 즉, 아직 진입하지 않은 시장이라도 권리자가 진입할 것으로 예상되는 시장은 경쟁관계 등을 판단할 때 함께 고려되어야 한다. 우리 저작권법 제35조의5 제2항 제4호가 "저작물의 현재 시장 또는 가치나 잠재적인 시장 또는 가치"라는 표현을 사용하고 있는 것도 아직 진입하지 않은 '잠재적인 시장'을 포함시키고자 하는 취지임이 분명하다. 원저작물 자체에 대한 시장뿐만 아니라 원저작물을 기초로 하여 작성되는 2차적저작물에 대한 시장도 여기에 포함될 수 있다. 아직 원저작물에 대한 2차적저작물이 작성된 바 없고, 따라서 그에 대한 이용허락으로 수입을 얻은 바가 없더라도 그러한 2차적저작물이 작성될 개연성이 있고, 그럴 경우 그 이용허락으로 인한 수입이 기대될 수 있다고 하면, 피고가 유사한 2차적저작물을 작성한 것이 제4요소에 있어서 불리하게 고려될 수 있다.

그런데 저작권자가 장래 진입할 개연성이 있는 모든 시장이 포함된다고 할 때에 공정이용과 관련된 모든 사안에서 피고가 사용한 바로 그 이용에 대한 라이선스 시장도 '저작물의 현재 시장 또는 잠재적인 시장'으로 인정될 가능성이 있고, 그렇게 되면 공정이용을 통해 달성하고자 하는 미묘한 균형을 파괴하는 결과를 초래할 가능성이 있다. 따라서 '통상의 시장(normal market)'이라는 개념을 통해 그 시장의 영역을 적절하게 합리적으로 정하기 위한 노력을 기울일 필요가 있다.

시장이 통상적 시장인지 여부를 판단함에 있어서 중요한 고려요소가 될 수 있는 것이 바로 거래비용의 문제이다. 예를 들어 우리나라 판례가 공정한 인용으로 인정한 포털 사이트 등의 이미지 검색서비스의 경우에 썸네일 형태의 이미지 파일을 복제, 전송하는 것에 대하여 저작권자의 라이선스 시장이 통상적 시장으로 존재하는지 여부에 대하여 생각해 보면, 거래비용의 측면이 가지는 중요성을 쉽게 알 수 있다. 즉, 이 경우에 그러한 라이선스(이용허락)를 받는 것에 거래비용으로 인한 장벽이 없다면, 그 라이선스 시장이 아직 출현하지 않았지만 곧 출현할 것으로 합리적으로 예측할 수 있는 시장영역이라 할 수 있지만, 그러한 이용허락을 사전에 일일이 받는다는 것은 새로운 저작물과 새로운 저작자가 계속 등장하는 인터넷의 속성에 비추어 거의 불가능에 가까운 일이고, 결국 사전의 이용허락을 요구할 경우에는 공익적 가치를 가진 해당 서비스에 대하여 라이선스를 받도록 하는 효과를 거두기보다는 그 서비스를 중단시키는 결과를 초래할 뿐이라고 여겨진다. 바로 이러한 사례를 통해 거래비용이 시장의 형성에 얼마나 큰 영향을 미치는지를 확인할 수 있다. 결국 거래비용이 클 경우에는 '통상의 시장'을 인정하기가 어렵고, 그것은 공정이용의 인정에 유리한 요소가 된다고 할 수 있다.

원저작물을 이용한 저작물이 원저작물을 비평한 것으로 인한 시장가치의 저하는 제4요소를 고려함에 있어서 제외되어야 한다.

4. 패러디

가 의의

패러디는 일반적으로 해학적인 비평 형식의 예술표현기법 또는 이러한 기법으로 작성된 저작물을 지칭하는 용어로 널리 알려져 있다. 이러한 패러디가 예술적 표현양식으로서 존재의의를 가지는 이상 문화의 발전이라는 저작권법의 목적을 달성하고 표현의 자유를 실질적으로 보장하는 차원에서, 일정한 요건을 갖춘 경우 거기에 이용된 원저작물과의 관계에서의 저작권 침해 책임으로부터 면제되어야 할 것이라는 입장은 국내외에서 널리 공유되고 있다. 우리나라에서 공정이용 일반조항이 도입되기 전에는 저작권법 제28조의 정당한 인용에 해당하는지 여부가 문제되었으나, 공정이용 일반조항인 제35조의5가 도입된 후에는 이 규정에 따른 공정이용이 될 수 있는지 여부에 따라 판단하여야 할 것이다.

나. 공정이용에의 해당 여부

(1) 저작물 이용의 목적 및 성격

1) 영리적 이용 및 변형적 이용 등   패러디가 영리적 이용과 결부된 것이라고 하여 공정이용을 인정할 수 없는 것은 아니며, 특히 성공적으로 잘 만들어진 패러디의 경우에 그것이 원저작물과는 완전히 다른 새로운 의미를 자아내고 원저작물과는 전혀 다른 기능을 수행한다는 의미에서 변형적 이용으로 인정될 가능성이 많다. 그러한 변형적 이용의 정도가 높게 인정될 경우에 이용의 영리성이 가지는 불리한 영향은 크게 줄어들 수 있다.

2) 패러디의 대상   패러디는 원저작자의 저작물을 논평 또는 풍자의 대상으로 한 '직접적 패러디'와 저작물 자체에 대한 논평이나 풍자 등의 의도는 없이 정치상황 등을 비평 또는 풍자의 대상으로 하여 패러디하는 데 저작물을 이용하는 경우인 '매개적 패러디'로 구분된다. 이 두 가지 유형 중 '직접적 패러디'가 공정이용에 훨씬 더 유리한 요소로 작용한다. 패러디 작품을 공정이용으로 인정한 대표적 사례 중의 하나인 Acuff-Rose 사건의 미국 연방 대

법원 판결은 "저작권법의 목적상, 패러디는 이전 저작자의 저작물의 어떤 요소들을 적어도 부분적으로 원저작자의 저작물에 대한 논평을 담은 새로운 저작물을 만들기 위하여 사용하는 것이다"라고 하여 적어도 부분적으로 직접적 패러디의 성격을 가질 것을 전제로 하였다(Campbell v. Acuff-Rose Music, Inc., 510 U.S. 569 at 580). 직접적 패러디가 아니더라도 공정이용의 다른 고려요소들에서 유리하게 고려할 요소가 아주 많을 경우에 공정이용으로 인정될 수 있는 가능성이 전혀 없다고 단정할 수는 없지만{미국 판례 중에도 매개적 패러디를 여러 가지 특성에 비추어 '변형적 이용'에 해당한다는 이유로 공정이용으로 인정한 사례가 있다. Blanch v. Koons, 467 F.3d 244 (2d Cir. 2006)}, 그것은 매우 예외적인 경우라 할 수 있다.

   3) 패러디가 저속한 성격의 것인지 여부   이와 관련하여 Acuff-Rose 사건의 미국 대법원 판결은 "저작물의 패러디가 공정이용인지 여부를 결정하기 위한 목적상, 관건이 되는 것은 패러디적 특성이 합리적으로 인식될 수 있는지 여부이다. 패러디가 고상한 성격인지 저속한 성격인지는 중요하지 않고 중요시되어서도 아니된다"고 판시한 바 있다(Campbell v. Acuff-Rose Music, Inc., 510 U.S. 569 at 582).

   (2) 저작물의 종류 및 용도
   패러디의 경우에는 널리 알려진 저작물을 이용하는 것을 그 속성의 하나로 하고 있으므로 미공표 저작물의 경우는 패러디의 대상으로 상정될 수 없고, 사실적 · 정보적 저작물의 패러디라는 것도 생각하기 어려우므로, 공정이용의 두 번째 고려요소는 패러디와의 관계에서는 거의 의미가 없다고 할 수 있다.

   (3) 이용된 부분이 저작물 전체에서 차지하는 비중과 그 중요성
   패러디의 경우에는 공정이용의 세 번째 고려요소와 관련하여, 그 특성에 따라 일반적인 경우와는 다른 특수한 기준이 개발되어 있는데, 그것이 바로 '원저작물을 떠올리는(conjure up) 데 필요한 정도'라고 하는 기준(conjure up test)이다. 패러디 작품을 감상하는 사람이 그 작품이 무엇을 패러디한 것인지를 모른다면 그것은 그 자체로 실패한 패러디가 되는 것이므로, 패러디스트로서는 최소한 패러디의 대상이 된 원저작물을 이용하였음을 누구나 알 수 있도록

할 필요가 있고, 따라서 원저작물을 떠올릴 수 있도록 하기 위해 그것의 실질적으로 중요한 부분을 이용하는 것도 공정이용의 관점에서 보다 관대하게 용인되어야 할 경우가 많다는 판단에 기하여 이러한 특화된 기준이 미국의 통설 및 판례에 의하여 채택되어 온 것으로 볼 수 있다.

다만 패러디스트가 이용할 수 있는 범위가 원저작물을 떠올리는 정도에 엄격하게 한정되는 것은 아니다. 원저작물을 떠올리는 정도는 패러디가 효과적인 것이 되기 위해 필요한 최소한의 정도이므로, 실제의 사안에서는 그러한 정도를 넘는 경우들이 있을 수 있고, 그것이 해당 패러디의 특성에 비추어 합리적인 이용범위 내라고 판단되면 원저작물을 떠올리기 위해 필요한 최소한의 정도를 넘었다는 것만으로 공정이용이 인정될 수 없는 경우라고 단정할 수는 없다. 다만, 그러한 합리적인 범위를 넘어서 이용되고 있는지, 만약 그렇다면 그 정도는 어느 정도인지는 공정이용의 인정에 있어서 중요한 고려사항이 될 수 있다. 즉, 그러한 정도를 넘어서 이용하는 부분이 클수록 공정이용의 인정에 불리하게 작용하게 됨은 당연한 것이다.

(4) 저작물의 이용이 저작물의 현재 또는 장래의 시장이나 가치에 미치는 영향

이는 공정이용의 네 번째 고려요소에 대한 것이다. 패러디로서 공정이용 여부가 문제되는 것은 대부분 2차적저작물에 해당하는 것으로 볼 수 있고, 따라서 2차적저작물에 대한 시장에 악영향을 줄지 여부가 문제될 수 있다. 그러나 패러디가 효과적으로 그 기능을 수행할 경우에 그것은 원저작물에 대한 비평적 기능을 포함한 완전히 새로운 의미를 가지게 되므로, 그러한 경우에 '통상의 시장'에 대한 악영향을 크게 인정하기는 어려울 것으로 여겨진다. Acuff-Rose 사건에서 미국 연방 대법원도 "영리적 이용이 단지 원저작물 전부의 복제에 해당할 경우에 그것은 명백히 그 원저작물이 가지는 목적을 대체하며, 그 시장 대체물로 기능하므로, 이 경우 원저작물의 시장에 대한 악영향이 있을 것으로 보는 데는 문제가 없다. 그러나 역으로 2차적 이용이 변형적일 때에는 시장 대체성이 적어도 덜 분명하고, 시장에의 악영향이 곧바로 추정될 수는 없다. 순수하고 명백한 패러디에 관한 한, 그것이 원저작물을 대체

함으로써 원저작물의 시장에 악영향을 미치지는 않을 가능성이 보다 높다. 패러디와 원저작물은 대개 다른 시장 기능에 기여하기 때문이다"라고 판시한 바 있다(Campbell v. Acuff-Rose Music, 510 U.S. 569 at 591). 다만, 패러디라는 이름으로 만들어진 작품이라고 하더라도 실제로 그것이 패러디로서의 풍자적 기능에 충실하기보다 원저작물을 대체하는 효과가 있는 경우도 있을 수 있으므로 구체적인 사안에 따라 그 영향의 유무를 신중하게 판단할 필요가 있다.

한편, 패러디가 그 비평적 논평의 효과성으로 인해 원저작물 또는 그 이차적 이용을 위한 시장에 손상을 줄 수 있다는 사실은 저작권법상 고려대상이 아니다(Campbell v. Acuff-Rose Music, 510 U.S. 569 at 593).

다. 동일성유지권 침해 문제

앞서 설명한 바와 같이 패러디는 원작의 실질적 개변이 전제가 되므로 원작의 아이디어만 이용한 것으로 판단되는 등으로 원작과의 관계에서 실질적 유사성이 없는 경우가 아닌 한 저작인격권 중 동일성유지권의 침해가 문제될 수 있다. 특히 원저작자의 동의를 받기 어려운 패러디의 특성으로 인해 저작자의 동의 없이 그 저작물을 개변한 것에 해당하므로 특별한 사정이 없는 한 동일성유지권 침해라고 보아야 한다는 것이 논리적인 귀결이라고 할 수 있다. 그러나 그렇게 되면 성공한 패러디를 포함하여 대부분의 패러디는 그 문화적 가치와 관계없이 저작자의 저작인격권을 침해하는 행위로 부적법한 것으로 보게 되는 결과가 되므로 결국 예술가 등에게 패러디라는 표현방식을 이용할 자유를 사실상 박탈하는 셈이 될 것이다. 따라서 이러한 경우 동일성유지권 제한사유에 해당하는 것으로 보아야 할 것이다.

즉, 저작권법 제13조 제2항 제5호에서는 "그 밖에 저작물의 성질이나 그 이용의 목적 및 형태 등에 비추어 부득이하다고 인정되는 범위 안에서의 변경"은 동일성유지권의 제한사유로 인정하고 있는데, 패러디가 바로 이 규정에 해당할 수 있다고 생각된다.

라. 성명표시권 침해 문제

한편, 패러디의 특성에 비추어 원저작물의 저작자 성명을 표시하기가 곤란한 경우들이 많이 있을 텐데, 그러한 경우에 성명표시권 침해가 문제될 수 있다면 그것 역시 패러디라고 하는 표현기법을 이용하는 데 지장을 초래할 것이다. 패러디라고 하는 표현형식상의 제약으로 인하여 원저작자의 성명을 표시하기가 곤란한 경우에는 저작권법 제12조 제2항 단서 규정이 적용되는 것으로 볼 수 있을 것이다. 법 제37조의 출처명시의무도 문제될 수 있으나, 패러디의 경우는 차용한 원작이 저절로 전면에 드러난다는 점에서 출처명시를 할 필요는 없는 것으로 본다.

[134]   출처명시의무

1. 의의

저작재산권 제한사유에 해당하여 자유이용이 인정될 경우에도 그에 따라 이용하는 타인의 저작물에 대하여 합리적 방법으로 출처를 명시하도록 할 필요가 있다. 그러한 경우에 출처명시 의무를 부과하지 않으면, 이용된 저작물의 저작자가 가지는 저작인격권을 침해할 우려가 있을 뿐만 아니라 저작재산권의 실효성 있는 보호를 어렵게 하는 문제를 야기할 수 있다. 하지만 자유이용이 인정되는 모든 경우에 일률적으로 출처의 명시를 요구할 경우에는 경우에 따라 매우 번거로운 일이 되어 실질적으로 자유이용을 인정하고자 하는 입법취지를 달성할 수 없게 되는 경우도 있을 수 있다. 그런 관점에서 저작권법은 제37조에서 저작재산권 제한사유가 적용되어 이용자들이 자유롭게 이를 이용하는 경우에도 원칙적으로 그 저작물의 출처를 명시할 의무를 지는 것으로 규정하면서 9개조에 대하여는 예외로서 그 명시의무가 면제되는 것으로 규정하고 있다.

■ 제37조(출처의 명시) ① 이 관에 따라 저작물을 이용하는 자는 그 출처를 명시하여야 한다. 다만, 제26조, 제29조부터 제32조까지, 제34조 및 제35조의2부터 제35조의4까지의 경우에는 그러하지 아니하다.

② 출처의 명시는 저작물의 이용 상황에 따라 합리적이라고 인정되는 방법으로 하여야 하며, 저작자의 실명 또는 이명이 표시된 저작물인 경우에는 그 실명 또는 이명을 명시하여야 한다.

제37조 제1항 본문에서 "이 관에 따라 저작물을 이용하는 자는 그 출처를 명시하여야 한다"고 규정하여 출처명시의무를 지는 자를 "이 관에 따라 저작물을 이용하는 자"로 한정하고 있으므로, 이 의무는 저작권법 제4절 제3관 '저작재산권의 제한'에서 규정하고 있는 제23조부터 제35조의5까지의 규정(그중 단서에서 규정하고 있는 9개조는 제외)에 따라 저작물을 이용하는 경우에 한하여 인정되는 것으로 보아야 할 것이다. 그것은 법 제12조 제2항의 성명표시의무 규정이 "저작물을 이용하는 자는…"이라고 규정하고 있어 저작물 이용자 모두를 의무 주체로 한 것과 다른 점이다.

제37조의 규정에 의한 출처명시의무도 저작물의 이용을 전제로 하는 것이므로 저작물로 서의 표현에 해당하지 않는 타인의 학문적 사상만을 참고하여 이용하거나 타인의 저작물에 포함된 사실적 정보만을 이용한 것과 같은 경우에는 저작권법상의 출처명시의무가 인정되지 아니한다. 그 때에도 그것이 타인의 저작물에 고유한 사상이나 발견인 경우에는 출처를 밝히는 것이 논문 작성에 있어서의 관례이고 자신의 논증을 위해서도 도움이 되며 도덕적으로 올바른 것이라고 할 수도 있으나 저작권법상의 의무는 아니라고 보는 것이다.

제138조 제2호는 "제37조(제87조 및 제94조에 따라 준용되는 경우를 포함한다)를 위반하여 출처를 명시하지 아니한 자"에 대하여 500만원 이하의 벌금에 처하도록 규정하고 있다. 이 규정을 위반한 출처명시의무위반죄도 피해자의 고소가 있어야 공소제기를 할 수 있는 친고죄이다(제140조 참조). 그 고소권자를 어떻게 보아야 할 것인지도 문제이나, 저작인격권침해죄의 경우에는 고소권자가 저작자(저작인격권자)에 한정되는 것으로 보아야 하지만, 출처명시의무는 저작인격권의 보호를 위한 규정으로서의 성격만 가지는 것이 아니고 위에서 언급한 바와 같이 저작재산권자, 배타적발행권자, 출판권자 등의 이익과도 관련되므로, 그러한 권리자들도 권리제한규정이 아니라면 그 위반자의 복제 등 '이용' 행위에 의하여 자신의 권리를 침해당한 것으로 볼 수 있는 상황에 있다면 모두

출처명시의무 위반죄의 고소인이 될 수 있는 것으로 보아야 할 것이다.

2. 법적 성질

가. 저작재산권 제한 규정과의 관계

위와 같은 출처명시의무에 대하여는 ① 이를 저작재산권 제한 규정의 추가적인 적용요건으로 볼 것인지 아니면 ② 저작재산권 제한 규정과는 별도로 이용자에게 부과되는 별개의 의무로 볼 것인지가 문제이다.

저작재산권 제한사유를 규정한 각 조의 해당요건을 모두 갖춘 저작물 이용자가 단지 그 이용에 있어서 해당 저작물의 출처를 명시하지 않은 경우에, ①의 입장을 취하면, 그 이용행위가 결국 제한사유로서의 요건을 결하여 저작재산권 침해를 구성하는 것으로 보게 되고, ②의 입장을 취하면, 저작재산권 제한사유에 해당하여 저작재산권 침해가 되지 아니하고 단지 출처명시의무위반이 별도로 문제될 수 있을 뿐이라고 볼 것이다.

우리 저작권법은 권리의 침해죄(제136조)와는 별개로 그보다 형량이 현저히 가벼운 출처명시 위반죄(제138조 제2호)를 규정하고 있으므로 ②의 입장에 선 것으로 보아야 할 것이다.

다만, 앞서 '공표한 저작물의 인용'에 관한 설명 부분에서 살펴본 바와 같이(이 책 [120] 2. 나. (3) 5) 참조), 인용에 관한 제28조의 요건 중에는 인용의 요건 가운데 "인용의 방법이 공정한 관행에 합치되어야 한다"는 것이 포함되어 있고, 출처를 명시하지 않으면 공정한 관행에 합치되지 않는 인용으로 볼 가능성이 있어 결국 제28조의 요건을 갖추지 못한 것으로 보게 될 수도 있다는 점에서 그 경우에 관한 한 저작재산권 제한사유와도 일정한 관련성을 가지고 있다고 할 수 있다.

위와 같이, 원칙적으로, 출처명시의무 위반에 의하여 저작재산권 침해의 법적 효과가 발생하지는 않으나, 법상의 의무인 출처명시의무의 위반으로 인하여 저작권자에게 손해가 발생하였을 경우에는 그것이 고의 또는 과실에 의한 것으로서 민법상 '불법행위'에 해당하는 한, 손해배상청구를 할 수 있을 것이며, 민사소송으로 출처명시의무의 이행청구를 하는 것도 인정되어야 할 것이다. 그 이행청구를 할 수 있는 자가 누구인지가 문제인데, 위에서 출처명시의무위반죄에 대한 고소권자에 대하여 언급한 바와 같이, 출처명시의무는 저작인격권을 가지는 저작자, 저작재산권자, 배타적발행권자, 출판권자 등의 이해관계와도 관련된 것이라는 점에서 저작자 외에 이들 권리자들도 청구권을 가지는 것으로 보아야 할 것으로 생각된다.

나. 성명표시권의 관계

출처명시의무와 성명표시권의 관계도 문제된다. 생각건대 출처명시의무가 비록 성명표시권과 밀접한 관련성을 가지고 있긴 하지만, 성명표시권은 저작권법 제12조에, 출처명시의무는 제37조에 별도로 규정되어 있고 그 요건 및 법적 효과, 특히 위반시의 처벌규정 등에 차이가 있는 점에 비추어볼 때 이 두 가지 개념은 법적으로는 서로 구별되는 개념인 것으로 보아야 할 것이다. 성명표시권침해와 출처명시의무위반이 항상 경합하는 것은 아니고 그 중 어느 하나만 성립하는 경우도 있을 수 있지만, 두 가지가 경합하는 경우도 있을 수 있다. 후술하는 바와 같이 출처명시의 방법에 관한 저작권법 제37조 제2항의 규정은 성명표시권과 중첩된 부분을 포함하고 있다. 따라서 그 중첩된 부분을 위반한 경우, 즉 출처명시의무 위반행위가 성명표시권 침해의 요건을 동시에 갖춘 경우에는 그 두 가지 행위에 대한 법적 효과가 경합될 수 있는 것으로 본다.

3. 출처명시가 면제되는 경우

법 제37조 제1항에서 출처명시의무를 면제한 경우는 다음의 9가지 경우이다.

(1) 시사보도를 위한 이용(제26조)

(2) 영리를 목적으로 하지 아니하는 공연·방송(제29조)

(3) 사적이용을 위한 복제(제30조)

(4) 도서관 등에서의 복제 등(제31조)

(5) 시험문제로서의 복제(제32조)

(6) 방송사업자의 일시적 녹음·녹화(제34조)

(7) 저작물이용과정에서의 일시적 복제(제35조의2)

(8) 부수적 복제 등(제35조의3)

(9) 문화시설에 의한 복제 등(제35조의4)

4. 출처명시의 방법

가. '합리적으로 인정되는 방법'

출처의 명시는 저작물의 이용 상황에 따라 합리적이라고 인정되는 방법으로 하여야 하며, 저작자의 실명 또는 이명이 표시된 저작물인 경우에는 그 실명 또는 이명을 명시하여야 한다(제37조 제2항).

위 규정에서 말하는 '합리적으로 인정되는 방법'은 다음과 같다.

전문서적이나 학술논문의 경우에는, 저작자의 이름, 책의 제호(논문 등의 경우에는 그 제호와 수록된 간행물의 명칭), 발행기관(출판사 등), 판수, 발행년(월, 일), 해당 페이지를 밝히고 본문 속의 주나 각주 또는 후주 등의 방법을 사용하여야 한다. 번역 등 2차적저작물의 경우에는 번역자 등의 표시와 함께 원저작자의 이름과 제호를 표시하여야 하고, 다른 전거가 없이 자신이 직접 들은 연설을 인용할 경우에는 연설자의 성명 외에 연설이 행해진 때와 장소를 명시할 필요가 있다.

신문 등의 정기간 행물의 기사나 논설, 해설 등의 작성에 있어서는 그것이 지니는 특수한 성격과 제한 때문에 학술 논문의 경우보다는 간략한 표시방법이 허용될 수 있다고 본다. 따라서 인용부분이 본문과 구별될 수 있는 정도의 식별표시를 하고 출처도 저작자의 이름과 저작물의 제호만 명시하면 무방할 것이다. 그러나 인용 부분을 개별적으로 표시하지 않고 책의 말미에 "본서의 집필에는 책 ○○및 ○○논문을 참고하였다"는 식의 표시를 하는 것만으로는 부족하다고 본다.

또한 외국 문헌을 직접 번역하여 자기 저술에 인용하는 경우에는 외국 문헌을 출처로 표시하여야 하고, 외국 문헌의 번역물을 인용하는 경우에는 합리적인 방식에 의하여 외국 문헌을 원출처로, 번역물을 2차 출처로 표시하여야 한다. 타인과의 공저인 선행 저술 중 일부를 인용하여 단독 저술을 할 때는 원칙적으로 출처표시의무를 부담하고, 공저가 편집저작물이나 결합저작물에 해당하는 경우라도 자신의 집필 부분을 넘어 다른 공저자의 집필 부분을 인용하는 경우에는 출처표시의무를 부담한다.

나. 출처명시의무의 예외 등

위 규정 중에서 "저작자의 실명 또는 이명이 표시된 저작물인 경우에는 그 실명 또는 이명을 명시하여야 한다"고 규정한 부분은 성명표시권에 관한 저작권법 제12조 제2항 본문에서 "저작물을 이용하는 자는 그 저작자의 특별한 의사표시가 없는 때에는 저작자가 그의 실명 또는 이명을 표시한 바에 따라 이를 표시하여야 한다"고 규정한 것과 거의 그대로 포개지는 면이 있다. 여기서 문제는, 제12조 제2항에서는 "다만, 저작물의 성질이나 그 이용의 목적 및 형태 등에 비추어 부득이하다고 인정되는 경우에는 그러하지 아니하다"고 하는 단서규정을 통해 성명표시권 침해의 예외를 인정하고 있음에 반하여, 출처명시의무에 관한 제37조의 규정에는 그러한 예외가 규정되어 있지 않다는 것을 어떻게 보아야 할 것인가 하는 것이다. 만약 법의 취지가 그러한 부득이한 사정이 있을 경우에도 출처명시위반죄로 처벌하고자 하는 취지라고 본다면, 위 규정상의 차이를 그대로 존중하여야 하겠지만, 그렇지 않고, 성명표시권에 대한 제한사유는 출처명시위반죄에 대한 관계에서도 실질적으로 적용되는 것으로 보는 것이 입법취지에 부합하는 것이라고 본다면, 그러한 입법취지에 부합하는 해석론을 취하는 것이 타당할 것이다. 후자의 입장이 타당하다고 본다. 즉, 성명표시권에 대한 제12조 제2항 단서의 제한사유에 해당할 경우에는 출처명시의무는 적어도 그 방법에 있어서(저작자의 실명이나 이명의 표시 등을 생략하는 것을 포함하여) 대폭 완화될 수 있다고 본다. 그러한 해석의 법문상 근거는 제37조 제2항에서 "저작물의 이용상황에 따라 합리적이라고 인정되는 방법으로" 하도록 하고 있다는 데서 찾을 수 있다. 즉, 제12조 제2항 단서에서 말하는 "저작물의 성질이나 그 이용의 목적 및 형태 등에 비추어 부득이하다고 인정되는 경우"에는 성명표시 등을 생략하더라도 "저작물의 이용상황에 따라 합리적으로 인정되는 방법"이라 할 수 있고, 제37조 제2항의 후문은 그러한 예외적인 경우가 아닌 일반적인 경우의 원칙을 선언한 것으로 해석할 수 있을 것이다. 대법원 2010. 4. 29. 선고 2007도2202 판결도 기본적으로 동일한 취지에 기하여, 입시학원에서 홍보물을 만들면서 다른 학원 자료를 비판적으로 인용하면서 'A학원 모교재'라고만 표시한 것을 합리적인 명시방법으로 인정하였다. 또한 같은 취지에서 포털 사이트의 이미지 검색 서비스에서 썸네일 이미지를 복제, 전송하면서(그 부분에 대하여는 공정이용으로 인정되었다), 출처로 원래의 이미지가 있는 웹사이트 주소(URL)만 표시한 것에 대하여 인터넷의 특성 등에 비추어 합리적인 출처명시방법이라고 인정한 사례(서울고판 2005. 7. 26, 2004나76598)가 있다.

한편, 출처명시 의무도 저작재산권이 부여된 이용행위를 전제로 하는 것이므로, 타인의 저작물을 링크하는 것은 설사 인라인링크라고 하더라도 그러한 의미의 '이용'이 아니므로, 출처명시의무의 대상이 아닌 것으로 보는 것이 대법원판례의 입장이다(대판 2010. 3. 1, 2009다4343).

[135] 저작인격권과의 관계

저작권법은 저작재산권 제한에 관한 규정과 저작인격권과의 관계에 대하여 다음과 같이 규정하고 있다.

■ 제38조(저작인격권과의 관계) 이 관 각 조의 규정은 저작인격권에 영향을 미치는 것으로 해석되어서는 아니 된다.

저작재산권 제한 사유에 해당한다고 하여 저작인격권 침해의 책임도 자동적으로 면책되는 것은 아니고 따라서 저작재산권 제한규정에 따라 이용을 하더라도 저작인격권의 침해 여부는 별도로 따져 보아야 한다는 취지의 규정이다. 그러나 저작재산권과 저작인격권은 서로 철저히 분리된 관계에 있는 것이 아니라 밀접한 관계를 맺고 있는 부분이 있어 저작재산권에 대한 제한 규정이 그 자체로 저작인격권에 영향을 미칠 수밖에 없는 부분들이 있다. 예를 들어, 위에서 본 바와 같이 저작물의 개작 등이 허용되는 경우가 있는데(제36조

제1항) 그러한 경우에 개작이 저작물의 임의적 변경에 해당한다는 이유로 저작인격권 중 동일성유지권의 침해가 성립하는 것이라고 볼 수는 없을 것이다. 또한 출처명시가 면제되는 경우(제37조 제1항 단서)에 그에 따라 출처를 표시하지 않은 것이 저작인격권의 면에서 성명표시권을 침해한 것이 된다고 하면 그것도 입법취지에 반하는 모순적인 해석이다. 즉, 그러한 경우에는 성명표시권의 침해도 부정하여야 할 것이다. 다만 그 법적 근거의 면에서는 동일성유지권과 성명표시권에 관한 규정에서 각각 일반적 제한사유(제13조 제2항 제5호 및 제12조 제2항 단서)를 규정하고 있으므로 그 예외사유에 해당하는 것으로 보는 것이 타당할 것이다.

이상과 같이 저작재산권의 제한에 대한 규정이 결과적으로 저작인격권의 침해 여부의 판단에도 영향을 미치는 경우가 있을 수 있다는 것을 부정할 수 없지만, 그 외의 경우에는 위와 같은 법 제38조의 규정 취지에 따라 저작재산권 제한에 관한 규정을 이유로 부당하게 저작인격권의 침해를 정당화하지 않도록 각별한 주의를 기울여야 할 것이다.

한 예로, 저작재산권 제한사유 가운데는 미공표 저작물을 이용할 수 있도록 한 경우도 있지만, 그러한 경우에도 법에서 허용한 이용행위가 복제 등에 한정되어 저작물의 공표를 전제로 하지 않은 것으로 보이는 한, 저작자의 공표권을 무시하여서는 안 되므로, 이용자로서는 그 이용이 실질적으로 '공표'에 이르지 않도록 유의하여야 하고 만약 그것이 '공표'에 이르는 행위이면 원칙적으로 공표권 침해가 성립하는 것으로 보아야 할 것이다.

제 3 절   저작물 이용의 법정허락

[136]   개관

　　저작권법상 저작재산권 제한사유에 해당하지 않으면 저작재산권자의 허락 없이 이용할 수 없는 것이 원칙이나 그러한 원칙만을 예외 없이 관철할 경우에는 저작물이 가지는 문화적 가치를 일반 국민들이 향유하는 데 곤란을 겪을 수 있으므로 가치 있는 저작물의 사장(死藏)을 방지하고 그 활용을 촉진하기 위해 일정한 경우에 저작재산권자의 경제적 이익을 조화롭게 감안한 적절한 제3의 해결책을 강구할 필요가 있다. 저작재산권자가 불명인 경우와 같이 그 허락을 받아서 이용하기가 현실적으로 어려운 경우나 그 저작물의 이용이 공중의 입장에서 필요불가결함에도 저작권자와의 협의가 성립하지 아니하는 경우에는 문화체육관광부장관의 승인하에 저작재산권자에게 보상금을 공탁하거나 지급할 것을 전제로 그 저작물을 이용할 수 있도록 제도적으로 허용할 필요가 있는 것이다. 그것이 법정허락제도로서 우리 저작권법 제50조부터 제52조까지에서 규정하고 있다.

[137]   법정허락의 유형

1. 저작재산권자 불명의 경우

가. 규정

제50조는 다음과 같이 규정하고 있다.

■ 제50조(저작재산권자 불명인 저작물의 이용) ① 누구든지 대통령령으로 정하는 기준에 해당하는 상당한 노력을 기울였어도 공표된 저작물의 저작재산권자나 그의 거소를 알 수 없어 그 저작물의 이용허락을 받을 수 없는 경우에는 대통령령으로 정하는 바에 따라 문화체육관광부장관의 승인을 얻은 후 문화체육관광부장관이 정하는 기준에 의한 보상금을 위원회에 지급하고 이를 이용할 수 있다.

② 제1항의 규정에 따라 저작물을 이용하는 자는 그 뜻과 승인연월일을 표시하여야 한다.

③ 제1항의 규정에 따라 법정허락된 저작물이 다시 법정허락의 대상이 되는 때에는 제1항의 규정에 따른 대통령령으로 정하는 기준에 해당하는 상당한 노력의 절차를 생략할 수 있다. 다만, 그 저작물에 대한 법정허락의 승인 이전에 저작재산권자가 대통령령으로 정하는 절차에 따라 이의를 제기하는 때에는 그러하지 아니하다.

④ 문화체육관광부장관은 대통령령으로 정하는 바에 따라 법정허락 내용을 정보통신망에 게시하여야 한다.

⑤ 제1항에 따른 보상을 받을 권리는 위원회를 통하여 행사되어야 한다.

⑥ 위원회는 제1항에 따라 보상금을 지급받은 날부터 10년이 지난 미분배 보상금에 대하여 문화체육관광부장관의 승인을 얻어 제25조 제10항 각 호의 어느 하나에 해당하는 목적을 위하여 사용할 수 있다.

⑦ 제1항 및 제6항에 따른 보상금 지급 절차·방법 및 미분배 보상금의 사용 승인 등에 필요한 사항은 대통령령으로 정한다.

나. 요건

(1) 저작물의 종류

공표된 저작물이기만 하면 그 종류는 묻지 아니한다. 2006년 개정법에서 법정허락의 대상에서 외국인의 저작물을 제외하는 규정을 두었다가 2019. 11. 26.자 개정에서 그 부분을 삭제하는 개정을 다시 하여, 현행법상은 외국인의 저작물도 법정허락의 대상에 포함되게 되었다.

(2) 저작재산권자 불명

제50조 제1항에서 규정하고 있는 바와 같이 "대통령령으로 정하는 기준에 해당하는 상당한 노력을 기울였어도 저작재산권자나 그의 거소를 알 수 없어 그 저작물의 이용허락을 받을 수 없는 경우"일 것을 요한다.

이 규정에서 정한 저작재산권자 불명 사유의 유형을 분류해 보면, ① 저작자가 불명인 경우, ② 저작자명은 알지만 그 유족 등의 저작재산권자가 불명인 경우, ③ 저작재산권자가 분명하다고 해도 그의 거소를 알 수 없는 경우 등으로 나눌 수 있는데, 이들 세 가지 경우가 모두 본조 사유에 해당할 수 있다. 다만, 저작자라고 칭하는 사람이 2인이어서 그 2인 중 누가 저작자인지가 분명하지 않다는 것만으로는 본조에서 말하는 저작재산권자 불명에 해당한다고 보기 어렵다.

그런데 이러한 저작재산권자 불명 사유를 너무 쉽게 인정하게 되면, 저작재산권자의 보호에 큰 흠결이 발생할 수 있으므로 법은 "대통령령으로 정하는 기준에 해당하는 상당한 노력을 기울였어도 알 수 없는 경우"일 것을 요구하고 있다. '대통령이 정하는 기준에 해당하는'이라는 부분은 원래 없었던 것을 조금이라도 명확한 기준을 제시하여 법정허락 이용을 활성화하고자 하는 취지에서 2000년 개정법에서 처음 삽입된 문구이다. '대통령령으로 정하는 기준'에 대하여는 저작권법 시행령 제18조 제1항에서 상세하게 규정하고 있다.

한편, 저작권법 시행령 제18조 제2항은 "법 제50조에 따라 이용하려는 저작물이 법 제25조 제10항 본문(법 제31조 제6항에서 준용하는 경우를 포함한다)에 따른 보상금 분배 공고를 한 날부터 5년이 경과한 미분배 보상금 관련 저작물, 그 밖에 저작재산권자나 그의 거소가 명확하지 않은 저작물에 해당하고 문화체육관광부장관이 그 저작물에 대하여 다음 각 호의 모든 노력을 한 경우에는 제1항 각 호의 상당한 노력의 모든 요건을 충족한 것으로 본다"고 규정하고 있다.

저작권법 시행령의 위와 같은 규정은 문화체육관광부장관이 권리자가 불명인 저작물 등의 권리자를 찾기 위한 권리자 찾기 정보시스템을 구축운영할 수 있도록 하는 규정(시행령 제73조 제1항 제6호 및 같은 조 제2항) 등과 함께 2012. 4. 12.자 시행령 개정을 통해 신설된 규정으로서, 정부의 적극적 노력을 통해 이른바 고아 저작물(orphan works) 문제를 해결하기 위한 제도개선책이 반영된 것이라 할 수 있다.

또한 저작권법 제50조 제3항에서 "제1항의 규정에 따라 법정허락된 저작물이 다시 법정허락의 대상이 되는 때에는 제1항의 규정에 따른 대통령령으로 정하는 기준에 해당하는 상당한 노력의 절차를 생략할 수 있다. 다만, 그 저작물에 대한 법정허락의 승인 이전에 저작재산권자가 대통령령으로 정하는 절차에 따라 이의를 제기하는 때에는 그러하지 아니하다."라고 규정하고 있는 것도 법정허락 절차를 조금이라도 간소화하고자 하는 입법조치의 일환이다. 이미 법정허락된 저작물은 시간이 지나더라도 저작권자가 나타날 개연성이 적고, 저작권자를 찾기 위한 똑같은 절차를 반복하는 것은 과도한 시간과 비용만 초래한다는 점을 감안하여 한번 법정허락이 승인된 저작물에 대하여 다시 법정허락의 신청이 이루어지는 때에는 상당한 노력 절차를 생략하고, 대신에 만일의 경우를 대비하여 저작권자가 이의를 제기할 수 있도록 기회를 주고 그에 따른 절차를 대통령령에서 정하도록 한 것이다.

(3) 문화체육관광부 장관의 승인 및 보상금 지급 등

위와 같은 요건을 갖춘 경우에도 바로 저작물을 이용할 수 있는 것이 아니라 문화체육관광부의 승인을 받고 문화체육관광부장관이 정하는 기준에 의한 보상금을 한국저작권위원회에 지급하는 등의 절차를 밟은 후에라야 저작물을 이용할 수 있다. 문화체육관광부장관의 승인의 법적 성질은 저작권자에 갈음하여 행정청이 하는 저작물 이용허락이라고 할 것이고, 그 효과로서는 보상금의 지급을 조건으로 하는 것 외에는 저작재산권자가 하는 저작물이용허락과 완전히 동일한 효과를 발생시키는 것으로 볼 수 있다. 다만 저작재산권자의 허락에 기한 사용권은 동의가 있으면 양도할 수 있음에 반하여 문화체육관광부장관의 승인에 의한 이용권은 그 양도성이 부정되는 점 등에서 차이가 있다.

위 규정에 따른 보상을 받을 권리는 위원회를 통하여 행사되어야 한다(제50조 제5항). 위원회는 보상금을 지급받은 날부터 10년이 지난 미분배 보상금에 대하여 문화체육관광부장관의 승인을 얻어 제25조 제10항 각 호의 어느 하나에 해당하는 목적을 위하여 사용할 수 있다(같은 조 제6항)

다. 효과

위 요건을 모두 갖춘 경우에 그 절차를 마친 이용자는 저작재산권자로부터 이용허락을 받은 것과 마찬가지로 저작물을 이용할 수 있다. 또한 본 조항

의 경우에는 다른 경우와는 달리 저작물을 어떻게 이용하려고 하는지는 묻지
않는다. 즉, 복제, 공연, 공중송신, 배포, 전시 등 이용의 유형을 묻지 않으며,
번역이나 개작 등을 하는 것도 모두 가능하다.

다만, 이 조항에 의하여 저작물을 이용하는 자는 문화체육관광부장관의
승인을 얻었다는 것과 그 연월일을 적절하게 표시하여야 한다(제50조 제2항). 문
화체육관광부장관은 대통령령이 정하는 바에 따라 법정허락 내용을 정보통신
망에 게시하여야 한다(같은 조 제4항).

2. 공표된 저작물의 방송

가. 의의

저작권법 제51조는 다음과 같이 규정하고 있다.

> ■ 제51조(공표된 저작물의 방송) 공표된 저작물을 공익을 위한 필요에 따라 방송하려
> 는 방송사업자가 그 저작재산권자와 협의하였으나 협의가 성립되지 아니하는 경우
> 에는 대통령령으로 정하는 바에 따라 문화체육관광부장관의 승인을 얻은 후 문화
> 체육관광부장관이 정하는 기준에 따른 보상금을 해당 저작재산권자에게 지급하거
> 나 공탁하고 이를 방송할 수 있다.

방송이 수행해야 할 공공적 기능을 원활하게 발휘할 수 있도록 저작재산
권자 측의 권리남용을 억제하기 위한 취지에 기한 규정이라고 할 수 있다.

나. 요건

(1) 공표된 저작물이어야 한다.
(2) 공익상 필요에 의하여 방송하고자 하는 경우여야 한다. 따라서 특별히
    공익성을 인정받을 만한 사유를 소명하여야 승인을 받을 수 있을 것
    이다.
(3) 저작재산권자와 협의하였으나 협의가 성립하지 않은 경우여야 한다.
    협의가 개시되었으나 협의가 성립하지 않은 경우뿐만 아니라 허락을
    얻을 목적으로 협의를 시도하였으나 저작재산권자 측에서 협의 자체
    를 거부한 경우도 이 요건을 충족하는 것으로 보아야 할 것이다. 협의

의 상대방인 저작재산권자가 불명이어서 협의를 할 수 없는 경우는 포함되지 않으므로 그 때에는 비록 공표된 저작물을 공익상 필요에 따라 방송하고자 하는 경우에도 본조의 적용을 받을 수는 없고 제50조의 적용을 받아야 할 것이다.

(4) 문화체육관광부장관의 승인과 보상금의 지급 또는 공탁 등 절차를 거쳐야 한다.

다. 효과

허용되는 이용행위는 원작 그대로의 방송에 한하는 것이 원칙이겠으나 저작물의 본질적인 내용을 변경하지 않는 범위 내에서 방송에 적합하게 하기 위하여 부득이한 수정을 가하는 것은 용인된다고 보아야 할 것이다.

3. 상업용 음반의 제작

가. 의의

저작권법 제52조는 다음과 같이 규정하고 있다.

■ 제52조(상업용 음반의 제작) 상업용 음반이 우리나라에서 처음으로 판매되어 3년이 지난 경우 그 음반에 녹음된 저작물을 녹음하여 다른 상업용 음반을 제작하려는 자가 그 저작재산권자와 협의하였으나 협의가 성립되지 아니하는 때에는 대통령령으로 정하는 바에 따라 문화체육관광부장관의 승인을 얻은 후 문화체육관광부장관이 정하는 기준에 따른 보상금을 해당 저작재산권자에게 지급하거나 공탁하고 다른 상업용 음반을 제작할 수 있다.

전속계약에 의해 특정 음반회사 등이 복제권 등을 독점으로하는 현상을 방지함으로써 음악의 유통을 촉진하고 음악문화의 향상에 기여하고자 하는 취지에 기한 규정이다.

여기서 상업용 음반의 제작으로 결국 음악저작물의 복제가 허용되게 된 셈인데, 이러한 법정 허락의 대상이 되는 음악저작물에는 가사와 악곡이 모두 포함된다. 다만 뮤지컬이나 오페라와 같은 '악극적 저작물'을 녹음하여 상업용 음반에 복제하는 것은 본조에 의한 승인 대상이 아니라고 보아야 한다. 그러한 악극적 저작물의 경우 음악저작물로서의 성격을 동시에 가지는 가사뿐만 아니라 어문저작물로서의 성질만을 가지는 각본이 동시에 복제되게 되므로 음악저작물에 대하여 법정허락을 인정하고자 한 본조의 입법취지를 넘어서서 각본작가의 어문저작물에 대한 권리까지 제한하는 면이 있기 때문이다. 다만 서곡, 아리아 또는 간주곡과 같이 그 일부분만 보면 일반 음악저작물과 동일하게 볼 수 있는 것에 대하여 그 일부분씩만 이용하는 경우에는 본조에 의한 법정허락 대상이 될 수 있으리라 생각된다.

나. 요건

(1) 우리나라에서 처음으로 판매된 '상업용 음반'이어야 한다('상업용 음반'의 의미에 대해서는 이 책 [121] 2. 나. (2) 참조). 따라서 최초로 외국에서 판매된 상업용 음반의 원반을 수입하여 국내에서 리프린트하여 판매할 경우에는 이 규정이 적용되지 않는다. 그러나 음악저작물이 이미 외국의 상업용 음반으로 녹음되어 시판중인 경우에도, 우리나라에서 다른 가수, 밴드 등에 의하여 새로 녹음을 한 상업용 음반을 작성하여 판매한 경우에는 본조의 적용대상이 된다.

(2) 음반이 판매된 지 3년이 경과하여야 한다. 이는 기존 판매음반 제작자의 투자회수 기간으로 보장하기 위해 두어진 요건이다.

(3) 새로이 제작하고자 하는 음반도 상업용 음반이어야 한다. 따라서 비상업용 음반을 제작하고자 할 경우에는 본조의 적용을 받을 수 없다.

(4) 새로이 제작하고자 하는 자가 저작재산권자와 협의하였으나 협의가 성립하지 아니한 경우여야 한다. 저작자가 아니라 저작재산권자가 협의 상대방인 것에 유의할 필요가 있다.

(5) 문화체육관광부장관의 승인과 보상금의 지급 또는 공탁 등 절차를 거쳐야 한다.

제 4 절   저작재산권의 보호기간

[138] 서설

1. 보호기간 한정의 이유

저작재산권은 저작물의 배타적, 독점적 권리로서 소유권과 매우 유사하다. 그러나 영구적 존속을 인정하는 소유권과 달리 저작재산권은 대부분의 국가들에서 일정한 보호기간에 한하여 보호 하는 입장을 채택함으로써 일정한 기간이 지나면 소멸하여 저작물이 공공영역(public domain)으로 들어가도록 하고 있다. 이를 저작재산권의 '시적 한계(時的 限界)'라고 한다. 만약 저작재산권이 소유권과 마찬가지로 영구적으로 존속하는 권리로 규정되게 되면, 저작권자의 허락이 없이 이용할 수 있는 영역, 즉 퍼블릭 도메인을 크게 축소시켜 문화의 발전에 큰 지장을 초래하게 될 것이다. 저작자라고 하여도 완전한 무에서 유를 만들어내는 것은 불가능하고 저작물의 작성에 있어서는 어떤 형태로든 선인의 문화적 유산을 섭취하여 이를 이용하지 않을 수 없는 것이므로 완성된 저작물을 영구히 사유물(私有物)로 하는 것은 바람직하지 않은 것이라 할 수 있다. 그것이 저작재산권의 '시적 한계(時的 限界)'를 인정하는 근거이다. 그러나 한편으로 보호기간이 너무 짧을 때에는 저작자가 누리는 이익이 너무 적게 되어 저작자의 창작활동에 대해 충분한 보상을 줄 수 없게 될 것이다. 그렇게 되면 사람들이 창작의 의욕을 잃게 되어 역시 문화발전을 저해하게 될 것이다. 따라서 정책적으로 보호기간을 결정함에 있어서는 너무 길지도 너무 짧지도 않는 범위 내에서 저작물의 자유이용을 바라는 공중의 이익과 창작활동에 대한 충분한 보상을 기대하는 저작자의 이익의 조화점을 찾기 위해 노력하여야 한다.

2. 기간산정의 원칙

보호기간의 산정에 관하여는 다음의 두 가지 기준 내지 원칙이 있다.

(1) 사망시기산주의

저작자의 사망시를 기준으로 하여 보호기간의 계산을 행하는 원칙을 말한다. 저작권의 발생에 아무런 방식이나 절차를 요하지 아니하는 무방식주의에 의하면 저작권의 보호기간은 저작물 작성시부터 바로 진행되는 것이므로 '사망시기산(死亡時起算)'이라고 하여도 보호기간의 시작 시점을 사망시(死亡時)로 보는 것이 아니라 보호기간의 종기를 결정함에 있어서 저작자의 사망시를 기준으로 하여 그로부터 일정한 기간 이후로 보는 것을 말한다. 뒤에서 보는 바와 같이 우리 저작권법은 원칙적으로 사망시로부터 70년이 지난 시점을 보호기간의 종기로 보는 사망시기산주의를 채택하고 있다.

(2) 공표시기산주의

저작물의 공표시를 기준으로 하여 보호기간의 계산을 행하는 원칙을 말한다. (1)의 경우와 마찬가지로 보호기간의 시기(始期)가 아니라 종기(終期)를 결정하는 기준시점을 저작물의 공표시로 한 취지이다. 뒤에서 보는 바와 같이 우리 저작권법은 무명 또는 이명저작물, 업무상저작물, 영상저작물 등 몇 가지 예외적인 경우에 공표시로부터 70년이 지난 시점을 보호 기간의 종기(終期)로 보는 공표시기산주의를 채택하고 있다.

[139] 보호기간의 원칙

1. 원칙

저작재산권은 다른 특별한 규정이 있는 경우를 제외하고는 원칙적으로 저작자의 생존하는 동안과 사망 후 70년간 존속한다(제39조 제1항 본문).

1957년에 제정된 구 저작권법은 30년의 보호기간을 인정하고 있었는데, 1986년 개정시에 당시의 국제적 추세에 따라 20년 연장하여 사망시로부터 50

년의 보호기간을 인정하게 되었고, 한·EU FTA 이행을 위한 2011. 6. 30.자 개정으로 다시 70년으로 연장되어 2013. 7. 1.부터 시행되게 되었다.

1986년 개정법은 부칙 제2조 제1항에서 "이 법 시행 전에 종전의 규정에 의하여 저작권의 전부 또는 일부가 소멸하였거나 보호를 받지 못한 저작물에 대하여는 그 부분에 대하여 이 법을 적용하지 아니한다"고 규정하여 이미 보호기간 만료로 저작권의 전부 또는 일부가 소멸된 저작물은 그 부분에 대하여 연장의 혜택을 받을 수 없도록 하였다. 1986년 개정법의 시행일인 1987. 7.1.을 기준으로 하여 아직 구 저작권법상의 보호기간(사후 30년)이 조금이라도 남아 있었던 경우라면 특별히 개정법에 비하여 구 저작권법에 의하여 더 긴 보호기간의 적용을 받는 경우가 아닌 한 개정법의 적용을 받게 되어 원칙적으로 50년의 보호기간이 적용되게 되었다.

한편, 1957년 제정의 구 저작권법상 연주·가창·연출·음반 또는 녹음필름도 저작물로 인정되어(구 저작권법 2조) 사후 30년간의 보호기간을 누렸다. 이들은 1986년 개정법에서는 저작인접물로 보아 20년간의 보호기간을 적용하는 것으로 규정되었으나 개정법 부칙 제2조 제2항 제1호의 규정에 따라 그 시행일인 1987. 7. 1. 전에 공표된 것인 경우에는 여전히 구 저작권법에 의하여 저작물로서 사후 30년간의 보호기간을 인정받게 되었다.

2011. 6. 30.자 개정 저작권법 부칙 제2조도 경과조치로서 "이 법 시행 전에 종전의 규정에 따라 저작권, 그 밖에 이 법에 따라 보호되는 권리의 전부 또는 일부가 소멸하였거나 보호를 받지 못한 저작물 등에 대하여는 그 부분에 대하여 이 법을 적용하지 아니한다"고 규정하고 있으므로 50년의 보호기간을 기준으로 하여 2013. 6. 30. 이전에 보호기간이 만료될 경우에는 그 저작재산권은 완전히 소멸하고 보호기간 연장의 혜택을 받지 못한다.

2. 공동저작물

공동저작물의 저작재산권은 맨 마지막으로 사망한 저작자의 사망 후 70년간 존속한다(제39조 제2항). 공동저작물은 공동저작자의 각 기여부분을 분리하여 이용하는 것이 불가능한 경우이므로(이 책 [32] 1. 참조), 공동저작자 중 1인이 먼저 사망하여 그로부터 70년이 지났다고 하더라도 그의 기여부분만 분리하여 저작권 소멸을 인정하기가 곤란하다. 따라서 이 경우 공동저작자 중 맨 마지막으로 사망한 저작자의 사망시점을 기준으로 하여 70년의 기간을 산정하도록 규정한 것이다.

분리이용가능성이 있는 결합저작물의 경우에는 우리 저작권법상 단독저작물의 결합에 불과한 것으로 보고 특별한 법적 취급을 하지 않고 있으므로 (이 책 [33] 3. 참조) 보호기간의 면에서도 각자의 저작부분을 분리하여 산정하면 된다.

[140] 공표시를 기준으로 하는 저작물

1. 무명 또는 이명저작물

가. 원칙

무명 또는 널리 알려지지 아니한 이명이 표시된 저작물의 저작재산권은 공표된 때부터 70년 간 존속한다(제40조 제1항 본문).

무명 또는 널리 알려지지 아니한 이명이 표시된 저작물은 저작자의 사망시점을 객관적으로 확정하기 어려워 사망시 기산주의에 입각한 제39조 제1항의 원칙을 적용하지 못하고 독일, 프랑스, 일본 등의 대부분의 입법례에 따라 공표시기산주의를 취한 것이다.

제40조 제1항 단서는 "다만, 이 기간 내에 저작자가 사망한지 70년이 경과하였다고 인정할 만한 정당한 사유가 발생한 경우에는 그 저작재산권은 저작자 사망 후 70년이 경과 하였다고 인정되는 때에 소멸한 것으로 본다"고 규정하고 있다. 이것은 저작자 사망 후에 무명 또는 이명으로 공표하면 제40조 제1항에 따라 공표일로부터 70년간 보호되고, 실명으로 공표하면 제39조 제1항의 원칙 규정에 따라 사망 후 70년간만 보호되게 되어, 무명 또는 이명의 공표가 보호기간의 면에서 더 유리하게 되므로 균형이 맞지 않고 악용될 소지가 있다는 것을 감안한 규정이다.

나. 예외

무명 또는 널리 알려지지 아니한 이명이 표시된 저작물이라 하더라도 ① 공표 후 70년 이내에 저작자의 실명 또는 널리 알려진 이명이 밝혀진 경우 또는 ② 공표 후 70년 이내에 저작권법 제53조 제1항의 규정에 따른 저작자의 실명등록이 있는 경우에는 제40조 제1항의 규정은 적용되지 아니한다.

무명 또는 널리 알려지지 않은 이명이 표시된 저작물의 경우라 하더라도 그 보호기간 중에 저작자가 확인이 되고 따라서 그 사망시점이 확인될 수 있게 된 경우에는 보호기간의 원칙으로 돌아가야 한다는 것이 위 규정의 취지이다. 따라서 위 두 가지의 경우 중 하나에 해당하는 때에는 제39조의 원칙으로 돌아가 저작자 생존시 및 사망 후 70년의 기간 동안 저작권 보호를 받게 된다.

2. 업무상저작물

업무상저작물의 저작재산권은 공표한 때부터 70년간 존속한다. 다만, 창작한 때부터 50년 이내에 공표되지 아니한 경우에는 창작한 때부터 70년간 존속한다(제41조).

업무상저작물의 경우는 법인 기타 단체가 저작자인 경우가 많아 사망시기산주의의 원칙을 그대로 적용할 수 없으므로 공표시기산주의를 취한 것이다. 법인 기타 단체의 경우에도 자연인의 사망과 유사한 해산 기타 소멸의 시점을 기준으로 할 수 있지 않을까 하는 생각이 있을 수 있으나 그것을 기준으로 하게 되면, 법인 등이 오래도록 해산하지 않을 경우 자연인의 저작물보다 지나치게 오래 보호를 받는 불합리가 생길 수 있기 때문에 적절하지 않다.

예외적으로 '창작시기산주의'를 취한 위 단서규정은, 법인 등이 업무상저작물을 작성한 후 공표하지 않고 두면 아무리 오랜 세월이 흘러도 계속 저작재산권을 주장할 수 있게 되는 문제가 발생하게 됨을 감안하여 그러한 지나친 장기 보호를 지양하고 공표를 유도하기 위한 취지로 규정된 것이다.

제41조가 '업무상저작물'이라고만 규정하고 있으나 그 의미는 단순히 제2조 제31호의 '업무상저작물'의 정의에 해당하는 것을 의미하는 것이 아니라

더 나아가 제9조의 요건을 갖추어 법인·단체 그 밖의 사용자를 저작자로 보게 되는 경우를 뜻하는 것으로 봄이 타당하다는 것은 '업무상저작물'에 대한 설명 부분에서 살펴본 바(이 책 [36] 2. 참조)와 같다(반대 견해 있음).

3. 영상저작물

영상저작물의 저작재산권은 공표한 때부터 70년간 존속한다. 다만, 창작한 때부터 50년 이내에 공표되지 아니한 경우에는 창작한 때부터 70년간 존속한다(제42조). 영상저작물의 경우 그 작성 과정에 여러 사람의 창작적 관여가 있는 경우가 많아 저작자가 누구인지 확정하기 어렵다는 점에서 사망시기산주의의 원칙을 따르기가 적합하지 않은 면이 있으므로 업무상저작물의 경우와 마찬가지로 공표시기산주의를 취한 것이다. 단서규정의 취지도 업무상저작물의 경우와 마찬가지이다.

이 규정은 영상저작물에 한하여 적용되는 것이므로 영상저작물에 사용된 소설, 각본 등의 어문저작물, 미술저작물 및 음악저작물 등에 대하여는 업무상저작물이 아닌 한 모두 제39조의 원칙규정이 적용된다.

4. 컴퓨터프로그램저작물(2013. 6. 30. 이전)

컴퓨터프로그램저작물(이하 '프로그램'이라 한다)에 대하여는 구 컴퓨터프로그램보호법에서부터 사망시기산주의가 아니라 공표시기산주의를 취하고 있었고, 동법과 저작권법을 통합한 2009. 4. 22. 개정 저작권법도 그 입장을 그대로 수용하여 제42조에서 영상저작물과 함께 공표시기산주의를 적용받도록 규정하였다.

이러한 규정에 대하여는 국제 기준에 부합하지 않는 문제점이 있어 한·EU FTA의 이행을 위한 2011. 6. 30. 개정 저작권법에서는 제42조 중 프로그램 관련 부분을 삭제하는 것으로 개정함으로써 프로그램에 대하여도 일반저작물과 동일하게 사망시기산주의를 취하도록 하였다. 따라서 프로그램에 대하여 업무상저작물 등에 해당하는지 여부를 불문하고 일률적으로 영상저작물과 동일하게 공표시로부터 50년(창작시로부터 50년간 미공표시에는 창작시로부터 50년)의 보호기간만 인정하는 규정은 개정법이 시행되기 전인 2013. 6. 13.까지만 적용되게 되고, 그 이후에는 일반저작물과 같이 취급되어 업무상저작물 등이 아닌 한 저작자 사망시로부터 70년간의 보호기간이 인정되게 되었다.

[141] 계속적 저작물의 공표시기

1. 의의

우리 저작권법은 위에서 본 바와 같이 공표시기를 기준으로 하여 보호기간을 산정하는 몇 가지 특칙 규정을 가지고 있으므로 공표시점이 언제인지가 매우 중요한 의미를 가지게 된다.

이러한 공표시점을 확정하는 면에서 특별한 고려가 필요한 것이 계속적 저작물의 경우이다. 계속적 저작물이란 신문 연재소설 등의 경우와 같이 계속적으로 발행 또는 공표되는 저작물을 말하며, 1회의 발행이나 공표로 종료되는 저작물인 '일회적 저작물'과 대조를 이루는 개념이다.

계속적 저작물의 공표시기와 관련하여 저작권법은 다음과 같이 규정하고 있다.

■ 제43조(계속적간행물 등의 공표시기) ① 제40조 제1항 또는 제41조에 따른 공표시기는 책·호 또는 회 등으로 공표하는 저작물의 경우에는 매책·매호 또는 매회 등의 공표 시로 하고, 일부분씩 순차적으로 공표하여 완성하는 저작물의 경우에는 최종부분의 공표 시로 한다.
② 일부분씩 순차적으로 공표하여 전부를 완성하는 저작물의 계속되어야 할 부분이 최근의 공표시기부터 3년이 지나도 공표되지 아니하는 경우에는 이미 공표된 맨 뒤의 부분을 제1항의 규정에 따른 최종부분으로 본다.

이 규정에 의하면 저작권법은 계속적 저작물을 두 가지의 경우로 나누어 서로 다른 법적 취급을 하고 있음을 알 수 있다. 강학상 그 두 경우를 단순한 '축차저작물'과 '순차저작물'이라는 용어로 구분할 수 있다.

2. 축차저작물

순차저작물과 구별되는 의미에서의 축차저작물이라 함은 책, 호 또는 회 등으로 번호를 붙여 계속적으로 공표되는 저작물 중 그 때마다 주제나 줄거리가 완결되는 저작물을 의미한다. 예를 들어 일간, 주간, 월간, 계간 등의 신문이나 잡지 등 편집저작물 자체, 신문, 잡지의 연재 칼럼 또는 TV드라마 중에서 같은 이름하에 매회 서로 다른 주제와 스토리로 방영하는 것 등이 그러한 예에 해당한다.

이 경우에는 제43조 제1항 전단의 규정에 따라 그 공표시기를 매책·매호 또는 매회 등의 공표시로 하여 공표시기산주의가 적용되는 경우에 이를 기준으로 하여 저작권 보호기간을 산정하게 된다. 즉 이 경우는 각각 독립된 저작물로 보는 것이다.

3. 순차저작물

순차저작물이라 함은 계속적 저작물 중 일부분씩 순차로 공표하여 최종회로서 완성되는 저작물을 말한다. 예를 들면, 신문의 연재소설이나 스토리가 계속 연결되어 마지막 회로써 완결되는 대부분의 TV연속극 등이 이에 속한다. 이때에는 제43조 제1항 후단 규정에 따라 그 공표시기를 '최종부분'의 공표시로 본다.

다만 순차저작물의 계속되어야 할 부분이 최근의 공표시기로부터 3년이 경과되어도 공표되지 아니하는 경우에는 이미 공표된 맨 뒤의 부분을 위 규정에 따른 '최종부분'으로 본다(제43조 제2항). 예를 들어 신문 연재소설이 50회까지 진행되다가 어떤 이유로 중단된 후 3년이 지나도록 연재를 재개하지 않을 경우에는 그 50회의 부분이 내용적으로 완결되지는 않았더라도 최종부분이라고 보아 그 발행시점을 공표시로 본다는 취지이다. 이 규정은 순차저작물에 있어서 각 부분의 공표 시기가 시간적으로 지나치게 큰 간격이 있을 때 발생하는 문제를 해소하기 위한 것이다. 이 규정이 없다면 예컨대 최종부분을 계속 발표하지 않으면 그 이전의 부분은 영구히 보호되는 결과가 된다.

[142] 보호기간의 계산

저작권법 제44조는 "이 관에 규정된 저작재산권의 보호기간을 계산하는 경우에는 저작자가 사망하거나 저작물을 창작 또는 공표한 다음 해부터 기산한다"고 규정하고 있다.

위에서 본 바와 같이 저작재산권 보호기간을 산정하는 기준 시점은 저작자의 사망시, 저작물의 공표시 또는 창작시 등으로 규정되어 있으므로 저작자의 사망일이나 저작물의 공표일 또는 창작일을 기산일로 하는 것이 가장 정확하다고 볼 수 있다. 그러나 저작자 사망의 경우는 물론이고 창작 또는 공표의 경우에 긴 시간이 흐른 후에는 그 날짜가 분명하지 못한 경우가 많아 보호기간의 계산에 혼란을 줄 우려가 있다는 점을 감안하여 위와 같이 규정한 것이다.

이 규정을 적용하여 실제 보호기간의 계산을 해 보자. 예를 들어 "무기여 잘 있거라" 등의 명작을 남긴 헤밍웨이의 경우 그 사망일이 1961. 7. 2.로 알려져 있다. 그렇다면 그가 쓴 "무기여 잘 있거라"의 저작물로서의 보호기간은 우리 저작권법상 그 사망일의 다음 해인 1962. 1. 1.부터 기산하여 50년이 되는 2011. 12. 31.까지라고 보아야 한다. 2011. 6. 30. 공포된 개정법에 의한 70년의 기간으로 계산할 경우에는 2031. 12. 31.까지가 되겠지만, 그 시행일인 2013. 7. 1. 이전에 이미 저작재산이 소멸하게 되어 기간 연장의 혜택을 받을 수 없는 경우(이 책 [139] 1. 참조)이다.

[143] 구 저작권법상 저작물의 보호기간

우리 저작권법상 저작재산권 보호기간에 대한 위와 같은 규정은 대부분 1986년 개정법에서 처음 수립된 것이고 1957년에 제정된 구 저작권법은 저작재산권의 보호기간을 원칙적으로 저작자 생존기간 및 사망 후 30년까지로 규정하고 있었다. 1986년 개정법(이하 본절에서의 설명에 있어서는 '신법'이라 한다)은 보호기간뿐만 아니라 저작물의 보호범위, 권리의 내용 등 모든 면에 있어서 구 저작권법(이하 '구법'이라 한다)을 완전히 환골탈태하였다고 할 정도로 큰 변화를 보였는데, 그로 인해 신법 시행일 전에 공표된 저작물에 대하여 어느 법이 적용될 것인지, 어떠한 경우에 저작재산권 보호기간이 신법에 따라 연장된 것으로 볼 것인지 등을 비교적 상세히 규율하여야 할 필요가 있었고, 그것은 신법의 부칙 제2조와 제3조에 반영되어 있다. 그 규정 내용은 다음과 같다(이것은 약 30여 년 이전의 신구법 교체에 따른 문제이긴 하지만, 지금도 구법 시행 중에 공표된 저작물을 이용하게 될 경우 등에 있어서 여전히 그 적용을 받아야 하는 면에 있어서는 현재성을 가진 살아 있는 문제이다. 이 규정 내용에 대한 자세한 설명은 기본서 §16-23 이하 참조).

> ■ 1986. 12. 31.자 개정 저작권법 부칙 제2조(적용범위에 관한 경과조치) ① 이 법 시행전에 종전의 규정에 의하여 저작권의 전부 또는 일부가 소멸하였거나 보호를 받지 못한 저작물에 대하여는 그 부분에 대하여 이 법을 적용하지 아니한다.
> ② 이 법 시행전에 종전의 규정에 의하여 공표된 저작물로서 다음 각호의 1에 해당하는 것은 종전의 규정에 의한다.
> 1. 종전의 법 제2조의 규정에 의한 연주·가창·연출·음반 또는 녹음필름
> 2. 종전의 법 제12조의 규정에 의한 합저작물의 저작권 귀속 및 이용
> 3. 종전의 법 제13조의 규정에 의한 촉탁저작물의 저작권 귀속
> 4. 종전의 법 제36조의 규정에 의한 사진의 저작권 귀속
> 5. 종전의 법 제38조의 규정에 의한 영화의 저작권 귀속
> 제3조(저작물의 보호기간에 관한 경과조치) 이 법 시행전에 공표된 저작물로서 부칙 제2조 제1항에 해당되지 아니한 저작물의 보호기간은 다음 각호와 같다.
> 1. 종전의 규정에 의한 보호기간이 이 법에 의한 보호기간보다 긴 때에는 종전의 규정에 의한다.
> 2. 종전의 규정에 의한 보호기간이 이 법에 의한 보호기간보다 짧은 때에는 이 법에 의한다.

[144] 외국인 저작물의 소급보호 및 상호주의

1. 의의

저작권에 관한 국제협약 중 우리가 초기에 가입한 세계저작권협약(UCC)은 불소급보호원칙을, 나중에 가입한 베른협약은 소급보호원칙을 각각 채택하고 있으며, TRIPs 협정은 베른협약의 실체적 규정들을 그 내용에 포함하고 있다. 우리나라는 1995. 1. 1. TRIPs 협정에 가입한 후 1996. 6. 21. 베른협약에 가입

신청하여 1996. 9. 21. 효력이 발생하였다. TRIPs 협정 가입 후 베른협약 가입을 준비하는 단계에서 베른협약의 소급보호의 원칙을 수용하기 위해 저작권법을 개정한 것이 1995. 12. 6.의 저작권법 개정이고, 그 개정법은 1996. 7. 1.부터 시행되게 되었다. 이 개정법에 따라 종전에는 자유이용이 가능하였던 외국인의 저작물도 1996. 7. 1.부터는 새로이 소급보호를 하게 되었다. 그러한 소급보호의 대상이 되는 저작물은 저작권법은 '회복저작물'이라는 용어로 칭하고 있다.

2. 소급보호의 범위

베른협약 제18조 제1항은 "이 협약은 협약의 효력발생 당시 본국에서 보호기간의 만료에 의하여 이미 공유가 되지 아니한 모든 저작물에 적용된다"고 규정하고 있다.

그런데 1995. 12. 6. 개정법의 부칙 제3조는 "법 제3조 제1항 및 제61조의 규정에 의하여 새로이 보호되는 외국인의 저작물 및 음반으로서 이 법 시행 전에 공표된 것(이하 "회복저작물 등"이라 한다)의 저작권과 실연자 및 음반제작자의 권리는 당해 회복저작물 등이 대한민국에서 보호되었더라면 인정되었을 보호기간의 잔여기간 동안 존속한다"고 규정하고 있다.

1986년 개정법에서 구법에 의한 보호기간이 이미 만료한 경우는 신법의 적용을 받을 수 없다고 규정하고 있으므로 1956년 이전에 저작자가 사망한 저작물 등의 경우에는 1986년법에 의한 저작재산권 기간 연장의 혜택을 받지 못하고 그 저작권이 소멸한다. 그러므로 외국인의 저작물이 우리나라에서 우리나라 국민의 저작물과 동일하게 보호를 받아 왔다고 가정할 경우에는 역시 1957. 1. 1. 이후 저작자가 사망한 경우에 한하여 신법에 의한 50년의 보호기간의 적용을 받게 되는 것인바, 위 부칙 규정은 그러한 경우라야만 1995. 12. 6. 개정법에 의한 소급보호의 대상이 될 수 있다는 취지를 내포하고 있는 것이다. 다시 말해 외국인의 저작물도 1956년 이전에 저작자가 사망한 경우 등은 소급보호의 대상에서 제외되는 것으로 본다.

외국인의 입장에서 보면 한국 저작권법의 연혁에 따른 이와 같은 해석이 소급보호의 취지를 일부 훼손하는 것이 아닌가 생각될 수도 있으나, 이것은 외국인의 저작물에 대하여 내국인의 저작물보다 더 확장하여 보호하게 되는 이른바 '초국민대우(超國民待遇)'를 회피하기 위한 부득이한 규정으로 이해될 수 있으리라 생각한다.

3. 회복저작물 등의 이용에 관한 경과조치

1995년법 부칙 제4조는 "① 이 법 시행 전에 회복저작물 등을 이용한 행위는 이 법에서 정 한 권리의 침해행위로 보지 아니한다. ② 회복저작물 등의 복제물로서 1995년 1월 1일 전에 제작된 것은 1996년 12월 31일까지 이를 계속하여 배포할 수 있다. ③ 회복저작물 등을 원저작물로 하는 2차적저작물로서 1995년 1월 1일 전에 작성된 것은 이 법 시행 후에도 이를 계속하여 이용할 수 있다. 다만, 그 원저작물의 권리자는 1999년 12월 31일 후의 이용에 대하여 상당한 보상을 청구할 수 있다. ④ 이 법 시행 전에 회복저작물 등이 고정된 판매용 음반을 취득한 때에는 제43조 제2항, 제65조의2 및 제67조의2의 규정을 적용하지 아니한다"고 규정하고 있다.

이러한 규정의 취지는 종전의 법에 따라 적법하게 이용해 온 것을 침해행위로 보지 않고 면책시킴과 동시에 법시행 전의 저작물 이용행위로 인해 이미 제작된 복제물 등을 계속 활용할 수 있도록 함으로써 투하자본의 회수를 가능하게 하기 위한 것이다. 위 규정 중 위 제4조 제3항과 관련하여, 1995년 1월 1일 전에 작성된 2차적저작물에 대하여 위 개정법 시행 후에 다시 개작을 하여 그에 대한 2차적저작물이 될 정도에 이른 경우에도 이 규정이 적용될지 여부가 문제 된 사건이 있었는데, 대법원은 이에 대하여 "1995년 개정 저작권법 부칙 제4조 제3항은 회복저작물을 원저작물로 하는 2차적저작물로서 1995. 1. 1. 전에 작성된 것을 계속 이용하는 행위에 대한 규정으로 새로운 저작물을 창작하는 것을 허용하는 규정으로 보기 어렵고, 위 부칙 제4조 제3항이 허용하는 2차적저작물의 이용행위를 지나치게 넓게 인정하게 되면 회복저작물의 저작자 보호가 형해화되거나 회복저작물 저작자의 2차적저작물 작성권을 침해할 수 있다. 따라서 회복저작물을 원저작물로 하는 2차적저작물과

이를 이용한 저작물이 실질적으로 유사하더라도, 위 2차적저작물을 수정·변
경하면서 부가한 새로운 창작성이 양적·질적으로 상당하여 사회통념상 새로
운 저작물로 볼 정도에 이르렀다면, 위 부칙 제4조 제3항이 규정하는 2차적저
작물의 이용행위에는 포함되지 않는다고 보아야 한다"고 판시하였다(대판 2020.
12. 10, 2020도6425).

외국인의 저작물에 대한 소급보호의 원칙이 저작권법 개정으로 시행되기
이전에 국내에서 상표등록 출원을 하여 등록된 상표에 대하여는 위와 같은
경과규정이 없음에도 불구하고 하급심 판결에서 등록상표에 대한 상표권자의
권리가 저작권에 우선할 수 있는 것으로 보는 입장을 표명한 바 있다(서울고판
2012. 7. 25, 2011나70802).

4. 상호주의

2011. 6. 30.자 개정 저작권법에서 저작권 보호기간을 50년에서 70년으로
연장한 것은 한·EU FTA의 이행에 초점이 두어진 것이지만 국제협약상의 내
국민대우에 따라 베른협약 등 국제협약에 가입한 다른 나라들의 국민에 대하
여도 원칙적으로 적용되게 된다. 그러나 우리나라 저작자의 저작물에 대하여
50년의 보호기간만 인정하는 나라에 대하여도 70년의 보호기간을 적용하게
될 경우 상호간의 형평성에 크게 반하는 문제가 있게 된다.

이와 관련하여 베른협약 제7조 제8항은 "어떠한 경우에도 그 기간은 보호
가 요구된 국가의 법률의 규율을 받는다. 다만, 그 국가의 법률에서 다르게
규정하지 아니하는 한 그 기간은 저작물의 본국에서 정한 기간을 초과할 수
없다"고 규정하고 있다. 이것은 베른협약이 내국민대우의 원칙에 대한 예외로
서 실질적 상호주의를 규정한 것으로 볼 수 있고(이 책 [225] 1. 및 [226] 3. 나. 참조),
그러한 경우에는 TRIPs 협정에서 최혜국대우의 예외로도 인정하고 있다(제4조
(b)). 그러므로 우리 저작권법에서 저작권 보호기간의 연장과 관련하여 (실질적)
상호주의의 입장을 취하는 것은 국제협약상의 내국민대우 및 최혜국대우에
반하지 않는 것으로 볼 수 있다.

이에 따라 2011. 6. 30.자 개정 저작권법 제3조 제4항은 "제1항 및 제2항에 따라 보호되는 외국인의 저작물이라도 그 외국에서 보호기간이 만료된 경우에는 이 법에 따른 보호기간을 인정하지 아니한다"고 규정하고 있다.

예를 들어 베른협약 등의 가입국인 중국의 경우 저작권법에서 사후 50년의 보호기간을 규정하고 있으므로 우리 저작권법상의 보호기간 연장에 관한 규정이 2013. 7. 1. 시행되게 된 후에도 중국인의 저작물에 관하여는 우리의 개정 저작권법에 의하면 보호기간이 존속하는 것이라 하더라도 중국 저작권법에 따라 50년의 보호기간이 만료된 경우에는 저작물로 보호하지 않게 되는 결과가 되는 것이다. 이와 같이 보호기간에 대하여는 내국민대우의 원칙이 수정되게 되는 것을 알 수 있다.

7장

저작인접권

제 1 절 서 설

[145] 의의

저작인접권이란 저작권에 인접한 권리로서 실연자, 음반제작자 및 방송사업자에게 부여되는 권리를 말한다. 실연자, 음반제작자, 방송사업자는 저작물의 창작자는 아니지만 저작물의 해석자 내지 전달자로서 창작에 준하는 활동을 통해 저작자와 일반 공중 사이를 매개하여 저작물을 전달, 유통시키는 역할을 하는 하므로 저작권법이 저작권에 인접하는 권리로서 보호하고 있는데 그것이 바로 저작인접권이다.

실연자, 음반제작자, 방송사업자 등에 대한 저작권법상의 정의는 다음과 같다.

 (1) 실연자: 저작물을 연기·무용·연주·가창·구연·낭독 그 밖의 예능적 방법으로 표현하거나 저작물이 아닌 것을 이와 유사한 방법으로 표현하는 실연을 하는 자를 말하며, 실연을 지휘, 연출 또는 감독하는 자를 포함한다(제2조 제4호).

 (2) 음반제작자: 음을 음반에 고정하는 데 있어 전체적으로 기획하고 책임을 지는 자를 말한다(제2조 제6호).

 (3) 방송사업자: 방송을 업으로 하는 자를 말한다(제2조 제9호).

[146] 저작인접권제도의 형성과 발전

저작인접권의 형성도 과학기술의 발전과 밀접한 관련이 있다. 즉 녹음·

녹화기술이나 방송 등의 기술이 발전하기 전에는 음반제작자나 방송사업자의
보호는 아예 문제될 수 없었고, 실연자(實演者)도 그 공연을 녹음하여 보급하는
기술이 활용되지 않는 한 극장 등에서 실연을 하고 그에 대한 대가는 입장료
등으로 받으면 되었기 때문에 특별히 법적 보호의 필요성이 제기되지 않았다.
그러나 녹음, 녹화의 기술이 발전하면서 대중들이 더 이상 실연장소를 찾아가
지 않아도 녹음·녹화물을 통해, 나중에는 방송을 통해 쉽게 실연을 듣거나
볼 수 있게 됨으로써 실연자의 경제적 지위가 크게 위협받게 되었고, 이에 따
라 실연자의 경제적 이익을 저작권과 유사한 권리로 보호하는 입법의 필요성
이 대두되게 되었다. 실연자는 가창이나 연주, 연기 등에 있어서 고도의 기예
와 창의성이 발휘되는 부분이 있어 그 실연을 저작물에 준하여 보호하는 것
이 마땅하다는 인식이 높아졌다. 한편으로 녹음 기술의 발전은 역시 저작물의
전달과 관련하여 고도의 기술과 창의성을 발휘하는 음반제작자의 등장을 가
져왔고, 나아가 20세기에 들어와서는 방송사업자가 저작물의 전달에 있어서
중요한 역할을 수행하게 됨에 따라, 이들 음반제작자 및 방송사업자의 보호
필요성도 크게 대두되었다.

이러한 필요성에 따라 실연자의 권리, 음반제작자의 권리, 방송사업자의
권리를 통칭하는 저작인접권의 개념이 형성되기 시작하여 1961년 로마에서
열린 '인접권조약외교회의'에서 로마협약이 체결되어 1964. 5. 18. 발효함으로
써 저작인접권의 개념이 확립됨과 동시에 그에 대한 국제적 보호체계가 수립
되기 시작하였다.

그 후 1994년에 체결된 WTO/TRIPs 협정은 로마협약에 의존하지 않고 독자
적으로 실연자, 음반제작자, 방송사업자의 보호에 관한 최소한의 기준을 규정하
였다. 나아가 2002년에 체결된 WIPO실연, 음반조약(WPPT: WIPO Performances and
Phonograms Treaty)은 청각실연자와 음반제작자의 보호와 관련하여, 2012년 12월에
체결된 시청각실연에 관한 베이징조약(BTAP: Beijing Treaty on Audiovisual Performances)
은 시청각실연자의 보호와 관련하여 디지털 시대에 부응하는 새로운 권리와
개념을 신설하여 국제적 보호수준을 한 단계 더 높이는 역할을 하였다. 우리
나라는 현재 위 국제조약들에 모두 가입한 상태이고, 저작권법에 의한 저작인

접권 보호의 면에서, 국제적인 추세에 발맞추어 나가고 있다고 할 수 있다.

[147] 저작권과 저작인접권의 관계

저작권법 제65조는 "저작인접권에 관한 규정은 저작권에 영향을 미치는 것으로 해석되어서는 아니 된다"고 규정하고 있다. 실연, 음반, 방송의 이용은 저작물의 이용을 필연적으로 수반하는 것인바, 저작물의 이용에 대한 저작재산권자의 허락이 필요한 경우에 저작인접권자가 있다고 하여 그 허락의 필요성이 달라지는 것은 아니라는 것이 이 규정의 취지이다. 예를 들면 A가 작사하고 B가 작곡한 노래를 가수 C가 가창하여 음악기획사인 D사가 제작한 음반을 E방송사에서 방송한 것을 F가 받아 녹음한 후 mp³ 파일로 만들어 온라인상에 전송하고자 하면, F는 복제권 및 전송권을 가진 실연자인 C와 음반제작자인 D사 및 복제권을 가진 방송사업자인 E방송사의 허락을 받아야 할 뿐만 아니라 그 노래의 저작권자인 작사자 A와 작곡자 B의 허락도 받아야 하는 것이다. 물론 그 저작재산권 또는 저작인접권이 신탁관리단체에 귀속되어 있는 경우에는 각 신탁관리단체의 허락을 받아야 한다.

여기서 한 가지 쟁점이 되고 있는 것은, 저작재산권자의 허락을 받지 않고 실연, 음반제작, 방송 등을 한 경우에 그 실연, 음반 또는 방송에 대하여도 저작인접권이 발생하는가 하는 것이다. 이 경우에는 원저작자의 허락을 받지 않고 2차적저작물을 작성한 경우(이 책 [21] 3. 나. 참조)와 마찬가지로 다루면 될 것이다. 즉 그 경우에 원저작자의 허락이 2차적저작물작성자의 2차적저작물에 대한 저작권의 성립요건이 아니라 그 적법요건에 불과한 것처럼 저작인접권의 경우에도 저작재산권자의 허락이 저작인접권의 성립요건이 아니라 적법요건일 뿐이라고 보아야 할 것이다. 물론 저작인접권이 성립한다고 하여 저작재산권자의 허락을 받지 않은 데서 비롯되는 침해 책임을 면하는 것은 아니므로 저작재산권자의 침해금지청구 및 손해배상청구에는 응하여야 하고 형사책임을 져야 할 수도 있다. 그러나 그 경우에도 제3자가 저작인접권을 침해하면 거기에 대하여 침해 금지청구 등 저작인접권자로서의 권리행사를 할 수는 있는 것이다.

또한 저작인접권과 저작재산권은 서로 독립적인 권리이므로 저작재산권자도 저작인접물을 복제 등으로 이용하면 저작인접권의 침해에 대한 책임을 져야 한다(대판 2021. 6. 3, 2020다244672 참조).

[148] 저작인접권의 무방식주의

무방식주의란 권리의 발생, 향유 및 행사를 위해 어떠한 절차나 형식을 요하지 않는다는 원칙을 말한다. 개정 전 저작권법도 저작권의 경우에는 베른협약의 규정에 따라 제10조 제2항에서 이를 명시하고 있었으나, 저작인접권에 대하여는 그러한 규정이 없다가 한·미 FTA 협정문 제18.6조 제4항에 관련사항이 포함됨에 따라 그 이행을 위한 2011. 12. 2.자 개정법 제86조 제2항에서 명시되게 되었다. 따라서 특별한 표시 등을 하지 않더라도 실연자의 권리, 음반제작자의 권리, 방송사업자의 권리를 향유하고 행사하는 데 아무런 문제가 없다. 다만 개정법상의 법정손해배상을 청구하기 위해서는 침해행위가 일어나기 전에 저작인접권 등록이 이루어져 있어야 하는 제한이 있다(제125조의2 제3항).

제 2 절   실연자의 권리

[149]   실연 및 실연자의 의의

1. 실연의 의의

저작권법상 '실연'이란 "저작물을 연기·무용·연주·가창·구연·낭독 그 밖의 예능적 방법으로 표현하거나 저작물이 아닌 것을 이와 유사한 방법으로 표현하는 것"을 말한다(제2조 제4호 참조).

이러한 실연의 개념은 앞서 저작재산권에 대한 부분에서 살펴본 '공연'의 개념과는 구별되어야 한다. 공연은 공중을 대상으로 한 공개를 요건으로 하나 실연은 공개를 요하지 아니하는 점, 공연에는 녹음·녹화물의 재생에 의한 것도 포함되지만 실연에는 그러한 것은 포함되지 않는 점, 공연은 저작물과 저작인접물을 대상으로 한 것만 일컫는데 실연은 저작물 등이 아닌 것의 표현도 포함하는 것이라는 점 등에서 큰 차이가 있다.

실연의 개념에 해당하여 저작권법상 보호의 대상이 되는지 여부를 결정하는 데 있어서 관건이 되는 것은 '예능적 방법으로 표현을 한 것인지' 여부에 있다. 위 조문에서 나열된 연기·무용·연주·가창·구연·낭독 등 외에도 예능적 방법에 의한 표현으로 인정되면 실연이라고 할 수 있다. 특히 저작물이 아닌 것의 표현이 실연이 될 수 있는 예로는 쇼, 마술, 곡예, 요술, 복화술(腹話術), 흉내 내기, 만담 등을 들 수 있다. 프로야구 등의 스포츠는 일반적으로 그 성격상 실연에 해당하지 아니하는 것으로 본다. 그러나 원래 스포츠 종목에 포함되는 것이라 하더라도 예능적인 성격을 가지는 리듬체조, 수중발레(싱크로나이즈드 스위밍), 피겨스케이팅 등의 경우 이를 스포츠의 일부로서가 아니라 일종의 '쇼'로서 수행할 경우에는 실연에 해당하는 것으로 볼 수 있다. 즉, 같은 행위라도 공연하는 자가 누구인지, 어떤 목적을 가지고 하는지에 따라서 실연으로 볼 수도 있고 그렇지 않을 수도 있다는 것이다(이러한 입장에 반하여, 어느 경우이든 예능적 성격이 있는 한 실연에 해당한다고 보는 견해도 있다).

한편으로, 하급심 판결 중에는 누드크로키 기법을 교육하기 위한 학습자료 동영상 촬영 시에 강의자의 요청에 의하여 필요한 포즈를 취하는 보조적 역할을 수행한 데 불과한 누드모델의 자세나 표정 등은 예능적 방법이나 이와 유사한 방법으로 표현한 것이라 볼 수 없어 '실연'에 해당하지 않는다고 본 사례(서울남부지판 2017. 6. 7, 2017가단204708)가 있는바, 이러한 사례에서 예능적 방법으로 표현하거나 이와 유사한 방법으로 표현하는 것에 해당하는지 여부는 판단하기가 쉽지 않은 경우가 많을 것으로 생각된다. 개별적 사안마다 그 구체적인 특성에 따라 신중하게 판단하여야 할 것이다.

실연이 독립적으로 이루어지는지 부수적으로 이루어지는지는 저작권법상의 실연으로 보호받는 데 아무런 관계가 없다. 노래방 기기에 사용되도록 할 목적으로 반주음악을 연주한 연주물이 기기 제조회사측의 "지시에 따라 연주 또는 가창되었거나, 피고가 컴퓨터로 만든 전자음에 덧붙여져서 노래반주기 등에 수록되는 부가적인 연주물이라고 하더라도" 저작권법상의 실연으로 보호될 수 있다고 본 하급심 판결(서울중앙지판 2010. 11. 3, 2009가합112478)이 있다.

2. 실연자의 의의

실연자란 "…실연을 하는 자를 말하며, 실연을 지휘, 연출 또는 감독하는 자를 포함한다"(제2조 제4호). 음반제작자나 방송사업자의 경우에는 법인이나 단체인 경우가 많으나 실연자는 자연인이다. 저작자의 경우에는 업무상 저작물에 관한 규정이 있으나, 실연자의 경우에는 업무상 실연에 관한 규정이 없으므로 법인이 실연자의 지위를 원시적으로 갖는 경우는 없다. 실연자의 예로서는 탤런트, 배우, 가수, 연주자, 무용가, 마술사, 서커스단원 등을 들 수 있다. 물론 중요한 것은 그의 직업이 무엇인지가 아니라 그가 위에서 본 바와 같은 실연을 하였는지에 있고, 실연을 한 부분에 한하여만 실연자로서의 권리가 인정된다. 일반적인 스포츠 경기의 선수는 실연자가 아니라는 데 거의 이론이 없지만, 이른바 e-sports에 참여하는 프로게이머는 실연자의 지위를 가진다고 보는 학설이 있다.

저작권법은 위와 같이 실연을 하는 자 외에도 실연을 지휘, 연출 또는 감독하는 자를 실연자의 범주에 포함시키고 있는데, 이들은 실연 그 자체를 행하는 것과 동일한 평가를 할 수 있는 자를 뜻한다. 오케스트라의 지휘자라든가 또는 무대의 연출가와 같이 실연자를 지도하여 스스로의 주체성하에 실연을 행하게 하는 자, 요컨대 실연을 행하고 있는 것과 동일한 상태에 있는 자를 가리키는 것이다.

영화감독의 경우에는 영화의 전체적 형성에 창작적 기여를 한 경우 단순한 실연자가 아니라 '저작자'가 될 수 있으므로(이 책 [96] 2. 참조) 그러한 경우는 여기에서 말하는 실연을 감독한 경우에 포함되지 않는 것으로 보는 것이 타당하다고 생각된다. 연극이나 뮤지컬의 연출자는 일반적으로 실연자로 인정될 뿐이고 아직까지 우리나라 판례상 연극저작물의 저작자로 인정된 사례가 없지만, 무대 블로킹 등의 설정으로 출연자들의 '동작의 형'을 구성하는 데 창작적인 기여를 실질적으로 하여, 어문저작물로서의 희곡이나 각본에서 예정한 범위를 넘어서서 새로운 저작물을 작성한 것으로 사회통념상 인정될 수 있을 만한 예외적인 경우에는 연극저작물의 저작자로 인정될 수도 있을 것인바(이 책 [13] 2. 참조), 그 경우에는 실연자의 지위와 저작자의 지위를 겸유하는 것으로 볼 수 있을 것이다.

또한 단순히 공연의 기획, 준비 활동을 하거나 공연의 진행을 맡은 데 불과한 사람의 경우에는 저작권법상 실연자로 인정되지 아니한다(서울지판 2000. 12. 15, 2000가합25823 참조). 음악공연의 해설자에 대하여는 학설의 다툼이 있으나, 저작물 등을 "예능적 방법으로 표현"한 것에 해당하지 아니하여 실연자에는 해당하지 않는 것으로 봄이 타당할 것으로 생각된다.

3. 실연자 권리의 추정

실연자로서의 실명 또는 널리 알려진 이명이 일반적인 방법으로 표시된 자는 실연자로서 그 실연에 대하여 실연자의 권리를 가지는 것으로 추정된다 (64조의2).

4. 저작권법이 보호하는 실연

위와 같은 '실연' 중에서 저작권법이 보호하는 실연은 다음과 같다(제64조 제1항 제1호).

(1) 대한민국 국민(대한민국 법률에 따라 설립된 법인 및 대한민국 내에 주된 사무소가 있는 외국 법인을 포함한다. 이하 같다)이 행하는 실연

(2) 대한민국이 가입 또는 체결한 조약에 따라 보호되는 실연

(3) 저작인접권의 보호를 받는 음반(제64조 제2호에 규정)에 고정된 실연

(4) 저작인접권의 보호를 받는 방송(제64조 제3호에 규정)에 의하여 송신되는 실연(송신 전에 녹음 또는 녹화되어 있는 실연을 제외한다)

[150] 실연자의 인격권

1. 서설

2006년 개정 저작권법은 제66조에서 실연자의 성명표시권을, 제67조에서 실연자의 동일성유지권을 각 인정하는 규정을 두고 있다.

원래 우리 저작권법상으로 실연자의 인격권을 인정하는 명문의 규정이 없었는데, WIPO 실연·음반조약(WPPT)에의 가입을 준비하기 위한 목적으로, 2006년 개정법에서 실연자의 인격권을 인정하는 규정이 처음으로 도입되게 된 것이다.

저작자의 저작인격권과 비교하면, 실연자에게는 공표권이 인정되지 않는 점에 중대한 차이가 있다. WPPT는 실연자에게 공표권을 부여하는 규정을 두고 있지 않아 실연자에게 공표권을 인정할지 여부는 각국의 재량에 맡겨져 있는 것으로 볼 수 있는데 우리 저작권법은 공표권을 인정하지 않는 입장을

채택한 것이다. 우리 법이 실연자의 공표권을 규정하지 않은 것은, 대부분의 실연이 공표를 전제로 이루어지거나 또는 공표 그 자체를 겸하고 있는 경우가 많고 실연자의 공표권은 저작물의 공표와 직결되어 저작권의 행사를 심각하게 제한할 우려가 있을 뿐만 아니라 독일이나 프랑스, 일본과 같은 외국의 입법례도 공표권을 인정하지 않기 때문에 굳이 우리나라만 실연자의 공표권을 인정할 필요는 없다는 것을 감안한 것이다.

2. 성명표시권

실연자의 성명표시권에 대하여 저작권법은 다음과 같이 규정하고 있다.

■ 제66조(성명표시권) ① 실연자는 그의 실연 또는 실연의 복제물에 그의 실명 또는 이명을 표시할 권리를 가진다.
② 실연을 이용하는 자는 그 실연자의 특별한 의사표시가 없는 때에는 실연자가 그의 실명 또는 이명을 표시한 바에 따라 이를 표시하여야 한다. 다만, 실연의 성질이나 그 이용의 목적 및 형태 등에 비추어 부득이하다고 인정되는 경우에는 그러하지 아니하다.

성명표시권은 실연자가 자신이 실연자임을 주장할 수 있는 권리로서 이를 인정하는 것은 실연자의 명성이나 기타 인격적 이익에 도움이 되는 반면, 이를 인정한다고 하여 특별히 소비자의 실연에의 접근이나 감상이 위축되지 않을 뿐만 아니라 오히려 실연자의 성명을 사전에 확인할 수 있도록 함으로써 실연에의 접근이나 감상을 용이하게 하는 순기능이 있다는 것이 위 규정의 근저에 깔려 있는 생각이라고 할 수 있다.

"그의 실연 또는 실연의 복제물에 ⋯ 표시할 권리"라고 한 것은 CD 등에의 복제를 수반하는 유형적인 전달뿐만 아니라 실연 자체의 공개 및 방송 등 무형적인 전달도 포함하고자 한 취지가 엿보인다. 예를 들면 가수의 노래를 라디오로 방송함에 있어서 원칙적으로 그 가수의 성명이나 이명을 진행자가 말로 알릴 의무가 있다.

제66조 제2항의 규정은 저작자의 성명표시권에 관한 제12조 제2항의 규정과 대체로 동일하다. 따라서 그 해석(이 책 [44] 2. 및 3. 참조)을 여기에 그대로

적용해도 좋을 것이다.

3. 동일성유지권

실연자의 동일성유지권과 관련하여 저작권법은 다음과 같이 규정하고 있다.

■ 제67조(동일성유지권) 실연자는 그의 실연의 내용과 형식의 동일성을 유지할 권리
를 가진다. 다만, 실연의 성질이나 그 이용의 목적 및 형태 등에 비추어 부득이하
다고 인정되는 경우에는 그러하지 아니한다.

위 규정은 실연의 특성에 반하지 않는 한, 기본적으로 저작자의 동일성유
지권의 내용에 대한 해석(이 책 [45] 2. 가. 참조) 및 저작자의 동일성유지권의 제
한에 관한 제13조 제2항 제5호의 규정에 대한 해석(이 책 [45] 3. 나. (5) 참조)과
마찬가지로 해석하면 될 것이다.

4. 실연자의 인격권의 일신전속성

실연자의 인격권은 실연자 일신에 전속한다(제68조). 따라서 실연자의 인격
권은 실연자 자신만이 행사할 수 있고 타에 양도할 수 없으며, 상속이 대상이
될 수도 없다. 양도가능성을 전제로 한 질권설정이나 압류 등도 허용되지 아
니한다. 실연자의 인격권에 기한 구체적 권리의 대리 외에는 인격권의 포괄적
대리행사도 허용되지 아니한다(저작인격권의 일신전속성에 관한 이 책 [46] 1. 참조).

실연자 사후(死後)의 인격적 이익의 보호에 관하여, WPPT 제5조 제2항은
실연자의 생존기간과 그의 사망 후 적어도 재산권이 존속하는 동안까지 실연
자의 인격권을 부여하도록 하는 한편, 체약당사자가 이 조약을 비준하거나 이
조약에 가입할 당시에 실연자가 사망한 때에 인격권이 종료되는 것으로 규정
하였던 국가는 실연자의 인격권 중 일부를 실연자의 사망 후에는 존속하지
않는 것으로 규정할 수 있도록 정하고 있다. 우리 저작권법은 WPPT의 이러
한 허용규정에 따라 실연자 사후의 인격적 이익 보호에 관한 규정을 두지 않
는 입장을 취하였다. 따라서 우리 저작권법상 저작자의 경우(이 책 [46] 2. 참조)
와 달리 실연자의 경우에는 실연자의 인격권이 그 사망으로 소멸하고 달리
사망 후의 인격적 이익에 대한 보호가 저작권법적으로 주어지지는 아니한다.

[151] 실연자의 재산권

1. 복제권

실연자는 그의 실연을 복제할 권리를 가진다(제69조).

1995년 개정 이전의 저작권법에서는 실연자에게 자신의 실연을 녹음·녹화하거나 또는 사진으로 촬영할 권리만을 인정함으로써 포괄적이고 온전한 복제권을 인정하지 않고 복제행위 중 일부에만 권리가 미치는 것으로 하였었는데, 1995년의 법개정을 통해 위와 같이 온전한 복제권을 인정하는 방향으로 개정되었다. 이에 따라 실연자는 실연의 고정물, 즉 녹음·녹화 및 촬영된 자신의 실연을 복제할 수 있는 권리도 가지고 있음이 보다 명백하게 되었다.

따라서 실연을 맨처음 녹음·녹화하는 것 외에 실연을 고정한 음반, 영상물 등을 다시 복제하는 것도 본조의 복제에 포함되며, 실연의 고정물을 사용하여 하는 방송이나 공연을 녹음·녹화하는 것도 여기에 포함된다. 또한 CD나 DVD에 수록된 실연을 '리핑(ripping)' 등의 방법으로 컴퓨터 파일로 변환하는 것 및 오디오 또는 동영상 파일을 온라인상으로 업로드하거나 다운로드하는 것 또는 다른 폴더로 복사하는 것 등의 방법으로 복제하는 등의 '디지털 복제'도 이 권리의 내용에 포함된다(이 책 [13] 가. (2) 참조).

다만, 실제로 실연자가 행한 실연 자체를 복제하는 데에만 권리가 미치고, 그 실연과 유사한 다른 실연을 복제하는 것에는 권리가 미치지 아니한다(A가 연출한 뮤지컬을 B가 유사하게 연출한 것이 A의 실연자로서의 복제권을 침해한 것이 아니라고 본 서울고판 2007. 5. 22, 2006나47785 참조). 따라서 유명가수의 실연행위를 모창하는 행위에 대하여는 실연자의 권리가 미치지 아니한다. 이때 그 가수의 이른바 '퍼블리시티권'이 미치는지 여부는 별개의 문제이다. 이와 같이 '모방'이 복제에 해당하지 않는 것은 저작물의 경우와 구별되는 중요한 차이점이라고 할 수 있다. 이는 음반제작자의 복제권, 방송사업자의 복제권, 데이터베이스제작자의 권리, 콘텐츠산업진흥법에 의한 콘텐츠제작자의 보호 등의 경우에도 마찬가지이다. 즉, 이들 경우에는 '복제'의 개념에 '모방'은 포함되지 아니한다.

2. 배포권

저작권법 제70조는 "실연자는 그의 실연의 복제물을 배포할 권리를 가진다. 다만, 실연의 복제물이 실연자의 허락을 받아 판매 등의 방법으로 거래에 제공된 경우에는 그러하지 아니하다"고 규정하여 실연자의 배포권을 인정함과 동시에 저작재산권 중 배포권의 경우와 마찬가지로 권리소진의 원칙(최초발행의 원칙)을 규정하고 있다. 여기서 '배포'란 실연의 복제물을 공중에게 대가를 받거나 받지 아니하고 양도 또는 대여하는 것을 말한다(제2조 제23호. 배포의 개념에 대하여 자세한 것은 이 책 [53] 1. 참조).

WIPO 실연·음반 조약(WPPT)은 실연자의 권리 강화를 위하여 음반제작자와 마찬가지로 배포권을 인정하고 있다. 개정 전의 저작권법은 음반제작자에게만 배포권을 인정하고 있었으므로 WPPT를 우리 저작권법에 수용하기 위해 2006년 개정법에서 위 규정을 신설한 것이다. 다만, 실연자의 배포권을 제한 없이 인정하게 되면 실연의 복제물의 유통에 대한 실연자의 통제권을 강화시켜 일반 이용자의 실연에 대한 접근 및 이용을 곤란하게 할 우려가 있다. 이러한 이유로 WPPT도 각 체약국에게 배포권 소진의 인정 여부 및 소진될 조건을 결정할 자유를 인정하고 있다. 우리 저작권법은 이미 저작물의 원본 또는 복제물의 배포와 관련하여 권리 소진을 규정하는 한편 음반의 배포와 관련하여 이를 준용하고 있던 터였으므로 실연자의 배포권에 대하여도 위 단서규정과 같이 권리소진의 원칙을 규정하게 된 것이다(권리소진의 원칙에 대하여 보다 자세한 것은 이 책 [53] 2. 참조).

권리의 소진에 관한 위 단서규정은 강행규정이므로 양도 당사자간의 특약 등에 의하여 배포권이 소진되지 않는 것으로 할 수 없다는 것, 소진의 여부는 거래의 대상이 된 유체물 하나하나에 대하여 판단되는 것이므로 어떤 복제물에 대하여 배포권이 소진되었다고 하더라도 아직 적법하게 판매 등의 방법으로 공중에게 제공되지 않은 복제물에 대하여는 자동적으로 배포권이 소진하는 것이 아닌 것 등에 주의할 필요가 있다.

3. 대여권

저작권법 제71조는 "실연자는 제70조의 단서의 규정에 불구하고 그의 실연이 녹음된 상업용 음반을 영리를 목적으로 대여할 권리를 가진다"고 규정하여 실연자에게 대여권을 인정하고 있다. 2006년의 개정 이전에도 실연자에게 대여허락권을 인정하긴 하였지만(제65조의2 제1항), 그것은 완전한 의미의 배타적 권리가 아니라 방송사업자에 대한 보상청구권과 마찬가지로 지정단체를 통해서만 행사할 수 있는 제한적인 권리였는데, 2006년 개정법에서 완전한 의미의 배타적 대여권을 부여하는 방향으로 개정한 것이다.

이 규정은 위에서 본 배포권의 소진 규정(제70조 단서)에 대한 예외로서의 성격을 가진다. 즉, 원래 대여에 대한 권리도 배포권의 범위에 포함되는 것으로서, 실연의 복제물이 실연자의 허락을 받아 판매 등의 방법으로 거래에 제공된 경우에는 그 배포권이 소진(消盡)되게 되는데, 실연이 녹음된 상업용 음반을 영리를 목적으로 대여하는 방식의 배포에 대하여는 그러한 소진 규정의 예외로서 그러한 범위에 한하여 배포권(대여권)이 되살아나 실연자가 이를 주장할 수 있도록 한 것이다. 그러한 점에서 저작재산권 중 대여권(이 책 [54] 참조)과 같은 성격을 가진 것으로 볼 수 있다. 우리나라는 일본의 경우와 달리 음반대여업이 활성화된 적이 없지만, 권리소진의 원칙을 이용한 대여업의 발전으로 실연자의 경제적 이익을 위협할 가능성에 미리 대비하기 위한 의미로 위와 같은 규정을 둔 것이라 할 수 있다.

4. 공연권

저작권법 제72조는 "실연자는 그의 고정되지 아니한 실연을 공연할 권리를 가진다. 다만, 그 실연이 방송되는 실연인 경우에는 그러하지 아니하다"고 규정하고 있다. WIPO 실연·음반조약 제6조에서 실연자에게 '고정되지 아니한 실연의 공중전달권'을 인정하고 있는 것을 감안하여 2006년 개정법에서 위 규정을 신설하였다('공연'의 개념에 대하여는 이 책 [50] 2. 참조).

위 규정은 실연자에게 전면적인 공연권을 인정한 것이 아니라 위와 같이

① 고정되지 아니한 실연일 것, ② 방송되는 실연이 아닐 것 등을 조건으로 하여 실연이 이루어지는 장소 이외의 장소에서 확성기나 대형화면 등을 통해 전달하는 방식의 공연에 대하여 거절하거나 허락할 권리를 인정한 것이라는 점에 유의할 필요가 있다.

5. 방송권

실연자는 그의 실연을 방송할 권리를 가진다. 다만, 실연자의 허락을 받아 녹음된 실연에 대하여는 그러하지 아니하다(제73조).

원래 저작인접권제도에는 로마협약에서부터 '일회주의(one cahnce theory)'라는 사고가 깔려 있어 권리행사의 기회를 1회에 국한시키려는 경향이 있다. 일회주의란 실연자는 자신의 실연을 고정하는 것을 일단 허락한 후에는 그 이후의 이용에 대해서는 더 이상 권리를 행사할 수 없다는 것을 말한다. 즉, 실연자에게 권리행사의 기회는 단 한 번뿐이라는 것이다. 우리 저작권법은 복제권의 경우에는 한번 고정된 이후에도 계속적으로 배타적인 권리로서의 복제권을 행사할 수 있도록 하여([151] 1. 참조) 로마협약상의 1회주의를 탈피하였지만, '녹음된 실연'의 방송에 대하여는 일회주의를 채택함으로써 실연자가 그 실연의 녹음 과정에서 한번 권리를 행사한 이상 그 녹음물을 방송하는 데까지 다시 배타적 권리로서의 방송권을 행사할 수 없도록 제73조 단서 규정을 두고 있다.

다만, 그 실연의 녹음이 상업용 음반으로 제작된 경우에 그 음반을 방송하게 되면, 실연자는 제75조의 규정에 따라 해당 방송사업자로부터 일정한 보상금을 지급받을 권리를 가지게 된다([151] 7. 참조).

실연자의 생실연이나 실연자의 허락 없이 녹음된 실연에 대하여는 실연자가 배타적 권리로서의 방송권을 가지고 있으므로, 그 실연을 해당 실연자의 허락 없이 방송할 경우에는 방송권 침해가 성립하여 상응하는 민형사상의 책임을 지게 된다. 그 점에서, 방송사업자가 사전 허락 없이 상업용 음반에 녹음된 실연을 방송에 사용하여도 실연자의 권리침해로서의 불법행위나 권리침해죄가 성립하지는 않고 단지 채권적 의무로서 보상금 지급의무를 부담할 뿐인 것(제75조의 경우)과 구별된다.

저작재산권의 경우에는 2006년 저작권법에서 방송권, 전송권, 디지털음성송신권 등을 모두 포괄하는 상위개념으로서의 공중송신권(이 책 [51] 참조)을 인정하고 있으나, 실연자의 권리와 뒤에서 보는 음반제작자의 권리(이 책 [153] 이하)에 있어서는 공중송신권을 인정하지 않고 여전히 방송권, 전송권 등을 나누어서 규정하고 있는 점에 유의할 필요가 있다. 그것은 위와 같이 방송권에 위 단서규정과 같은 제한을 붙이고, 디지털음성송신의 경우에도 채권적인 보상청구권만 인정하는 등 서로 다른 취급을 하기 위한 것이다.

6. 전송권

저작권법 제74조는 "실연자는 그의 실연을 전송할 권리를 가진다"고 규정하고 있다. 원래 2000년의 저작권법 개정법은 저작권자에게 전송권을 인정하면서도 저작인접권자인 실연자와 음반제작자에게 전송권을 인정하는 규정을 두지는 않았다. 그러나 그 후 인터넷상의 불법 음악파일 유통이 만연하여 사회적인 문제로 대두하고 이에 따른 실연자 및 음반제작자 등의 법개정 요구가 높아짐에 따라 2004. 10. 16. 개정법에서부터 실연자와 음반제작자에게도 전송권을 인정하는 규정을 두게 되었다.

저작권법 제74조의 규정에 따라 실연자는 자신의 실연의 고정물인 음반, 영상 등을 타인이 온라인상에서 파일 형태로 업로드하거나 AOD(주문형 오디오) 또는 VOD(주문형 비디오) 방식으로 스트리밍 서비스를 하는 등의 전송행위를 하는 것을 허락하거나 금지할 수 있는 권리를 가진다. 이전에도 실연자의 허락 없이 음악 파일이 온라인상에 업로드되는 과정에 디지털 복제행위가 수반됨을 들어 복제권의 침해를 주장할 수는 있었으나, 2004년 개정법 이래의 전송권 신설로 업로드 등 전송행위 자체에 대하여 권리를 행사할 수 있게 되어 실연자의 온라인상의 권리가 보다 확고해졌다고 할 수 있다.

'인터넷 방송'이라는 이름으로 행해지는 것 중에서도 이용자가 개별적으로 선택한 시간과 장소에서 서비스를 이용할 수 있는, 즉 이시성(異時性)을 가진 이른바 On Demand 방식은 저작권법상 '방송'이 아니라 '전송'에 해당하므로 실연자의 배타적인 허가 또는 금지권이 미치게 된다.

7. 상업용 음반의 방송사용에 대한 보상청구권

실연자는 방송사업자가 실연이 녹음된 상업용 음반을 사용하여 방송하는 경우에 그에 대한 보상청구권을 가진다(제75조 제1항). 저작권법은 이를 실연자의 권리가 아니라 방송사업자의 보상금 지급의무를 규정하는 방식으로 규정하고 있지만, 이를 뒤집어 보면, 실연자의 방송사업자에 대한 보상청구권을 인정한 규정으로 볼 수 있다.

앞에서 살펴본 바와 같이 실연자의 방송권에 관한 제73조 단서의 규정에 따라 실연자는 자신의 허락에 기한 녹음물의 방송에 관하여는 배타적인 방송권을 주장할 수 없다([151] 5. 참조). 그것은 방송사업자가 실연이 녹음된 상업용 음반을 사용하여 방송하는 경우에도 마찬가지이다. 그러나 그러한 방송의 경우에 방송사업자는 음반의 사용만으로 많은 수익을 얻을 수 있지만 실연자는 그로 인한 공연기회의 축소 등으로 경제적 피해를 입게 될 가능성이 높다는 점에서, 실연자의 배타적 권리로서의 방송권은 인정하지 않더라도 방송사업자에 대한 채권적 성격의 보상청구권은 인정함으로써 실연자와 방송사업자 사이의 이해관계를 조정하고자 한 것이 위 규정의 취지라고 할 수 있다(보상청구권의 법적 성격에 대하여 보다 자세한 것은 이 책 [117] 3. 나. 참조).

국제관례상 상업용 음반을 방송이나 기타 영리적인 접객업소에서 사용하는 것을 개인용이나 가정용으로 재생하여 사용하는 통상의 1차적 사용을 뛰어넘는 사용이라는 이유로 2차적 사용(secondary use)이라고 하고 그에 대한 보상금을 2차적 사용료(secondary use fees)라고 한다. 따라서 이 규정에 의한 보상금청구권을 통상적으로 2차적 사용료 청구권이라고 부르기도 한다.

위 규정은 '상업용 음반'을 사용하여 방송한 경우에 한하여 적용된다('상업용 음반'의 개념에 대하여는 [151] 9. 나. 참조).

원래 이에 해당하는 규정의 단서에는 "다만 실연자가 외국인인 경우에는 그러하지 아니하다"고 규정하고 있었는데(개정 전의 저작권법 제65조 제1항 단서), 2006년 개정법에서 이 부분도 개정하여 "다만, 실연자가 외국인인 경우에 그 외국에서 대한민국 국민인 실연자에게 이 항의 규정에 따른 보상금을 인정하지 아니하는 때에는 그러하지 아니하다"고 규정하고 있다(제75조 제1항 단서). 방송사업자에 대한 보상청구권은 WIPO 실연·음반조약 가입시 유보할 수 있는 권리이나(같은 조약 제15조 제3항), 유보하지 아니하고 상호주의를 전제로 외국인 실연자에게도 이 권리를 인정할 근거를 마련한 것이다. 상호주의라는 지렛대를 통해 한국의 가수 등이 다른 나라(특히 중국, 동남아 각국 등 한류의 영향이 강한 나라들)에서 보상청구권을 행사할 수도 있으리라는 가능성을 염두에 둔 규정이다.

실연자의 보상금 청구권 행사는 개별적으로 할 수 없고 문화체육관광부장관이 지정하는 권리자 단체를 통해서만 할 수 있는 것으로 규정하고 있다(제75조 제2항에 의하여 준용되는 제25조 제7항). 방송의 성질상 방송사업자는 수많은 실연자의 실연을 방송하고 있으므로 그들 개개인과 상대하여 실연의 사용 및 그 보상금에 관한 교섭을 하게 되면 실연자와 방송사업자 쌍방이 현실적으로 대단한 불편을 겪게 될 것이고 또한 개개의 실연자들에 있어서는 실연사용료가 영세한 금액에 불과한 것이므로 방송사업자와 사이에 이에 관한 교섭을 할 수 있을 것으로 기대하기도 어려운 것이므로 위와 같이 문화체육관광부장관이 지정하는 실연자단체를 통해 일괄적으로만 행사할 수 있도록 제한한 것이다.

지정 단체는 그 구성원이 아니라도 보상권리자로부터 신청이 있을 때에는 그 자를 위하여 그 권리행사를 거부할 수 없다. 이 경우에 그 단체는 자기의 명의로 그 권리에 관한 재판상 또는 재판 외의 행위를 할 권한을 가진다(제75조 제2항, 제25조 제8항). 지정 단체의 회원이 아닌 실연자도 그 실연이 방송에 사용될 경우 보상권리자로서 지정 단체에게 자신의 권리를 행사해 줄 것을 청구할 수 있고, 지정 단체는 그 청구를 거부할 수 없다(제75조 제2항, 제25조 제8항).

한편, 지정 단체는 보상금 분배 공고를 한 날부터 5년이 경과한 미분배 보상금에 대하여는 이후 보상권리자에 대한 정보가 확인되는 경우에 보상금을 지급하기 위해 일정 비율을 적립하는 것 외에는 문화체육관광부 장관의 승인을 얻어 법에 규정된 공익적 목적을 위하여 사용할 수 있다(제75조 제2항, 제25조 제10항). 보상금이 권리자의 확인과 소재 파악의 어려움으로 인하여 상당부분 분배되지 아니하는 현실을 고려한 것으로서, 공탁이라는 번거로운 절차나 계속적인 보관보다는 공익목적으로 활용하는 것이 더 바람직하다는 판단에 따라 위와 같이 규정하게 된 것이다.

이 규정에 따른 지정단체가 보상권리자를 위하여 청구할 수 있는 보상금의 금액은 매년 그 단체와 방송사업자가 협의하여 정한다(제75조 제3항). 협의가 성립되지 아니하는 경우에 그 단체 또는 방송사업자는 대통령령으로 정하는 바에 따라 한국저작권위원회에 조정을 신청할 수 있다(같은 조 제4항). 그런데 한국저작권위원회의 조정은 강제성이 없는 임의조정의 성격을 가지므로 위원회가 어떤 합리적인 조정안을 도출한다 하더라도 종국적으로 그에 대한 당사자 사이의 의사합치를 이루어 내지 못하면 조정은 불성립으로 종결하게 된다. 그 경우에 대하여 법에서 특별한 규정을 두고 있지 않지만, 보상금 수령단체가 법원에 보상금 청구소송을 제기할 수 있음은 당연하고, 그에 따라 최종적으로 법원의 판결에 따라 보상금(기준)이 결정되게 된다.

8. 디지털음성송신사업자에 대한 보상청구권

실연자는 디지털음성송신사업자가 실연이 녹음된 음반을 사용하여 송신하는 경우에는 그에 대하여 상당한 보상금을 청구할 수 있는 보상청구권을 가진다(제76조 제1항). "디지털음성송신"은 공중송신 중 공중으로 하여금 동시에 수신하게 할 목적으로 공중의 구성원의 요청에 의하여 개시되는 디지털 방식의 음의 송신을 말하며, 전송을 제외한다(제2조 제11호). '음(音)'만의 송신이 아니라 영상의 송신이 포함된 경우는 디지털음성송신에 해당하지 않고 그 외 방송이나 전송 개념에도 해당하지 않으므로 실연자의 권리 대상에서는 제외되는 것으로 볼 것이다(반대 견해 있음. 자세한 것은 이 책 [51] 5. 참조).

이러한 디지털음성송신은 앞서 저작재산권 중 공중송신권(公衆送信權)에 대하여 설명하는 부분에서 살펴본 바와 같이 2006년 개정법 이전의 저작권법에 의하면 수신의 동시성이 인정되는 점에서 '방송'에 해당하는 것으로 보였으나, 개정법에서 방송도 아니고 전송도 아닌 중간영역의 행위로 인정하여 특별한 취급을 하고 있다(이 책 [51] 4. 참조). 실연자의 권리를 규정함에 있어서는 위와 같이 보상청구권을 인정하는 면에서 방송과 똑같지는 않지만 약간 유사한 취급을 하고 있다. 방송의 경우와 다른 점은 방송의 경우는 실연이 녹음된 음반을 사용하여 방송하는 경우를 제외하고는 실연자의 배타적인 방송권의 대상이 되도록 규정하고 있음에 반하여 디지털음성송신에 대하여는 실연자의 배타적인 권리는 전혀 미치지 않도록 하고 있다는 점, 나아가 방송사업자에 대한 보상청구권이 성립하기 위하여는 반드시 실연이 녹음된 '상업용 음반'을 사용하여 방송하는 경우일 것을 요함에 반하여 디지털음성송신사업자에 대한 보상청구권의 경우는 널리 실연이 녹음된 음반을 사용하여 송신하면 요건을 충족하는 것으로 볼 수 있는 점 등에서 찾을 수 있다. 또한 방송사업자에 대한 보상청구권은 WIPO 실연·음반조약상 유보대상이기 때문에 앞서 본 바와 같이 외국인 실연자에 대하여도 적용이 있는 것으로 규정을 하면서도 상호주의 원칙을 규정하였음에 반하여 디지털음성송신사업자에 대한 보상청구권에 대하여는 같은 조약상의 명백한 유보대상이 아니라는 것을 감안하여 외국인 실연자의 배제조항은 물론이고 상호주의 원칙도 규정하지 않고 있다. 따라서 조약 등에 의하여 우리 저작권법의 보호대상이 되는 외국인 실연자에 대하여는 내국민대우의 원칙에 따라, 그 본국에서 이와 같은 보상청구권 등을 인정하고 있는지 여부와 관계없이 보상청구권을 인정하여야 한다.

한편 실연자의 보상금 청구권 행사는 개별적으로 할 수 없고 문화체육관광부장관이 지정하는 권리자 단체를 통해서만 할 수 있는 것 등은 보상금에 관한 제반 규정은 방송사업자에 대한 보상청구권의 경우([151] 7.)와 거의 같다 (제76조 제2항, 제3항 및 같은 조 제2항에 의해 준용되는 제25조 제7항부터 제11항까지의 규정 참조). 다만 한 가지 차이점은 협의가 성립하지 않을 경우 한국저작권위원회에 조정신청을 할 수 있도록 규정하고 있을 뿐인 방송사업자에 대한 보상청구권의 경우와 달리, 디지털음성송신사업자에 대한 보상청구권의 경우에는 협의가 성립하지 아니한 경우 문화체육관광부장관이 정하여 고시하는 금액을 지급하도록 규정하여(제76조 제4항), 행정관청인 문화체육관광부에서 강제성을 띤 일종의 중재적인 역할을 수행할 수 있도록 규정한 점에 있다. 이것은 방송사업자의 경우에 비하여 계쟁금액이 크지 않을 것이라는 점을 감안하여 분쟁해결의 효율성을 높이기 위한 취지라고 여겨진다.

이러한 '고시' 제도의 문제점은 보상청구권의 다른 요건은 충족하고 있더라도 어떤 이유에서건 문화체육관광부 장관의 보상금 기준고시가 없는 경우에는 보상금 청구를 하기가 쉽지 않다는 점에 있다. 이와 관련하여 본 규정과 직접 관련된 사건은 아니지만 동일하게 고시에 의하여 보상금 기준을 정하도록 하고 있는 제76조의2 등 규정의 적용이 문제가 된 '현대백화점' 사건에 대하여 2심판결인 서울고등법원 2013. 11. 28. 선고 2013나2007545 판결은 "… 저작권법에서 정한 공연보상금에 관한 문화체육관광부 장관의 고시는 보상금 지급의무의 유무에 대한 것이 아니라 정당한 보상금 액수의 결정을 위한 것으로서 당사자 간에 합의가 성립하지 아니하는 경우 이를 갈음하는 조치로 보이는 점 등을 종합하면, 원고들이 저작권법에 따라 피고로부터 받아야 할 공연보상금의 액수에 관하여 피고와 협의가 이루어지지 아니하고 있고, 원고들의 요청에도 불구하고 문화체육관광부 장관이 협의의 성립에 관한 견해를 달리하여 보상금 금액의 고시를 하지 아니할 뜻을 표명함으로써 그 액수의 결정이 불가능한 상황에 이른 이 사건의 경우, 원고들로서는 피고에 대하여 민사소송으로 직접 정당한 액수의 보상금 지급을 구할 수 있고, 법원은 제반 사정을 고려하여 그 정당한 보상금을 정할 수 있다고 볼 것이며, 반드시 그 고시에 관한 처분에 관하여 당사자가 행정소송을 제시하여 다투어야만 하는 것은 아니라고 할 것이다"라고 판시한 바 있다. 이러한 판결의 입장은 위 규정이 내포하고 있는 문제점을 일부라도 덜 수 있도록 하는 점에서 타당한 것으로 생각된다.

9. 상업용 음반의 공연에 대한 보상청구권

가. 의의

실연자는 실연이 녹음된 상업용 음반을 사용하여 공연을 하는 자에 대하여 보상청구권을 가진다(제76조의2 제1항 본문).이 규정은 2009. 3. 25. 개정 저작권법에서 신설한 규정이다. 실연자의 공연권에 관한 제72조의 규정([151] 4.)은 '고정되지 않은 실연', 즉 생실연에 대하여만 적용되므로, 고정된 실연이 재생의 방법으로 공연에 이용되는 경우에는 실연자에게 배타적 권리가 인정되지 않을 뿐만 아니라 개정 전에는 보상청구권조차 인정되지 않아 경제적인 불이익을 입고 있었는데, 국제적인 보호수준에 맞춘 위와 같은 법개정을 통해 실연자들의 권익이 보다 두텁게 보호될 수 있게 되었다.

나. '상업용 음반'의 개념

현행법에서 '상업용 음반'으로 규정된 것은 원래 '판매용 음반'으로 규정되었던 것을 2016. 3. 22.자 개정을 통해 변경한 것으로서 그 개정시에 음반의 개념도 '디지털 음원'을 포함하는 것으로 개정되었다. '판매용 음반'으로 규정되어 있을 때, 디지털음성송신의 방식으로 백화점 등에 송신되는 '디지털 음원'이 판매용 음반에 해당하는 것인지 여부에 큰 다툼이 있었고 현대백화점 사건에 대한 대법원 2015. 12. 10. 선고 2013다219616 판결에서 '디지털 음원'도 구 저작권법 제76조의2 등 규정에서 말하는 '판매용 음반'으로 보는 취지의 판결을 선고하였으나, 구 저작권법 제29조 제2항의 '판매용 음반'의 개념에 대하여는 다른 취지의 판결('하이마트' 사건에 대한 대판 2016. 8. 24, 2016다204653)이 나온 바 있다. 2016. 3. 23.자 저작권법 개정은 '판매용 음반'이라는 용어를 '상업용 음반'이라는 용어로 대체하고 음반의 개념에 '디지털 음원'도 포함됨을 분명히 함으로써(제2조 제5호 참조), 이러한 혼란을 종식하고 제29조인지 제76조의2 등 규정인지 불문하고 모두 그러한 디지털 음원을 '상업용 음반'으로 보도록 하는 취지, 즉 '상업용 음반'의 개념을 모든 규정에 대하여 통일적으로 해석, 적용하도록 하는 취지가 포함되어 있다.

따라서 현행법상 '상업용 음반'의 개념에는 디지털음성송신 등의 방식으로 백화점 등에 송신되는 '디지털 음원'도 포함되는 것으로 본다('상업용 음반'의 개념에 대하여는 추가로 이 책 [121] 2. 나. 참조).

다. 상호주의

저작권법은 실연자가 외국인인 경우에 그 외국에서 대한민국 국민인 실연자에게 이 규정에 따른 보상금을 인정하지 아니하는 때에는 보상금지급의무가 없는 것으로 규정하고 있다(제76조의2 제1항 단서). 상호주의를 반영한 규정이다.

라. 보상청구권의 행사

제76조의2 제2항이 보상청구권의 행사 등에 관하여 디지털음성송신사업자에 대한 규정을 그대로 준용하도록 하는 취지로 규정하고 있으므로, 권리자단체를 통한 보상청구권의 행사 등에 대하여는 앞에서 설명한 내용([150] 8.)이 그대로 적용된다. 협의가 성립되지 아니한 경우에는 문화체육관광부장관이 정하여 고시하는 금액을 지급하도록 한 규정도 준용되므로 그 점에서 상업용 음반의 '방송'에 대한 보상청구권의 경우와 구별된다.

[152] 공동실연자의 권리행사

공동실연자의 권리행사와 관련하여 저작권법은 다음과 같이 규정하고 있다.

■ 제77조(공동실연) ① 2명 이상이 공동으로 합창·합주 또는 연극등을 실연하는 경우에 이 절에 규정된 실연자의 권리(실연자의 인격권은 제외한다)는 공동으로 실연하는 자가 선출하는 대표자가 이를 행사한다. 다만, 대표자의 선출이 없는 경우에는 지휘자 또는 연출자 등이 이를 행사한다.
② 제1항의 규정에 따라 실연자의 권리를 행사하는 경우에 독창 또는 독주가 함께 실연된 때에는 독창자 또는 독주자의 동의를 얻어야 한다.
③ 제15조의 규정은 공동실연자의 인격권 행사에 관하여 준용한다.

2인 이상이 공동으로 합창·합주 또는 연극 등을 실연하는 경우에 각자의 실연부분을 분리하여 이용하기는 어려울 것이므로 공동저작물의 경우와 마찬가지로 전원합의에 의하여 행사하도록 하는 것이 원칙일 것이다. 그러나 그렇게 규정할 경우에 예를 들어 수십 명이 함께 합창을 한 경우에는 그 실연을 이용하고자 하는 사람이 수십 명의 실연자 전원으로부터 개별적인 허락을 모두 받아야 한다는 결과가 되므로 거의 불가능에 가까운 정도의 불편을 야기하게 되는 면이 있다. 그러한 점을 감안하여 위와 같은 공동실연자의 권리행사에 있어서는 반드시 공동실연자들이 선출한 대표자에 의하여 권리행사를 하도록 하고, 대표자의 선출이 없을 경우에는 지휘자 또는 연출자 등이 행사하도록 규정한 것이다.

이때 대표자가 행사할 수 있는 권리는 당해 실연에 대한 복제권, 배포권,

대여권, 공연권, 방송권(실연자의 허락하에 녹음된 실연의 방송은 제외), 전송권뿐만 아니라 방송사업자, 디지털음성송신사업자 및 공연사용자에 대한 보상청구권도 포함되지만, 각 보상청구권은 지정단체를 통하여서만 행사할 수 있다. 즉, 대표자를 선출하였다고 하여 그 대표자가 직접 방송사업자 등을 상대로 보상청구권을 행사할 수는 없고, 보상청구권을 직접 행사할 수 있는 권한을 가진 지정단체에 대하여 권리행사 신청을 하거나 분배청구를 하는 등의 권리를 행사할 수 있을 뿐이다.

한편, 위 규정에 따라 실연자의 권리를 행사하는 경우에 독창 또는 독주가 함께 실연된 때에는 독창자 또는 독주자의 동의를 얻어야 한다(제77조 제2항). 반주가 있는 독창이나 협주가 섞여 있는 특정 악기의 독주 등은 다른 공동실연자(반주자, 협주자)보다 그 역할의 비중이 크다고 할 수 있으므로 그 실연 전체의 대표자가 실연의 복제 등을 허락하는 등으로 실연자의 권리를 행사할 때 독창자 또는 독주자의 동의를 따로 받도록 요구하고 있는 것이다.

다만, 위에서 본 세 가지 종류의 보상청구권 자체는 대표자의 권리행사의 결과로 생기는 것이 아니라 방송사업자나 디지털음성송신사업자의 임의적인 음반 사용의 결과로 생기는 청구권이므로, 독창자 또는 독주자의 동의 여부와 관계없이 발생한다.

또한 동의의 유무는 공동실연자간의 대내적인 문제이지 대외적인 효력요건이라고는 할 수 없을 것이므로 동의 없이 권리를 행사한 대표자는 독창자 또는 독주자에 대하여 책임을 질지언정 대외적으로 그가 행한 허락 등의 행위가 무효가 되는 것은 아니라고 보아야 한다.

공동실연자의 인격권 행사와 관련하여서는 공동저작물의 저작인격권 행사에 관한 법 제15조의 규정(이 책 [33] 1. 나. 참조)을 준용하도록 하고 있다(제77조 제3항). 따라서 전원 합의에 의한 행사를 원칙으로 하되 각 실연자가 신의에 반하여 합의의 성립을 방해할 수 없고, 공동실연자는 그들 중에서 자신들의 인격권을 대표하여 행사할 수 있는 자를 정할 수 있으며, 그에 따라 권리를 대표하여 행사하는 자의 대표권에 가하여진 제한이 있을 때에 그 제한은 선의의 제3자에게 대항할 수 없다.

제 3 절   음반제작자의 권리

[153]   음반 및 음반제작자의 의의

1. 음반의 의의

저작권법은 음반을 다음과 같이 정의하고 있다.

■ 제2조 제5호: "음반"은 음(음성·음향을 말한다. 이하 같다)이 유형물에 고정된 것(음을 디지털화한 것을 포함한다)을 말한다. 다만, 음이 영상과 함께 고정된 것은 제외한다.

원래 음반을 "음(음성·음향을 말한다. 이하 같다)이 유형물에 고정된 것(음이 영상과 함께 고정된 것을 제외한다)을 말한다"라고 정의하였다가 2016. 3. 22.자 개정으로 '음을 디지털화한 것을 포함한다'는 문언을 괄호 안에 추가하는 개정을 한 것이다. 위 개정은 디지털 음원이 음반의 개념에 포함됨을 분명히 하고자 하는 취지를 내포하고 있으나, 그러한 개정 이전에도 디지털 음원이 음반의 개념에 포함되는 것으로 보아야 한다는 것이 다수학설의 입장이었고 일부 판례('현대백화점' 사건에 대한 대판 2015. 12. 10, 2013다219616)의 입장이기도 하였다. 그러나 특히 법 제29조의 해석과 관련하여 '스타벅스' 사건에 대한 대법원 2012. 5.10. 선고 2010다87474 판결 등에서 '판매용 음반'의 개념과 관련하여 음이 고정된 유형물로서의 CD 등을 음반으로 보는 듯한 판결이 선고되는 등 판례상의 엇갈림과 그로 인한 법해석상의 혼란이 야기되어 온 사정이 있어(이 책 [121] 2. 나. (2) 참조), 그러한 해석상의 혼란을 해소하고, 디지털 음원은 예외 없이 저작권법상 '음반'의 개념에 해당하고 나아가 '상업용 음반'의 개념에도 해당할 수 있음을 분명하게 하기 위해 위와 같은 개정이 이루어진 것이다. 따라서 위 개

정으로 인하여 비로소 '디지털 음원'이 저작권법상 음반으로 보호되게 된 것
으로 볼 것이 아니라, 개정 이전에도 그렇게 보았던 것을 법문으로 명확히 확
인한 것이라고 보아야 할 것이다.

다만, 이러한 개정에도 불구하고 '음이 유형물이 고정된 것'이라는 말이
가지는 모호성은 여전히 남아 있고, 그것이 실무계에 혼란을 안기는 면도 아
직 완전히 해소되지는 않은 것으로 보인다. 예컨대 음이 고정된 유형물인 CD
를 음반으로 볼 것인지 아니면 유형물인 CD에 고정된 음원을 음반으로 볼 것
인지에 대하여 아직도 혼동이 있는 것으로 생각된다. 법에서 '음이 유형물에
고정된 것'이라고 하지 않고 '유형물에 고정된 음원'이라고 하였으면 보다 분
명하게 뜻이 전달되었을 터인데, 위와 같이 약간은 모호하게 규정하고 있는
데다 일반적으로 CD 등 유형적 매체를 음반이라고 생각해 온 통념이 결합되
어, 그 부분에 대한 혼동이 쉽게 해소되지 않고 있는 것이다. 그러나 디지털
음원을 음반의 개념에 명시적으로 포함한 위와 같은 개정을 통해 적어도 법
적으로는 이 부분에 대한 해석상 이견의 가능성이 사라졌다고 할 수 있다. 디
지털 음원의 경우에도 컴퓨터 하드디스크 등의 유형물에 고정된 음원이라고
할 수 있으므로 '유형물에 고정된 음원'을 음반으로 보는 관점과는 아무런 충
돌이 없다. 그러나 '음이 고정된 유형물'을 음반으로 보는 관점을 디지털 음
원의 경우에 적용해 보면, 디지털 음원이 고정된 유형적 매체인 컴퓨터 하드
디스크 등을 음반으로 보게 되는데 그것이 부적절하다는 것은 말할 나위가
없는 것이다. 따라서 현행법상 음반의 개념은 디지털 음원을 포함하여 유형물
(유형적 매체)에 고정된 음원을 뜻하는 것으로 보아야 하고, 거기에는 어떤 예외
도 없다. CD 등의 경우도 유형물로서의 CD가 음반이 아니라 CD에 고정된
음원이 음반이라고 보아야 한다. 연주용 음원 파일인 이른바 MR 파일도 음반
의 개념에 해당함은 물론이다(대판 2021. 6. 3, 2020다244672 참조).

뒤에서 보는 '음반제작자'의 개념도 이러한 '음반' 개념을 전제로 한 것이다.

한편, 음반의 개념은 주로 음악과 관련된 것이 많지만, 음악의 영역에 해
당하는 음을 고정한 것만을 음반으로 보는 것은 아니다. 즉 유형물에 고정된
음원으로서의 음반은 음악에 한하지 아니하고 어문저작물, 자연음, 기계음 등

을 포함하여 어떤 음원이든 관계없다.

저작권법상 음반으로 인정되기 위하여 음의 고정에 있어서 '창작성'을 요하는 것은 아니다. 단지 음이 고정되어 있으면 그것으로 족한 것이다. 이것은 저작권과 저작인접권의 근본적 차이에 따른 것이다.

그러나 위 규정에서 보듯이 음이 영상과 함께 고정된 것은 음반의 개념에서 제외된다. 예를 들어 영화필름의 사운드트랙에 고정된 배경음악, 비디오테이프의 음성부분 등은 영상저작물의 일부분이므로 음반의 개념에서는 제외된다. 뮤직비디오의 경우도 마찬가지 이유로 음반이라고 할 수는 없다. 그러나 뮤직비디오는 일반적으로 상업용 음반을 재생하여 그 음을 고정하는 부분이 포함되므로 뮤직비디오를 복제, 전송, 방송, 디지털음성송신, 공연 등의 방법으로 이용할 경우에는 결과적으로 '상업용 음반'에 대한 복제 등의 이용행위가 수반하게 되어, 음반제작자(및 실연자)의 복제권과 전송권 및 방송, 디지털음성송신, 공연사용 등에 대한 보상청구권의 대상이 될 수 있는 것으로 보아야 할 것이다. 그 점은 영화의 사운드트랙에 상업용 음반을 재생한 음이 고정된 경우도 마찬가지이다.

2. 음반제작자의 의의

음반제작자는 음을 음반에 고정하는 데 있어 전체적으로 기획하고 책임을 지는 자를 말한다(제2조 제6호). 이는 2006년 개정법에서 수정된 정의로서, 이전 법에서는 "음을 음반에 맨 처음 고정한 자를 말한다"고만 정의하고 있었다.

단지 '고정한 자'라고만 하면 물리적으로 고정작업을 한 자를 의미하는 것으로 오해될 여지가 있으므로 개정법에서 입법취지에 맞게 정의규정의 문언을 손질한 것이다. 법 개정으로 인하여 단순히 음을 물리적·기술적으로 음반에 고정하는 역할을 한 자가 아니라 그 과정을 전체적으로 기획하고 책임을 진 자가 음반제작자임이 보다 명료하게 되었다.

2006년 개정법상 음반제작자의 정의규정에는 '맨 처음'이라는 말을 뺐으나, 제86조 제1항에서 저작인접권의 발생시점에 관하여 규정하면서 그 제2호에서 "음반의 경우에는 그 음을 맨 처음 음반에 고정한 때"라고 규정함으로써

'맨 처음' 고정한 때에만 음반제작자로서의 저작인접권이 발생함을 분명히 하고 있다. 따라서 이미 고정되어 있는 음반을 복제한 자는 음반제작자가 아니라고 보아야 한다. 다만 음반의 '복제'에도 실연의 경우(이 책 [151] 1. 참조)와 마찬가지로 '모방'의 개념은 포함되지 않는다. 즉, 유형물에 고정된 음 자체를 그대로 이용하여 다른 매체 등에 재고정하는 등의 행위만 복제에 해당하며 그렇지 않고 동일한 실연자와 동일한 연주자들을 조직하여 다시 음을 생성하여 고정한 경우에는 결과적으로 종전에 고정된 음과 매우 흡사하다고 할지라도 음반의 복제에는 해당하지 않는다. 따라서 그 경우에는 처음으로 그러한 고정을 함에 있어서 기획하고 책임을 진 자가 음반제작자로 인정될 수 있다. 보통 음반의 제작 과정에는 음반에 수록할 곡의 선정, 스튜디오 대여, 연주자 섭외, 녹음, 편곡, 원반제작 등의 제반 업무가 필요하고, 구체적인 원반 제작 과정에는 악기별 연주 및 가수의 가창을 트랙을 나누어 녹음한 멀티테이프를 제작한 후 그 음원 중 일부를 골라 가창과 연주의 음의 강약이나 소리의 조화를 꾀하는 편집과정을 거쳐야 하는 것인바, 그 과정을 전체적으로 기획하고 책임을 진 사람이어야 음반제작자로 인정될 수 있다. 음반제작자로서 음반을 전체적으로 '기획'하였다고 보려면 실연이나 프로듀싱 등 음반제작에 관한 사실적, 기능적인 행위 자체보다 그러한 행위를 하도록 만드는 주체로서의 지위가 더 중요하고, 음반 제작에 대한 '책임'을 진다는 것은 음반의 판매에 따른 이득을 향유함과 동시에 그에 따른 손실도 감수하여야 하는 것으로 통상적으로 음반의 제작·유통비용을 부담하는 것이 중요한 지표가 될 수 있다(서울중앙지판 2023. 4. 21, 2020가합575791, 2023. 5. 19, 2020가합566193 등 참조). 이미 만들어진 원반을 받아서 CD를 제작하는 일을 담당한 것 또는 단순히 사실적·기능적 작업을 담당하였다는 것만으로는 음반제작자라고 할 수 없다(대판 2016. 4. 28, 2013다56167 참조).

판례를 보면, 음반사 등으로부터 독립된 상태에서 자신의 비용과 책임으로 제작업무를 전체적으로 수행한 가수등이 음반제작자로 인정된 사례(가수 김광석 음반' 사건에 대한 서울중앙지판 2006. 10. 10, 2003가합66177 및 '봄여름가을겨울' 사건에 대한 서울고판 2007. 12. 26, 2007나52074)도 있지만, 음반사가 관련된 모든 계약들을 체결하고 관련 비용 일체를 지불하는 등으로 음반 제작의 법률상의 주체가 된 것으로 보아 음반사(회사 또는 개인기업 운영자)를 음반제작자로 인정한 사례(대판 2016. 4. 28, 2013다56167 등)도 있다. 위 판결들의 상이한 결론은 법리적 판단의 차이가 아니라 사실관계의 차이에서 비롯된 것으로 보인다.

또한 위에서 본 바와 같이 음이 영상과 함께 고정되어 있는 것은 음반의 개념에서 제외되지만(제2조 제5호), 영상에서 음을 분리하여 음반(이른바 OST음반)을 따로 만들었을 경우에는 그에 대한 음반제작자의 지위는 분리 이전의 영상물에 현실의 생음을 고정하는 과정을 기획하고 책임진 자에게 귀속되는 것으로 보아야 할 것이다. 방송사의 기획과 책임 하에 최초로 음을 고정한 경우에도 그 고정된 음이 음반이므로 그것을 고정함에 있어서 기획하고 책임진 주체인 방송사업자를 본조의 음반제작자로 볼 수 있다.

음반제작자가 누구인지는 음반 제작과 동시에 원시적으로 결정할 것으로서 당사자간의 계약에 의해 후발적으로 음반제작자를 변경하는 것은 허용되지 않는다. 실무상 후발적으로 원반제작비를 보상해 주는 대신 '음반제작자'가 된다고 하는 계약을 체결하는 경우가 있지만, 이 경우에도 법률적으로는 역시 원반제작자가 음반제작자이고 원반제작비를 보상한 자는 음반제작자의 권리를 양도받은 것으로 해석하여야 할 것이다. 양도로 볼 경우에는 양립할 수 없는 지위를 가진 제3자와의 관계에서 등록이라고 하는 대항요건을 필요로 하는 점에서 처음부터 음반제작자인 경우와 법률적 취급을 달리하는 면이 있다.

3. 음반제작자 권리의 추정

음반제작자로서의 실명 또는 널리 알려진 이명이 일반적인 방법으로 표시된 자는 음반제작자로서 그 음반에 대하여 음반제작자의 권리를 가지는 것으로 추정된다(제64조의2). 한·EU FTA의 이행을 위한 2011. 6. 39. 개정 저작권법(2011. 7. 1. 시행)에서 위와 같은 권리추정 규정이 도입되었다.

4. 저작권법이 보호하는 음반

위와 같은 '음반' 중에서 저작권법이 음반제작자의 권리의 대상으로 보호하는 음반은 다음과 같다(제64조 제1항 제2호).

(1) 대한민국 국민을 음반제작자로 하는 음반

(2) 음이 맨 처음 대한민국 내에서 고정된 음반

(3) 대한민국이 가입 또는 체결한 조약에 따라 보호되는 음반으로서 체약국 내에서 최초로 고정된 음반

(4) 대한민국이 가입 또는 체결한 조약에 따라 보호되는 음반으로서 체약국의 국민(당해 체약국의 법률에 따라 설립된 법인 및 당해 체약국 내에 주된 사무소가 있는 법인을 포함한다)을 음반제작자로 하는 음반

[154] 음반제작자의 권리

1. 복제권

음반제작자는 그의 음반을 복제할 권리를 가진다(제78조).

음반의 개념은 위에서도 본 바와 같이 유체물로서의 매체를 의미하는 것이 아니라 그 매체에 수록되어 있는 무형적인 '음'의 존재를 의미하는 것이다. 따라서 '음반의 복제'도 CD, 테이프 등 유체물의 재제(再製)를 뜻하는 것이 아니라 그러한 CD나 테이프 등에 수록되어 있는 무형적인 음을 다른 녹음 매체 또는 저장공간에 고정, 수록하는 것을 뜻한다. 수록매체에는 CD, 테이프 등 외에도 음의 디지털 데이터를 수록한 ROM, 휴대용 메모리 카드, 자기디스크(컴퓨터의 하드 디스크 등)와 같은 것도 포함된다. 따라서 컴퓨터의 하드디스크에 저장된 음악 파일을 다른 폴더에 복사하는 것 또는 온라인상에 업로드하거나 다운로드하는 것 등도 모두 '음반의 복제'에 포함되게 된다.

음반의 복제에는 녹음물에 수록되어 있는 음을 다른 고정물에 녹음하는 행위와 음반 그 자체를 리프레스(repress) 등의 방법에 의하여 증제하는 행위가 모두 포함된다.

따라서 녹음물을 재생시키면서 이를 다른 녹음테이프에 녹음하거나 음반이 방송에 사용될 경우 그 방송음을 테이프에 녹음하는 것도 복제에 해당하므로 음반제작자의 복제권이 미친다. 음반의 복제에도 '모방'의 개념은 포함되지 않으므로 기존 음반의 음 자체를 이용하지 않고 새로 음을 생성한 경우에는 매우 흡사한 음반을 제작하더라도 음반의 복제에 해당하지 않는다.

음반(예: CD)을 리핑(ripping)하여 곡별로 디지털 음원파일로 만드는 것도 음반의 복제에 해당하므로 사적 이용을 위한 복제의 요건을 갖추지 못하면 복제권 침해가 성립한다. 그 파일을 인터넷에 업로드하는 행위는 공중이 개별적으로 선택한 시간과 장소에서 이용할 수 있도록 제공하는 점에서는 전송에 해당하나 그 과정에서 음이 다른 서버 컴퓨터의 하드디스크라는 유형물에 재고정되는 점에서는 음반의 '복제'에도 해당한다. P2P 프로그램을 이용할 경우 이용자가 자신의 공유폴더에 음원파일을 등록한 상태에서 프로그램을 이용하게 되면 다수의 이용자들에게 그 음원파일을 제공하는 것으로서 역시 전송에 해당할 수 있으나 이 경우에 그러한 전송을 위해 다운로드 받아 폴더에 저장하는 행위는 역시 음반의 복제에도 해당하게 된다. 또한 그 경우 공중이 이용할 수 있도록 제공하게 되는 점에서 사적 이용을 위한 복제라고 볼 수도 없다.

음반제작자의 복제권도 배타성을 가진 준물권적 권리이므로 누구든지 음반제작자의 허락 없이 그 음반을 복제하였을 때에는 복제권을 침해한 것이 되어 그에 따른 민·형사상의 책임을 져야 한다. 음반에 고정되어 있는 가사, 악곡 등의 음악저작물의 저작재산권자 및 실연자로부터 허락을 받았더라도 음반제작자의 허락을 별도로 받아야 한다.

2. 배포권

음반제작자는 그의 음반을 배포할 권리를 가진다. 다만, 음반의 복제물이 음반제작자의 허락을 받아 판매 등의 방법으로 거래에 제공된 경우에는 그러하지 아니하다(제79조).

여기서 '배포'란 음반의 원본 또는 복제물을 공중에게 대가를 받거나 받지 아니하고 양도 또는 대여하는 것을 말한다(제2조 제23호). 저작재산권 중 '배포권'에 대하여 설명한 내용(이 책 [53] 1. 참조)과 기본적으로 동일하다. 온라인상의 무형적인 배포도 배포권의 범주에 포함시키는 미국 법과는 달리 우리 법상의 '배포'에는 유형적인 배포만 해당하므로 온라인상의 무형적 배포는 전송에 해당할 뿐 배포에는 해당하지 않는다.

음반제작자의 배포권에 대하여도 실연자의 배포권 및 저작재산권 중의 배포권과 마찬가지로 거래의 편의와 안전을 위하여 권리소진의 원칙(최초 발행의 원칙)(이 책 [53] 2. 참조)을 규정하고 있다(제79조 단서).

3. 대여권

음반제작자는 제79조 단서의 규정(권리소진의 원칙 또는 최초판매의 원칙)에 불구하고 상업용 음반을 영리를 목적으로 대여할 권리를 가진다(제80조). 배포권의 소진 규정(법 제79조 단서)에 대한 예외로서의 성격을 가진다는 것 등 모든 면에서 실연자의 대여권(이 책 [151] 3. 참조)과 같은 성격을 가진다.

4. 전송권

저작권법 제81조는 "음반제작자는 그의 음반을 전송할 권리를 가진다"고 규정하고 있다. 이 규정에 따라 음반제작자는 타인이 음반의 복제물을 온라인상에서 파일 형태로 업로드하거나 AOD 또는 VOD 방식으로 스트리밍 서비스를 하는 등의 전송행위를 하는 것을 허락하거나 금지할 수 있는 권리를 가진다. 실연자의 전송권과 권리의 객체만 다르고 그 성격이나 내용이 거의 동일하므로, 실연자의 전송권에 대한 설명(이 책 [151] 6. 참조)이 여기에 그대로 적용될 수 있다.

5. 방송사업자에 대한 보상청구권

음반제작자는 방송사업자가 상업용 음반을 사용하여 방송하는 경우에는 그에 대하여 상당한 보상금을 청구할 수 있는 보상청구권을 가진다(82조 1항). 저작권법은 이를 음반제작자의 권리가 아니라 방송사업자의 보상금 지급의무를 규정하는 방식으로 규정하고 있지만, 이를 뒤집어 보면, 음반제작자의 방송사업자에 대한 보상청구권을 인정한 규정으로 볼 수 있다(보상청구권의 법적 성격에 대하여 자세한 것은 이 책 [117] 3. 참조).

실연자의 방송사업자에 대한 보상청구권과 기본적으로 동일한 내용의 규정이므로, 권리의 성격이나 상호주의, 보상청구권의 행사 방법 등에 대하여는 실연자의 해당 권리에 대한 설명(이 책 [151] 7. 참조)이 그대로 적용될 수 있다.

6. 디지털음성송신사업자에 대한 보상청구권

음반제작자는 디지털음성송신사업자가 음반을 사용하여 송신하는 경우에는 그에 대하여 상당한 보상금을 청구할 수 있는 보상청구권을 가진다(제76조 제1항). 디지털음성송신은 공중송신 중 공중으로 하여금 동시에 수신하게 할 목적으로 공중의 구성원의 요청에 의하여 개시되는 디지털 방식의 음의 송신을 말하며, 전송을 제외한다(제2조 제11호).

실연자의 디지털음성송신사업자에 대한 보상청구권과 기본적으로 동일한 내용의 규정이므로, 권리의 성격이나 보상청구권의 행사 방법 등에 대하여는 실연자의 해당 권리에 대한 설명(이 책 [151] 8. 참조)이 그대로 적용될 수 있다.

7. 상업용 음반의 공연에 대한 보상청구권

음반제작자는 상업용 음반을 사용하여 공연을 하는 자에 대하여 보상청구권을 가진다(제83조의2 제1항 본문). 2009. 3. 25. 개정 저작권법은 음반을 사용하는 방송과 디지털음성송신에서와 같이 상업용 음반을 사용하여 공연을 하는 경우에도 음반제작자에게 보상금을 지급하도록 규정하였다. 개정 전에는 공연에 대한 보상청구권이 인정되지 않아 음반제작자들이 경제적인 불이익을 입고 있었는데, 국제적인 보호수준에 맞춘 위와 같은 법 개정을 통해 음반제작자들의 권익이 보다 두텁게 보호될 수 있게 되었다.

상업용 음반의 공연에 대한 실연자의 보상청구권과 기본적으로 동일한 내용의 규정이므로, 권리의 성격, 상호주의, 보상청구권의 행사 방법 등에 대하여는 실연자의 해당 권리에 대한 설명(이 책 [151] 9. 참조)이 그대로 적용될 수 있다.

제 4 절 방송사업자의 권리

[155] 방송사업자의 의의

　　방송사업자는 방송을 업으로 하는 자를 말한다(제2조 제9호). 그리고 방송은 공중송신 중 공중이 동시에 수신하게 할 목적으로 음·영상 또는 음과 영상 등을 송신하는 것을 말한다(제2조 제9호). 그 구체적인 의미는 저작재산권 중 공중송신권에 대한 설명(이 책 [51] 2. 참조)에서 살펴본 바와 같다. 2006년 개정법에서 디지털음성송신을 별도의 개념으로 규정함에 따라 온라인상의 동시성을 가진 비주문형의 웹캐스팅은 방송의 개념에 포함되지 않고 별도의 법적 취급을 받게 됨은 역시 앞서 살펴본 바(이 책 [51] 5. 참조)와 같다. 저작권법상의 방송의 개념에 해당하는 행위를 '업'으로 하기만 하면 저작권법상 방송사업자에 해당하며, 이는 방송법상 보다 한정적으로 규정하고 있는 '방송사업자'의 개념과는 구별된다. 즉 방송법상의 방송사업자의 유형에 해당하지 않거나 방송법상의 허가를 받지 못한 경우에도, 위와 같은 의미의 방송을 업으로 수행하고 있기만 하면 저작권법상의 방송사업자로서 저작인접권의 주체가 되는 데 문제가 없다.

　　방송의 객체는 반드시 저작물일 필요가 없고 사실적인 정보도 포함된다. 법문상으로는 이용 행위의 대상을 '방송'이라고만 말하고 있으나 엄격히 말해 '방송으로 송신되는 음 또는 영상'이 방송사업자가 배타적으로 이용할 수 있는 대상이다.

　　한편 방송사업자로서의 실명 또는 널리 알려진 이명이 일반적인 방법으로 표시된 자는 방송 사업자로서 그 방송에 대하여 방송사업자의 권리를 가지는 것으로 추정된다(64조의2).

저작권법의 보호를 받는 방송은 ① 대한민국 국민인 방송사업자의 방송, ② 대한민국 내에 있는 방송설비로부터 행하여지는 방송, ③ 대한민국이 가입 또는 체결한 조약에 따라 보호되는 방송으로서 체약국의 국민인 방송사업자가 당해 체약국 내에 있는 방송설비로부터 행하는 방송 등이다(제64조 제3호).

[156] 방송사업자의 권리

1. 서설

저작권법은 방송사업자에 대하여 제84조에서 복제권을, 제85조에서 동시중계방송권을, 제85조의2에서 공연권을 각 인정하고 있다. 이러한 방송사업자의 권리는 방송사업자로서 방송을 하기만 하면 발생하는 것으로서 그 방송내용이 저작물인지, 비저작물인지를 불문하고 생방송인지 녹음 또는 녹화 방송인지도 묻지 아니한다. 방송내용이 다른 방송사업자가 방송한 것을 받아서 하는 것이라고 하여 그 권리가 부정되지도 아니한다. 예를 들어 MBC방송과 같은 네트워크 방송의 경우에는 비록 같은 내용의 방송을 본사와 지역 방송사가 동시에 송출할 경우에도 각 방송사 별로 자신이 송출한 방송에 대하여 별도의 저작인접권(방송사업자의 권리)을 가진다. 실연자 및 음반제작자의 권리가 미치는 음반을 사용하여 방송하는 경우에도 별도로 방송사업자의 권리가 발생하는 것으로 본다. 따라서 예를 들어 A가 작사, 작곡한 음악저작물을 B라는 가수가 노래하고, 이를 C가 책임지고 음반으로 제작하였는데 그 음반을 D회사가 방송하여 이를 E가 누구의 허락도 받지 않고 녹음한 후 사적으로 이용하지 않고 공중에게 배포하였다고 가정하면, E는 음악저작물의 저작자인 A의 저작재산권과 실연자인 B와 음반제작자인 C의 저작인접권을 각 침해함과 동시에 D의 방송사업자로서의 권리(복제권)를 침해한 것이 된다.

방송사업자는 대개 자신이 방송하는 방송프로그램의 상당부분에 대하여 영상저작물 저작자로서의 지위를 가지고 있고, 그 저작권의 내용이 저작인접

권으로서의 방송사업자의 권리보다 넓은 범위에 걸치고 보호의 정도가 강하
므로 그러한 저작권에 의한 통제로 충분하지 않을까 하는 생각이 있을 수 있
다. 그러나 외부 프로덕션 회사 등이 제작한 프로그램으로서 방송사업자가 그
권리를 양도받지 않은 경우이거나 예외적으로 저작물성이 없는 부분 등 방송
사업자가 저작권을 행사할 수 없는 부분이 있을 수 있으므로, 제3자가 자신의
방송프로그램을 포괄적으로 재송신하는 등의 경우에도 그에 대하여 저작권에
기하여 전면적, 포괄적으로 정지청구를 하기는 어려운 반면, 방송사업자로서
의 저작인접권에 기하여는 자신이 송출하는 방송의 음이나 영상이기만 하면
전면적, 포괄적으로 정지청구를 할 수 있다는 점(서울중앙지결 2009. 12. 31, 2009카합
3358 등 참조) 등에 비추어 방송사업자에게 영상저작물 저작권자로서의 권리 외
에 저작인접권을 인정함에 따른 실제적 의의가 상당히 있음을 알 수 있다.

2. 복제권

방송사업자는 그의 방송을 복제할 권리를 가진다(제84조). 방송되고 있는
음 또는 영상을 복제할 권리, 환언하면 일시적이며 무형적인 방송신호인 음
또는 영상을 유형물에 고정하는 것이 방송의 복제이며, 이러한 복제는 그 방
송을 송출한 방송사업자의 배타적인 권리에 속하게 되므로 누구든지 이 복제
행위를 할 때에는 방송사업자의 허락을 받아야 한다는 것이다. 방송의 복제란
최초의 고정만을 뜻하는 것이 아니므로 고정물에 의한 재고정(녹음, 녹화물 또는
사진의 증제(增製))도 복제이며, 따라서 방송사업자의 권리가 여기에 미치게 된다.
또한 방송을 녹음, 녹화, 촬영 등의 방법으로 직접적으로 고정하는 것뿐만 아
니라 고정물에 의한 재방송 또는 방송을 수신하여 행하는 유선방송 등을 고
정하는 간접적 고정도 여기서의 복제에 해당하게 된다. 예를 들어 A방송사의
방송을 B방송사가 녹음, 녹화(즉 복제)해 두었다가 뒤에 재방송하였는데, 이 재
방송을 C가 녹음, 녹화한 경우에 C의 녹음, 녹화는 B방송의 복제가 될 뿐 아
니라 동시에 A방송도 복제한 것으로 된다. 또한 A방송사의 무선방송을 B방
송사가 유선방송으로 동시중계하였는데, 이 동시중계방송을 C가 녹음, 녹화하
였다면 그것은 B의 유선방송을 복제한 것인 동시에 A의 무선방송도 복제한

것으로 된다.

이른바 UCC(User Created Contents)의 경우 실제로는 이용자가 스스로 작성한 콘텐츠가 아니라 방송내용 중 일부를 동영상 파일로 만든 경우가 많은데, 그 것은 약관에 의한 승인 등의 특별한 사정이 없는 한 방송사업자의 복제권을 침해한 것이 될 가능성이 높다. 물론 영상저작물로서의 창작성을 가진 경우에 는 방송사 또는 기타의 영상제작자가 가지는 저작재산권을 침해하는 행위가 될 수 있는데, 그 경우에도 방송된 내용을 복제한 경우라면 그 방송내용을 송 출한 방송사업자의 저작인접권(복제권)을 동시에 침해한 것이 된다. 이처럼 동 영상파일로 만들고 그것을 업로드 또는 다운로드하는 등의 디지털 복제도 권 리 제한사유에 해당하지 않는 한 방송사업자의 복제권에 저촉되는 행위가 됨 에 주의를 기울일 필요가 있다.

방송으로 송출된 영상 중 한 프레임(영화, 방송 등에서 완성된 영상을 구성하는 정지 된 이미지 한 장을 '프레임'이라고 한다)만을 캡처하여 저장하는 것도 방송사업자의 복 제권이 미치는 범위 내라고 보아야 한다. 이러한 행위들은 방송되는 음이나 영상을 바로 이용하는 것이 아니라 방송사업자가 온라인 사이트에 '다시보기' 서비스 등의 이름으로 올려놓은 것을 이용하는 경우가 많은데, 그와 같이 방 송한 내용을 고정한 후 이를 전송하는 것을 간접적으로 이용하여 복제한 것 도 방송사업자의 복제권이 미치는 범위 내임은 위에서 본 법리상 당연한 것 이다.

우리 저작권법상 아래에서 보는 바와 같이 방송사업자의 동시중계방송권 을 인정하면서 재방송권은 별도로 인정하고 있지 않은데, 실질적으로 본조에 의하여 재방송권이 담보됨을 전제로 한 것으로 볼 수 있다. 즉 재방송을 하려 면 일단 방송되는 음 및 영상을 복제해 놓은 다음 그것을 방송하여야 하는데 그 복제에 대하여 방송사업자의 허락을 받아야 하므로 결국 방송사업자에게 재방송권이 있는 것과 큰 차이가 없게 된다.

3. 동시중계방송권

방송사업자는 그의 방송을 동시중계방송할 권리를 가진다(85조). 동시중계방송(simultaneous broadcasting)이란 다른 방송사업자의 방송을 수신과 동시에 재방송하는 것을 말한다. 중계방송에 의하여 방송이 공급되는 영역에 관하여는 아무런 제한이 없다. 따라서 타인의 방송을 무단으로 그 방송의 공급영역 외의 수신인에게 유선으로 재송신하는 것도 본조의 침해가 된다. 재방송에는 방송을 녹음, 녹화에 의하여 고정하였다가 나중에 송신하는 이시적 재방송(deferred broadcasting)도 있으나, 이에 관하여는 위에서 본 바와 같이 복제권에 의하여 실질적으로 그 통제권이 담보될 수 있으므로 본조에서는 동시중계방송만 규정한 것이다.

　　방송법 제78조 제1항은 "종합유선방송사업자·위성방송사업자(이동멀티미디어방송을 행하는 위성방송사업자를 제외한다) 및 중계유선방송사업자는 한국방송공사 및 한국교육방송공사법에 의한 한국교육방송공사가 행하는 지상파방송(라디오방송을 제외한다)을 수신하여 그 방송프로그램에 변경을 가하지 아니하고 그대로 동시에 재송신(이하 "동시재송신"이라 한다)하여야 한다. 다만, 지상파방송을 행하는 당해 방송사업자의 방송구역 안에 당해 종합유선방송사업자 및 중계유선방송사업자의 방송구역이 포함되지 아니하는 경우에는 그러하지 아니하다."고 규정하고 있다. 이 규정은 KBS, EBS 등의 특정 지상파 공영방송에 대하여 종합유선방송사업자, 위성방송사업자 및 중계유선방송 사업자가 의무적으로 동시재송신을 하도록 하는 규정인바, 같은 조 제3항은 "제1항의 규정에 의한 동시재송신의 경우에는 저작권법 제85조의 동시중계방송권에 관한 규정은 이를 적용하지 아니한다"고 규정하여, 위와 같은 의무적 동시재송신에 대하여는 한국방송공사나 한국교육방송공사가 저작인접권으로서의 동시중계방송권을 행사할 수 없도록 하고 있다.

　　그러나 위와 같은 의무재송신의 경우를 제외하고는 종합유선방송사업자 등이 지상파 방송을 재송신하는 것에 대하여 동시중계방송권에 대한 예외규정이 없는 상태인데, 그럼에도 불구하고 공중파 방송사업자의 허락 없이 재송신할 경우에는 특별한 사정이 없는 한 동시중계방송권의 침해가 성립한다(서울고판 2011. 7. 20, 2010나97688 및 서울중앙지결 2009. 12. 31, 2009카합3358 등 참조).

4. 공연권

방송사업자는 공중의 접근이 가능한 장소에서 방송의 시청과 관련하여 입장료를 받는 경우에 그 방송을 공연할 권리를 가진다(제85조의2). 방송을 시청할 수 있는 시설에서 그 방송의 시청에 대한 입장료 등 직접적인 반대급부를 받는 경우에 방송사업자에게 그러한 방송의 공연에 대하여 배타적인 권리를 부여한 것으로서 한·EU FTA 이행을 위한 2011. 6. 30.자 개정법에서 도입한 규정이다.

이 규정은 해당 시설에서 입장료 등 직접적인 반대급부를 받는 것을 요건으로 하므로, 유럽 각국과는 달리 그러한 영업사례가 거의 없는 우리나라에서는 아직 큰 의미를 가지지는 못하는 규정이라 할 수 있다. 예컨대, 상영의 대가로 입장료를 받지 않고 일반 영업장(음식점, 술집 등)에서 방송 프로그램을 상영하는 것에 대해서는 설사 간접적으로 방송 프로그램의 상영이 영리 목적의 달성에 도움이 된다 하더라도 직접적으로 방송시청의 대가를 받지 않는 이상 본조의 적용대상이 되지 않는다.

제 5 절 저작인접권의 보호기간

[157] 저작인접권의 보호기간

저작인접권의 보호기간은 원래 일정한 기준시점부터 50년으로 통일되어 있었으나, 한·미 FTA 이행을 위한 2011. 12. 2.자 개정법에서 음반 및 실연의 보호기간만 70년으로 연장함으로써 그 시행일인 2013. 8. 1.부터는 음반 및 실연의 보호기간은 70년, 방송의 보호기간은 50년으로 나누어지게 되었다. 보호기간 연장에서 방송이 제외된 것은 미국이 저작권법에서 방송사업자를 별도로 보호하지 않기 때문에 한·미 FTA에서 방송이 제외되었고, 방송사업자의 권리에 대해서는 현재 세계지식재산기구(WIPO)에서 조약 마련을 위한 논의가 진행 중이어서 그 결과를 기다려 정비할 필요가 있다는 데 기한 것이다. 이러한 보호기간에 대하여는 저작권법의 다른 규정과 달리 내국민대우의 원칙에 대한 예외로서 이른바 '실질적 상호주의'(이 책 [226] 참조)가 적용되어 저작권법 제64조 제1항에 따라 우리나라에서 보호되는 외국인의 실연·음반 및 방송이라도 그 외국에서 보호기간이 만료된 경우에는 이 법에 따른 보호기간을 인정하지 아니한다(제64조 제2항).

그러면 그 보호기간의 기산일은 언제인가? 원래 저작권법은 저작인접권의 발생시점과 보호기간의 기산일을 구분하지 않는 입장을 취하다가 2006년의 개정법에서부터 그 둘을 구분하여 규정하는 방식을 취하고 있다.

먼저 제86조 제1항은 저작인접권(실연자의 인격권은 제외, 이하 같다)의 발생시점에 관하여 ① 실연의 경우에는 그 실연을 한 때, ② 음반의 경우에는 그 음을 맨 처음 음반에 고정한 때, ③ 방송의 경우에는 그 방송을 한 때라고 규정하고 있다. 다음으로 같은 조 제2항은 저작인접권의 보호기간에 관하여 ① 실연의 경우에는 그 실연을 한 때, ② 음반의 경우에는 그 음반을 발행한 때. 다만, 음을 음반에 맨 처음 고정한 때의 다음 해부터 기산하여 50년이 경과한 때까지 음반을 발행하지 아니한 경우에는 음을 음반에 맨 처음 고정한 때, ③ 방송의 경우에는 그 방송을 한 때로 규정하고 있다.

결국 발생시점과 보호기간의 기산일이 차이가 나는 것은 음반의 경우뿐이다. 즉 음반의 경우 음을 맨 처음 음반에 고정한 때에 음반제작자의 저작인접권이 발생하긴 하지만, 보호기간은 그때로부터 기산하지 아니하고 그 발행일을 기산일로 함으로써 고정일과 발행일 사이의 기간만큼 보호기간을 연장한 효과를 발생시키고 있다. 이와 같이 음반에 관하여 '발행일 기산주의'을 취함에 따라 저작권법상 '발행'의 정의규정도 음반에 대한 것을 포함하여 "'발행'은 저작물 또는 음반을 공중의 수요를 충족시키기 위하여 복제·배포하는 것을 말한다"고 규정하고 있다(제2조 제24호). 그리고 이와 같은 발행일 기산주의를 취하다 보면 발행을 하지 않고 있을 경우에 보호기간이 무한정 늘어나는 문제가 있을 수 있으므로 제86조 제2항 제2호 단서에서 위와 같이 그 기산일을 "음을 음반에 맨 처음 고정한 때의 다음 해부터 기산하여 50년이 경과한 때까지 음반을 발행하지 아니한 경우에는 음을 음반에 맨 처음 고정한 때"로 하는 보충적인 규정을 두고 있다.

그 동안 여러 차례의 저작권법 개정이 이루어짐에 따라 저작인접권의 보호기간은 1957년 법, 1986년 법, 1994년 법, 2006년 법, 2011. 12. 2.자 개정법이 각각 다르다. 1957년 법에서는 연주, 가창, 음반 등의 저작인접물도 저작물로 인정하여 저작자 생존기간 및 사후 30년 동안 보호를 하고 있었고, 1986년 법에서는 저작인접권의 대상으로 하여 20년간 보호받는 것으로 규정하였으며, 1994년 법에 와서 저작인접권에 대하여도 50년 원칙을 도입하여 실연, 음의 고정, 방송이 있은 날부터 50년간 보호받을 수 있게 하였고, 2006년 개정법에서는 위에서 본 바와 같이 음반에 관하여 보호기간 기산일을 발행일로 하여 결과적으로 보호기간을 연장하는 취지의 규정을 두었다. 나아가 위에서 본 바와 같이, 2011. 12. 2.자 개정에 의하여 실연 및 음반의 보호기간이 70년으로 연장되었고, 그 시행일은 2013. 8. 1.이다. 이 중 어느 법의 적용을 받을지는 각 개정법의 부칙규정에 비추어 결정된다.

먼저 1986년 법의 시행일인 1987. 7. 1. 이전에 공표된 연주, 가창, 연출, 음반 또는 녹음 필름 등은 동법 부칙 제2항의 규정에 따라 1957년 법의 적용을 받아 저작인접물이 아니라 저작물로서 저작자 생존기간 및 사후 30년간 보호된다.

그런데 그 다음의 기간이 문제이다. 원래 1994년 법의 시행일인 1994. 7. 1. 전에 발생한 저작인접권은 1986년 법에 따라 20년의 기간 동안만 보호되고, 그 이후에 발생한 저작인접권은 1994년 법에 따라 실연, 음의 고정 또는 방송이 있은 날로부터 기산하여 50년간 보호를 받는 것으로 규정되었다. 그런데 그와 같은 규정에 의하여 1987. 7. 1.부터 1994. 6. 30.까지의 기간 동안에 발생한 저작인접권만 특별히 불리한 보호기간, 즉 실연 등 시점으로부터 20년의 짧은 보호기간만 인정되는 문제가 있었다. 이 기간은 특히 '한국대중음악 르네상스기'라고 불리는 시기로서 그 시기의 음악만 저작인접권의 보호를 받지 못함에 따른 형평성의 문제가 제기되어, 2011. 12. 2.자 개정법에서 이 문제를 해결하기 위한 부칙규정을 두었고, 그에 따라 그 기간에 발생한 저작인접권도 그 발생시점부터 50년의 기간 동안 보호를 받을 수 있게 되었다(부칙 제4조 제1항). 나아가 이러한 법 개정 이전에 이미 소멸한 저작인접권도 법 개정에 의하여 회복되어 위 기간 동안은 보호를 받을 수 있게 하였다(부칙 제4조 제2항). 다만 이러한 회복저작인접물을 개정법 시행 전에 이용한 행위는 저작인접권 침해로 보지 아니하며(부칙 제4조 제3항), 종전법에 따라 그 저작인접권이 소멸한 후에 해당 저작인접물(실연, 음반, 방송)을 이용하여 개정법 시행 전에 제작한 복제물은 개정법 시행 후에도 2년 동안 저작인접권자의 허락 없이 계속 배포할 수 있다(부칙 제4조 제4항).

1994년 법의 시행일인 1994. 7. 1. 이후에 발생한 저작인접권의 경우는 원래부터 50년의 기간 동안 보호받을 수 있게 되었는데, 그 중 실연과 음반의 경우 2011. 12. 2.자 개정법에 의한 보호기간 연장에 따라 2013. 8. 1.부터는 70년으로 다시 연장되게 되었다.

한편, 위에서 본 바와 같이 2006년 개정법의 시행에 따라 음반의 경우 그 보호기간의 기산점이 뒤로 늦추어져 보호기간이 약간 연장되는 효과가 있게 되었는데, 그 개정법의 부칙 제8조에 의하여 그 시행일인 2007. 6. 29. 이전에 고정되고 발행까지 된 것은 개정전 법에 의하여 음반의 최초 고정일을 보호기간의 기산일로 보아야 하고, 그 이전에 고정되었지만 시행일 현재 발행 되지 않은 것은 개정법의 적용을 받아 원칙적으로 발행일을 기산일로 하여 보호기간을 산정한다.

제6절 기 타

[158] 저작인접권의 제한

　실연자의 인격권을 제외한 저작인접권에 대하여도 이용자의 공정한 이용을 보장할 필요성과 공익적 필요성을 감안하여 일정한 경우 자유이용을 인정할 필요성이 있다. 이에 저작권법 제87조 제1항은 "저작인접권의 목적이 된 실연·음반 또는 방송의 이용에 관하여는 제23조, 제24조, 제25조 제1항부터 제5항까지, 제26조부터 제32조까지, 제33조 제2항, 제34조, 제35조의2부터 제35조의5까지, 제36조 및 제37조를 준용한다"고 규정하여 저작재산권에 대한 제한사유 대부분을 저작인접권에 대해 준용하고 있다. 준용에서 빠진 것은 공공저작물의 자유이용에 관한 제24조의2 제1항, 시각장애인등을 위해 저작물을 점자로 변환하여 복제·배포할 수 있도록 허용하는 규정인 제33조 제1항, 청각장애인 등의 복제 등에 관한 제33조의2, 미술저작물 등의 전시 또는 복제에 관한 제35조 등이다. 대체로 성격상 저작인접권과는 무관한 규정이라 할 수 있다. 다만 공공저작물의 자유이용에 관한 제24조의2의 경우는 국가기관 등이 방송사업자인 방송, 국가기관 등이 음반제작자인 음반 등에 대하여 준용할 필요가 있을 수 있는데, 입법상의 실수로 누락한 것이 아닌가 생각된다.

　제28조의 '공표된 저작물의 인용'에 관한 규정(이 책 [120] 참조)이 준용되는 것과 관련하여서는, 저작인접물의 인용이 가능한 것은 인용대상인 실연, 음반 또는 방송 그 자체를 인용할 필연성이 있는 경우에 한정된다는 것에 주의를 요한다. 예를 들면, 실연자의 연기력을 비평하는 방송프로그램에 인용하기 위해 그 실연의 일부를 사용하는 경우라거나 특별한 자연의 소리를 처음으로

녹음한 경험담을 전하기 위해 그 소리가 녹음되어 있는 음반의 일부를 인용
하는 경우 등이 그러한 예에 해당한다.

한편, 저작권법 제87조 제2항은 "디지털음성송신사업자는 제76조 제1항
및 제83조 제1항에 따라 실연이 녹음된 음반을 사용하여 송신하는 경우에는
자체의 수단으로 실연이 녹음된 음반을 일시적으로 복제할 수 있다. 이 경우
복제물의 보존기간에 관하여는 제34조 제2항을 준용한다"고 규정하고 있다.
이 규정은 2009. 4. 22. 개정 저작권법에서 신설한 규정이다. 법 개정 전에는
방송사업자는 자신의 방송을 위하여 자체의 수단으로 실연·음반을 일시적으
로 녹음·녹화할 수 있으나, 디지털음성송신사업자에게는 디지털음성송신을
위한 준비행위인 실연이 녹음된 음반의 일시적 복제에 관한 면책 규정이 없
었고 따라서 디지털음성송신에 대하여 실연자 및 음반제작자의 배타적인 권
리가 아니라 채권적인 보상청구권으로 규정(이 책 [151] 8. 및 [154] 6. 참조)한 의의
를 살리기가 어려운 문제가 있었다. 이에, 개정법에서 제87조 제2항을 신설하
여 위와 같은 규정을 두게 된 것이다.

[159]   저작인접권의 양도·행사·소멸

실연자의 인격권을 제외한 저작인접권의 양도에는 저작재산권의 양도에
관한 규정(제45조 제1항)을, 저작인접물의 이용허락에는 저작물의 이용허락에 관
한 규정(제46조)을, 저작인접권을 목적으로 하는 질권의 행사에는 저작재산권을
목적으로 한 질권의 행사에 관한 규정(제47조)을, 저작인접권의 소멸에 관하여
는 저작재산권의 소멸에 관한 규정(제49조)을, 실연·음반 또는 방송의 배타적
발행권의 설정에 관하여는 저작물에 대한 배타적발행권에 관한 규정들(제57조
부터 제62조까지)을 각 준용하도록 규정하고 있다(제88조).

공동실연자의 권리행사에 대하여는 앞서 본 바와 같이(이 책 [152] 참조) 제
77조에서 따로 규정하고 있다. 다른 공동저작인접물에 대하여는 별도의 규정
이 없으므로 민법의 준공동소유에 관한 규정(민 278조)을 적용하여, 인적결합
관계의 정도에 따라 준공유나 준합유로 보는 것이 타당할 것이라 생각된다(저

작재산권의 후발적 공동보유에 대한 이 책 [33] 1. 다. (2)의 설명 참조).

재산권으로서의 성격을 가지는 저작인접권의 양도에 있어서는 저작재산
권의 경우와 마찬가지로 권리의 일부만 한정하여 양도하는 일부양도도 허용
된다고 볼 것이다. 다만 지나치게 지분권을 세분화하여 양도하는 것에 일정한
한계가 있다는 것 등도 대체로 저작재산권의 일부 양도에 대하여 설명한 바
(이 책 [59] 참조)와 같다.

[160] 저작인접권 및 그 배타적발행권의 등록

저작인접권과 저작인접권의 배타적발행권의 등록 및 변경등록 등에 관하
여도 저작재산권의 등록 및 변경등록 등에 관한 규정(제53조부터 제55조까지 및 제
55조의2부터 제55조의5까지)이 준용되며, 이 경우 제55조, 제55조의2 및 제55조의3
중 "저작권등록부"는 "저작인접권 등록부"로 본다(제90조).

저작권과 마찬가지로 저작인접권도 그 발생과 변동 및 소멸은 원인만 있
으면 자동적으로 이루어지게 되어 있으나(무방식주의), ① 저작인접권의 양도(상
속 그 밖의 일반승계의 경우를 제외한다) 또는 처분제한과 ② 저작인접권에 대한 배타
적발행권의 설정·이전·변경·소멸 또는 처분제한 및 ③ 저작인접권 또는 저
작인접권의 배타적발행권을 목적으로 하는 질권의 설정, 이전, 변경, 소멸 또
는 처분제한은 등록을 하지 아니하면 제3자에게 대항할 수 없다(제90조, 제54조).

8장

기타의 권리

제 1 절 데이터베이스제작자의 보호

[161] 서설

1. 데이터베이스의 의의

저작권법은 데이터베이스를 다음과 같이 정의하고 있다.

■ 제2조 제19호: "데이터베이스"는 소재를 체계적으로 배열 또는 구성한 편집물로 서 개별적으로 그 소재에 접근하거나 그 소재를 검색할 수 있도록 한 것을 말한다.

위 규정을 통해 데이터베이스의 개념요소를 정리해 보면, 다음과 같다.

첫째, 편집물이어야 한다. '편집물'이란 저작물이나 부호·문자·음·영상 그 밖의 형태의 자료(이를 '소재'라 한다)의 집합물을 말한다(제2조 제17호). 편집물 가운데 "그 소재의 선택·배열 또는 구성에 창작성이 있는 것"은 편집저작물 (이 책 [22] 참조)에 해당하여(제2조 제18호) 제6조에 의해 저작물의 한 유형으로 보 호된다. 이러한 편집저작물의 요건으로서의 '창작성'을 갖추지 못한 편집물은 본래 저작권법의 보호대상이 되지 못하다가 2003년 개정법에서 처음으로 신 설된 데이터베이스제작자 보호 규정에 의하여 저작권법의 보호대상이 되었다. 다만 그것은 저작물로서의 보호가 아니라 일종의 독자적 권리(sui generis right)의 대상으로 보호되는 것이다.

둘째, 체계적으로 배열 또는 구성한 것이어야 한다. 많은 양의 자료를 모 아 놓았더라도 단순히 모아 놓은 것만으로는 데이터베이스의 개념에 해당하 지 않으며, 배열 또는 구성에 있어서 체계성이 인정되어야 한다. 다만 체계성 이 창작성을 의미하는 것은 아니므로 다른 사람들이 널리 사용하는 배열 및 구성방법을 모방하여 배열 또는 구성한 것이어도 무방하다. 예를 들어 자료를 가나다 순(또는 알파벳 순)으로 정리한 것은 체계적인 배열에 해당하지만, 소재의 배열에 창작성은 없는 경우이므로, 편집저작물에는 해당하지 않지만 데이터베이스의 개념에는 해당할 수 있다.

셋째, 개별적으로 그 소재에 접근하거나 그 소재를 검색할 수 있을 것을 요한다. 이 요건은 둘째 요건과 밀접한 관련성을 가진다. 체계적으로 배열 또는 구성되어 있다면 편집물의 처음부터 끝까지 다 보지 않아도 비교적 용이하게 개별적으로 소재에 접근하거나 이를 검색할 수 있을 것이다. 이것이 데이터베이스의 핵심적인 개념요소이다.

이러한 데이터베이스에는 전자적 형태의 것뿐만 아니라 비전자적 형태의 편집물도 포함되는 것으로 해석되고 있다. 즉, 사전(辭典)이나 백과사전(百科事典), 전화번호부, 백서, 인명부, 주소록, 이메일 리스트, 말뭉치 등 다양한 편집물이 설사 전자화된 형태가 아니라고 하더라도 체계적으로 배열 또는 구성되어 있고 개별적으로 '접근'할 수 있으면 데이터베이스의 개념에 해당하는 것으로 볼 수 있다.

데이터베이스로서 그 소재의 선택, 배열 또는 구성에 창작성이 있는 것은 데이터베이스인 동시에 편집저작물에 해당하게 되므로 저작권법 제6조에 의한 편집저작물로서의 보호와 데이터베이스제작자의 보호를 중첩적으로 받을 수 있다. 이 경우 편집저작물상 저작권의 침해 문제와 데이터베이스제작자의 권리 침해 문제는 별개의 소송물에 해당하여 별도의 청구원인을 구성할 수 있다.

판례에 의해 데이터베이스로 인정된 것들을 소개하면 다음과 같다.

- 반려동물의 분양정보를 체계적으로 배열하여 수록함으로써 이용자가 각종 분양 정보를 각 분류별로 자신이 원하는 기준에 따라 모아서 열람하거나 검색할 수 있도록 한 웹사이트(서울중앙지판 2018. 6. 27, 2017가합556332),
- 홈페이지에 게시하여, 전국 경매법원의 경매사건에 관한 매각금액, 경매매수인 성명, 부동산 현황, 주의사항 등 개별 정보들을 체계적으로 구성하여 배열하고 이용자들로 하여금 각 경매사건에 관한 개별 정보를 일정한 기준에 따라 검색할 수 있도록 제공한 경매정보(서울동부지판 2014. 12. 24, 2014가합104306)
- 매월 약 2만 개 가량의 물품의 시중단가를 체계적으로 배열하여 수록하여 개별

소재인 가격정보를 일정한 기준에 따라 검색할 수 있도록 한 물가정보지(서울고판 2010. 6. 9, 2009나96306, 오프라인 출판물이지만 데이터베이스로 인정된 사례임)

2. 데이터베이스제작자 보호입법

데이터베이스 제작자의 보호에 대하여는 여러 가지 보호방법이 국제적으로 논의되어 왔으나 일찌기 창작성이 없는 데이터베이스에 대하여 가장 강력한 보호 입법을 이루어 낸 것은 EU였다. 유럽의회는 1996. 3. 11. '데이터베이스의 법적 보호에 관한 지침'을 채택하였다. 이 지침은 데이터베이스 제작자에게 저작권적 보호보다는 약하지만 배타적 권리의 성격을 가지는 '독자적인 권리(sui generis right)'를 부여함으로써 제작자의 투자 및 노력이 법적으로 보호될 수 있게 하였다.

우리나라에서도 지식정보사회의 진전으로 데이터베이스, 디지털콘텐츠 등에 대한 수요가 급증함에 따라 데이터베이스 제작 등에 소요되는 투자와 노력을 보호할 필요성이 꾸준히 제기되었고, 1999. 12. 3. 데이터베이스보호 및 이용에 관한 법률안이 처음 발의된 이후 본격적으로 데이터베이스의 보호를 위한 입법방향에 대한 논의가 이루어져 왔다. 그 후 정보통신부와 문화체육관광부의 조정을 통해 데이터베이스제작자 보호규정을 문화체육관광부 소관의 저작권법에 두는 것으로 합의하여 결국 2003. 5. 27. 개정 저작권법에서 데이터베이스제작자의 보호규정을 신설함으로써 창작성 없는 데이터베이스도 일정한 요건하에 보호할 수 있게 되었다.

[162] 보호의 요건

1. 보호받는 데이터베이스

가. 인적 범위

다음 각 호의 어느 하나에 해당하는 자의 데이터베이스는 이 법에 따른 보호를 받는다(제91조 제1항).

① 대한민국 국민

② 데이터베이스의 보호와 관련하여 대한민국이 가입 또는 체결한 조약에 따라 보호되는 외국인

국적만을 연결점으로 하여, 대한민국 국민이 제작한 것이거나 대한민국이 가입 또는 체결한 조약에 따라 보호되는 외국인이 제작한 데이터베이스를 보호대상으로 하고 있는 것이다. 국적이 연결점이므로 예를 들어 대한민국에 상시 거주하는 외국인이라 하더라도 대한민국이 가입 또는 체결한 조약에 따라 데이터베이스를 보호할 의무를 지는 체약국 등의 국민이 아닌 한 법적 보호를 받지 못한다. 그 점에서 다른 여러 가지 연결점을 가지는 저작권 보호의 경우(이 책 [228] 3. 참조)와는 다르다.

또한 위 규정에 따라 보호되는 외국인의 데이터베이스라도 그 외국에서 대한민국 국민의 데이터베이스를 보호하지 아니하는 경우에는 그에 상응하게 조약 및 저작권법에 따른 보호를 제한할 수 있다(제91조 제2항). 이른바 '상호주의'를 채택한 것이다.

나. 물적 범위

다음 각 호의 어느 하나에 해당하는 데이터베이스에 대하여는 이 장의 규정을 적용하지 아니한다(제92조).

① 데이터베이스의 제작·갱신 등 또는 운영에 이용되는 컴퓨터프로그램

② 무선 또는 유선통신을 기술적으로 가능하게 하기 위하여 제작되거나 갱신등이 되는 데이터베이스

위 ①은 데이터베이스가 아니므로 데이터베이스 보호의 대상에서 제외되

는 것이 당연하고, 컴퓨터프로그램보호법에 의하여 보호된다.

위 ②에 대하여는 유무선 통신을 가능하게 하기 위한 인터넷 주소와 전자 우편 주소 등의 필수적인 정보로 구성된 데이터베이스를 의미한다고 해석하는 것이 타당할 것으로 생각된다.

2. 데이터베이스제작자

'데이터베이스제작자'는 데이터베이스의 제작 또는 그 소재의 갱신·검증 또는 보충(이하 "갱신 등"이라 한다)에 인적 또는 물적으로 상당한 투자를 한 자를 말한다(제2조 제20호).

새로운 데이터베이스가 만들어지려면 생산된 소재를 수집하여 이를 체계적으로 배열 또는 구성하는 절차를 거치게 되는데, 위에서 본 바와 같이 저작권법상 데이터베이스란 '소재를 체계적으로 배열하거나 구성한 편집물'을 뜻하므로 제작이란 단순히 체계적으로 '배열'하거나 '구성'하는 행위로 제한된다고 볼 수도 있겠지만, 그렇게 제한적으로 볼 필요는 없고, 소재의 수집에 상당한 투자를 한 자도 데이터베이스제작자로 보호될 수 있다고 본다. 다만 그 경우에도 체계적인 배열 또는 구성이 없으면 데이터베이스의 개념에 해당하지 않으므로, 체계적인 배열 또는 구성이 있어서 데이터베이스에 해당하는 경우에 그 수집에 상당한 투자를 한 자도 데이터베이스제작자의 개념에 포함될 수 있다는 것으로 이해하여야 한다.

데이터베이스의 소재 자체의 생산은 '데이터베이스의 제작' 이전 단계로서 그것이 창작성 있을 경우에 저작물로 보호됨은 별론으로 하고, 이를 '데이터베이스 제작'에 해당하는 것으로 볼 수는 없다.

데이터베이스의 '갱신 등'은 이미 완성된 데이터베이스를 보완하는 것이라 할 수 있다. 웹사이트 중에는 개설자가 웹사이트의 구조적인 설계를 하고 제작하여 관리를 하지만, 이용자들이 특정한 주제어에 관한 게시물을 자유롭게 작성하여 게시하거나 이미 게시된 내용을 자유롭게 수정하는 방식으로 운영되는 경우가 있는데, 그러한 경우에도 해당 사이트의 제작, 운영자가 사이트의 설계, 검색엔진 개발 및 업데이트, 자료접근성 향상노력, 서버관리 등 인

적 또는 물적으로 상당한 투자를 하였거나 그 소재의 갱신, 검증 또는 보충을
위하여 인적 또는 물적으로 상당한 투자를 하였다고 인정될 경우에는 데이터
베이스제작자에 해당하는 것으로 볼 수 있다('리그베다위키'라는 명칭의 웹사이트의 이용
자 게시물 데이터베이스의 보호가 문제된 사안에 대한 서울고판 2016. 12. 15, 2015나2074198 참조).

　　다만 데이터베이스를 제작하거나 갱신 등을 하였다고 하여 모두 '데이터
베이스제작자'로 인정되어 보호받는 것은 아니고 위 규정에서 보듯이 인적 또
는 물적으로 상당한 투자를 할 것을 요한다. '상당한 투자'는 불확정 개념이
므로 판단 기준을 세우기가 쉽지는 않으나, 인력의 사용이나 비용의 투입 등
의 면에서 사회통념상 보호의 대상이 될 만한 투자를 한 경우를 의미하는 것
으로 보아야 할 것이며, 반드시 고액의 비용이 들거나 많은 인력이 투입되어
야 보호를 받을 수 있는 것으로 볼 것은 아니다. 인적 투자는 인력 투입을, 물
적 투자는 설비나 기타 제작비용을 포괄하는 것으로 볼 수 있다. 판례에 의하
면, 데이터 양이 적은 것(서울중앙지판 2012. 1. 12, 2011가합76742 참조) 또는 기존의
다른 출판물 등을 상당부분 그대로 이용한 것(부산지판 2010. 9. 2, 2010가합2230 참
조) 등은 '상당한 투자'를 인정하는 데 크게 불리한 요소로 작용하는 것으로
판단되었다. 창작적 활동을 유인하고 보호하는 것이 아니라, 투자 자체를 보
호하는 것에 취지가 있으므로 저작물의 창작성 유무를 판단하는 것과는 다른
기준과 관점에서 투자의 정도를 중심으로 따져야 할 것임은 물론이다.

[163]　데이터베이스제작자의 권리

1. 권리의 내용

　　데이터베이스제작자는 당해 데이터베이스의 전부 또는 상당한 부분을 복
제·배포·방송 또는 전송할 권리를 가진다(제93조 제1항).

　　복제(이 책 [49] 2. 가. 참조), 배포([53] 1. 참조), 방송([51] 2. 참조), 전송([51] 3. 참조)
등의 개념은 저작재산권에 관한 장에서 설명한 바와 같다. 데이터베이스 이용
의 경우 이 네 가지가 주축을 이룰 것이고 공연, 전시 등은 문제되지 않을 것
이라는 점에서 위 네 가지만으로 권리의 내용을 정한 것이다.

다만 '당해 데이터베이스의 전부 또는 상당한 부분'을 위와 같은 방법으로 이용할 경우에만 그 권리의 침해가 된다. 이와 관련하여 대법원 판례는 "데이터베이스제작자의 권리가 침해되었다고 하기 위해서는 데이터베이스제작자의 허락 없이 데이터베이스의 전부 또는 상당한 부분의 복제 등이 되어야 하는데, 여기서 상당한 부분의 복제 등에 해당하는지를 판단할 때는 양적인 측면만이 아니라 질적인 측면도 함께 고려하여야 한다. 양적으로 상당한 부분인지 여부는 복제 등이 된 부분을 전체 데이터베이스의 규모와 비교하여 판단하여야 하며, 질적으로 상당한 부분인지 여부는 복제 등이 된 부분에 포함되어 있는 개별 소재 자체의 가치나 그 개별 소재의 생산에 들어간 투자가 아니라 데이터베이스제작자가 그 복제 등이 된 부분의 제작 또는 그 소재의 갱신·검증 또는 보충에 인적 또는 물적으로 상당한 투자를 하였는지를 기준으로 제반 사정에 비추어 판단하여야 한다"고 판시하였다(대판 2022. 5. 12, 2021도1533).

2. 개별 소재의 보호

데이터베이스의 개별 소재는 위 규정에 의한 당해 데이터베이스의 상당한 부분으로 간주되지 아니한다. 다만, 데이터베이스의 개별 소재 또는 그 상당한 부분에 이르지 못하는 부분의 복제 등이라 하더라도 반복적이거나 특정한 목적을 위하여 체계적으로 함으로써 당해 데이터베이스의 통상적인 이용과 충돌하거나 데이터베이스제작자의 이익을 부당하게 해치는 경우에는 당해 데이터베이스의 상당한 부분의 복제 등으로 본다(제93조 제2항).

판례를 보면, '데이터베이스의 상당한 부분'을 복제한 것으로 인정된 사례보다는 데이터베이스의 개별 소재의 복제를 반복적이거나 특정한 목적을 위하여 체계적으로 함으로써 당해 데이터베이스의 통상적인 이용과 충돌하거나 데이터베이스제작자의 이익을 부당하게 해치는 경우라고 인정된 사례가 많은 것으로 보인다(서울고판 2010. 6. 9, 2009나96306, 서울중앙지판 2018. 6. 27, 2017가합556332, 서울동부지판 2014. 12. 24, 2014가합104306 등).

다만, 이 규정의 적용이 너무 쉽게 이루어지면 "지식정보사회의 진전으로 데이터베이스에 대한 수요가 급증함에 따라 창작성의 유무를 구분하지 않고 데이터베이스를 제작하거나 그 갱신·검증 또는 보충을 위하여 상당한 투자를 한 자에 대하여는 일정기간 해당 데이터베이스의 복제 등 권리를 부여하면서도, 그로 인해 정보공유를 저해하여 정보화 사회에 역행하고 경쟁을 오히려 제한하게 되는 부정적 측면을 방지하기 위하여 단순히 데이터베이스의 개별 소재의 복제 등이나 상당한 부분에 이르지 못한 부분의 복제 등만으로는 데이터베이스제작자의 권리가 침해되지 않는다고 규정한" 저작권법의 취지에 반하는 결과가 될 수 있다(대판 2022. 5. 12, 2021도1533). 그런 관점에서 대법원은 "데이터베이스의 개별 소재 또는 상당한 부분에 이르지 못하는 부분의 반복적이거나 특정한 목적을 위한 체계적 복제 등에 의한 데이터베이스제작자의 권리 침해는 데이터베이스의 개별 소재 또는 상당하지 않은 부분에 대한 반복적이고 체계적인 복제 등으로 결국 상당한 부분의 복제 등을 한 것과 같은 결과를 발생하게 한 경우에 한하여 인정함이 타당하다"고 함으로써 위 규정에 대한 합리적 제한해석을 하는 입장을 취하였다(위 대판 2022. 5. 12, 2021도1533).

[164]   데이터베이스의 구성부분이 되는 소재의 저작권과의 관계

저작권법상의 데이터베이스제작자 보호는 데이터베이스의 구성부분이 되는 소재의 저작권 그 밖에 이 법에 따라 보호되는 권리에 영향을 미치지 아니한다(제93조 제3항).

이는 편집저작물에 대한 저작권의 경우와 거의 같다고 할 수 있다. 즉, 소재의 저작권자의 동의를 받지 않은 경우 그 복제권 침해가 될 수 있으나, 그로 인해 적법성이 결여된 경우에도 제3자와의 관계에서는 데이터베이스제작자로서의 권리를 주장할 수 있다.

[165]   데이터베이스제작자의 권리 제한

제94조는 데이터베이스제작자의 권리 제한사유를 규정하고 있다. 우선 그 제1항에서 저작재산권의 제한에 관한 규정들(제23조, 제28조부터 제34조까지, 제35조의2, 제35조의4, 제35조의5, 제36조 및 제37조 등)을 폭넓게 준용하고, 제2항에서는 제한의

영역을 대폭 확대하여 ① 교육·학술 또는 연구를 위하여 이용하는 경우(다만, 영리를 목적으로 하는 경우는 제외), ② 시사보도를 위하여 이용하는 경우 중 하나에 해당하는 경우에는 누구든지 데이터베이스의 전부 또는 그 상당한 부분을 복제·배포·방송 또는 전송할 수 있다고 규정하고 있다. 만약 이러한 제한사유가 무제한적으로 활용된다면 데이터베이스제작자의 경제적 권익에 큰 위협이 될 수도 있을 정도이다. 그러한 점을 감안하여 저작권법은 제2항의 단서로 "다만, 당해 데이터베이스의 통상적인 이용과 저촉되는 경우에는 그러하지 아니하다"고 규정하고 있다. 따라서 교육, 학술, 연구에 종사하는 기관 을 고객층으로 하여 제작된 데이터베이스가 있을 경우에 이를 유상으로 이용하지 않고 무단 복제하여 이용한다면 그것은 법이 허용하는 범위를 넘어선 것이라고 보아야 할 것이다.

한편, 저작재산권의 법정허락에 관한 법 제50조 및 제51조의 규정도 데이터베이스의 이용에 관하여 준용된다(제97조).

[166] 데이터베이스제작자의 권리의 양도·행사 등

데이터베이스제작자의 권리의 양도, 이용허락, 거래제공(배포권 소진의 원칙), 데이터베이스제작자의 권리를 목적으로 하는 질권의 행사, 공동데이터베이스에 대한 데이터베이스제작자의 권리행사, 데이터베이스제작자의 권리의 소멸, 데이터베이스의 배타적발행권의 설정, 그리고 데이터베이스제작자의 권리 및 데이터베이스제작자의 권리의 배타적발행권 등록 및 변경등록 등에 대해서는 저작재산권에 관한 관련 규정이 모두 준용되도록 하고 있다(제96조, 제98조). '신탁관리'가 가능한 대상에도 데이터베이스제작자의 권리가 포함된다(제2조 제26호).

[167] 보호기간

데이터베이스제작자의 권리는 데이터베이스의 제작을 완료한 때부터 발생하며, 그 다음 해부터 기산하여 5년간 존속한다(제95조 제1항).

데이터베이스의 갱신등을 위하여 인적 또는 물적으로 상당한 투자가 이루어진 경우에 당해 부분에 대한 데이터베이스제작자의 권리는 그 갱신 등을 한 때부터 발생하며, 그 다음 해부터 기산하여 5년간 존속한다(제95조 제2항).

갱신 등에 소재의 배열이나 구성을 바꾸는 경우도 포함되는가. 인적 물적으로 상당한 투자가 이루어진 경우에는 소재의 수집, 배열, 구성, 검증, 갱신, 보충 등 어떤 행위이든 여기에 포함되는 것으로 보아야 할 것이다. 즉, 법에서 '데이터베이스제작자'로 인정하는 범위에 포함되는 것으로 보이는 행위를 한 것인 한, 그 행위가 무엇인지와는 관계없이, 인적·물적인 상당한 투자가 있었는지 여부만을 판단기준으로 삼는 것이 타당하다.

[168] 기술적 보호조치의 보호

개정 저작권법은 접근통제적 기술적 보호조치를 포함한 기술적 보호조치의 무력화행위 등을 금지하는 규정(제104조의2)을 두고 있는데, 이 규정에서 보호하는 기술적 보호조치의 개념에는 데이터베이스제작자의 권리를 보호하기 위한 기술적 보호조치도 포함된다(제2조 제28호 참조). 따라서 그러한 보호조치도 제104조의2의 금지규정에 의해 보호된다.

[169] 콘텐츠산업 진흥법과의 관계

뒤에서 살펴보는 바와 같이 콘텐츠산업 진흥법에서도 콘텐츠의 무단 복제 등으로부터 콘텐츠제작자를 보호하는 규정을 두고 있어 저작권법상의 데이터베이스제작자 보호규정과 위 법상의 콘텐츠제작자 보호규정의 관계가 문제된다. 저작권법상 데이터베이스의 개념과 콘텐츠산업진흥법상의 콘텐츠의 개념을 비교해 보면, 콘텐츠의 개념이 반드시 소재의 집합물일 것을 요하지 않고 체계적으로 배열 또는 구성하여 소재를 개별적으로 접근 또는 검색할 수 있도록 할 것을 요건으로 하지 않는다는 점에서 보다 넓은 개념이라고 할 수 있다. 즉 콘텐츠 중 일부가 데이터베이스에 해당할 것이다.

양법의 관계와 관련하여 콘텐츠산업 진흥법 제4조 제2항은 "콘텐츠제작자가 '저작권법'의 보호를 받는 경우에는 같은 법을 이 법에 우선하여 적용한다"고 규정하고 있다. 따라서 양법에 의한 보호가 경합할 경우에는 저작권법에 의한 데이터베이스제작자 보호가 우선적으로 적용된다고 보아야 한다. 다만, 단지 데이터베이스의 개념에 해당한다는 것만으로 저작권법 적용이 있는 것으로 볼 것이 아니라 '보호를 받는' 경우에만 그러하므로, 데이터베이스에 해당하더라도 그것이 저작권법의 보호요건을 갖추지 못한 경우에는 콘텐츠산업 진흥법에 의한 보호가 동법의 요건하에서 주어질 수 있다.

[170] 벌칙

데이터베이스제작자의 권리를 복제·배포·방송 또는 전송의 방법으로 침해한 자는 3년 이하의 징역 또는 3천만원 이하의 벌금에 처해진다(제136조 제2항 제3호). 저작재산권이나 저작인접권 침해죄에 대하여는 5년 이하의 징역 또는 5,000만원 이하의 벌금을 법정형으로 규정하고 있는 것에 비하면 다소 형량이 완화되어 있다.

저작재산권침해죄와 마찬가지로 원칙적으로 친고죄이나, 영리를 위하여 상습적으로 침해한 경우는 예외적으로 비친고죄이다(제140조 제1호).

제 2 절 콘텐츠제작자의 보호

[171]   콘텐츠산업 진흥법의 의의

콘텐츠산업 진흥법의 원래 명칭은 온라인디지털콘텐츠산업발전법(이하 '온디콘법'이라 한다)이었는데, 2010. 6. 10. 전면개정과 함께 법명이 변경된 것이다. 2002. 1. 14. 법률 제6603호로 제정된 온라인디지털콘텐츠산업발전법(2002. 7. 15.부터 시행)은 경쟁사업자에 대한 관계에서 디지털콘텐츠의 무단복제 등 행위를 금지함으로써 온라인콘텐츠제작자의 투자와 노력을 법적으로 보호하는 취지의 법률로서 창작성이 없는 온라인 디지털콘텐츠를 보호하는 면에서 저작권법상의 데이터베이스제작자 보호규정과 상호보완적 관계에 있었다.

입법추진 과정에서 처음에는 디지털콘텐츠제작자에게 저작인접권적 성격으로 부여되는 배타적 권리인 '디지털화권'을 인정하고자 하는 취지에서 출발하였으나, 입법화 과정에서 여러 번의 토의와 절충을 거치면서 보호범위가 축소되어 결국은 부정경쟁방지적 차원에 국한하여 규정되게 되었다.

그러다가 2010. 6. 10. 전면개정과 함께 법명이 콘텐츠산업 진흥법으로 바뀌면서 그 보호대상이 단지 '온라인디지털콘텐츠'가 아니라 '콘텐츠'로 크게 확대되고, 보호의 내용에도 적지 않은 변화가 가해지게 되었다.

이 법은 콘텐츠산업의 진흥에 필요한 사항을 정함으로써 콘텐츠산업의 기반을 조성하고 그 경쟁력을 강화하여 국민생활의 향상과 국민경제의 건전한 발전에 이바지함을 목적으로 하고 있다(같은 법 1조).

[172] 보호의 구체적 내용

1. 콘텐츠제작자의 의의

'콘텐츠'란 부호·문자·도형·색채·음성·음향·이미지 및 영상 등(이들의 복합체를 포함한다)의 자료 또는 정보를 말한다(같은 법 제2조 제1항 제1호). 구 온디콘법에서는 아날로그콘텐츠는 물론이고 CD-ROM 등의 디지털콘텐츠도 오프라인 매체에 저장된 것인 한 동법의 보호대상에서 제외되었으나, 현행 콘텐츠산업 진흥법에 의하면 온라인 여부만이 아니라 디지털 형태인지 여부를 불문하고 위와 같은 콘텐츠의 개념에 해당하는 이상 모두 보호된다.

'콘텐츠제작'이란 창작·기획·개발·생산 등을 통하여 콘텐츠를 만드는 것을 말하며, 이를 전자적인 형태로 변환하거나 처리하는 것을 포함한다(같은 법 제2조 제1항 제3호). 이른바 '디지털화'도 콘텐츠제작의 일종임을 명시하고 있는 것이다.

그리고 '콘텐츠제작자'란 콘텐츠의 제작에 있어 그 과정의 전체를 기획하고 책임을 지는 자(그로부터 적법하게 그 지위를 양수한 자를 포함한다)를 말한다(같은 법 제2조 제1항 제4호).

2. 금지행위

콘텐츠산업 진흥법 제37조 제1항 본문은 "누구든지 정당한 권한 없이 콘텐츠제작자가 상당한 노력으로 제작하여 대통령령으로 정하는 방법에 따라 콘텐츠 또는 그 포장에 제작연월일, 제작자명 및 이 법에 따라 보호받는다는 사실을 표시한 콘텐츠의 전부 또는 상당한 부분을 복제·배포·방송 또는 전송함으로써 콘텐츠제작자의 영업에 관한 이익을 침해하여서는 아니 된다"고 규정하고 있다.

따라서 콘텐츠제작자가 상당한 노력으로 제작한 것만 보호의 대상이 될 수 있다. '상당한 노력'은 불확정 개념으로서 데이터베이스제작자의 보호를 위해 '인적·물적으로 상당한 투자'를 할 것을 요하는 것과 법문상의 표현은 다르지만 마찬가지로 해석해도 무방할 것으로 생각된다.

'제작'은 위에서 살펴본 같은 법 제2조 제1항 제3호의 개념에 해당하는 것을 의미한다.

그리고 대통령령(콘텐츠산업 진흥법 시행령 제33조)으로 정하는 방법에 따라 '표시'를 할 것이 보호의 요건이므로 그에 따른 표시를 하지 않은 콘텐츠의 경우에는 다른 요건을 모두 갖춘 경우에도 위 규정에 의한 보호를 받지 못한다(서울중앙지판 2004. 12. 3, 2004노555 참조). 또한 콘텐츠제작자가 위 표시사항을 거짓으로 표시하거나 변경하여 복제·배포·방송 또는 전송한 경우에는 처음부터 표시가 없었던 것으로 본다(콘텐츠산업 진흥법 제37조 제3항).

침해의 방법은 복제·배포·방송 또는 전송의 네 가지 행위 태양에 한한다. 복제·배포·방송 또는 전송의 개념은 저작권법상의 개념과 동일한 것으로 보아도 좋을 것이다.

"콘텐츠제작자의 영업에 관한 이익을 침해"할 것을 요하므로, 단순한 복제, 배포 등의 행위가 있다고 하여 무조건 이 규정을 위반한 것은 아니고 그 결과 콘텐츠제작자의 영업에 관한 이익을 침해한 것으로 인정될 수 있어야만 위반행위가 된다. 따라서 예컨대 공공기관에서 무료로 제공하는 콘텐츠의 경우라면 그것을 복제하여 사용하더라도 콘텐츠제작자의 영업에 관한 이익을 침해한 것으로 볼 수 없으므로 이 금지규정의 위반이라고 볼 수 없다. 구 온디콘법상으로는 부정경쟁방지적 차원의 규제임을 명확히 하는 뜻에서 "경쟁사업자의 영업에 관한 이익"을 침해할 것을 요하는 것으로 규정하고 있었으나 2010년 전면개정에 의하여 금지행위의 요건에 "경쟁사업자의"라고 하는 부분이 삭제되었으므로 이제는 침해 주체와 콘텐츠제작자 사이에 '경쟁사업자' 관계에 있을 것을 요한다고 볼 근거는 없다.

3. 보호기간

콘텐츠산업 진흥법 제37조 제1항 단서는 "다만, 콘텐츠를 최초로 제작한 날부터 5년이 지났을 때에는 그러하지 아니하다"고 규정하고 있다. 금지행위에 관한 동법 제37조 제1항 본문에 의하여 침해행위로부터 보호받을 수 있는 기간은 제작일로부터 5년의 짧은 기간으로 제한되어 있는 것이다.

데이터베이스제작자에 대한 경우와 마찬가지로, 콘텐츠를 계속 추가, 갱신하는 사업자의 경우에는 그 추가, 갱신 부분에 대하여는 다시 그 추가, 갱신일을 제작일로 표시하여 그로부터 5년의 기간동안 보호를 받을 수 있는 것으로 보아야 할 것이다.

4. 기술적 보호조치의 보호

누구든지 정당한 권한 없이 콘텐츠제작자나 그로부터 허락을 받은 자가 제37조 제1항 본문의 침해 행위를 효과적으로 방지하기 위하여 콘텐츠에 적용한 기술적보호조치를 회피·제거 또는 변경(이하 "무력화"라 한다)하는 것을 주된 목적으로 하는 기술·서비스·장치 또는 그 주요 부품을 제공·수입·제조·양도·대여 또는 전송하거나 이를 양도·대여하기 위하여 전시하는 행위를 하여서는 아니 된다. 다만, 기술적보호조치의 연구·개발을 위하여 기술적보호조치를 무력화하는 장치 또는 부품을 제조하는 경우에는 그러하지 아니하다(같은 법 제37조 제2항).

5. 민·형사적 구제

가. 손해배상청구

같은 법 제37조 제1항 본문(위 2. 금지행위) 및 제2항 본문의 규정(위 4. 기술적 보호조치의 보호)을 위반하는 행위로 자신의 영업에 관한 이익이 침해되거나 침해될 우려가 있는 자는 그 위반행위의 중지나 예방 및 그 위반행위로 인한 손해의 배상을 법원에 청구할 수 있다(같은 법 제38조 제1항 본문). 다만 이러한 손해배상청구를 할 수 있기 위해서도 보호의 중요한 요건의 하나인 '표시'를 적정하게 할 것을 요함은 당연하다. 본법 제38조 제1항 단서는 "다만, 제37조 제1항 본문을 위반하는 행위에 대하여 콘텐츠제작자가 같은 항의 표시사항을 콘텐츠에 표시하지 아니한 경우에는 그러하지 아니하다"고 규정하여 그 점을 다시 한번 확인하고 있다.

법원은 손해의 발생은 인정되나 손해액을 산정하기 곤란한 경우에는 변론의 전취지 및 증거 조사 결과를 고려하여 상당한 손해액을 인정할 수 있다(같은 조 제2항).

나. 형사적 구제

같은 법 제37조 제1항 본문을 위반하여 콘텐츠제작자의 영업에 관한 이익을 침해한 자 또는 같은 조 제2항 본문을 위반하여 정당한 권한 없이 기술적 보호조치의 무력화를 목적으로 하는 기술·서비스·장치 또는 그 주요 부품을 제공·수입·제조·양도·대여 또는 전송하거나 이를 양도·대여하기 위하여 전시하는 행위를 한 자는 1년 이하의 징역 또는 2천만원 이하의 벌금에 처한다(같은 법 제40조 제1항).

이 죄는 고소가 있어야 공소를 제기할 수 있다(같은 조 제2항).

9장

저작권 침해의
유형과 요건 등

제 1 절   저작재산권침해의 의의와 유형

[173]   저작권 침해의 의의

저작권법에 의하여 저작권은 저작물의 이용에 관한 배타적인 권리로 보호되고 있다. 따라서 저작권이 있는 저작물을 그 배타적 권리가 미치는 방법으로 이용하기 위해서는 저작재산권 제한규정(제23조부터 제35조의5까지)에 의하여 저작물의 자유이용이 인정되거나 저작물이용의 법정허락에 관한 규정(제50조부터 제52조까지)에 의하여 일정한 요건하에 문화체육관광부장관의 승인을 얻어 저작권자에 대한 보상금을 지급 또는 공탁한 경우가 아닌 한 원칙적으로 저작권자의 허락을 요하며, 저작권자의 허락 없이 무단으로 저작물을 이용하는 것(무단이용)은 저작재산권침해가 된다. '무단'이용이 저작재산권 침해라고 할 때의 '이용'은 저작권법이 저작재산권을 부여하고 있는 복제, 공연, 공중송신, 전시, 배포, 2차적저작물 작성 등 행위만을 뜻하고 이른바 '사용행위'로서 저작재산권의 통제범위 밖에 있는 것은 포함되지 않는다(대판 2017. 11. 23, 2015다 1017, 1024, 1031, 1048 참조. 컴퓨터프로그램저작물의 '사용' 사실에 대한 주장만 있고, 이러한 의미의 '이용'에 대한 주장·입증이 없다는 이유로 원고의 저작재산권 침해 주장을 인정하지 않은 서울 중앙지판 2023. 6. 8, 2022가합534251 참조).

저작재산권 침해를 '무단이용'과 '허락범위외 이용'의 두 유형으로 나누는 경우가 있지만 허락범위외 이용도 결국 그 이용의 태양에 관한 한 허락을 받지 않은 이용이므로 개념상으로 구별할 의의는 크지 않다.

또한 저작물의 저작자에게는 저작재산권과 별도로 저작인격권으로서 공표권·성명표시권·동일성유지권 등이 인정되므로, 미공표의 저작물을 저작자의 허락 없이 공표하거나 저작자의 허락 없이 저작자의 성명표시를 변경·삭제하는 것 또는 저작물의 내용이나 제호에 함부로 변경을 가하는 것은 저작인격권침해가 된다. 한편 저작권 이외의 저작권법상의 권리로서 배타적발행권, 출판권, 저작인접권, 데이터베이스제작자의 권리 등이 있는데, 이들도 배타적인 권리이므로 각 그 권리의 목적물을 권리자의 동의 없이 그 배타적 권리가 미치는 방법으로 무단으로 이용하는 것은 법에 의하여 이용이 허용되는 경우가 아닌 한 해당 권리의 침해가 된다.

[174] 표절의 의의

저작권법상의 용어는 아니지만 저작권의 침해와 관련하여 '표절(剽竊)'이라는 말이 사용되고 있으므로 그 개념을 살펴본다. 타인의 저작물을 무단으로 이용하는 행위를 표절이라고 칭하는 경우가 있으나 연구부정 행위로서의 표절은 저작권침해에 해당하는 '무단이용'의 개념과 두 가지의 차이를 가진다. 표절은 첫째, 단순한 무단이용이 아니라 타인의 저작물 등을 적절한 출처표시 없이 자기 것처럼 부당하게 사용하는 행위로서 타인의 저작물 등을 자신의 것처럼 하려는 인식 내지 의사가 있을 것을 요하고, 둘째, 타인의 저작물만이 아니라 타인의 독창적 아이디어를 자신의 것처럼 부당하게 사용하는 행위도 포함하는 개념이다(대판 2016. 10. 27, 2015다5170). 상술한 표절 개념은 위 대법원 판결이 말하는 "연구부정 행위로서 전형적 표절"에 해당하는 것이나, 연구부정행위에는 위와 같은 '전형적 표절' 외에 '자기표절'도 포함된다. '자기표절'이란 자신의 이전 연구결과와 동일 또는 실질적으로 유사한 학술적 저작물을 처음 게재한 학술적 편집자 등의 허락 없이 또는 적절한 출처표시 없이 다른 학술지나 저작물에 사용하는 학문적 행위를 뜻한다. 위의 '아이디어 표절'과 '자기표절'은 타인의 저작물을 무단으로 이용하는 것을 뜻하는 저작권침해와는 무관하며, 일정한 요건 하에 연구부정 행위로 평가될 수 있을 뿐이다. 전형적 표절 중 위 첫째의 경우는 저작권침해에 해당할 뿐만 아니라, 일반적인 저작권침해보다 더 큰 비난가능성을 가지는 것이라 할 수 있다. 저작권침해가 되기 위해서는 그러한 표절에 해당할 필요는 없고, 그러한 표절에 해당할 경우에는 저작재산권 침해와 동시에 저작인격권 중 성명표시권의 침해도 성립하는 경우가 많을 것이다. 그렇지만 저작재산권 침해와 성명표시권 침해가 결합된 것을 모두 '표절'이라고 볼 것은 아니며, 주관적 요소로서 '타인의 저작물 등을 자신의 것처럼 하려는 인식 내지 의사'가 있어야만 표절이라고 할 수 있다.

[175] 직접침해와 간접침해

1. 직접침해와 간접침해의 개념

저작권법상 침해정지 청구의 대상은 "권리를 침해하는 자"인데(제123조 제1항), 여기서 말하는 '침해'에는 직접적으로 권리를 침해하는 경우만이 아니라 간접적 관여에 의하여 권리를 침해하는 이른바 '간접침해'의 경우도 일정한 요건 하에 포함될 수 있다.

저작권의 간접침해란 저작권의 직접침해와 대조되는 개념으로서 저작권의 직접침해행위에 해당하지 않으면서 법률상 침해에 대한 일정한 책임을 지게 되는 경우를 총칭한다고 말할 수 있다. 이 경우 간접침해 개념의 구체적 의미는 직접침해의 개념을 어떻게 이해할 것인지에 의존한다고 할 수 있다. 원래 저작재산권의 침해란 위에서도 언급한 바와 같이 저작재산권의 지분권으로 규정된 복제, 공연, 공중송신, 전시, 배포, 대여, 2차적저작물 작성 등의 행위를 저작재산권자의 이용허락을 받지 않고 하는 것을 뜻하므로, 결국 저작재산권의 직접침해란 저작재산권자의 허락 없이 그러한 이용행위를 직접적으로 하는 것을 뜻한다고 할 수 있다. 예컨대, 복사기를 직접 물리적으로 조작하여 타인의 저작물인 책을 복사(복제)하는 사람, 직접 마이크를 잡고 타인의 노래를 많은 사람 앞에 부르는(공연) 사람, 타인의 음악 저작물이 담긴 mp^3 파일을 온라인 사이트에 직접 자신이 클릭하여 올려 공중이 개별적으로 선택한 시간과 장소에서 이용할 수 있게 제공(공중송신 중 전송)하는 사람, 자신이 직접 물리적으로 타인의 그림을 화랑에 진열(전시)하는 사람 등이 저작물 이용행위의 직접적 주체로서 그에 대한 허락을 받지 못하였고, 저작재산권 제한사유 등에도 해당하지 않을 경우 '직접침해'의 주체가 된다고 할 수 있다. 간접침 해는 그와 같이 직접적인 이용행위를 하지 않으면서 침해의 책임을 지는 모 든 경우(뒤에서 보는 직접침해②의 경우를 포함하는 점에서 광의의 간접침해라고 할 수 있다)를 말한다고 할 수 있다. 이러한 간접침해에는 온라인서비스제공자가 이용자의 침해행위에 대한 방조의 책임을 지는 경우를 비롯하여 매우 다양한 유형이 있을 수 있다.

2. 현행 저작권법상 직접·간접침해의 유형 구분과 법리

현행 저작권법상 직접적 또는 물리적인 이용행위의 주체가 저작권침해의 주체로 인정된다는 점에 대하여는 특별한 이론이 있을 수 없고, 침해의 주체 를 그러한 직접적 행위자로 제한할 수 있다면 문제의 해결이 명료하고 간명 하게 되는 점에서는 장점이 있을 것이다.

그러나 그러한 직접적인 행위 주체가 아니면서 침해행위에 간접적으로 관 여하는 경우에 대하여도 일정한 책임을 물어야 할 경우가 있음을 부정할 수 없다. 예를 들어 파일 공유형 웹하드 서비스나 P2P 프로그램을 온라인상에 제 공하면서 타인의 저작물을 올려 많은 사람들이 다운로드 받을 수 있게 제공 하는 사람에게 일정한 경제적 이익을 제공하는 방법으로 사실상 그러한 불법 적 전송행위를 조장하는 역할을 수행하는 경우에는 직접적으로 타인의 저작 물을 온라인에 전송하는 주체라고 보기는 어렵지만, 적어도 그 전송행위에 대 한 방조(傍助)의 책임을 물을 수 있도록 하여야 할 경우가 있다. 방조행위에 대 하여 민법은 협의의 공동불법행위(민 제760조 제1항)의 경우와 같이 공동불법행 위로 취급하도록 규정하고 있다(같은 조 제3항). 이러한 민법규정에 의하여 방조 자가 공동불법행위에 따른 손해배상책임을 지게 된다. 이처럼 일종의 간접침 해에 해당하는 방조의 경우에 대하여 손해배상책임을 물을 수 있음은 민법 규정에 의하여 해결되고 있는 것이다. 저작권 침해에 대한 교사(敎唆)의 경우는 실무상 잘 인정되지 않지만, 인정될 경우에는 방조와 기본적으로 동일한 법적 취급을 받게 된다(민 제760조 제3항).

그런데 저작권 침해에 대한 구제방법 중 침해정지청구의 경우는 민법이 아닌 저작권법에 그 근거규정을 두고 있는데, 그 규정, 즉 제123조 제1항에 의하면, 방조(및 교사)의 경우에 대한 아무런 언급 없이 "그 권리를 침해하는 자"에 대하여 침해의 정지를 청구할 수 있다고 규정하고 있다. 여기서 말하는 침해하는 자, 즉 침해의 주체를 오직 '직접침해'의 주체로만 해석할 경우에는 간접침해의 일종인 방조의 경우는 제외되어야 할 것이다. 그러나 그렇게 해석할 경우 침해를 의도적으로 조장하는 온라인서비스제공자의 서비스 제공행위 자체를 금지시킬 수단을 권리자가 가지지 못하게 됨으로써 그 권리의 실효성 있는 보호에 큰 문제를 야기하게 될 것이다. 따라서 판례는 일정한 요건하에 간접침해에 해당하는 방조의 경우에도 이 규정에 의한 정지청구권을 행사할 수 있음을 인정하고 있다. 즉, 서울고등법원 2007. 10. 10. 선고 2006라1245 판결은 "저작권법 제123조 제1항은 침해정지청구의 상대방을 '저작권 그 밖에 이 법에 의하여 보호되는 권리를 침해하는 자'로 규정하고 있는데, 저작권 침해행위를 방조하는 경우에도 방조행위의 내용·성질, 방조자의 관리·지배의 정도, 방조자에게 발생하는 이익 등을 종합하여, 방조행위가 당해 저작권 침해행위에 밀접한 관련이 있고, 방조자가 저작권 침해행위를 미필적으로나마 인식하면서도 이를 용이하게 하거나 마땅히 취해야 할 금지조치를 취하지 아니하였으며, 방조행위를 중지시킴으로써 저작권 침해상태를 제거할 수 있는 경우에는 당해 방조자를 침해 주체에 준하여 '저작권 그 밖에 이 법에 의하여 보호되는 권리를 침해하는 자'에 해당한다고 봄이 상당하다"고 판시하고 있고, 그 전에 선고된 대법원 2007. 1. 25. 선고 2005다11626 판결도 "소리바다 서비스 이용자들의 복제권 침해행위를 방조하는 채무자들 역시 그 침해정지 청구의 상대방이 될 수 있다"고 하여 방조자도 침해정지청구의 상대방에 포함시킬 수 있음을 말해 주고 있다.

그러나 이러한 방조 법리에 의한 간접침해 책임은 한 가지 중요한 한계를 가지고 있다. 다른 사람의 직접적인 저작물 이용행위를 도와주는 경우라 하더라도 다른 사람의 그 이용행위가 저작권법상 저작권 침해행위에 해당하는 경우가 아니면, 그 도와주는 사람에 대하여 방조책임을 물을 수는 없다는 점이 그것이다. 즉 방조책임은 불법행위로서의 직접침해를 전제로 하는 것으로서, 어떤 의미에서는 그러한 직접침해행위에 종속되는 성격을 가지고 있으므로, 직접침해의 성립여부와 무관하게 독립적으로 침해책임을 질 수는 없다.

이와 관련하여서 노래방에서 고객들이 노래를 부르는 것을 예로 들어 생각해 볼 수 있다. 노래방에서 노래를 부르는 고객들의 입장에서 보면, 잘 아는 친구 등 몇 명과 함께 노래방의 한 방실에서 서로를 대상으로 노래방 기기를 이용하여 음악을 틀고 화면에 나오는 가사를 보면서 노래를 부르는 것은 공중을 대상으로 한 가창이 아니므로 저작권법상의 '공연'에 해당하지 않아, 저작권자의 허락 없이 그러한 행위를 하더라도 저작권침해는 아니라고 보아야 할 것이다. 이 경우 노래방 업주는 고객들로부터 일정한 대가를 받고 고객들이 음악을 틀고 노래를 부를 수 있도록 음악이 저장된 노래방기기 등의 시설을 노래 부를 수 있는 공간과 함께 고객에게 제공하는 등의 역할을 수행하였는데, 이것을 저작권침해의 방조로 볼 수는 없다. 왜냐하면 방조는 직접침해로서의 저작권 침해행위가 있음을 전제로 하여 그러한 침해를 용이하게 해 주는 직접·간접의 모든 행위를 말하는 것이므로 직접침해가 인정되지 않는 위와 같은 경우에 방조책임을 인정할 수는 없기 때문이다.

그러나 노래방업주를 저작물 이용행위의 직접적인 주체로 본다면 사정은 달라진다. 노래방업주의 입장에서는 고객들이 '불특정다수인'에 해당하여 공중의 개념에 해당한다고 볼 수 있을 것이기 때문에 고객들로 하여금 노래방기기를 틀어 음악저작물의 연주를 재생할 수 있도록 한 것이 공연에 해당하는 것으로 볼 수 있다. 실제로 대법원 판결은 이러한 관점에 기하여 노래방업주가 공연에 대한 별도의 허락 없이 그와 같은 영업을 한 것을 이유로 저작권법 위반으로 기소된 형사 사건에서 "피고인이 경영하는 노래방의 구분된 각 방실이 4~5인 가량의 고객을 수용할 수 있는 소규모에 불과하다고 하더라도, 피고인이 일반 고객 누구나 요금만 내면 제한 없이 이용할 수 있는 공개된 장소인 위 노래방에서 고객들로 하여금 노래방기기에 녹음 또는 녹화된 음악저작물을 재생하는 방식으로 저작물을 이용하게 한 이상, 피고인의 위와 같은 소위는 일반공중에게 저작물을 공개하여 공연한 행위에 해당된다"고 판시한 바 있다(대판 1996. 3. 22, 95도1288).

이 경우 물리적으로 노래방기기를 직접 조작하여 재생하는 주체는 고객들일 가능성이 많지만, 그러한 가능성을 염두에 두면서도 위 판결은 노래방 업주인 피고인이 "고객들로 하여금 …재생하는 방식으로 저작물을 이용하게 한" 것이 저작물의 공연에 해당하는 것으로 보았다는 점에서 일정한 경우 직접적인 저작물 이용자가 아닌 간접적 관여자를 직접침해를 한 것과 동일하게 볼 수 있음을 말해 준 것이라 할 수 있다. 이것은 실제로 일본 최고재판소의 "클럽 캣츠아이" 사건 판결(最高裁 昭和63.3.15.判決 昭59(オ)1204)에서 확립된 '가라오케 법리'(제3자의 저작물 이용행위임에도 불구하고 '당해 이용행위에 대한 관리·지배'와 '경제적 이익의 귀속'이 인정되는 경우에는 서비스 제공자 내지는 점포 운영자가 저작권 침해의 주체가 될 수 있다는 법리)와 유사한 면을 내포하고 있는데, 이러한 경우에는 말하자면 '간접적 관여에 의한 직접침해'가 인정되고 있는 것으로 볼 수 있다. 이 경우의 책임은 방조에 의한 책임과 달리, 간접적 관여자의 책임은 직접적 행위자의 책임에 종속되지 않고 독립적으로 직접침해의 책임을 지는 것이고, 저작권침해에 있어서 공연, 공중송신, 전시 등 많은 경우에 핵심적인 개념요소가 되는 '공중' 개념에 해당하는지 여부를 따짐에 있어서도 그 관여자 자신의 입장을 기준으로 판단하게 된다. 그 결과 직접적 행위자의 입장에서는 공중을 대상으로 한 것이 아니라고 보아 침해책임을 지지 않는 경우임에도 간접적 관여자(이 경우, 노래방 업주)의 입장에서는 공중을 대상으로 한 것이라고 보아 침해책임을 지게 되는 경우가 있게 되는 것이다.

이처럼 결과적으로 직접침해와 마찬가지로 법적 취급을 하게 되는 간접적 관여자의 행위를 간접침해로 볼 것인지, 아니면 직접침해의 한 유형으로 볼 것인지에 대하여는 아직 논의가 충분하게 이루어지지 않은 상태이나, 그 법적 취급의 면에서는 직접침해와 동일하므로 직접침해의 한 유형이라고 볼 수도 있다. 다만 본래적인 의미에서의 직접침해와는 구별하여 살펴볼 필요가 있으므로, 편의상 본래적인 의미의 직접침해를 '직접침해①'이라 하고, 위와 같은 간접적 관여에 의한 직접침해를 '직접침해②'라고 구분하기로 한다.

한편, 방조에 의한 간접침해 중에서 침해정지청구의 대상이 될 수 있는 요건을 갖춘 경우와 그렇지 않은 경우가 있을 수 있으므로 그것을 다시 구분하여 침해정지 청구의 대상이 되는 경우를 '간접침해①'로, 그렇지 않은 경우를 '간접침해②'로 구분할 수 있다. 나아가 저작권법 제124조 제1항에 의한 침해간주행위의 경우도 광의의 간접침해에 포함시킬 경우 그것은 '간접침해③'이라 부를 수 있을 것이다.

나아가 민법상의 사용자책임이 인정되는 경우도 간접침해의 한 유형으로 생각할 수 있다. 민법 제756조 제1항은 "타인을 사용하여 어느 사무에 종사하게 한 자는 피용자가 그 사무집행에 관하여 제3자에게 가한 손해를 배상할 책임이 있다. 그러나 사용자가 피용자의 선임 및 그 사무 감독에 상당한 주의를 한 때 또는 상당한 주의를 하여도 손해가 있을 경우에는 그러하지 아니하다"고 규정하고 있는데, 이 규정은 일반적인 '회사책임'의 근거가 되는 면에서는 별도로 간접침해의 한 유형으로 볼 의의가 거의 없으나, 개인 간의 관계나 일시적 사용자 관계 등의 경우에는 간접침해의 한 유형으로 볼 필요가 있다. 이 경우를 간접침해④로 분류해 볼 수 있다.

이상에서 설명한 바를 종합하여 저작권침해에 대한 관여의 직접성 및 책임의 정도에 따라 침해행위를 유형화해 보면, 직접침해①(본래적 의미의 직접침해), 직접침해②(간접적 관여행위에 의한 직접침해), 간접침해①(침해정지청구의 대상이 되는 침해 방조 등), 간접침해②(침해정지청구의 대상이 되지 않는 침해 방조 등), 간접침해③(제124조 제1항에 의한 침해간주행위), 간접침해④(민법상의 사용자책임을 인정할 수 있는 경우)로 나눌 수 있다.

이 가운데 간접침해의 개념에 가장 정확하게 부합하는 경우는 직접침해의 방조자 등으로서 간접적인 관여자로서의 법적 성격을 뚜렷이 가지지만 저작권법상 "권리를 침해하는 자"에 대하여만 인정되는 침해정지청구의 대상이 되는 경우인 간접침해①의 경우라 할 수 있다. 본서에서는 이 경우를 최협의의 간접침해라고 부르기로 한다. 그 경우 간접침해①, ②, ③, ④를 총칭하여 협의의 간접침해, 더 나아가 직접침해②까지 포함하여 광의의 간접침해(학설상의 간접침해)라고 부를 수 있을 것이다.

결국 우리나라 현행법상의 저작권침해의 유형은 위와 같이 직접침해①부터 간접침해④까지의 여섯 가지 유형으로 나누어 볼 수 있으나, 이 중에서 실무상 가장 빈번하게 인정되는 간접침해의 유형은 간접침해①이라 할 수 있다. 간접적 관여행위에 의한 직접침해라고 하는 다소 역설적인 분류에 속하는 직접침해②를 가라오케 법리 등의 이름으로 비교적 폭넓게 인정하는 것이 일본 판례의 흐름이라면, 온라인서비스에 대하여는 그러한 직접침해의 성립가능성을 극히 제한적으로 보는 것이 종래의 미국 판례 입장이라고 할 수 있다. 다만 미국 판례 가운데도 간접적 관여행위를 직접침해로 인정한 예가 없었던 것은 아니며, '에어리오' 사건에 대한 미국 연방대법원 판결{American Broadcasting Companies v. Aereo, 573 U.S. (2014)}은 가입자들을 위해 소형의 안테나들을 무수히 설치하고 각 가입자에게 하나씩의 안테나를 할당한 후 원격녹화 서비스를 제공한 에어리오 회사의 행위가 미국법상의 공연권(우리 저작권법상으로는 공중송신권) 침해에 해당하는 것으로 인정함으로써 결국 간접적 관여에 의한 직접침해를 제한적으로나마 인정하는 입장을 표명한 것으로 볼 수 있다.

우리나라의 판례 흐름도 유사한 면이 있다. 노래방 업주를 공연권침해의 주체로 인정해 온 판례의 입장은 따지고 보면 가라오케 법리와 유사하게 규범적 관점에서 이용주체를 파악한 것으로 볼 수 있다는 것은 위에서도 언급하였지만, 그 외에, 엔탈 사건에 대한 하급심 판결(서울고판 2009. 4. 30, 2008나86722)은 원격녹화 서비스와 관련하여 미국 연방대법원의 에어리오 사건 판결 등과 기본적인 입장을 같이하는 것으로 볼 수 있다. 결국 일정한 경우 보다 직접적인 행위자가 따로 있더라도 여러 가지 사정을 고려한 '규범적 주체인정론'의 관점에 기하여 간접적 관여자인 사업자를 직접적 침해행위의 주체로 인정하여야 할 필요성과 그 타당성을 제한적으로나마 인정하는 것이 판례의 흐름이라고 말할 수 있을 것이다.

그런데 이러한 판례의 흐름은 자칫 너무 확대 적용되지 않도록 유의할 필요가 있을 것이다. 엄격한 요건하에 직접침해가 아닌 간접침해(방조침해)를 인정하는 것을 기본 골격으로 하는 우리 판례의 태도의 바탕에는 여러 가지 측면의 법정책적 균형의식이 깔려 있으므로 그 틀을 지나치게 허물 경우 어렵게 이루어 온 균형을 무너뜨릴 우려가 있기 때문이다.

참고로 위에서 설명한 저자의 침해 유형론을 표로 정리해 보면 다음과 같다.

유형 (법적 성격)	특징	구제수단	비고 (학설상의 간접침해)
직접침해① 유형	순수한 직접 침해, 물리적·직접적 침해, 독립적 책임	침해정지 ○ 손해배상 ○	
직접침해② 유형	간접적이지만 보다 능동적으로 관여한 경우 '규범적 주체인정론'에 기함. 독립적 책임	침해정지 ○ 손해배상 ○	간접침해 제1유형
간접침해① 유형 (방조침해①)	종속적 책임	침해정지 ○ 손해배상 ○	간접침해 제2유형
간접침해② 유형 (방조침해②)	종속적 책임	침해정지 × 손해배상 ○	간접침해 제3유형
간접침해③ 유형 (침해간주)	저작권법 제124조의 요건	침해정지 ○ 손해배상 ○	간접침해 제4유형
간접침해④ 유형 (사용자책임)	민법상 사용자책임의 요건을 갖춘 경우 종속적 책임	손해배상 ○	간접침해 제5유형 (회사책임의 경우는 제외하고 개인간의 관계가 문제되는 것을 이 유형으로 파악함)

이러한 유형론에 있어서 가장 중요한 과제가 되는 것은 구체적으로 어떠한 경우에 직접침해②의 유형에 해당하는지를 판단하는 기준을 세우는 것이다. 미국의 '에어리오' 사건과 구체적 사안은 다르지만 '원격녹화' 관련 사안이라는 점에서는 유사하다고 할 수 있는 사건인 '엔탈' 사건에 대한 서울고등법원 2009. 4. 30. 선고 2008나86722 판결이 원격녹화서비스 제공업체의 '직접침해' 책임을 인정하면서 제시한 기준이 우리에게 참고가 된다. 그것은 서비스 제공자에게 ① 이용행위에 대한 포괄적 의도가 인정될 것, ② 이용행위에 대한 전체적 통제 및 관리가 인정될 것의 두 요건을 갖출 경우에 직접

침해②에 해당하는 것으로 보아 서비스 이용자의 행위가 직접침해로서 불법행위를 구성하는지 여부와 관계없이 서비스 제공자가 책임을 지게 되는 것으로 보는 것이다.

지금까지의 우리나라 판례를 보면, 위 서울고법 판결 외에, 서울남부지방법원 2012. 2. 17. 선고 2011노1456 판결 및 대법원 2015. 4. 9. 2012다109798 판결도 '규범적 주체인정론'에 입각하여 각 서비스 제공회사의 행위를 직접침해②의 유형에 해당하는 것으로 판단한 사례에 해당하는 것으로 보인다.

[176] 지분권의 종류에 따른 유형

저작재산권침해는 지분권에 따라 ① 복제권의 침해, ② 공연권의 침해, ③ 공중송신권의 침해, ④ 전시권의 침해, ⑤ 배포권의 침해, ⑥ 대여권의 침해, ⑦ 2차적저작물작성권의 침해로 분류할 수 있다. 각각 저작권자의 허락을 받지 않은 원저작물의 복제, 공연, 공중송신, 전시, 배포, 대여, 원저작물을 이용한 2차적저작물의 작성(원저작물의 번역·편곡·변형·각색·영상제작 등) 등을 의미하는 것이다. 복제·공연·공중송신·전시·배포, 대여 등의 개념에 어떤 구체적 행위태양이 포함되는가에 대한 분석·연구는 그것이 결국 저작권침해의 태양을 알아내고 그 범주를 확정하기 위한 중요한 과제라 할 것이나, 제4장 제3절에서 상세히 다루었으므로 여기서는 생략한다.

제 2 절   저작재산권 침해의 요건

[177]   서설 – 침해의 개념구조

앞서 본 바([173])에 의하면 저작재산권침해의 개념은 저작물의 무단이용으로 간단히 규정될 수 있었다. 그것은 '이용'의 개념을 저작권법이 저작재산권을 부여하고 있는 복제, 공연, 공중송신, 전시, 배포, 2차적저작물 작성 등 행위만을 뜻하는 것으로 보는 것을 전제로 한 것이다. 만약 '이용'의 개념을 그렇게 엄격한 법적 개념으로 사용하지 않고 일반적으로 사용되는 의미로 사용할 경우에는 저작권자의 허락을 받지 아니한 이용이라고 해서 무조건 저작재산권침해가 되는 것은 아니라고 할 수 있다.

기존의 저작물을 이용하여 작품을 만드는 행위는 첫째 기존의 저작물에 '의거'하여 ① 그대로 베꼈거나 ② 그렇지 않고 다소 수정·변경이 있지만 기존의 저작물과의 동일성을 인정할 수 있는 경우, 둘째 기존의 저작물을 토대로 하여 만들어진 작품에 사회통념상 새로운 저작물이라고 볼 만한 새로운 창작성이 부가되었지만 한편으로 기존의 저작물에 대한 관계에서 종속성 또는 실질적 유사성이 인정되는 경우, 셋째 기존의 저작물을 이용하였지만, 기존의 저작물의 '창작성 있는 표현'이 아닌 아이디어나 창작성 없는 표현 등을 이용한 것으로서 기존의 저작물과 사이에 동일성이나 종속성(실질적 유사성)을 인정할 수 없는 독립된 작품이 된 경우 등으로 분류할 수 있다.

그것이 유형물에 고정된 경우라고 가정하면, 위 첫째의 경우는 저작재산권 중 복제권의 침해에, 위 둘째의 경우는 저작재산권 중 2차적저작물작성권의 침해에 각 해당하나, 마지막 세 번째 경우는 저작재산권침해가 되지 아니한다.

기존의 저작물을 그대로 베낀 경우나 그것을 이용하여 공연·공중송신·전시·배포하는 경우는 저작재산권침해 여부에 관한 판단이 그다지 어렵지 않을 것이다. 소송실무상 주로 문제가 되는 것은 A저작물과 B저작물의 내용이 유사한 점이 있으나 완전히 동일하지는 않은 경우에 A저작물의 저작자가 B저작물의 저작자를 상대로 소를 제기하여 B저작물이 A저작물을 모방한 복제물이라거나 또는 그것을 토대로 만들어진 2차적저작물일 뿐이라고 주장하는 경우에 그 주장을 받아들일 수 있는 경우(즉 위 첫째의 ②의 경우나 둘째의 경우에 해당한다고 볼 경우)가 어떤 경우인가 하는 것이다.

이러한 경우 원고의 주장을 받아들여 저작권침해를 인정하기 위한 요건은 ① 주관적 요건으로서 B저작물이 A저작물에 '의거'하여 그것을 이용하였을 것(의거관계), ② 객관적 요건으로서 B저작물이 A저작물과 사이에 동일성 또는 종속성(실질적 유사성)이 있을 것의 두 가지로 요약해 볼 수 있다.

[178]   주관적 요건 – '의거관계'

1. 의거관계의 의의

위에서 본 바와 같이 저작권침해를 인정하기 위해서는 침해자가 저작권이 있는 저작물에 의거하여 그것을 이용하였을 것이 요구된다. 따라서 피고가 원고의 저작물과 거의 동일한 내용의 작품을 만들어 낸 경우에도 그것이 원고의 저작물에 의거한 것이 아니고 ① 단순히 우연의 일치이거나, ② 공통의 소재(common source)를 이용한 데서 오는 자연적 귀결인 경우, 혹은 ③ 공공영역(public domain)에 속하게 된 다른 저작물을 원·피고 공히 이용한 데서 오는 결과인 경우에는 저작권침해가 아니다. 가사 원고의 저작물이 존재함을 모르고 피고가 그와 비슷한 작품을 만든 것에 과실이 있는 것처럼 여겨지는 경우라 하더라도 그것만으로 저작권침해를 인정할 수는 없다. 이러한 '의거관계'의 요건은 복제권 또는 2차적저작물작성권 침해라는 개념 자체에서 비롯된 것으로서 저작권침해에 대한 고의·과실의 문제보다 개념적으로 선행하기 때문이다. 그러나 반드시 피고가 원고의 저작물 자체를 보거나 듣고 그에 직접적으

로 의거할 것을 요하는 것은 아니며, 원고의 저작물에 대한 복제물을 보고 베
낀 경우와 같이 간접적으로 원고의 저작물에 의거한 경우('간접적 의거')도 저작
권침해로 인정할 수 있다. 또한 피고가 원고의 저작물에 의거한다는 인식을
가지고 작품을 작성한 경우에만 저작권의 침해가 되는 것은 아니며, 무의식적
으로라도 원고의 저작물에 의거한 것으로 인정되면 저작권침해를 인정할 수
있다(이러한 '무의식적 의거'를 긍정하는 것이 다수설 및 서울중앙지판 2015. 8. 21, 2013가합58670
등 다수의 하급심 판례의 입장임).

이러한 '의거'는 어떤 사람이 작성한 작품이 타인의 저작권을 침해한 것
인지 문제가 되는 사건에서는 그 작품이 타인의 저작물을 이용한 것임을 뜻
하는 것이므로, '의거'의 주체는 작품의 작성자여야 한다. 예컨대 甲의 피용자
인 乙이 작성한 작품이 丙의 저작재산권을 침해하였다고 하여 丙이 甲을 상
대로 저작권침해의 불법행위에 대한 사용자책임을 묻는 사건을 가정해 보면,
피고 甲이 아니라 작품 작성자인 乙이 '의거'의 주체가 되어야만 저작권 침해
가 인정될 수 있는 것이다(서울고판 2012. 10. 18, 2011나103375 참조).

공동저작물의 경우에는 공동저작자 중 1인에게라도 의거가 인정되면 공
동저작물 전체에 대하여 '의거관계'의 요건은 충족되는 것으로 본다. 의거는
의거자에게 책임을 묻기 위한 주관적 책임요건이 아니라 어떤 저작물이 다른
저작물을 이용하여 작성된 것인지 여부를 따지기 위한 개념일 뿐이다. '공동
저작물'이라면 그것은 공동의사에 의한 공동창작의 결과 분리이용 불가능성
을 가진 경우이므로, 공동저작자 중 1인이 타인의 저작물을 보거나 들은 것을
이용한 부분이 그 공동저작물의 기여부분으로 들어가 있다면, 그 공동저작물
전체가 타인의 저작물에 의거한 면이 있는 것은 분명한 것이다. 물론 '실질적
유사성'도 인정되어야 (2차적저작물작성권의) '침해'가 인정될 수 있지만, 다른 공
동저작자들에 대하여도 '의거'가 인정되어야 침해가 성립하는 것은 아니다.
객관적 요건으로서의 실질적 유사성이 있고 그것이 어느 공동저작자의 '의거'
에 기한 것임이 분명함에도 불구하고 다른 공동저작자들에 대하여도 '의거'가
있어야 침해가 성립한다고 하면, 공동저작자들에게 침해정지청구를 할 수도
없게 되어 저작권 보호에 부당한 흠결이 초래된다. 각각의 공동저작자가 공동

불법행위에 따른 손해배상책임을 지거나 저작권침해의 형사책임을 지기 위해서는 별도의 주관적 책임요건(불법행위의 경우는 고의 또는 과실, 형사책임의 경우는 고의)이 필요한 것은 물론이지만, '의거관계'는 그것과는 다른 차원의 문제이다.

2. 의거관계의 입증

가. 접근가능성(access)

앞에서 본 저작권침해의 요건 중 주관적 요건인 '의거관계'는 종국적으로 피고의 내심에 관한 문제에 귀착하는 경우가 많아 이를 입증하기 힘든 경우가 많을 것이다. 그래서 미국의 판례이론에서는 원고가 피고의 원고저작물에 대한 접근가능성(access)과 원·피고저작물 사이의 유사성을 증명하면, 다른 반증이 없는 한 저작권침해의 증명이 된 것으로 보고 있다. 이는 결국 '의거' 대신에 '접근가능성(access)'의 입증을 요구하는 것으로 입증책임을 경감하고 있는 것이다. '접근가능성'이란 피고가 실제로 원고의 저작물을 보았거나 그 내용을 알았다는 것을 의미하는 것은 아니며, 보거나 접할 상당한 기회를 가졌다는 것을 의미한다.

그러므로 원고·피고 모두와 거래관계를 가지고 있는 제3자가 원고의 작품을 소지하고 있었다는 사실{Kamar International, Inc. v Russ Berrie & Co., 657 F. 2d 1059(1981, CA 9 Cal)}, 또는 원고의 저작물이 히트곡이어서 널리 반포되어 있다는 사실{ABKCO Music, Inc. v Harrisongs Music, Ltd., 722 F. 2d 988(1983, CA 2NY)} 등이 증명되면 그로써 '접근가능성'이 증명된 것으로 볼 수 있다. 피고가 자연인이 아니고 회사인 경우 그 회사의 사원 중 한 사람이 원고의 작품을 소지하고 있으면 특별한 사정이 없는 한 실제 피고의 작품을 만든 다른 사원도 원고의 작품에 대한 접근가능성을 가졌다고 인정할 수 있다{이를 '회사수령의 원칙'이라 한다. Segal v. Paramount Pictures, 841 F. Supp. 146, 150(E.D. Pa. 1993) 등}. 다만, 실질적으로 상호간 교류가 없는 부서로 분리되어 있는 경우에는 단순히 어느 한 부서의 직원이 원고(原稿) 등을 받은 사실이 있다는 것만으로 다른 부서의 직원도 그것을 받아서 볼 기회가 있었다는 것, 즉 접근가능성을 인정하기 어렵다고 본 판례{Muller v. Twentieth Century Fox Film Corp. 794 F.Supp.2d 429, 442(S.D.N.Y., 2011)}도 있다. 그 외에 피고가 원고의 저작물을 제출받은 적이 있는 원고의 대리인과 사이에 피고의 작품에 관한 논의를 하였던 것으로 밝혀진 경우{De Acosta v. Brown, 146 F. 2d 408(2d Cir. 1944)} 및 피고의 저작물의 제작에 관한 책임을 지거나 그 제작에 관련되어 있는 편집인에게 원고의 저작물이 제출되었던 경우{Smith v. Little, Brown & Co., 360 F. 2d 928(2d Cir. 1966)} 등에도 원고의 저작물에 대한 피고의 접근가능성이 인정될 수 있다. 그러나 단순히 얼마간의 가능성이라도 있는 정도로는 '상당한 기회'라고 보기 어려우므로, 예컨대 원고의 작품 원고(原稿)가 피고가 거주하는 도시에 단순히 물리적으로 있었다는 사실만으로는 피고에게 원고의 작품을 볼 상당한 기회가 있었다고 할 수 없다{Columbia Pictures Corp. v. Krasna, 65 N.Y.S. 2d 67(Sup. Ct. N. Y. County 1946) 등}. 또한 컴퓨터를 해킹했을 가능성이나 전화를 감청했을 가능성이 있다는 것 등은 증거에 의하여 구체적으로 뒷받침되지 않는 한 접근가능성의 인정에 도움이 되지 않으며{Feldman v. Twentieth Century Fox Film Corp. 723 F.Supp.2d 357, 365-366(D.Mass., 2010)}, 원고가 피고들의 거주지역이 아닌 다른 주(州)들에서 몇 차례 공연을 한 바 있고, 피고들을 모르는 사람들에게 500개의 카세트테이프를 보낸 바 있다는 것만으로는 접근가능성이 인정된다고 볼 수 없다는 것{McRae v. Smith 968 F.Supp. 559, 563-564(D.Colo., 1997)}이 미국 판례의 입장이다.

'접근가능성'에 관한 이러한 미국의 판례 이론은 우리나라의 판례도 이를 수용하고 있다. 하급심 판결 중에는 이러한 '접근가능성'과 '실질적 유사성'이 인정되면 의거관계가 사실상 추정된다고 본 경우가 많으나(서울중앙지판 2017. 9. 15, 2017가합516709 등), 뒤에서 보는 바와 같이 저작권침해의 객관적 요건으로서의 '실질적 유사성'과 '의거관계'의 추정에 영향을 미치는 유사성으로서의 '증명적 유사성'은 서로 구별되어야 할 개념이므로, '접근가능성'과 '증명적 유사성'('아이디어', '사실' 등의 유사성도 포함될 수 있다는 점 등에서 '실질적 유사성'과 구별됨)이 결합하여 의거관계를 추정하게 하는 것으로 보는 것이 타당하다. 이 경우 '접근가능성'을 인정하게 하는 사유들이나 '증명적 유사성'이나 모두 '의거관계'를 추정하게 하는 정황증거로서의 의미를 가지는 것인바, '의거관계'의 추정에 미치는 영향의 정도는 각 사안마다 차이가 있을 수 있는 유동적인 것이며

고정된 것은 아니라고 보아야 한다. 접근가능성의 면에서 추정하게 하는 정도
가 높으면, 유사성의 면에서 추정하게 하는 정도는 낮아도 되고, 그 역(逆)도
성립하여, 접근가능성과 증명적 유사성이 요구되는 정도에 있어서 서로 반비
례적인 관계에 있다고 할 수 있다. 법원은 이 두 가지 요소에 관한 인정사실
들을 종합적으로 고려하여 의거관계의 유무를 판단하여야 할 것이다(서울고판
2015. 4. 30, 2014나2018733 등이 '증명적 유사성'을 '유사성'으로만 표현한 것 외에는 이러한 판단
기준에 따라 판시한 예에 해당한다고 할 수 있다).

나. 현저한 유사성(striking similarity)과 증명적 유사성(probative similarity)

미국의 판례이론에 의하면 먼저 만들어진 원고의 저작물과 후에 만들어진
피고의 작품 사이의 유사성이 실질적일 뿐만 아니라 충분히 현저한(sufficiently
striking) 경우에는 그것 자체에 의해 '의거'도 사실상 추정되는 것으로 보아 따
로 '접근가능성'의 입증을 요하지 않는다고 한다. 이 경우 양 저작물 사이의
유사성이 충분히 현저하다고 하기 위해서는 그 유사성이 우연의 일치나 공통
의 소재 등으로는 설명되기 어렵고, 피고에 의하여 이용된 원고 저작물 부분
이 특별한 독창성이나 복잡성을 가지는 등의 사유로 오직 피고의 저작물이
원고의 저작물에 의거한 것에 의해서만 설명될 수 있는 정도의 것이어야 한
다{Testa v Janssen, 492 F. Supp. 198, 208 U.S.P.Q. 213(1980, WD Pa) 참조}. 우리 대법원도
그러한 취지에서 "대상 저작물과 기존의 저작물이 독립적으로 작성되어 같은
결과에 이르렀을 가능성을 배제할 수 있을 정도의 현저한 유사성"이라는 표
현을 사용하고 있다('선덕여왕' 사건에 대한 대판 2014. 7. 24, 2013다8984 참조). 위 판결은
그러한 현저한 유사성이 인정되는 경우에는 그러한 사정만으로도 의거관계를
추정할 수 있다고 판시하였다. 물론 위와 같은 추정은 사실상의 추정으로서
피고가 독립된 제작임을 입증함으로써 번복될 수 있는 것이다.

한편, 위와 같은 현저한 유사성이 아니더라도 두 작품 사이의 일정한 유
사성이 '의거관계'에 대한 입증을 보완하는 데 활용될 수 있는데, 이러한 관
점에서의 유사성을 미국의 판례 및 학설에서는 증명적 유사성(probative similarity)
이라고 부른다. 이것은 침해의 객관적 요건인 실질적 유사성과는 구분되는 개

념으로서 오히려 주관적 요건의 입증에 관련된 것이며, 실질적 유사성의 판단에서 제외되는 아이디어, 사실 등의 유사성도 원고의 저작물에 대한 '의거관계'의 입증을 보완해 주는 정황이 되는 한 증명적 유사성의 내용이 될 수 있다. 앞서 '접근가능성'의 입증으로 '의거'가 입증된 것으로 볼 수 있다는 설명을 하였는데, 실제 재판에서는 접근가능성의 입증에는 다소 부족하지만 관련 정황이 있고 나아가 양 작품 사이에 '현저한 유사성'에는 못 미치지만 상당한 정도의 증명적 유사성이 있어 결국 이 둘을 합하면 종국적으로 '의거관계'에 대한 입증이 된 것으로 볼 만한 사례들이 있을 수 있다. 그러한 경우에 증명적 유사성은 유용한 도구개념이 될 수 있다.

　이러한 '증명적 유사성'이라는 용어를 대법원 판례가 사용하고 있는 것은 아니나 같은 취지의 유사성의 개념을 상정한 판례는 보인다. 즉, 대법원 2007. 3. 29. 선고 2005다44138 판결은 "대상 저작물이 기존의 저작물에 의거하여 작성되었는지 여부와 양 저작물 사이에 실질적 유사성이 있는지 여부는 서로 별개의 판단으로서, 전자의 판단에는 후자의 판단과 달리 저작권법에 의하여 보호받는 표현뿐만 아니라 저작권법에 의하여 보호받지 못하는 표현 등이 유사한지 여부도 함께 참작될 수 있으므로, 대상 동화가 이 사건 소설에 의거하여 작성되었는지 여부를 판단함에 있어서 저작권법에 의하여 보호받지 못한 표현 등의 유사성을 참작할 수 있다고 하여, 양 저작물 사이의 실질적 유사성 여부를 판단함에 있어서도 동일하게 위와 같은 부분 등의 유사성을 참작하여야 하는 것은 아니다"라고 판시하고 있는데, 바로 이 판결에서 말하는 바와 같이 "보호받지 못하는 표현 등이 유사한지 여부"를 포함한 유사성 판단을 통해 의거관계 유무를 판단하고자 할 때의 '유사'가 바로 '증명적 유사성'이라 할 수 있다.

　이러한 '증명적 유사성'이나 앞서 본 '접근가능성'이나 모두 '의거관계'를 추정하게 하는 정황증거로서의 의미를 가지는 것인바, '의거관계'의 추정에 미치는 영향의 정도는 각 사안마다 차이가 있을 수 있는 유동적인 것이며 고정된 것은 아니라고 보아야 한다는 것, 그러므로 접근가능성의 면에서 추정하게 하는 정도가 높으면, 유사성의 면에서 추정하게 하는 정도는 낮아도 되고,

그 역(逆)도 성립하여, 접근가능성과 증명적 유사성이 요구되는 정도에 있어서 서로 반비례적인 관계에 있다고 할 수 있고, 따라서 법원은 이 두 가지 요소에 관한 인정사실들을 종합적으로 고려하여 의거관계의 유무를 판단하여야 한다는 것은 위 '가'에서 살펴본 바와 같다.

다. 공통의 오류(common errors)

또한 뒤에 만들어진 피고의 저작물에 먼저 만들어진 원고의 저작물과 공통되는 오류가 발견되면, 그것으로 의거관계가 사실상 추정된다고 한다. 다만 여기서 말하는 '공통의 오류'는 경험칙 등에 비추어 의거관계의 추정을 가능하게 하는 성격의 것이어야 하고, 누구나 쉽게 착오를 일으킬 수 있는 부분 등에 공통의 오류가 있다는 것 등은 제외되어야 할 것이다(서울중앙지판 2017. 6. 2, 2016가합502413, 54036 참조). 그러한 추정은 예컨대 원고의 저작물이 번역저작물인 경우에 원고가 원문에 없는 부분을 창작하여 첨가한 부분이 피고의 번역물에 그대로 옮겨져 있는 것이 발견되는 경우(이른바 "꼬마철학자" 사건에 대한 서울민사지판 1988. 3. 18, 87카53920)에도 적용될 수 있을 것이다. 미국에서는 이와 같은 추정을 받기 위해 지도 등의 저작물에 일부러 작은 오류를 포함시켜 두는 경우가 있다고 한다. 다만, 이 역시 의거의 점에 대한 추정을 부여할 뿐이므로 양 저작물 사이의 실질적 유사성은 별도로 판단되어야 한다. 예를 들어 사실이나 정보 자체는 저작권법의 보호대상이 아니므로 피고가 원고의 저작물에 포함된 정보를 자신의 저작물에 이용하면서 잘못된 정보까지 그대로 옮긴 경우에도 피고가 원고의 저작물에 특유한 창작적 표현을 모방하지 않는 한 저작권침해가 되지 않는 것이고, 위와 같은 공통오류의 존재가 바로 저작권침해 사실을 추정하게 하는 것은 아닌 것이다.

[179] 객관적 요건 – 실질적 유사성

1. 서설

위에서 본 바와 같이 저작재산권(그 중에서도 복제권 또는 2차적저작물작성권)의 침해가 되기 위해서는 원고의 저작물과 피고의 저작물 사이에 동일성(복제권 침해의 경우) 또는 종속성(2차적저작물작성권 침해의 경우)이 인정되어야 한다. 동일성과 종속성은 개념적으로는 구별되지만, 실제 그 판단에 있어서는 두 작품 사이의 유사성 판단에 의존하는 점에서 큰 차이가 없다(2차적저작물작성권 침해의 경우는 피고가 만든 작품에 새로운 창작성이 부가되어 있다는 점이 다를 뿐이다). 즉 원고의 저작물에 의거한 피고의 저작물이 원고의 저작물과 사이에 실질적 유사성(substantial similarity)이 있으면 동일성 또는 종속성이 인정되고, 이는 곧 저작재산권침해로 되는 것이다. 그러나 어떤 질 또는 양의 유사성이 '실질적' 유사성인가를 결정하는 것은 결코 쉬운 일이 아니다. 두 저작물이 서로 전혀 유사하지 않은 것과 문자 그대로 똑같은 것 사이의 어딘가에 실질적 유사성의 경계가 있음은 분명한데, 그 경계를 어떻게 찾아낼 것인가. 이것은 어차피 모호성을 피할 수 없는 문제이긴 하지만 단순히 '구체적·개별적 판단'에 의존할 수밖에 없다고 하는 것은 문제해결에 전혀 도움이 되지 않는 것이고, 법원이 실질적 유사성의 선을 긋는 데 유용한 지침들을 저작권법의 원리로부터 찾아 내야만 할 것이다. 다음에서 그러한 지침들을 정리해 본다.

2. 유사성의 두 형태

먼저 두 작품 사이의 유사성에는 특히 어문저작물의 경우에 두 가지 서로 다른 유사성의 형태가 있음을 염두에 둘 필요가 있다. 그것은 포괄적·비문언적(비문자적) 유사성(comprehensive nonliteral similarity)과 부분적·문언적(문자적) 유사성(fragmented literal similarity)이다. 후자가 원고의 작품 속의 특정한 행이나 절 또는 기타 세부적인 부분('문언적 표현')이 복제된 경우임에 대하여, 전자는 피고가 원고의 작품 속의 근본적인 본질 또는 구조('비문언적 표현')를 복제함으로써 원·피고의 작품 사이에 비록 문장 대 문장으로 대응되는 유사성은 없어도 전체로서 포괄적인 유사성이 있다고 할 수 있는 경우를 말한다. 저작권 보호는 저작물의 '문언적 표현'만이 아니라 '비문언적 표현'('내재적 표현')에도 미치는 것으로 보아야 하므로(그렇지 않다면 표절자는 문장표현만 이리저리 바꾸는 하찮은 변형에 의해 쉽게 저작권침해의 책임으로부터 빠져나갈 수 있을 것이다), 전자의 포괄적·비문언적 유사성의 경우도 저작권침해를 구성하는 '실질적 유사성'에 해당할 수 있는 것이나(우리나라 판례 중에서 그러한 의미에서의 포괄적·비문언적 유사성을 인정한 대표적인 사례가 '사랑이 뭐길래' 사건에 대한 서울남부지판 2004. 3. 18, 2002가합4017이다), 그것이 어떤 경우인지에 관해서는 다시 세밀한 검토를 요한다. 포괄적·비문언적인 유사성의 판단과 관련하여 미국의 판례와 학설상 논의되는 ① 아이디어와 표현의 구별, ② 외관이론, ③ 추상화·여과·비교 테스트 등에 대하여는 뒤에서 다시 자세히 살펴보기로 한다.

　부분적·문언적 유사성의 경우는 말 그대로 '문언적' 유사성이므로, 그 유사한 부분이 양적인 상당성을 충족하는가 하는 것이 가장 중요한 기준이 된다{미국 판례이론 상으로는 이를 미소(微小)기준(De minimis rule)이라 한다. 양적으로 너무 미미하고 작은 경우에는 법적 보호의 대상이 되지 않는다는 취지이다}. 그러나 '양'의 면에서는 소량이 이용되었더라도 그것이 '질'의 측면에서 중요한 부분이면, 실질적 유사성이 있다고 볼 수 있는 경우도 있음을 부정할 수 없다. 따라서 어느 정도의 양이면 실질적 유사성이 인정된다고 하는 명확한 기준을 제시할 수는 없다.

　예컨대 음악저작물의 경우 하나의 음표에 한정된 유사성으로는 충분하지 않다고 조심스럽게 말할 수는 있을 것이나{McDonald v. Multimedia Enter. Inc., 20 U.S.P.Q. 2d 1373(S.D.N.Y.1991)}, 타인의 음악저작물에서 단지 세 소절을 무단복제하는 것은 저작권침해를 구성하지 않는다는 원칙은 없다. 문학의 영역에서는 약 3~4백 단어에 이르는 부분에 문언적 유사성이 있는 경우 실질적 유사성이 있다고 판단될 것은 분명하지만{Waken v. White & Wyckoff Mfg. Co., 39 F. 2d 922(S.D.N.Y. 1930)}, 원고와 피고의 작품 중에 단지 한 문장만이 유사한 경우에는 실질적 유사성의 유무를 단정하기 어렵다. 구체적인 사안에서 한 문장만의 문언적 유사성은 실질적 유사성의 요건을 충족하지 못한다고 판단될 가능성이 많지만(우리나라 판례 중에 '왕의 남자' 사건에 대한 서울고결 2006. 11. 14, 2006라503이 '나 여기 있고 너 거기 있어'라는 표현의 문언적 유사성만으로는 실질적 유사성을 인정하기 어렵다고 본 사례이다), 일률적으로 단정할 수는 없고 구체적인 경우에 그 문장의 작품 전체에 대한 비중, 창작성의 정도·길이 등을 종합적으로 고려하여 판단하여야 한다. 드물기는 하지만 단지 한 문장의 무단복제가 저작권침해를 구성한다고 판시한 사례도 있다{한 문장의 문언적 유사성을 긍정한 사례로는 서울중앙지판 2018. 4. 6, 2017가합 530576 등을 들 수 있다. 미국의 사례 중에는 영화광고에 나오는 "지옥에 방이 없다면 사자(死者)는 이 세상을 걸어다닐 것이다"라는 한 문장을 복제한 경우에 대하여 실질적 유사성을 인정한 Dawn Assorts. v. Links, 203 U.S.P.Q. 831(N.D.I 11.2978) 등이 있다}.

이러한 부분적·문언적 유사성은 대개 피고가 원고의 저작물을 부분적으로 "인용한 것"에 해당할 것이므로 저작재산권제한에 관한 우리 저작권법 제28조의 규정에 따라, 보도·비평·교육·연구 등을 위하여 정당한 범위 안에서 공정한 관행에 합치되게 이루어진 것이면 저작권침해를 구성하지 않게 됨을 유의할 필요가 있으나, 저작권침해소송에 있어서 이것은 피고의 '항변사유'에 해당할 뿐이므로, 그에 앞서 그 부분적 이용이 양적 상당성을 갖추어 '실질적 유사성'이 인정될 수 있을지를 먼저 확정하여야 한다.

3. 아이디어와 표현의 구별

'저작물'에 관한 장에서 설명한 바 있는 아이디어와 표현의 구별이론은 실질적 유사성의 판단에 있어서 매우 중요한 기준이 되고 있다. 즉 저작권법의 보호대상은 아이디어가 아니라 표현이므로 양 저작물의 추상적 아이디어가 아닌 '표현'에 있어서의 유사성이 실질적 유사성이라는 것이다. 그러나 이러한 이론을 구체적인 사건에서 어떻게 적용해야 할지는 대단히 어려운 문제이다. 특히 '비문언적 표현'을 어느 정도까지 인정할 수 있을지가 문제의 핵심이다. 이 문제에 관하여 미국의 판례·이론상으로 두 가지의 중요한 테스트가 제시되고 있다. 그 중 하나가 추상화이론(abstractions test)이고, 다른 하나는 유형이론(pattern test)이다.

가. 추상화이론(abstractions test)

추상화이론이란 미국연방 제2항소법원의 저명한 Learned Hand 판사가 Nichols v. Universal Pictures Co. 사건 판결 등에서 주장한 이론으로서, "어떤 작품, 특별히 희곡작품의 경우에 그 작품에서 다루고 있는 구체적인 사건이나 표현들을 하나하나 제거하면서 추상화해 나가면 점차 일반적이고 정형화된 구조나 형태만이 남게 되고, 결국에는 그것이 무엇에 관한 작품인가 하는 작품의 주제, 더 나아가서는 그 작품의 제목만이 남는 단계에 이르게 된다. 이와 같이 추상화를 해 나가는 많은 단계들 중 어느 단계인가에 그 부분을 보호하면 표현이 아닌 아이디어를 보호하는 결과를 초래하게 되는 경계선이 있다"고 하는 것이다. 이 이론은 아이디어와 표현을 구별하는 데 있어서 실제적인 도움을 주는 방법론이기는 하나, 정확하게 어떠한 부분이 그 경계선이 되어야 할 것인지에 대하여 명확히 제시해 주고 있지는 않다는 점이 한계이다.

나. 유형이론(pattern test)

유형이론은 위와 같은 추상화이론의 한계를 보완하기 위하여 Zechariah Chafee 교수에 의해 주장된 이론이다. 그는 표현과 아이디어 사이의 경계선을 찾아내는 어려운 문제와 관련하여 "의심할 여지없이 그 경계선은 저자의 아이디어와 그가 사용한 정교한 패턴 사이의 어딘가에 놓여 있다. 나는 저작권의 보호범위가 저작물의 '패턴', 즉 사건의 전개과정(the sequence of events)과 등장인물들 간의 상호작용의 발전(the development of the interplay of characters) 등 요소에까지 미친다고 본다"고 주장하였다.

미국의 판례 중에서 이 이론의 적용을 거부한 판례도 더러 있으나, 대부분의 판례에서 이 이론을 실질적 유사성 판단에서 수용하고 있다. "소설에 있어서의 저작권은 사용된 대화의 형식이나 구조뿐만 아니라 이야기의 패턴(the pattern of story)에도 미친다"고 하여 명시적으로 유형(패턴)이론의 수용을 밝히고 있는 판례{Grove Press, Inc. v. Greenleaf Publishing Co., 247 F. Supp. 518(E.D.N.Y. 1965)}도 있다.

우리나라의 판례도 기본적으로 이러한 유형이론을 수용하고 있는 것으로 생각된다. "양 저작물 사이의 실질적 유사성을 인정하기 위해서는 단순히 사상(idea)·주제(theme)가 같다는 것만으로는 부족하고, 사건의 구성(plot) 및 전개과정과 등장인물의 교차 등에 공통점이 있어야 한다"는 취지로 판시한 서울민사지방법원 1990. 9. 20. 선고 89가합62247 판결이 그 전형적인 예이지만, 서울고등법원 1991. 9. 5. 선고 91라79 판결도 같은 취지를 나타내고 있다. 물론 사건의 전개과정이 모두 저작권으로 보호되는 것은 아니며 사건의 전개과정이 충분히 구체적이어서 표현의 영역에 해당하고 타인의 작품 등을 모방하지 않은 것으로서 창작성을 인정받을 수 있어야만 보호될 수 있는 것이다. 같은 취지에서 서울중앙지방법원 2014. 7. 17 선고 2012가합86524 판결은 "사건의 전개과정은 유사성 판단에 있어서 중요한 비중을 차지하는 요소로서, 사건의 전개과정이 유사하다고 하기 위해서는 이야기 속에 등장하는 사건들의 내용이 유사하여야 하고, 그 사건들이 유사한 방법으로 배열, 조합되어야 한다. 표현성이 인정되는 사건의 전개과정 사이에서도 그 표현성의 구체성은 다양한데, 구체성이 높은 전개과정의 유사성은 고려하여야 할 요소이지만 구체성이 낮은 전개과정의 유사성만으로 곧바로 실질적 유사성이 인정되는 것은 아니다. 따라서 사건의 전개과정에서 나타나는 구체성과 다양성에 있어서 차이가 큰 경우는 비록 포괄적으로 보면 사건의 전개과정에 있어서 유사한 점이 발견된다고 하더라도 실질적 유사성을 인정하기 어렵다."라고 판시하였다.

다. 저작물의 종류에 따른 검토

위에서 소개한 유형이론은 특히 소설·희곡 등의 어문저작물에 있어서 아이디어와 표현의 구별에 관한 기준을 제시해 주는 유용한 이론이다. 아이디어·표현 이분법을 잘못 이해할 경우에는 소설에서의 사건의 구성이나 전개과정 등도 모두 작가의 아이디어에 속하는 것이고 구체적인 문장표현('문언적 표현')만을 표현이라고 생각할 수도 있으나, 구체적인 사건의 구성 등도 저작자의 사상의 '비문언적 표현'에 해당한다고 볼 수 있다. 다만, 소설 등의 소재, 주제 또는 모티프(Motif), 추상적 기법, 어떤 주제 또는 모티프를 다루는 데 있어 전형적으로 수반되는 사건이나 배경 및 추상적인 인물유형은 아이디어의 영역에 속하는 것들이므로 보호받을 수 없다(예를 들어 서울중앙지판 2023. 4. 21, 2019가합 588425는 "피고 저작물은 원고 저작물과 사이에 소설의 배경이 되는 세계에 관한 묘사, 소설에 등장하는 세력의 성격, 역할 및 상호 관계, 주인공의 서사 등에 있어서 일부 유사성을 발견할 수 있으나, 이는 대부분 원고 저작물과 피고 저작물이 공통적으로 기초한 모티프에 전형적으로 수반되는 인물·배경·사건·장면이라 할 것인바, 이와 같은 모티프는 아이디어나 이론 등의 사상 또는 감정 그 자체로서 저작권의 보호 대상이 되지 않고 그에 수반하는 소재 역시 저작권의 보호대상이 되는 창작적 표현형식에 해당하지 않는다. 달리 이 사건 각 저작물 간에 근본적인 본질 내지 구조의 유사점을 발견할 수 없어 양자 사이에 포괄적·비문언적 유사성이 인정된다고 보기 어려우므로, 피고가 원고의 저작재산권을 침해하였다고 볼 수 없다"고 판시하였다). 사건의 전개, 등장인물의 상호작용 등이 보호대상인 표현에 속하는가 그렇지 않은가는 결국 그것이 어느 정도로 추상성을 탈피하여 구체적이고 특징적인가 하는 데 의존하는 것이다.

한편 사건 및 전개과정 자체에 허구성이 없는 역사적·전기적 저작물이나 논픽션저작물의 경우에 있어서는 사건 및 전개과정이 저작자에게 고유한 표현의 영역이 아니므로 보호받을 수 없고, 이 경우에는 저작자가 단순한 사실을 얼마나 자신의 독창적인 문장형태로 다듬어 표현하였는가 하는 점과 일련의 사실들을 단지 연대적 순서로 기술하는 것에서 더 나아가 거기에 얼마나 자신의 독창적인 판단과 기량을 적용하여 사실을 배열하고 재해석하였는가 하는 두 가지 관점에서 저작권 보호대상인 표현에 해당하는지 여부를 따지게 된다. 다만, 역사소설이나 역사 드라마 등이 허구적인 부분을 포함하고 있을 경우에 그 허구적인 부분의 사건들은 보호가능한 영역에 포함된다.

학술이론이나 사실정보에 관한 저작의 경우에는 그 속의 독창적인 이론이나 학설 또는 사실 정보 등은 모두 저작권의 보호대상인 '표현'의 영역이 아니라 그 보호대상이 아닌 '아이디어'의 영역에 속하는 것이므로, 그 이론 등을 이용하더라도 구체적인 표현을 베끼지 않는 한 저작권침해를 구성하지 아니한다. 다만, 교과서나 논문 등의 경우에 그 속에 포함된 문언적 표현뿐만 아니라 서술의 순서, 설명양식, 제시하는 방법 등도 창작성이 있는 한 보호의 대상이 됨을 유의하여야 한다.

미술저작물의 경우에는, 예컨대 원고가 만든 인형과 피고가 만든 인형이 흡사하더라도 그 유사성이 특정한 종류의 인형이 보편적으로 가지는 특성이나 속성 또는 보편적 제작기법에 기한 것으로 인정되면, 그 경우 원고의 저작물의 '표현'이 도용된 것이 아니므로 저작권침해를 구성하지 않는다.

4. 외관이론 및 '청중테스트'

외관이론은 1970년 미국의 연방 제9항소법원이 축하카드(greeting card)의 저작권침해 여부가 문제된 사건{Roth Greeting Cards v. United Card Co., 429 F. 2d 1106(9th Cir. 1970)}에서 두 작품의 유사성 여부를 판단함에 있어서 처음으로 '전체적인 관념과 미감'(total concept and feel)이라는 용어를 사용한 데서 비롯되었다. 이 이론은 두 저작물 사이의 유사성을 판단함에 있어서는 전문가의 분석에 의존하는 것보다 문제된 저작물이 의도하고 있는 통상의 청중의 '전체적인 관념과 미감'에 의하여 판단하는 것이 더욱 적합하다고 주장하는 것이다. 전문가가 아닌 일반청중의 판단에 의존한다는 점에서 '청중테스트(audience test)'라고도 한다.

지금까지 이 이론이 적용된 예는 위의 '축하카드' 외에 아동용 도서, 인형, 포스터, TV 광고, 가장무도회 복장, 비디오 게임의 스크린 디스플레이 등에 한한다. 즉 이 이론은 예컨대 컴퓨터 프로그램 등의 기능적 저작물에 대하여는 적합하지 않은 것이고, 위와 같은 아동용 도서 등의 비교적 단순한 저작물이나 대중의 미감에 호소하는 시청각적 저작물들 사이에 실질적 유사성 유무를 판단할 때 적용가능한 이론이다.

위 이론에서 말하는 '전체적인 관념과 미감'이라는 표현 중 '전체적인 관념'이라는 말은 아이디어와 표현의 이분법에 반하는 등의 문제가 지적될 수 있다. 그러나 미적 감상의 대상이 되는 저작물의 경우 그 구성요소들을 모두 분해하여 판단하는 것만으로는 그 저작물의 특성을 충분히 반영하는 것이라 하기 어려운 경우가 많을 것이므로, '전체적 관념'이라는 모호한 용어의 사용을 피하면서 '전체적 느낌' 또는 '전체적 미감'이라는 개념을 일정한 경우에 보충적으로 적용하면서 해당 저작물의 수요자인 청중이 느끼는 감정을 고려하는 것은 필요할 것으로 생각된다. 우리나라 판례의 입장을 보면, 그러한 용어를 사용하면서 외관이론 또는 청중테스트를 수용한 것으로 보이는 판례들이 다수 보인다(한복디자인에 대한 사건인 대판 1991. 8. 13, 91다1642 및 음악저작물에 대한 사건인 수원지판 2006. 12. 20, 2006가합8583, 캐릭터에 대한 사건인 서울고판 2007. 8. 22, 2006나 72392 등이 있다).

5. 추상화 · 여과 · 비교 테스트(결론적 입장)

가. 컴퓨터프로그램저작물의 경우

추상화 · 여과 · 비교 테스트{"abstraction-filtration-comparison" test, 연속여과이론("successive filtration" test)이라고도 한다)는 현재 컴퓨터 프로그램의 저작권침해 여부를 판단하는 데 있어서 가장 널리 받아들여지고 있는 이론으로서, 프로그램의 비문언적 표현의 보호범위를 결정하기 위하여 ① 추상화(抽象化, abstraction), ② 여과(filtration), ③ 비교(comparison)라는 3단계의 논리적 과정을 거쳐야 한다는 것이다. 이러한 이론은 미국 판례가 원고의 프로그램의 본질적 부분에 대한 반복적이거나 정확한 복제 또는 번역에 의하여 피고의 프로그램이 작성된 경우에 한하여 제한적으로 보호를 인정하는 반복이론(iterative test)과 프로그램의 구조, 순서 및 조직도 보호되는 비문언적 표현에 포함된다고 하여 광범위한 보호를 인정하는 구조, 순서 및 조직 이론(SSO test: Structure, Sequence and Organization test)의 양극단을 경험한 후 최종적으로 도달한 기준으로서, 프로그램의 비문언적 표현의 보호범위를 반복이론처럼 지나치게 좁게 보지도 않고 너무 넓게 보지도 않는 적절한 입장을 취한 것으로 평가된다. 이 이론은 Computer Associates International, Inc. v. Altai, Inc. 사건(이하 'Altai 사건'이라 한다)에서 처음으로 적용되었는데, Altai 사건에서 연방 제2항소법원은 비문언적 표현의 보호범위를 결정하기 위하여 다음과 같은 3단계의 논리적 과정을 거쳐야 한다고 판시하였다.

① 추상화(抽象化, abstraction): 첫 번째 단계인 추상화(抽象化)는 일찍이 Learned Hand 판사에 의하여 주장된 추상화 이론(abstractions test)을 컴퓨터프로그램에 적용한 것으로, 프로그램의 작성과정을 문언적 코드(literal code)에서부터 프로그램의 궁극적 기능(ultimate function)까지 작성과정의 역순으로 '추상화의 단계'를 거쳐 분석하는 것을 말한다.
② 여과(filtration): 두 번째 단계인 '여과'에서 법원은 보호받을 수 없는 요소들을 하나씩 제거하여야 한다. 그것은 i) 추상적인 아이디어에 해당하는 요소들(아이디어

와 표현의 이분법 적용), ii) 효율성의 고려에 의하여 지배되는 요소들('합체의 원칙' 적용), iii) 외적인 요인(external factors)에 의하여 지배되는 요소들이다.

위 iii)의 요소들을 제거하여야 한다는 것을 일부 판례에서는 컴퓨터프로그램 보호에 있어서의 '필수장면의 원칙(scenes a fair doctrine)'이라고 부르며, 이에 해당하는 것으로, ㉠ 특정한 프로그램이 실행되는 컴퓨터의 기계적인 특성, ㉡ 어떤 프로그램이 상호 결합하여 사용될 것으로 예정하고 있는 다른 프로그램과 사이의 호환성 요구, ㉢ 컴퓨터 제조업자들의 디자인 표준들, ㉣ 그 프로그램이 제공되는 산업계의 요구, ㉤ 컴퓨터 산업 내에서 널리 받아들여지는 프로그래밍 관행들을 들고 있다. 법원은 또한 iv) 공공영역(public domain)에 속하는 요소를 제외하여야 한다.

③ 비교(comparison): 보호될 수 없는 요소들이 모두 걸러지고 나면 보호되는 표현의 핵이 남게 될 것인데, 이것을 피고의 작품과 비교하여야 한다고 한다. 보호되는 표현의 '핵'(core, kernel, nugget)이라는 용어를 사용함으로써 보호의 범위를 가능한 한 제한하고자 하는 의도를 보이고 있다.

이 이론의 특징은 여과의 대상에 효율성의 고려에 의하여 지배되는 요소와 외적인 요인에 의하여 지배되는 요소들을 비교적 넓게 포함하고 있는 점이다. 만약 이러한 기능적인 효율, 하드웨어적인 요인, 호환성의 요구 등에 관련된 부분에 대하여 저작권을 인정한다면, 기술·기능의 독점을 허용하는 것이 되고 특허권보다도 강한 장기의 보호를 함으로써 소프트웨어 산업의 발전을 크게 제약하게 될 것이다. 따라서 비문언적 표현을 보호대상에 일단 포함하되 이러한 기능적 요소들을 정확하게 분별하여 여과한다는 점에서 이 이론은 상당히 중립적이고 합리적인 이론이라고 할 수 있다. 현재 이 이론은 미국에서 가장 유력하고 보편화된 이론으로 자리잡아 최근까지의 많은 판례가 이 이론을 실질적 유사성 판정기준으로 채택하고 있다.

나. 일반 저작물의 경우

미국 판례상으로는 일반 저작물의 경우 청중테스트([179] 4. 참조)의 영향력이 더욱 크지만, 그것은 미국이 우리나라와는 달리 사실의 문제(matter of fact)와 법의 문제(matter of law)를 엄격하게 구분하여 전자는 배심원이, 후자는 법관이 판단하는 구조를 가지고 있는 데서 기인하는 면이 크고, 우리나라에서는 일반

저작물에 대하여도 위와 같은 추상화·여과·비교 테스트를 적용하여 판단하는 것이 침해판단을 엄밀하고 정확하게 할 수 있다는 점에서 단점보다 장점이 훨씬 크다고 생각된다. 그러한 관점에서 아래에서는 추상화·여과·비교 테스트를 프로그램 이외의 일반 저작물에 대하여 적용하는 방법에 대하여 설명한다.

먼저 추상화이론에 의한 분석방법인 추상화(抽象化)를 통해 쟁점이 된 저작물을 단계적인 구성요소로 분해한 후 그 중에서 아이디어의 영역에 속하는 것 등 보호받지 못하는 요소들을 '여과'한 다음, 남아 있는 핵심적인 요소인 '창작성 있는 표현'을 비교하여 실질적 유사 여부를 판정하는 것이다.

이 중 첫번째 단계는 위에서 이미 살펴본 바 있으므로 중복을 피하고, 두 번째 단계인 '여과'에 대하여 자세히 살펴보기로 한다. '여과'의 단계에서 법원은 쟁점이 된 저작물 중에서 보호받을 수 없는 요소들을 하나씩 제거하여야 한다. 보호될 수 없는 요소들 중 하나인 '아이디어'에 대하여는 위에서 이미 자세히 살펴보았으므로([179] 3. 참조) 생략하고, 그 외에 다음과 같은 요소들을 생각해 볼 수 있다.

첫째, 원·피고의 저작물 사이의 유사성이 '공통의 소재'를 사용하였거나 이미 공공영역(public domain)에 속한 다른 저작물을 이용한 데서 오는 경우가 있는데, 이러한 요소들은 유사성의 비교대상에서 제외하여야 한다. 이러한 경우는 특히 기능적 저작물이나 논픽션저작물에서 많이 보이지만, 음악저작물에 있어서도 문제되는 피고의 악곡 부분이 원고가 작곡한 악곡에서 베낀 것이 아니라 이미 '공공영역'에 속한 작품에서 차용한 것이라고 다투는 경우가 많다.

둘째, 표현 중에서도 창작성이 없는 부분은 보호되지 못하므로 이를 여과하여야 한다. 즉 유사성 판단은 쟁점이 된 저작물 중 창작성이 있는 부분에 한정되어야 한다. 원고의 저작물에 내포된 창작성의 정도가 현저히 낮을 경우에는 피고의 저작물이 원고의 저작물과 아주 유사하더라도 저작권침해를 인정하지 않아야 할 경우가 있다. 그것은 그 유사한 부분이 원고의 저작물 중 창작성이 없는 부분에만 관계되는 경우이다. 예컨대 편집저작물의 경우에는 소재의 선택이나 배열에 창작성이 인정되는 경우에 보호되는 것이므로, 그에 대한 저작권침해의 판단은 피고의 저작물이 원고의 저작물 중 소재의 선택이나 배열 등의 창작적인 부분을 차용하였는지 여부의 판단에 의존하게 된다. 무용저작물과 같은 경우에는 춤추는 장면의 사진촬영이 저작권침해로 인정될 수 있으나, 그 무용저작물에 고유한 특징적인 동작(창작성 있는 부분)이 사진에 포착된 경우여야 한다.

셋째, 원·피고 사이에 저작물이용허락계약이 있었던 것으로 인정될 경우에 그 계약에 의하여 이용허락을 받은 부분도 당연히 여과의 대상이 되고, 그 허락받은 범위를 초과한 부분만을 비교의 대상으로 삼아야 한다.

위와 같은 여과의 과정을 거쳐 원고의 저작물 중 저작권법에 의해 보호받을 수 있는 부분, 즉 표현에 해당하며 창작성 있는 부분을 가려냄으로써 비교의 대상을 확정한 후 그 다음 단계에서 그 유사성의 정도가 상당한 정도에 이르는지 여부를 비교·판단함으로써 최종적으로 '실질적 유사성' 유무에 대한 판단을 내리게 되는 것이다.

이와 관련하여 우리 판례의 입장을 검토해 보면, 대법원 판례에서 추상화 단계를 명시적으로 언급하고 있지는 않지만 쟁점이 된 저작물 중에서 창작성이 있는 표현의 부분만을 추출하여 비교의 대상을 확정한 다음에 구체적으로 유사성유무의 비교를 행하는 점에서 '여과'(filtration) - '비교'(comparison)의 2단계 과정을 논리적으로 전제하고 있는 판례가 다수 발견된다("저작권법이 보호하는 것은 문학·학술 또는 예술에 관한 사상·감정을 말·문자·음·색 등에 의하여 구체적으로 외부에 표현하는 창작적인 표현형식이므로, 2차적 저작권의 침해 여부를 가리기 위하여 두 저작물 사이에 실질적 유사성이 있는가의 여부를 판단함에 있어서는 원저작물에 새롭게 부가한 창작적인 표현형식에 해당하는 것만을 가지고 대비하여야 한다"고 판시한 대판 2004. 7. 8, 2004다18736 외에 유사한 판시를 한 판례로 대결 1997. 9. 29, 97마330, 대판 1993. 6. 8, 93다3073, 93다3080, 대판 1991. 8. 13, 91다1642 등을 들 수 있다). 추상화 단계는 이론적으로 여과 이전의 한 단계로 볼 수도 있지만, 여과 단계에 그 이면적인 전제로서 흡수되는 것으로 볼 수도 있으므로 대법원의 이와 같은 판례입장은 '추상화·여과·비교 테스트'를 수용한 것으로 이해하여도 무방할 것이라 생각된다.

한편, 비교 단계에서 판단의 기준을 일반 관찰자(청중)로 볼 것인지, 전문가로 볼 것인지에 대하여는 저작물의 성격에 따라 경우를 나누어 볼 필요가 있다. 즉 기능적저작물과 같이 전문가들만이 정확하게 비교할 수 있는 저작물의 경우에는 전문가의 감정결과를 보다 중시하게 될 것이나, 그렇지 않고 소설, 만화, 영화, 시, 음악, 미술 등과 같이 일반인이 충분히 이해하고 감상할 수 있는 저작물의 경우에는 법관이 일반 관찰자의 관점을 하나의 객관적 기준으로 의식하면서 두 저작물 사이의 유사성을 비교하여도 좋으리라 생각된다. 그러한 경우에 전체적 접근방식(comprehensive approach)이 좋을지, 분석적 접근방식(dissection approach)이 좋을지도 문제이나, 일반인의 감상 대상이 되는 저작물의 경우에는 일반인이 분석적이기보다는 전체적으로 감상을 할 것이라는 점을 감안하여 '전체적 접근방식'도 사용하되, 여과의 단계에서 걸러진 부분이 영향을 미치지 않도록 주의를 기울여야 할 것이라 생각된다. 그리고 비교의 단계가 아닌, 그 이전의 여과의 단계(즉 창작성이 없는 부분 등을 걸러내는 단계)에서는 소설 등의 일반저작물이라 하더라도 전문가의 의견(감정결과 등)이 존중될 필요가 있을 것이다. 여기서 말하는 전체적 접근방식은 이미 분석적인 판단이 중심이 되는 '여과'의 단계를 거친 후에 최종적인 '비교' 단계에서 여과된 것을 의식적으로 고려대상에서 사상(捨象)하면서 취하는 방식이라는 점에서 유사성에 대한 판단에 있어서 더욱 중요하고 주가 되는 것은 분석적인 접근이고, 전체적 접근방식은 보완적인 의미를 가지는 것 이라고 할 수 있다('솔섬 사진' 사건에 대한 서울고판 2014. 12. 4, 2014나211480이 "분석적 대비방법"을 위주로 하면서 "전체적 대비방법"을 보완적으로 적용한 사례이다).

미술저작물 등의 경우에는 '전체적인 미감', 음악저작물이나 어문저작물 등의 경우에는 '전체적인 느낌'의 유사성을 고려하되(앞에서 본 '청중테스트'를 추상화·여과·비교 테스트에 결합하는 것이라 할 수 있다), 그 전단계의 분석적 판단의 기초 위에서 창작성 있는 표현의 요소만 가지고 비교하여야 할 것이다. 언뜻 보아 전체적인 느낌이 아주 유사한 경우에도 비보호 부분의 유사성이 큰 영향을 미치고 있는 경우에는 결국 실질적 유사성을 인정하지 않아야 할 것인바, 그 영향의 정도를 판단하기 쉽지 않은 경우라면 전체적 접근방식에 지나치게 의

존하여서는 안 될 것이다. '전체적 관찰 방법'이 자칫 모호한 기준에 의해 피고에게 불리하게 작용하지 않도록 하기 위해서는 이것이 '편집저작물'로서의 보호와 관련된 것임을 전제로, 편집저작물로서의 창작성이 있는 부분에 대한 유사성인지 여부를 따져볼 필요가 있지 않을까 생각된다.

그와 같이 비보호 부분을 사상한 나머지 부분만 가지고 전체적 미감 등을 판단하기가 어렵거나 적절하지 않다고 생각되는 경우에는 오히려 원고 저작물 중 보호 대상이 되는 부분을 확정한 후, 그것이 피고의 작품 속에도 직접 감지되는지 여부를 기준으로 판단하는 것도 좋은 비교방법이 되는 경우가 많을 것으로 생각된다(이 책 [21] 2. 가. 참조).

실제의 재판과정에서는 원고가 자신의 저작물 중 어떤 부분이 창작성이 있는 표현으로서 피고에 의하여 이용되었는지를 특정하여 주장하는 경우가 많다. 그러한 경우에는 저작물 중 원고가 주장하는 부분이 과연 창작성 있는 표현에 해당하는 것인지를 우선적으로 따져보는 것이 실질적 유사성 판단의 첫 번째 단계가 되고, 그 다음에 두 번째 단계로, 그것이 피고의 저작물에 양적, 질적인 면에서 실질적 유사성을 인정할 정도로 이용된 것인지를 따져볼 필요가 있다. 이 두 번째 단계에서 (저작물의 성격상 적합하지 않은 컴퓨터프로그램저작물이나 기타 기능적 저작물 등의 경우를 제외하고) 원고 저작물 중 해당 부분의 창작성 있는 표현이 피고의 저작물에서도 직접 감지될 수 있는지 여부를 하나의 판단기준으로 삼을 수도 있으리라 생각된다.

위와 같은 단계적인 판단과 관련하여, 대법원 2012. 8. 30. 선고 2010다70520·70537 판결은 "어문저작물에 관한 저작권침해소송에서 원저작물 전체가 아니라 그 중 일부가 상대방 저작물에 복제되었다고 다투어지는 경우에는, 먼저 원저작물 중 복제 여부가 다투어지는 부분이 창작성 있는 표현에 해당하는지 여부, 상대방 저작물의 해당 부분이 원저작물의 해당 부분에 의거하여 작성된 것인지 여부 및 그와 실질적으로 유사한지 여부를 개별적으로 살펴야하고, 나아가 복제된 창작성 있는 표현 부분이 원 저작물 전체에서 차지하는 양적·질적 비중 등도 고려하여 복제권 등의 침해 여부를 판단하여야 한다."라고 판시한 바 있다. 대법원 2015. 8. 13 선고 2013다14828 판결도 위 판례를 이어받아, "음악저작물에 관한 저작권침해소송에서 원저작물 전체가 아니라 그중 일부가 상대방 저작물에 복제되었다고 다투어지는 경우에는 먼저 원저작물 중 침해 여부가 다투어지는 부분이 창작성 있는 표현에 해당하는지 여부를 살펴보아야 한다"고 판시하였다.

제 3 절   저작인격권침해의 유형

[180]   저작인격권침해의 의의

저작자는 저작권법상 공표권·성명표시권·동일성유지권 등의 저작인격권을 가지고 있는데, 이러한 권리를 침해하는 것을 총칭하여 저작인격권의 침해라 한다. 다만, 저작인격권(특히 성명표시권과 동일성유지권)의 침해도 저작재산권의 침해와 마찬가지로 저작물의 이용을 전제로 하는 것이라는 점을 유의할 필요가 있다. 예컨대 영화저작물을 DVD로 제작·판매하는 것은 저작물의 이용이므로 그 제작시에 저작자의 성명표시를 삭제 또는 허위기재하거나 내용, 형식 또는 제호에 삭제 또는 변경을 가한 경우 저작인격권의 침해가 되지만, 잡지에 기고한 글에서 그 영화의 저작자성명을 허위로 기재하거나 제목이나 내용을 실제와 다르게 표현한 것 등은 저작물의 이용이 아니므로 이미 앞에서 지적한 바와 같이 민법상의 불법행위가 됨은 별론으로 하고 저작인격권(성명표시권·동일성유지권)의 침해는 아니다.

[181]   저작인격권침해의 유형

저작인격권의 세 가지 지분권에 따라 공표권의 침해, 성명표시권의 침해, 동일성유지권의 침해로 구분할 수 있다. 그 각각에 대하여는 저작인격권의 각 지분권에 대한 설명 부분(이 책 [43]부터 [45]까지)을 참고하기 바란다.

제 4 절   온라인서비스제공자의 책임

[182]   개관

오늘날 정보통신기술의 급속한 발전은 저작권자들에게 상당한 위협을 가하고 있다. 발전된 디지털환경하에서는 인터넷 등을 통해 누구나 손쉽게 불법복제물을 배포하는 것이 가능하여졌기 때문이다. 이러한 위협에 효과적으로 대처하기 위해서는 무엇보다 온라인서비스제공자의 책임에 관한 제도를 잘 정립할 필요가 있다.

미국은 이를 위해 1998년에 제정한 저작권법 개정법인 디지털 밀레니엄 저작권법(Digital Millenium Copyright Act; DMCA)에 온라인서비스제공자(OSP)가 유형별로 일정한 요건하에 저작권침해의 책임을 면할 수 있음을 명확히 규정하는 내용을 포함하였는데, 이것은 한편으로는 OSP가 저작권침해를 최소화하는 데 협력자가 될 수 있도록 유도하고 한편으로는 OSP가 일정한 테두리 안에서 보다 분명한 법적인 안정성을 누릴 수 있도록 하는 데 목적을 둔 것이었다. 미국의 이러한 입법은 유럽에도 영향을 미쳐 2000년에 제정된 EC의 전자상거래지침에도 유사한 유형별 면책조항이 들어가게 되었다.

이러한 외국의 입법사례를 참고하여 우리나라도 2003. 5. 27 개정 저작권법에서 처음으로 온라인서비스제공자의 책임제한에 관한 규정을 도입하게 되었는데, DMCA와 유사하게 요구 및 삭제절차(Notice & Takedown)에 관한 규정은 도입하였지만 그와 관련하여 다소 불명확한 요건의 책임감면 조항 등만 두고 서비스 유형별 면책요건을 명확하게 규정하는 내용을 도입하지는 않아 OSP의 법적 안정성을 높이는 데 기여하는 면이 상대적으로 미약하였다고 할 수 있다.

그 후 한·미 FTA와 한·EU FTA가 순차적으로 체결되면서 한·미 FTA 에는 미국의 DMCA와 유사한 내용이, 한·EU FTA에는 EC 전자상거래 지침 과 유사한 내용이 각 포함되게 되었고, 그 가운데 한·EU FTA가 먼저 비준됨 에 따라 한·EU FTA 이행을 위한 2011. 6. 30. 개정 저작권법에서 양 FTA의 내용을 적절히 절충하여 반영하는 방식으로 OSP의 책임제한규정을 대폭 수 정하게 되었다. 나아가 한·미 FTA의 이행을 위한 2011. 12. 2.자 개정법에서 온라인서비스제공자의 면책 요건에 '반복적 저작권침해자 계정해지 정책실시' 및 '표준적인 기술조치 수용' 요건을 추가하는 개정을 하였다.

[183] 온라인서비스제공자의 의의

저작권법은 '온라인서비스제공자'를 다음과 같이 정의하고 있다.

■ 제2조 제30호: "온라인서비스제공자"란 다음 각 목의 어느 하나에 해당하는 자 를 말한다.
  가. 이용자가 선택한 저작물등을 그 내용의 수정 없이 이용자가 지정한 지점 사이 에서 정보통신망(「정보통신망 이용촉진 및 정보보호 등에 관한 법률」 제2조 제1항 제1호의 정보통신망을 말한다. 이하 같다)을 통하여 전달하기 위하여 송신하거나 경로를 지정하거나 연결을 제공하는 자
  나. 이용자들이 정보통신망에 접속하거나 정보통신망을 통하여 저작물등을 복제·전 송할 수 있도록 서비스를 제공하거나 그를 위한 설비를 제공 또는 운영하는 자

한·EU FTA 이행을 위한 2011. 6. 30.자 개정 이전에는 위 제2조 제30호 나목의 경우 중 일부만을 온라인서비스제공자의 개념에 포함시켰으나, 개정법 에서 개념범위를 위와 같이 확장하였다. 나아가 개정법은 제102조에서 서비스 유형별 면책요건을 명확화하고, 제103조에서는 온라인서비스제공자의 복제· 전송중단 절차에 대하여도 유형별로 달리 취급하는 규정을 두었다.

[184] 온라인서비스제공자의 책임 근거

1. 서언

개정 저작권법에 의한 면책규정에 대하여 살펴보기 전에 먼저 온라인서비스제공자가 어떤 경우에 어떤 근거로 책임을 지는 것인지에 대하여 규명할 필요가 있다.

2. 온라인서비스제공자가 직접침해 책임을 지게 되는 경우

온라인서비스제공자가 스스로 송신을 개시하거나 구체적으로 저작물 등을 선택하는 등의 사유가 있을 경우에 제102조의 면책요건에 해당하지 않음은 후술하는 바(이 책 [185] 2. 참조)와 같은데, 그와 같이 침해 행위를 능동적, 적극적으로 수행하거나 거기에 참여할 경우에는 타인의 저작권 침해에 대한 방조가 아니라 스스로 직접 저작권침해의 행위를 한 것으로 평가될 수 있다. 특히, 원격녹화 서비스 제공자의 경우와 같이 사용자에 의한 복제행위 등을 포괄적으로 의도하고 이를 전체적으로 통제 및 관리하고 있는 것으로 인정되는 경우에는 직접침해로 인정되는 경우가 있을 수 있다(이 책 [175] 2. 참조). 다른 침해자가 있을 경우에도 그 침해행위에 직접적으로 밀접하게 관여한 경우에는 민법 제760조 제1항에 의한 협의의 공동불법행위책임을 지게 될 수 있다. 다만 판례는 온라인서비스제공자의 직접침해 책임을 매우 제한적으로만 인정하고 있다(P2P 서비스와 관련하여 협의의 공동불법행위를 부정한 사례인 서울고판 2005. 1. 25, 2003나80798 참조).

3. 온라인서비스제공자가 방조에 의한 책임을 지는 경우

온라인서비스제공자가 제3자의 저작권 침해행위에 일정한 관여를 하여 민법 제760조 제3항의 '방조자'에 해당하는 것으로 평가받을 수 있는 경우에는 민사적으로는 같은 조항에 따라 공동불법행위가 성립하고 형사적으로는 '고의'를 요건으로 저작권침해의 방조죄가 성립할 수 있다고 본다. 이것이 우리나라 판례상 가장 빈번하게 인정되는 온라인서비스제공자의 책임근거이다.

'소리바다' 관련 민사 가처분이의 사건의 상고심에서 대법원은 "저작권법이 보호하는 복제권의 침해를 방조하는 행위란 타인의 복제권 침해를 용이하게 해주는 직접·간접의 모든 행위를 가리키는 것으로서, 복제권 침해행위를 미필적으로만 인식하는 방조도 가능함은 물론 과실에 의한 방조도 가능하다고 할 것인바, 과실에 의한 방조의 경우에 있어서 과실의 내용은 복제권 침해 행위에 도움을 주지 않아야 할 주의의무가 있음을 전제로 하여 이 의무에 위반하는 것을 말하는 것이고, 위와 같은 침해의 방조행위에 있어서 방조자는 실제 복제권 침해행위가 실행되는 일시나 장소, 복제의 객체 등을 구체적으로 인식할 필요가 없으며 실제 복제행위를 실행하는 자가 누구인지 확정적으로 인식할 필요도 없다고 할 것이다"라고 판시한 바 있다(대판 2007. 1. 25, 2005다11626).

또한 '소리바다' 관련 형사사건의 상고심에서 대법원은 유사한 취지로 "저작권법이 보호하는 복제권의 침해를 방조하는 행위란 정범의 복제권 침해를 용이하게 해주는 직접·간접의 모든 행위로서, 정범의 복제권 침해행위 중에 이를 방조하는 경우는 물론, 복제권 침해행위에 착수하기 전에 장래의 복제권 침해행위를 예상하고 이를 용이하게 해주는 경우도 포함하며, 정범에 의하여 실행되는 복제권 침해행위에 대한 미필적 고의가 있는 것으로 충분하고 정범의 복제권 침해행위가 실행되는 일시, 장소, 객체 등을 구체적으로 인식할 필요가 없으며, 나아가 정범이 누구인지 확정적으로 인식할 필요도 없다"고 판시하였다(대판 2007. 12. 14, 2005도872). 민사책임의 경우에는 과실에 의한 방조도 인정되지만, 형사처벌과 관련하여서는 고의가 요구됨은 당연한 것이나, 여러 가지 정황증거를 통해 '미필적 고의'가 인정될 경우에도 처벌될 수 있다.

그러나 침해의 방조를 지나치게 폭넓게 인정하게 될 경우 역시 온라인상의 정보유통 활동을 크게 제약하고 관련 산업을 위축시키는 결과를 초래할 것이므로 방조가 성립할지 여부의 판단에 있어서 상당한 균형감각에 기한 신중한 판단이 요구된다. 판례의 입장을 보면, 뒤에서 보는 '특수한 유형의 온라인서비스제공자'(이 책 [190] 1. 참조)에 해당하는 P2P, 파일공유형 웹하드 등 서비스 제공자의 경우에는 그 서비스가 가지는 특별한 위험성으로 인해 보다 높은 수준의 주의의무를 요구하는 한편, 저작권 보호를 위한 노력이 미흡할 경우 '미필적 고의'에 의한 책임을 곧잘 인정하는 경향을 보이는 반면, 일반 포털 사이트 운영자에 대하여는 상대적으로 가벼운 정도의 주의의무를 요구하는 경향을 보이고 있다. 예를 들어 대법원 2019. 2. 28 선고 2016다271608 판결은 "인터넷 포털사이트를 운영하는 온라인서비스제공자가 제공한 인터넷 게시공간에 타인의 저작권을 침해하는 게시물이 게시되었고 그 검색 기능을 통하여 인터넷 이용자들이 위 게시물을 쉽게 찾을 수 있더라도, 그러한 사정만으로 곧바로 온라인서비스제공자에게 저작권 침해 게시물에 대한 불법행위책임을 지울 수는 없다"고 전제한 후, "온라인서비스제공자가 제공한 인터넷 게시공간에 타인의 저작권을 침해하는 게시물이 게시되었다고 하더라도, 온라인서비스제공자가 저작권을 침해당한 피해자로부터 구체적 · 개별적인 게시물의 삭제와 차단 요구를 받지 않아 게시물이 게시된 사정을 구체적으로 인식하지 못하였거나 기술적 · 경제적으로 게시물에 대한 관리 · 통제를 할 수 없는 경우에는, 게시물의 성격 등에 비추어 삭제의무 등을 인정할 만한 특별한 사정이 없는 한 온라인서비스제공자에게 게시물을 삭제하고 향후 같은 인터넷 게시공간에 유사한 내용의 게시물이 게시되지 않도록 차단하는 등의 적절한 조치를 취할 의무가 있다고 보기 어렵다"고 판시하였다.

4. 사용자책임의 유무

온라인서비스제공자가 그 피용자의 행위에 대하여 사용자책임에 관한 민법 제756조의 규정에 따라 손해배상책임을 지는 경우가 있을 수 있음은 당연한 것이다. 문제는 미국의 대위책임의 취지를 참작하여 온라인서비스제공자가 그 이용자와의 관계에서 사용자의 지위에 있는 것으로 보아 사용자책임을 지울 수 있는 경우가 있을까 하는 것이다. 실질적으로 지휘감독관계가 인정되는 이례적인 상황이 아닌 한 일반적인 경우에는 그러한 의미에서의 사용자책임은 부정되어야 한다. 대법원도 인터넷 포털사이트 운영자가 피고로 된 사건에서 "불법행위에 있어 사용자책임이 성립하려면 사용자와 불법행위자 사이에 사용관계 즉 사용자가 불법행위자를 실질적으로 지휘 · 감독하는 관계가 있어야 하는바(대법원 1999. 10. 12. 선고 98다62671 판결 참조), 위 법리와 기록에 비추어 살펴보면, 원심이 피고가 회원으로 가입한 인터넷 이용자들을 실질적으로 지휘·감독하는 관계에 있었다고 볼 수 없다는 취지에서 피고로서는 회원들의 저작권 침해행위에 대하여 사용자로서의 손해배상책임을 부담하지 아니한다고 판단하였음은 정당하고, 거기에 원고의 주장과 같은 사용자책임에 관한 법리오해 등의 잘못이 없다"고 판시한 바 있다(대판 2010. 3. 11, 2009다4343).

[185] 서비스 유형별 면책요건(제102조 제1항)

1. 제102조의 취지

저작권법 제102조는 미국의 DMCA 등을 본받아 인터넷을 통해 저작물등의 정보를 교환하는 데 있어 매개적 역할을 하는 온라인서비스제공자(OSP)들이 그 서비스를 통하여 발생할 수 있는 저작권침해를 최소화할 수 있도록 유도하는 한편, 그들의 법적 안정성을 높이기 위해 유형별로 그 면책요건을 명확화하고자 하는 취지의 규정이다.

2. 인터넷접속서비스의 면책요건(제1항 제1호)

제102조 제1항 제1호는 다음과 같이 규정하고 있다.

■ 제102조(온라인서비스제공자의 책임 제한) ① 온라인서비스제공자는 다음 각 호의 행위와 관련하여 저작권, 그 밖에 이 법에 따라 보호되는 권리가 침해되더라도 그 호의 분류에 따라 각 목의 요건을 모두 갖춘 경우에는 그 침해에 대하여 책임을 지지 아니한다.
1. 내용의 수정 없이 저작물등을 송신하거나 경로를 지정하거나 연결을 제공하는 행위 또는 그 과정에서 저작물등을 그 송신을 위하여 합리적으로 필요한 기간 내에서 자동적·중개적·일시적으로 저장하는 행위
    가. 온라인서비스제공자가 저작물등의 송신을 시작하지 아니한 경우
    나. 온라인서비스제공자가 저작물등이나 그 수신자를 선택하지 아니한 경우
    다. 저작권, 그 밖에 이 법에 따라 보호되는 권리를 반복적으로 침해하는 자의 계정(온라인서비스제공자가 이용자를 식별·관리하기 위하여 사용하는 이용권한 계좌를 말한다. 이하 이 조, 제103조의2, 제133조의2 및 제133조의3

에서 같다)을 해지하는 방침을 채택하고 이를 합리적으로 이행한 경우

라. 저작물등을 식별하고 보호하기 위한 기술조치로서 대통령령으로 정하는 조건을 충족하는 표준적인 기술조치를 권리자가 이용한 때에는 이를 수용하고 방해하지 아니한 경우

위 규정에서 말하는 "내용의 수정 없이 저작물등을 송신하거나 경로를 지정하거나 연결을 제공하는 행위"에 해당하는 것이 KT, SK브로드밴드, LG유플러스 등에서 제공하는 인터넷 접속서비스이다. 이것을 단순도관(mere conduit) 서비스라고도 부른다. 이러한 서비스 유형은 위 가목부터 라목까지의 네 가지 요건을 모두 갖춘 경우에 위와 같은 송신 등의 대상이 된 것이 설사 저작물의 불법복제물이라 하더라도 면책된다. 이 네 가지 요건은 제102조 제1항 제2호와 제3호의 경우에도 다른 추가적인 요건들과 함께 공통적으로 요구되는 '공통 요건'이라 할 수 있다.

먼저 위 가목 및 나목의 경우 그 중 하나라도 충족하지 못할 경우에는 결국 스스로 특정 저작물 등의 송신을 시작하거나 선별하는 역할을 맡은 셈이어서 직접침해의 주체로 인정될 가능성이 많다고 본 것이다. 위 가목에서 "온라인서비스제공자가 저작물 등의 송신을 시작하지 아니한 경우"라고 한 것 중 '시작하다'라는 말은 영어의 'initiate'에 상응하는 말로서, 구체적으로 해당 저작물 등의 송신을 지향하는 능동적 주체로서의 역할을 뜻하는 의미를 내포하고 있다. 따라서 여기에는 온라인서비스제공자 스스로의 의지(volition)에 따라 적극적, 능동적으로 저작물등의 송신을 수행한 것(침해행위와 관련하여서는 간접침해가 아닌 '직접침해'에 해당하는 경우)만 포함되고, 예컨대 A라는 이용자가 업로드(이용제공)한 것을 B라는 이용자가 접근하여 다운로드 버튼을 클릭할 때 온라인서비스제공자가 미리 설정한 시스템에 따라 자동적으로 송신하게 되는 경우는 제외되는 것으로 보아야 할 것이다.

위 다목과 라목은 한·EU FTA의 이행을 위한 개정법에서는 반영되지 않았다가 한·미 FTA의 이행을 위한 2011. 12. 2. 개정법에서 미국 저작권법 제512조(DMCA 제202조)의 공통면책요건 규정을 도입하여 추가로 규정한 것이다.

위 다목의 면책요건은 개정법이 온라인서비스제공자에게 일정한 요건하

에 책임을 면할 수 있는 안전항(safe harbors)을 제공해 주는 대가로 서비스제공자로 하여금 온라인상의 저작권침해 방지에 협력하여야 할 구체적 의무를 지우는 취지로 규정된 것이다. 즉 이 규정은 미국의 DMCA를 본받아 법적으로 저작권자와 온라인서비스제공자 사이의 상생협력을 유도하는 면이 있다고 할 수 있다. 이 규정은 온라인 서비스제공자가 저작권을 반복적으로 침해하는 자의 계정을 해지하는 방침을 채택하고 이를 합리적으로 이행한 경우에 한하여 책임을 면하도록 규정하고 있는데, 여기서 말하는 '계정'이란 '온라인서비스제공자가 이용자를 식별·관리하기 위하여 사용하는 이용권한 계좌'를 말한다(제102조 제1항 제1호 다목).

문제는 위 규정에서 말하는 반복침해자 계정해지 방침의 합리적 이행이란 무엇을 말하는가 하는 점이다. 이 규정에 대응하는 미국 저작권법 규정(제512조 (i)(1)(A))과 관련하여 미국의 판례는 서비스제공자가 권리주장자의 복제·전송 중단 요구를 수령할 수 있는 시스템을 정상적으로 운영하고 있고, 저작권자가 그러한 요구를 하기 위해 필요한 정보를 수집하는 것을 서비스제공자가 적극적으로 방해하지 않아야 위 규정에서 요구하는 '이행'을 한 것으로 볼 수 있다고 한다{Perfect 10, Inc. v. CCBill LLC 488 F. 3d 1102, 1109~1110 (C.A.9 (Cal.),2007)}.

우리 법상으로도 위와 같은 미국 판례의 취지를 참고하여 판단할 수 있을 것이다. 다만, 개정법은 단순도관서비스의 경우 권리자가 복제·전송의 중단 요구를 할 수 있는 대상에서 제외하고 있으므로, 이 규정상의 '합리적 이행'이 부정되는 경우를 상정하기 어려울 것으로 생각되고, 주로 이 규정이 문제되는 것은 세 번째 유형인 '저장서비스'일 것으로 보인다.

다음으로 표준적인 기술조치의 수용에 관한 라목의 요건에 대하여 살펴본다. 저작권법 시행령 제39조의3은 저작권법 제102조 제1항 제1호 라목에서 말하는 "대통령령으로 정하는 조건"이란 다음 각 호의 조건을 말한다고 규정하고 있다.

1. 저작재산권자와 온라인서비스제공자의 의견일치에 따라 개방적이고 자발적으로 정하여질 것
2. 합리적이고 비차별적인 이용이 가능할 것

3. 온라인서비스제공자에게 상당한 비용을 부과하거나 온라인서비스 제공 관련 온라인서비스제공자의 시스템 또는 정보통신망에 실질적인 부담을 주지 아니할 것

시행령의 위와 같은 규정은 표준적인 기술조치를 구체적으로 특정하지 않고 위와 같은 일정한 조건을 갖추면 모두 표준적인 기술조치로 인정할 수 있다는 취지로서 미국 저작권법 제512조 (i)(2)와 거의 같은 내용이다.

3. 캐싱(caching)서비스의 면책요건(제1항 제2호)

제102조 제1항 제2호는 "서비스이용자의 요청에 따라 송신된 저작물 등을 후속 이용자들이 효율적으로 접근하거나 수신할 수 있게 할 목적으로 그 저작물 등을 자동적·중개적·일시적으로 저장하는 행위"에 대한 면책요건을 규정하고 있다. 위와 같은 행위가 바로 캐싱(caching) 서비스에 해당하는 것으로서, OSP가 일정한 콘텐츠를 중앙서버와 별도로 구축된 캐시서버에 자동적으로 임시 저장하여 이용자가 캐시서버를 통해 해당 콘텐츠를 보다 빠르게 이용할 수 있도록 제공하는 역할을 수행한다. 규정 내용은 다음과 같다.

> ■ 제102조(온라인서비스제공자의 책임 제한) ① 온라인서비스제공자는 다음 각 호의 행위와 관련하여 저작권, 그 밖에 이 법에 따라 보호되는 권리가 침해되더라도 그 호의 분류에 따라 각 목의 요건을 모두 갖춘 경우에는 그 침해에 대하여 책임을 지지 아니한다.
> 2. 서비스이용자의 요청에 따라 송신된 저작물등을 후속 이용자들이 효율적으로 접근하거나 수신할 수 있게 할 목적으로 그 저작물등을 자동적·중개적·일시적으로 저장하는 행위
>   가. 제1호 각 목의 요건을 모두 갖춘 경우
>   나. 온라인서비스제공자가 그 저작물등을 수정하지 아니한 경우
>   다. 제공되는 저작물등에 접근하기 위한 조건이 있는 경우에는 그 조건을 지킨 이용자에게만 임시저장된 저작물등의 접근을 허용한 경우
>   라. 저작물등을 복제·전송하는 자(이하 "복제·전송자"라 한다)가 명시한, 컴퓨터나 정보통신망에 대하여 그 업계에서 일반적으로 인정되는 데이터통신규약에 따른 저작물등의 현행화에 관한 규칙을 지킨 경우. 다만, 복제·전송자가 그러한 저장을 불합리하게 제한할 목적으로 현행화에 관한 규칙을 정한 경우에는 그러하지 아니한다.

마. 저작물등이 있는 본래의 사이트에서 그 저작물등의 이용에 관한 정보를 얻기 위하여 적용한, 그 업계에서 일반적으로 인정되는 기술의 사용을 방해하지 아니한 경우

바. 제103조제1항에 따른 복제·전송의 중단요구를 받은 경우, 본래의 사이트에서 그 저작물등이 삭제되었거나 접근할 수 없게 된 경우, 또는 법원, 관계 중앙행정기관의 장이 그 저작물등을 삭제하거나 접근할 수 없게 하도록 명령을 내린 사실을 실제로 알게 된 경우에 그 저작물등을 즉시 삭제하거나 접근할 수 없게 한 경우

위 다목은 원래 사이트에 대한 이용이 제한되어 있는 경우, 예를 들어 원래 사이트에 이용료를 내거나 비밀번호 등을 입력한 이용자들만 접근할 수 있는 조건이 있을 경우에는 그 조건을 지킨 이용자에게만 캐시 서버에의 접근을 허용하는 방식으로 서비스를 하여야 한다는 것을 의미한다. 위 라목의 '저작물 등의 현행화'란 미국 저작권법 제512조의 표현에 의하면, 자료의 신규화(refreshing), 다시 올리기(reloading) 또는 그 밖의 방법으로 최신화(updating)하는 것을 말하며, 현행화에 관한 데이터통신규약의 예로는 HTTP 프로토콜, Internet Cache Protocol 등을 들 수 있다. 위 마목은 예를 들어, 광고수익을 위한 hit count를 원래 사이트로 돌리는 기술의 사용을 방해하지 않은 경우를 의미하며, 위 바목은 복제·전송 중단요청으로 원서버에서 자료가 삭제되거나 접근할 수 없는 경우 또는 법원의 판결이나 행정명령을 받아 삭제된 경우에 캐시 서버에서도 이를 즉시 삭제하거나 접근할 수 없게 하는 경우를 뜻한다(문화체육관광부·한국저작권위원회, 한·EU FTA 이행 개정 저작권법 해설, 2011, 16면 참조).

4. 저장서비스 및 정보검색도구서비스의 면책요건(제1항 제3호)

제102조 제1항 제3호는 다음과 같이 규정하고 있다.

■ 제102조(온라인서비스제공자의 책임 제한) ① 온라인서비스제공자는 다음 각 호의 행위와 관련하여 저작권, 그 밖에 이 법에 따라 보호되는 권리가 침해되더라도 그 호의 분류에 따라 각 목의 요건을 모두 갖춘 경우에는 그 침해에 대하여 책임을 지지 아니한다.

3. 복제·전송자의 요청에 따라 저작물등을 온라인서비스제공자의 컴퓨터에 저장하는 행위 또는 정보검색도구를 통하여 이용자에게 정보통신망상 저작물등의

위치를 알 수 있게 하거나 연결하는 행위

가. 제1호 각 목의 요건을 모두 갖춘 경우

나. 온라인서비스제공자가 침해행위를 통제할 권한과 능력이 있을 때에는 그 침해행위로부터 직접적인 금전적 이익을 얻지 아니한 경우

다. 온라인서비스제공자가 침해를 실제로 알게 되거나 제103조 제1항에 따른 복제·전송의 중단요구 등을 통하여 침해가 명백하다는 사실 또는 정황을 알게 된 때에 즉시 그 저작물등의 복제·전송을 중단시킨 경우

라. 제103조 제4항에 따라 복제·전송의 중단요구 등을 받을 자를 지정하여 공지한 경우

원래 정보검색도구서비스에 대해서는 제2항 제4호에 별도로 규정하여 그 요건을 제3호와 약간 다르게 규정하고 있었는데, 202. 2. 4.자 개정에 의하여 제3호로 통합되어 저장서비스와 동일한 요건 규정의 적용을 받게 되었다.

저장서비스는 "복제·전송자의 요청에 따라 저작물등을 온라인서비스제공자의 컴퓨터에 저장하는" 서비스로서, 인터넷카페, 블로그 또는 웹하드 등 서비스가 이에 해당한다. 침해에 대한 방조책임 등이 가장 많이 문제될 수 있는 서비스 유형이다. 정보검색도구서비스는 "정보검색도구를 통하여 이용자에게 정보통신망상 저작물등의 위치를 알 수 있게 하거나 연결하는 행위"를 하는 서비스로서, 네이버나 구글 등의 검색서비스에서 검색 시에 검색 결과의 링크를 제공해 주는 서비스 등이 이에 해당한다.

위 제3호의 요건 중 특히 다목의 요건을 충족하는지 여부는 향후 관련사건의 소송에서 가장 큰 쟁점으로 떠오를 것으로 예견된다. 즉, 본 요건은 침해사실을 실제로 아는 '실제적 인식 (actual knowledge)'만이 아니라 침해가 명백하다는 사실 또는 정황에 대한 인식, 즉 '명백한 인식 (apparent knowledge)'이 없었거나 그것이 있었을 경우에는 즉시 그 저작물 등의 복제·전송을 중단하였어야 충족할 수 있는데 향후 재판에서 이러한 '실제적 인식' 및 '명백한 인식'의 유무에 대하여 치열한 다툼이 벌어지는 경우가 많을 것으로 예상되는 것이다.

'명백한 인식'의 대상인 '침해가 명백하다는 사실 또는 정황'이란 그 자체가 침해행위는 아니지만 침해활동이 있음을 명백하게 알 수 있게 하는 사실 또는 정황을 뜻하는 것으로서 이것을 '적신호(red flag)'라고 칭한다. 즉, 온라인

서비스제공자가 침해행위가 있음을 명백히 알 수 있는 '적신호'를 인지하고도 아무런 조치를 취하지 않았다면 책임을 면제받을 수 없다는 것이다.

　여기서 유의할 것은 위와 같은 실제적 인식이나 명백한 인식 모두 복제·전송에 대한 권리자의 중단요구가 있을 경우에 인정되기 쉬울 것이나 반드시 거기에 한정되지 아니하고 실제 비즈니스 모델이 어떠한지, 침해가 어느 정도 만연한지, 서비스 초기화면 등에 침해물이 노출되어 있는지 등의 여러 가지 정황에 의해 인정 여부가 가늠될 수도 있다는 점이다. 명백한 인식과 관련하여 위 법문이 "103조 제1항에 따른 복제·전송의 중단요구를 통하여"가 아니라 "103조 제1항에 따른 복제·전송의 중단요구 등을 통하여"라고 하여 '등'이라는 문구를 사용하고 있는 것도 반드시 103조 제1항에 따른 복제·전송의 중단요구 등이 있어야만 '침해가 명백하다는 사실 또는 정황을 알게 된('명백한 인식'이 있는) 때'에 해당한다고 보지는 않음을 분명히 한 것이라고 할 수 있다. 따라서 책임제한의 취지를 감안할 때 명백한 인식을 우리나라의 민사책임법리에 있어서의 과실과 동일한 정도로 볼 것은 아니고 보다 엄격하게 해석할 필요가 있겠지만 적어도 우리나라 판례가 일부 P2P 등 서비스에 대하여 여러 사정을 종합하여 해당 서비스를 통해 저작권 침해행위가 발생하고 있다는 사실을 미필적으로라도 인식하고 있었다고 볼 수 있다는 전제하에 침해에 대한 방조책임을 인정한 사례들은 법개정 이후에도 같은 결론이 도출될 가능성이 많다고 생각된다.

　한편, 예컨대 웹하드서비스제공자가 저작물(불법복제물)의 다운로드에 대한 대가를 받는 경우에는 위 나목의 요건을 충족하지 못하여 그 자체로 본조에 의한 면책을 받을 수 없을 것이다.

　또한 위 가목 규정에 의해 제1호 각목의 요건도 모두 충족하여야 함을 유의하여야 한다(그 의미에 대하여는 [185] 2. 참조).

　각 서비스 유형별 요건을 표로 정리해 보면, 다음과 같다.

온라인 서비스 유형 책임면제요건	인터넷접속 서비스 (제1호)	캐싱 서비스 (제2호)	저장 서비스 (제3호)	정보검색 도구서비스 (제3호)
저작물 등의 송신을 개시하지 않을 것 (제1호 가목)	○	○	○	○
저작물과 수신자를 선택하지 않을 것 (제1호 나목)	○	○	○	○
반복침해자 계정해지 방침의 채택 및 합리적 이행(제 1호 다목)	○	○	○	○
표준적 기술조치의 수용(제1호 라목)	○	○	○	○
저작물등을 수정하지 않을 것(제2호 나목)		○		
일정조건을 충족하는 이용자만 캐싱된 저작물에 접근허용(제2호 다목)		○		
복제·전송자가 제시한 현행화 규칙 준수 (제2호 라목)		○		
저작물 이용 정보를 얻기 위해 업계에 서 인정되는 기술 사용 방해 않을 것 (제2호 마목)		○		
본래의 사이트에서 접근할 수 없게 조 치된 저작물에 접근할 수 없도록 조치 (제2호 바목)		○		
침해행위 통제 권한 능력이 있을 경우 직접적 금전적 이익 없을 것 (제3호 나목)			○	○
챰해행위 인식시 저작물 복제 전송 중 단(제3호 다목)			○	○
복제 전송 중단 요구 대상자 지정 및 공지(제3호 라목)			○	○

[186] 복제·전송의 중단 등이 기술적으로 불가능한 경우의 면책(제102조 제2항)

제102조 제2항은 "제1항에도 불구하고 온라인서비스제공자가 제1항에 따른 조치를 취하는 것이 기술적으로 불가능한 경우에는 다른 사람에 의한 저작물 등의 복제·전송으로 인한 저작권, 그 밖에 이 법에 따라 보호되는 권리의 침해에 대하여 책임을 지지 아니한다"고 규정하고 있다. 2011. 6. 30. 법개정 이전에도 제102조 제2항에서 "온라인서비스제공자가 저작물 등의 복제·전송과 관련된 서비스를 제공하는 것과 관련하여 다른 사람에 의한 저작물 등의 복제·전송으로 인하여 그 저작권 그 밖에 이 법에 따라 보호되는 권리가 침해된다는 사실을 알고 당해 복제·전송을 방지하거나 중단시키고자 하였으나 기술적으로 불가능한 경우에는 그 다른 사람에 의한 저작권 그 밖에 이 법에 따라 보호되는 권리의 침해에 관한 온라인서비스제공자의 책임은 면제된다"고 규정하고 있었는데, 저장서비스 외의 다른 서비스 유형도 감안하여 위와 같이 수정한 것이다.

한편, 위 규정에서 말하는 면책에는 민사상의 불법행위로 인한 손해배상책임만이 아니라 형사책임도 포함되는 것으로 보는 것이 대법원 판례의 입장이다(웹스트로지 서비스 사건에 대한 대판 2013. 9. 26, 2011도1435 참조).

온라인서비스제공자의 방조책임이 인정될 경우, 그 서비스제공자가 제102조 제2항의 항변을 하는 예가 많았으나, 아직은 그 항변이 받아들여짐으로써 면책된 사례는 잘 발견되지 아니한다. 서울중앙지방법원 2012. 11. 13.자 2012카합2009 결정은 "이 사건처럼 온라인서비스제공자가 이용자들의 저작권 침해행위를 미필적으로 인식하면서도 이를 방조하여 저작권 침해가 발생한 경우에는, 사후적으로 이를 중단하고 방지하기 위한 조치를 취하였다거나 그러한 조치가 기술적으로 불가능하다는 이유만으로 온라인서비스제공자의 침해정지 등 책임이 면제된다고 할 수 없을뿐더러, 기록 및 심문 전체의 취지에 의하면 신청인이 피신청인에 대하여 이 사건 가처분신청을 제기하는 등으로 이의를 제기한 후 이 사건 웹사이트 내에서 불법 파일의 검색 내지 다운로드의 금지가 더욱 신속하고 활발하게 이루어진 것으로 보이므로, 이러한 점에

비추어 보면 그동안 피신청인의 기술적 조치가 온전하게 이루어졌다고 보기
도 어렵다.”라고 설시하였다. 대법원도 웹스토리지 서비스 사건에서 “피고인
들이 이 사건 각 사이트에 취한 기술적 조치는 원심 판시 ‘금칙어 설정’ 또는
‘해쉬값 등록·비교’를 통한 필터링 방식뿐으로서, 이러한 기술적 조치만으로
는 그 당시 기술수준 등에 비추어 최선의 조치로 보이지 않을 뿐만 아니라
이들 기술적 조치 자체도 제대로 작동되지 아니한 것으로 보이는 이상, 피고
인들은 저작권의 침해가 되는 복제·전송을 선별하여 이를 방지하거나 중단
하는 기술적 조치를 다하였다고 할 수 없으므로, 구 저작권법 제102조 제2항
에 따라 형사상 책임이 면제된다고도 할 수 없다”고 판시한 바 있다(대판 2013.
9. 26, 2011도1435).

[187] 모니터링 의무 등의 면제(제102조 제3항)

제102조 제3항은 “제1항에 따른 책임 제한과 관련하여 온라인서비스제공
자는 자신의 서비스 안에서 침해행위가 일어나는지를 모니터링하거나 그 침
해행위에 관하여 적극적으로 조사할 의무를 지지 아니한다”고 규정하고 있다.
이 규정은 위에서 본 유형별 면책요건만 갖추면 면책되고 그와 별도로 자신
의 서비스 안에서 침해행위가 일어나는지를 모니터링하거나 그 침해행위에
관하여 적극적으로 조사할 의무를 지지는 않음을 주의적으로 명확하게 하기
위한 규정이다. 다만 저작권침해가 상대적으로 많이 이루어지는 특정한 비즈
니스 모델에 있어서는 앞에서 본 ‘실제적 인식’이나 ‘명백한 인식’의 유무와
관련하여 저작권 보호를 위한 보다 적극적인 기술적 조치 등을 취하지 않으
면 불리한 법적 판단을 받을 가능성이 여전히 남아 있다.

이 규정은 위와 같은 면책요건을 모두 갖춘 경우에 추가적으로 모니터링
의무 등을 부과하지는 않음을 확인하는 규정일 뿐 OSP 전반에 대하여 모니터
링 의무를 전면적으로 면제하는 규정이 아님을 유의하여야 한다. 본항에서
“제1항에 따른 책임 제한과 관련하여”라고 한 부분이 바로 그 점을 명확하게
하기 위한 문구이다.

[188] 온라인서비스제공자의 복제·전송 중단 절차(제103조)

1. 저작권법 개정의 취지와 내용

저작권법 제103조의 규정은 원래 DMCA의 요구 및 삭제(Notice & Takedown) 규정을 유사하게 본받고 있었던 것으로서 기본적으로는 큰 변경이 필요한 부분은 아니지만, 한·EU FTA 이행을 위한 2011. 6. 30. 개정 저작권법 제102조가 위와 같이 서비스 유형을 네 가지로 구분하여 면책요건을 각각 별도로 규정함에 따라 권리자의 복제·전송 중단 요구와 이에 따른 OSP의 중단 절차도 유형별로 명확하게 할 필요가 있다고 보아 다음과 같은 개정을 하였다.

1) 인터넷접속서비스 제공자를 권리주장자가 불법 복제물의 복제·전송 중단 요구를 할 수 있는 대상에서 제외하였다.
2) 캐싱서비스 제공자의 경우에는 저작물의 복제·전송을 중단시킨 후 그 사실을 통보할 대상을 권리주장자로 한정하였다.

2. 권리주장자의 복제·전송 중단 요구

제103조 제1항은 다음과 같이 규정하고 있다.

■ 제103조(복제·전송의 중단) ① 온라인서비스제공자(제102조 제1항 제1호의 경우는 제외한다. 이하 이 조에서 같다)의 서비스를 이용한 저작물등의 복제·전송에 따라 저작권, 그 밖에 이 법에 따라 보호되는 자신의 권리가 침해됨을 주장하는 자(이하 이 조에서 "권리주장자"라 한다)는 그 사실을 소명하여 온라인서비스제공자에게 그 저작물등의 복제·전송을 중단시킬 것을 요구할 수 있다.

먼저 위 괄호 안의 규정을 통해 온라인서비스제공자의 네 가지 유형 중 인터넷접속서비스(단순도관서비스)제공자는 제외하는 취지를 명시하고 있음을 알 수 있다. 단순도관서비스는 단순히 인터넷 접속만을 제공하므로 침해 주장의 통지를 받아 처리할 수 있는 유형이 아니라고 본 것이다.

권리주장자는 문화체육관광부령으로 정하는 요청서(전자문서로 된 요청서를 포함한다)에 다음 각 호의 어느 하나에 해당하는 소명 자료(전자문서를 포함한다)를 첨부하여 온라인서비스제공자에게 제출하여야 한다. 다만, 권리주장자가 저작권신탁관리업자이거나 최근 1년 이내에 반복적인 침해행위에 대하여 권리자임을 소명할 수 있는 자료를 이미 제출한 사실이 있는 경우에는 요청서만 제출하여도 된다(시행령 제40조).

> i) 자신이 그 저작물 등의 권리자로 표시된 저작권 등의 등록증 사본 또는 그에 상당하는 자료
> ii) 자신의 성명등이나 이명으로서 널리 알려진 것이 표시되어 있는 저작물 등의 사본 또는 그에 상당하는 자료

3. 온라인서비스제공자의 복제·전송 중단 및 통보

도관서비스제공자를 제외한 온라인서비스제공자는 위와 같은 제103조 제1항에 따른 복제·전송의 중단요구를 받은 경우에는 즉시 그 저작물 등의 복제·전송을 중단시키고 캐싱서비스 제공자는 권리주장자에게, 저장서비스 및 정보검색도구서비스제공자는 권리주장자 및 해당 저작물 등의 복제·전송자에게 3일 이내에 각 그 사실을 문화체육관광부령으로 정하는 통보서(전자문서로 된 통보서를 포함한다)에 권리주장자가 제출한 복제·전송 중단 요청서(복제·전송자에 한정하며, 전자문서를 포함한다)를 첨부하여 통보하여야 한다(제103조 제2항, 시행령 제41조). 이 때 온라인서비스제공자는 복제·전송자에게 자신의 복제·전송이 정당한 권리에 의한 것임을 소명하여 복제·전송의 재개를 요구할 수 있음을 알려주어야 한다.

캐싱서비스는 침해 주장의 통지 내용이 원 서버에서 지워진 자료를 캐시 서버에서 그대로 올려져 있는 것을 내려달라는 것이어서 이해관계 있는 복제·전송자가 따로 있지 않은 경우이므로 복제·전송자에 대한 통지의무에서 제외한 것이다.

4. 복제·전송자의 재개요구 및 온라인서비스제공자의 조치

제103조 제2항에 따른 위와 같은 통보를 받은 복제·전송자가 자신의 복제·전송이 정당한 권리에 의한 것임을 소명하여 그 복제·전송의 재개를 요구하는 경우 온라인서비스제공자는 재개요구사실 및 재개예정일을 권리주장

자에게 지체 없이 통보하고 그 예정일에 복제·전송을 재개시켜야 한다(제103조 제3항). 다만, 권리주장자가 복제·전송자의 침해행위에 대하여 소를 제기한 사실을 재개예정일 전에 온라인서비스제공자에게 통보한 경우에는 그러하지 아니하다(같은 항 단서).

위 규정에 따라 복제·전송의 재개를 요구하려는 복제·전송자는 온라인서비스제공자로부터 복제·전송의 중단을 통보받은 날부터 30일 이내에 문화체육관광부령으로 정하는 재개요청서(전자문서로 된 요청서를 포함한다)에 다음 각호의 어느 하나에 해당하는 소명 자료(전자문서를 포함한다)를 첨부하여 온라인서비스제공자에게 제출하여야 한다(시행령 제42조).

 i) 자신이 그 저작물 등의 권리자로 표시된 저작권 등의 등록증 사본 또는 그에 상당하는 자료
 ii) 자신의 성명등 또는 널리 알려진 이명이 표시되어 있는 그 저작물 등의 사본 또는 그에 상당하는 자료
 iii) 저작권 등을 가지고 있는 자로부터 적법하게 복제·전송의 허락을 받은 사실을 증명하는 계약서 사본 또는 그에 상당하는 자료
 iv) 그 저작물 등의 저작재산권의 보호기간이 끝난 경우 그 사실을 확인할 수 있는 자료

5. 수령인의 지정 및 공지

온라인서비스제공자는 위에서 본 바와 같은 복제·전송의 중단 및 그 재개의 요구를 받을 자(이하 '수령인'이라 한다)를 지정하여 자신의 설비 또는 서비스를 이용하는 자들이 쉽게 알 수 있도록 공지하여야 한다(제103조 제4항). 그 구체적인 공지 방법은 그 복제·전송서비스를 제공하는 자신의 정보통신망에 누구나 쉽게 알 수 있도록 i) 수령인의 성명 및 소속부서명, ii) 전화번호·팩시밀리번호 및 전자우편주소, iii) 우편물을 수령할 수 있는 주소 등의 정보를 표시하는 것으로 규정되어 있다(시행령 제44조).

6. 책임면제

온라인서비스제공자가 위와 같이 제4항에 따른 공지를 하고 위 3. 및 4.와 같이 그 저작물 등의 복제·전송을 중단시키거나 재개시킨 경우에는 다른 사람에 의한 저작권 그 밖에 이 법에 따라 보호되는 권리의 침해에 대한 온라인서비스제공자의 책임 및 복제·전송자에게 발생하는 손해에 대한 온라인서비스제공자의 책임이 면제된다(제103조 제5항 본문). 다만, 이 규정은 온라인서비스제공자가 다른 사람에 의한 저작물 등의 복제·전송으로 인하여 그 저작권 그 밖에 이 법에 따라 보호되는 권리가 침해된다는 사실을 안 때부터 제1항의 규정에 따른 중단을 요구받기 전까지 발생한 책임에는 적용하지 아니한다(같은 항 단서). 개정 전 법에서는 "책임을 감경 또는 면제할 수 있다"고 하였는데, 개정법에서는 명확하게 책임을 면제하는 것으로 규정하였다. 이 면책규정은 OSP가 중단요구를 받기 전에 침해사실을 알고 방치한 것에 대하여는 적용되지 않음을 위 단서규정이 명확히 하고 있다.

7. 정당한 권리 없는 권리주장자의 책임

정당한 권리 없이 위 2. 및 4.와 같이 그 저작물 등의 복제·전송의 중단이나 재개를 요구하는 자는 그로 인하여 발생하는 손해를 배상하여야 한다(제103조 제6항). 이 규정에서 저작물 등의 복제·전송의 중단 요구에 있어서 '정당한 권리가 없다'는 것은 '자신의 권리가 침해되는 사실을 입증하지 못하였다'는 취지로 해석되어야 하므로, 침해될 권리 자체가 없었던 경우는 물론 침해될 권리가 있더라도 저작물 등의 복제·전송이 저작권법에서 규정하고 있는 저작권 제한사유에 해당하여 저작권 그밖에 저작권법에 따라 보호되는 권리를 침해하는 것이 아닌 경우도 포함하는 것으로 보아야 한다고 판시한 하급심 판결(서울고판 2010. 10. 13, 2010나35260)이 있다. 제103조의 규정에 의해 공정이용이 쉽게 위협받지 않도록 하는 취지를 내포한 것으로서 타당한 판결이라 생각된다.

[189] 온라인서비스제공자에 대한 법원 명령의 범위

1. 의의

한·미 FTA 이행을 위한 2011. 12. 2.자 개정법은 온라인서비스제공자가 법상의 면책사유에 해당할 경우에는 법원이 저작권법 제123조 제3항에 따른 가처분 결정을 함에 있어서도 그 결정할 수 있는 범위의 제한을 받도록 하는 규정을 신설하였다.

즉 개정 저작권법 제103조의2는 온라인서비스제공자가 유형별 면책요건을 갖춘 경우 다음과 같이 인터넷접속서비스(단순도관서비스)와 그 밖의 경우로 나누어 법원이 가처분에 의하여 명할 수 있는 '필요한 조치'의 범위를 제한하고 있다.

2. 인터넷접속서비스(단순도관서비스)의 경우

법원은 제102조 제1항 제1호에 따른 요건을 충족한 온라인서비스제공자에게 제123조 제3항에 따라 필요한 조치를 명하는 경우에는 다음의 각 조치만을 명할 수 있다(제103조의2 제1항).

① 특정 계정의 해지
② 특정 해외 인터넷 사이트에 대한 접근을 막기 위한 합리적 조치

3. 나머지 유형의 경우

법원은 제102조 제1항 제2호부터 제3호까지의 요건을 충족한 온라인서비스제공자에게 제123조 제3항에 따라 필요한 조치를 명하는 경우에는 다음의 각 조치만을 명할 수 있다.

① 불법복제물의 삭제
② 불법복제물에 대한 접근을 막기 위한 조치
③ 특정 계정의 해지
④ 그 밖에 온라인서비스제공자에게 최소한의 부담이 되는 범위에서 법원이 필요하다고 판단하는 조치

[190] 특수한 유형의 온라인서비스제공자의 의무

1. 특수한 유형의 온라인서비스제공자의 의의

특수한 유형의 온라인서비스제공자란 '다른 사람들 상호간에 컴퓨터를 이용하여 저작물 등을 전송하도록 하는 것을 주된 목적으로 하는 온라인서비스제공자'를 말하며(제104조 제1항), 같은 조 제2항에 따라 문화체육관광부장관이 2021. 11. 26. 고시(문화체육관광부고시 제2021-62호)한 바에 의하면, 다음 각 호의 어느 하나에 해당하는 경우를 뜻하는 것으로 보고 있다.

1. 개인 또는 법인(단체 포함)의 컴퓨터 등에 저장된 저작물 등을 공중이 이용할 수 있도록 업로드한 자에게 상업적 이익 또는 이용편의를 제공하는 온라인서비스제공자

   ※ 상업적 이익 또는 이용편의 제공 예시: 적립된 포인트를 이용해 쇼핑, 영화 및 음악감상, 현금교환 등을 할 수 있게 하거나, 사이버머니, 파일 저장공간 제공 등을 통하여 저작물 등을 공유하는 자에게 경제적 혜택이 돌아가도록 하는 경우

2. 개인 또는 법인(단체 포함)의 컴퓨터 등에 저장된 저작물 등을 공중이 다운로드할 수 있도록 기능을 제공하고 다운로드 받는 자가 비용을 지급하는 형태로 사업을 하는 온라인서비스제공자

   ※ 비용 지급 예시: 저작물 등을 이용 시 포인트 차감, 쿠폰사용, 사이버머니 지급, 공간제공 등의 방법으로 경제적 대가를 지급해야 하는 경우

3. P2P 기술을 기반으로 개인 또는 법인(단체 포함)의 컴퓨터 등에 저장된 저작물 등을 업로드 하거나 다운로드 할 수 있는 기능을 제공하여 상업적 이익을 얻는 온라인서비스제공자

   ※ 상업적 이익 예시: 저작물 등을 공유하는 웹사이트 또는 프로그램에 광고게재, 타 사이트 회원가입 유도 등의 방법으로 경제적 수익을 창출하는 경우

이와 같이 특수한 유형의 OSP는 이용자들 상호간 저작물 공유를 지원하는 서비스로서의 특성을 가지는 것으로서 주로 공유형 웹하드(웹스토리지) 또는 P2P 서비스가 이에 해당한다고 할 수 있다.

2. 특수한 유형의 온라인서비스제공자의 기술조치의무

이러한 특수한 유형의 온라인서비스제공자는 권리자의 요청이 있는 경우 해당 저작물 등의 불법적인 전송을 차단하는 기술적인 조치 등 필요한 조치를 하여야 한다(제104조 제1항). 일부 불법적인 P2P나 웹하드 서비스의 운영으로 인하여 저작권자 등의 권익이 크게 위협받고 있는 현실을 감안하여 2006년 개정법에서부터 특별히 이와 같은 규정을 두게 된 것이다. 이 규정에 따라 권리자가 해당 저작물 등의 불법적인 전송을 차단하는 기술적인 조치 등 필요한 조치를 요청하려면 문화체육관광부령으로 정하는 요청서(전자문서로 된 요청서를 포함한다)에 다음 각 호의 자료(전자문서를 포함한다)를 첨부하여 특수한 유형의 온라인서비스제공자에게 제출하여야 한다. 다만, 권리자가 저작권신탁관리업자이거나 최근 1년 이내에 반복적인 침해행위에 대하여 권리자임을 소명할 수 있는 자료를 이미 제출한 사실이 있는 경우에는 제1호의 자료를 제출하지 아니할 수 있다(시행령 제45조).

> i) 권리자임을 소명할 수 있는 다음 각 목 중 어느 하나에 해당하는 자료
> 가) 자신이 그 저작물 등의 권리자로 표시된 저작권 등의 등록증 사본 또는 그에 상당하는 자료
> 나) 자신의 성명 등이나 이명으로서 널리 알려진 것이 표시되어 있는 저작물 등의 사본 또는 그에 상당하는 자료
> ii) 차단을 요청하는 저작물 등을 인식할 수 있는 저작물의 제호, 그에 상당하는 문자나 부호(이하 "제호 등"이라 한다) 또는 복제물 등의 자료

그리고 위 규정에서 말하는 "해당 저작물 등의 불법적인 전송을 차단하는 기술적인 조치 등 필요한 조치"란 다음 각 호의 모든 조치를 말한다(시행령 제46조 제1항).

> i) 저작물 등의 제호 등과 특징을 비교하여 저작물 등을 인식할 수 있는 기술적인 조치
> ii) 제1호에 따라 인지한 저작물 등의 불법적인 송신을 차단하기 위한 검색제한 조치 및 송신제한 조치
> iii) 해당 저작물 등의 불법적인 전송자를 확인할 수 있는 경우에는 그 저작물 등의

전송자에게 저작권침해금지 등을 요청하는 경고문구의 발송

위와 같은 기술조치는 권리자가 요청하면 즉시 이행하여야 한다(시행령 제 46조 제2항).

특수한 유형의 온라인서비스제공자가 이러한 기술조치를 취하지 아니할 경우 3천만원 이하의 과태료가 부과될 수 있다(법 제142조 제1항).

3. 책임제한 여부

제104조에 의한 기술조치는 주로 필터링(검색제한 등)의 방법을 취하는 것이고, 그것이 권리자의 요청에 따라 이루어지는 것이라는 점에서 '소극적 필터링'이라고 불린다. 특수한 유형의 온라인서비스제공자가 이러한 소극적 필터링만 확실하게 하면 제104조 제1항을 위반한 것은 아니고 따라서 제142조 제1항에 따른 과태료 부과의 대상이 아니게 되며, 그러한 결론은 해당 서비스를 통하여 실제로 불법적인 전송이라는 결과가 발생하였다고 하여 달라지는 것이 아니다(대결 2017. 8. 31, 2014마503 참조).

그러나 이러한 소극적 필터링을 하였다는 것만으로 온라인서비스제공자로서의 방조책임 등과 관련한 민·형사상의 모든 책임을 면할 수 있는 것은 아니다. 제104조에 의한 기술조치(소극적 필터링) 의무는 저작권 등을 보호하기 위하여 특수한 유형의 온라인서비스제공자에게 가중된 의무를 지운 것이기는 하나, 소극적 필터링만으로 저작권침해가 효과적으로 방지되지 않는 경우가 많으며, 제104조도 의무부과 외의 책임제한의 취지는 내포하지 않은 것으로 보이기 때문에, 사안에 따라서 보다 적극적인 기술조치를 하지 않을 경우에 미필적 고의에 의한 방조 등 책임이 인정될 가능성이 있다('소리바다5 사건'에 대한 서울고결 2007. 10. 10, 2006라1245 등 참조).

4. 이른바 '웹하드 등록제'

2011년에 웹하드 사이트 및 P2P 서비스를 통한 불법복제물 및 음란물 등의 유통, 악성코드 유포 등이 큰 사회적 문제로 제기되어 기존 전기통신사업법상 '부가통신사업자'로 신고하는 것만으로 사업 개시를 할 수 있었던 웹하

드 등 서비스를 등록제로 전환함으로써 규제를 강화하는 개정 입법이 이루어졌다. 즉 2011. 5. 19.자 개정 전기통신사업법(2011. 11. 20. 시행)은 '특수한 유형'의 부가통신사업을 경영하려는 자는 일정한 요건을 갖추어 방송통신위원회에 (현재는 '과학기술정보통신부장관'에게) 등록을 하여야 하는 것으로 규정하고(같은 법 제22조 제2항), 특수한 유형의 부가통신사업자로서 등록을 하지 않고 경영하는 경우에 대하여 벌칙규정을 신설하였다(같은 법 제95조 제3의2호). 이른바 '웹하드 등록제'라고 불리는 규제로서, 저작권법상의 특수한 유형의 온라인서비스제공자에 대한 규제를 더욱 확대, 강화하는 의미를 내포하고 있다.

[191] 복제·전송자에 관한 정보제공 청구제도

온라인서비스제공자의 책임에 관한 현행법 제도하에서는 온라인서비스제공자가 일정한 요건하에서 방조 등의 책임을 지는 경우도 있지만, 처음부터 아무 책임이 인정되지 않거나 법에 따라 면책되는 경우가 많은데, 그 경우에는 권리자가 직접침해를 한 이용자에게 책임을 물을 수밖에 없다. 그러나 온라인상의 침해행위가 익명으로 이루어질 경우 권리자로서는 그 침해혐의자의 신원을 파악하여 민·형사상의 구제수단을 강구하기가 어려워 애로를 겪게 되고, 나아가서는 침해혐의자의 신원을 파악하기 위한 방편으로 형사고소를 남용하는 경향이 야기된 것이 지금까지의 현실이었다. 이러한 불합리한 점을 개선하기 위해서는 권리자가 온라인서비스제공자에게 침해 혐의자의 정보를 요구할 수 있는 제도의 도입을 검토해 보아야 한다는 논의가 있다가 한·미 FTA에 관련 사항이 포함됨으로써 결국 한·미 FTA 이행을 위한 2011. 12. 2. 개정법에 '복제·전송자에 관한 정보제공 청구제도'가 신설되게 되었다.

이에 따라 개정 저작권법하에서는 권리주장자가 민사상의 소제기 및 형사상의 고소를 위하여 해당 온라인서비스제공자에게 그 온라인서비스제공자가 가지고 있는 해당 복제·전송자의 성명과 주소, 전화번호·전자우편주소 등 연락처 등 필요한 최소한의 정보 제공을 요청하였으나 온라인서비스제공자가 이를 거절한 경우 권리주장자는 문화체육관광부장관에게 해당 온라인서비스

제공자에 대하여 그 정보의 제공을 명령하여 줄 것을 청구할 수 있고(법 제103
조의3 제1항, 시행령 제44조의2), 문화체육관광부장관은 저작권보호심의위원회의 심
의를 거쳐 온라인서비스제공자에게 해당 복제·전송자의 정보를 제출하도록
명할 수 있다(법 제103조의3 제2항). 온라인서비스제공자는 위 명령을 받은 날부
터 7일 이내에 그 정보를 문화체육관광부장관에게 제출하여야 하며, 문화체
육관광부장관은 그 정보를 청구인에게 지체 없이 제공하여야 한다(같은 조 제
3항).

   이러한 제도의 도입으로 권리자의 권리구제의 실효성 확보에 도움이 될
수 있는 면이 있음은 분명하지만, 온라인상의 개인정보 보호의 면에서는 여러
가지 우려가 제기될 수 있다.

   개정법도 그러한 우려를 의식하여 개인정보 보호를 위해 그 청구대상을
위와 같이 소제기를 위하여 필요한 최소한의 정보로 제한하는 한편, 위 규정
에 따라 해당 복제·전송자의 정보를 제공 받은 자는 해당 정보를 그 청구 목
적 외의 용도로 사용하여서는 아니 된다고 규정하고(같은 조 제4항), 그것을 위반
한 자에 대하여는 3년 이하의 징역 또는 3천만원 이하의 벌금에 처할 수 있
도록 하는 처벌규정을 두고 있다(제136조 제2항 제3호의2).

제 5 절 침해로 보는 행위

저작권법은 다음과 같은 일정한 행위를 권리침해로 간주하고 있다(제124조).

[192] 저작재산권 · 저작인격권 · 출판권 · 저작인접권 · 데이터베이스제작자의 권리의 침해로 보는 경우

1. 배포 목적의 저작권 등 침해물건 수입행위

저작권법 제124조 제1항 제1호는 "수입시에 대한민국 내에서 만들어졌더라면 저작권, 그 밖의 이 법에 의하여 보호되는 권리의 침해로 될 물건을 대한민국내에서 배포할 목적으로 수입하는 행위"를 저작권 등 침해행위로 간주하고 있다.

예컨대 외국에서 무단복제하여 제작한 도서 등을 단지 국내에 수입하는 행위는 저작권자의 복제권·배포권에 대한 직접적인 침해행위에 해당한다고 볼 수 없다. '수입'은 '복제'는 물론 '배포'의 개념에도 포함되지 않기 때문이다. 그러나 이러한 수입행위를 그대로 둔다면 저작권자의 경제적 이익이 침해될 것이 명백하므로 법에서 이를 침해행위로 간주하여 저작권자의 보호에 만전을 기하려고 한 것이다. 저작권을 침해하는 것으로 간주되는 수입행위는 '수입시'를 기준으로 하여 그 때 만일 국내에서 만들어졌더라면 권리침해가 되었을 물건을 대상으로 하는 것에 한정된다. 따라서 이 규정은 '진정상품의 병행수입'을 금지하는 근거규정이라고 볼 수는 없으며(이 책 [53] 2. 다. 참조), 오히려 위와 같이 '… 권리침해가 되었을 물건'의 수입에 한정하고 있는 점에

비추어 진정상품의 병행수입은 당연히 허용된다는 것을 전제로 한 규정으로
보아야 할 것이다.

여기서 "수입시에 대한민국 내에서 만들어졌더라면 저작권, 그 밖에 이
법에 의하여 보호되는 권리의 침해로 될 물건…"이라고 표현한 것은 국내 저
작권법의 효력이 미치지 않는 국가에서 만들어진 복제물이 그 국가의 법에서
는 허용되는지와 상관없이 우리나라의 저작권법에 따라 수입시점을 기준으로
판단하였을 때 복제권 등 권리침해가 되는 경우에는 그 수입행위를 침해행위
로 간주하고자 하는 취지에 기한 것이라 할 수 있다. 저작권자의 허락 하에
국외에서 만들어진 진정상품이라면 위 규정에 따라 국내에서 권리자의 허락
하게 만들어진 것으로 가정할 때 권리의 침해로 될 물건이 아니므로, 위 규정
에 해당하지 않는 것으로 보게 되는 것이다.

한편 위 규정이 적용되기 위해서는 위와 같은 수입행위가 '국내에서 배포
할 목적으로' 이루어져야 한다. 따라서 가령 개인적인 연구를 목적으로 1매
국내에 반입하거나 단지 국내통과의 목적으로 수입하는 것은 여기에 해당하
지 않는다.

2. 악의의 배포목적 소지행위

저작권법 제124조 제1항 제2호는 "저작권 그 밖의 이 법에 의하여 보호되
는 권리를 침해하는 행위에 의하여 만들어진 물건(위 제1호의 수입물건 포함)을 그
사실을 알고 배포할 목적으로 소지하는 행위"를 저작권 등 침해행위로 간주
하고 있다.

2000년 1월의 개정 전에는 악의의 배포행위 자체도 위 간주규정의 적용대
상에 포함하고 있었는데 2000년 1월의 개정에 의하여 악의의 배포행위는 위
규정에서 빠지게 되었다. 원래 권리 침해행위에 의하여 만들어진 물건을 배포
하는 행위는 당연히 배포권의 침해를 구성하므로 별도의 침해간주규정을 둘
필요가 없는 것인데, 이를 침해간주규정에 포함시킴으로써 일반적인 저작권침
해죄에 비하여 낮은 형을 적용하도록 하였다가 법 개정으로 수정하게 된 것
이다. 결국 이 개정에 의하여 배포권침해의 경우도 복제권 등의 침해와 동일

한 민·형사책임을 지게 되었다.

3. 악의의 업무상 프로그램 이용행위

저작권법 제124조 제1항 제3호는 "프로그램의 저작권을 침해하여 만들어진 프로그램의 복제물(제1호에 따른 수입 물건을 포함한다)을 그 사실을 알면서 취득한 자가 이를 업무상 이용하는 행위"를 침해행위로 간주하고 있다.

여기서 '이용'이란 저작권자의 배타적 권리에 포함되는 이용의 개념이 아니라 일반적인 '사용'의 개념으로 쓰인 것이다. 저작재산권의 지분권에 사용권(right of use)이 포함되는 것은 아니지만, 타인이 프로그램을 무단으로 사용하는 것을 무한정 허용하게 되면 저작권자의 보호에 불충분한 결과가 되므로 일정한 경우에는 이를 제한할 필요가 있다는 취지에서 1994. 1. 5. 개정 컴퓨터프로그램보호법에서부터 이와 같은 규정을 추가로 두었다가 동법과 저작권법을 통합한 2009. 4. 22. 개정 저작권법에서 제124조 제1항 제3호로 수용하게 된 것이다.

취득 당시에 그 정을 알아야 하므로 취득 당시에는 선의였으나 사후에 침해물인 줄 알게 된 경우에는 이를 계속 사용하더라도 침해행위로 보지 아니한다. '업무상 이용'하는 경우에 한하므로 '개인적인 용도에 사용'하는 경우에는 침해로 보지 아니한다. 다만 여기에서 업무상 이용이라 함은 영리적 목적의 업무뿐 아니라 비영리적 업무도 포함되는 것으로 보아야 할 것이다.

이 규정을 위반할 경우 저작재산권 침해죄에 대한 제136조 제1항의 벌칙규정(5년 이하의 징역 또는 5천만원 이하의 벌금)이 아니라 제136조 제2항 제4호의 처벌 규정(3년 이하의 징역 또는 3천만원 이하의 벌금)의 적용을 받게 되는데, 이 두 가지의 죄가 연속으로 범해진 것으로 보이는 사안과 관련하여 대법원은 "저작권법 제136조 제1항은 저작재산권 등을 복제 등의 방법으로 침해하는 자를 처벌하는 한편, 제124조 제1항 제3호에서는 '프로그램의 저작권을 침해하여 만들어진 프로그램의 복제물을 그 사실을 알면서 취득한 자가 이를 업무상 이용하는 행위'를 프로그램저작권을 침해하는 행위로 보면서 제136조 제2항 제4호에서 이를 처벌하는 규정을 별도로 두고 있다. 저작권법 제124조 제1항 제

3호는, 프로그램의 사용행위 자체는 본래 프로그램저작권에 대한 침해행위 태양에 포함되지 않지만, 침해행위에 의하여 만들어져 유통되는 프로그램의 복제물을 그러한 사정을 알면서 취득하여 업무상 사용하는 것을 침해행위로 간주함으로써 프로그램저작권 보호의 실효성을 확보하기 위하여 마련된 규정이다. 이러한 저작권법 제124조 제1항 제3호의 입법 취지와 문언에 비추어 보면, 컴퓨터프로그램을 컴퓨터 하드디스크 등에 복제하는 방법으로 프로그램저작권을 침해한 사람은 위 조항이 규정하고 있는 침해행위에 의하여 만들어진 프로그램의 복제물(컴퓨터 하드디스크 등)을 취득한 사람에 해당한다고 볼 수 없다. 따라서 그에 대하여 저작권법 제136조 제1항 위반죄만이 성립하고, 제136조 제2항 제4호 위반죄가 성립하는 것은 아니다."라고 판시하였다(대판 2019. 12. 24, 2019도10086).

[193] 저작인격권침해로 보는 행위

저작자의 명예를 훼손하는 방법으로 그 저작물을 이용하는 행위는 저작인격권의 침해로 간주된다(제124조 제4항). 예술적인 가치가 높은 누드회화를 스트립극장의 입간판에 사용하거나 또는 종교음악을 희극용의 악곡과 합체하여 연주하는 것 등이 그 예이다. 이 경우 '명예'는 주관적인 명예감정이 아닌 객관적인 사회적 평가를 말한다.

제 6 절 저작권침해에 대한 항변사유

[194] 서설

원고가 제기한 저작재산권 침해소송에서 그 요건사실인 1) 문제된 저작물은 창작성 있는 표현으로서 저작물로서의 보호요건을 갖추고 있다는 것, 2) 원고가 문제된 저작물의 저작재산권을 보유하고 있다는 것, 3) 피고가 그 저작물을 복제, 공연, 공중송신, 전시, 배포, 2차적저작물 작성 등의 방법으로 이용하였다는 것(여기에 '의거관계'와 '실질적 유사성'의 요건이 관련된다)이 입증되었을 경우에 피고가 제기할 수 있는 항변으로는 1) 저작물에 대한 이용허락을 받았고, 허락받은 범위 안에서 이용한 것이라는 것(이용허락의 항변), 2) 피고의 이용은 저작재산권 제한 규정에 따라 법적으로 허용된 행위라는 것(자유이용 또는 공정이용의 항변), 3) 원고가 저작재산권을 취득한 원인이 된 저작재산권 양도계약이 무효이거나 피고에게 대항할 수 없다는 것, 4) 원고가 취득한 저작재산권이 타인에게 양도되었다는 것 등이 있다. 그 밖에 실무상 피고가 많이 제기하고 있는 항변이 바로 '저작권 남용(copyright misuse)'의 항변이다.

이들 항변사유 가운데 1)은 저작물의 '이용허락'에 대한 부분(이 책 [62] 이하 참조)에서, 2)는 저작물의 자유이용과 저작재산권의 제한에 대한 부분(이 책 [111] 이하 참조)에서 자세히 다룬 셈이고, 3)은 민법상의 문제이거나 등록의 대항력에 대한 부분(이 책 [107] 참조)에서 다룬 셈이다. 따라서 여기서는 위 4)의 '저작권 남용의 항변'에 대하여만 살펴본다.

[195] 저작권 남용의 항변

저작권 남용의 항변은 원고의 저작권 행사에 의한 침해 주장이 권리행사로서의 외관을 갖추고 있지만 실질적으로는 권리의 남용에 해당하여 허용될 수 없는 경우라고 하는 주장이다.

우리나라 민법 제2조 제2항은 "권리는 남용하지 못한다"고 규정하여 일반적인 법원칙으로서 권리남용금지의 원칙을 규정하고 있다. 저작권도 여기서 말하는 권리에 당연히 포함되므로, 민법상의 이 규정에 비추어 권리남용으로 인정되는 경우라면, 저작권의 남용에 해당하여 침해소송을 통한 구제가 허용될 수 없을 것이다. 그런 의미에서, 저작권 남용의 항변은 최소한의 법적 근거는 분명하게 가지고 있다고 할 수 있다.

그러나 민법 제2조 제2항의 적용과 관련하여 대법원은 "권리행사가 권리의 남용에 해당한다고 할 수 있으려면, 주관적으로는 그 권리행사의 목적이 오직 상대방에게 고통을 주고 손해를 입히려는 데 있을 뿐 행사하는 사람에게 아무런 이익이 없어야 하고, 객관적으로는 그 권리행사가 사회질서에 반한다고 볼 수 있어야 한다. 이러한 경우에 해당하지 않는 한 비록 그 권리의 행사로 권리행사자가 얻는 이익보다 상대방이 잃을 손해가 현저히 크다 하여도 그 사정만으로는 이를 권리남용이라 할 수 없다"고 판시하여 비교적 엄격한 주관적 요건을 요구하고 있다(대판 2008. 9. 25, 2007다5397 등 참조). 일반적인 민사사건에 대하여 적용되는 이러한 엄격한 요건을 저작권침해소송에도 적용할 경우에 실제로 이 요건을 충족하는 것으로 인정될 사례는 거의 없을 것으로 생각된다. 저작권침해소송의 경우 오로지 상대방에게 고통을 주고 손해를 입히려는 데 목적이 있고 권리행사자에게는 전혀 이익이 없는 경우란 잘 생각되지 않기 때문이다. 하지만 실제로 저작권침해소송에 대한 항변으로서 저작권남용의 항변을 한 것에 대하여 위와 같은 판례 입장을 내세워 배척한 사례들(서울고판 2011. 7. 20, 2010나97688 등)이 있다.

그런데 대법원은 상표권과 관련하여서는 "상표권의 행사가 등록상표에 관한 권리를 남용하는 것으로서 허용될 수 없다고 하기 위해서는, 상표권자가 당해 상표를 출원등록하게 된 목적과 경위, 상표권을 행사하기에 이른 구체적 개별적 사정 등에 비추어, 상대방에 대한 상표권의 행사가 상표사용자의 업무상의 신용유지와 수요자의 이익보호를 목적으로 하는 상표제도의 목적이나 기능을 일탈하여 공정한 경쟁질서와 상거래 질서를 어지럽히고 수요자 사이에 혼동을 초래하거나 상대방에 대한 관계에서 신의성실의 원칙에 위배되는 등 법적으로 보호받을 만한 가치가 없다고 인정되어야 한다"고 함으로써(대판 2014. 8. 20, 2012다6059 등 참조), 위에서 본 일반적 권리남용과 관련된 엄격한 주관적 요건을 요구하지 않는 입장을 보이고 있다. 저작권도 상표권과 같이 무형물에 대한 지식재산권이라는 점에서 상표권에 대한 위와 같은 해석이 저작권법에도 유사하게 적용될 수 있지 않을까 하는 생각이 든다.

즉 저작권의 행사가 저작권자가 그 권리를 행사하기에 이른 구체적·개별적 사정 등에 비추어, 문화 및 관련 산업의 향상발전이라고 하는 저작권법의 목적을 일탈하여 문화의 발전에 오히려 역행하는 심히 부당한 결과를 초래하거나 공정한 경쟁질서를 해하고, 상대방에 대한 관계에서 신의성실의 원칙에 위배되는 등 법적으로 보호받을 만한 가치가 없다고 인정되는 경우에는 저작권 남용의 항변도 받아들여질 수 있다고 보는 것이 상표권과의 제도적 균형 등의 면에서도 바람직하지 않을까 생각된다.

물론 이것은 법관의 자의적 판단에 따라 쉽게 사용되는 법리가 되어서는 안 되며, 건전한 사회적 관념을 가진 일반인이라면 누구나 수긍할 수 있을 정도로 부당하게 느껴지는 경우에 한하여 제한적으로 인정되어야 할 것이다.

최근에 위에서 본 권리남용의 주관적 요건과 관계없이 저작권 남용의 항변을 받아들인 일부 판례들{서울중앙지결 2011. 9. 14, 2011카합709(다만, 상급심에서 결론이 달라짐), 서울서부지판 2012. 2. 17, 2011가합5721, 서울중앙지판 2013 .2. 5, 2012가합508727, 수원지법 성남지판 2013. 12. 10, 2012가합8921 등 참조}이 나오고 있는 것은 그러한 관점에서 주목할 필요가 있다.

위에서 본 민법상의 권리남용 금지의 원칙과 관련한 판단이 저작권남용의 한 측면이라고 하면, 또 하나의 측면은 저작권의 행사가 독점규제 및 공정거래에 관한 법률(이하 '공정거래법'이라는 약칭을 사용함)에 저촉되는 경우와 관련된 것이다. 원래 저작권은 독점적, 배타적 권리이므로 그것의 행사가 경쟁을 제약하는 면이 있을 수밖에 없는데 독점적 권리로서의 저작권의 행사를 모두 반경쟁적인 것으로서 공정거래법의 규제대상이라고 할 경우에는 저작권 등 지식재산권 제도의 기초가 무너질 수도 있을 것이다. 따라서 저작권의 정상적인 행사는 설사 경쟁제한적인 면이 다소간 있더라도 정당한 것으로 인정되어야 할 것이다. 그러나 그렇다고 하여 저작권의 영역은 공정거래법과는 완전히 무관한 영역으로 어떠한 경우에도 공정거래법의 규제대상이 아니라고 할 수는 없다. 일정한 예외적인 경우에 저작권의 행사가 지나치게 경쟁질서를 해하는 문제가 있을 경우에는 '정당한 권리행사'가 아니라고 보아 공정거래법의 규제가 미치도록 할 필요가 있다. 그런 관점에서 공정거래법 제59조는 "이 법의 규정은 저작권법, 특허법, 실용신안법, 디자인보호법 또는 상표법에 의한 권리의 정당한 행사라고 인정되는 행위에 대하여는 적용하지 아니한다"고 하여 제한적 적용의 원칙을 규정하고 있다. 결국 저작권침해소송의 경우도 공정거래법의 규정취지에 비추어 저작권의 정당한 행사라고 보기 어려운 경우에는 공정거래법에 의한 제한규정이 적용되어 결국 '저작권의 남용' 항변이 받아들여지게 되는 경우가 있을 수 있다(그러한 항변을 받아들인 사례가 서울고결 2012. 4. 4, 2011라1456에 의해 결론이 바뀐 서울중앙지결 2011. 9. 14, 2011카합709이다. 반면에 피고가 위와 같은 취지에 기한 저작권 남용의 항변을 하였으나, 해당 사안의 여러 가지 상황을 검토한 후 그 항변을 받아들이지 않은 사례로는, 위 서울고결 2012. 4. 4, 2011라1456 외에 서울고판 2011. 10. 26, 2011나24663을 들 수 있다).

위와 같이 저작권남용의 항변은 우리 법 체계상 두 가지의 서로 다른 근거에서 받아들여질 수 있는 부분이 있으나, 그것이 지나치게 넓게 적용되어서는 안 되고 예외적인 경우에 제한적으로 적용되어야 할 것인바, 그 구체적인 판단기준에 대하여는 향후 판례의 축적을 기다려 보아야 할 것이라 생각된다.

10장

저작권등 침해에
대한 구제 등

[196] 개관

저작권 침해로 인해 피해를 입었거나 입을 우려가 있는 권리자가 취할 수 있는 구제수단은 크게 민사적, 형사적, 행정적 구제수단으로 구분할 수 있다. 한국저작권위원회에 의한 조정은 크게 보아 민사적 구제수단에 해당하지만 별도의 절로 살펴본다. 그 외에 기술적 보호조치의 보호 등은 디지털 시대의 저작권 침해로부터 권리자를 보호하기 위한 제도로서 침해에 대한 구제수단과는 다른 성격을 가지지만, 본 장에서 함께 살펴본다.

제1절 민사상의 구제

[197] 침해의 정지청구권 등

1. 의의

저작권법은 다음과 같이 저작권자 등에게 침해정지청구권과 침해예방청구권을 인정하고 있다.

■ 제123조(침해의 정지 등 청구) ①저작권 그 밖에 이 법에 따라 보호되는 권리(제25조·제31조·제75조·제76조·제76조의2·제82조·제83조 및 제83조의2의 규정에 따른 보상을 받을 권리는 제외한다. 이하 이 조에서 같다)를 가진 자는 그 권리를 침해하는 자에 대하여 침해의 정지를 청구할 수 있으며, 그 권리를 침해할 우려가 있는 자에 대하여 침해의 예방 또는 손해배상의 담보를 청구할 수 있다.

위 규정은 권리침해자의 책임을 추궁하는 것을 목적으로 하는 것이라기보다는, 현재 발생하고 있거나 또는 발생할 위험이 있는 권리 침해의 상태 그 자체를 제거하도록 하는 데 초점이 있다.

2. 요건

가. '저작권 그 밖에 이 법에 따라 보호되는 권리를 가진 자'

'저작권 그밖에 이 법에 따라 보호되는 권리를 가진 자'에 해당하여야 침해정지청구권을 행사할 수 있다. 저작권에는 당연히 저작재산권과 저작인격권이 포함되고, '그 밖에 이 법에 따라 보호되는 권리'에는 배타적발행권, 출판권, 저작인접권, 데이터베이스제작자의 권리가 포함된다. 다만 저작재산권의 제한에 따라 보상청구권으로 된 것(제25조, 제31조)이나 저작인접권 중 보상청구권으로 규정된 것(제75조, 제76조, 제76조의2, 제82조, 제83조 및 제83조의2))에 기하여서는 본조에 의한 침해정지청구권을 행사할 수 없다(제123조 제1항 괄호 참조). 배타적발행권이나 출판권이 설정된 경우로서 배타적발행권이나 출판권의 침해가 성립하는 경우에 저작재산권자가 침해정지청구권을 행사할 수 있는지가 문제되나, 그 경우에 저작재산권자도 자신의 권리에 대한 침해정지청구권을 행사할 수 있다고 보아야 함은 앞에서 살펴본 바(이 책 [71] 참조)와 같다.

나. 권리침해의 현존 또는 우려

(1) 침해정지청구권은 현재 권리를 침해하고 있는 자에 대하여 침해의 정지를 구하는 것을 내용으로 하는 것이므로, 이 권리를 행사하기 위해서는 권리침해가 현존하고 있을 것을 요한다. 예를 들어 저작물의 무단연주나 무단방송이 행해졌다고 하더라도 이미 그 연주나 방송이 종료해 버렸으면, 원칙적으로 이 권리를 행사할 수 없게 된다. 다만 판례는 현재 비록 침해상태를 일시 중단하였다고 하더라도 그것이 소제기 등에 따라 일시적으로 중단한 것일 뿐이고 소송에서 침해 여부를 다투고 있는 상황이라면 침해정지를 명할 수 있는 것으로 보고 있다(서울고판 2012. 6. 13, 2011나52200 등 참조).

(2) 침해예방 또는 손해배상담보청구권은 권리침해가 아직 발생하고 있지는 않지만, 가까운 장래에 발생할 우려가 있는 경우에 그 예방조치 등을 구할 수 있음을 내용으로 한다. 법문의 "침해할 우려"라고 하는 것은 침해될지도 모르겠다는 가능성이 존재한다는 것만으로는 족하지 않고, 침해행위가 이루어

질 가능성이 비상하게 높은 경우여야 한다고 해석되고 있다. 예를 들면 저작물을 무단히 연주하기 위한 준비(연주장소의 예약, 프로그램의 인쇄 등)가 실제로 이루어지고 있는 경우 등이 '침해할 우려'에 해당한다고 한다. 과거에 있어서 침해행위가 여러 번 반복되어 왔다면, '침해의 우려'가 있다고 인정해도 좋은 경우가 많을 것이다. 예를 들어 어떤 회사가 원격녹화 프로그램에 의하여 이용자들의 녹화예약 등 신청에 따라 자동적으로 방송프로그램을 복제, 전송하는 시스템을 운영해 왔을 경우, '방송예정'인 프로그램에 대하여, 현실적인 저작권침해행위가 존재하지는 않지만, "침해할 우려가 있다"는 이유로 침해예방청구를 인정한 사례가 있다('엔탈' 사건에 대한 서울고판 2009. 4. 30, 2008나86722 참조).

다. 고의·과실 요건의 부재

위 두 가지 청구는 모두 주관적 책임요건으로서의 고의·과실을 요하지 아니한다. 다만, 손해배상의 담보를 청구한 경우에는 장래에 손해가 현실화된 때에 손해배상청구권의 유무문제에 직면하면, 그 때에는 고의·과실을 따져야 할 것이다.

라. 침해물 중 일부에 침해사유가 있을 경우

침해물 중 일부에 침해사유가 있을 경우에 그 전부에 대하여 정지청구를 할 수 있을까? 예를 들어 공동저작자 1인의 기여분만 원저작물을 이용하여 2차적저작물작성권 침해가 성립하고 나머지 공동저작자는 아예 원저작물을 보거나 듣지도 못한 경우 혹은 2차적저작물 작성자가 만든 2차적저작물에 그 저작자가 새로운 창작성을 부가한 부분 등이 있을 경우에 그러한 비침해부분까지 정지청구를 받아들이는 것은 지나친 것이 아닌가 하는 문제가 있다. 이에 대하여는 결국 그 비침해 부분이 분리가능한 것인지 여부에 따라 판단할 수밖에 없는데, 공동저작물의 경우에는 그 성격상 분리이용불가능성이 이미 전제가 되고 있으므로 원칙적으로 그에 대하여는 전부를 대상으로 한 침해정지청구가 받아들여질 수 있는 것으로 보아야 할 것이고(이 책 [32] 1. 참조), 2차적저작물에 새로운 창작성이 부가된 경우 중에는 일부 분리가 가능한 것이 포함된 경우가 있을 수 있으므로 그 부분을 사안마다 따져서 그 분리가능한 비침해 부분을 제외하고 나머지 침해 부분에 대하여만 침해정지청구를 받아들여야 할 것이다. 다만 여기서 말하는 분리가능성은 '침해정지청구'라고 하는 구제수단과의 관계에서 합리적으로 판단하여야 할 것이다. 예컨대 발행된 도서의 일부분에 비침해부분이 있다고 하더라도 현실적으로 그것을 분리하는 것이 적합하지 않다고 여겨질 경우에는 전체에 대하여 침해정지를 명하여야 할 것이다(대판 2012. 2. 23, 2010다66637 참조). 그리고, 공동저작물이 아니라 결합저작물의 경우에는 분리이용가능성이 있는 경우이므로, 결합저작물인 뮤지컬(이 책 [13] 2. 및 [32] 1. 참조) 중 한 부분(일부 '가사')에 대하여 침해가 있을 경우에 뮤지컬 자체(결합저작물 전체)의 공연의 금지를 명할 수는 없다고 보아야 한다.

또한, 저작인격권 중 성명표시권의 침해에 기한 정지청구의 경우에도 그 침해를 방지하는 데 필요한 범위 내에서만 정지를 명하여야 할 것인바, 예를 들어 영화 감독의 이름이 영화필름에서 삭제된 것이 문제된 경우에도 해당 영화의 방영 자체에 대한 무조건적인 금지를 명할 수는 없고, 단지 해당 감독의 성명 표시를 하지 않은 방영등의 금지를 명할 수 있을 뿐이라고 보아야 한다는 것이 판례(서울고결 1999. 10. 12, 99라130)의 입장이다.

마. 종기(終期)의 표시

서울고등법원 2012. 7. 25. 선고 2011나70802 판결 등 여러 하급심 판결은 판결 주문에 종기(終期)의 표시가 없는 경우에는 그 의무와 집행력의 시적 범위는 영원하다는 의미가 되므로 법원은 사건을 심리한 결과 그 법률관계의 확정적인 종기가 밝혀진다면 당사자의 주장 여부와 관계없이 반드시 주문에 이를 표시하여야 한다고 전제하고 업무상저작물로서 공표시기산주의에 따라 보호기간의 종기가 명확하게 확정될 수 있는 사안에서 그 보호기간의 종기를 침해정지 명령의 종기로 주문에 표시하는 판결을 선고한 바 있다.

바. 침해행위 등의 특정

그리고 침해정지청구가 받아들여지기 위해서는 구체적으로 정지를 청구하는 침해행위 등을 특정하여 청구하여야 한다(서울중앙지판 2017. 1. 19, 2016가합771 참조).

3. 폐기청구 등

위에서 본 권리자는 정지청구권의 실효성을 보장하기 위해 필요한 구체적인 조치로서 침해행위에 의해 만들어진 물건의 폐기나 기타 필요한 조치를 청구할 수 있다(제123조 제2항). 주의할 것은 침해행위에 의하여 만들어진 물건만을 폐기청구의 대상으로 규정하였기 때문에 침해행위에 사용된 물건, 예컨대 무단상영에 사용된 필름 등은 그것 자체가 침해행위에 의하여 만들어진 것이 아닌 이상 폐기청구의 대상이 되지 아니한다. 물론 형법규정에 의하여 몰수의 대상이 되는 경우는 있을 것이다.

폐기청구를 할 경우에는 침해행위에 의하여 만들어진 물건을 구체적으로 특정하여야 한다. 예컨대 "기타 일체의 홍보물 등"을 폐기청구의 대상으로 포함시킬 경우에는 '특정성'이 부족하다는 이유로 그 부분의 소가 각하될 것이다(서울중앙지판 2013. 4. 18, 2012가합521324 참조). 그리고 폐기청구의 경우도 침해행위에 의하여 만들어진 부분과 그렇지 않은 부분이 같이 포함된 물건의 경우에 어떻게 처리할 것인지가 문제인데, 분리가능성의 유무에 따라 결정하여야 할 것이다. 즉, 침해행위에 의하여 만들어진 부분을 분리할 수 있는 경우에는 그 부분만의 폐기 또는 삭제를 명하여야 한다(서울중앙지판 2012. 9. 25, 2012가합503548 참조).

4. 가처분

권리자는 위와 같은 침해의 정지 또는 예방, 손해배상담보의 제공 등을 청구내용으로 하는 소송(본안소송)을 제기하는 것이 가능함은 물론이지만, 권리침해의 배제 또는 예방에는 긴급을 요하는 경우가 많으므로 본안소송에 앞서서 우선 가처분신청에 의해 정지청구권 등의 내용의 실현을 꾀하는 것이 보통이다. 저작권법 제123조 제3항·제4항은 저작권침해가처분사건에서 저작자의 경제적 형편이 넉넉하지 못한 경우를 고려하여 보증금의 공탁 없이 가처분결정을 내릴 수 있도록 규정하고 부당가처분의 경우에 무과실손해배상책임을 규정하고 있다. 또한 가처분의 경우 침해행위에 의하여 만들어진 물건의 압류 기타 필요한 조치를 명할 수 있다. 가처분신청에는 피보전권리와 보전의 필요성의 소명이 있어야 하는데, 이 경우 피보전권리는 바로 침해정지청구권 등이다. 가처분결정을 함에 있어서는 피보전권리에 대한 소명만이 아니라 보전의 필요성에 대한 소명이 필요하므로, 본안에서 승소할 것이 예상되더라도 가처분결정을 하지 않으면 이후에 다른 구제수단으로는 회복하기 어려운 손해가 발생할 것이라는 등의 소명이 부족할 경우 가처분 신청이 기각될 수 있음을 유의하여야 한다.

[198] 손해배상청구권 등

1. 의의

저작권법상의 권리자는 고의 또는 과실로 그 권리를 침해한 자에 대하여 손해배상을 청구할 수 있다(민 제750조).

2. 요건

일반적으로 불법행위에 의한 손해배상청구권의 성립에는 ① 행위자의 고의 또는 과실, ② 권리의 침해, ③ 손해의 발생, ④ 권리침해와 손해발생 사이의 인과관계의 존재 등 4가지 요건을 갖출 것을 요하는데, 저작권법상의 권리침해자에 대하여 손해배상을 청구하는 경우에도 이들 요건을 갖추어야 한다. 따라서 권리침해자가 자신의 행위가 권리침해가 됨을 알고 있었거나 또는 주의의무를 게을리하였기 때문에 알지 못한 경우가 아니면 손해배상을 청구할 수 없다. 소송실무상 곧잘 문제되는 것이 출판자의 경우인데, 출판자는 타인의 저작권을 침해한 책을 함부로 출판하지 않기 위해 출판에 앞서 동종서적을 조사해 보는 등의 노력을 기울여야 할 주의의무가 있다고 하며, 대개의 경우 그러한 주의의무를 게을리하였다고 하여 과실을 폭넓게 인정하고 있다(서울민사지판 1990. 2. 6, 89나3271, 서울고판 1998. 7. 15, 98나1661, 서울서부지판 2005. 4. 29, 2004가합308 등 참조).

또한 저작권자로부터 직접 이용허락을 얻지 않고 저작물의 이용권자로부터 허락을 얻어 저작물을 이용하고자 하는 자는 "그 이용권자가 적법하게 저작권자로부터 허락을 받았는지 여부와 그 이용권의 범위에 관해 조사하여 그 이용권자가 저작권자로부터 적법하게 이용의 허락을 받았고 그 이용허락의 범위 내에 제3자에게 저작물의 이용을 허락할 수 있는 권한이 포함되는지 여부를 확인한 후 이용하여야 할 주의의무가 있다"는 것이 판례의 입장이다(서울중앙지판 2007. 5. 3, 2005가합64823 참조). 또한 영상저작물 특례규정에 따라 특정 권리의 양도가 추정될 경우, 법에 의하여 추정되는 바를 그대로 믿은 이용자에게는 특별한 사정이 없는 한 과실을 인정하기 어려운 것으로 보아야 할 것이다(서울남부지판 2017. 6. 7, 2017가단204708 참조).

3. 과실의 추정

저작권법 제125조 제4항은 "등록되어 있는 저작권·배타적발행권·출판권·저작인접권 또는 데이터베이스제작자의 권리를 침해한 자는 그 침해행위에 과실이 있는 것으로 추정한다"고 규정하고 있다.

이 규정에 의하여 저작권 등의 침해행위의 주관적 요건인 '의거관계'가 추정되는 것은 아니고, 과실이 추정될 뿐이므로, '의거관계'가 인정되어 저작권의 침해행위가 있는 것으로 인정되는 것을 전제로 하여 그것에 관여한 사람의 과실 여부를 판단할 때 이 규정이 적용된다.

4. 손해액의 산정

가. 민법상의 일반원칙에 의한 산정

저작권법은 제125조 제1항부터 제3항까지에 손해액산정에 관련된 규정을 두고 있지만, 그것은 입증의 부담을 경감하기 위한 민법의 특칙일 뿐이므로 저작권법상의 권리자는 이를 원용하지 아니하고 바로 민법의 법리에 따라 권리침해로 자신이 입은 손해액을 산정하여 청구할 수도 있다. 즉 그것은 권리침해행위와 상당인과관계 있는 소극·적극의 모든 손해를 산정함을 의미하며,

침해자가 얻은 이익의 범위로 제한되는 것도 아니다. 소극적 손해는 이른바 상실소득을 말하며, 예컨대 원고의 출판물을 표절한 피고의 책이 출판됨으로써 원고의 출판물의 판매량이 감소함으로 인하여 생긴 손해로서 <감소된 판매량 X 단위당 한계이익>의 산법으로 계산되는 것 등이다. 그런데 침해행위로 인하여 감소된 판매량의 산정은 시장여건의 변화, 소비자의 기호변화, 광고비투입 여부 및 침해자의 상업적 재능 등 다양한 변수가 내재되어 있기 때문에 침해자의 판매량증가와 저작권자의 판매량감소 사이에 인과관계를 입증하는 것 자체가 극히 어려운 경우가 많고, 단위당 이득액을 산정하기 위해서는 총판매액으로부터 제조원가·광고선전비·운임·포장비 등을 감액하여 산출한 이익을 판매량으로 나누어야 하는데, 그 산정도 매우 어렵다. 따라서 대개의 경우 아래에서 살펴보는 바와 같은 저작권법의 추정규정 등에 의해 손해액의 산정을 하고 있다.

나. 저작권법의 추정규정 등에 의한 산정

(1) 침해자 이익의 손해액추정

침해자 이익의 손해액추정과 관련하여 저작권법은 제125조 제1항에서 다음과 같이 규정하고 있다.

▣ 제125조(손해배상의 청구) ① 저작재산권 그 밖에 이 법에 따라 보호되는 권리(저작인격권 및 실연자의 인격권은 제외한다)를 가진 자(이하 "저작재산권자등"이라 한다)가 고의 또는 과실로 권리를 침해한 자에 대하여 그 침해행위에 의하여 자기가 받은 손해의 배상을 청구하는 경우에 그 권리를 침해한 자가 그 침해행위에 의하여 이익을 받은 때에는 그 이익의 액을 저작재산권자등이 받은 손해의 액으로 추정한다.

위 규정에 의해 추정되는 '이익'이 총이익을 말하는지, 순이익을 말하는지, 아니면 한계이익을 말하는지에 대하여 먼저 살펴볼 필요가 있다. 과거에는 위 이익이 순이익을 말하는 것으로 보는 견해가 많았으나 최근에는 지식재산권 보호를 조금이라도 더 강화하고자 하는 차원에서 그것이 '한계이익'을 뜻하는 것이라고 보는 견해(한계이익설)가 큰 힘을 얻고 있다. 순이익은 제품의 매출액에서 그에 상응하는 고정비용과 변동비용을 모두 공제한 것을 말하고,

한계이익은 매출액에서 그 제품의 제작에 소요된 변동비용만 공제한 것을 말한다. 당연히 한계이익으로 산정하는 것이 권리자에게 유리한 것이고, 형평성의 면에서 따져보아도 그것이 타당한 것으로 보인다. 여기서 '침해자의 이익'으로 권리자가 상실한 이익액을 추정하는 것인데, 권리자가 상실하는 이익액과 관련하여, 예를 들어, 저작권침해가 없다면 음반 1만개를 판매할 수 있을 것으로 생각하고 그에 대한 제반 비용을 들여 사업을 준비하였는데, 저작권침해로 인해 판매량이 5천개로 줄어든 경우를 가정해 보면, 음반 1개당 변동비용(재료비 및 제작비용 등)은 공제할 필요가 있지만, 이미 들인 고정비용까지 공제하는 것은 권리자 입장에서 매우 부당하게 생각될 수 있는 것이다. 이 점을 뚜렷이 밝힌 대법원 판례는 아직 없지만(다만, 상표권 침해와 관련된 사건이긴 하지만, 대판 2008. 3. 27, 2005다75002가 지식재산권 침해로 인한 손해배상과 관련하여 한계이익설을 취한 판례라고 보는 견해들이 있다), 하급심 판결 중에는 한계이익설의 입장을 뚜렷이 취한 사례(서울고판 2012. 10. 24, 2011나96415 등)가 보인다.

위 규정은 추정규정이므로 권리자가 권리침해로 인하여 입은 손해가 침해자의 이익에 비하여 적다는 것을 입증하면 추정이 번복될 수 있다. 그럴 경우 침해자는 자신이 얻은 이익 중 일부만을 반환하고 나머지 이익은 그대로 취할 수 있게 된다. 하급심판결 가운데 이익액을 산정함에 있어서 침해자 자신의 지명도 및 능력이 이익액에 기여한 부분이 있을 경우에는 그에 상응하는 부분을 이익액에서 공제하여야 한다고 한 사례(서울고판 1995. 10. 17, 95나18736 참조)가 있는데 위와 같은 법리를 전제로 한 것이라 할 수 있다. 침해행위의 억제라는 목적론적 견지에서 침해자가 침해행위를 통해 얻은 이익을 저작권자가 입은 손해액과 관계없이 전액 반환하게 하는 입법의 필요성을 검토해 볼 필요가 있다고 생각한다.

하지만, 피고가 판매한 물품 중 일부만이 원고의 저작권 등 권리의 침해와 관계된 경우에는 그 부분이 이익액에 기여한 정도, 즉 기여도를 산정하여 그에 따라 피고의 저작권등 침해에 따른 이익액을 산정하여야 함은 당연한 이치이다. 대법원도 "물건의 일부가 저작재산권의 침해에 관계된 경우에 있어서는 침해자가 그 물건을 제작·판매함으로써 얻은 이익 전체를 침해행위에

의한 이익이라고 할 수는 없고, 침해자가 그 물건을 제작·판매함으로써 얻은
전체 이익에 대한 당해 저작재산권의 침해행위에 관계된 부분의 기여율(기여도)
을 산정하여 그에 따라 침해행위에 의한 이익액을 산출하여야 할 것이고, 그
러한 기여율은 침해자가 얻은 전체 이익에 대한 저작재산권의 침해에 관계된
부분의 불가결성, 중요성, 가격비율, 양적 비율 등을 참작하여 종합적으로 평
가할 수밖에 없다"고 판시한 바 있다(대판 2004. 6. 11, 2002다18244: 작곡가의 저작권을
침해하여 그 곡을 타이틀 곡으로 한 음반을 제작·판매함에 있어서 음반 판매로 얻은 이익에 대한
위 해당곡의 기여도가 30%에 해당한다고 본 사례임).

(2) 일반적으로 받을 수 있는 금액에 상응하는 액의 손해액간주

저작권법 제125조 제2항은 다음과 같이 규정하고 있다.

> ■ 제125조(손해배상의 청구) ② 저작재산권자등이 고의 또는 과실로 그 권리를 침해
> 한 자에게 그 침해행위로 자기가 받은 손해의 배상을 청구하는 경우에 그 권리의
> 행사로 일반적으로 받을 수 있는 금액에 상응하는 액을 저작재산권자등이 받은 손
> 해의 액으로 하여 그 손해배상을 청구할 수 있다.

이 규정은 제1항에 의한 침해이익의 손해액 추정 규정과 사이에 선택적
관계에 있다. 이 규정에서 '권리의 행사로 일반적으로 받을 수 있는 금액에
상응하는 액'이라 함은 침해자가 저작물의 사용허락을 받았더라면 사용료로
지급하였을 객관적으로 상당한 금액을 말한다(대판 2001. 11. 30, 99다69631 등 참조).
원고료·인세·사용료·출연료 등의 이름으로 지급되는 금액으로서 일반화되
어 있는 금액이 일응 표준이 된다. 그러나 문단이나 화단의 대가 또는 인기가
수 등이 일반의 표준액보다 수십 배의 대가를 받는 점을 감안하여 권리자 자
신이 일반적으로 받고 있는 대가가 따로 있다면, 그것이 곧 이 규정의 '일반
적으로 받을 수 있는 금액'이 된다. 위 규정상의 표현이 "통상"에서 "일반적
으로"로 개정되기 전의 판례이지만, 대법원도 "…음악저작물은 저작물에 따라
작품성과 대중 인기도에 차이가 있어 저작권자로서는 저작물을 사용하고자
하는 자와 사이에 저작물 사용계약을 체결하면서 나름대로의 사용료를 정할
수 있는 것이므로, 저작권자가 당해 저작물에 관하여 사용 계약을 체결하거나
사용료를 받은 적이 전혀 없는 경우라면 일응 그 업계에서 일반화되어 있는

사용료를 저작권 침해로 인한 손해액 산정에 있어서 한 기준으로 삼을 수 있겠지만, 저작권자가 침해행위와 유사한 형태의 저작물 사용과 관련하여 저작물사용계약을 맺고 사용료를 받은 사례가 있는 경우라면, 그 사용료가 특별히 예외적인 사정이 있어 이례적으로 높게 책정된 것이라거나 저작권 침해로 인한 손해배상청구 소송에 영향을 미치기 위하여 상대방과 통모하여 비정상적으로 고액으로 정한 것이라는 등의 특별한 사정이 없는 한, 그 사용계약에서 정해진 사용료를 저작권자가 그 권리의 행사로 통상 얻을 수 있는 금액으로 보아 이를 기준으로 손해액을 산정함이 상당하다"고 판시하였다(대판 2001. 11. 30, 99다69631). 원래 위 규정에서 "일반적으로"라는 표현 대신 "통상"이라는 표현을 사용하고 있었는데, "통상"이라는 표현이 실제 그러한 사용료를 빈번하게 받아 온 것을 뜻하는 것으로 오해될 수도 있는 용어라는 것을 감안하여, 사용허락에 따른 사용료 수령의 관행이 있었는지 여부와 관계 없이, 사용허락을 받았더라면 사용료로 지급하였을 객관적으로 상당한 금액을 뜻하는 것임을 분명하게 하기 위해 2023. 8. 8.자 개정 시에 "통상"을 "일반적으로"로 수정하는 개정을 하였다. 기존의 대법원 판례의 입장은 "통상"의 의미를 넓게 해석하여 위 규정상의 금액을 "침해자가 저작물의 사용허락을 받았더라면 사용료로 지급하였을 객관적으로 상당한 금액을 말한다"고 보았던 것인바, 그러한 입장은 "일반적으로"로 개정한 후에도 그대로 유지될 것으로 보인다.

위 판례의 입장과 같이, 이미 제3자에게 이용허락을 하고 있었던 경우라면 그 약정사용료가 일응의 기준으로 참작될 수 있을 것이나, 유사한 조건의 이용허락계약이 많이 체결되었는지, 침해자의 침해행위가 이용허락계약에 터잡은 이용행위와 유사한 것인지 여부 등을 고려할 필요가 있다. 저작권자가 침해행위와 유사한 형태의 저작물 이용과 관련하여 저작물이용허락계약을 체결하고 사용료를 받은 사례가 반드시 저작권침해 행위 이전의 것이어야 하거나 2회 이상 있어야 되는 것은 아니다(대판 2013. 6. 27, 2012다104137 참조). 그러한 사례가 존재하지 않을 경우에는 그 당시에 만약 이용허락계약이 있었더라면 사용료로 결정되었을 가정적인 금액으로 하되 유사한 다른 저작물에 대한 사용료 등 여러 사정을 종합하여 산정하여야 할 것이다. 일반적인 인세·사용료·

출연료의 기준에 대하여는 그 지급에 관한 관습이 어떤지를 살펴보아야 할 경우가 많은데, 이 경우의 관습은 이른바 '사실인 관습'이라 할 것이므로 증인의 증언에 의해 인정할 수도 있다(대판 1969. 10. 28, 15다1340 참조). 실무상 관련 업계에 대한 자료를 가지고 있는 단체 등에 사실조회하는 것이 하나의 증거방법으로 활용된다. 저작권신탁관리단체인 한국음악저작권협회가 주무부처의 승인을 받아 제정한 사용료징수규정에 의한 사용료는 일반적인 음악저작물사용료에 대한 유력한 판단자료가 된다('소리바다' 사건에 관한 서울고판 2005. 1. 25, 2003나80798 등 참조). 마찬가지로 한국문예학술저작권협회가 회원들로부터 저작권을 신탁받아 관리하고 있는 소설들에 대하여 여러 출판사들과 출판계약을 체결하면서 원고지 1매당 얼마씩의 저작권이용료를 받아 온 경우에 이를 일반적인 사용료로 인정한 사례(서울고판 1996. 7. 12, 95나41279)도 있다.

침해 저작물과 관련하여 이전에 이용허락계약이 체결된 사례가 있더라도 그 허락된 이용행위와 침해행위가 일치하지 않을 경우나 경제상황의 변동이 현저하게 있는 경우 등에는 기존의 사용료를 일반적인 사용료로 인정하기 어려울 것이다. 그러한 경우에 법원은 결국 제125조 제2 항에 의한 손해배상액 산정이 어려운 경우에 해당하는 것으로 보아 제126조에 의하여 '상당한 손해액'{아래 (3) 참조}을 인정하면서 위의 계약 사례 등은 참고자료로만 활용하는 경향을 보이고 있다.

이 규정은 사실상 간주규정에 준하는 것으로서, 추정규정이 아니므로 손해액에 대한 다른 입증에 의하여 번복될 가능성은 없다. 다만, 저작권자와 배타적발행권자 또는 출판권자 중에서 누가 손해를 입었는지, 양측이 모두 손해를 입었을 경우 그 손해액이 어떻게 배분, 귀속될 것인지에 대한 문제는 있을 수 있다. 그 부분의 고려를 제외하면, 이 규정에 의한 금액은 해당 저작물의 객관적 사용가치라고 보아야 하고 따라서 그것의 무단이용이 있을 경우 권리자 측에서는 최소한 그 금액만큼의 손해를 입은 것으로 보는 법적 평가가 위 규정의 전제가 된 것으로 보는 것이 타당할 것이다.

한편, 정품 소프트웨어의 무단복제의 경우에 그 사용기간이 짧은 경우에도 그 소프트웨어의 소매가격을 일반적인 사용료로 볼 것인지가 문제인데, 저작재산권 보호의 규범적인 관점에서 엄격한 차액설(가해행위가 없었더라면 존재하였을 피해자의 재산상태와 그 위법행위가 가해진 현재의 재산상태 사이의 차액을 손해액으로 보는 입장을 차액설이라 하며, 피해자의 구체적, 현실적 손해액을 정확하게 산정하는 것으로 이어진다)의 입장을 완화하여 이를 긍정한 하급심판결(서울고판 2013. 4. 10, 2012468493)이 있다는 것에 주의를 기울일 필요가 있다.

(3) 상당한 손해액의 인정

저작권법 제126조는 "법원은 손해가 발생한 사실은 인정되나 제125조의 규정에 의한 손해액을 산정하기 어려운 때에는 변론의 취지 및 증거조사의 결과를 참작하여 상당한 손해액을 인정할 수 있다"고 규정하고 있다. 이 규정은 제125조에 의한 손해액의 산정이 어려운 경우에 한하여 적용되는 것으로 규정되어 있으므로 기본적으로 민법의 원칙 및 제125조에 의한 산정을 위해 증거조사 등에 있어 최대한의 노력을 기울인 후 그래도 산정이 곤란한 경우에 한하여 적용하되, 당사자간 공평의 원칙에 충실하도록 노력하여야 할 것이다. 실무상으로는 손해배상의 산정의 어려움으로 인해 이 규정의 적용 비율이 매우 높은 편이다. 이 규정을 적용하더라도 그 전에 다른 추정 규정 등에 의하여 개략적인 판단을 한 후, 최종적·보충적으로 적용하는 방향을 취하도록 노력할 필요가 있다.

(4) 과실상계

저작권 등 침해의 경우에도 권리자 측에 손해의 발생이나 확대에 기여한 과실이 있다면 그것을 '과실상계' 사유로 손해액 산정에 반영하여야 한다는 것이 대법원 판례의 입장이다(대판 2010. 3. 11, 2007다76733 등 참조). 판례를 보면, 검색 로봇(수집 프로그램)의 접근을 제한하기 위한 조치를 하거나 워터마크를 삽입하는 등의 방법으로 복제방지조치를 취하는 것이 기술적으로 가능하였음에도 불구하고 이러한 조치를 전혀 취하지 않은 채로 인터넷에 이미지 파일을 올려 둔 경우(위 대판 2010. 3. 11, 2007다76733 등), 판매대행계약을 체결한 폰트회사에게 그 저작권이 귀속되는 것으로 기재되어 무료로 다운로드받을 수 있도록 인터넷 웹사이트에 업로드되는 등 관리 소홀이 있다고 인정된 경우(서울중앙지판 2011. 8. 24, 2011가합17576) 등에는 과실상계를 인정하였으나, 컴퓨터프로그램

내부에 복제방지장치를 갖추고 있었음에도 침해가 일어난 경우(서울고판 2013. 4. 10, 2012나68493), 침해 사실을 알게 된 후 곧바로 온라인서비스제공자에게 저작권보호 요청을 하거나 침해정지 소송을 제기하지 않은 경우(서울중앙지판 2014. 7. 1, 2013가합505657 등), 피해자(권리자)의 부주의를 이용하여 고의로 불법행위(침해행위)를 저지른 것으로 볼 수 있는 경우(서울고판 2018. 1. 25, 2017나2014466) 등에는 과실상계를 인정하지 않았다. 여기서 한 가지 유의할 점은, 앞에서 본 바와 같이 저작권법 제125조 제2항에 따른 '일반적으로 받을 수 있는 금액에 상응하는 액'을 청구하는 경우에 그에 상당하는 금액은 해당 저작물의 객관적 사용가치에 해당하므로, 설사 권리자 측에 과실이 있다고 하더라도 그 금액을 하회하는 손해액을 인정하는 것은 타당하지 않다는 것이다. 따라서 저작권법 제125조 제2항에 따라 손해액을 산정할 경우에는 과실상계의 가능성이 부정되어야 할 것이다(서울고판 2008. 9. 23, 2007나127657 참조).

5. 법정손해배상

가. 의의

법정손해배상제도란 민사소송에서 원고가 실제 손해를 입증하지 않은 경우에도 사전에 저작권법에서 정한 일정한 금액을 법원이 원고의 선택에 따라 손해액으로 인정할 수 있는 제도를 말한다. 이것은 침해로 인한 구체적 손해액의 입증이 어려운 저작권침해소송의 특성을 감안하여 권리자의 보다 실효성 있는 권리구제를 보장하기 위한 제도로서 한·미 FTA에서 합의한 바에 따라 그 이행을 위한 2011. 12. 2.자 개정법에서 새로 도입하였다.

개정법 제125조의2가 그에 따라 신설된 조문으로서, 규정 내용은 다음과 같다.

■ 제125조의2(법정손해배상의 청구) ① 저작재산권자등은 고의 또는 과실로 권리를 침해한 자에 대하여 사실심(事實審)의 변론이 종결되기 전에는 실제 손해액이나 제125조 또는 제126조에 따라 정하여지는 손해액을 갈음하여 침해된 각 저작물등마다 1천만원(영리를 목적으로 고의로 권리를 침해한 경우에는 5천만원) 이하의 범위에서 상당한 금액의 배상을 청구할 수 있다.
② 둘 이상의 저작물을 소재로 하는 편집저작물과 2차적저작물은 제1항을 적용하

는 경우에는 하나의 저작물로 본다.

③ 저작재산권자등이 제1항에 따른 청구를 하기 위해서는 침해행위가 일어나기 전에 제53조부터 제55조까지의 규정(제90조 및 제98조에 따라 준용되는 경우를 포함한다)에 따라 그 저작물등이 등록되어 있어야 한다.

④ 법원은 제1항의 청구가 있는 경우에 변론의 취지와 증거조사의 결과를 고려하여 제1항의 범위에서 상당한 손해액을 인정할 수 있다.

미국 저작권법 제504조 (c)의 법정손해배상(statutory damages) 규정을 기본적으로 본받았으나, 손해배상의 범위에 있어서 미국법은 상한과 하한이 모두 규정되어 있음에 반하여 우리 개정법은 상한만 규정된 점 등 일부 차이가 있다.

이 제도의 도입 취지는 다음과 같다.

① 저작권자의 침해로 인하여 손해가 발생한 경우에 그 손해액 산정과 그와 관련한 증거 확보의 곤란함을 보완하여 침해를 억지하거나 예방할 수 있는 충분한 손해배상액을 보장함으로써 저작권을 효과적으로 보호할 수 있다.
② 저작권 침해로 인한 손해배상의 실효성을 확보하여 저작권 침해에 대하여 형사적 해결방식이 아닌 민사적 해결방식의 활용이 증대될 것으로 기대된다.
③ 침해에 대한 손해액을 산정하는 기준을 제시함으로써 법원 업무의 효율성을 증대시키고 당사자 사이의 화해가능성을 제고한다.

나. 법정손해배상청구의 요건
(1) 고의 또는 과실에 의한 권리침해가 있을 것

법정손해배상도 저작권등 침해로 인한 손해배상 권리침해의 주관적 요건으로 고의, 과실은 있어야 청구할 수 있다. 저작인격권 및 실연자의 인격권을 제외한 저작권법상의 모든 배타적 권리, 즉 저작재산권, 저작인접권, 배타적발행권 및 출판권, 데이터베이스제작자의 권리의 침해에 대하여 모두 이 규정이 적용된다. 배타적 권리여야 하므로 저작인접권자가 보상청구권을 행사함에 있어서 이 규정을 원용할 수 없음은 당연하다.

(2) 사실심 변론종결 전에 청구할 것

저작권법은 저작권등 침해로 인한 일반적인 손해배상청구권 행사와 법정배상청구를 선택적 관계에 두고, 법정배상청구를 하려면 민법상의 실손해배상

의 일반원칙에 따른 손해액 청구 또는 저작권법 제125조의 추정규정을 원용
한 손해배상액 청구에 '갈음하여' 법정배상청구만 하도록 하고 있다. 여기서
문제는 그러한 선택을 언제까지 할 수 있도록 허용되는가 하는 점인데, 만약
소 제기 시점에 선택권을 행사하고 그 이후에는 변경할 수 없다고 하면, 권리
구제의 실효성을 강화하고자 하는 제도적 취지가 반감되는 면이 있을 수 있
다. 따라서 그 선택권의 행사시기를 소 제기 시점까지로 한정하기보다는 민사
소송법상 소의 변경(청구취지 및 원인의 변경)에 관한 일반원칙에 따라 사실심 변
론종결시까지 실손해배상 청구를 법정손해배상 청구로 변경하거나 반대로 법
정손해배상을 실손해배상으로 변경하는 소의 변경을 할 수 있도록 허용하는
것이 바람직한데, 개정법 제125조의2 제1항은 그 점을 분명히 하는 뜻에서
'사실심의 변론이 종결되지 전에는' 법정손해배상을 청구할 수 있다고 규정하
고 있다.

　(3) 법에서 정해진 손해배상액 범위 내일 것

　1) 손해액의 범위　　　　법정손해배상청구의 중핵적인 내용은 구체적인
손해의 입증과 관계없이 법에서 미리 일정한 손해배상액의 범위를 정해 두고
그 범위 내에서 손해배상이 이루어지도록 하는 것이므로, 법에서 저작권등 침
해에 관하여 손해배상액을 어느 범위로 규정하고 있는지가 매우 중요한 부분
이라 할 수 있다. 개정법은 저작권등 침해를 두 가지 경우로 나누어 ① 영리
를 목적으로 고의로 권리를 침해한 경우는 침해된 각 저작물등마다 5천만원,
② 그렇지 않고 과실로 침해하거나 영리를 목적으로 하지 않고 고의로 권리
를 침해한 경우에는 침해된 각 저작물등마다 1천만원을 법정손해배 상액의
상한으로 규정하고, 각 그 하한에 대하여는 규정하지 않고 있다. 여기서 '영리
의 목적'이라 함은 저작권법 제30조의 영리 목적에 대한 판단(이 책 [122] 2. 나.
참조)과 마찬가지로 소극적으로 저작물의 구입비용을 절감한다는 의미가 아니
라 복제물을 타인에게 판매하거나 타인으로부터 복제의뢰를 받아 유상으로
복제를 대행하는 등 복제행위를 통하여 직접 이득을 취할 목적을 의미하는
것으로 보아야 할 것으로 생각된다.

　2) 저작물 등의 수의 확정　　　　개정법이 위와 같이 하한이 없는 규정을

두었으므로 침해된 저작물등의 수를 어떤 기준으로 판단할지가 미국처럼 민감한 문제는 아니다. 그러나 우리 저작권법상으로도 최소한 손해배상액의 상한은 <침해된 저작물 등의 수 X 1천만원(다만 고의 및 영리목적의 경우에는 5천만원)>의 산식으로 산정되어야 하므로, 사건마다 침해된 저작물등의 수가 몇 개인지는 중요한 판단의 전제가 될 것이다. 그런데 사안에 따라서는 그 수의 확정을 어떻게 할 것인지가 매우 까다로운 문제로 제기되는 경우가 많을 것으로 예상된다. 개정법은 미국 저작권법을 본받아 하나의 판단기준을 명시하고 있다. 제125조의2 제2항이 "둘 이상의 저작물을 소재로 하는 편집저작물과 2차적저작물은 제1항을 적용하는 경우에는 하나의 저작물로 본다"고 규정하고 있는 것이 그것이다. 그러므로 50개의 소재저작물이 포함된 하나의 편집저작물을 이용함으로써 결과적으로 50개의 소재저작물을 무단이용한 결과가 된다 하더라도 이 규정의 적용에 있어서는 침해된 저작물이 하나인 것으로 보고, 이차적 저작물과의 관계에서 원저작물의 성격을 가지는 저작물이 여러 개가 있어 이차적 저작물을 이용함으로써 여러 개의 원저작물을 실질적으로 이용하는 부분이 있다 하더라도 역시 침해된 저작물 등은 하나인 것으로 보게 된다.

편집저작물의 경우 그 창작성, 즉 소재의 선택이나 배열 또는 구성에 있어서의 창작성이 인정되지는 않지만, 그 거래가 소재 저작물에 대한 권리자의 동의하에 하나의 편집물 단위로 이루어지고 있다면, 본조의 취지에 비추어 그것은 전체로서 하나의 저작물로 보는 것이 타당할 것이다. 예를 들어 하나의 CD 앨범에 여러 개의 곡이 있고, 그 앨범에 몇 개 곡을 선별하여 수록한 것이 편집저작물로서의 창작성을 인정할 정도가 아니라 하더라도 그것은 그 앨범이 하나의 거래 단위로 판매되고 있는 이상 하나의 저작물로 볼 수 있을 것이고, 논문집, 동화집 등의 경우도 마찬가지이다. 결국 중요한 것은 '편집물'이 권리자의 의사에 따라 하나의 단위로 거래되는지 여부에 있다고 생각된다.

침해된 저작물 등을 기준으로 수를 확정하여야 하고 하나의 침해된 저작물 등을 피고가 몇 차례 이용하였는지는 적어도 침해된 저작물 등의 수와는 관계가 없다. 예를 들어 하나의 영상저작물을 10회 TV를 통해 방송함으로써 10번 침해를 하였다 하더라도 침해된 저작물수가 10개가 되는 것은 아니고 여전히 1개로 산정된다. 다만 침해횟수를 손해액 인정에 있어서 고려할 요소의 하나로 삼을 수는 있을 것이다.

(4) 침해행위 전에 저작물 등이 등록되어 있을 것

저작재산권자, 배타적발행권자, 출판권자, 저작인접권자, 데이터베이스제작자 등이 법정손해배상을 청구하기 위해서는 각자 그 권리에 대한 등록을 피고의 침해행위가 있기 전에 하였어야 한다(제125조의2 제3항). 이것은 미국 저작권법 제412조를 본받은 규정으로서 디지털시대의 저작물 유통의 원활화를 위한 등록제도 이용 활성화의 필요성을 감안한 것이라 할 수 있다.

다. 법원의 손해액 판단

제125조의2 제4항은 "법원은 제1항의 청구가 있는 경우에 변론의 취지와 증거조사의 결과를 고려하여 제1항의 범위에서 상당한 손해액을 인정할 수 있다"고 규정하고 있다. 이 규정은 제126조의 상당한 손해액 산정과 유사한 내용으로 되어 있으나, 법정손해배상제도는 저작권등 침해에 따른 실손해 입증에 '갈음하는' 제도이고, 제126조는 실손해 입증을 '보충하는' 제도로서 서로 성격을 달리하므로 각각의 규정에 따른 손해액 산정시 고려할 요소도 서로 다르게 보아야 할 측면이 있다.

미국 판례상 손해액의 인정시 고려할 요소로는 ① 침해자의 마음 상태, ② 침해자가 절약한 비용 또는 벌어들인 이익액, ③ 저작권자가 상실한 이익, ④ 침해자와 제3자들에 대한 침해 억지의 효과, ⑤ 침해물의 가치에 대한 증거의 제출에 있어서의 침해자의 협력, 그리고 ⑥ 당사자들의 행위와 태도 등이 들어지고 있다{Bryant v. Media Right Productions, Inc. 603 F. 3d 135, 144 (C.A.2 (N.Y.),2010) 등}. 그리고 많은 법원은 침해자의 의도에 특별한 무게를 두고 있고, 침해자의 비난가능성에 비례하여 손해액을 가중하는 경향을 보이고 있다 {Fitzgerald Pub. Co., Inc. v. Baylor Pub. Co., Inc. 807 F. 2d 1110, 1117 (C.A.2 (N.Y.), 1986) 등}. 법정손해배상으로 인정하는 손해액이 저작권자가 입은 실손해액과 일정한 관련성("some relationship" 또는 "some nexus")을 가져야 하는지 여부에 대하여는 그것을 긍정하는 판례{Bly v. Banbury Books, Inc. 638 F. Supp. 983, 987 (E.D.Pa.,1986) 등}와 그것을 부정하고 양자 사이에는 아무런 관계도 없다고 하면서 원고는 법정손해배상을 받기 위해 실손해에 대한 어떤 증거도 제출할 필요가 없다고 보는 판례 {New Form v. Tekila Films, 357 F. App'x 10 (9th Cir. 2009) 등}가 대립하고 있다. 우리 법의 해석상 법정손해배상의 손해액과 실손해액 사이에 일정한 관련성이 있어야 한다는 입장을 채택한다 하더라도 그것은 엄격한 실손해액 배상의 기존원칙과는 다른 차원에서, '실손해의 유무 및 정도도 하나의 고려요소는 될 수 있으며, 법정손해배상액이 실손해액과 너무 큰 괴리를 보임으로써 형평성을 상실하지는 않아야 한다'는 정도의 의미로 보아야 하지 않을까 생각된다. 위에서 본 고려요소 중에 침해자와 제3자들에 대한 '침해 억지의 효과', 침해자의 의도 등이 포함되고 있는 것 자체가 순수한 실손해 배상의 원칙과는 다른 성격의 제도임을 보여 주는 것이라 할 수 있다. 물론 지나친 고액의 손해액을 인정하는 것도 여러 가지 문제가 있을 수 있으므로, 위에서 본 여러 고려요소들을 조화롭게 고려하여 지나치게 높지는 않으면서 침해 억지의 효력을 발휘할 수 있는 적정한 수준의 손해액을 인정하기 위해 노력하여야 할 것이다.

6. 저작인격권침해의 경우 - 명예회복조치 등

저작권법 제127조는 "저작자 또는 실연자는 고의 또는 과실로 저작인격권 또는 실연자의 인격권을 침해한 자에 대하여 손해배상을 갈음하거나 손해배상과 함께 명예회복을 위하여 필요한 조치를 청구할 수 있다"고 규정하고 있다. 이 규정은 저작인격권 등 침해로 인해 명예를 훼손당한 저작자는 손해배상에 갈음하거나 손해배상과 함께 명예회복에 필요한 조치를 청구할 수 있다는 것을 의미할 뿐이고, 그로 인해 명예나 성망을 침해당하지 아니한 저작자는 그 동일성유지권·성명표시권 등이 침해되더라도 일절 이로 인한 정신적 손해의 배상을 청구할 수 없다는 것은 아니다(대판 1989. 10. 24, 88다카29269 참조). 다시 말해 저작인격권의 침해로 인해 명예를 훼손당하지 아니한 저작자라 할지라도 다른 면에서의 정신적 손해가 있음을 내세워 위자료청구를 할 수 있다. 다만, 저작인격권이 침해되었다면 특별한 사정이 없는 한 저작자는 그의 명예와 감정에 손상을 입는 정신적 고통을 받았다고 보는 것이 경험법칙에 부합되는 것이라고 보는 것이 판례의 입장이다(대판 1989. 10. 24, 89다카12824). 여기에서 '명예'라 함은 저작자가 그 품성·덕행·명성·신용 등 인격적 가치에 대하여 사회로부터 받는 객관적 평가 즉 사회적 명예를 가리키는 것으로, 저작자가 자기 자신의 인격적 가치에 대하여 갖는 주관적 평가 즉 명예감정은 포함되지 않는다(서울고판 1997. 9. 24, 97나15236 참조). 따라서 저작인격권 침해행위로 인하여 주관적 명예감정은 손상되었으나 사회적 명예가 손상되었다고 볼 수 없는 경우에는 명예회복에 필요한 조치를 청구할 수 없다(판례상 객관적 명예훼손을 부정한 경우 중 큰 부분은 신문사, 항공사 등 규모가 큰 법인이 원고가 되고 저작물도 실용적, 기능적인 성격이 강한 경우 등이다. 대판 2009. 5. 28, 2007다354, 서울중앙지판 2008. 4. 10, 2006가합75936 등 참조). 다만, 주관적 명예감정의 손상도 위자료산정에 있어서는 참작사유가 될 수 있다. 위자료 산정 시의 참작사유에는 침해행위의 태양, 침해된 저작권의 내용, 해당 저작물의 가치, 저작자의 작가로서의 경력, 해당 저작물에 들인 노력, 비용 등, 침해자가 해당 저작물을 접하게 된 경위, 침해자가 지출한 비용, 침해사실을 알게 된 이후의 침해자의 대응 태도(신속하게 침해행위를 중단하였는지 여부 등) 등이 포함된다(서울고판 1999. 11. 16, 99나14749 등 참조).

명예회복조치는 위와 같이 저작인격권침해사실 외에 주관적인 책임요건으로서의 고의 또는 과실, 권리자의 명예훼손 등을 요건으로 하는 것이다. 가해자에게 사죄광고를 강제하는 것이 헌법상의 양심의 자유에 반한다는 헌법재판소의 결정(헌결 1991. 4. 1, 89헌마160)으로 인해 사죄광고를 청구하는 것은 허용되지 않는다. 그 대안으로는 피고의 행위가 원고의 저작인격권을 침해하고 명예를 훼손한 불법행위라고 인정한 판결선고내용을 요약하여 공고문으로 신문이나 홈페이지 등에 게재하도록 하는 방법이 사용될 수 있다(서울지판 1992. 12. 4, 91가합82923 등 참조).

'필요한 조치'인지의 여부는 침해된 당해 저작인격권과 그에 대한 침해행위의 성질 및 정도와 청구된 조치의 타당성을 비교형량하여 결정되어야 하는 것이므로, 개별적이고 구체적인 상황에 대한 고려 없이 저작인격권이 침해된 모든 경우에 원상회복 또는 동일성을 회복하도록 하는 조치가 필요하다고 볼 수는 없다(서울고판 2012. 9. 5, 2011나45370). 이와 관련하여 구체적 판단 사례들을 살펴보면, ① 일부 찬송가에 대한 편곡저작자(원고)의 동의 없이 악곡이 변경된 찬송가가 이미 수백만부 제작, 배포된 상태라는 것과 악곡의 수정이 특정인의 자의에 따라 이뤄진 것이 아니라 수백 곡에 달하는 개별 찬송가들에 대한 통일성, 보편성 확보 차원에서 위원으로 위촉된 전문가들의 수정 검토 및 협의에 따라 이루어진 것이라는 등 여러 가지 상황을 종합하여 그 찬송가에 원고의 이름을 표시하고 원래의 악곡으로 교체하여 수록할 것을 구하는 원고의 청구를 받아들이기 어렵다고 본 사례(위 서울고판 2012. 9. 5, 2011나45370), ② 저작권자와 제목을 허위로 기재한 수출용 큐시트가 작성되어 일본음악저작권협회에 등록됨으로써 드라마 배경음악 작곡자인 원고들의 저작인격권(성명표시권과 동일성유지권)을 침해한 것으로 인정된 사안에서 일본음악저작권협회에 등록된 저작권자의 표시를 원고들의 명의로 변경해 달라는 청구를 인용한 사례(서울고판 2018. 11. 8, 2018나2015442), ③ 원고가 창작한 한국화를 복제하여 지하철 벽화를 제작, 설치하면서 일부 변형을 가하고 그 작가란에는 '작가미상'이라고 표시하여 원고의 성명표시권과 동일성유지권을 침해한 사안에서, 그 변형의 정도가 크지 않은 점 등을 감안하여, 그 벽화에 원저작자로 원고의 성명 등을 표시하도록 명하는 것 외에 피고들이 원고의 저작물을 무단이용하였고 이에 원고가 소송을 제기하여 승소판결을 받은 사실을 알리는 공고문의 일간지 게재를 청구하는 부분은 받아들이지 않은 사례(서울중앙지판 2006. 5. 10, 2004가합67627) 등이 있다.

저작권침해로 인한 손해배상청구와 명예회복조치는 항상 함께 청구하여야 하는 것은 아니다. 손해배상을 구하는 소가 제기되고 그 판결이 확정된 이후라도 명예회복에 필요한 조치를 소구할 수 없게 되는 것은 아니며, 또한, 저작권침해를 이유로 하는 손해배상청구권과 이로 인한 명예회복에 필요한 조치 청구권은 별개의 소송물로서 그 중 1개 청구에 관한 판결의 기판력이 다른 청구의 소에 미친다고 볼 수 없다(서울중앙지판 2012. 9. 21, 2012가합10930 참조).

[199] 부당이득반환청구권

1. 의의

법률상 원인 없이 타인의 재산 또는 노무로 인하여 이익을 얻고, 이로 인하여 타인에게 손해를 가한 자는 그 이익을 반환하여야 한다는 것이 민법상의 부당이득제도이다(민 제741조 이하). 현행 저작권법에는 구 저작권법에 있던 부당이득반환청구권의 규정을 삭제하였지만, 저작권침해 행위자는 결국 법률상 원인 없이 타인의 재산 또는 노무로 인하여 이익을 얻은 것으로 되므로, 그로 인한 손실자인 권리자가 침해자에 대하여 부당이득반환청구권을 가짐은 당연한 것이다.

2. 요건 및 내용

부당이득이 성립하기 위하여는 ① 타인의 재산에 의하여 이익을 얻었을 것, ② 이로 인하여 타인에게 손해를 가하였을 것, ③ 발생한 이익과 손해 사이에 상당인과관계가 있을 것, ④ 이익을 얻음에 있어 법률상 정당한 원인이 없을 것 등의 요건이 구비되어야 한다.

저작권침해의 경우에는 위 ④의 요건은 당연히 충족되고, 나머지 요건 즉 침해자의 저작물이용으로 얻은 이익의 존재와 그와 상당인과관계 있는 권리자의 손해발생이 문제가 될 뿐이다. 그런데 부당이득에서 말하는 '이익'이란 반드시 침해자가 그 이용행위로 인하여 시장으로부터 얻은 이익, 즉 영업이익을 말하는 것은 아니고, 그와 같이 타인의 저작권을 이용하였다는 것 자체도 여기서 말하는 '이익'에 포함되는 것이다. 따라서 저작권자로서는 침해자가 비록 침해행위로 인해 영업상의 이익을 얻고 있지 않은 경우에도 이와 같은 사용이익에 대한 객관적인 대가의 반환을 구할 수 있으며, 그것은 곧 저작권침해의 손해배상에 관한 특칙인 저작권법 제125조 제2항의 "그 권리의 행사로 일반적으로 받을 수 있는 금액에 상응하는 액"과 일치하는 것이다.

그러면 이 경우 손해(손실)의 요건은 어떻게 볼 것인가. 이 요건에 대하여도 가령 컴퓨터프로그램의 저작권자가 자력이 없어서 어차피 그 프로그램에 의하여 수입을 얻을 현실적인 가능성이 없다고 하더라도 그러한 수입을 얻을 추상적·일반적 가능성까지 없는 것은 아니므로 일반적으로 손해를 입은 것으로 인정된다. 그러므로 부당이득반환청구의 경우에도 이익과 손해액의 입증이 어려운 경우에 최소한 일반적인 사용대가는 청구할 수 있는 것으로 인정된다. 같은 취지에서 대법원도 "저작권자의 허락 없이 저작물을 이용한 사람은 특별한 사정이 없는 한 법률상 원인 없이 이용료 상당액의 이익을 얻고 이로 인하여 저작권자에게 그 금액 상당의 손해를 가하였다고 보아야 하므로, 저작권자는 부당이득으로 이용자가 저작물에 관하여 이용 허락을 받았더라면 이용대가로서 지급하였을 객관적으로 상당한 금액의 반환을 구할 수 있다. 이러한 부당이득의 액수를 산정할 때는 우선 저작권자가 문제된 이용행위와 유사한 형태의 이용과 관련하여 저작물 이용계약을 맺고 이용료를 받은 사례가 있는 경우라면 특별한 사정이 없는 한 이용계약에서 정해진 이용료를 기준으로 삼아야 한다."고 판시하였다(대판 2016. 7. 14, 2014다82385: 저작물의 무단이용에 대하여 부당이득반환청구권을 행사할 수 있다는 것과 그 산정방법의 원칙을 최초로 밝힌 대법원 판례임). 이 판례는 저작물의 무단이용으로 인한 부당이득액을 산정함에 있어서 침해자가 받은 이익의 객관적인 가치를 일반적인 이용료(제125조 제2항에 따라 산정하는 금액과 같음)로 보아 이를 기준으로 할 것임을 명확히 한 것이다.

나아가 위 판결은 "그러나 해당 저작물에 관한 이용계약의 내용이 문제된 이용행위와 유사하지 아니한 형태이거나 유사한 형태의 이용계약이더라도 그에 따른 이용료가 이례적으로 높게 책정된 것이라는 등 이용계약에 따른 이용료를 그대로 부당이득액 산정의 기준으로 삼는 것이 타당하지 아니한 사정이 있는 경우에는, 이용계약의 내용, 저작권자와 이용자의 관계, 저작물의 이용 목적과 이용 기간, 저작물의 종류와 희소성, 제작 시기와 제작 비용 등과 아울러 유사한 성격의 저작물에 관한 이용계약이 있다면 그 계약에서 정한 이용료, 저작물의 이용자가 이용행위로 얻은 이익 등 변론과정에서 나타난 여러 사정을 두루 참작하여 객관적이고 합리적인 금액으로 부당이득액을 산정하여야 한다."라고 판시하였는데, 이것도 법 제125조 제2항에 따른 일반적 이용료 기준 자체를 보충하는 의미를 가질 뿐이고 그것과 다른 독자적 법리를 밝힌 것은 아니라고 본다.

　　부당이득반환청구의 경우 손해배상청구와 달리 고의·과실의 입증을 요하지 않는 것은 당연하다. 다만, 부당이득의 반환범위는 침해자가 선의일 경우에는 현존이익의 한도 내이고('현존이익'과 관련하여 대판 2023. 1. 12, 2022다270002는 "저작권자의 허락 없이 저작물을 이용한 사람은 특별한 사정이 없는 한 법률상 원인 없이 그 이용료 상당액의 이익을 얻고 이로 인하여 저작권자에게 그 금액 상당의 손해를 가하였다고 보아야 하므로, 저작권자에게 그 저작물에 관하여 이용허락을 받았더라면 이용대가로서 지급하였을 객관적으로 상당한 금액을 부당이득으로 반환할 책임이 있고… 위와 같은 이익은 현존하는 것으로 볼 수 있으므로 선의의 수익자라고 하더라도 이를 반환하여야 한다"고 판시하였다), 악의일 경우는 받은 이익에 법정이자를 부가하고 다시 권리자에게 손해가 있으면 그 손해를 배상하여야 한다.

　　부당이득반환청구권이 손해배상청구권과 별도의 존재의의를 가지는 것은 첫째 침해행위에 고의 또는 과실이 없는 경우, 둘째 손해배상청구권이 3년의 단기소멸시효에 걸린 경우 등이다.

　　부당이득반환청구권의 소멸시효는 특별한 사정이 없는 한 민법 제162조 제1항이 정하는 10년의 민사 소멸시효기간이 적용된다('특별한 사정'과 관련하여, 부당이득반환청구권이 상행위인 계약에 기초하여 이루어진 급부 자체의 반환을 구하는 것으로서 채권의 발생 경위나 원인, 당사자의 지위와 관계 등에 비추어 법률관계를 상거래 관계와 같은 정도로 신속하게 해결할 필요성이 있는 경우 등에는 상법 제64조가 정하는 5년의 상사 소멸시효기간이 적용되거나 유추적용된다는 것이 판례의 입장(대판 2021. 7. 22, 2019다277812 전원합의체 등 참조)이나, 저작재산권 침해의 경우에는 이에 해당할 가능성이 낮을 것으로 보인다).

[200]　공동저작물의 권리침해

　　저작권법 제129조는 "공동저작물의 각 저작자 또는 각 저작재산권자는 다른 저작자 또는 저작재산권자의 동의 없이 제123조의 규정에 의한 청구(침해정지청구 등)를 할 수 있으며, 그 저작재산권의 침해에 관하여 자신의 지분에 관한 제125조의 규정에 의한 손해배상청구를 할 수 있다"고 규정하고 있다(이 규정 및 공동저작자의 저작인격권이 침해된 경우에 대하여 자세한 것은 이 책 [33] 1. 라. 참조).

[201] 서류열람청구권

저작권법 제107조는 "저작권신탁관리업자는 그가 신탁관리하는 저작물 등을 영리 목적으로 이용하는 자에 대하여 당해 제작물 등의 사용료 산정에 필요한 서류의 열람을 청구할 수 있다. 이 경우 이용자는 정당한 사유가 없는 한 이에 응하여야 한다"고 규정하고 있다.

디지털환경하에서 복제의 용이성과 신속성 등으로 말미암아 저작물의 실제 사용량과 사용료의 산정, 나아가 저작권침해의 입증이 쉽지 않으며, 또 이를 입증하기 위한 자료는 거의 이용자에게 있으나 저작재산권자 또는 신탁관리자가 사용료 산정을 위한 증거자료를 열람 또는 확보하기는 어려워, 적정 사용료 또는 손해액 산정에 어려움이 있다는 것을 고려하여 저작재산권자의 경제적 권익을 증진시키기 위한 취지에서 마련된 규정이다.

[202] 증거수집을 위한 정보제공명령

1. 의의

저작권법 제129조의2는 한·미 FTA 이행을 위한 2011. 12. 2.자 개정법에서 같은 FTA의 합의사항을 반영하여 신설한 조문으로서, 저작권 등 침해소송에서 법원이 당사자의 신청에 때라 침해행위와 관련하여 다른 당사자가 보유하고 있는 정보의 제공을 명할 수 있도록 규정하고 있다.

이것은 미국 민사절차 규칙 제26조의 증거개시(discovery) 관련 규정을 참고한 규정으로서, 역시 증거개시제도와 유사한 성격을 가지는 우리 민사소송법상의 문서제출명령제도에 대한 관계에서는 저작권분야의 특칙으로서의 성격을 가지고 있다고 할 수 있다.

권리자가 소송과정에서 침해행위와 관련된 정보를 제공받을 수 있게 함으로써 조직적이고 대규모로 이루어지는 저작권 침해행위에 대하여 체계적으로 대응할 수 있도록 돕는 것이 제도적 취지이다. 다만 침해소송의 원고(당사자)가 여러 가지 정보를 제공받을 수 있게 함으로써 증거수집의 용이성과 권리 구제의 실효성을 높일 수 있는 장점만 강조할 때는 그로 인해 피고(다른 당사자) 측의 영업비밀이나 사생활이 침해될 우려가 있으므로 그 두 가지의 측면을 균형 있게 다루기 위해 제129조의2는 피고(다른 당사자)가 정보제공을 거부할 수 있는 사유에 대하여도 자세히 규정하고 있다.

2. 정보제공명령의 요건

다음의 요건을 갖춘 경우에 법원은 '다른 당사자'에 대하여 정보제공명령을 발할 수 있다(제129조의2 제1항).

(1) 저작권 등 권리 침해를 이유로 하는 소송이 계속 중일 것

저작권을 비롯하여 저작권법에 따라 보호되는 권리의 침해에 관한 소송이 제기되어 계속(繫屬) 중이어야 하므로, 소송과는 별도의 신청으로 정보제공명령을 청구할 수는 없다.

(2) 당사자의 신청이 있을 것

당사자의 신청에 따라서만 정보제공명령을 할 수 있으며, 법원이 직권으로 할 수는 없다. 원고이든 피고이든 상관없이 신청자격을 가지지만, 제도의 취지에 비추어 소송에서의 본소 또는 반소청구 등을 통해 저작권등 권리침해를 이유로 손해배상청구, 침해정지 청구 등의 권리행사를 하는 입장에 있는 소송당사자가 여기서 말하는 '당사자'에 해당하고, 그 권리행사의 상대방 입장에 있는 당사자가 '다른 당사자'에 해당하는 것으로 보아야 할 것이다.

(3) 증거를 수집하기 위하여 필요하다고 인정될 것

당해 소송과 관련한 증거 수집을 위해 필요하다고 인정되어야만 명령을 할 수 있다.

3. 정보제공명령의 내용

정보제공명령의 내용은 다른 당사자에 대하여 그가 보유하고 있거나 알고 있는 다음의 각 정보의 전부 또는 일부를 제공하도록 명하는 것이다(제129조의2 제1항).

1) 침해 행위나 불법복제물의 생산 및 유통에 관련된 자를 특정할 수 있는 정보
2) 불법복제물의 생산 및 유통 경로에 관한 정보

4. 정보제공의 거부사유

정보제공명령을 받은 '다른 당사자'는 다음 각 사유의 어느 하나에 해당하는 경우에는 정보제공을 거부할 수 있다(제129조의2 제2항).

1) i) 다른 당사자, ii) 다른 당사자의 친족이거나 친족 관계가 있었던 자 또는 iii) 다른 당사자의 후견인 중 어느 하나에 해당하는 자가 공소 제기되거나 유죄판결을 받을 우려가 있는 경우
2) 영업비밀 또는 사생활을 보호하기 위한 경우이거나 그 밖에 정보의 제공을 거부할 수 있는 정당한 사유가 있는 경우

여기서 말하는 영업비밀은 부정경쟁방지 및 영업비밀보호에 관한 법률 제2조 제1호의 정의규정에 따라 "공공연히 알려져 있지 아니하고 독립된 경제적 가치를 가지는 것으로서, 상당한 노력에 의하여 비밀로 유지된 생산방법, 판매방법, 그 밖에 영업활동에 유용한 기술상 또는 경영상의 정보"를 말한다.

법원은 위 2)의 '정당한 사유'가 있는지를 판단하기 위하여 필요하다고 인정되는 경우에는 다른 당사자에게 정보를 제공하도록 요구할 수 있다. 이 경우 정당한 사유가 있는지를 판단하기 위하여 정보제공을 신청한 당사자 또는 그의 대리인의 의견을 특별히 들을 필요가 있는 경우 외에는 누구에게도 그 제공된 정보를 공개하여서는 아니 된다(제129조의2 제4항).

5. 정보제공명령 불이행의 법적 효과

다른 당사자가 정당한 이유 없이 정보제공 명령에 따르지 아니한 경우에는 법원은 정보에 관한 당사자의 주장을 진실한 것으로 인정할 수 있다(제129조의2 제3항).

[203] 소송당사자에 대한 비밀유지명령

1. 의의

저작권법 제129조의3은 한·미 FTA 이행을 위한 2011. 12. 2.자 개정법에서 FTA의 합의사항을 반영하여 신설한 조문으로서, 저작권등 침해에 관한 소송 당사자가 준비서면 등에 영업비밀이 포함되어 있음을 소명한 경우 법원이 소송 이외의 목적으로는 공개를 금지하는 명령을 할 수 있도록 규정하고 있다. 이 명령을 '비밀유지명령'이라 부른다.

예를 들어 컴퓨터프로그램저작물에 관한 침해소송이 제기되었을 경우 당사자간에 권리침해 여부에 관하여 변론 및 입증 활동을 진행하다보면, 프로그램의 원시코드 등을 비롯한 영업비밀이 부득이 법원을 통해 상대방 당사자에게 제공될 가능성이 있다. 이와 같이 소송에서의 변론 및 입증 활동을 위해 제공된 영업비밀이 소송 외의 목적으로 함부로 사용될 경우에는 당사자에게 큰 피해를 야기할 수 있고 그에 대한 특별한 보호규정이 없을 경우에는 결국 당사자의 변론 및 입증 활동을 위축시키게 된다. 이것은 결국 저작권 침해에 대한 효과적인 구제를 어렵게 하는 결과를 초래할 수 있으므로 소송과정에서 제공된 영업비밀을 보다 엄격하게 보호함으로써 그러한 문제점을 해소하고자 하는 것이 비밀유지명령제도의 취지라 할 수 있다.

2. 비밀유지명령의 요건

다음의 요건을 갖춘 경우에 법원은 '다른 당사자' 등에 대하여 비밀유지명령을 발할 수 있다(제129조의3 제1항).

(1) 저작권 등 권리 침해에 관한 소송이 계속 중일 것

저작권을 비롯하여 저작권법에 따라 보호되는 권리의 침해에 관한 소송이 제기되어 계속 중이어야 한다. 여기서 말하는 권리에는 배타적 권리만 포함되고 보상금청구권은 제외된다(같은 조 제1항 괄호 안의 내용).

(2) 당사자가 보유한 영업비밀이 법상의 일정한 요건을 갖출 것

비밀유지명령을 신청하는 당사자가 보유한 영업비밀에 관하여 다음의 사유를 모두 소명하여야 한다.

1) 준비서면 또는 증거에 영업비밀이 포함되어 있다는 것   먼저, 이미 제출하였거나 제출하여야 할 준비서면 또는 이미 조사하였거나 조사하여야 할 증거에 영업비밀이 포함되어 있다는 것을 소명하여야 한다(제129조의3 제1항 제1호). 여기서 말하는 증거에는 당사자가 자의에 의하여 제출한 증거만이 아니라 제129조의2에 의한 법원의 정보제공 명령에 응하여 제공된 증거도 포함된다(같은 호 괄호 안의 내용 참조).

또한 여기서 말하는 영업비밀은 역시 부정경쟁방지 및 영업비밀보호에 관한 법률 제2조 제2호의 정의규정에 따라 "공공연히 알려져 있지 아니하고 독립된 경제적 가치를 가지는 것으로서, 상당한 노력에 의하여 비밀로 유지된 생산방법, 판매방법, 그 밖에 영업활동에 유용한 기술상 또는 경영상의 정보"를 말하므로(제129조의2 제2항 제2호 괄호 안의 내용 참조), 그 규정에 따른 ⅰ) 비공지성 또는 비밀성, ⅱ) 경제적 유용성, ⅲ) 비밀관리의 세 요건을 모두 충족하는 것이어야 한다.

2) 영업비밀의 사용 또는 공개를 제한할 필요가 있다는 것   다음으로, 그 영업비밀이 해당 소송수행 외의 목적으로 사용되거나 공개되면 당사자의 영업에 지장을 줄 우려가 있어 이를 방지하기 위하여 영업비밀의 사용 또는 공개를 제한할 필요가 있다는 것을 소명하여야 한다(제129조의3 제1항 제2호).

(3) 다른 당사자 등이 영업비밀을 사전에 이미 취득한 경우가 아닐 것

비밀유지명령 신청 시까지 다른 당사자, 당사자를 위하여 소송을 대리하는 자, 그 밖에 해당 소송으로 인하여 영업비밀을 알게 된 자가 준비서면의 열람 및 증거조사 이외의 방법으로 해당 영업비밀을 이미 취득한 경우가 아니어야 한다(제129조의3 제1항 단서). 그러한 경우에는 변론 및 준비활동으로 인해 영업비밀이 제공된 경우가 아니므로 비밀유지명령에 의한 특별한 보호를 정당화할 근거가 없다는 취지에 기한 것이다.

(4) 당사자의 신청이 있을 것

당사자의 신청에 따라서만 비밀유지명령을 할 수 있으며, 법원이 직권으로 할 수는 없다. 이 규정과 관련하여서는 제129조의2에 의한 정보제공명령의

경우(이 책 [202] 참조)와 달리, 저작권 등 권리침해를 이유로 권리행사를 하는 당사자이든 그 상대방이든 관계없이 신청자격을 가지는 것으로 보아야 할 것이다.

3. 비밀유지명령의 내용

가. 명령의 대상

비밀유지명령의 대상에는 i) 다른 당사자, ii) 당사자를 위하여 소송을 대리하는 자, iii) 그 밖에 해당 소송으로 인하여 영업비밀을 알게 된 자 등이 포함되며(제129조의3 제1항 본문), 그 범위 내에서 구체적으로는 해당 명령을 신청하는 당사자가 신청서에서 '비밀유지명령을 받을 자'로 지정한 자(제129조의3 제2항 제1호 참조)가 명령의 대상이 된다.

나. 명령의 내용

비밀유지명령은 "해당 영업비밀을 해당 소송의 계속적인 수행 외의 목적으로 사용하거나 해당 영업비밀에 관계된 비밀유지명령을 받은 자 외의 자에게 공개하지 아니할 것"을 명하는 것을 그 내용으로 한다(제129조의3 제1항).

4. 비밀유지명령의 절차

비밀유지명령은 다음의 절차에 따른다.

(1) 당사자가 다음의 사항을 적은 서면으로 비밀유지명령을 신청한다(제129조의3 제2항 제1호부터 제3호까지)

1) 비밀유지명령을 받을 자
2) 비밀유지명령의 대상이 될 영업비밀을 특정하기에 충분한 사실
3) 당사자가 보유한 영업비밀이 제129조의3 제1항 각 호의 사유([203] 2. 참조)에 해당하는 사실

(2) 위 신청이 신청요건을 모두 갖춘 경우 법원은 결정으로 비밀유지명령을 한다(제129조의3 제1항 본문). 법원은 만약 그 신청이 형식적 요건을 갖추지 못한 경우에는 신청을 각하하고 신청인이 제129조의3 제1항 각호의 사유를 소명하지 못한 경우 등에는 신청을 기각한다.

(3) 비밀유지명령이 결정된 경우에는 그 결정서를 비밀유지명령을 받은 자에게 송달하여야 한다(제129조의3 제3항). 비밀유지명령은 그 결정서가 비밀유지명령을 받은 자에게 송달된 때부터 효력이 발생한다(같은 조 제4항).

(4) 비밀유지명령의 신청을 기각하거나 각하한 재판에 대하여는 신청인이 즉시항고를 할 수 있다(같은 조 제5항).

5. 비밀유지명령의 취소

비밀유지명령을 신청한 자나 비밀유지명령을 받은 자는 제129조의3 제1항에서 규정한 요건을 갖추지 못하였거나 갖추지 못하게 된 경우 소송기록을 보관하고 있는 법원(소송기록을 보관하고 있는 법원이 없는 경우에는 비밀유지명령을 내린 법원을 말한다)에 취소를 신청할 수 있다(제129조의4 제1항).

비밀유지명령의 취소신청에 대한 재판이 있는 경우에는 그 결정서를 그 신청인과 상대방에게 송달하여야 하며, 비밀유지명령의 취소신청에 대한 재판에 대하여는 즉시항고를 할 수 있다(같은 조 제2항, 제3항). 비밀유지명령을 취소하는 재판은 확정되어야 그 효력이 발생한다(같은 조 제4항). 비밀유지명령을 취소하는 재판을 한 법원은 비밀유지명령의 취소신청을 한 자와 상대방 외에 해당 영업비밀에 관한 비밀유지명령을 받은 자가 있는 경우에는 그 자에게 즉시 비밀유지명령의 취소재판을 한 취지를 통지하여야 한다(같은 조 제5항).

6. 소송기록 열람 등 신청의 통지 등

저작권법의 비밀유지명령과 내용은 다르지만 유사한 취지의 규정으로 민사소송법상의 비밀보호를 위한 소송기록 등의 열람 등 제한제도(민소 제163조)가 있다. 소송당사자의 비밀을 보호하기 위해 그 신청에 따라 일정한 요건하에 당사자 이외의 외부인들에 의한 소송기록 등의 열람을 제한할 수 있도록 하는 취지의 제도인데, 개정법은 그 제도와 개정법상의 비밀유지명령을 연계시킴으로써 비밀유지명령제도의 실효성을 더욱 높이고자 하는 취지의 규정을 두고 있다.

즉 제129조의5 제1항에 의하면, 비밀유지명령이 내려진 소송(비밀유지명령이 모두 취소된 소송은 제외한다)에 관한 소송기록에 대하여 민사소송법 제163조 제1항에 의한 소송기록 등의 열람 등 제한 결정이 있었던 경우에 당사자가 민사소송법 제163조 제1항에 의한 비밀 기재 부분의 열람 등을 해당 소송에서 비밀유지명령을 받지 아니한 자를 통하여 신청한 경우에는 법원서기관·법원사무관·법원주사 또는 법원주사보(이하 '법원사무관 등'이라 한다)는 소송기록 등의 열람 등 제한신청을 한 당사자(그 열람 등의 신청을 한 자는 제외한다)에게 그 열람 등의 신청 직후에 그 신청이 있었던 취지를 통지하여야 한다. 그 경우 법원사무관 등은 원칙적으로 그 열람신청이 있었던 날부터 2주일이 지날 때까지(그 신청 절차를 행한 자에 대한 비밀유지명령 신청이 그 기간 내에 행하여진 경우에 대하여는 그 신청에 대한 재판이 확정되는 시점까지) 그 신청 절차를 행한 자에게 민사소송법 제163조 제1항에 의한 비밀 기재 부분의 열람 등을 하게 하여서는 아니 된다(저작권법 제129조의5 제2항). 다만 그 열람 등의 신청을 한 자에게 민사소송법 제163조 제1항에 의한 비밀 기재 부분의 열람 등을 하게 하는 것에 대하여 민사소송법상의 소송기록 등의 열람등 제한 신청을 한 당사자 모두의 동의가 있는 경우는 예외로 한다(저작권법 제129조의5 제3항).

7. 명령위반시의 벌칙

이 규정에 따른 법원의 비밀유지명령을 정당한 이유 없이 위반한 자에 대하여는 5년 이하의 징역 또는 5천만원 이하의 벌금에 처하거나 이를 병과할 수 있다(제136조 제1항 제2호).

제 2 절 저작권에 관한 분쟁의 조정 및 심의

[204] 의의

저작권법 제112조 제1항에서는 저작권과 그 밖에 이 법에 따라 보호되는 권리에 관한 사항을 심의하고 저작권에 관한 분쟁을 알선·조정하며, 저작권의 보호 및 공정한 이용에 필요한 사업을 수행하기 위하여 한국저작권위원회를 둔다고 규정하고 있다. 저작권법상의 권리가 침해되었을 때의 구제방법으로는 민사상의 구제수단과 형사상의 제재규정이 마련되어 있으나, 그러한 민·형사상의 구제방법 외에 전문가로 구성된 한국저작권위원회(이하 '위원회'라고 한다)에서 저작권에 관한 분쟁을 '조정'이나 '알선'의 방법으로 해결할 수 있도록 하고 나아가 저작권과 관련된 중요사항에 대하여 위원회의 심의를 거치도록 함으로써 관련 정책 결정의 적정성과 신뢰성을 높이고자 하는 취지라 할 수 있다.

[205] 위원회와 조정부의 구성

위원회는 위원장 1명, 부위원장 2명을 포함한 20명 이상 25명 이내의 위원으로 구성한다(제112조의2 제1항). 위원은 ① 대학이나 공인된 연구기관에서 부교수 이상 또는 이에 상응하는 직위에 있거나 있었던 사람으로서 저작권 관련 분야를 전공한 사람, ② 판사 또는 검사의 직에 있는 사람 및 변호사의 자격이 있는 사람, ③ 4급 이상의 공무원 또는 이에 상응하는 공공기관의 직에 있거나 있었던 사람으로서 저작권 또는 문화산업 분야에 실무경험이 있는 사람, ④ 저작권 또는 문화산업 관련 단체의 임원의 직에 있거나 있었던 사람, ⑤ 그 밖에 저작권 또는 문화산업 관련 업무에 관한 학식과 경험이 풍부한 사람 중에서 문화체육관광부장관이 위촉하며, 위원장과 부위원장은 위원 중에서 호선한다. 이 경우 문화체육관광부장관은 이 법에 따라 보호되는 권리의 보유자와 그 이용자의 이해를 반영하는 위원의 수가 균형을 이루도록 하여야 하며, 분야별 권리자 단체 또는 이용자 단체 등에 위원의 추천을 요청할 수 있다(같은 조 제2항).

위원의 임기는 3년으로 하며, 한 차례만 연임할 수 있다. 다만, 직위를 지정하여 위촉하는 위원의 임기는 해당 직위에 재임하는 기간으로 한다(같은 조 제3항). 위원에 결원이 생겼을 때에는 위와 같은 방법으로 그 보궐위원을 위촉하여야 하며, 그 보궐위원의 임기는 전임자 임기의 나머지 기간으로 한다. 다만, 위원의 수가 20명 이상인 경우에는 보궐위원을 위촉하지 아니할 수 있다(같은 조 제4항).

위원회의 업무를 효율적으로 수행하기 위하여 분야별로 분과위원회를 둘 수 있다. 분과위원회가 위원회로부터 위임받은 사항에 관하여 의결한 때에는 위원회가 의결한 것으로 본다(같은 조 제5항).

위원회의 분쟁조정업무를 원활하게 수행하기 위하여 위원회에 1명 또는 3명 이상의 위원으로 구성된 조정부를 두되, 그 중 1명은 변호사의 자격이 있는 사람이어야 한다(제114조 제1항).

한편, 위원회의 위원 및 직원은 형법 제129조 내지 제132조의 규정을 적용함에 있어서는 공무원으로 취급된다(제131조).

[206] 조정절차

1. 조정의 신청

위원회에 의한 분쟁의 조정을 신청하고자 하는 자는 위원회가 정하는 바에 따라 조정신청서를 위원회에 제출하여야 한다(시행령 제61조 제1항). 위원장은 조정신청을 받은 때에는 조정부를 지정하고 조정신청서를 조정부에 회부하여야 한다(같은 조 제2항). 조정부는 3인의 위원으로 구성함을 원칙으로 하나 조정 신청 금액이 500만원 이하인 사건에 대하여는 위원회의 위원장이 지정하는 1 명의 위원이 조정업무를 수행할 수 있다(제114조 제1항, 시행령 제60조).

2. 조정의 실시

조정부는 조정이 성립되지 아니할 것이 명백한 경우를 제외하고 조정안을 작성하여 당사자에게 제시하여야 한다(시행령 제61조 제4항). 조정부는 조정신청이 있는 날로부터 3개월 이내에 조정하여야 한다. 다만, 특별한 사유가 있는 경 우에는 양 당사자의 동의를 얻어 1개월의 범위 내에서 1회에 한하여 그 기간 을 연장할 수 있다(같은 조 제5항).

조정절차는 비공개를 원칙으로 한다. 다만, 조정부장은 당사자의 동의를 얻어 적당하다고 인정하는 자에게 방청을 허가할 수 있다(법 제115조). 조정절차 에서 당사자 또는 이해관계인이 한 진술은 소송 또는 중재절차에서 원용하지 못한다(법 제116조).

또한 위원회는 분쟁의 조정을 위하여 필요하면 당사자, 그 대리인 또는 이해관계인의 출석을 요구하거나 관계서류의 제출을 요구할 수 있다(시행령 제 62조 제1항). 조정당사자 외의 자가 위원회의 출석요구에 응하여 출석한 때에는 수당과 여비 등 실비를 지급할 수 있다(시행령 제62조 제3항).

3. 조정의 성립과 효력

가. 조정의 성립

조정은 당사자 간에 합의된 사항을 조서에 기재함으로써 성립된다(법 제117 조 제1항). 이때 조정조서는 재판상의 화해와 동일한 효력이 있다. 다만, 당사자 가 임의로 처분할 수 없는 사항에 관한 것은 그러하지 아니하다(같은 조 제5항).

나. 직권조정

2020. 2. 4.자 개정 저작권법에 의해 '직권조정' 제도가 도입되었다. 그에 따라 제117조 제2항부터 제4항까지의 규정이 신설되었다.

이에 따라 3명 이상의 위원으로 구성된 조정부는 다음 중 어느 하나에 해당하는 경우 당사자들의 이익이나 그 밖의 모든 사정을 고려하여 신청 취지에 반하지 아니하는 한도에서 직권으로 조정을 갈음하는 결정("직권조정결정")을 할 수 있다(제117조 제2항 전단).

① 조정부가 제시한 조정안을 어느 한쪽 당사자가 합리적인 이유 없이 거부한 경우
② 분쟁조정 예정가액이 1천만원 미만인 경우

이 경우 조정부의 장은 제112조의2 제2항 제2호에 해당하는 사람, 즉 판사 또는 검사의 직에 있는 사람 및 변호사의 자격이 있는 사람이어야 한다(같은 항 후단). 조정부는 직권조정결정을 한 때에는 직권조정결정서에 주문(主文)과 결정 이유를 적고 이에 관여한 조정위원 모두가 기명날인하여야 하며, 그 결정서 정본을 지체 없이 당사자에게 송달하여야 한다(같은 조 제3항).

위와 같은 직권조정결정에 불복하는 자는 결정서 정본을 송달받은 날부터 2주일 이내에 불복사유를 구체적으로 밝혀 서면으로 조정부에 이의신청을 할 수 있다(같은 조 제4항 전단). 이 경우 그 결정은 효력을 상실하며(같은 항 후단), 조정은 성립되지 않은 것으로 본다(시행령 제63조 제1항 제4호). 이 점에서 종국적으로는 당사자의 합치된 의사에 기하여 분쟁을 해결하는 조정제도의 성격을 유지하고 있다. 위 기간 내에 직권조정결정에 대하여 이의신청이 없는 경우에는 직권조정결정과 같이 조정이 성립된 것으로 보며, 재판상 화해와 동일한 효력이 있다(제117조 제5항 전단). 다만, 당사자가 임의로 처분할 수 없는 사항에 관한 것은 그러하지 아니하다(같은 항 후단).

위와 같은 직권조정 제도가 도입된 것은, 조정제도가 당사자의 의사합치를 전제로 운영되고 아무런 강제성이 없다 보니 너무 쉽게 조정을 거부하는 현상이 있으므로, 그런 경우에도 조정위원들의 전문성 있는 판단에 기한 직권조정결정을 발송하여 그것을 수용할지 여부를 진지하게 검토해 보도록 함으로써 조정에 의한 분쟁해결 비율을 높이고자 하는 취지에 기한 것이다.

2020. 2. 4.자 개정 시에 직권조정 제도의 도입과 함께 저작권법에서 규정하고 있지 않은 사항{예를 들어, 사건의 분리·병합(민사조정법 제14조의2), 이해관계인의 참

가(같은 법 제16조), 피신청인의 경정(같은 법 제17조) 등}에 대하여는 민사조정법을 준용할 수 있도록 하였다(저작권법 제118조의2).

4. 조정의 불성립

조정신청을 하였으나 ① 조정신청이 있는 날로부터 저작권법 시행령 제61조 제5항의 기간(3개월)을 경과한 경우, ② 당사자 간에 합의가 성립되지 않은 경우, ③ 직권조정결정에 대하여 당사자의 이의신청이 있는 경우 등에는 조정이 성립되지 않은 것으로 본다(시행령 제63조 제1항).

조정이 불성립되었을 때에는 분쟁은 조정 이전 상태로 돌아가므로 당사자는 소송 기타의 방법으로 이를 해결할 수밖에 없게 된다. 원래는 당사자가 정당한 사유 없이 위원회의 출석요구에 응하지 않는 경우를 조정 불성립 사유로 규정하고 있었는데(개정전 시행령 제63조 제1항 제1호), 직권조정제도가 도입된 후 시행령을 개정하여 그것을 불성립 사유에서 삭제하고 그 대신 위 ③의 경우를 불성립 사유에 추가하였다. 그것은 당사자가 정당한 사유 없이 출석요구에 응하지 않은 경우에 조정 불성립으로 처리하지 않고 직권조정결정을 할 것을 전제로 한 것으로 보인다.

[207] 알선절차

1. 알선의 의의

원래 저작권법과 컴퓨터프로그램보호법이 모두 ADR로서는 조정제도만 규정하고 있었는데, 2002년 컴퓨터프로그램보호법의 개정으로 알선 제도가 처음 프로그램저작권과 관련하여 도입되었다가 양법의 통합을 위한 2009. 4. 22. 법개정으로 저작권법에 알선제도가 도입되게 되었다. '알선'이란 분쟁당사자의 의뢰에 의하여 제3자가 분쟁의 원만한 해결을 위해 조언 기타 도움을 주어 합의를 하게 하는 것을 말하며, 같은 ADR인 조정과 유사한 점이 많으나 당사자 간의 자주적 해결이라는 면과 비법률적 성격이 조정보다 더욱 강조되는 점에서 약간의 차이가 있다. 개정 저작권법상 조정이 성립하면 재판상 화해의 효력이 있는 반면, 알선에 의한 합의가 성립할 경우에는 민법상 화해의 효력만 있어 효과의 면에서는 알선의 경우가 다소 불리한 면이 있는 것이 사실이다. 그런 문제로 인해, 절차의 신속·간이성 등의 장점에도 불구하고 잘 활용되지는 않고 있는 것으로 보인다.

2. 알선의 절차

분쟁에 관한 알선을 받으려는 자는 알선신청서를 위원회에 제출하여 알선을 신청할 수 있다(제113조의2 제1항). 위원회가 알선신청을 받은 때에는 위원장이 위원 중에서 알선위원을 지명하여 알선을 하게 하여야 한다(같은 조 제2항). 알선위원은 알선으로는 분쟁해결의 가능성이 없다고 인정되는 경우에 알선을 중단할 수 있으며(같은 조 제3항), 알선 중인 분쟁에 대하여 이 법에 따른 조정의 신청이 있는 때에는 해당 알선은 중단된 것으로 본다(같은 조 제4항). 알선이 성립한 때에 알선위원은 알선서를 작성하여 관계 당사자와 함께 기명날인하여야 한다(같은 조 제5항). 이러한 알선의 성립에는 재판상 화해의 효력이 부여되지 않는다는 것은 위에서 언급한 바와 같다.

[208] 한국저작권위원회의 업무

위원회는 다음과 같은 업무를 행한다(제113조).

① 저작권 등록에 관한 업무
② 분쟁의 알선·조정
③ 법 제105조 제10항에 따른 저작권위탁관리업자의 수수료 및 사용료의 요율 또는 금액에 관한 사항 및 문화체육관광부장관 또는 위원 3인 이상이 공동으로 부의하는 사항의 심의
④ 저작물 등의 이용질서 확립 및 저작물의 공정한 이용 도모를 위한 사업
⑤ 저작권 진흥 및 저작자의 권익 증진을 위한 국제협력
⑥ 저작권 연구·교육 및 홍보
⑦ 저작권 정책의 수립 지원
⑧ 기술적 보호조치 및 권리관리정보에 관한 정책 수립 지원
⑨ 저작권 정보 제공을 위한 정보관리 시스템 구축 및 운영

⑩ 저작권 등의 침해 등에 관한 감정

⑪ 법령에 따라 위원회의 업무로 정하거나 위탁하는 업무

⑫ 그 밖에 문화체육관광부장관이 위탁하는 업무

위와 같이 분쟁의 조정은 저작권위원회의 업무 중 하나일 뿐이고, 그 외 저작권과 관련한 심의, 사업, 홍보, 정책 수립, 정보시스템 구축, 감정 등의 다양한 역할을 수행하고 있음을 알 수 있다. 원래 조정기능과 심의기능만을 중심으로 하고 있어 명칭도 저작권심의조정위원회로 되어 있던 것을 2006년 개정법에서 그 업무범위를 확대하면서 명칭도 저작권위원회로 고쳤다가 컴퓨터프로그램보호법과 저작권법을 통합한 2009. 4. 22. 개정법을 통해 구 컴퓨터프로그램보호위원회와 저작권위원회의 통합조직을 구성하게 되자 '한국저작권위원회'라는 새로운 명칭을 부여하였다. 2016. 3. 22.자 개정으로 한국저작권보호원이 설립된 후에는 원래 위원회의 업무에 포함되어 있던 '법 제133조의3에 따른 온라인서비스제공자에 대한 시정권고 및 문화체육관광부 장관에 대한 시정명령 요청'이 위원회의 업무에서는 삭제되고, 그 업무는 같은 개정법에 의하여 새로 설립되게 된 한국저작권보호원의 업무로 변경되었다.

한편, 감정업무와 관련하여 저작권법 제119조 제1항은 위원회가 감정을 실시할 수 있는 경우로 ① 법원 또는 수사기관 등으로부터 재판 또는 수사를 위하여 저작권의 침해 등에 관한 감정을 요청받은 경우(제1호), ② 제114조의2에 따른 분쟁조정을 위하여 분쟁조정의 양 당사자로부터 프로그램 및 프로그램과 관련된 전자적 정보 등에 관한 감정을 요청받은 경우(제2호)의 두 가지를 들고 있다. 그 중 제1호는 모든 저작물에 대하여 적용되는 것이고, 제2호는 프로그램에 특화된 규정이다. 프로그램의 경우에는 특히 전문적인 감정을 통해서만 분쟁해결이 가능한 경우가 많아 위원회의 조정 단계에서 양 당사자의 요청하에 감정을 할 수 있도록 규정하고 있는 것이다. 그리고 위 ⑧호 및 ⑨호의 업무를 효율적으로 수행하기 위하여 위원회 내에 저작권정보센터를 둔다(제120조).

제3절 형사상의 제재

[209] 서설

저작권의 침해에 대하여 저작권법은 민사상의 구제제도와 함께 형사상의 벌칙도 아울러 규정하고 있다. 다만, 저작권법은 저작권법상의 권리침해행위 뿐만 아니라 법이 규정하는 특정사항에 관한 의무위반행위에 대하여도 벌칙으로 제재를 가하고 있다.

벌칙의 적용에 대하여는 형법총칙규정이 당연히 적용된다(형 제8조 참조). 따라서 저작권법상 과실범의 규정이 없는 이상 고의범만 처벌된다(형 제13조). 다만, 저작권법위반임을 모르고 출처의 명시를 하지 않거나 복제권자표지의무를 이행하지 않은 경우는 과실범의 문제가 아니라 형법 제16조의 법률의 착오의 문제에 불과하므로 정당한 이유가 없는 한 원칙적으로 처벌대상이 된다.

[210] 죄와 벌칙

1. 권리의 침해죄

가. 저작재산권등침해죄(제136조 제1항 제1호)

저작재산권 그 밖의 이 법에 의하여 보호되는 재산적 권리를 복제·공연·공중송신·전시·배포·대여·2차적저작물 작성의 방법으로 침해한 자는 5년 이하의 징역 또는 5천만원 이하의 벌금에 처하거나 이를 병과할 수 있다.

원래 권리침해죄에 대한 법정형은 모두 3년 이하의 징역 또는 3천만원 이하의 벌금으로 되어 있었는데, 2000년 1월의 개정에 의하여 위와 같이 저작재산권 기타 재산적 권리 침해죄를 분리해 내어 법정형을 강화하였다. 침해의 태양도 개정전에는 "복제·공연·방송·전시 등의 방법"이라고만 규정되어 있어서 예컨대 배포의 경우는 이에 해당하지 않는 것으로 해석되었는데(대판 1999. 3. 26, 97도1769), 2000년 개정법에서부터 전송, 배포, 2차적저작물작성의 경우도 이에 해당하는 것으로 명백히 규정하였다.

저작재산권 등 침해의 개념에 대하여는 앞에서 살펴본 대로이나(이 책 [177] 이하 참조) 고의가 있어야 저작재산권등침해죄가 성립한다. '고의'에 대하여 유의할 점들을 짚어보면, 다음과 같다.

1) 침해의 요건 중 하나인 '의거관계'(이 책 [178] 1. 참조)는 고의와는 다른 개념임이라는 것에 유의하여야 한다. '의거관계'는 누군가가 어떤 저작물을 보거나 듣는 등으로 그 창작성 있는 표현을 인식하고 이를 이용하였음을 의미하는 것으로서, 무의식적 의거관계도 있을 수 있다.

2) 고의는 범죄의 구성요건이 되는 사실(타인의 저작물을 허락 없이 또는 허락 범위를 넘어서 이용한다는 사실)에 대한 인식이 있으면 성립하는 것으로서 그것이 저작권이라고 하는 권리를 침해하고 있다는 것에 대한 인식이나 그러한 결과를 의욕할 필요까지는 없다(대판 1991. 8. 27, 89도702).

3) 고의는 위법성의 인식과 구별되는 개념이다. 즉, 위법성의 인식이 없었다고 하여 고의가 부정되는 것은 아니다. 형법 제16조는 법률의 착오와 관련하여, "자기의 행위가 법령에 의하여 죄가 되지 아니하는 것으로 오인한 행위는 그 오인에 정당한 이유가 있는 때에 한하여 벌하지 아니한다."라고 규정하고 있는데, 이는 단순한 법률의 부지를 의미하는 것이 아니라, "일반적으로 범죄가 되는 경우이지만 자신의 특수한 경우에 법령에 의하여 허용된 행위로서 죄가 되지 아니한다고 그릇 인식한 것을 의미하는 것"으로 해석되고 있다(대판 1961. 10. 5, 4294형상208 등). 저작재산권등침해죄와 관련하여 피고인이 법률의 착오를 주장할 경우, 위와 같은 의미의 법률의 착오에 해당하지 않는다거나 그러한 착오에 정당한 이유가 없다는 이유로 받아들이지 않은 사례 또는 그 두 가지 이유를 모두 들어 배척한 사례들이 많은 것으로 보인다. 이와 관련하여, 피고인이 법무법인에 자문의뢰한 결과 권리침해가 아닌 것으로 보인다는 취지의 의견서를 받은 후 침해행위를 하였다는 것만으로는 침해의 고의를 부정하거나 위법성 인식의 결여에 정당한 이유가 있다고 할 수 없다는 대법원 판례(대판 2013. 8. 22, 2011도3599)도 있음에 주의를 요한다.

4) 저작재산권등침해죄의 경우에도 '미필적 고의'만으로도 그 성립이 인정된다. 대

법원도 "저작재산권의 침해죄에 있어서의 고의의 내용은 저작재산권을 침해하는 사실에 대한 인식이 있으면 충분하고, 그 인식은 확정적인 것은 물론 불확정적인 것이라도 이른바 미필적 고의로 인정되는 것이다."라고 판시하였다(대판 2008. 10. 9, 2006도4334).

5) 저작재산권등침해죄의 고의가 부정될 수 있는 것은 다음과 같은 경우들이다.

① 저작권자가 누구인지에 대하여 착오가 있는 경우로서, 예컨대 甲의 저작물을 乙의 저작물인 것으로 오해하고 乙로부터 이용허락을 받아 이용한 경우

② 저작권자로부터 '이용허락'을 받은 것으로 오신하였거나 자신의 이용행위가 저작권자로부터 이용허락을 받은 범위 안에 포함되는 것으로 오신한 경우 또는 저작권자의 이용허락이 해제되었는데 해제되지 않은 것으로 오신한 경우

③ 예를 들어, 제24조의2 제1항의 공공저작물에 해당한다는 것으로 오신하여 이용하는 경우와 같이 저작재산권제한사유에 해당하는 사실이 있는 것으로 오신한 경우

한편, '저작권침해로 보는 행위'(이 책 [192] 참조)는 법정형이 보다 낮은 제136조 제2항에 규정되어 있으므로 여기서 제외된다.

한편, 형사소송법은 제254조 제4항에서 "공소사실의 기재는 범죄의 시일, 장소와 방법을 명시하여 사실을 특정할 수 있도록 하여야 한다"고 규정하고 제327조 제2호에서는 '공소제기의 절차가 법률의 규정에 위반하여 무효인 때'에는 공소기각의 판결을 선고하도록 규정하고 있다. 이와 관련하여 저작재산권침해죄에 대한 공소사실을 어느 정도 구체적으로 특정하여야 하는지가 문제 되는데, 대법원은 "저작재산권 침해 행위에 관한 공소사실의 특정은 침해 대상인 저작물 및 침해 방법의 종류, 형태 등 침해행위의 내용이 명확하게 기재되어 있어 피고인의 방어권 행사에 지장이 없는 정도이면 되고, 각 저작물의 저작재산권자가 누구인지 특정되어 있지 않다고 하여 공소사실이 특정되지 않았다고 볼 것은 아니다."라고 판시한 바 있다(대판 2016. 12. 15, 2014도1196).

나. 저작인격권침해죄 등(제136조 제2항)

다음 각호의 1에 해당하는 자는 3년 이하의 징역 또는 3천만원 이하의 벌금에 처하거나 이를 병과할 수 있다.

① 저작인격권 또는 실연자의 인격권을 침해하여 저작자 또는 실연자의 명예를 훼손한 자(제1호)

② 제53조 및 제54조(제90조, 제98조에 따라 준용되는 경우를 포함한다)의 규정에 의한 등록을 거짓으로 한 자(제2호)

③ 저작권법 제93조의 규정에 따라 보호되는 데이터베이스제작자의 권리를 복제·배포·방송 또는 전송의 방법으로 침해한 자(제3호)

④ 복제·전송자에 관한 정보제공명령(제103조의3 제4항)을 위반한 자(제3의2호)

⑤ 업으로 또는 영리를 목적으로 제104조의2 제1항 또는 제2항(기술적 보호조치의 보호)을 위반한 자(제3의3호)

⑥ 업으로 또는 영리를 목적으로 제104조의3 제1항(권리관리정보의 보호)을 위반한 자. 다만, 과실로 저작권 또는 이 법에 따라 보호되는 권리 침해를 유발 또는 은닉한다는 사실을 알지 못한 자는 제외한다(제3의4호).

⑦ 제104조의4 제1호 또는 제2호에 해당하는 행위(암호화된 방송 신호의 무력화 등의 금지 위반)를 한 자(제3의5호)

⑧ 제104조의5(라벨 위조 등의 금지)를 위반한 자(제3의6호)

⑨ 제104조의7(방송전 신호의 송신 금지)을 위반한 자(제3의7호)

⑩ 제124조 제1항의 규정에 따른 침해행위로 보는 행위를 한 자(제4호)

위 ①과 같이 저작인격권침해죄 또는 실연자의 인격권 침해죄가 성립하기 위해서는 저작인격권이나 실연자의 인격권의 침해가 있는 것만으로는 족하지 않고, 침해의 결과로 저작자 또는 실연자의 명예를 훼손할 것을 요한다. 이러한 규정의 취지와 관련하여 문제되는 것은 타인의 저작물을 이용하면서 단순히 저작자의 성명표시를 누락한 것만으로 그 명예를 훼손하였다고 볼 수 있는가 하는 점이다. 이 문제에 관하여 대법원은 "저작권법 제136조 제2항 제1호는 저작인격권 또는 실연자의 인격권을 침해하여 저작자 또는 실연자의 명예를 훼손한 사람을 처벌하도록 규정하고 있다. 위 규정에서 정한 저작권법 위반죄는 저작인격권 또는 실연자의 인격권과 함께 저작자 또는 실연자의 명예를 보호하려는 데 그 목적이 있다. 여기서 저작자 또는 실연자의 명예란 저작자 또는 실연자가 그 품성·덕행·명성·신용 등의 인격적 가치에 관하여 사회로부터 받는 객관적 평가, 즉 사회적 명예를 가리킨다(대법원 2009. 5. 28. 선고 2007다354 판결 참조). 본죄는 저작인격권 또는 실연자의 인격권을 침해하는 행위를 통해서 저작자 또는 실연자의 사회적 가치나 평가가 침해될 위험이 있으면 성립하고, 현실적인 침해의 결과가 발생하거나 구체적·현실적으로 침해될 위험이 발생하여야 하는 것은 아니다. 다만 저작인격권 또는 실연자의 인격권을 침해하는 행위가 있었다는 사정만으로 바로 저작자 또는 실연자의 사회적 가치나 평가가 침해될 위험이 있다고 볼 수는 없다. 저작인격권 또는 실연자의 인격권을 침해하는 행위가 저작자 또는 실연자의 사회적 가치나 평가를 침해할 위험이 있는지는 저작자 또는 실연자의 주관적 감정이나 기분 등 명예감정을 침해할 만한 행위인지를 기준으로 판단할 것이 아니라, 침해행위에 이르게 된 경위, 침해행위의 내용과 방식, 침해의 정도, 저작자 또는 실연자의 저작물 또는 실연과 관련된 활동 내역 등 객관적인 제반 사정에 비추어 저작자 또는 실연자의 사회적 명예를 침해할 만한 행위인지를 기준으로 신중하게 판단하여야 한다."고 판시하였다(대판 2023. 11. 30, 2020도10180).   위와 같은 법리를 전제로 하여 위 판결은 SNS에 피해자의 저작물을 피해자의 성명을 표시하지 않은 채 자신의 저작물인 것처럼 게시하거나(성명표시권 침해), 피해자의 저작물 일부를 수정·증감하여 동일성을 손상한 채 게시하는(동일성유지권 침해) 등으로 피해자의 저작인격권을 침해한 피고인의 행위에 대하여, "피고인이 성명표시권을 침해하여 B에 게시한 피해자 저작물은 불특정 다수의 사람들에게 마치 피고인의 저작물처럼 인식될 수 있어, 피해자로서는 피해자 저작물의 진정한 저작자가 맞는지 나아가 기존에 피해자가 피해자 저작물의 창작 등을 통해 얻은 사회적 평판이 과연 정당하게 형성된 것인지 의심의 대상이 될 위험이 있다. 한편 피고인이 동일성유지권을 침해하여 B에 게시한 피해자 저작물로 인하여, 그 저작자를 피해자로 알고 있는 사람들에게는 피고인의 게시글에 나타난 피고인의 주관이나 오류가 원래부터 피해자 저작물에 존재했던 것으로 오해될 수 있고, 이에 따라 저작자인 피해자의 전문성이나 식견 등에 대한 신망이 저하될 위험도 없지 않다"는 이유로 피고인의 행위가 저작자인 피해자의 명예를 훼손한 것으로 볼 수 있다고 판시하였다.

2. 비밀유지명령 위반죄(제136조 제1항 제2호)

저작권법 제129조의3 제1항에 따른 법원의 비밀유지명령(이 책 [203] 참조)을 정당한 이유 없이 위반한 자에 대하여는 5년 이하의 징역 또는 5천만원 이하의 벌금에 처하거나 이를 병과할 수 있다.

3. 부정발행 등의 죄(제137조)

다음 각 호의 1에 해당하는 자는 1년 이하의 징역 또는 1천만원 이하의 벌금에 처한다.

① 저작자 아닌 자를 저작자로 하여 실명·이명을 표시하여 저작물을 공표한 자(제1호)

② 실연자 아닌 자를 실연자로 하여 실명·이명을 표시하여 실연을 공연 또는 공중송신하거나 복제물을 배포한 자(제2호)

③ 제14조 제2항(저작자 사후의 인격적 이익 보호 규정)을 위반한 자(제3호)

④ 제104조의4 제3호(암호화된 방송 신호의 무단 시청 등)에 해당하는 행위를 한 자(제3의2호)

⑤ 제104조의6(영상저작물 녹화 등의 금지)을 위반한 자(3의3호){이 규정 위반죄는 미수범을 처벌한다(제137조 제2항)}

⑥ 제105조 제1항에 따른 허가를 받지 아니하고 저작권신탁관리업을 한 자(제4호)

⑦ 제124조 제2항의 규정에 의하여 침해행위로 보는 행위를 한 자(제5호)

⑧ 자신에게 정당한 권리가 없음을 알면서 고의로 제103조 제1항 또는 제3항에 따른 복제·전송의 중단 또는 재개요구를 하여 온라인서비스제공자의 업무를 방해한 자(제6호)

⑨ 등록 담당자의 비밀유지의무에 관한 제55조의5(제90조 및 제98조에 따라 준용되는 경우를 포함한다)를 위반한 자(제7호)

위 ①의 죄와 관련하여 대법원은 "저작권법 제137조 제1항 제1호는 저작자 아닌 자를 저작자로 하여 실명·이명을 표시하여 저작물을 공표한 자를 형사처벌한다고 규정하고 있다. 위 규정은 자신의 의사에 반하여 타인의 저작물에 저작자로 표시된 저작자 아닌 자와 자신의 의사에 반하여 자신의 저작물에 저작자 아닌 자가 저작자로 표시된 실제 저작자의 인격적 권리뿐만 아니라 저작자 명의에 관한 사회 일반의 신뢰도 보호하려는 데 목적이 있다. 이와 같은 입법 취지 등을 고려하면, 저작자 아닌 자를 저작자로 표시하여 저작물을 공표한 이상 위 규정에 따른 범죄는 성립하고, 사회 통념에 비추어 사회 일반의 신뢰가 손상되지 않는다고 인정되는 특별한 사정이 있는 경우가 아닌 한 그러한 공표에 저작자 아닌 자와 실제 저작자의 동의가 있었더라도 달리 볼 것은 아니다"라고 판시한 바 있다(대판 2017. 10. 26, 2017도473). 또한 대법원 2017. 10. 26 선고 2016도16031 판결은 "저작권법상 공표는 저작물을 공연, 공중송신 또는 전시 그 밖의 방법으로 공중에게 공개하는 것과 저작물을 발행하는 것을 뜻한다(저작권법 제2조 제25호). 이러한 공표의 문언적 의미와 저작권법 제137조 제1항 제1호의 입법취지 등에 비추어 보면, 저작자를 허위로 표시하는 대상이 되는 저작물이 이전에 공표된 적이 있더라도 위 규정에 따른 범죄의 성립에는 영향이 없다"고 판시하였다.

4. 출처명시위반죄 등(제138조)

제35조 제4항의 규정에 위반한 자, 제37조(제87조 및 제94조에 따라 준용되는 경우를 포함한다)를 위반하여 출처를 명시하지 아니한 자, 제58조 제3항의 규정에 위반하여 복제권자의 표지를 하지 아니한 자, 제58조의2 제2항(제63조의2, 제88조 및 제96조에 따라 준용되는 경우를 포함한다)을 위반한 자, 제105조 제1항에 따른 신고를 하지 아니하고 저작권대리중개업을 하거나 제109조 제2항에 따른 영업의 폐쇄명령을 받고 계속 그 영업을 한 자는 500만원 이하의 벌금에 처한다.

[211] 몰수

저작권, 그 밖에 이 법에 따라 보호되는 권리를 침해하여 만들어진 복제물과 그 복제물의 제작에 주로 사용된 도구나 재료 중 그 침해자·인쇄자·배포자 또는 공연자의 소유에 속하는 것은 몰수한다(제139조).

원래 권리를 침해하여 만들어진 복제물만 몰수의 대상으로 규정하고 있었는데, 한·EU FTA 에서 불법 복제물 제작에 주로 사용된 제작용구 또는 재료도 몰수대상에 포함하도록 규정한 데 따라 그 이행을 위한 2011. 6. 30. 개정법에 그 부분을 반영한 것이다.

"이 법에 따라 보호되는 권리를 침해하여 만들어진 복제물"에 2차적저작물도 포함되는지 여부가 문제될 수 있으나, 다음과 같은 이유로 2차적저작물은 포함되지 않는 것으로 봄이 타당하다.

첫째, 2차적 저작물의 경우에는 단순한 복제물과 달리 그 작성자에게 새로운 저작물에 대한 저작자로서의 권리와 지위가 인정되고 있다. 2차적저작물의 복제물이 아닌 원본까지 필요적 몰수대상으로 규정하는 것은 2차적저작물 저작권자의 지위와 권리를 너무 가볍게 여기는 것으로서 저작권법의 취지에 반한다. 필요할 경우에는 형법 제48조의 임의적 몰수 규정에 따라 몰수할 수 있을 것이다.

둘째, 법문에 의하더라도 "복제물"이라는 표현을 사용하고 있어 단순한 복제물이 아닌 2차적저작물을 포함하여 해석하기는 어려운 면이 있다.

[212] 친고죄 및 반의사불벌죄

저작권법위반죄는 다음의 경우를 제외하고는 친고죄이므로 피해자의 고소가 있어야만 처벌이 가능하다(제140조).

① 영리를 목적으로 또는 상습적으로 제136조 제1항 제1호(저작재산권 기타 저작권법상의 재산적 권리 침해), 제136조 제2항 제3호(데이터베이스제작자의 권리 침해) 및 제4호(제124조 제1항의 침해간주행위)에 해당하는 행위를 한 경우(제140조 제1호)

② 제136조 제2항 제2호(허위등록), 같은 항 제3호의2(복제·전송자의 정보제출명령 위

반), 제3호의3(기술적보호조치의 보호규정 위반), 제3호의4(권리관리정보 보호규정 위반), 제3호의5(암호화된 방송 신호의 무력화등 금지규정 위반), 제3호의6(라벨 위조 등의 금지규정 위반), 제3호의7(방송전 신호의 송신금지 규정 위반), 제137조 제1항 제1호(저작자 아닌 자를 저작자로 하여 실명·이명을 표시하여 저작물을 공표한 자 등), 같은 항 제2호(실연자 아닌 자를 실연자로 하여 실명·이명을 표시하여 실연을 공연 또는 공중송신하거나 복제물을 배포한 자), 같은 항 제3호(저작자 사후의 인격적 이익 보호에 관한 제14조 제2항 위반), 같은 항 제3호의2(방송사업자의 허락 없이 복호화된 방송신호 수신 등), 같은 항 제3호의3(영상저작물 도촬금지규정 위반), 같은 항 제4호(무허가 신탁관리업), 같은 항 제6호(권한 없이 복제·전송의 중단 또는 재개요구를 하여 온라인서비스제공자의 업무를 방해한 자), 같은 항 제7호(등록업무 수행자등의 비밀유지의무 위반), 제138조 제5호(무신고 대리중개업 등) 등의 경우

원래 위 ①의 저작재산권 등 침해죄의 경우는 저작권법상 특별한 제한 없이 친고죄로 규정되어 있었으나, 저작권침해가 단순히 사익만 해하는 것이 아니라 공익적인 해악을 끼치는 면이 많은 상황에서 이를 일률적으로 친고죄로 하는 것은 부당하다는 논의가 제기되어 2006년의 전면개정시에 그 중 "영리를 위하여 상습적으로" 해당 행위를 한 경우는 친고죄의 예외로, 즉 비친고죄로 규정하는 것으로 하였다. 그러다가 한·미 FTA 이행을 위한 2011. 12. 2.자 개정에 의하여 친고죄의 예외를 더욱 확대하는 것으로 하여 종전의 "영리를 위하여 상습적으로"라는 법문(영리 & 상습)을 "영리를 목적으로 또는 상습적으로"라는 법문(영리 or 상습)으로 수정하였다.

이것은 인터넷 환경에서 대규모 또는 반복적으로 이루어지는 저작권 침해는 권리자의 법익뿐만 아니라 사회 전체의 법익도 침해되므로 이에 대하여 권리자의 고소와 관계없이 검찰이 직권(ex officio)으로 공소를 제기할 수 있도록 하기 위한 취지의 개정이다. 특히 인터넷을 통한 대규모 침해는 비단 영리적인 목적만이 아니라 공명심 등 다양한 이유로 이루어지지만 저작권자의 이익은 물론 저작권 유통질서라는 공익을 크게 해치는 경우가 많으므로 영리성이 없고 상습성만 있는 저작권 침해행위에 대하여도 보다 신속한 권리보호가 가능하게 함으로써 산업적 피해의 감소가 기대된다고 하는 것이 정부의 입장이다.

이러한 비친고죄 규정의 적용과 관련하여 먼저 문제가 되는 것은 "영리를 목적으로"의 의미를 어떻게 이해할 것인가 하는 점이다. 예컨대 영리적인 활동을 수행하는 기업에서 업무상의 목적으로 타인의 저작물을 복제한 경우에 영리의 목적이 있다고 볼 것인지가 문제이다. 이에 대하여 아직 논의가 활발하게 이루어지고 있지 않으나, 여기서 말하는 '영리'의 목적은 저작재산권 침해물 등을 타인에게 판매하거나 그러한 침해행위를 유상으로 대행하는 등 침해행위를 통하여 직접 이득을 취득할 목적을 뜻하는 것으로 보는 것이 타당하다. 따라서 기업에서 업무를 위해 타인의 저작물을 복제하여 이용하는 것과 같은 경우는 간접적으로 영리의 목적과 연결되긴 하지만 그 자체가 직접적으로 영리를 위한 것이라고 하기는 어려우므로 위 규정상의 영리목적은 없는 것으로 보아야 할 것이다. 이 규정에 대한 이러한 해석은 저작권법 제30조에서 "영리를 목적으로"라고 규정한 것에 대한 해석(이 책 [122] 2. 나. 참조)과 동일한 것으로서, 이렇게 제한적으로 엄격하게 해석하는 것이 형벌법규 확대해석 금지의 원칙에 부합하고, 비친고죄의 지나친 확대를 막는 면에서도 타당하다.

다음으로 "상습적으로"의 의미에 대하여 대법원은 "제140조 단서 제1호가 규정한 '상습적으로'라고 함은 반복하여 저작권 침해행위를 하는 습벽으로서 행위자의 속성을 말하고, 이러한 습벽 유무를 판단할 때에는 동종 전과가 중요한 판단자료가 되나 범행의 횟수, 수단과 방법, 동기 등 제반 사정을 참작하여 저작권 침해행위를 하는 습벽이 인정되는 경우에는 상습성을 인정하여야 하며, 같은 법 제141조의 양벌규정의 적용에 있어서는 행위자인 법인의 대표자나 법인 또는 개인의 대리인·사용인 그 밖의 종업원의 위와 같은 습벽 유무에 따라 친고죄인지 여부를 판단하여야 할 것이다"고 판시하였다(대판 2011. 9. 8, 2010도14475).

한편, 위 ①에 해당하는 죄 중 제124조 제1항 제3호(악의의 업무상 프로그램 이용)에 해당하는 죄에 대하여는 친고죄는 아니지만, 피해자의 명시적 의사에 반하여 처벌하지 못하는 반의사불벌죄로 규정되어 있다(제140조 제1호).

[213] 양벌규정

법인의 대표자나 법인 또는 개인의 대리인·사용인 그 밖의 종업원이 그 법인 또는 개인의 업무에 관하여 저작권법상의 죄를 범한 때에는 행위자를 벌하는 외에 그 법인 또는 개인에 대하여도 각 해당 조의 벌금형을 과한다(제 141조 본문).

다만, 법인 또는 개인이 그 위반행위를 방지하기 위하여 해당 업무에 관하여 상당한 주의와 감독을 게을리하지 아니한 경우에는 그러하지 아니하다 (제141조 단서).

위 규정에서 법인 등의 '사용인 그 밖의 종업원'은 직접 또는 간접으로 법인 등의 업무감독이나 통제를 받으면서 독자적인 판단이나 권한에 의하여 그 업무를 수행할 수 있는 사람을 의미한다고 보는 것이 판례의 입장이다(대판 2007. 12. 28, 2007도8401 등). 따라서 거기에는 법인등과 고용계약을 체결한 경우만이 아니라 예를 들어 학원과 사이에 강의계약을 체결한 강사도 포함되는 것으로 보고 있다(대판 2012. 4. 26, 2011도17455).

제 4 절   행정적 구제

[214]   불법 복제물의 수거·폐기 및 삭제

문화체육관광부장관, 특별시장·광역시장·특별자치시장·도지사·특별자치도지사 또는 시장·군수·구청장(자치구의 구청장을 말한다)은 저작권이나 그 밖에 이 법에 따라 보호되는 권리를 침해하는 복제물(정보통신망을 통하여 전송되는 복제물은 제외한다) 또는 저작물등의 기술적 보호조치를 무력하게 하기 위하여 제작된 기기·장치·정보 및 프로그램을 발견한 때에는 대통령령으로 정한 절차 및 방법에 따라 관계공무원으로 하여금 이를 수거·폐기 또는 삭제하게 할 수 있다(제133조 제1항). 이 규정에서 말하는 '복제물'에도 '몰수'의 경우와 마찬가지로 (이 책 [211] 참조), 2차적저작물은 포함되지 않는 것으로 보아야 할 것이다.

문화체육관광부장관은 위 업무를 ① 한국저작권보호원이나 ② 그 밖에 불법 복제물 등의 수거·폐기·삭제 업무를 수행할 능력과 자격이 있다고 문화체육관광부장관이 인정하는 법인 또는 단체에 위탁할 수 있다(제133조 제2항, 시행령 제70조 제1항).

문화체육관광부장관은 위 규정에 따라 관계 공무원 등이 수거·폐기 또는 삭제를 하는 경우 필요한 때에는 관련 단체에 협조를 요청할 수 있다(제133조 제3항). 여기서 관련 단체란 ① 저작권신탁관리업자, ② 저작권신탁관리업자를 주된 구성원으로 하는 단체, ③ 저작물등의 창작 및 산업진흥을 목적으로 설립된 법인 또는 단체를 의미한다(시행령 71조).

문화체육관광부장관은 위 규정에 따른 업무를 위하여 필요한 기구를 설치·운영할 수 있다(제133조 제5항). 또한 위 각 규정이 다른 법률의 규정과 경합하는 경우에는 이 법을 우선하여 적용한다(같은 조 제6항).

[215] 정보통신망을 통한 불법복제물등에 대한 단계적 대응제도

1. 계정정지 명령 등(제133조의2)

가. 서설

2009. 4. 22.자 개정 저작권법에서는 온라인상 불법복제를 효과적으로 근절하기 위해 강력한 행정적인 규제를 할 수 있는 근거를 두었다(제133조의2). 이에 따라 문화체육관광부장관은 일정한 경우 온라인서비스제공자에게 '불법복제물 전송자의 계정 정지' 및 '불법복제물 유통 게시판에 대한 서비스 정지'를 명령할 수 있게 되었다. 이것은 다음에서 보는 바와 같이 삭제명령 등에서 시작하여 계정정지명령을 거쳐 게시판 서비스 정지명령에 이르기까지 점점 더 규제의 강도가 높아진다는 점에서 '단계적 대응제도'라고 할 수 있다.

나. 삭제명령 등

먼저 문화체육관광부장관은 정보통신망을 통하여 저작권이나 그 밖에 이법에 따라 보호되는 권리를 침해하는 복제물 또는 정보, 기술적 보호조치를 무력하게 하는 프로그램 또는 정보(이하 '불법복제물등'이라 한다)가 전송되는 경우에 저작권보호심의위원회(이하 '심의위원회'라 함)의 심의를 거쳐 대통령령으로 정하는 바에 따라 온라인서비스제공자에게 다음 각 호의 조치를 할 것을 명할 수 있다(제133조의2 제1항).

i) 불법복제물등의 복제·전송자에 대한 경고
ii) 불법복제물등의 삭제 또는 전송 중단

다. 계정정지 명령

일정한 요건 하에 문화체육관광부장관은 온라인서비스제공자에게 반복적인 불법 복제물등의 복제·전송자의 계정 정지를 명할 수 있다. 구체적으로 살펴보면, 문화체육관광부장관은 ① 불법복제물등의 복제·전송자에 대한 경고를 3회 이상 받은 복제·전송자가 불법복제물 등을 전송한 경우에, ② 심의위원회의 심의를 거쳐, ③ 대통령령으로 정하는 바에 따라 온라인서비스제공자에게, ④ 6개월 이내의 기간을 정하여, ⑤ 해당 복제·전송자의 계정을 정지할 것을 명할 수 있다(제133조의2 제2항). 여기서 계정은 온라인서비스제공자가 이용자를 식별·관리하기 위하여 사용하는 이용권한 계좌(이메일 전용계정은 제외한다)를 말하며, 해당 온라인서비스제공자가 부여한 다른 계정을 포함한다(같은 항).

라. 게시판의 서비스 정지 명령

상업적 이익이나 이용편의를 제공하는 게시판이 불법복제물을 반복적으로 게시할 경우 문화체육관광부장관은 심의위원회의 심의를 거쳐 온라인서비스제공자에게 해당 게시판의 서비스 정지를 명할 수 있다(제133조의2 제4항). 즉, 불법복제물의 삭제 또는 전송중단 명령이 3회 이상 내려진 게시판으로서 저작권 등의 이용질서를 심각하게 훼손한다고 판단되는 경우, 문화체육관광부장관은 온라인서비스제공자에게 6개월 이내의 기간을 정하여 해당 게시판의 전부 또는 일부의 서비스 정지를 명할 수 있다.

여기서 "게시판"이란 그 명칭과 관계없이 '정보통신망을 이용하여 일반에게 공개할 목적으로 부호·문자·음성·음향·화상·동영상 등의 정보를 이용자가 게재할 수 있는 컴퓨터프로그램이나 기술적 장치'(정보통신망 이용 촉진 및 정보보호 등에 관한 법률 제2조 제1항 제9호의 정의에 따름)를 말하는 것으로서, 온라인상 불법복제물 전송의 주요 통로가 되곤 하는 P2P나 웹하드서비스 등에서 제공하는 프로그램이나 게시판 등도 여기에 포함될 뿐만 아니라 입법의도의 면에서 이들이 주된 타깃이라고 할 것이다. 게시판 중 "상업적 이익 또는 이용 편의를 제공하는" 게시판으로 한정한 것은 국회의 심사과정에서 개인의 통신자유를 과도하게 침해할 것을 우려하는 입장이 반영된 것이나, '이용 편의'의 범위 등과 관련하여 명료하게 해석하기는 쉽지 않은 규정이라 여겨진다. 다만 입법취지 등에 비추어 볼 때 적어도 파일공유기능을 제공하는 P2P나 웹하드서비스 등의 경우에는 위 규정의 범위에서 제외된다고 할 수 없을 것이므로, 온라인 불법복제의 대부분을 점하고 있는 이들 서비스 형태에 대하여 정부가 신속하고 효과적인 조치를 취하는 데는 지장이 없을 것으로 생각된다.

위와 같은 정부의 명령에 대하여 OSP가 응하지 않을 경우에는 각 1천만원 이하의 과태료에 처할 수 있도록 규정하고 있다(제142조 제2항 제4호). 외견상 업체들이 파일공유형 웹하드 서비스 등을 통하여 얻고 있는 수익액에 비하면 너무나 미약한 조치로 보이나, 실제로는 형사처벌이 가능한 저작권침해를 정부가 공식 확인하여 명령문을 보내는 것 자체가 불법적 사업모델을 가진 업체들에 대하여 강력한 위력을 가질 것으로 판단된다.

2. 시정권고

위와 같은 문화체육관광부장관의 단계적 대응조치의 전단계로, 한국저작권보호원(이하 '보호원'이라고 함)이 시정권고를 할 수 있는 제도도 마련되어 있다. 즉, 보호원은 온라인서비스제공자의 정보통신망을 조사하여 불법복제물등이 전송된 사실을 발견한 경우에는 심의위원회의 심의를 거쳐 온라인서비스제공자에 대하여 다음 각 호에 해당하는 시정 조치를 권고할 수 있다(제133조의3 제1항).

i) 불법복제물등의 복제·전송자에 대한 경고
ii) 불법복제물등의 삭제 또는 전송 중단
iii) 반복적으로 불법복제물등을 전송한 복제·전송자의 계정 정지

온라인서비스제공자는 제1항 제1호 및 제2호에 따른 권고를 받은 경우에는 권고를 받은 날부터 5일 이내에, 제1항 제3호의 권고를 받은 경우에는 권고를 받은 날부터 10일 이내에 그 조치결과를 보호원에 통보하여야 한다(같은 조 제2항).

보호원은 온라인서비스제공자가 제1항에 따른 권고에 따르지 아니하는 경우에는 문화체육관광부장관에게 제133조의2 제1항 및 제2항에 따른 삭제명령 또는 계정정지명령을 하여 줄 것을 요청할 수 있고, 이에 따라 문화체육관광부장관이 삭제명령이나 계정정지명령을 할 경우에는 심의위원회의 심의를 요하지 아니한다(같은 조 제3, 제4항).

이러한 시정권고는 가장 강제성이 약한 조치인 셈이나, 저작권침해를 일부러 방치하는 일부 사업자들에게는 매우 큰 위력을 발휘할 수 있을 것이라 생각된다. 정부 산하의 저작권 전문기관에서 심의를 거쳐 형사책임이 수반될 수도 있는 저작권침해 사실을 공식 확인하여 통지하는 것이라는 점을 감안하면, 그 권고에 따르지 않기가 쉽지 않을 것이다. '시정권고'는 권리주장자의

복제·전송 중단요구(이 책 [188] 2. 참조)보다도 더욱 강력하게 저작권침해를 몰랐다는 항변을 배제할 것이기 때문이다.

[216] 관세법에 의한 저작권등 보호 조치

관세법은 제235조 제1항 제2호에서 저작권법에 따른 저작권과 저작인접권(이하 '저작권등'이라 함)을 침해하는 물품은 수출하거나 수입할 수 없다고 규정하고, 저작권등 침해물의 수입 또는 수출을 방지하기 위해 저작권자등의 요청에 따라 혹은 직권으로 통관보류 등의 저작권등 보호조치(이른바 '세관조치')를 취할 수 있도록 하고 있다.

[217] 한국저작권보호원의 업무

저작권 보호를 강화하기 위해 저작권 보호를 전담하는 기구인 한국저작권보호원(이하 '보호원'이라 함)이 2016. 3. 22.자 저작권법 개정에 의하여 설립되었다. 저작권법상 보호원의 업무는 다음과 같다.

■ 제122조의5(업무) 보호원의 업무는 다음 각 호와 같다.
 1. 저작권 보호를 위한 시책 수립지원 및 집행
 2. 저작권 침해실태조사 및 통계 작성
 3. 저작권 보호 기술의 연구 및 개발
 3의2. 저작권 보호를 위한 국제협력
 3의3. 저작권 보호를 위한 연구·교육 및 홍보
 4. 「사법경찰관리의 직무를 수행할 자와 그 직무범위에 관한 법률」 제5조제26호에 따른 저작권 침해 수사 및 단속 사무 지원
 5. 제133조의2에 따른 문화체육관광부장관의 시정명령에 대한 심의
 6. 제133조의3에 따른 온라인서비스제공자에 대한 시정권고 및 문화체육관광부장관에 대한 시정명령 요청
 7. 법령에 따라 보호원의 업무로 정하거나 위탁하는 업무
 8. 그 밖에 문화체육관광부장관이 위탁하는 업무

제 5 절 기술적 보호조치의 보호 등

[218] 기술적 보호조치의 보호

1. 서설

가. 저작권법에 의한 기술적 보호조치 보호의 필요성과 문제점

기술적 보호조치(Technical Protection Measures)란 저작자가 저작물에 대한 접근을 제한하거나 복제를 방지하기 위해 취하는 기술적인 조치를 말한다.

저작권법은 기술의 발전에 가장 민감하게 반응하는 법 가운데 하나이다. 당시로서는 획기적인 신기술이라고 할 수 있었던 활판인쇄술에 의하여 태동된 저작권법은 이후 녹음·녹화 기술, 방 송기술 등 다양한 신기술이 출현할 때마다 그에 맞추어 적절히 변신하여 왔다. 그러나 오늘날 인터넷을 비롯한 디지털 기술과 관련 매체의 눈부신 발전이 저작권법에 미친 영향은 이전의 어떤 것과도 비교할 수 없을 만큼 충격적인 것이다. 저작권법이 통제하고자 하는 것은 기본적으로 타인의 저작물을 함부로 복제하여 유통하는 행위인데, 디지털 환경하에서는 저작물의 복제에 수반되는 한계비용이 영(zero)이 된 상태에서 복제의 질이 원본과 동일한 수준에 이르고, 복제물의 유통도 아무런 추가비용 없이 매우 신속하고 광범위하게 이루어질 수 있어, 기존의 저작권법만으로 그러한 복제 및 유통을 적절히 통제하기가 불가능한 상황이 되었다.

이러한 상황에서 저작자 등의 권리자들 가운데 신기술의 도전에 대한 대응방안을 기술적 보호조치에서 찾고자 하는 경우들이 많이 나오게 된 것은 자연스러운 일이다. 권리보호를 위한 기술적인 자구책의 성격을 가지는 기술적 보호조치는 오늘날 소프트웨어 산업과 디지털콘텐츠 산업에 광범위하게 적용되고 있다. 그러나 이러한 자구적인 노력만으로 디지털 환경하에서의 저작권 보호가 충실하게 이루어지기를 기대하기는 어려운 것이 현실이다. 기술적 보호조치를 또 다른 기술적 방법으로 무력화하고자 하는 시도가 자유롭게 이루어지고, 특히 무력화를 가능하게 하는 장치, 프로그램 등의 제공, 보급 등의 영리적 활동조차 아무런 법적 통제 없이 자유롭게 진행될 수 있다면, 기술적 보호조치에 의한 자구적 저작권 보호는 항상 큰 위험에 노출되게 되고, 그것은 소프트웨어 및 디지털콘텐츠 산업의 발전, 나아가 문화산업 전반의 발전을 크게 위축시키게 될 것이다. 바로 그러한 점에 기술적 보호조치의 법적 보호의 필요성이 있다. 디지털 환경하에서 전례 없이 커진 무단 복제의 위협에 대하여 가장 실제적인 대응방안으로서 권리자들 스스로 채택하는 기술적 보호조치에 적절한 수준의 법적인 보호를 부여함으로써 그 보호의 실효성을 높여주는 것은 디지털 시대 저작권보호의 가장 중요한 법적 수단의 하나이다.

그러나 기술적 보호조치에 대한 법적 보호가 강력하게 주어질 경우에 파생할 수 있는 문제점도 적지 않다. 사회경제적인 측면에서 학자들에 의하여 곧잘 지적되는 문제점들로서는 ① 공중이 자유롭게 접근할 수 있는 이른바 '퍼블릭 도메인(public domain)'의 실질적 축소, ② 디지털 정보재에 대한 접근의 감소, ③ 경쟁과 혁신에 미치는 악영향, ④ 프라이버시에 대한 위협 등을 들 수 있다. 법률적인 관점에서는 기존의 저작권법이 '공정이용'제도와 '보호기간의 제한' 등을 통해 권리자 보호와 이용자 보호 사이의 미묘한 균형을 잡아 왔던 것이 기술적 보호조치의 대대적 도입과 그에 대한 강력한 법적 보호에 의하여 무너질 수 있다는 문제가 빈번하게 지적되고 있다. 다만 기술적 보호조치의 법적 보호에 대하여 이러한 문제점만 보는 것은 일면적인 것이며, 안심하고 기술적 보호조치를 적용한 콘텐츠상품의 대대적 공급을 통하여 공중이 누리는 실질적 혜택의 증가와 저작권자들의 창의적 활동에 대한 공정한 보상의 보호 등과 같은 순기능적인 측면을 함께 바라보면서, 그 순기능은 최대화하고, 역기능은 최소화하고자 하는 균형 있는 관점이 필요한 것으로 생각된다.

나. 기술적 보호조치에 대한 입법경위 개요

위와 같은 이유에서 기술적 보호조치에 대한 법적 보호의 문제는 일시적 복제의 문제와 함께, 처음으로 저작권분야의 디지털 의제를 본격적으로 다룬 다자간조약인 세계지적재산권기구 저작권조약(WIPO Copyright Treaty: WCT)과 세계지적재산권기구 실연음반조약(WIPO Performances and Phonograms Treaty: WPPT)을 체결하기 위한 전문가회의와 외교회의의 과정에서 가장 중요한 쟁점으로서 격렬한 논의의 대상이 되었고, 결국 그 보호를 의무화하는 규정이 1996년에 체결된 위 양 조약에 포함되게 되었다. 이에 따라 이후 1998년에 제정된 미국의 디지털 밀레니엄 저작권법(Digital Millenium Copyright Act: DMCA)과 1999년의 일본의 개정 저작권법, 2001년에 마련된 유럽연합의 저작권지침과 그 이행을 위한 유럽 각국의 개정 법률 등에 기술적 보호조치의 법적 보호를 위한 규정이 포함되게 되었다. 그러나 기술적 보호조치 보호를 의무화한 WCT 및 WPPT의 규정이 추상적인 문구로 되어 있는 관계로 그 이행을 위한 각국의 국내법은 보호대상인 기술적 보호조치의 범위, 법적 구제수단 등에 있어서 다양한 모습을 띠게 되었다. 우리나라에서는 과거 저작권법제가 저작권법과 컴퓨터프로그램보호법으로 이원화되어 있을 때에, 먼저 컴퓨터프로그램보호법에서 2000. 1. 28.자 개정 시에 기술적 보호조치의 보호에 관한 규정을 도입한 후 수차례의 개정을 거쳐 왔고, 저작권법에서는 그보다 늦은 시점인 2003. 5. 27. 개정 시에 처음으로 기술적 보호조치 보호 규정을 도입하였다. 양법의 기술적 보호조치 보호에 관한 규정내용은 기술적 보호조치의 무력화행위 자체에 대한 금지규정의 유무, 예외 규정의 유무 등에 있어서 적지 않은 차이를 보이고 있었다. 그 후 2009. 4. 22.자로 컴퓨터프로그램보호법을 저작권법에 통합하는 개정입법이 이루어지면서, 양법 가운데 저작권법의 기존 규정에 의한 기술적 보호조치의 보호가 유지되어 모든 저작물에 대하여 통일적으로 적용되게 되었고, 다시 한·EU FTA의 이행을 위한 2011. 6. 30. 개정법에서 기술적 보호조치에 관한 개정이 대폭적으로 이루어지게 되었다. 이 개정은 한·EU FTA 이전에 체결되었으나 비준이 늦어지고 있는 한·미 FTA상의 기술적 보호조치에 관한 규정 내용도 크게 의식한 상태에서 이루어진 관계로 그 내용은 한·미

FTA에 반영된 미국 DMCA의 규정내용과 매우 흡사하다고 할 수 있다.

다. 기술적 보호조치의 유형

(1) 접근통제조치와 이용통제조치의 구분

기술적 보호조치의 보호 입법에서 가장 중요한 쟁점은 보호되는 기술적 보호조치의 범위를 어떻게 볼 것인가 하는 점에 있다. 그 중에서도 가장 중요한 문제는 기술적 보호조치의 두 가지 서로 다른 유형, 즉 접근통제조치와 이용통제조치를 모두 보호의 대상으로 할 것인지 여부이다. 이와 관련하여 미국의 DMCA는 기술적 보호조치를 접근통제(access control) 기술적 보호조치와 이용통제(rights control) 기술적 보호조치의 두 유형으로 나누어 규정하였고, 그것은 우리의 2011. 6. 30.자 개정법에 반영되어 우리 저작권법도 접근통제조치와 이용통제조치를 모두 보호의 대상으로 삼고 있다.

저작권법 제2조 제28호는 기술적 보호조치를 다음과 같이 정의하고 있다.

■ 제2조 제28호: "기술적 보호조치"란 다음 각 목의 어느 하나에 해당하는 조치를 말한다.
  가. 저작권, 그 밖에 이 법에 따라 보호되는 권리의 행사와 관련하여 이 법에 따라 보호되는 저작물등에 대한 접근을 효과적으로 방지하거나 억제하기 위하여 그 권리자나 권리자의 동의를 받은 자가 적용하는 기술적 조치
  나. 저작권, 그 밖에 이 법에 따라 보호되는 권리에 대한 침해 행위를 효과적으로 방지하거나 억제하기 위하여 그 권리자나 권리자의 동의를 받은 자가 적용하는 기술적 조치

위 가목과 나목 중 가목이 접근통제조치에, 나목이 이용통제조치에 각 해당한다.

접근통제조치는 저작물 등에 대한 접근(access)을 통제하는 조치를 말하는데, 여기서 말하는 접근이 무엇인지를 이해하기 위해서는 이를 두 가지로 나누어 볼 필요가 있다. 첫째는 서버 또는 저작물의 원본이나 복제물을 담고 있는 매체(수록매체)에 접근하는 것이고, 둘째는 저작물의 복제물의 재생을 통해 그에 포함된 저작물(실제로는 저작물의 내용)에 접근하는 것이다. 이 둘째의 접근은

저작물의 시청 등 사용행위와 직결된다. 결국 접근이란 저작물의 복제, 전송, 공연 등 저작권자의 배타적인 권리가 미치는 이용행위를 하는 것은 아니면서 그 저작물을 사용하거나 또는 사용할 수 있는 상태에 들어가는 것을 뜻한다고 할 수 있다.

이에 반하여, 이용통제조치는 저작권 등을 구성하는 개별 권리에 대한 침해행위 자체를 직접적으로 방지하거나 억제하는 보호조치를 의미한다(대판 2015. 7. 9, 2015도3352). 복제권만이 아니라 저작재산권의 모든 지분권이 그 보호 대상에 포함될 수 있으나, 현실적으로는 복제의 통제에 집중되어 있다. 즉 저작물의 복제가 아예 불가능하도록 하거나 복제의 회수를 제한하는 것 또는 복제를 할 경우 그 화질이나 음질이 현저히 나빠지게 하는 등의 방법을 취하는 것이 이용통제조치의 주종을 이룬다. 하지만 복제권이 아니라 공연권에 대한 침해행위를 직접적으로 방지하기 위한 기술적보호조치도 그 공연권에 관한 한 저작권법 제2조 제28호 나목의 이용통제조치에 해당하는 것으로 본다. 즉, 저작권의 지분권들은 각각 별개의 권리이므로 이 각각의 지분권을 기준으로 이용통제조치에의 해당 여부를 개별적으로 판단해야 한다. 대법원은 그러한 법리를 전제로 하여 노래반주기 제작업체인 甲 주식회사가 사단법인 한국음악저작권협회에서 음악저작물의 복제·배포에 관한 이용허락을 받아 매월 노래방에 신곡을 공급하면서, 일련의 인증절차를 거치지 않으면 노래반주기에서 신곡파일이 구동되지 않도록 두 가지 방식의 인증수단(이하 '보호조치'라고 한다)을 마련하였는데, 피고인 乙 등이 보호조치를 무력화하는 장치를 제조·판매하였다는 내용으로 기소된 사안에서, 보호조치는 복제권·배포권 등과 관련하여서는 복제·배포 등 행위 자체를 직접적으로 방지하거나 억제하는 조치는 아니지만 신곡파일의 재생을 통한 음악저작물의 내용에 대한 접근을 방지하거나 억제함으로써 복제·배포 등의 권리를 보호하는 저작권법 제2조 제28호 (가)목의 보호조치('접근통제조치')에 해당하고, 공연권과 관련하여서는 신곡파일을 재생의 방법으로 공중에게 공개하는 공연행위 자체를 직접적으로 방지하거나 억제하는 저작권법 제2조 제28호 (나)목의 보호조치('이용통제조치')에 해당한다고 판시하였다(위 대판 2015. 7. 9, 2015도3352).

어떤 것이 접근통제조치이고 어떤 것이 이용통제조치인지에 대하여 미국의 판례를 통해 좀 더 구체적으로 살펴보자. 먼저 접근통제조치로 인정된 사례로는, DVD에 적용되는 CSS(Content Scrambling System: 콘텐츠 뒤섞기 시스템), 소니사의 플레이스테이션 게임콘솔에 적용된 정품인증시스템, 특정 고객이 비밀번호를 입력하여야만 웹사이트의 자세한 내용을 볼 수 있도록 하는 비밀번호시스템, 리얼네트워크사가 개발한 리얼플레이어프로그램에 포함된, 재생되는 파일에 대한 일종의 인증시스템인 "비밀의 악수(secret handshake)" 등을 들 수 있다. 반면에, 이용통제조치로 인정된 사례로는 어도비사의 이북 리더 프로그램(Advanced eBook Reader)에서 고객들이 그 내용을 볼 수는 있지만 그 복제본의 제작, 이메일 송신 또는 인쇄 등을 막을 수 있게 한 기술적 보호조치, 위 리얼플레이어 프로그램에서 파일의 무단복제를 통제하는 'Copy Switch'프로그램 등을 들 수 있다. 그 외에 직렬복제관리시스템(SCMS, Serial Copy Management System), 복제세대관리시스템(CGMS, Copy Generation Management System), 매크로비전(Macrovision) 등이 이용통제조치의 대표적인 예로 들어지고 있다.

(2) 저작권등 권리 보호와의 관련성

접근통제조치와 이용통제조치 가운데, 저작권법상의 권리보호의 관점에서 보다 직접적인 관련성을 갖는 것은 이용통제조치라고 할 수 있다. 즉 이용통제조치는 기본적으로 저작자 등 권리자들의 배타적 권리에 속하는 이용행위를 권리자의 의사에 따라 통제하는 것이므로, 그것을 우회하여 이용하는 행위가 바로 권리자의 뜻에 반하는 무단이용으로서 권리제한 사유에 해당하지 않는 한 저작권법상의 권리침해에 해당하게 된다. 결국 이러한 이용통제조치를 보호하는 것은 저작권법상의 권리가 침해되지 않도록 보호하는 취지와 직접적인 관련성을 가지고 있으므로, 그 보호의 구체적인 내용은 별론으로 하고, 보호의 필요성 자체를 인정하는 데는 큰 의문이 없다고 할 수 있다.

반면에, 접근통제조치의 경우에는 저작권법상의 권리보호와의 관계가 이용통제조치만큼 분명하다고 할 수 없는 면이 있다. 즉, 저작물에의 '접근'은 저작권법상의 배타적 권리범위에 포함되는 행위가 아니므로, 그것을 통제하기 위한 기술적 보호조치의 보호가 직접적으로 권리침해를 방지하는 것이라고 하기는 어려운 것이다. 그러나 접근통제조치의 경우에도 실질적으로는 권리보호를 위한 효과적인 수단이 되는 경우를 어렵지 않게 찾아볼 수 있다. 예를 들어, 디지털콘텐츠를 제공하는 웹사이트에서 널리 사용하고 있는, 비밀번호에 의한 로그인시스템의 경우에는 대표적인 접근통제조치로서 그것을 우회하는 행위 자체가 저작권침해가 되지는 않는다 하더라도 그러한 우회행위가 침해의 위험성을 크게 한다는 점에서 그 우회행위를 법적으로 막을 필요성이 충분히 제기될 수 있는 것이다.

다만 모든 접근통제조치를 제한 없이 보호하는 것은 접근통제조치를 사용하여 시장에서의 경쟁을 부당하게 제한하는 등의 문제가 있으므로, '저작권보호와의 관련성'이 있는 경우에 한하여 접근통제조치를 보호하는 것이 타당하고(미국에서는 Chamberlain v. Skylink 사건에 대한 연방항소법원 판결이 해석론상 그러한 법리를 밝힌 바 있다), '접근통제조치'에 대한 우리 저작권법 제2조 제28호 가목의 정의규정도 "저작권, 그 밖에 이 법에 따라 보호되는 권리의 행사와 관련하여 이 법에 따라 보호되는 저작물등에 대한 접근을 효과적으로 방지하거나 억제하기 위하여…"라는 문구를 사용함으로써 저작권 등 권리 행사와의 관련성을 보호대상인 접근통제조치의 요건으로 규정하고 있다. 따라서 그러한 권리 행사와 무관한 접근통제조치는 저작권법상 보호대상이 되는 기술적 보호조치에 해당하지 않는다고 보아야 한다.

2. 기술적 보호조치의 보호를 위해 금지되는 행위

가. 접근통제조치의 직접적인 무력화행위

(1) 금지규정

누구든지 정당한 권한 없이 고의 또는 과실로 접근통제조치에 해당하는, 제2조 제28호 가목의 기술적 보호조치를 제거·변경하거나 우회하는 등의 방법으로 무력화하여서는 아니 된다(제104조의2 제1항 본문). 저작권법은 이와 같이 접근통제조치에 한하여 직접적인 무력화행위에 대한 금지규정을 두면서 다만 지나친 보호에 의해 공정이용이 저해되는 일이 없도록 하는 뜻에서 다음에서 보는 바와 같은 예외사유들을 규정하고 있다. 이와 같이 접근통제조치에 대하여만 직접적 무력화행위를 금지하는 규정을 둔 것은 위에서 본 바와 같이 이용통제조치를 직접적으로 무력화할 경우에는 그 자체가 저작재산권 제한사유에 해당하지 않는 한 저작권침해행위로 되어 별도로 금지규정을 둘 필요가 없다고 여긴 때문이다.

(2) **예외사유**(제104조의2 제1항 단서)

접근통제조치의 직접적 무력화행위의 금지에 대하여는 다음과 같은 예외사유가 규정되어 있다.

1) 암호 분야의 연구에 종사하는 자가 저작물 등의 복제물을 정당하게 취득하여 저작물 등에 적용된 암호 기술의 결함이나 취약점을 연구하기 위하여 필요한 범위에서 행하는 경우. 다만, 권리자로부터 연구에 필요한 이용을 허락받기 위하여 상당한 노력을 하였으나 허락을 받지 못한 경우에 한한다(제1호).

2) 미성년자에게 유해한 온라인상의 저작물 등에 미성년자가 접근하는 것을 방지하기 위하여 기술·제품·서비스 또는 장치에 기술적 보호조치를 무력화하는 구성요소나 부품을 포함하는 경우. 다만, 제2항의 무력화 예비행위의 금지규정에 따라 금지되지 아니하는 경우에 한한다(제2호).

3) 개인의 온라인상의 행위를 파악할 수 있는 개인 식별 정보를 비공개적으로 수집·유포하는 기능을 확인하고, 이를 무력화하기 위하여 필요한 경우. 다만, 다른 사람들이 저작물 등에 접근하는 것에 영향을 미치는 경우는 제외한다(제3호).

4) 국가의 법집행, 합법적인 정보수집 또는 안전보장 등을 위하여 필요한 경우(제4호)

5) 제25조 제3항 및 제4항에 따른 학교·교육기관 및 수업지원기관, 제31조 제1항에 따른 도서관(비영리인 경우로 한정한다) 또는 「공공기록물 관리에 관한 법률」에 따른 기록물관리기관이 저작물등의 구입 여부를 결정하기 위하여 필요한 경우. 다만, 기술적 보호조치를 무력화하지 아니하고는 접근할 수 없는 경우로 한정한다(제5호).

6) 정당한 권한을 가지고 프로그램을 사용하는 자가 다른 프로그램과의 호환을 위하여 필요 한 범위에서 프로그램코드역분석을 하는 경우(제6호)

7) 정당한 권한을 가진 자가 오로지 컴퓨터 또는 정보통신망의 보안성을 검사·조사 또는 보정하기 위하여 필요한 경우(제7호)

8) 기술적 보호조치의 무력화 금지에 의하여 특정 종류의 저작물 등을 정당하게 이용하는 것이 불합리하게 영향을 받거나 받을 가능성이 있다고 인정되어 대통령령으로 정하는 절차에 따라 문화체육관광부장관이 정하여 고시하는 경우. 이 경우 그 예외의 효력은 3년으로 한다(제8호).

위 제8호 규정은 미국 DMCA상의 이른바 룰메이킹에 관한 규정을 본받은 것으로서, 제1호부터 제7호까지의 7가지 예외 사유 외에 기술의 발전과 사회의 변화에 따라 접근통제조치의 무력화를 허용할 공공적 필요성이 새롭게 부각하거나 그러한 필요성이 사라지는 등의 변화가 있을 수 있다는 점을 감안하여 3년에 한 번씩 새로 제한사유를 정하여 고시하도록 한 것이다. 이 규정은 접근통제조치의 보호를 통한 저작권자 등의 권리 보호와 공정이용의 보장 사이의 균형을 이루어 나가는 데 있어서 일종의 안전밸브 역할을 할 수 있을 것으로 기대된다.

문화체육관광부가 2021. 1. 31. 고시 제2021-5호로 고시한 '기술적 보호조치의 무력화 금지에 대한 예외' 고시(효력기간 : 2021. 1. 31. ~ 2024. 1. 30.)에 의하여 현재 다음과 같은 사항이 무력화금지의 추가예외로 고시되어 있다.

① 합법적으로 제작·취득한 영상저작물(영상 기록매체에 수록되었거나 정보통신망을 통해 취득한 경우에 한한다)의 일부를 비평·논평·분석·연구 등 정당한 목적으로 다음 각 호의 어느 하나에 이용하기 위하여 영상저작물에 적용된 접근통제 기술적 보호조치를 무력화 하는 경우
 1. 영화·미디어 관련 교육
 2. 영화분석을 위한 전자책의 제작
 3. 다큐멘터리 영화의 제작
 4. 영상 클립을 패러디에 이용하는 영화의 제작
 5. 전기성(傳記性) 또는 역사적 중요성 때문에 영상 클립을 이용하는 영화의 제작
 6. 비상업적인 영상물의 제작
② 합법적으로 취득한 영상저작물에 적용된 기술적 보호조치가 다음 각 호의 어느 하나의 기능을 방지하거나 억제하는 경우에 그러한 기능을 가능하게 하기 위하여 영상저작물에 적용된 접근통제 기술적 보호조치를 무력화하는 경우. 다만, 그 기능을 제공하는 다른 전자적 형태의 동일한 영상저작물이 있는 경우에는 그러하지 아니하다.
 1. 음성·음향이나 점자 등 시각장애인 등이 인지할 수 있는 전용 기록방식으로 내용을 변환하는 기능
 2. 자막이나 수어 등 청각장애인 등이 인지할 수 있는 방식으로 내용을 변환하는 기능

③ 전자적 형태의 어문저작물에 적용된 기술적 보호조치가 다음 각 호의 어느 하나의 기능을 방지하거나 억제하는 경우에 그러한 기능을 가능하게 하기 위하여 접근통제 기술적 보호조치를 무력화하는 경우. 다만, 그 기능을 제공하는 다른 전자적 형태의 동일한 어문저작물이 있는 경우에는 그러하지 아니하다.

1. 음성·음향이나 점자 등 시각장애인 등이 인지할 수 있는 전용 기록방식으로 내용을 변환하는 기능

2. 자막이나 수어 등 청각장애인 등이 인지할 수 있는 방식으로 내용을 변환하는 기능

④ 휴대용 정보처리장치(휴대용 전화기를 포함하며 게임 전용기기 및 전자책 전용기기를 제외한다), 스마트 TV 또는 음성 보조 장치(voice assistant device)의 운영체제와 합법적으로 취득한 응용 컴퓨터프로그램저작물(이하 "프로그램"이라 한다) 간의 호환(interoperability)을 위하여, 또는 위 휴대용 정보처리장치의 응용 프로그램을 삭제하기 위하여, 그 운영체제 및 펌웨어(Firmware)에 적용된 접근통제 기술적 보호조치를 무력화하는 경우

⑤ 무선 통신망에 접속하기 위하여, 휴대용 통신기기(휴대용 전화기, 태블릿 컴퓨터, 휴대용 통신망 연결기기, 핫스팟 및 착용형 무선기기를 포함한다)를 통신망에 접속하도록 하는 프로그램에 적용된 접근통제 기술적 보호조치를 무력화하는 경우. 다만, 그 통신망 운영자가 접속을 승인한 경우에 한한다.

⑥ 합법적으로 취득한 기기에 사용되는 프로그램의 결함이나 취약성 등을 검사·조사·보정하기 위하여 프로그램에 적용된 기술적 보호조치를 무력화하는 경우. 다만, 다음 각 호의 조건을 충족하여야 한다.

1. 검사 등을 통해 취득한 정보는 보안 강화에 이용되어야 하며 저작권을 침해하거나 다른 법률의 위반을 용이하게 하지 않는 방법으로 이용되거나 관리될 것

2. 검사 등의 행위는 개인이나 공중에 대하여 발생할 수 있는 위험을 방지할 수 있는 조건에서 실시될 것

3. 환자에게 전부 또는 일부가 이식되도록 고안된 「의료기기법」에 따른 의료기기 또는 이와 관련된 모니터링시스템의 경우에는 환자에 의하여 또는 환자를 돌보기 위하여 사용되지 않을 것

⑦ 삼차원 프린터 제조자가 공급 또는 인증한 재료 이외의 대체 재료를 사용할 목적으로, 삼차원 프린터에 사용되는 재료의 사용을 제한하는 프로그램에 적용된 기술적 보호조치를 무력화하는 경우. 다만, 다음 각 호의 어느 하나에 해당하는 경우에는 그러하지 아니하다.

1. 디자인 프로그램, 디자인 파일 또는 보호되는 데이터에 접근할 목적으로 무력화가 이루어지는 경우

2. 삼차원 프린터에 의하여 생산되어 판매될 물품이 안전 등과 관련된 법률의 규제나 승인을 받아야 하는 경우

⑧ 도서관·기록물관리기관·박물관 등이 현재 시장에서 합리적 가격으로 구할 수 없는 프로그램(비디오게임을 제외한다. 이하 이 항에서 같다) 또는 특정 프로그램을 통해서만 접근할 수 있는 프로그램에 종속된 자료를 합법적으로 보존하기 위하여 프로그램에 적용된 기술적 보호조치를 무력화하는 경우. 다만, 상업적 이익을 목적으로 하거나 관외에서 이용제공하는 경우는 제외한다.

⑨ 인증을 위한 서버 지원이 상당기간 중단되거나 종료된 비디오게임을 이용자가 개인적으로 게임을 계속 진행하게 하기 위하여 비디오게임에 적용된 기술적 보호조치를 무력화하는 경우. 다만, 비디오게임이 합법적으로 취득되고, 서버에 저장된 저작권으로 보호되는 콘텐츠에 접근하거나 이를 복제하지 않고 게임을 진행할 수 있는 것이어야 한다.

⑩ 도서관·기록물관리기관·박물관 등이 현재 시장에서 합리적 가격으로 구할 수 없는 게임을 진행이 가능한 형태로 보존하기 위하여(상업적 이익을 목적으로 하거나 관외에서 이용제공하는 경우는 제외한다) 비디오게임에 적용된 기술적 보호조치를 무력화하는 경우. 다만, 비디오게임이 합법적으로 취득되고, 서버에 저장된 저작권으로 보호되는 콘텐츠에 접근하거나 이를 복제하지 않고 게임을 진행할 수 있는 것이어야 한다.

⑪ 차량 기능의 진단, 수리, 변경 등의 목적으로 차량의 기능을 통제하는 프로그램에 적용된 접근통제 기술적 보호조치를 무력화하는 경우. 다만, 다음 각 호의 어느 하나에 해당하는 경우에는 그러하지 아니하다.

1. 무력화에 의한 차량 기능의 진단, 수리, 변경이 차량의 안전이나 환경 등과 관련된 관련 법률을 위반하는 경우

2. 별도의 구독 서비스를 통해서만 이용할 수 있는 프로그램에 접근하기 위한 경우

⑫ 신체에 전부 또는 일부가 부착·이식된 의료기기에 의해 생성된 데이터베이스에 적법하게 접근하는 것을 목적으로 환자가 데이터베이스에 적용된 기술적 보호조치를 무력화하는 경우

나. 기술적 보호조치의 무력화 예비행위

(1) 금지행위

누구든지 정당한 권한 없이 다음과 같은 장치, 제품 또는 부품을 제조, 수입, 배포, 전송, 판매, 대여, 공중에 대한 청약, 판매나 대여를 위한 광고, 또는

유통을 목적으로 보관 또는 소지하거나, 서비스를 제공하여서는 아니 된다(104 조의2 제2항).

> i) 기술적 보호조치의 무력화를 목적으로 홍보, 광고 또는 판촉되는 것(제1호)
> ii) 기술적 보호조치를 무력화하는 것 외에는 제한적으로 상업적인 목적 또는 용도만 있는 것(제2호)
> iii) 기술적 보호조치를 무력화하는 것을 가능하게 하거나 용이하게 하는 것을 주된 목적으로 고안, 제작, 개조되거나 기능하는 것(제3호)

저작권법의 위와 같은 규정은 금지의 대상이 되는 무력화 예비행위의 범위를 세 가지 유형으로 나누어 명확하게 규정한 것으로서 바람직한 입법방향이라 생각된다. 위와 같은 금지행위 자체는 접근통제조치이든 이용통제조치이든 구분 없이 적용되나, 그 예외사유는 아래 (2)와 같이 서로 상이하게 규정되어 있다.

(2) 예외사유

1) 접근통제조치의 경우   접근통제 기술적 보호조치 무력화 금지(제104조의2 제1항)에 대한 예외 규정들(같은 항 단서 각호)은 접근통제조치를 무력화하는 도구의 거래에도 기본적으로 적용되어야 하는 것이 원칙이라 할 수 있으나, 그 예외사유들 중에는 단순한 무력화 행위가 아니라 무력화의 도구 등을 거래할 수 있도록까지 허용하는 것은 바람직하지 못한 경우가 있을 수 있다. 개정법은 그러한 점을 감안하여 제104조의2 제1항 제3호와 제5호의 두 가지 사유와 제8호의 '고시'에 의한 예외설정의 경우는 무력화 예비행위의 금지에 대한 예외사유에서 제외하고, 나머지 사유들(제104조의2 제1항 제1호, 제2호, 제4호, 제6호, 제7호)만 그 예외로 규정하였다(제104조의2 제3항 제1호)

제104조의2 제1항 제3호를 무력화 예비행위의 금지에 대한 예외사유에서 제외한 것은, 프라이버시 보호를 명목으로 인터넷상 널리 이용되는 일반적인 쿠키(cookie)의 수집 행위 자체를 막는 도구의 거래를 인정할 경우, 인터넷 사용의 불편을 초래할 수 있다는 관점에 기한 것이다. 또한 같은 항 제5호를 무력화 예비행위의 금지에 대한 예외사유에서 제외한 것은, 학교·교육기관 및 수업지원기관, 도서관, 기록물관리기관 등에서 구입 여부 결정을 위한 경우는

그 허용범위가 제한적인 경우로서 직접적인 무력화행위를 금지하는 것은 허용하여도 무방할 수 있으나 그러한 도구가 유통될 경우 저작권침해를 조장하는 결과가 될 수 있음을 감안한 것이다.

2) **이용통제조치의 경우**　　이용통제조치의 무력화 도구는 직접적으로 저작권 침해를 방조하는 행위가 되므로 원칙적으로 특별한 사정이 없는 한 예외를 인정하지 않되, ① 국가의 법집행, 합법적인 정보수집 또는 안전보장 등을 위하여 필요한 경우(제104조의2 제1항 제4호)와 ② 정당한 권한을 가지고 프로그램을 사용하는 자가 다른 프로그램과의 호환을 위하여 필요한 범위에서 프로그램코드역분석을 하는 경우(같은 항 제6호)의 두 가지 사유만 예외로 규정하고 있다(제104조의2 제3항 제2호).

3. 금지규정 위반시의 구제수단

가. 민사적 구제

저작권, 그 밖에 이 법에 따라 보호되는 권리를 가진 자는 기술적 보호조치 관련 금지규정을 위반한 자에 대하여 침해의 정지·예방, 손해배상의 담보 또는 손해배상이나 이를 갈음하는 법정손해배상의 청구를 할 수 있으며, 고의 또는 과실 없이 제104조의2 제1항의 행위(접근통제조치의 직접적인 무력화행위, 위 2. 가. 참조)를 한 자에 대하여는 침해의 정지·예방을 청구할 수 있다. 이 경우 저작권법 제123조, 제125조, 제125조의2, 제126조 및 제129조 등 관련규정이 그대로 준용된다(제104조의8).

원래 개정 전의 저작권법은 기술적 보호조치 보호규정 위반행위를 저작권 침해행위로 간주하는 규정을 두고 있었으나, 2011. 6. 30.자 개정 저작권법은 이것을 침해간주규정(제124조)에서 **빼내어** 별도의 금지규정으로 두고 있으므로, 그 위반행위가 저작권 침해행위로 간주되는 것은 아니다. 그렇지만, 개정법에서도 위와 같이 규정함으로써 실질적으로 권리침해시의 구제방법과 똑같은 취급을 받게 한 것이다.

나. 형사적 구제

업으로 또는 영리를 목적으로 위 금지규정을 위반한 자는 3년 이하의 징역 또는 3천만원 이하의 벌금에 처하거나 이를 병과할 수 있다(제136조. 제2항 제3호의2).

[219] 권리관리정보의 보호

1. 권리관리정보의 의의

저작권법은 "권리관리정보"를 다음과 같이 정의하고 있다.

▪ 제2조 제29호: "권리관리정보"는 다음 각 목의 어느 하나에 해당하는 정보나 그 정보를 나타내는 숫자 또는 부호로서 각 정보가 저작권, 그 밖에 이 법에 따라 보호되는 권리에 의하여 보호되는 저작물등의 원본이나 그 복제물에 붙여지거나 그 공연·실행 또는 공중송신에 수반되는 것을 말한다.
　가. 저작물등을 식별하기 위한 정보
　나. 저작권, 그 밖에 이 법에 따라 보호되는 권리를 가진 자를 식별하기 위한 정보
　다. 저작물등의 이용 방법 및 조건에 관한 정보

위 정의규정 중 "저작권, 그 밖에 이 법에 따라 보호되는 권리에 의하여 보호되는"이라고 한 부분은 한·미 FTA 이행을 위한 2011. 12. 2.자 개정법에서 추가된 부분으로서 권리관리정보를 붙이는 저작물 등이 아직 보호기간이 만료하지 않은 등 저작권법에 의하여 보호되는 경우에 한하여 보호의 대상이 된다는 것을 분명히 한 것이다.

기술적 보호조치가 저작물 등의 불법복제 등을 사전에 방지하기 위한 것이라면, 권리관리정보는 이미 행하여진 불법복제의 발견이나 적법한 이용을 위해 필요한 권리처리의 수행을 용이하게 하고자 하는 취지를 가지고 있다. 예를 들면 인터넷상에 저작물 등이 무단으로 업로드된 경우 그 검색 및 발견을 수작업으로 하는 것은 거의 불가능에 가까운 일이지만, 이른바 워터마킹 기술 등을 이용하여 미리 저작물 등에 권리관리정보를 부착해 두면 나중에 저작권자 등이 검색로봇 등 프로그램을 사용하여 저작물 등과 함께 업로드된 권리관리정보를 검색하는 방법으로 쉽게 불법업로드된 저작물 등을 찾아낼 수 있는 것이다.

2. 권리관리정보의 보호와 그 예외

가. 금지행위

누구든지 정당한 권한 없이 저작권, 그 밖에 이 법에 따라 보호되는 권리의 침해를 유발 또는 은닉한다는 사실을 알거나 과실로 알지 못하고 다음 각호의 어느 하나에 해당하는 행위를 하여서는 아니 된다(제104조의3 제1항).

i) 권리관리정보를 고의로 제거·변경하거나 거짓으로 부가하는 행위(제1호)
ii) 권리관리정보가 정당한 권한 없이 제거 또는 변경되었다는 사실을 알면서 그 권리관리정보를 배포하거나 배포할 목적으로 수입하는 행위(제2호)
iii) 권리관리정보가 정당한 권한 없이 제거·변경되거나 거짓으로 부가된 사실을 알면서 해당 저작물 등의 원본이나 그 복제물을 배포·공연 또는 공중송신하거나 배포를 목적으로 수입하는 행위(제3호)

원래는 제104조의3에서 모든 권리관리정보가 아니라 전자적 형태의 그것에 한하여 보호대상으로 하고 있었는데, 한·미 FTA 이행을 위한 2011. 12. 2.자 개정법에서 협정문 제18.4조 제8항 가호의 이행을 위하여 전자적 형태가 아닌 바코드, QR코드 등도 포함하여 모든 권리관리정보를 보호대상으로 하는 내용으로 개정하였다. 그리고 위 ii)의 행위를 금지행위에 포함시킨 것도 같은 개정법이다. 직접적으로 권리관리정보를 제거하거나 변경하는 행위인 위 i)의 경우 외에 그러한 사실을 알면서 권리관리정보가 제거 또는 변경된 저작물을 배포하는 행위인 위 iii)의 행위도 위에서 본 바와 같은 권리관리정보의 기능을 무력화함으로써 실질적으로 저작권자 등의 권리보호에 지장을 주게 된다는 이유로 금지대상에 포함하고 있다가 다시 위 ii)를 추가로 금지대상에 포함하게 된 것이다.

나. 예외사유

위와 같은 금지규정은 국가의 법집행, 합법적인 정보수집 또는 안전보장 등을 위하여 필요한 경우에는 적용하지 아니한다(제104조의3 제2항).

3. 위반시의 구제수단

가. 민사적 구제

저작권, 그 밖에 이 법에 따라 보호되는 권리를 가진 자는 위 금지규정을 위반한 자에 대하여 침해의 정지·예방, 손해배상의 담보 또는 손해배상이나 이를 갈음하는 법정손해배상의 청구를 할 수 있다. 이 경우 저작권법 제123조, 제125조, 제125조의2, 제126조 및 제129조 등 관련규정이 그대로 준용된다(제104조의8).

원래 개정 전의 저작권법은 권리관리정보의 삭제 등 행위도 저작권 침해행위로 간주하는 규정을 두고 있었으나, 개정법은 침해간주규정(제124조)에서 빼내어 별도의 금지규정으로 두고 있으므로, 그 위반행위가 저작권 침해행위로 간주되는 것은 아니다. 그렇지만, 개정법에서도 위와 같이 규정함으로써 실질적으로 권리침해시의 구제방법과 똑같은 취급을 받게 된 것은 기술적 보호 조치의 경우와 같다.

나. 형사적 구제

업으로 또는 영리를 목적으로 위 금지규정을 위반한 자는 3년 이하의 징역 또는 3천만원 이하의 벌금에 처하거나 이를 병과할 수 있다(제136조 제2항 제3호의4). 다만, 과실로 저작권 또는 이 법에 따라 보호되는 권리 침해를 유발 또는 은닉한다는 사실을 알지 못한 자는 제외한다.

[220] 암호화된 방송 신호 및 방송전 신호의 보호

1. 의의

저작권법 제104조의4는 한·미 FTA 이행을 위한 2011. 12. 2.자 개정법에서 같은 FTA의 합의사항을 반영하여 신설한 조문으로서, 암호화된 위성방송 또는 유선방송을 불법으로 복호화하는 기기 등을 이용하여 무단으로 시청 또는 청취하거나 이를 가능케 하는 행위를 금지하는 취지의 규정이다.

"암호화된 방송 신호"란 방송사업자나 방송사업자의 동의를 받은 자가 정당한 권한 없이 방송(유선 및 위성 통신의 방법에 의한 방송에 한한다)을 수신하는 것을 방지하거나 억제하기 위하여 전자적으로 암호화한 방송 신호를 말한다(2조 8호의2). 그리고 '복호화'란 암호화된 상태를 원래의 상태로 되돌리는 것을 뜻한다. 암호기능을 하나의 접근통제조치라고 보면, 복호화는 그것의 무력화행위에 해당한다.

위성방송이나 유선방송의 가입자서비스는 가입자에게만 암호화된 방송 신호를 복호화하여 시청 또는 청취할 수 있도록 하고 있는데 그러한 시스템을 기술적으로 무력화하여 가입자 이외의 사람들도 볼 수 있도록 하는 것이 아무런 법적 제재를 받지 않고 가능하게 된다면 방송사업의 재정적 기반이 무너지게 된다. 그러한 관점에서 암호화된 방송 신호의 보호를 통하여 건전한 시청 질서의 확립 및 방송사의 투자 보호에 기여하고자 하는 것이 이 규정의 제도적 취지이다.

또한 2011. 12.2.자 개정 저작권법은 브뤼셀 위성협약 가입에 대비하는 한편 방송전 신호의 무단 송신을 금지함으로써 건전한 방송 환경을 조성하기 위하여 제104조의7에 방송전 신호의 보호를 위한 규정을 신설하였다.

2. 금지규정의 내용

가. 제104조의4 규정

저작권법 제104조의4는 다음과 같이 규정하고 있다.

■ 제104조의4(암호화된 방송 신호의 무력화 등의 금지) 누구든지 다음 각 호의 어느 하나에 해당하는 행위를 하여서는 아니 된다.
  1. 암호화된 방송 신호를 방송사업자의 허락 없이 복호화(復號化)하는 데에 주로 사용될 것을 알거나 과실로 알지 못하고, 그러한 목적을 가진 장치·제품·주요 부품 또는 프로그램 등 유·무형의 조치를 제조·조립·변경·수입·수출·판매·임대하거나 그 밖의 방법으로 전달하는 행위. 다만, 제104조의2 제1항 제1호·제2호 또는 제4호에 해당하는 경우에는 그러하지 아니하다.
  2. 암호화된 방송 신호가 정당한 권한에 의하여 복호화된 경우 그 사실을 알고 그 신호를 방송사업자의 허락 없이 영리를 목적으로 다른 사람에게 공중송신하는

행위
3. 암호화된 방송 신호가 방송사업자의 허락없이 복호화된 것임을 알면서 그러한
신호를 수신하여 청취 또는 시청하거나 다른 사람에게 공중송신하는 행위

위 규정은 한미 FTA에 규정된 내용에 따라 i) 무단 복호화 기기 등을 제
조하는 행위(제1호), ii) 적법하게 복호화된 방송 신호를 허락 없이 다른 사람에
게 공중송신하는 행위(제2호), iii) 암호화된 방송신호가 허락 없이 복호화된 것
임을 살면서 수신하여 청취 또는 시청하거나 다른 사람에게 공중송신하는 행
위(제3호)의 세 가지 유형으로 나누어 금지대상으로 규정하고 있다.

위 제1호의 규정은 접근통제적 기술조치의 무력화 예비행위의 금지규정
과 유사한 성격을 가지므로, 접근통제조치의 무력화 예비행위의 금지규정에
대한 예외사유 규정 중 일부는 성질상 이 규정에 대하여도 적용되도록 하는
것이 타당할 것이다. 실제로 제104조의4 제1호 단서는 접근통제조치의 보호에
관한 예외규정 중 제104조의2 제1항 제1호(암호연구와 관련된 예외)·제2호(미성년자
보호와 관련된 예외) 또는 제4호(국가의 법집행, 합법적인 정보수집 또는 안전보장을 위하여 필
요한 경우의 예외)에 해당하는 경우를 암호화된 방송 신호의 보호에 관한 예외로
규정하고 있다. 즉, 그러한 예외규정에 해당하는 경우에는 위와 같은 복호화
장치 등의 제조 등 행위가 허용된다.

나. 제104조의7 규정

저작권법 제104조의7은 다음과 같이 규정하고 있다.

■ 제104조의7(방송전 신호의 송신 금지) 누구든지 정당한 권한 없이 방송사업자에게로
송신되는 신호(공중이 직접 수신하도록 할 목적의 경우에는 제외한다)를 제3자에게 송신
하여서는 아니된다.

3. 금지규정 위반시의 구제수단

가. 민사적 구제

저작권, 그 밖에 이 법에 따라 보호되는 권리를 가진 자는 위 제104조의4
의 금지규정을 위반한 자에 대하여 침해의 정지·예방, 손해배상의 담보 또는

손해배상이나 이를 갈음하는 법정손해배상의 청구를 할 수 있다. 이 경우 저작권법 제123조, 제125조, 제125조의2, 제126조 및 제129조 등 관련규정이 그대로 준용된다(제104조의8).

제104조의7 규정의 위반에 대하여는 후술하는 형사처벌에 대한 규정만 두고 민사적 구제수단에 대한 규정을 두지는 않았다.

나. 형사적 구제

제104조의4 제1호, 제2호 또는 제104조의7에 해당하는 행위를 한 자에 대하여는 3년 이하의 징역 또는 3천만원 이하의 벌금에 처하거나 이를 병과할 수 있고(제136조 제2항 제3호의5, 제3호의7), 제104조의4 제3호에 해당하는 행위를 한 자에 대하여는 1년 이하의 징역 또는 1천만원 이하의 벌금에 처한다(제137조 제1항 제3호의2).

[221] 라벨 위조 등의 금지

1. 의의

저작권법 제104조의5는 한·미 FTA 이행을 위한 2011. 12. 2.자 개정법에서 같은 FTA의 합의사항을 반영하여 신설한 조문으로서, 음반, DVD 등 저작물에 부착하는 라벨을 위조하거나 허락받은 범위를 넘어서 거래하는 행위 등을 금지하고 있다. '라벨'이란 그 복제물이 정당한 권한에 따라 제작된 것임을 나타내기 위하여 저작물등의 유형적 복제물·포장 또는 문서에 부착·동봉 또는 첨부되거나 그러한 목적으로 고안된 표지를 말한다(제2조 제35호). 그러한 목적으로 부착, 동봉 또는 첨부되어 사용되는 인증서, 사용허락 문서, 등록카드 등이 모두 '라벨'의 개념에 포함되는 것으로 볼 수 있다.

음반이나 영화 DVD, 컴퓨터 프로그램 CD 등의 경우에는 구매자들이 정품인지 여부를 라벨이나 인증서, 케이스 등을 가지고 구별하기 때문에 그러한 라벨을 위조하여 정품인 것처럼 유통 하는 것을 방치할 경우에는 저작권자들과 소비자들이 부당하게 피해를 입을 수 있으므로 라벨의 위조나 불법유통을 금지하여 저작권자등 권리자 및 소비자가 입는 피해를 최소화하고자 한 것이 이 규정의 취지이다.

2. 금지규정의 내용

금지규정(제104조의5)의 내용은 다음과 같다.

■ 제104조의5(라벨 위조 등의 금지) 누구든지 정당한 권한 없이 다음 각 호의 어느 하나에 해당하는 행위를 하여서는 아니 된다.
 1. 저작물등의 라벨을 불법복제물이나 그 문서 또는 포장에 부착·동봉 또는 첨부하기 위하여 위조하거나 그러한 사실을 알면서 배포 또는 배포할 목적으로 소지하는 행위
 2. 저작물등의 권리자나 권리자의 동의를 받은 자로부터 허락을 받아 제작한 라벨을 그 허락 범위를 넘어 배포하거나 그러한 사실을 알면서 다시 배포 또는 다시 배포할 목적으로 소지하는 행위
 3. 저작물등의 적법한 복제물과 함께 배포되는 문서 또는 포장을 불법복제물에 사용하기 위하여 위조하거나 그러한 사실을 알면서 위조된 문서 또는 포장을 배포하거나 배포할 목적으로 소지하는 행위

3. 벌칙

위 금지규정을 위반한 자에 대하여는 3년 이하의 징역 또는 3천만원 이하의 벌금에 처하거나 이를 병과할 수 있다(제136조 제2항 제3호의6).

[222] 영상저작물 녹화 등의 금지

1. 의의

저작권법 제104조의6은 한·미 FTA 이행을 위한 2011. 12. 2.자 개정법에서 같은 FTA 의 합의사항을 반영하여 신설한 조문으로서, 영화상영관 등에서 저작재산권자의 허락 없이 녹화기기를 이용하여 저작물을 녹화하거나 공중송신하는 것을 금지하고 있다. 이것은 통상 '영화도촬(盜撮)행위' 금지규정으로 불린다.

영화의 경우에는 영화상영관에서의 상영과 DVD 출시 및 전송 등 매체별로 일정한 시차를 두게 되는데, 휴대용 디지털 영상촬영 기기의 발달로 인하여 영화 개봉과 동시에 영상저작물을 관객이 무단으로 녹화하여 인터넷 등을 통하여 무차별 유포하는 사례가 빈발함으로써 영상제작자 등 관련 권리자 등에게 막대한 손해를 입히고 있으므로 이를 방지할 필요가 강하게 제기되었다. 따라서 이 규정은 반드시 한·미 FTA가 아니더라도 영상관련 저작권산업을 보호하기 위하여 필요한 규정으로 볼 수 있다.

위 규정은 제30조(사적 이용을 위한 복제)를 포함한 저작재산권 제한사유 규정이 적용되는 경우에도 영화관에서 상영되는 영상저작물에 관하여 규정상의 요건에 해당하는 한, 이 규정 및 그에 기한 벌칙규정을 적용받도록 하여 단속대상을 명확하게 하고자 하는 취지를 내포하고 있으므로 이 규정의 적용에 있어서는 제30조나 그 밖의 저작재산권 제한사유를 들어 항변할 수는 없는 것으로 보아야 할 것이다.

2. 금지규정의 내용

누구든지 저작권으로 보호되는 영상저작물을 상영 중인 영화상영관등에서 저작재산권자의 허락 없이 녹화기기를 이용하여 녹화하거나 공중송신하여서는 아니 된다(제104조의6). 어떤 행위가 금지규정에 해당하기 위한 요건을 분석해 보면, 다음과 같다.

1) 녹화 또는 공중송신의 대상이 저작권으로 보호되는 영상저작물이어야 한다.

예컨대 연극저작물, 음악저작물 등의 경우는 포함되지 않고 영화 등의 영상저작물이어야 하며, 그것도 창작성 등의 요건을 갖추고 보호기간이 만료하지 않아 저작권으로 보호되는 것이어야 한다.

2) 해당 영상저작물을 상영하고 있는 영화상영관등에서 하는 행위여야 한다.

여기서 말하는 "영화상영관등"이란 영화상영관, 시사회장, 그 밖에 공중에게 영상저작물을 상영하는 장소로서 상영자에 의하여 입장이 통제되는 장소를 말한다(제2조 제36호).

3) 저작재산권자의 허락이 없는 경우여야 한다.

이 금지규정의 위반이 바로 저작재산권 침해를 구성하는 것은 아니고 그와는 별도의 금지규정 위반일 뿐이지만, 이 규정도 실질적으로 저작재산권을 보호하기 위한 규정이므로, 저작재산권 침해의 경우와 마찬가지로 저작재산권자의 허락을 받지 않은 경우여야 위법한 행위가 되도록 규정한 것이다.

4) 녹화기기를 이용하여 녹화하거나 공중송신하는 행위여야 한다.

녹화행위는 '녹화기기'를 이용할 수밖에 없으므로 '녹화기기를 이용하여'라는 법문에 특별한 제한적 의미가 있다고 보기 어렵다. 비록 디지털 녹화기기의 발달이 초래한 새로운 위험상황이 입법배경에 깔려 있긴 하지만, 법문에 특별한 한정이 없는 이상, 녹화기기가 디지털 기기인지 아날로그 기기인지는 관계없는 것으로 보아야 할 것이다. 녹화는 복제행위의 일종으로서 '복제'보다는 좁은 개념이므로 모든 복제행위가 아니라 자신이 소지한 녹화기기에 영상 등을 처음으로 저장하는 녹화행위만 이 규정에서 말하는 '녹화'에 해당한다.

녹화행위와 공중송신 행위는 "하거나"(or)라는 표현으로 연결되어 있으므로 녹화행위만으로 또는 공중송신행위만으로도 위 규정 위반행위에 해당함은 물론이다.

3. 벌칙

위 규정을 위반한 자에 대하여는 1년 이하의 징역 또는 1천만원 이하의 벌금에 처한다(제137조 제1항 제3호의3). 그리고 그 미수범도 처벌한다(같은 조 제2항).

영화관에서의 녹화 및 공중송신이 개정법하에서도 저작재산권(복제권 또는 공중송신권) 침해를 구성하는 경우도 있을 수 있는데, 그 경우에는 물론 그에 따른 더 무거운 벌칙이 적용될 것이다. 이 규정이 그러한 행위에 대한 처벌을 감경해 주기 위한 것은 아니라고 보아야 하기 때문이다. 미수범 규정과 관련하여 영화관에 갈 때 스마트폰이나 태블릿PC 등을 소지하기만 하더라도 처벌되는 것은 아닌가 하는 의문이 제기되기도 한다. 그러나 형법상 미수범이란 범죄의 실행에 착수하였으나 그 행위를 끝내지 못하였거나 결과가 발생하지 아니한 범죄를 말하는 것이므로 단순히 녹화기능이 있는 스마트폰 등을 소지하였다는 것만으로는 범죄의 실행에 착수한 것으로 인정되지 아니하고, 예컨대 영화관에서 영화가 상영 중인 상태에서 스크린을 향하여 녹화기능을 가진 기기를 들어 올리는 등의 행위에 나아갔을 때 비로소 실행의 착수가 인정될 수 있을 것이다.

11장

저작권의
국제적 보호

제1절 개 관

[223] 저작권의 국제적 보호의 필요성

　19세기경 유럽의 여러 나라들에서 인쇄술의 발달과 함께 제정되기 시작한 저작권법은 처음에는 특허법과 같이 단지 당해 국가의 영토 내에서만 저작자의 권리를 보호하였다.

　그 후 교통 및 저작물 이용수단이 급격히 발달함에 따라 점차 저작권의 국제적 보호문제로 관심의 폭이 넓어지게 되었다. 즉 어느 특정한 역사시점에 이르자 이제 저작권을 일국의 영토 내에서만 보호하는 것은 저작자의 권리보호에 있어 매우 불완전하고, 심지어는 그 보호를 완전히 무의미하게 할 수 있다는 인식이 생겨나게 된 것이다. 이론적으로 볼 때, 저작권자가 자신의 창조적인 노력으로 작성한 저작물에 대하여 그 본국의 영토 안에서만 경제적 또는 인격적인 이익을 보호받아야 하는 합리적 이유를 설명하기는 어렵다. 저작권이 저작물의 창작으로부터 발생하고 어떤 다른 행정절차에 기한 것이 아니라는 생각은 자연스럽게 일단 저작권이 발생하면 그 저작권은 어느 곳에서나 유효한 것이어야 한다는 생각으로 이어진다.

　그러나 그런 이론적인 측면보다 훨씬 중요한 것은 "악화가 양화를 구축(驅逐)한다"는 국제통화에 관한 그레샴의 법칙(Gresham's law)이 저작물과 저작권에 관한 문제에도 적용된다는 사실이다. 만약 A라는 나라에서 저작권 보호를 받는 저작물이 B·C 등 나라에서는 보호받지 않아서 자유롭게 복제될 수 있다면, 그 복제물들이 A국으로 수입되어 정상적으로 저작권사용료를 지불한 제품들과 경쟁을 벌이게 될 것이다. 저작권사용료를 지불하지 않은 수입복제물이 싼 가격으로 출시되어 정상적인 국산제품들을 시장에서 '구축(驅逐)'하게 될 것임은 명약관화하다. 사람과 재화의 이동성이 커지면 커질수록 이러한 현상은 더욱 심각해질 것이다.

19세기 중엽부터 유럽의 몇몇 나라들을 중심으로 저작권의 국제적 보호를 모색하는 흐름이 강하게 일어난 것은 바로 그러한 현실적 필요성에 기한 것이다.

[224] 저작권의 국제적 보호의 방법

저작권의 국제적 보호의 방법에는 크게 보아 다음과 같은 세 가지의 유형이 있을 수 있다.

1. 국내입법에 의한 외국저작물의 일방적 보호

이것은 저작권의 국제적 보호에 대한 최초의 시도로서 과거 프랑스가 채택한 바 있는 방법이다. 그러나 오늘날에는 상호주의적 고려 등 조건 없이 외국저작물에 대하여 국내저작물과 같은 보호를 일방적으로 승인하는 나라는 현재로서는 찾아보기 어렵다.

2. 양자간 조약에 의한 보호

상호주의(reciprocity)에 입각한 양자간 조약(bilateral agreement)에 의하여 체결당사국 국민의 저작물을 보호하는 방법은 역사적으로 저작권의 국제적 보호가 이루어지기 시작한 초기단계의 유럽 국가들 사이에 널리 성행하였다.

그러나 이와 같은 양자간 조약에 의한 방법은 그 효력범위에 근본적 제약이 있을 뿐만 아니라 조약마다 상이한 조건에 의하여 규율됨으로써 저작권의 국제적 보호질서가 조화와 통일보다는 오히려 혼란과 불일치를 향해 나아가게 하는 문제가 있음이 발견되어 차츰 다음 항에서 보는 다자간 협약에 의한 보호방법을 강구하게 되었다.

3. 다자간 협약에 의한 보호

다자간 협약에 의한 보호방법은 오늘날 저작권의 국제적 보호를 위하여 가장 보편적으로 채택하고 있는 방법으로서, 1886년에 베른협약이 성립한 것이 그 출발점이었다. 베른협약은 성립된 후 지금까지 1세기가 넘는 기간 동안 일관되게 세계에서 가장 큰 영향력을 가진 저작권협약으로 인정되어 왔다. 한때는 세계저작권협약(The Universal Copyright Convention: UCC)의 체약국이 베른협약의 동맹국보다 많아진 적도 있었지만, 베른협약의 실체적 조항이 저작권영역에 있어서의 여러 가지 개념에 대하여 명확한 정의를 내리고, 많은 문제에 대하여 명확한 해답을 내린 점에서 각국의 저작권법에 대한 영향은 베른협약이 항상 '수위'를 점해 왔다고 할 수 있다. 특히 1994년에 체결된 무역관련 지적재산권협정(TRIPs)에서 세계저작권협약보다 전반적인 보호수준이 높은 베른협약을 저작권의 국제적 보호를 위한 기본적인 틀로 수용함으로 말미암아 더욱 베른협약의 위상이 높아지고 세계저작권협약의 중요성은 감소하였다.

세계적인 범위의 다자간 저작권 및 저작인접권 협약에는 베른협약과 세계저작권협약 외에도 로마협약, WIPO 저작권조약 및 실연·음반조약, 시청각실연에 관한 베이징조약 등이 있다. TRIPs협정도 그 속에 포함된 저작권관련 조항이 다자간 저작권협약과 같은 역할을 수행한다고 볼 수 있을 것이다.

우리나라는 위 협약 또는 조약에 모두 가입하였고, 그 밖에도 마라케시조약, 위성협약 등에도 가입하였다.

[225] 저작권 및 저작인접권에 관한 중요한 다자간 국제조약 개관

1. 베른협약

저작권에 관한 다자간조약 중 가장 중요한 조약인 베른협약의 정식명칭은 "문학·예술적 저작물의 보호를 위한 베른 협약(Berne Convention for the Protection of Literary and Artistic Works)"이다. 1886년에 스위스 베른(Berne)에서 처음 체결된 후 여러 차례 개정되었는데 1971년의 파리개정규정이 마지막 개정규정이다.

베른협약은 내국민대우의 원칙, 보호국법주의, 최소보호의 원칙, 예외적 상호주의, 무방식주의(이 책 [38] 참조), 소급보호의 원칙(이 책 [144] 참조) 등을 채택하고 있다. 위 원칙들 중 앞의 네 원칙이 의미하는 바는 다음과 같다.

1) **내국민대우의 원칙**　　　협약에 의하여 저작권 보호를 받는 사람들은 어느 동맹국에서든지 당해 나라의 법이 내국민에 대하여 승인하는 보호를 자신에게도 적용할 것을 요구할 수 있다는 원칙을 말한다. 즉 외국인도 그가 베른협약 동맹국의 국민이면 내국민과 같은 대우를 받을 수 있게 되는 것이다. 베른협약 제5조 제1항("저작자는 이 협약에 따라 보호되는 저작물에 관하여 본국 이외의 동맹국에서 각 법률이 현재 또는 장래에 자국민에게 부여하는 권리 및 이 협약에 의하여 특별히 승인된 권리를 향유한다")이 내국민대우의 원칙을 명시하고 있다.

2) **보호국법주의**　　　준거법 결정에 관한 원칙으로서, 해당 국가에서의 침해를 이유로 보호가 요구되는 나라의 법을 저작권과 관련한 준거법으로 하는 원칙을 말한다. 베른협약도 그 제5조 제2항("이 협약과의 규정과는 별도로 저작자의 권리를 보호하기 위하여 주어지는 구제방법은 물론 그 보호의 정도는 오로지 보호가 요구된 국가의 법률의 규율을 받는다")에 의해 이 원칙을 채택하고 있다고 본다(다수설).

3) **최소보호의 원칙**　　　협약에서 정하는 일정한 수준의 보호에 대하여는 이를 '최소한도로 요구되는 보호'(최소보호)라고 하여 모든 동맹국에게 그 적용이 요구되는 것을 의미한다. 베른협약 제5조 제1항은 내국민대우의 원칙과 함께 최소보호의 원칙도 규정하고 있는 것으로 본다(협약 제5조 제1항의 규정 중 "이 협약에 의하여 특별히 승인된 권리를 향유한다"고 한 부분이 그에 해당한다). 이것은 내국민대우의 원칙으로만 맡겨둘 경우 해당 국가의 저작권 보호가 너무 낮은 수준의 보호여서 균형을 잃게 되는 경우가 생길 수 있음을 감안하여 이를 보완하기 위한 것이다. 베른협약에서 요구하는 최소한의 보호수준은 비교적 높은 편이나, 우리나라 저작권법은 그 보호수준을 기본적으로 모두 충족하고 있다고 할 수 있고, 한·EU FTA 및 한미 FTA 등에 의에 따라 그 보호수준을 더욱 높이는 개정을 함으로써 베른협약에 비해 보호기간 등 여러 면에서 더 높은 수준의 보호를 하고 있다고 할 수 있다.

4) **예외적 상호주의**　　　국제저작권법에서의 상호주의는 실질적 상호주의와 형식적 상호주의로 나누어 볼 수 있다. 실질적 상호주의 (material reciprocity)란 A국이 B국의 저작물에 대하여, B국이 자국 내에서 A국의 저작물에 대하여 A국과 실질적으로 동등한 수준의 보호를 부여하는 경우에 한하여 보호해 준다는 원칙이다. 이에 비해 형식적 상호주의(formal reciprocity)란 B국이 자국 내에서 A국의 저작물에 대하여 B국 저작물과 같은 정도의 보호만 부여하면, A국도 B국의 저작물에 대하여 자국저작물과 같이 보호해 준다는 원칙이다. 내국민대우의 원칙을 지도원리로 하는 베른협약에서는 원칙적으로 실질적 상호주의에 반대하고 형식적 상호주의를 채택하고 있다고 할 수 있다. 이러한 형식적 상호주의는 내국민대우의 원칙과 아무런 모순이나 충돌이 없다. 다만 베른협약에서는 예외적으로 내국민대우의 원칙을 수정하는 의미의 실질적 상호주의를 규정하고 있는 부분이 있는데, 보호기간에 관한 제7조 제8항에서 "어떠한 경우에도 그 기간은 보호가 요구된 국가의 법률의 규율을 받는다. 다만, 그 국가의 법률에서 다르게 규정하지 아니하는 한 그 기간은 저작물의 본국에서 정한 기간을 초과할 수 없다"고 정하고 있는 것이 그 예이다. 이를 예외적 상호주의(여기서 말하는 '상호주의'는 '실질적 상호주의'를 뜻한다) 규정이라 할 수 있는데, 우리나라 저작권법도 제3조 제4항에서 보호기간에 대한 실질적 상호주의를 규정하고 있다(이 책 [144] 4. 및 [226] 3. 나. 참조).

우리나라는 처음 1987년에 저작권의 국제적 보호를 시작할 때에는 소급효를 인정하지 않는 세계저작권협약에 가입하였다가 이후 1994년에 TRIPs에 가입하여 1995. 1. 1. 발효한 후, 1996. 6. 21. 베른협약에 가입신청하여 1996. 9. 21. 발효하였는데, 그 전에 베른협약 가입에 대비하기 위해 외국인의 저작물에 대한 소급보호를 인정하는 규정을 포함한 1995. 12. 16.자 개정을 하였다.

2. 세계저작권협약

베른협약이 채택한 무방식주의 원칙은 미국의 저작권법체계와는 큰 괴리가 있었으므로 국제저작권관계에 있어서 중요한 나라의 하나인 미국이 오랫

동안 이에 가입하지 아니하였고, 아메리카대륙의 여러 나라들은 이와 별도로 몇 개의 지역적인 다자간 조약을 체결하여 저작권관계를 규율하였다. 한편 베른협약은 개정을 거듭하면서 선진국들의 입장에 치우쳐 보호의 수준이 점차 높아져 왔으므로 많은 개발도상국들은 그 가입을 꺼리게 되었다. 이러한 이유로 제2차 세계대전 이전부터 더욱 많은 나라가 참여할 수 있는 새로운 국제 저작권협약을 성립시키려는 노력이 있어 오다가 제2차 대전이 끝난 후 유네스코(UNESCO)의 주관하에 그 노력이 본격화되어 결국 1952년 8월 18일부터 9월 6일 사이에 제네바에서 열린 50개국 대표 들의 외교회의에서 세계저작권협약(Universal Copyright Convention; UCC로 약칭됨)이 체결되어 1955년 9월 6일 발효되게 되었다. 세계저작권협약은 베른동맹국이 아닌 나라들에 중점을 두어 만들어졌다.

베른협약과 같이 내국민대우의 원칙과 최소보호의 원칙을 채택하였으나, 최소보호기간이 저작자 사후 25년까지로 하고, 번역권과 복제권에 대하여 강제허락제도를 규정하며, 소급효를 인정하지 않고 권리보호의 방법에 대하여도 추상적으로 규정하는 등 베른협약에 비하여 크게 낮은 보호수준을 취하여 보다 많은 나라가 가입하도록 유도하였다. 방식주의의 문제에 있어서는 ©기호를 표시하기만 하면 된다는 입장을 취하였다.

이후 TRIPs협정이 베른협약을 국제저작권 보호의 기본적 틀로 수용함에 따라 세계저작권협약의 의의와 중요성은 대폭 하락하였다. 특히 베른동맹국 사이의 관계에 있어서 '베른 안전규정'에 따라 베른협약이 UCC에 대하여 우선권을 향유한다. 따라서 현재 남아 있는 UCC의 실제적 효과는 UCC에는 가입하였으나 베른협약에는 가입하지 아니한 나라들 사이의, 또는 이들 국가와의 저작권관계에 국한된다.

우리나라의 구 저작권법(1986. 12. 31.자 개정법)은 세계저작권협약의 불소급효 규정(협약 제7조)에 따라 그 제3조에서 "당해 조약 발효일 이전에 발행된 외국인의 저작물은 보호하지 아니한다"는 단서규정을 두고 있다가 1995. 12. 6.자 개정법에서 이를 삭제하였다.

3. 로마협약

1961년에 로마에서 채택된 로마협약의 정식명칭은 "실연자·음반제작자 및 방송사업자를 위한 국제협약(International Convention for the Protection of Performers, Producers of Phono grams and Broadcasting Organization)"이다. 그 명칭 그대로 저작인접권자인 실연자, 음반제작자 및 방송사업자의 권리를 보호하기 위한 다자간 국제조약으로서, 베른협약과 마찬가지로 내국민대우와 그것을 보완하기 위한 최소보호의 원칙을 채택하였다. 그러나 베른협약과 달리 '불소급효'를 원칙으로 하였다. TRIPs에서 베른협약의 실체적 조항을 포함하였기에 베른협약은 이후 저작권에 대한 보편적 조약의 자리에 올라섰지만, 로마협약에 대하여는 TRIPs 협정에서 베른협약과는 다른 취급을 하고 로마협약과 관계 없이 별도의 저작인접권 보호 규정을 두었기 때문에 로마협약은 베른협약만큼 보편화되지 않았다.

우리나라도 로마협약에 가입할 다른 동인이 없는 상태에서 오랫동안 가입하지 않고 있다가 WIPO 실연·음반조약에 대한 가입준비를 마친 후에 로마협약 가입조건도 충족한 것을 확인하고 2008. 12. 18. WIPO 실연·음반조약 가입 신청을 하면서 로마협약 가입신청도 하여, 2009. 3. 18. 발효되었다.

4. 음반협약

1971. 10. 29. 스위스의 제네바에서 채택된 음반협약의 정식명칭은 "음반의 무단복제로부터 음반제작자를 보호하기 위한 협약(Convention for the Protection of Producers of Phonograms against Unauthorized Duplication of their phonograms)"이다. 이 협약은 로마협약이 다수가입국을 확보하지 못한 등의 사유로 현실적으로 음반해적판의 횡행을 방지하는 데 큰 도움을 주지 못함에 따라 일종의 '응급조치'로서 마련된 협약이라고 할 수 있다. 이 협약은 내국민대우의 원칙이나 최소보호의 원칙에 관한 규정을 두지 않고, 저작인접권자 중에서 오로지 음반제작자에 한하여, 음반제작자의 동의 없는 복제물의 작성과 그러한 복제물의 수입 및 배포를 금지하도록 하는 규정만 둔 것에 그 특징이 있다. 체약국은 ① 저

작권, ② 다른 특별한 권리의 부여, ③ 부정경쟁방지에 관한 법, ④ 형벌규정 중 하나 이상의 방법으로 국내법에 의하여 음반제작자를 보호하기만 하면 된다. 보호의 조건으로 방식을 필요로 하는 나라에 대하여는 음반에 Ⓟ표시를 하여야 보호를 받을 수 있다. 보호기간에 대하여는 체약국의 국내법에 위임되어 있으나 최소한 음이 최초로 고정된 연도의 말 또는 음반이 최초로 발행된 연도의 말로부터 20년 이상 보호해야 하며(제4조), 소급효는 인정되지 않는다(제 7조 제3항).

우리나라는 1987. 7. 10. 음반협약에 가입신청하여 1987. 10. 10. 효력이 발생하였다.

5. TRIPs의 저작권등 조항

TRIPs의 정식명칭은 "위조상품의 교역을 포함한 무역관련 지적재산권협 정(The Agreement on Trade Related Aspects of Intellectuals Property Rights, Including Trade in Counterfeit Goods)"으로서, 세계무역기구(The World Trade Organization), 즉 WTO를 출범시키는 WTO 설립협정의 부속협정 가운데 하나로 1994년에 체결되었다. 우리나라도 가입하여 1995. 1. 1. 발효되었다. 이 협정은 저작권만이 아니라 지식재산권 전반에 대한 내용을 포함하고 있는데, 그 중 저작권 및 저작인접권에 대한 부분만 보면, 다음과 같은 특징을 가지고 있다.

1) **원칙**   베른협약과 같이 내국민대우의 원칙, 최소보호의 원칙 등을 채택하고, 나아가 최혜국대우의 원칙을 채택하였다. 내국민대우의 원칙이 내국민과 외국인 사이의 차별을 금지하는 원칙이라면, 최혜국대우는 회원국들 사이의 차별을 금지하는 원칙이라고 할 수 있다. TRIPs 협정 제4조는 "지적재산권의 보호와 관련하여 어느 한 회원국이 다른 회원국의 국민에게 인정한 이익·혜택·특권 또는 면책은 즉시 그리고 무조건적으로 다른 모든 회원국의 국민에 대해서도 인정되어야 한다"고 규정함으로써 최혜국대우의 원칙을 천명하고 있다.

2) **저작권 보호에 관한 실체적 규정**   TRIPs협정은 이른바 Berne Plus 접근 방식에 따라 기본적으로 베른협약의 실체적 규정을 모두 그 자신의 내

용으로 편입하면서(다만, 저작인격권은 의무적 보호대상에서 제외하였다. 협약 제9조 제1항) 추가로 첨단과학기술의 급속한 발전에 대응하여 저작권을 보다 두텁게 보호 하기 위한 규정들(컴퓨터프로그램과 창작성 있는 데이터베이스의 보호에 관한 규정 등, 협약 제10조 제1항 및 제2항)을 두고 있다.

3) 저작인접권 보호에 관한 규정   TRIPs 협정은 저작인접권의 보호 에 관한 다자간 협약인 로마협약과 관련하여서는 그 협약의 계속적인 유효성 을 명시적으로 보장하는 규정만 두고 있을 뿐 그것의 실체적 규정을 수용하 지는 않았다. 따라서 TRIPs 협정에서 '로마 플러스 접근방식(Rome-plus approach)' 은 찾아볼 수 없다. TRIPs는 기존의 어떤 다른 국제협약에도 의존하지 않고 독자적으로 실연자·음반제작자 및 방송사업자의 보호에 관한 규율을 하고 있 다(제14조).

6. WIPO 저작권조약(WCT)

WIPO 저작권조약(WIPO Copyright Treaty: WCT)은 1996년 12월에 스위스 제네 바에서 열린 외교회의에서 채택되었다. 베른협약의 최종 개정 이후 새로운 매 체와 기술의 출현 및 디지털환경으로의 눈부신 변화가 있었으나 베른협약에 서 이를 반영한 개정을 하기는 쉽지 않은 문제를 안고 있다. 이 조약은 베른 협약의 일부 문제점을 보완하고, 디지털시대의 새로운 환경에 적용하기 위한 목적을 가지고 있다.

WIPO 저작권조약은 TRIPs 협정과 같이 베른협약상 보호되는 저작물 외 에 컴퓨터프로그램과 창작성 있는 데이터베이스를 추가로 보호하는 취지를 포함하고(제4조, 제5조), 저작자의 새로운 배타적 권리로 배포권(제6조 제1항), 컴퓨 터프로그램·영상저작물·음반 등에 대한 대여권(제7조), 전송에 대한 권리를 포함하는 공중전달권(제8조)을 인정하는 규정과 기술적 보호조치 및 권리관리 정보에 대한 보호 규정(제11조 및 제12조)을 두는 등 이른바 '디지털 의제'를 본 격적으로 다루었다.

7. WIPO 실연·음반조약(WPPT)

WIPO 실연·음반조약(WIPO Performances and Phonograms Treaty: WPPT)은 1996년 12월에 스위스 제네바에서 열린 외교회의에서 WIPO 저작권조약과 함께 채택되었다. 역시 로마협약 이후 새로운 매체와 기술이 출현하고 디지털 환경으로 급속히 변화한 데 따라 저작인접권 보호를 적절하게 강화하고자 하는 목적을 가지고 있다.

이 조약은 저작인접권 중 방송사업자의 권리를 제외하고, 실연자의 권리와 음반제작자의 권리만 보호대상으로 하였다. 실연자의 권리 중에서도 이른바 '시청각 실연자'에 대한 문제는 일단 제외하고, '음반에 고정된 실연'에 한하여 복제권(제7조), 배포권(제8조), 대여권(제9조), 전송권(제10조) 등을 인정하는 규정을 두었으며, 로마협약에서 언급하지 않았던 실연자의 인격권으로서 성명표시권과 동일성유지권을 인정하는 규정을 두었다(제5조 제1항). 음반제작자도 배타적 권리로서, 음반에 대한 복제권(제11조), 배포권(제12조), 대여권(제13조), 전송권(제14조) 등을 가지는 것으로 규정하였다.

한편으로 실연자와 음반제작자에게 상업용 음반의 방송 또는 공중전달에의 이용에 대해서 보상청구권을 부여하였다(제15조). 이것은 로마협약에는 규정이 있으나, TRIPs에서는 언급하지 않고 있는 것이다. 또한 WIPO 저작권조약과 마찬가지로, 기술적 보호조치 및 권리관리정보를 보호하는 규정을 도입하였다(제18조 및 제19조).

8. 시청각실연의 보호에 관한 베이징조약

시청각실연에 관한 베이징조약(The Beijing Treaty on Audiovisual Performances)은 저작인접권 중 시청각실연자의 권리에 관한 국제조약으로서 2012. 6. 26. 베이징에서 개최된 WIPO의 시청각 실연의 보호에 관한 외교회의에서 채택되었다. 청각실연에 대해서는 일찍이 1996년에 WIPO 실연·음반 조약이 체결되었으나, 시청각실연에 대해서는 유럽과 미국 등 주요 국가의 의견 합치가 쉽지 않은 등의 사유로 1997년에 논의를 시작한 이후 무려 16년만에 그 결실을 맺게된 것이다.

이 조약은 WPPT를 개정하는 방식을 취하거나 그 부속협정으로 자리매김 되도록 하지 않고, WPPT를 청각실연을 위한 조약으로 두고, 이 조약은 시청 각실연을 보호하기 위한 별도의 조약으로 자리매김 되도록 하였다(제1조 제3항). 내국민대우의 원칙을 규정하고(제4조), 실연자의 성명표시권 및 동일성유지권 등 인격권을 인정하며(제5조), 고정되지 않은 실연에 대한 실연자의 방송 및 공 중전달권 및 고정권(제6조), 고정된 실연에 대한 복제권(제7조), 배포권(제8조, 권리 소진은 각국의 자유재량에 맡김 - 같은 조 제2항), 대여권(제9조), 이용제공권(제10조), 방송 권과 공중전달권(제11조, 다만 체약당사자의 WIPO 사무총장에게 기탁하는 통고로 채권적 보상 청구권으로 규정한다고 선언할 수 있음 - 제2항) 등의 권리를 인정하고 있다.

하지만 이 조약은 우리 저작권법 제100조 제3항과 같이 영상제작자에게 실연자의 배타적 권리들이 계약에 의하여 이전된 것으로 추정하는 규정 등을 두는 것을 각국의 입법재량에 맡기고 있으며(제12조 제1항), 동시에 그 계약이 서면으로 이루어지도록 의무화하거나 권리의 이전에도 불구하고 일종의 잔여 권(residual right)으로서, 실연의 이용에 대한 사용료 또는 정당한 보상금을 받을 권리를 부여할 수 있도록 하여(제12조 제3항) 시청각실연자의 권리가 실질적으로 보호될 수 있도록 하는 입법의 가능성을 열어두고 있다.

9. 위성협약

1974. 5. 21. 브뤼셀에서 채택된 조약으로서 정식명칭은 "위성에 의하여 송신되는 프로그램 신호의 전달에 관한 조약(Convention Relating to the Distribution of Programme-Carrying Signals Transmitted by Satelite)"이며, "브뤼셀협약" 또는 "브뤼셀위성 협약"이라고도 한다.

이 조약의 목적은, 위성에 의하여 송신되는 프로그램신호 또는 위성을 경 유하여 송신되는 프로그램신호를 발신자의 허락 없이 수신하여 이를 공중에 게 전달하는 것을 방지하는 것에 있다.

이와 같이 위성을 매개로 국경을 넘어 송신되는 프로그램신호는 로마협약 등 기존의 조약으로는 충분하게 보호되기 어려운 면이 있어 새로운 조약이 마련되게 된 것이다.

이 조약의 보호대상은 프로그램의 저작물이 아니라 프로그램을 전달하는 방송신호이다. 이 점에서는 저작인접권인 방송사업자의 권리의 객체와 유사한 것으로 볼 수 있다. 그러나 이 조약은 공중에게 직접 수신되는 신호에는 적용되지 않고(제3조), 발신자로부터 허락을 받은 자에 의하여 수신되어 공중에게 전달되는 신호도 그 보호 밖으로 규정되어 있다(제2조 제3항). 그러한 신호들은 로마협약상 방송사업자의 권리에 의하여 보호될 수 있는 것으로 보아, 그 권리 대상이 되기 어려운 부분(위성을 향해 송신되거나 위성에서 공중이 수신할 수 있는 신호로 변환하여 송신하기 위해 지상의 중계소로 송신되는 신호 또는 그로부터 유선의 방법으로 공중에게 송신되는 신호 등)만 이 협약의 보호대상으로 삼고자 한 것이다.

10. 마라케쉬조약

마라케쉬조약(Marrakesh Treaty)은 시각장애인 또는 기타 독서장애인의 저작물에 대한 접근을 촉진하기 위한 목적으로 2013. 6. 27. 모로코 마라케쉬에서 마련되었으며, 마라케쉬 시각장애인 조약(Marrakesh VIP Treaty)이라고도 한다.

이 조약은 체약국이 조약의 수혜자인 시각장애인 및 독서장애인이 접근가능한 포맷으로 저작물들을 이용할 수 있도록 WIPO 저작권조약에 의한 복제권, 배포권, 전송권에 대한 제한 또는 예외를 규정할 의무를 지는 것으로 하고 수혜자를 위하여 공연권을 제한하는 규정도 둘 수 있도록 하고 있다(제4조 제1항). 이것은 국제적으로 저작재산권 제한 규정을 두도록 의무화한 최초의 조약이라는 점에 큰 의의가 있다.

이 조약은 접근가능한 포맷의 복제물들을 권리자의 동의 없이 수입할 수 있도록 하는 규정(제6조)도 두고 있는데, 이는 저작권법상의 권리소진의 원칙과 관련하여 국제소진을 인정하지 않고 지역소진만 인정하는 유럽연합 및 그 회원국가들과의 관계에서는 장애인의 접근권 향상을 위한 제한사유와 관련된 범위에서 지역소진의 예외를 규정하도록 의무화하는 강행규정적인 성격을 가지는 규정이라 할 수 있다.

제 2 절 우리나라에서의 외국인의 저작권의 보호

[226] 저작권법 제3조의 규정

1. 규정

현행 저작권법에서는 외국인의 저작물의 보호에 관하여 제3조에서 다음과 같이 규정하고 있다.

■ 제3조(외국인의 저작물) ① 외국인의 저작물은 대한민국이 가입 또는 체결한 조약에 따라 보호된다.

② 대한민국 내에 상시 거주하는 외국인(무국적자 및 대한민국 내에 주된 사무소가 있는 외국법인을 포함한다)의 저작물과 맨 처음 대한민국 내에서 공표된 외국인의 저작물(외국에서 공표된 날부터 30일 이내에 대한민국 내에서 공표된 저작물을 포함한다)은 이 법에 따라 보호된다.

③ 제1항 및 제2항에 따라 보호되는 외국인(대한민국 내에 상시 거주하는 외국인 및 무국적자는 제외한다. 이하 이 조에서 같다)의 저작물이라도 그 외국에서 대한민국 국민의 저작물을 보호하지 아니하는 경우에는 그에 상응하게 조약 및 이 법에 따른 보호를 제한할 수 있다.

④ 제1항 및 제2항에 따라 보호되는 외국인의 저작물이라도 그 외국에서 보호기간이 만료된 경우에는 이 법에 따른 보호기간을 인정하지 아니한다.

2. 제3조 제1항에 의한 보호

외국인의 저작물은 대한민국이 가입 또는 체결한 조약에 따라 보호된다(제3조 제1항). 현재 우리나라가 가입하여 발효된 저작권 관련 다자간 조약으로는 베른협약, 세계저작권협약, TRIPs협정, WIPO 저작권조약 등이 있고, 한미 FTA 등 양자간 조약도 있다.

이들 조약 또는 협약에 의하여 우리나라에서 보호받는 외국인의 저작물은 발행저작물의 경우에는 그 저작자가 체약국의 국민이거나 또는 그 최초 발행지가 체약국이면 되고, 미발행의 저작물인 경우에는 그 저작자가 체약국의 국민인 경우이다. 세계저작권협약은 소급효를 인정하지 아니하므로 그 효력발생일인 1987. 10. 1. 이전에 우리나라에서 영구히 공유로 된 저작물은 보호하지 아니하여도 되나, TRIPs와 베른협약의 경우는 원칙적으로 소급효가 인정된다.

3. 제3조 제2항에 의한 보호

제3조 제2항에 의하여 보호대상이 되는 것은 ① 대한민국 내에 상시 거주하는 외국인(무국적자 및 대한민국 내에 주된 사무소가 있는 외국법인을 포함한다)의 저작물과 ② 맨 처음 대한민국 내에서 공표된 외국인의 저작물(외국에서 발행된 날로부터 30일 이내에 대한민국 내에서 공표된 저작물을 포함한다)이다. 이 두 가지 경우 중 하나에 해당하면, 제3조 제1항에 의한 보호대상은 아니어도 제2항에 의해 우리 저작권법에 의한 저작권 보호를 받을 수 있다.

30일 이내의 공표를 동시공표로 보아 보호를 부여한 것은 우리나라가 베른협약에 가입하기 전부터 베른협약의 규정을 본받아 입법한 것이다.

4. 상호주의

가. 제3조 제3항

제3조 제3항은 위 규정들에 의하여 보호되는 외국인(대한민국 내에 상시 거주하는 외국인 및 무국적자를 제외한다)의 저작물이라도 그 외국에서 대한민국 국민의 저작물을 보호하지 아니하는 경우에는 그에 상응하게 조약 및 이 법에 의한 보호를 제한할 수 있다고 규정하고 있다.

이 규정은 일반적인 차원에서 상호주의의 원칙(the principle of reciprocity)을 선언한 것인데, TRIPs·베른협약·세계저작권협약·WIPO 저작권조약 체약국에 대하여는 협약상의 내국민대우의 원칙상 실질적 상호주의에 의한 보호제한은 원칙적으로 인정되지 않는다.

특히 베른협약의 경우 보호기간에 관한 제7조 제8항 등 예외적인 경우를 제외하고는 원칙적으로 내국민대우의 원칙(형식적 상호주의)를 채택하고 있음은 앞에서(이 책 [225] 1. 참조) 살펴본 바와 같다. 만약 베른협약 가입국인 甲국이 우리나라 국민의 저작물을 보호하지 않는다는 이유로 甲국 국민의 저작물을 우리 저작권법상으로는 보호대상이 됨에도 불구하고 제3조 제3항을 들어 보호하지 않는다면 그것은 베른협약상의 내국민대우의 원칙에 반하여 허용되지 않는 것이다. 제3조 제3항을 베른협약의 내국민대우 원칙을 배제하는 조항으로 해석, 적용하는 것은 타당하지 않다. 따라서, 베른협약상 실질적 상호주의를 적용할 수 있는 예외규정에 해당하는 경우(보호기간 문제)에 대한 것이거나 또는 베른협약등 미가입국 국민의 저작물에 대한 것을 제외하고는 위 규정의 문언에도 불구하고 '실질적 상호주의'를 구현하기 위해 위 규정을 적용할 수는 없다고 보아야 한다. 같은 취지에서, 대법원도 일본 국민의 응용미술저작물로서의 캐릭터에 대한 보호가 문제가 된 사안에서 "베른협약의 체약국 사이에서는 협약상 내국민대우의 원칙이 적용되고, 상호주의를 규정한 저작권법 제3조 제3항이 이러한 베른협약상의 내국민대우의 원칙을 배제하는 조항이라고 해석되지는 아니하기 때문에, 일본이 베른협약의 체약국으로서 같은 체약국인 우리나라 국민의 저작물에 대하여 내국민대우를 하는 이상 일본을 본국으로 하는 이 사건 캐릭터는 우리나라 저작권법에 따라 미술저작물로 보호될 수 있다."라고 판시하였다(대판 2015. 12. 10, 2015도11550).

나. 제3조 제4항

"제1항 및 제2항에 따라 보호되는 외국인의 저작물이라도 그 외국에서 보호기간이 만료된 경우에는 이 법에 따른 보호기간을 인정하지 아니한다"고 규정하고 있는 제3조 제4항은 저작권 보호기간에 대하여 예외적으로 실질적 상호주의를 취한 규정이다. 베른협약도 보호기간에 대하여는 내국민대우에 대한 예외로서 실질적 상호주의를 규정하고 있고(제7조 제8항), 그러한 경우에는 TRIPs 협정에서 최혜국대우 원칙의 예외로도 규정하고 있다(제4조 (b))는 것은 앞에서 살펴본 바(이 책 [144] 4. 참조)와 같다.

[227] 저작권관련 국제협약의 직접적 효력

국제협약이 국내법원에서 직접적 효력(direct effect)을 인정받을 수 있는지는 기본적으로 법원이 조약에 대한 자국헌법의 태도와 협약규정 자체의 성격을 중심으로 하여 판단할 문제이다. 우리 헌법 제6조 제1항에서는 "헌법에 의하여 체결·공포된 조약과 일반적으로 승인된 국제법규는 국내법과 같은 효력을 가진다"고 규정하고 있으며, 현재 유효한 저작권관련 국제협약들은 모두 국제법상 체약국들에 대한 의무뿐만 아니라 저작권 등 사권의 직접적 근거가 될 수 있는 사법적 규정들을 담고 있다. 따라서 저작권관련 국제협약의 사법적 규정들은 우리나라에서도 직접적 효력이 인정된다. 즉 별도의 입법조치를 기다릴 필요 없이 바로 국내법과 같은 효력을 가지게 되며, 이는 대륙법계 헌법에서 거의 공통적으로 인정되고 있는 것이다.

위 헌법규정에서 말하는 '국내법'이란 법률을 말한다는 것이 통설이므로 저작권에 관한 국제협약은 저작권법과는 동등한 지위를 가지면서 신법우위의 원칙이 적용되게 되고, 저작권법시행령이나 시행규칙보다는 우위의 효력을 갖게 된다.

[228] 외국인의 저작물의 보호요건

1. 우리나라에서의 침해행위에 대하여 보호가 요구될 것 - 준거법 및 국제재판관할

보호국법주의(이 책 [225] 1. 참조)의 원칙에 따라, 국제저작권분쟁이 제기될 경우에 그에 대하여 적용되는 법률(준거법)은 그 영역 내에서의 침해행위에 대하여 저작권 보호가 요구된 나라인 것으로 본다.

따라서 외국인의 저작물에 관하여 우리나라가 그 보호를 요구받는 나라이기 위해서는 우리나라의 영역 내에서 그 저작물에 대한 침해행위가 발생한 경우이어야 한다.

만약 그렇지 않고 다른 나라(A국)에서의 저작권침해행위에 대하여 우리나라에 소송이 제기될 경우에는 우리나라 법원에 국제재판관할이 인정되는 경우라고 가정하더라도 법원이 우리나라 저작권법을 준거법으로 하여 재판할수는 없으며, 보호가 요구되는 국가인 A국의 저작권법에 따라 재판을 하여야한다. 즉, 보호국법주의에서 말하는 '보호가 요구되는 나라'는 소송이 제기된곳에 있는 나라, 즉 법정지 국가를 말하는 것이 아니라 침해행위가 그곳에서발생하였다는 이유로 보호가 요구되는 나라를 뜻하는 것이다.

그런 점에서 보호국법은 침해지법과 동일하다고 보아도 무방하다. 학설이나 판례가 우리나라 국제사법 제24조가 "지적재산권의 보호는 그 침해지법에의한다"고 규정하고 있는 것이 지적재산권에 관하여 속지주의를 근거로 국제적으로 널리 승인되고 있는 보호국법주의를 확인하는 뜻으로 규정한 것이라고 보는 것은 그러한 이유에서이다.

우리나라의 최근 하급심 판결들 가운데 섭외 저작권사건에 관하여 국제재판관할 및 준거법의 문제를 자세히 다룬 예가 많은데, 그 판례의 흐름을 분석해 보면 다음과 같이 몇 가지 쟁점에 대하여 견해가 엇갈리는 모습을 보여주고 있다.

첫째, 베른협약 동맹국 사이의 섭외 저작권 분쟁에 관하여 준거법 결정의근거를 "이 협약의 규정과는 별도로 저작자의 권리를 보호하기 위하여 주어지는 구제방법은 물론 그 보호의 정도는 오로지 보호가 요구된 국가의 법률의 규율을 받는다"고 규정한 베른협약 제5조 제2항(저작재산권 관련 분쟁의 경우)및 "이 조에 의하여 주어진 권리들의 보장을 위한 구제의 방법은 보호가 요구되는 국가의 법률에 의하여 정하여진다"고 규정한 제6조의2 제3항(저작인격권관련 분쟁의 경우)에서 찾을 것인지, 아니면 국제사법 제40조(2022. 1. 4.자 전부개정 전의 24조: "지식재산권의 보호는 그 침해지법에 따른다")에서 찾을 것인지에 관하여 일치하지 않고 있다. 전자의 입장, 즉 베른협약 제5조 제2항 등을 근거로 하는 경우가 대부분이나(서울중앙지판 2008. 3. 13, 2007가합53681, 2018. 8. 31, 2018가합512971 등), 후자의 입장, 즉 국제사법상의 준거법 규정을 적용한 사례(서울고판 2008. 9. 23, 2007

나127657)도 있다. 두 경우 모두 보호국법주의(=침해지법주의)를 취하는 점은 마찬가지이다.

둘째, 보호국법주의를 모든 법률쟁점에 대하여 관철할 것인지 아니면 일정한 문제에 대하여는 준거법 결정의 다른 원칙을 취할 것인지에 대하여 견해가 일치하지 않고 있다. 전자의 입장을 통일설, 후자의 입장을 분할설이라 부를 수 있을 것이다. 분할설 가운데는 저작권침해로 인한 정지청구 등은 베른협약상의 보호국법주의에 따라 결정하고, 손해배상청구에 대하여는 국제사법상의 불법행위지법 규정에 따르는 경우도 있고, 저작권의 귀속에 대한 문제와 그 밖의 문제를 구분하여 전자의 경우에는 본국법주의를 취하고 후자의 경우만 보호국법주의를 취하는 경우도 있다. 하지만, 우리나라 판례의 경향은 통일설의 입장으로 기울고 있는 것으로 보인다. 즉, 많은 경우에 저작권의 귀속(저작권자의 결정)에 관한 문제, 저작권의 성립, 소멸, 양도성 등에 대한 문제, 침해 및 구제에 관한 문제 등을 구분하지 않고 저작권 관련 문제인 한 모두 보호국법주의를 일관되게 취하는 것을 전제로 판시하고 있는 것으로 보인다 (서울고판 2008. 7. 8, 2007나80093 참조).

한편, 위와 같은 방식에 의한 준거법의 결정은 외국적 요소가 있는 사법적 법률관계에 적용되는 것일 뿐 형법이나 조세법 등의 공법적 법률관계에는 적용되지 않는다는 견해가 있다. 그러나 적어도 베른협약 제5조 제2항의 규정 등에 따라 보호국법주의에 의하여 준거법을 결정하는 것은 저작권침해에 대한 형사처벌과 관련하여서도 동일한 것으로 보는 것이 위 규정의 취지에 비추어 타당하고 일관성이 있는 해석이라 생각된다. 대법원 2009. 10. 29. 선고 2007도10735 판결도 저작권법위반죄의 형사사건에 대하여 베른협약 제5조 제2항에 의한 보호국법주의를 근거로 하여 우리나라 저작권법을 적용한 것을 보면, 대법원도 민사와 형사를 나누지 않고 저작권침해에 대한 구제와 관련됨 것이면 모두 베른협약상의 보호국법주의에 의하여 준거법을 결정하는 입장을 드러내고 있다고 할 수 있다. 국제사법 제19조(개정전 법 제6조)도 준거법의 범위와 관련하여 "이 법에 의하여 준거법으로 지정되는 외국법의 규정은 공법적 성격이 있다는 이유만으로 그 적용이 배제되지 아니한다"고 규정하고 있다.

한편 국제재판관할과 관련하여, 개정 전 국제사법의 적용을 받을 때에는 '실질적 관련'의 유무에 대한 일반원칙(현행 국제사법 제2조)에 따라 판단해야 했으나, 2022. 1. 4.자로 전부개정된 국제사법은 제3조 제1항에서 "대한민국에 '일상거소(habitual residence)'가 있는 사람에 대한 소"에 대하여 재판관할을 인정하는 규정을 두는 한편, 지식재산권 관련 소송에 대한 국제재판관할과 관련하여 다음과 같은 특칙규정을 마련하였다.

■ 국제사법 제38조(지식재산권 계약에 관한 소의 특별관할) ① 지식재산권의 양도, 담보권 설정, 사용허락 등의 계약에 관한 소는 다음 각 호의 어느 하나에 해당하는 경우 법원에 제기할 수 있다.
 1. 지식재산권이 대한민국에서 보호되거나 사용 또는 행사되는 경우
 2. 지식재산권에 관한 권리가 대한민국에서 등록되는 경우
② 제1항에 따른 국제재판관할이 적용되는 소에는 제41조(계약에 관한 소의 특별관할에 관한 규정임)를 적용하지 아니한다.

■같은 법 제39조(지식재산권 침해에 관한 소의 특별관할) ① 지식재산권 침해에 관한 소는 다음 각 호의 어느 하나에 해당하는 경우 법원에 제기할 수 있다. 다만, 이 경우 대한민국에서 발생한 결과에 한정한다.
 1. 침해행위를 대한민국에서 한 경우
 2. 침해의 결과가 대한민국에서 발생한 경우
 3. 침해행위를 대한민국을 향하여 한 경우
② 제1항에 따라 소를 제기하는 경우 제6조 제1항(관련 사건의 관할에 관한 규정임)을 적용하지 아니한다.
③ 제1항 및 제2항에도 불구하고 지식재산권에 대한 주된 침해행위가 대한민국에서 일어난 경우에는 외국에서 발생하는 결과를 포함하여 침해행위로 인한 모든 결과에 관한 소를 법원에 제기할 수 있다.
④ 제1항 및 제3항에 따라 소를 제기하는 경우 제44조(불법행위에 관한 소의 특별관할에 관한 규정임)를 적용하지 아니한다.

2. 보호받는 저작물일 것

보호받는 저작물인지 여부를 판단함에 있어서는 국제저작권협약의 규정에 저촉되지 아니하는 범위 안에서 내국민대우의 원칙에 따라 우리나라 저작

권법에 따라 판단하면 된다.

3. 연결점을 가질 것

가. 서언

외국인의 저작물이 우리나라에서 보호받기 위해서는 그것이 베른협약 등의 국제조약 또는 우리 저작권법에서 정한 일정한 연결점(point of attachment, 특정 저작물의 보호를 위해 그 저작물을 특정 국가에 연결시키는 요소를 뜻하며, 연결요소(connecting factor)라고도 불린다)을 가져야 하는데, 이를 저작자의 국적 등에 관한 인적 연결점과 저작물 자체의 공표지점에 관한 장소적 연결점의 두 가지로 나누어 살펴볼 수 있다.

나. 인적 연결점

인적 연결점이란 '저작자'의 국적 또는 거주지 등을 기준으로 한 연결점을 말한다. 베른협약 등에서는 체약국 '국민'의 저작물은 발행되었는지 여부를 묻지 않고 보호하도록 규정하고 있으므로 저작자의 국적이 연결점이 되는 것이다. 베른협약은 상시 거주지를 국적과 같이 다루고 있으므로, 저작자가 동맹국에 상시 거주하는 사람인 경우에도 '인적 연결점'이 인정된다.

우리 저작권법 제3조 제2항은 저작자가 우리나라에 상시 거주하는 사람(또는 무국적자 및 우리나라에 주된 사무소가 있는 외국법인)인 경우에는 우리나라 국민과 마찬가지로 취급하여 다른 조건을 묻지 아니하고 보호하는 것으로 규정하고 있으므로, 이러한 경우에는 협약 등과 관계없이 저작권법을 통해 바로 연결점을 가지게 된다.

나. 장소적 연결점

우리 저작권법은 국내에서 맨 처음 공표된 외국인의 저작물을 보호하고 있으며, 베른협약 등은 어느 동맹국 또는 체약국 내에서 최초로 발행된 저작물을 다른 동맹국 또는 체약국들이 보호하도록 규정하고 있다. 우리 저작권법은 '발행' 대신 '공표'라는 단어를 사용하고 있는데, '공표'의 정의규정(제2조 제

25호)에서는 "저작물을 공연·방송 또는 전시 그 밖의 방법으로 일반공중에게 공개하는 경우와 저작물을 발행하는 경우를 말한다"고 규정하여 '발행' 외에도 공연, 방송, 전시 등의 무형적인 전달행위도 그 개념에 포함하고 있다는 점에서, 우리 저작권법이 베른협약 등에 비하여 더 넓게 장소적 연결점을 인정하고 있다고 볼 수 있다.

위에서 본 바와 같이 베른협약과 우리 저작권법은 동시발행(공표)에 관한 규정을 두고 있으므로, 다른 나라에서 최초로 발행(공표)되고 30일 이내에 동맹국(또는 우리나라)에서 발행(공표)된 외국인의 저작물도 동맹국(또는 우리나라)에서 맨 처음 발행(공표)된 것과 마찬가지로 보호한다.

[229] 　외국인의 저작물의 보호내용

위에서 든 여러 요건을 충족하는 외국인의 저작물은 우리나라에서 보호받게 되는데, 그 보호의 내용은 보호기간에 대하여 실질적 상호주의를 규정한 제3조 제4항의 경우(이 책 [226] 3. 나. 참조) 외에는 기본적으로 내국민대우의 원칙에 따라 우리나라에서 우리 국민에게 부여되는 보호의 내용과 같다.

제3절 북한 주민의 저작물에 대한 보호

[230] 북한 주민의 저작물에 대한 보호

우리나라는 분단국가로서 한편으로는 북한과 휴전선을 사이에 두고 군사적으로 대치하고 있는가 하면 다른 한편으로는 남북간에 교류와 협력을 도모하는 특수한 관계를 가지고 있다. 현재 남한과 북한이 모두 각자의 저작권법을 가지고 있는 상태에서 양측 모두 베른협약에 가입해 있는 상태이지만, 1991년 12월에 체결된 남북기본합의서는 상호간의 관계를 국가 대 국가의 관계로 보지 않고 '통일을 지향하는 과정에서 잠정적으로 형성되는 특수관계'로 규정한 바 있으며(합의서 전문 참조), 우리 판례도 현재 북한을 국가로 인정하지 않는 입장을 취하고 있으므로, 베른협약에 따라 외국인의 저작물을 보호하는 차원에서 남북한 저작권의 상호보호체계가 바로 수립된다고 볼 수는 없다. 이후 남북기본합의서 등에서 천명한 상호존중 및 호혜의 원칙에 기한 남북간의 상호 저작권보호 합의를 달성하는 것을 통해 이 문제를 잘 해결할 필요가 있을 것으로 생각된다.

그러나 그렇다고 하여 현재 남한에서 북한의 저작물에 대한 보호가 부정되는 것은 아니다. 우리 헌법의 영토조항에 따라 대한민국의 주권이 헌법상 북한지역에도 미치는 것으로 보므로 북한주민의 저작물에 대하여도 당연히 우리 저작권법에 의한 보호가 주어진다고 보는 것이 판례의 입장이다('두만강 무단출판' 사건에 대한 대판 1990. 9. 28, 89누6396 및 '이조실록' 사건에 대한 서울지법 남부지판 1994. 2. 14, 93카합2009 등 참조).

이 경우 분쟁해결의 준거법도 당연히 남한의 저작권법이라고 보게 된다. 북한에서 제작된 영화에 관한 저작권 분쟁에 대하여 서울고등법원은 "이 사건 영화가 완성되었을 당시 신청인은 대한민국의 국적을 갖고 있었음이 분명하고, '대한민국의 영토는 한반도와 그 부속도서로 한다'고 규정한 헌법 제3조의 해석상 저작권법을 비롯한 모든 국내 법령의 효력이 당연히 북한지역에도 미친다고 보아야 하므로, 이 사건 영화의 저작권에 관한 판단은 어디까지나 우리의 저작권법을 준거로 삼아야 할 것이다."라고 설시하였다(서울고결 1999. 10. 12, 99라130). 우리 저작권법상 업무상저작물에 관한 규정에 따라 북한의 단체가 저작권자로 인정된 사례들도 있다('북한판 동의보감' 사건에 대한 서울고판 2006. 3. 29, 2004나14033 등). 또한 월북작가가 사망하여 남한의 가족이 그 재산상속인이 되었을 경우 해당 작가의 저작물에 대한 저작재산권은 남한의 상속인들에게 상속되므로 그 상속인 중 1인이 침해정지 또는 침해예방 등 청구를 할 수 있다고 한 판례(서울민사지결 1989. 7. 26, 89카13962)도 있다. 현재 이와 같이 남한의 북한 저작물에 대한 보호는 이루어지고 있지만, 그 전제가 되는 법리는 북한 저작물에 대한 남한의 일방적인 보호에 근거를 제공할 뿐이고, 상호간 저작권 보호의 근거를 마련하기 위해서는 별도의 노력이 필요하다.

사 항 색 인

저자약력

서울대학교 법과대학 졸업, 제27회 사법시험 합격, 사법연수원 수료, 인천지방법원 판사, 서울지방법원 남부지원 판사, 창원지방법원 판사, 서울지방법원 판사, 중국 사회과학원 법학연구소 객좌연구원, 사법연수원 교수, 서울고등법원 판사, 법무법인 태평양 변호사, 주식회사 로앤비 창립대표이사, 전자거래분쟁조정위원회 조정위원, e-비즈니스 대상(산업자원부장관 표창) 수상, UC 버클리 동아시아연구원(IEAS) 방문학자, 저작권 분야 기여자 표창(문화체육관광부 장관 표창) 수상, 한일 디지털경제 법률전문가 라운드테이블 공동의장, 한국저작권위원회 설립자문단장, 저작권 상생협의체 공익위원, 한국인터넷자율정책기구(KISO) 정책위원장, 한국저작권위원회 위원, 국가지식재산위원회 보호전문위원회 위원, 한반도평화연구원(KPI) 부원장, 경제ㆍ인문사회연구회 이사, 공공데이터제공분쟁조정위원회 위원장, 한국리걸클리닉협의회 회장, 제1회 및 제5회 송암학술상 수상, 저작권법 전면개정 연구반 반장, 제3회 지식재산의 날 국무총리 표창(국가지식재산인상) 수상

현재   성균관대학교 법학전문대학원 교수
       성균관대학교 리걸클리닉 소장
       성균관대학교 법학연구원 원장
       서울중앙지방법원 조정위원

저서   저작권법(제4판, 박영사)
       중국법(사법연수원)
       인터넷과 법률 3(법문사, 공저)
       상표법주해 Ⅰ, Ⅱ(박영사, 공저)
       방송저작권(법문사, 공저)
       비전과 관점 열기(올리버북스, 공저)
       통일에 대한 기독교적 성찰(새물결플러스, 공저)
       평화에 대한 기독교적 성찰(홍성사, 공저)
       용서와 화해에 대한 성찰(명인문화사, 공저)
       평화와 반평화(개정증보판, 박영사, 공저)